दुनिया का हर तत्व, पदार्थ, सूक्ष्म से भौतिक की ओर यात्रा करके आया है और आ रहा है और हर तत्व पुनः भौतिक से सूक्ष्म की ओर लौट जाएगा। दोनों प्रकार की यात्रायें सक्रिय हैं। बाह्य यात्रा और अन्तर्यात्रा। इसलिए जागतिक धारा अभाव की यात्रा है। जगत सदैव अभावमय है। अपूर्ण सदा अभावमय रहता है। अतः मन की यह यात्रा अभाव की यात्रा होती है। सारी सृष्टि इसी अभाव से घिरी हुई यात्रा कर रही है। अतः इस अवस्था में चिर तृप्ति का अन्वेषण करना चाहिए। क्योंकि इस अभाव के साथ ही स्वभाव है। स्वभाव ही प्रकृति है। स्वभाव की ओर जाना ही अन्तर्यात्रा है। अतृप्ति में, अभाव की धारा में, अपूर्णता का ज्ञान ही अन्तर्यात्रा है।

अन्तर्यात्रा

कुण्डलिनी

भाग-2

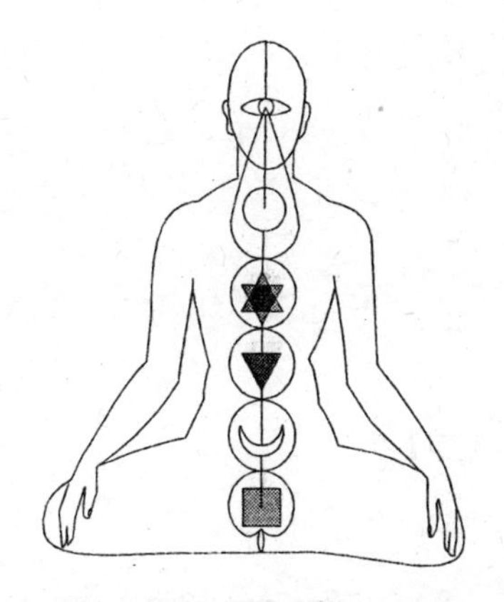

महायोगी पायलट बाबा

डायमंड बुक्स

ISBN : 81-288-1231-9

प्रकाशक : **डायमंड पॉकेट बुक्स (प्रा.) लि.**
X-30, ओखला इंडस्ट्रियल एरिया, फेज-II
नई दिल्ली-110020
फोन : 011-41611861
फैक्स : 011-41611866
ई-मेल : sales@diamondpublication.com
वेबसाइट : www.dpb.in
संस्करण : 2006
मूल्य : 250 रुपये
मुद्रक : आदर्श प्रिंटर्स, शाहदरा, दिल्ली - 32

Rs. 250/-

ANTARYATRA
by Mahayogi Pilot Baba

समर्पण

विश्व के उन सभी मानवों को
जो स्वयं को जानने की इच्छा रखते हों।

- पायलट बाबा

दो शब्द

जिसका हम सब उपयोग कर रहे हैं
वह शरीर है और वह संसार है।

शरीर स्वस्थ हो! सुंदर हो! आकर्षक हो!

संसार खूबसूरत हो। लुभावना हो और उम्मीद–आशा का दीप जल रहा हो, अब समझो सुख शांति और आनंद अभिव्यक्त हो रहा है।

संसार और शरीर का जो उपयोग कर रहा है, वह मन है। मन को जो सहयोग दे रहा है, वह प्राण है।

दुनिया का हर तत्त्व, पदार्थ, सूक्ष्म से भौतिक की ओर यात्रा करके आया है और आ रहा है और हर तत्त्व पुनः भौतिक से सूक्ष्म की ओर लौट जाएगा।

दोनों प्रकार की यात्रायें सक्रिय हैं। बाह्य यात्रा और अन्तर्यात्रा।

इसलिए जागतिक धारा अभाव की यात्रा है। जगत सदैव अभावमय है। अपूर्ण सदा अभावमय रहता है। अतः मन की यह यात्रा अभाव की यात्रा होती है। सारी सृष्टि इसी अभाव से घिरी हुई यात्रा कर रही है।

अतः इस अवस्था में चिर तृप्ति का अन्वेषण करना चाहिए। क्योंकि इस अभाव के साथ ही स्वभाव है। स्वभाव ही प्रकृति है। स्वभाव की ओर जाना ही अन्तर्यात्रा है। अतृप्ति में, अभाव की धारा में, अपूर्णता का ज्ञान ही अन्तर्यात्रा है।

मन की गति दो तरफ है। बाहर की ओर क्रियाशील होकर विषयों की ओर जाता है और अन्तर्मुख होकर स्वयं की प्रकृति की ओर जाता है।

यह अन्तर्यात्रा आप सब को दे रहा हूँ उस आने वाले कल के लिए

जो आप सबका हो जिसकी प्रतीक्षा में आप लोग हैं। अपेक्षाओं के साथ उम्मीद लेकर। संभावनाओं में पल रहा वह कल सययण्जो आम आदमी का कल है। अनेकों आशा के दीपों के साथ आप सबको वह कल कुछ दे पाये – इसलिये मैं बहुत साल बाद, लिख रहा हूँ।

क्योंकि इसकी अब जरुरत आ गई है। मैंने ईश्वर को बहुत साल पहले जान लिया था। और परमात्मा को जान लेने से पहले मैंने स्वयं को जाना था। आप सबको भी पहले स्वयं का बोध करना होगा। ज्योतिर्मय आत्म स्वरूप उपलब्ध हो जाने पर विराट का दर्शन हो जाता है।

विराट का अर्थ ही समग्र विश्व का दर्शन हो जाना है। पर यहीं पर आप की उपंलब्धि समाप्त नहीं हो जाती, इसी के बाद विश्वातीत स्थिति में आप सब की आरोहण यात्रा प्रारम्भ होती है। यहीं से शक्ति की अतीत–यात्रा प्रारम्भ होती है। यहीं से शक्ति के माध्यम से आप सबकी अतीत अवस्था की उपलब्धियाँ जाग्रत होती हैं।

यह आप सबकी अन्तर्यात्रा के लिए यह दे रहा हूँ। शायद ही इसके पहले आपको इतनी खुली और सहज में समझ में आ जाने वाली कोई पुस्तक आप सबको मिली हो या सहज में समझाने वाला कोई मिला हो।

इस पुस्तक द्वारा आप सबको मैं जगाना चाहता हूँ। क्योंकि ज्यादातर धर्म ग्रन्थों ने, गुरुओं ने आप सबको अपना बनाने की कोशिश की है।

ज्यादातर लोगों ने आपको समर्पण कराने की कोशिश की है। अपना शिष्य अपना अनुयायी बनाने की कोशिश की है। इसमें मैं आप सबकी अपने प्रतिं आस्था–विश्वास को जगाकर आपकी प्रसूत भूमि तक ले जाना चाहता हूँ।

यह तो मैं नहीं कह सकता कि लोगों ने आप सबको ज्यादातर धर्म के नाम पर ठगने का ही प्रयास किया है। पर इतना मैं अवश्य कह सकता हूँ कि धर्म की अन्धविश्वासी शैली ने ज्यादातर अन्धेरे में ही रखा है। ईश्वरवाद, गुरुवाद ने माध्यम बनकर पावर पोलटिक्स का काम किया है।

हर प्रकार के गुरुओं नें अपने आप को स्थापित करने का प्रयास किया है।

अपनी पूजा कराने की कोशिश की है और धर्म की चादर ओढ़कर पावर उपार्जित कर अपने विचारों को थोपा है।

इसलिये आज धर्म एक व्यवसाय बनकर रह गया है। और गुरु लोग एक अच्छे व्यवसायी। जिस तरह से राजनीतिज्ञ अपने पुराने नेताओं को, उनके विचारों को, सिम्बल बना कर बेचते हैं, प्रचार करते हैं, अपने पावर को बनाये रखने के लिए।

उसी तरह से आज के गुरु लोग भी, ईश्वर के अवतार बनकर और महापुरुषों; सिद्धों; बुद्ध पुरुषों के विचारों को बेच रहे हैं अपनी शक्ति को उपार्जित करने के लिए।

यह अन्तर्यात्रा नामक पुस्तक विश्व में धर्मवाद, ईश्वरवाद और गुरुवाद के ढेर से पाखण्ड प्रपंचों को खोलेगी।

क्रिया शक्ति, क्रियायोग, समाधि, रियलाइजेशन, कुण्डलिनी, शक्तिपात आदि को व्यवसाय बनाकर अपनी दुकान खोले अनेकों सन्तों के विचारों को झकझोरेगी।

गुरु और दीक्षा के बारे में इसमें आप सबको पूरा विवरण मिलेगा। कैसा गुरु होना चाहिये। दीक्षा कितने प्रकार की होती है। शक्तिपात कौन कर सकता है। और शक्तिपात के योग्य कौन है?

इस अन्तर्यात्रा में आप को साफ साफ मिलेगा।

यह अन्तर्यात्रा में आपकी पहचान है।

इसमें आपकी पूरी यात्रा है। आदि से आज तक।

इसमें प्रेम की विशेष चर्चा है। प्रेम पहला दर्पण है और प्रेम पहली उपलब्धि भी।

यह अन्तर्यात्रा आप लोगों के हाथ में है। मैंने ज्योतिर्मय प्रकाश के दर्शन के बाद पूरा विश्व दर्शन तो किया ही, पर अब व्यवहार में विश्व भ्रमण कर रहा हूँ।

प्रभु की लीला भूमि में उनकी विभिन्न सृष्टि के प्रकरण को देखता हुआ– जो अनन्त है। पुस्तक का स्वरूप अधिकांश प्रेम और गुरु की चर्चा में ही रह गया है। अभी गुरु की चर्चा आपको अगले खण्ड में भी मिलेगी दो और खण्ड आपके समक्ष आ जाएंगे, आपके हाथों में, जिसमें दीक्षा पर विशेष मिलेगा। आगे आपको क्रिया योग, संकल्प योग, समाधि योग पर प्रयोग मिलेंगे। फिर आपको शक्ति पात और शक्ति पर विशेष व्याख्यान मिलेगा।

ध्यान पर विशेष चर्चा और फिर आत्म बोध जिसे बुद्धत्व था

रियलाइजेशन कहा गया है इस पर आपके सारे भ्रमों को तोड़ती हुई स्वयं की बोध यात्रा मिलेगी।

यह अन्तर्यात्रा आप सबको वह सब कुछ बता देगी जिसकी खोज में आप आज तक हैं। यह आप सबको वापस लायेगी। आप सबका अपने आप से परिचय करायेगी।

इसमें वह सब कुछ है, जिसके लिए आप लोगों को जन्म मिला है। जिसके लिए आप लोगों ने मनुष्य देह को धारण किया है।

एक छोटी सी बात आप सबको बता दूँ। जो सत्य है, अनुभूत है, प्रायोगिक है और समझ में आ जाने वाली है।

आज तक आप लोगों ने कभी भी किसी से प्रेम नहीं किया है? क्योंकि कोई भी प्रेम–बिना अपेक्षा का नहीं रहा है। जो कुछ भी आप लोगों ने किया है। उन सबमें उपेक्षा रही है। और–न–आप लोगों ने अपने आपसे ही प्रेम किया है। आप सबने अपने आप को हमेशा संजोया है; सजाया है; तैयार किया है; डेकोरेट किया है, किसी और के लिये–

अपने आप के लिये नहीं।

इसलिए जो कुछ भी आज तक आप सबको मिला, वह आप सबका नहीं हुआ। और न वह ठहर सका।

न प्रेम मिला !
न आनन्द मिला !!
न आत्म बोध मिला !!!

अगर इसमें से कोई भी मिल गया होता तो आप लोग ठहर गये होते। आप सबकी बाहर की यात्रा समाप्त हो गयी होती। आप लोग अभाव मुक्त हो गये होते।

यह अन्तर्यात्रा आप सबको प्रेम से मिलायेगी। आनन्द से सान्निध्य करायेगी। और आत्मबोध दिलायेगी। यह आप सबके सभी आयामों को खोलेगी। क्योंकि आप सब भी बुद्ध पुरुष हैं। आप सबकी यात्रा बुद्धत्व के लिए है। बुद्धत्व को पाना ही आप सब के जीवन का ध्येय है।

एक बुद्ध पुरुष सबसे धनवान होता है।

एक बुद्ध पुरुष सबसे ज्यादा ज्ञानवान होता है।

एक बुद्ध पुरुष सबसे ज्यादा बलवान होता है। और आप सबको इसी की खोज है।

इस अन्तर्यात्रा ने आज के समाज में पल रहे पाखंड को भी खोला है। धर्म का दुरुपयोग कर आज अनेकों लोग गुरु बन गये हैं, अनेकों अवतार बन गये हैं। जिसको भी थोड़ा चमत्कार प्राप्त हुआ, वह भगवान बन जाता है। और वह अपना एक समुदाय बना लेता है। अपना धार्मिक कानून बना लेता है और बाद में वह गुरु उस समुदाय की प्रतिष्ठा बन जाता है।

पर आज तक उन समुदायों में भी बुद्ध पुरुष नहीं मिला। और न गुरुओं ने अपने बाद कोई बुद्ध पुरुष दिया।

आज भारत ही नहीं, विश्व के कई देशों में ऐसे गुरु पाए गए हैं, जिनका कोई आधार नहीं है।

कल अमेरिका के शहरों की गलियों और अपार्टमेंटों में वियतनाम के अपाहिजों के लिये चन्दा मांगने वाला आज गुरु बन गया है। जीजस का अवतार बन गया है। आज वह शादियाँ करा रहा है।

मेरा ही शिष्य जापान का बहुत चर्चित गुरु बन गया है। कोई बुद्ध का अवतार बना है। तो कोई कृष्ण का अवतार बना है। कोई साई बाबा का अवतार बन गया है तो कोई हेड़ीया खान का अवतार बन गया है।

कोई देवता का आह्वान कर रहा है तो कोई जागरण लगा कर देवी देवताओं को बुला रहा है। किसी पर गोरख नाथ आ रहे हैं तो किसी पर दुर्गा, काली–सन्तोषी माता, वैष्णव देवी आदि तो किसी पर आत्माओं का आगमन हो रहा है कोई भभूति वर्षा रहा है तो कोई काजू, किशमिश, लौंग, इलायची मंगा है।

कोई मुँह से देवी देवताओं की मूर्तियाँ निकाल रहा है तो कोई रुद्राक्ष का दाना, कोई फूल बना रहा है, ऐसे चमत्कारों को दिखाकर अपने आपको भगवान का अवतार बना लिए हैं। इन सब के पीछे क्या सच्चाई है, यह पुस्तक आप को बतायेगी।

शायद आप लोगों में अनेकों ऐसे हैं जो कई एक संस्थाओं से जुड़े हैं आपको शायद बुरा लगेगा। पर मैं सत्य को उद्घाटित करने के लिए यह लिखा हूँ आप भी कुछ देर अन्तर्यात्रा करके देखें।

चमत्कार मन के बाहर का प्रयोग है। चमत्कार मन के बाहर की ओर की यात्रा है।

बाहर की ओर की यात्रा–मन की सांसारिक कर्मभूमि की ओर जाता है। मन बाहर की यात्रा रियलाइजेशन नहीं दे सकी। यह सब मन का सम्मोहन दे सकती है। आनन्द का आभास करा सकती है। मन को अच्छा लग सकता है। मन को प्रभावित कर सकता है। लेकिन अभाव हमेशा बना ही रहेगा–

मैं तो–आप सबको मन की अन्तर्यात्रा कराना चाहता हूँ जो कि मन की आध्यात्मिक भूमि की ओर है।

मन के बाहर की यात्रा का भोग है।
मन के अन्तर की यात्रा का योग है।

बाहर की यात्रा में भेद है अन्तर की यात्रा में अभेद है। बाहर की यात्रा में व्यावहारिक सत्य का परिभाषित रूप है। अन्तर की यात्रा में स्वयं का बोध है।

रियलाइजेशन, बुद्धत्व आत्मबोध तो स्वयं की यात्रा है जिसे अन्तर्यात्रा कहते हैं। मनुष्य जीवन का एक लक्ष्य अपनी पहचान है जो जाग गया है। फिर किस अपेक्षा में प्रतीक्षा कर रहे हैं कि कोई आपको जगा दे। यह अन्तर्यात्रा आपको जगाने के लिए है।

इस पुस्तक को आप तक पहुँचाने में जिन–जिन का सहयोग मिला है उन्हें परमात्मा सफलता दे। और हिमालय के कुछ उन सिद्ध सन्तों के प्रति मैं आभारी हूँ जिन्होंने मुझे विशेष प्रोत्साहन–प्रेरणा और योगदान दिये हैं।

उन्हीं की इच्छा रही कि मैं इस पुस्तक को लिखूँ

और उन मेरे प्रियजनों को सहृदय प्रेम और आत्म प्रभूत .... जिनमें आप सब लोग हैं एवं मेरे अबके और पूर्वजन्मों से जुड़े सभी प्रेम संबंधित आत्माओं को जो कल भी मेरे साथ थी और आज भी है।

मैं आप सबके साथ हूँ अन्तर्यात्रा के लिए आप सब आयें तो।

प्रतीक्षा में

पायलट बाबा

अनुक्रमणिका

योग पथ

जीवन के उत्कर्ष मार्ग पर कर्म की सापेक्षता का महत्त्वपूर्ण स्थान है। तृष्णा भरा यह जीवन मनुष्य अपने प्रभाव में हमेशा बनाए रखता है। एक ऐसी प्यास जो तृप्त नहीं होती। सारा संसार भी प्राप्त हो जाए तो भी अतृप्त ही रहता है। जब तक वह योगीमन नहीं बन जाता। क्योंकि योगीमन के बोध के उदय के बाद इस व्याकुलता और तृष्णा का रूप बदल जाता है। जब सब कुछ प्राप्त होते हुए भी योगी हृदय कहता है– कुछ भी नहीं है। जब तक वह प्राप्त नहीं हो जाता, तब तक एक अभाव बना ही रहता है। इस अभाव की व्याकुलता, हमेशा अपूर्णता बनाए रखती है। और यही आनन्द की आकांक्षा है। यही आनन्द जो प्रत्येक जीव के हृदय में सृष्टि के साथ ही साथ प्रच्छन्न भाव में विद्यमान रहता है। यह तृष्णा उसी आनन्द के आह्वान के लिए व्याकुलता पैदा करती है।

लक्ष्य प्राप्त गुरु शुद्ध तत्त्व के योग से साधक के हृदय में विद्यमान होता है। परन्तु जीव लक्ष्य हीन होता है, इसलिए वह आनन्द, आवरण से ढका होता है। थोड़े से ही कर्म साधन के बाद, ज्ञान बोध के उदय होने पर अत्यंत क्षीण रूप में अवस्थित उस आनन्द का अभाव बहिर्जगत में अनेक स्थानों से फूटकर बढ़ने लगता है। जीव की यात्रा अधिकतर बहिर्मुखी होती है। इसलिए वह इस बाह्य आनन्द को सामने देखकर इसे ही आनन्द समझ लेता है। इस आभास के कारण जीव में उसे पकड़ने की प्रकृति होती है। और इसे पकड़ने की प्रवृत्ति के जागरण को ही रेखा रूपी गति कहते हैं। बिन्दु में शक्ति के जागरण का सूत्रपात है। पर साधक जीव उसे पकड़ नहीं पाता। पकड़ने को जाता है पहुंच भी जाता है, परन्तु वहां जाकर देखता है कि वहां भी वह आनन्द तो है ही

नहीं। उसका आभास भी नहीं है। ऐसे में वह लौट आता है और फिर दोबारा दूसरी तरफ आभास करके उधर की ओर दौड़ता है। वहां से भी निराश होकर लौट आता है। पर इस प्रकार आनन्द की खोज में, संसार की हर गतिविधियों में, हर भोग–संभोग में तृष्णातुर यह मानव व्यर्थ ही मृगतृष्णा के पीछे निरन्तर भागता रहता है।

इस संसार रूपी मरूभूमि में बार–बार भागता दौड़ता–भटकता – फिरता है और थक हार जाता है, भटकते–भटकते क्लान्त हो जाता है क्योंकि कहीं कोई सार वस्तु उसे मिलती ही नहीं। अनेकों संकल्प विकल्पों से लालायित होकर भागता है और अन्ततोगत्वा वहां पहुंचने से पूर्व ही वह आभास कर लेता है कि यह वह आनन्द नहीं है।

वह जागृति ही जीव के अन्वेषण का मार्ग है इसी का नाम ज्ञान है। इस प्रकार क्लान्त हो जाने पर जीव की बहिर्मुख गति और वेग एक बारगी निरूद्ध हो जाते हैं और वह स्थिर होकर बैठ जाता है। तब इन्द्रिय और मन का बाहरी प्रभाव काम नहीं कर पाता और इस समय दृष्टि का उन्मेस होता है। अर्थात् लक्ष्य खुल जाता है। यह एक प्रकार से लक्ष्य का उन्मेष है। दूसरी ओर से अन्तःस्थित आनन्द के आवरण का हटना होता है। इसी अवस्था में साधक की दृष्टि अपने सामने लक्ष्य रूप में आनन्द को प्राप्त कर जाता है।

यह सब जीव के अन्तर में घटता है। यह बाहर की घटना नहीं। यहां बहिजर्गत से अन्तर्जगत में आ जाता है। जीव रूपी पथिक अब तक जो खोज रहा था, चाह रहा था, जिसके लिए ससांर में भटक रहा था, हर पदार्थ में, हर क्रिया में ढूंढ रहा था, पर उसे सफलता नहीं मिल रही थी, अब वह उसे अन्तर्दृष्टि के साथ–साथ अपने हृदय में प्रत्यक्ष देखता है।

यह आनन्द ही लक्ष्य होता है, यह आनन्द ही सद्‌गुरु है, यह आनन्द ही इष्ट है और यह आनन्द ही जगत् जननी रूपा है। यह आनन्द प्रकृति रूपा है, यह आनन्द शिवरूप है। अन्तर्दृष्टि खुले बिना इस अपरोक्ष ज्ञान का दर्शन नहीं हो सकता। जिसको जो प्रिय हो, उसी का साक्षात्कार यहां हो जाता है। जिसको जो प्रिय हो, उसकी पूर्णता समष्टि रूप से उसके सामने प्रकट जाती है।

साधकों का साध्य, योगियों का महापथ, भक्तों के संपूर्ण समर्पण का

यही भाव प्रकाश है। प्रेमियों का प्रेम सागर यही है जहां माननोचित प्रेम उन्मेष होकर आत्मीय प्रेम बन जाता है। यहां पर एक बात याद रखनी है, आप सभी साधकों को लक्ष्य का उन्मेष होते ही आनन्द की प्राप्ति होती है। यह कटु सत्य है और यह भी सत्य है कि लक्ष्य के उन्मेष के बाद कर्म नहीं रहने से यही प्राप्ति योगियों की चरम प्राप्ति होती है क्योंकि योगी तब स्थिर होकर सम्भोग के लिए बैठ जाता है अर्थात् निष्क्रिय हो जाता है।

यह इसलिए होता है कि वास्तव में योगी प्रकृति स्वरूपा महामाया मां के स्वरूप का दर्शन पाकर ही मुग्ध हो जाता है और आगे नहीं बढ़ पाता है। क्योंकि उसकी साधना की कमजोरी नजर आती है जो उच्च अवस्था को प्राप्त करके भी वह आगे नहीं बढ़ पाता। वह कमजोरी कर्म की कमजोरी है कर्म की न्यूनता ही कारण है। कर्म तीव्र हो तो रूप दर्शन ही नहीं होता केवल ज्योति दर्शन के साथ ही ब्रह्म ज्ञान सिद्ध हो जाता है। पर जो महान योगी होते हैं वे कर्म के प्रति कभी हीन श्रद्धा नहीं रखते। इसलिए लक्ष्य खुल जाने पर भी उसका कर्म त्याग नहीं होता और वह वास्तव में तभी से प्रकृति कर्म का राही बन जाता है। लेकिन ज्यादातर कमजोर साधक इसी अवस्था को प्राप्त कर, ब्रह्म प्राप्ति समझ कर, कर्म त्याग करके स्थिति लाभ करने में लग जाते हैं।

मैं नित्य ऐसे साधकों को देखता हूं मां के उपासकों को देखता हूं जो कि कुछ सिद्धियां प्राप्त कर, योगी के किसी स्वरूप का दर्शन कर, संसार में ब्रह्मज्ञानी बन कर – ब्रह्मज्ञान देते फिर रहे हैं। परन्तु सब काया के रोगी बनकर स्वयं का शोषण कर रहे हैं। मन को ही नहीं समझा पाए तो ब्रह्म ज्ञान कहां से उपलब्ध होगा। न वे गुरु राज्य में ही जा पाते हैं और न ज्ञानगंज में। परन्तु कुछ भाग्यशालियों को गुरु कृपा प्राप्त हो जाती है, जो उनके द्वारा बुला लिये जाते हैं, पृथ्वी पर जो कर्म पूरा नहीं कर पाए उन्हें पूरा करने के लिए ज्ञानगंज में स्थान प्राप्त हो जाता है।

पृथ्वी तो मरणशील भूमि है। ज्ञानगंज और गुरुराज्य दोनों ही अमर भूमि है। पृथ्वी पर कर्म करते समय जैसा बाह्य भाव था – गुरु राज्य और ज्ञानगंज में भी वैसा ही भाव रहता है। लक्ष्य का उन्मेष नहीं होने तक अन्तःस्तल में प्रवेश कहीं भी नहीं हो सकता। पर आप लोगों को

इस भ्रम में नहीं पड़ना चाहिये कि ज्ञानगंज और गुरु राज्य में जाने से ही ब्रह्मज्ञान हो जाता है। ज्ञानगंज भी अन्तर्जगत नहीं है और गुरुराज्य भी अन्तजर्गत नहीं है। दोनों पास–पास ही हैं, दोनों बाह्य जगत के ही अन्तर्गत हैं लेकिन परस्पर भेद है और पृथ्वी से दोनों का पार्थक्य है।

पृथ्वी पर रहने वालों की कर्मगति बहुत तेज है। परन्तु इन दोनों स्थानों में कर्म की गति बहुत ही मन्द हो जाती है। यह भौतिक देह धारण करते हुए भी कर्म करने से बहुत ही कम समय में लम्बी राह तक की जा सकती है। बशर्ते मर कर – इन लोकों में जाकर मन्द गति से यात्रा करने से अमर जगत में जाकर अगर लक्ष्य खुल जाता है तो बड़ी ही धीर शक्ति से कर्मस्रोत बहता है वहां पर। इसलिए इसमें युग युगान्तर भी लग सकते हैं।

मृत देह में रहते हुए कर्म करने से गति में तीव्र बल और वेग रहता है। इस कारण अगर विघ्न उपस्थित नहीं हो तो सभी भूमियों को जल्दी जल्दी पार किया जा सकता है। विघ्न पग–पग पर अपना प्रभाव फैलाते हैं। अति ही सूक्ष्म मार्ग पर चलने से अत्यंत ही सूक्ष्म विध्नकारी भी उपस्थित हो जाते हैं, या पैदा हो जाते हैं। ऐसे ऐसे रूप में विध्न आ जाते हैं जिन्हें विघ्न रूप में पहचाना भी जा सकता।

इसलिए पृथ्वी पर कर्म की गति में तीव्रता होने पर भी पथ निस्कंटक भाव से पार नहीं किया जा सकता। पग–पग पर गिर जाने की स्खलित हो जाने की संभावनाएं रहती हैं। इसलिए सद्‌गुरु की कृपा जरूरी है। वह शिष्यों को कर्म–फल देते हैं प्रतिबंधकों को विघ्नों को दूर करने का उपाय बताकर अगर गुरु कृपा न हो तो इस अन्तर्यात्रा के यात्री का एक पग भी चलना मुश्किल हो जाए।

कर्म में शक्ति की सहायता जरूरी है। शक्ति के बिना गति नहीं – बल नहीं। यह शक्ति ही जगदम्बा है। यह शक्ति ही महाशक्ति स्वरूपा है। यह शक्ति मां सेवा के द्वारा ही प्रसन्न होती है – उसी की कृपा के बिना, उसके प्रसाद के बिना, विघ्नों से मुक्त होना आसान नहीं। हर गति जो कर्म की है वह शक्ति स्वरूपा है।

योगी–योगदीक्षा के साथ–साथ जो गुरु पदत्त काया प्राप्त करता है वही लक्ष्य या शक्ति का स्वरूप है। गुरु–दीक्षा के समय ही साधक की काया में अपनी शक्ति का प्रभाव डाल देता है। उसी की सहायता से साध ाक या योगी कर्म का निर्वाह करता है। बाह्य रूप से जो योगी करते

हैं, वह केवल निमित्त मात्र होता है। इसी शक्ति का नाम गुरु शक्ति है, गुरु कृपा है। यह शक्ति सदैव कर्म निरत होकर स्तर–स्तर पर रचना करती जाती है और यह क्रिया योगी के अपने कर्म रूप में परिणित होती है। स्वाभाविक रूप से उसे पुष्ट करना योगी का कर्तव्य है।

गुरु प्रदत्त शक्ति मातृस्वरूपा है, इसलिए शक्तिपात के रूप में जानी जाती है।

कर्म करते–करते किसी यंत्र के क्षीण होने से इसके आपूरण द्वारा उसे पुष्ट कर लेना पड़ता है। इस जीवित देह में मां रूपी शक्ति का प्रवाह है, जो जगदम्बा है, काली है, जो कुमारी रूपा है। इस शक्ति की सेवा अनिवार्य है।

बाहर की मूर्ति उपासना से जीवन शक्ति प्राप्त नहीं हो सकती क्योंकि उस बाह्य मूर्ति को प्राणप्रतिष्ठा के द्वारा ही अपनी जीवन्त शक्ति से जीवित किया जा सकता है। जो मूर्ति योगियों, ब्राह्मणों की शक्ति से जीवित होती है, वह योगी को कहां से शक्ति देगी। इसलिए जीवदेह में ही साक्षात मातृरूपा महाशक्ति है उसको सेवा से जगाकर स्थूल देह की पुष्टि होती है। तृप्ति होती है। इसका संचार होता है। प्रसाद स्वरूपा योगी इसे प्राप्त करता हैं और शक्ति रूपी मां के साथ अटूट बन्धन से जुड़ा रहता है।

उस शक्ति रूपी मां की सेवा अनिवार्य है। अमर लोक में मृत देह वाली माता को प्राप्त करना दुर्लभ है। ऐसा ही अन्य लोकों में है जो इस पृथ्वी पर ही हैं, सिद्ध लोक और संगरीला चन्द्रलोक कुण्ड और सूर्यलोक कुंड जो बद्रीनाथ से ऊपर सुमेरू पर्वत की ओर में सतोपन्थ ग्लेशियर से हटकर लक्ष्मी वन के दोनों किनारों पर अर्थात् लक्ष्मी वन के प्रारंभ में चन्द्रकुंड लोक है और सुमेरू पर्वत से नीचे जहां लक्ष्मी वन समाप्त होता है, सूर्य लोककुंड है। ये भी अमर लोक ही हैं। यहां वे ही रहते हैं जो काया से अमर योगी ऋषि हैं।

सिद्धलोक या संगरीला दोनों एक ही हैं। यहां सबसे अधिक अमर योगी ऋषि रहते हैं यह कर्मप्रधान भूमि नहीं है। यहां पर आकर समय विहीन हो जाता है। जैसा कि गुरु – राज्य और ज्ञानगंज में है कि कर्म को पूरा न कर पाने वालों को गुरुशक्ति अपने प्रसाद से कर्म को पूरा करने के लिए अपने लोक में ले लेते हैं वैसा इस सिद्ध लोक में नहीं है।

यह भी पृथ्वी पर ही है परन्तु ऋषियों ने अपने दिव्य आवरण से इसे आच्छादित कर रखा है, यहां पर वे सभी है जो अमर है। यह पृथ्वी मार्ग के तीन भागों से जुड़ा है, कोई श्रेष्ठ साधक ही यहां तक पहुंच सकता है।

यह पिंडारी ग्लेशियर को पार कर जयन्ती उटाधूरा से एक मार्ग है– जो कैलाश की ओर जाता है या फिर लीपू लेक से ऊपरी मार्ग द्वारा यहां पहुंचा जा सकता है। यह हिमालय की सबसे सुरक्षित केदारखंड की भारतभूमि में है।

सिद्धलोक ज्ञानगंज और गुरु राज्य स्फटिकमय दृष्टिगोचर होते हैं। पर वास्तव में ये स्फटिक नहीं हैं। शुद्ध निर्मल प्रकाश, आभा फैली हुई है ज्योति घनघोर होकर स्फटिक जैसी स्वच्छ श्वेत आभा में प्रतीत होती है।

ज्ञानगंज स्फटिक की तरह नक्काशी किये नजर आता है पर गुरुराज्य का केवल ऊपरी भाग ही ऐसा नजर आता है। सिद्धलोक में श्वेत रंग की बजाय ऐसा लगता है मानों सूर्योदय हो रहा हो वे सभी किरणें अपनी रश्मियों से आच्छादित हैं। ये सभी लोक न तो पृथ्वी जैसे नीचे हैं और न आकाश जैसे ऊपर। इन लोकों में ऊपर–नीचे चारों तरफ दिशाओं का बोध नहीं है। इनका प्रारंभ और अंत नीचे और ऊपर की कोई सीमा दिखाई नहीं पड़ती। न वहां दिन और रात का ही आभास होता है। क्योंकि रात दिन का होना वहां प्रभावित नहीं करता। एक अद्भुत प्रकाश स्वच्छ ज्योति की आभा में सब नहाए लगते हैं। हम जैसे लोगों ने जहां ब्रह्म प्राप्ति कर अपना लोक निर्माण कर रखा है। सारे मानव जगत् को ब्रह्मतत्व प्राप्त करने की प्रतीक्षा है। हर जीव को ब्रह्म से अलग हुए कई युग बीत गये हैं। माया से सभी को मुक्ति मिले, अपने अपने धाम को सब प्राप्त हों। यहां के गुरुओं का यही आशीर्वाद है।

जब भी आप लोग अपने सांसारिक ज्ञान विज्ञान भी सीमाओं में रहकर सोचेंगे तो आपके इस जागतिक ज्ञान की ओर से देखने पर आपका देशज्ञान और कालज्ञान पराहत हो जाता है। आप सबकी एक सीमा है। देश काल, संस्कृति की प्रभुता में आप पले हैं। आपका विज्ञान भले ही तारों, चन्द्रमा तक पहुंच गया है, भले ही आपका विज्ञान शरीर

की शल्यक्रिया कर रहा है पर आपका विज्ञान अपने निज के परिचय को प्राप्त नहीं कर पाया है। मायातीत होने के कारण ये सब स्थान आम लोगों के लिए भ्रम के अंतर्गत होकर रह गये हैं। आप सबका जब तक लक्ष्य नहीं खुलेगा, साक्षात्कार नहीं होगा तब तक तो भ्रम बना ही रहेगा क्योंकि वास्तविक पथ आपको दिखाई नहीं दे रहा है।

जो वास्तविक पथ है उसका विस्तार बाह्य नहीं बल्कि अन्तर्जगत अर्थात् भाव–राज्य में होता है। यह भावराज्य भावमय नहीं है बल्कि यह भाव के अभाव–भाव में है। जब तक भाव का विकास नहीं होता तब तक आनन्द रूपी मां का साक्षात्कार नहीं होता।

इस संसार में ज्ञान के प्रादुर्भाव होने से पहले ही मानव के हृदय में भक्ति का स्थान बन जाता है। परन्तु शुद्ध भक्ति – सरस भक्ति और अकृत्रिम भक्ति लक्ष्य के उन्मेष के पहले हो ही नहीं सकता। भाव का विकास अर्थात् आनन्द की प्राप्ति आनंद रूपी मां का साक्षात्कार।

यही सत्य है। ज्ञान के प्रकाश के उदय या लक्ष्य उन्मेष के पहले जिस भाव का संचार होता है, वह स्थायी नहीं होता, वह मात्र संचार पथ है, संचार भाव है। मायावी जगत की क्रियाशीलता से ऊपर उठकर अग्नि तत्त्व से जुड़े रक्तमय माया नदी के उस पार जाने पर भी वह भाव टिकाऊ नहीं होता।

महाज्ञान तो दूर का विषय है। अन्तर्दृष्टि रूप लक्ष्य के उन्मेष के साथ ही यह सब खत्म हो जाता है। इस ब्रह्माण्ड में ऐसे असंख्य अभाव रूपी भावलोक के भक्त और इष्ट का आभास करने वाले माया लोक में विद्यमान हैं।

जो वास्तविक योगी हैं वे इस वक्र पथ से चल भाव के चक्रव्यूह में नहीं फंसते। वे तो सरल पथ से अमृतधारा या अमृतसरोवर तक पहुंच जाते हैं। और उसे पार करके अमृत सरोवर के उस पार – लक्ष्य उन्मेष के प्रयास में हमेशा अभ्यासरत रहते हैं। इस अमृत सरोवर का जल शीतल जल प्रतीत होता है। यह जल नहीं अमृत होता है। यह गाढ़े दूध की भांति दिखाई पड़ता है। इसका स्वाद मधुर होता है। सुगन्ध बड़ी सुहावनी एवं आकर्षक होती है। सरोवर के पार करने के बाद भी इस अमृत को कोई पी नहीं सकता। और न किसी योगी को पीने का अधिकार ही प्राप्त है। योगीजन जब बड़े प्रयासों के बाद, अपने

भू–मध्य में लक्ष्योन्मेष करने में समर्थ हो जाते हैं तब इस अमृत को पीने का उन्हें अधिकार मिलता है।

सभी योगी उत्तराभिमुख महाप्रस्थान के मार्ग की ओर दृष्टि को लगाकर, अन्तर्दृष्टि को खोलने का प्रयत्न करते हैं। उस वक्त सामने – सफेद रंग के प्राचीर के समान शुभ्र आकाश प्रकाशित होता है।

उस शुभ्र आकाश में एक बाल के भी करोड़वें हिस्से के समान अति ही सूक्ष्म छोटा सा छिद्र खुलता है। छेद उस पार से क्षीण रश्मि जैसी प्रकाश की धारा तीव्र वेग से आकर उत्तराभिमुख योगी के भूमध्य में प्रवेश होती है – और योगी के तीसरे नेत्र में बार–बार आघात करती रहती है। साथ ही वे तरंगें लौट कर छिद्र को भेद कर चली जाती हैं। कुछ क्षण तक यह क्रिया चलती रहती है। बाह्य रश्मि और योगी के भूमध्य के बिन्दु का दोनों में घात–प्रतिघात चलते–चलते अचानक ज्ञान नेत्र खुल जाता है। फिर तो पूरा ब्रह्मांड की खुल जाता है। यह योगी का लक्ष्य भेद है, लक्ष्य का उन्मेष है।

इस स्थिति में योगी की सारी देह उस लक्ष्य, उन्मेष के साथ–साथ हो जाती है। उस लक्ष्य से एकाकार हो जाती है। ऐसा लगता है वह एक हो गई है। उस वक्त एक भाव–लक्ष्य ही रह जाता है। योगी की काया पतित नहीं होती और स्थान भी खाली नहीं होता। वह योगी आगे निकल जाता है। उस स्थान पर दूसरा योगी आकर उसी प्रक्रिया में बैठ जाता है। दिखने में लक्ष्य अत्यंत ही क्षुद्रायतन और एक ज्योतिर्मय नरमूर्ति मात्र होता है। अंगुष्ठ परिमाण भी कहा जाता है। उसके पूरे अंगों में निर्मल प्रकाश के अलावा और कुछ नहीं होता। आत्मसाक्षात्कार हो जाने पर, या यों कहें अभाव की पूर्ति हो जाने पर या लक्ष्य को प्राप्त हो जाने पर वह योगी को, उस दिव्य आकृति को अमृत को अमृत सरोवर का अमृत पीने का अधिकार प्राप्त हो जाता है। उसी समय उस योगी की नर देह अमृत पीकर अमरत्व यात्रा में दीर्घकाल से तपस्या करने की गति से मुक्त होकर उस छिद्र की राह से उस पार चला जाता है। यही गुरु राज्य का भेदन हुआ और योग पथ की यात्रा हुई।

गुरु राज्य की तरह ही – ज्ञान गंज की गतिविधियां हैं। ज्ञानगंज योगाश्रम में योग साधना को साध्य करके सिद्धाश्रम में जाना पड़ता है। वहां से लक्ष्य का उन्मेष करके अमृत सरोवर को पार कर योग पथ द्वारा

ब्रह्मसाक्षात्कार किया जाता है। ज्ञानगंज और गुरु राज्य के योगियों को जो चर्चा की जा रही है। वह अमर काया की बात है।

पर मृत शरीर में रहकर भी श्रेष्ठकर्मी बनकर लक्ष्य का उन्मेष करके भाव राज्य में प्रवेश किया जा सकता है। और यही सर्वश्रेष्ठ कर्म है। एक बार प्रवेश कर गये तो सभी स्थितियां बदल जाती हैं। उनमें पहले जैसा दृश्य नहीं रह जाता है क्योंकि तब बाहर का जगत था और अब अन्तर्जगत में प्रवेश मिल चुका है। इस रास्ते में सैकड़ों पथिक प्रयत्नशील हैं। आप लोग भी हो सकते हैं। पर कोई किसी को देख नहीं पाता। एक ही लक्ष्य है। दूसरा कोई पदार्थ वस्तु उसकी दृष्टि पथ में नहीं आता और न ही आ सकता है – क्योंकि अंतर्जगत में एकाग्र भूमि में प्रवेश करने से दृश्यरूप में सत्ता का आभास नहीं रह जाता।

भाव का विकास, लक्ष्य का उन्मेष हृदय में प्रवेश और अन्तर्जगत में गतिलाभ, यह सब साधकों, भक्तों, योगियों, उपासकों का एक ही स्थिति रूप है। यह सभी साधकों का जो साधनारत हैं और योगियों का प्रधान कर्तव्य बन जाता है कि बहिर्जगत से अन्तर्जगत में प्रवेश करके – अर्न्तजगत बाह्य अंश से अंतर्मुखी गति के प्रभाव से धीरे–धीरे क्रमशः अन्तरतम बिन्दु अथवा केंद्र में प्रविष्ट होना। बाहर का जो संसार है वह अज्ञानता से ढका हुआ है। और बाह्य दृष्टि भी अज्ञानता से युक्त है। इसलिए सबसे पहले अज्ञान दृष्टि – अज्ञान भाव – अज्ञान युक्त कर्म का त्याग करना चाहिये। और ज्ञान दृष्टि, ज्ञान भाव, ज्ञान परिष्कृत कर्म के सहारे अन्तर्जगत में प्रवेश करना चाहिये। यह अन्तर्जगत ही भाव का राज्य है। यह अन्तर्जगत में प्रवेश करना चाहिये। यह अन्तर्जगत ही भाव का राज्य है। यह अर्न्तजगत ही हृदय का आकाश है।

इस भाव देह की प्राप्ति उसी की होती है जो ऊपर के रास्ते से साध य कर लेता है – जब तक यह नहीं तब तक इस योग्य उपयोगी वाहन को प्राप्त करने के लिए उपयोगी बाह्य स्वरूप कर्म करते रहना बहुत ही आवश्यक होता है।

योगी जब तक कर्म को पूर्ण नहीं कर लेता या लक्ष्य का भेदन नहीं कर लेता तब तक इस मृत देह की सुरक्षा करते हुए अपना कर्म करते रहता है। वह इस मृत देह से भी कर्म करते रहता है। और अमर देह को प्राप्त करके भी कर्म को नहीं छोड़ता। परन्तु यह ध्यान रखता है कि – यह कर्म प्रकृत कर्म नहीं है, गौण कर्म नहीं है क्योंकि मरने के बाद

अमर देह प्राप्त करके जो कर्म किया जाता है वह तीव्र संवेग संपन्न नहीं होता फिर भी वह कर्म किया जाता है और उसके फल स्वरूप लक्ष्य उन्मीलन एवं भाव प्रवेश यथावत् होता है। शरीर का अन्त होने पर भी योगी का आश्रय मिलता है और काया भी प्राप्त होती है।

भाव एक परिधि बिन्दु है, और माहाभाव केन्द्र बिन्दु है। भाव में प्रवेश करते ही एक लक्ष्य प्रतिष्ठित मार्ग बना होता है और उस लक्ष्य की अनुगामी गति होती है। किसी वृत्ताकार गोलक में या किसी घड़े में बाहर से उसके केन्द्र की ओर आवर्तन क्रम से जाने पर धीरे–धीरे केन्द्र में पहुंचा जा सकता है। भाव के मार्ग से जब योगी की अन्तर्मुखी गति होती है तब वह गति तब तक नहीं रुकती जब तक भाव महाभाव में प्रतिष्ठित नहीं हो जाता।

आवर्तन क्रम से या सरल गति से परिधि बिन्दु में पहुंचना ही योगी की योगभूमि का भेदन है और यही योग सिद्धि है। यहां पर आकर अनेकों योगी रुक जाते हैं। कुछ महायोगी ऐसे हैं जो भाव से महाभाव में अपनी गति को समापन न देकर आगे परमाप्रकृति में जाकर करते हैं। ऐसे महायोगी महाभाव प्राप्त करके नाभिमार्ग में महाज्ञान लाभ करके परमाप्रकृति की ओर चल पड़ते हैं और इस परमाप्रकृति से ऊपर उठकर विश्राम करते हैं। पर योगी का 'स्वभूमि रूप' स्थान है।

महाभाव में कर्म की समाप्ति हो जाने पर महाभाव के बाद जो कुछ है वह नहीं जाना जा सकता। महाभाव दशा की दसों दिशाओं में मानों एक अखंड ज्योति विद्यमान दिखाई देती है। परन्तु नाभिचक्र भेदी महायोगी के प्रभाव से अगर परमाप्रकृति का राज्य खुल जाय तो उस समय वह इस महायोगी का स्थान परिगणित होता है और तब देखा जाता है कि एक अनन्त ज्योति सभी ओर से उसे घेरे हुए है।

परमाप्रकृति का राज्य आनन्द की पूर्ण अभिव्यक्ति का स्थान है यहां आकर सभी अभाव सदा के लिए गिर जाते हैं। यही ईश्वर का धाम है– यही ब्रह्मधाम है, यही आत्मा का निजधाम है। यहां आकर कर्म और गति अवसान हो जाता है।

जो महाभाव है वही परमाप्रकृति है। यह सोर विश्व से बहुत ऊपर अवस्थित है। यह अमर राज्य से भी बहुत ऊपर है। इसके बाद और कहीं नहीं जाना होता। पर ऐसा बहुत कम होता है – क्योंकि इस मृत

देह में रहकर – इस भौतिक शरीर में रहते हुए – कर्म के प्रभाव से – सृष्टि के आदिकाल से आज तक – परमाप्रकृति के स्थान में बहुत कम लोग जा पाए हैं। भौतिक शरीर से उस स्थान की जीत नहीं पाने से अगर देही योगी – गुरु राज्य और ज्ञान गंज का सहारा लेता है। यह परमाप्रकृति एक अत्यंत गुह्य स्थान है। ज्यादातर योगीजन महाभाव तक पहुंचकर चरम बिन्दु रूप मान लेते हैं – इसी को ब्रह्मपद कहा जाता है।

साधक को ब्रह्मपद होता है – चिदाकाश। जिसे पार किया जा सकता है। पर अन्तर्जगत में महाभाव ही चरमबिन्दु है। जो महाभाव स्थिति को प्राप्त कर लेता है उसे यह एहसास हो जाता है कि महाभाव से एक स्रोत बह रहा है जो परमाप्रकृति तक जाता है, जो एक नाभि चक्रभेदी योगी के प्रयासों से ही जाना गया है।

जीवन की विभिन्न आवृत्तियों – वृत्तियों की चकाचौंध में उलझा हुआ मन सबका मालिक बना बैठा है। चाहता हर कोई है उस अभाव की पूर्ति करना जो हमेशा अपने आप में कमी बनकर याद दिलाता है। जाग्रत, स्वप्न, निद्रा और सुषुप्ति की वृत्तियों से जुड़ा मन विक्षिप्त अंवस्था को प्राप्त कर जाता है। यह तभी संभव होता है जब साधक साधना के पथ पर हो अथवा किसी कारण विक्षिप्त हो जाए।

मन की यह विशेष अवस्था है और जब विक्षिप्त दृष्टि को बाह्य जगत से एकाग्र कर लिया जाए तो लक्ष्य उन्मेष के फल स्वरूप अन्तर्जगत अथवा हृदय राज्य खुल जाता है। या यों कहे कि हृदय पुण्डरीक विकसित हो जाता है – हृदय कमल की सारी पंखुड़ियां खिल जाती हैं। उसके पश्चात् क्रम से हृदय के केन्द्र की ओर गति का प्रवाहित वेग बढ़ जाता है। हृदय केन्द्र में ही परमाप्रकृति है या भाव रूपी लक्ष्य है। अथवा आनन्द का वह परम स्वरूप है जो इष्ट या देवता का अन्तरमय रूप बन जाता है। अगर इन सब स्थितियों का अनुभव हो जाता है या साक्षात्कार हो जाता है तो इसके साथ ही साथ अन्तर्मुखी गति का भी अवसान हो जाता है।

साधारण रूप में देखेंगे तो योगी हृदय में अथवा विश्व की अन्तरात्मा के साक्षी रूप में प्रतिष्ठित हो जाने पर कर्म और उसकी अन्तर्मुखी गति का भी अवसान हो जाता है। जो वास्तविक ब्रह्म है, वह इसके पश्चात्

है। चारों और जो अखण्ड महासत्ता प्रतिभासित हो रही है, जिसके विषय में निश्चित कुछ भी नहीं कहा जा सकता, वही वास्तव में ब्रह्म है। वही सृष्टि का अतीत है, बाह्य और अन्तर्जगत दोनों का अतीत है, मोहमाया, महामाया का भी अतीत, अनन्त परम सत्ता है।

वह असंग रूप में – अनासक्त भाव से सर्वत्र विद्यमान है। वह सबका अतीत है। वह सर्वत्र होते हुए भी कहीं भी नहीं है। महालक्ष्मी रूपी जो सम्यक ज्ञान है, उससे भी उपलब्ध नहीं होता, भक्ति वहां तक नहीं पहुंचती। किसी भी उपाय से उसे आयत नहीं किया जा सकता। जीव का पुरूष्कार उसे अपना नहीं बना सकता। परमात्मा की कृपा के द्वारा भी उसे प्राप्त नहीं किया जा सकता। वह एक ही साथ सत् और असत् दोनों का अतीत है। वह है क्या? यह कहा नहीं जा सकता और वह क्या नहीं है, यह भी कहा नहीं जा सकता। इस ब्रह्म वस्तु के बोध के साथ आयत करना ही मानव जीवन का उद्देश्य है।

आप लोग परमाप्रकृति के राज्य में जिस अचिन्त्य, अनन्त और अचल आनन्द को पाते हैं वह भी ब्रह्म वस्तु की समृद्धि और महिमा की तुलना में महासिन्धु के आगे बिन्दु की भांति अत्यंत तुच्छ है। अभी तक तो कोई भी योगी देह में रहते हुए अर्थात् चेतन सत्ता से उस वस्तु को धारण करने में समर्थ नहीं हुए हैं। महायोगियों – महर्षियों के ग्रन्थ आदि में उसका सुदूर स्वप्न की भांति परमपाद के रूप में वर्णन हुआ है।

विष्णु का परमपाद, जिसे दिव्य सूरिजन निरन्तर निर्निमेष दृष्टि से दर्शन किया करते हैं, वह वास्तव में उस ब्रह्म पद के सिवाय और कुछ नहीं। परमाप्रकृति के राज्य में भी उसकी दूरी अनन्त है। कितनी दूर यह निर्णय नहीं किया जा सकता, यद्यपि वह सर्वत्र समभाव से विराजमान है।

अन्तर्गति का पर्यावसान हृदय के मध्य बिन्दु में होता है। इसके बाद उसकी अन्तर्गति नहीं होती। भाव में प्रवेश के साथ–साथ ही जैसे बाह्य जगत का निरोध हो जाता है, वैसे ही महाभाव अथवा परमाप्रकृति भेद करने के बाद अन्तर ज्ञान ही निरूद्ध हो जाता है। उस समय भीतर और बाहर एक होकर या समान होकर प्रकाशमान नहीं होने से अखंड ब्रह्मसत्ता को धारण करना सम्भव नहीं होता।

मायाराज्य और महामाया राज्य में गति है। इसलिए योगी के लिए

एक भूमि से दूसरी भूमि एवं एक अवस्था से दूसरी अवस्था में बढ़ना संभव है। बहिर्जगत एवं अन्तर्जगत में, दोनों में एक गति है। केवल दिशा भेद मात्र है। पर जब अन्तर्जगत को भेद करना बड़ा कठिन है। क्योंकि अभी तक साधरण लोगों की पहुंच से बाहर है, परन्तु योगी का तो यही आदेश है, लक्ष्य है। बहिर्जगत का भेद किये बिना जैसे लक्ष्य, उन्मेष और अन्तर्जगत में प्रवेश नहीं होता वैसे ही अन्तर्जगत का भेद किये बिना प्रकृत सत्य का लाभ नहीं होता। प्रकृत सत्य वही है जिसमें भीतर–बाहर भेद नहीं रहता, द्वंद्व और विरोध भी नहीं रह सकता।

अतीत और अनागत – नित्य वर्तमान में साम्य लाभ करता है। और फिर मैं और तुम का व्यवधान हमेशा के लिए समाप्त हो जाता है। देह अवस्था में अन्तर्जगत भेद नहीं कर पाने से भेद करने की फिर सम्भावनाएं नहीं होती, क्योंकि अन्तर्जगत के मध्य बिन्दु में प्रवेश होने के पहले ही देह त्याग हो जाने से परमप्रकृति के राज्य के दल में स्थान प्राप्त होता है। परमाप्रकृति के राज्य को देह अवस्था में महायोगी के अतिरिक्त कोई अतिक्रान्त नहीं कर सकता। परन्तु अतिक्रम करने पर भी काल के निवृत्त नहीं होने तक देह अन्त की सम्भावनाएं रहती हैं। देहान्त होने पर स्वयं परमाप्रकृति रूप में वह नित्य प्रतिष्ठा लाभ करता है।

जीव का जो यात्रा मार्ग है, वह इतना जटिल है कि कुछ नहीं कहा जा सकता, क्योंकि अविराम पथ पर जीव न जाने कितने युगों, कल्पों, सदियों से चलता हुआ, आदि प्रकृति से अलग हुआ है। न जाने कितने युगों तक जीव चेतनाविहीन बनकर प्रकृति के अचेतन के साथ पड़ा रहा वे – जब तक कि चैतन्य का चेतनत्व नहीं मिला है।

वैसे तो सहज में साधु, योगी–संन्यासी, उदासी, वैरागी बने मतान्तर के लोग परमात्मा के उपलब्ध होने का मार्ग बताते हैं । कितने कथा के श्रवण कर लेने से ही परमात्मा प्राप्त हो जाता है – ऐसा कहते चले आ रहे है। मोक्ष तो सहज ही उपलब्ध है – उनके अनुसार। आत्म साक्षात्कार बिकने लगा है – आध्यात्मिक बाजार में। आज विश्व के बाजार में आध्यात्मिकता के शास्त्र और साहित्य के दोहा, श्रुति, कीर्तन–भजन आदि सब बिक रहे हैं।

मन्त्रों का व्यवसाय भी कुछ तथा कथित सन्त महर्षि लोगों ने कर दिया है। दुर्गा सप्तशती के मन्त्र, सौंदर्य लहरी, ललिता सहस्रनाम के मन्त्र बिक रहे हैं। नवार्ण मंत्र को श्री विद्या मंत्र को तोड़–मरोड़

कर दीक्षा के रूप में दिया जा रहा है। शक्तिपात की भी कीमत लग गई है।

मैं तो जापान के बहुराष्ट्रीय बाजार में मंत्र का व्यवसाय देखकर दंग रह गया। साक्षात्कार करवाने का ठेका भी लिया जा रहा है। यह सब जाने हुए भी यह कभी संभव नहीं सकता फिर भी धन के लिए लोगों बेवकूफ बनाया जा रहा है। जिस विज्ञान को प्राप्त करने के लिए ऋषि, योगी अन्तर्जगत का भेदन बड़ी ही कठिनाईयों के बाद कर पाए हैं, वह केवल विचारों के तर्क पर ही आज उपलब्ध है।

प्रेम को विरह का रूप देकर कृष्णमय बनी गोपीकाओं का हृदय कैसा रहा होगा। यह तो एक योगी हृदय ही जान सकेगा पर कथाकारों का नाटकीय मन इस प्रेम को बड़ी सरलता से ही व्यक्त कर रहा है। समय का कायाकल्प हो गया है। जब हर इन्सान भगवान का नाटकीय रूप लेकर अपनी पूजा करवा सकता है, तो फिर ऋषियों–मुनियों –सन्तों का अवतार अपने आपको साबित करना कोई कठिन बात नहीं रह गई है। मेले की भीड़ में सब कुछ बिक सकता है। खरीदने वाले बाजार की चहल–पहल को देखकर ऊपरी दिखावेपन में धोखा खाते चले जा रहे हैं। वे बुद्धिजीवी तो हैं पर मूर्ख भी है। तभी तो सोच नहीं पाते कि कही भगवान भी बिकता है कहीं आत्मसाक्षात्कार भी बिक सकता है। एक बुद्धि जीवी अनेकों बुद्धिजीवियों को मूर्ख बना सकता है और यही हो रहा है।

जो कृपा से, जो प्रयोग से घटता है, वह केवल धन बटोरने लोगों को बेवकूफ बनांने का धंधा बन गया है। सभी काल के अधीन हैं, कुछ भी उनके साथ नहीं जा सकता। यह वे जानतें हैं, इस पर भी अपने कर्मयोग में इतना बड़ा छल कर रहे हैं, झूठ बोल रहे हैं।

अनुभव प्राप्त ऋषियों–योगियों की वाणी को व्यवसाय बना रहे हैं। हजारों–हजारों लोगों को झूठे दिलासे में लटकाकर – अपना स्वार्थ सिद्ध कर रहे हैं यह वह जानते हैं कि केवल अन्तर्जगत का भेद करने पर भी महायोगियों का कार्य सिद्ध नहीं होता। यह ऐश्वर्य और सत्ता का मार्ग नहीं है क्योंकि ये दोनों ही नित्य हैं, ब्रह्म अवस्था को प्राप्त करना या उत्कर्ष कर पाना सम्भव नहीं।

देह अवस्था में केवल अन्तर्जगत का भेद करने पर भी काल पर विजय प्राप्त नहीं की जा सकती। यह सब काल के अधीन है, परम

प्रकृति अवस्था की कालचक्र के आवर्तन में आती है। परम प्रकृति के बाहर जो सन्धिभूमि है वह भी काल के सूक्ष्म प्रभाव में आ जाती है। एक मात्र ब्रह्म ही कालातीत है और सब तो काल के अधीन हैं।

योगियों के द्वारा अन्तःकरण को ज्ञान लेने पर भी कार्य की सिद्धि नहीं होती ब्रह्म की प्राप्ति नहीं होती। इसके बाद भी इस भौतिक शरीर में रहते रहते ही कर्म हीन कर्म अर्थात् आत्मकर्म या स्वकर्म सम्यक प्रकार से सुसिद्ध होने पर भाव और गुण के मिलन के साथ–साथ महामाया और ब्रह्मसत्ता का मिलन हो जाता है। अन्तर्जगत का अतिक्रमण होने के बाद गति जिसे आप कर्म कहते हैं, वह नहीं रहता, ऐसा आभास होता है, या ऐसा कहा गया है, रहता नहीं। यह सत्य है, लेकिन फिर भी रहता है। यह गतिहीन गति अथवा कर्महीन कर्म ही महामाया और ब्रह्म को अभेद सूत्र में गूंथता है।

शरीर का अन्त होने पर यह संभव नहीं होता इसलिए परमाप्रकृति अवस्था को प्राप्त करने के बाद भी देह रहते–रहते ही इसका सम्पन्न करना आवश्यक होता है। तब इस अवस्था के प्राप्त करने पर जो चारों तरफ परमा प्रकृति के राज्य का घेराव दिखाई देता है। वह दिखना बन्द हो जाता है। वह प्रकाश जो अखण्ड ज्योति जैसा था। वह लुप्त हो जाता है। और न ही परमाप्रकृति का प्रभाव ही रह जाता है। सभी सीमाएं टूट जाती हैं। सभी दूरीयां समाप्त हो जाती हैं। तब योगी अपनी भूमि को ही ब्रह्म भूमि के रूप में पहचान लेता है। उस समय काल का राज्य या माया राज्य जैसा कुछ भी नहीं रहता, ब्रह्म नाम का भी पृथक् रूप से कुछ भी नहीं रह जाता है।

उस समय योगी ही ब्रह्म होता है महामाया उसी के आश्रित है। यह ब्रह्मत्व है। यह ब्रह्मलोक है। यही साक्षात्कार है। परन्तु यह पृथ्वी वासी मानव कब तक यूं ही बेवकूफ बनता रहेगा। जाति संप्रदाय के झगड़ों में अपने निजबोध को खोता रहेगा। इस भू के मानव का कुछ चालाक बुद्धिजीवी व्यवसायी कल तक शोषण करते रहेंगे। इस बात का ख्याल अपने आप में सभी को रखना होगा। कहीं आपका दुरुपयोग तो नहीं किया जा रहा। कहीं आपके मन के लोभी होने से, आपके कर्म का कोई दुरूपयोग तो नहीं करवा रहा। आपके ब्रह्मत्व को अपने वैचारिक गुलामी का चोला तो नहीं पहना रहा। यह सभी लोगों को सोचना होगा।

लोगों को, पुजारियों, भगवानों, अवतारों तथा नकली आत्मदर्शीयों से बचना होगा। इनके विचारों की दलाली में नहीं आना होगा। नहीं तो ये अपने दास बनाकर – इस जीवन को नष्ट कर देंगे। खुद मरकर नर्क जाएंगे। साथ ही अपने सारे साधकों को भी ले जाएंगे। जिस तरह से अपनी पूजा करवा कर भटकाव में डाल रहे हैं वैसा ही वहां पर भी होगा। इनकी मायावी सीमाओं को तोड़ना है। इनके सांप्रदायिक विचारों से भागना है। इनका कोई धर्म नहीं होता, इनका धर्म सिर्फ पैसा होता है। इनका धर्म संगठन है। इनका धर्म संप्रदाय है। ये उधार की बातें करते हैं, लेकिन अपने आपको व्यास कहेंगे – शुकदेव कहेंगे।

ये संसार के सारे योगियों, सन्तों, ऋषियों के झुठलाएंगे और अपने वाचाल तथ्यों की दलील देकर स्वयं सत्यवादी बन जाएंगे और सत्य को झूठ साबित करेंगे। इनका ध्यान हमेशा पावर की ओर रहता है। इनका ध्यान आपके भूत – संस्कारों की ओर नहीं रहता, न ही कर्म संस्कारों की ओर रहना है। ये तो गरीब का शोषण करते है, इनका मार्ग भगवत धाम नहीं होता है बल्कि केवल अपना धाम होता है। ये किसी को योगी बनान नहीं चाहते, ये किसी को प्रकृत ज्ञान देना नहीं चाहते, ये तो केवल जड़ता में ही रहना चाहते है। इनका धर्म शोषण करना है, इनका धर्म स्वयं गुरु बनना है – भगवान बनना है।

तुम तो मनुष्य तो, तुम सामाजिक प्राणी हो, तुम्हें अपनी व्याकुलता से – अशान्ति से भागना है। तुम तो साधना के लिए आए तो – तुम्हारी देह तो योगी की देह है। तुम्हें तो योग मार्ग पर जाना है। सबसे पहले भाव में पहुंच कर – अपनी योग – देह को भाव देह में बदलो। वह भाव देह योगी स्वरूप है। वह मातृ स्वरूप है। इष्ट की अवस्था में तुम स्वयं प्राप्त कर जाते तो शिव होकर शिव की उपासना करनी होती है। वैसे ही स्वयं चिदानन्दमय प्रकृत स्वरूप धारण कर जन्म मरण से वर्जित अखंड तारुणमय अनन्त से आनन्द से उल्लासमयी प्रकृति को प्राप्त करने के लिए बढ़ना होगा।

अंश को जैसे अंशी को पाने का प्रयास होता है, वैसे ही तुम्हारा प्रयास भाव राज्य की ओर अपने आप बढ़ना है। इस गति का अवसान जिस बिन्दु पर होता है। वह महाभाव या परमा प्रकृति जो भी क्यों न हो चाहे वह इष्ट रूप हो या अपना ही परम स्वरूप, अथवा अंश का अंशी यहां पहुंचकर इन सभी लक्ष्यों का अवसान हो जाता है। विलय हो जाता

है। इसके बाद अलक्ष्य की आकाशीय सीमा आती है। जो आनन्द का अतीत है। जो इष्ट का अतीत है। अपने परमस्वरूप का भी अतीत है कर्म का भी अतीत है। इसमें सब कुछ है सब इसी से निकलते हैं।

पहले आश्रय तत्त्व और अन्त में विषय तत्त्व आत्म–प्रकाश करता है। इसकी परावस्था में आश्रय और विषय – दोनों के मिलन से साम्यरस उदित होता है। उसके प्रभाव से ब्रह्मत्व को धारण करने की शक्ति आती है।

यह आश्रय–मुक्त है या योगी स्वयं। और विषय भगवान. या मां स्वयं है। दोनों का मिलन सिद्ध होने से भक्त और भगवान का पृथक भाव मिट जाता है। दोनों की पृथक सत्ता विगलित होकर एक अखंड रसमय सत्ता में पर्यवसित होती है। उस वक्त बलाधान होता है, और ब्रह्म को धारण करने की योग्यता का सूत्रपात होता है, इससे महले नहीं।

जो कथाकारों के प्रवचन कर्ताओं की वाणी द्वारा भक्त से भगवान की जिस नित्यलीला की कथाएं आप लोग सुनते हैं, वह सब इस परमा प्रकृति की माया में ही घटित होता है। वह ब्रह्म अवस्था नहीं है। वह तो ब्रह्म लीलातीत है।

यह सब, लक्ष्य, कर्म, और सेवा है। महायोग के योग पथ में जाने के लिए इन तीनों की समान रूप से आवश्यकता होती है।

•••

श्वास प्रश्वास

विश्व जो चारों ओर फैला हुआ है, उसे जड़ और जीव जगत् भी कहते हैं। यह भौतिक, सूक्ष्म और कारण जगत बनकर फैला हुआ है। सक्रियता और गुरुत्वाकर्षण बनाए हुए यह हर जड़ और चेतन को अपने–अपने व्यक्तित्व की पहचान बनाने का अवसर दिये हुए है।

प्रत्येक तत्त्व, प्रत्येक जीव अपने–अपने केन्द्र में रहकर किसी न किसी और केन्द्र में परिक्रमा कर रहे हैं। बाह्य और भीतर दो गतिविधियां हैं। सबका अपना–अपना अतीत मार्ग, और सबका अपान–अपना प्रशस्ति मार्ग है। हर किसी और के गुरुत्वाकर्षण में जा कर खो जाता है। या अपने–अपने निज गर्भ में उसका अवसान हो जाता है। स्थिरता, ठहराव किसी में नहीं है। सब के सब काल के अधीन हैं। इसके लिए जो जड़ है वह प्रतीक्षा में है, डिसोलूसन का, विस्फोट का, प्रकृति, लय होने का। और जो श्वास–प्रश्वास के अधीन है वह परिवेश है। काल के परिमाण का अथवा वह स्ववश में रहकर महापथ का पथिक बन सकता है।

जिसे हम श्वास–प्रश्वास कहते हैं, उसमें कर्म और अनुभूति का बड़ा गहरा सम्बन्ध है। जब तक श्वास–प्रश्वास का विज्ञान समझ में नहीं आ जाता या जब तक श्वास–प्रश्वास का विज्ञान समझ में नहीं आ जाता या समझ में नहीं आ जाता या जब तक श्वास–प्रश्वास का तत्त्व स्वष्ट रूप

से हृदयंगम नहीं होता, तब तक कर्म या ज्ञान कुछ भी ठीक से समझा नहीं जा सकता। श्वास–प्रश्वास जीवन की कड़ी है, जीवन ऊर्जा तो नहीं अपितु संपूर्ण जीव जगत का प्राण है।

साधारण जीतों का श्वास–प्रश्वास कुछ और है। साधक और भोगी के श्वास–प्रश्वास की गति में विलक्षणता है। हर जीव श्वास को लेता है। वह बाहर की संपदा है। वह काल की सीमा है। श्वास का ग्रहण कालराज्य से होता है। इसमें आकर्षण है, खिंचाव है, बाहर से भीतर की ओर। इस आकर्षण है, खिंचाव है, बाहर से भीतर की ओर। इस आकर्षण में जीवों की दृष्टि का प्रभाव है जो आंख का बिन्दु है। इस बिन्दु में बड़ा तेज है। उस तेज में तीव्र आकर्षण है, शक्ति है। इसी आकर्षण शक्ति के प्रभाव से काल शक्ति से वायु श्वास रूप में जीवों की देह में प्रवेश करती है। परन्तु प्रायः लोग नहीं जान पाते, कि इसमें क्या रहस्य छिपा है, यह वायु दृष्टि के साथ देह के भीतर प्रवेश होकर जीभ के नीचे की ओर सितार के तार जैसी जो तन्तु समष्टि है, उसमें उतरती है। ये तन्तुएं गुच्छे के आकार में रहती है।

जिस वायु के आकर्षण की बात मैंने लिखी है वास्तव में वह काल का अणु है। इसलिए इस तन्तु गुच्छे का श्वास का तार या काल का तार कहकर इसका परिचय करवाऊंगा। वहां से इन तन्तुओं के सहयोग से ते 'अणुरूपी वायु' क्रमशः अधः की ओर संचारित होकर नाभिकेन्द्र में पहुंचती है और वहां निरन्तर घूमती रहती है।

इसके बाद नाभि प्रदेश में उसकी एक धारा ऊर्ध्वगामी होकर शरीर के सामने के पिंजरे के नीचे (निरय हृद) नाम के स्थान विशेष में उठती है। दूसरी ओर नाभिचक्र के नीचे, उपांग स्थान से एक ताप निरन्तर निकलता रहता है। वह स्वभावतया ही ऊर्ध्वगामी होकर निरय स्थान में प्रवेश कर जाता है। इसके बाद वह पहले की वायु जो काल का अणु है। वह ताप परस्पर मिलकर निरय स्थान को भेद कर श्वास यंत्र में प्रवेश करता है।

यह श्वास यंत्र बड़ा ही सूक्ष्म छेदों वाला होता है। वह वायु श्वास यंत्र के छेद की भेद कर श्वास यन्त्र से उत्क्रान्त हो कर पहले कण्ठ देश और उसके बाद तालु के मूल स्थान में जाती है। तालु के मूल स्थान से वह प्रश्वास रूप में निकलती है। बाहर आने का द्वार मुंह और नाक होता है।

नाक के द्वारा वायु का निकलना बड़ा अशुभकर होता है क्योंकि इससे मृत्युकाल सन्निहित होता है। अपधि कम होती जाती है। मुख से निकली वायु को काल खींच लेता है। उसे काल को जीतना प्राप्य है (उपलब्ध है) उसकी अपेक्षा अधिक मात्रा में काल में निर्गत होती है। इसलिए निर्दिष्ट समय से पहले काल पूर्ण हो जाता है और जीवन की धारा का अवसान हो जाता है।

प्रश्वास के निकलने का प्राकृतिक मार्ग नासिका है। विधिवत् नासिका के द्वारा निकलने से वह 'वायु' कर्मशक्ति के स्तर में निरूद्ध हो जाती है। काल उसे ग्रास नहीं कर पाता और न ही उसे पी सकता है। इससे यह लाभ है कि वह जीव जब अपने कर्मपथ पर गति लाभ करता है और कर्म में प्रवृत्त होता है, तो आवश्यकता होने पर उस कर्म के पर्दे से वायु को खींच सकता है। तब वह वायु उस जीव के आयत्त में आती है।

यदि किसी कीवायु आंशिक भाव से नासिका और मुख दोनों द्वारा से निकलती है तो उसका कर्मफल प्रसव नहीं कर सकता – अर्थात कर्म का फल नहीं बनता। कर्मफल निष्काम हो जाता है। काल से सम्बन्धयुक्त होने के कारण तेजहीन हो जाता है। साधारण जीव के श्वास और प्रश्वास की गति ऐसी ही होती है। प्रवेश द्वार चक्षु और निर्गम द्वार तालु मूल है। पूरक के आकर्षण का मार्ग आंखें है। रेचक का निर्गमन मार्ग तालु का मूल है। नासिका और मुख इसका अवान्तर द्वार है। इस श्वास के साथ जीव का जन्म होता है और प्रश्वास के साथ मृत्यु। श्वास और प्रश्वास अर्थात् जीवन और मृत्यु। साधकों की श्वसन धारा में कुछ विचित्रता पाई जाती है।

नाभिकुण्ड से वायु का एक प्रवाह एवं अपांग से ताप का एक प्रवाह निरय स्थान में जाकर मिलता है। यह सत्य है परन्तु इसके बाद साधक की वायु निरय स्थान त्याग कर श्वास यंत्र की ओर उढ नहीं सकती। वायु के बदले वह ताप ऊर्ध्वगामी होकर श्वास स्थान में प्रवेश करता है। इसी के फलस्वरूप क्रमशः श्वास यंत्र शुष्क हो जाता है। बहुत दिनों के प्रयास से शुष्कता की पराकाष्ठा होने पर उस स्थान से एक ज्योति का आविर्भाव होता है। वह ज्योति बड़ी विशाल होती है। इसके आदि–अन्त का कुछ भी पता नहीं चल पाता।

परन्तु यह आत्मज्योति नहीं है। बहुत से साधक इसी को आत्मज्योति समझ लेता हैं। यह तो एक मात्र झलकता आत्मदर्शन का साक्षात्कार

नहीं है केवल एक झलक है इस ज्योति दर्शन के पहले ही कुम्भक अवस्था का उदय हो जाता है। यह लौकिक कुम्भक है, प्राकृति कुम्भक नहीं, क्योंकि वायु या श्वास का रोध इस कुम्भक से नहीं, केवल ताप का रोध होता है, वायु तब अभिभूत हुई रहती है।

शरीर में एक खेचरी का कुंड है। उसे एक पात्र कह सकते हैं – खेचरीपात्र। उस खेचरी कुंड से निरन्तर अमृत का क्षरण होता रहता है। खेचरी कुंड के ऊपर जो सूक्ष्म जाल है वहां अमृत के ठहरने का मूल स्थान है। उस स्थान से जो अमृत का स्राव होता है, वही साधक को आत्म उपलब्धि के रूप में प्रतीत होता है। यह अमृत शुद्ध है।

इसके दर्शन के समय साधक इस उपलब्धि की ठीक–ठाक रक्षा में अपने आपको तैयार नहीं पाता है। साधक का आधा बल कम होता है। यद्यपि साधक के लिए वह दर्शन आत्मदर्शन रूप में ही ग्रहण होता है तथापि वह सचमुच में जीवन शक्ति का साक्षात्कार है।

अमृत और जीवन शक्ति एक ही वस्तु है। इसके उपरांत साधक अपनी दृष्टि को उर्ध्वगामी करके भ्रूमध्य की ओर लक्ष्य स्थापित करता है। तब शक्ति अर्थात श्वास वायु सूक्ष्म रूप से निकलना आरम्भ करती है। निकलने का यह द्वार आंख का बाह्य कोण होता है। साधक तब यह सोचता है उसका सहस्रार से योग स्थापित हो गया। परन्तु वह वास्तव में सहस्रार से योगी नहीं, मात्र बाह्य वर्णन है। वास्तव में यह ज्योति से ज्योति का मिलन है। भीतर की ज्योति से बाहर की ज्योति के एकीभूत होते ही समझना कि साधक का अन्तिम प्रश्वास निकल गया।

यह साधक की सिद्धावस्था है। तब उसकी देहावस्था का सम्बन्ध टूट जाता है और चिदाकाश की विशाल ज्योति रूप में स्थित हो जाता है।

पर यह भी सहस्त्रार स्थिति नहीं है, क्योंकि जगज्जननी, पराभूत, परमेश्वरी, राज–राजेश्वरी कुंडलिनी जाग्रत न होने से सहस्रार में स्थित लाभ कर सकते हैं। क्योंकि योगी ही जाग्रत कुण्डलिनी अर्थात् गुरु आशीर्वाद से प्राप्त काया लेकर कर्मक्षेत्र में आगे बढ़ते हैं। साधारण साधकों को गुरुकृपा प्राप्त नहीं होती है, जिसके कारण महामाया की माया से मुक्ति तथा शक्ति का जागरण नहीं हो पाता।

•••

लिंग देह

हम सबका लिंग शरीर, सभी जन्मों के, सभी प्रकार के प्राणियों के लिए बहुत उपयोगी है। इसमें सभी प्रकार के भाव संचित होते है। यह मनुष्य जन्म के उपयोगी भाव के योग्य सूक्ष्म शरीर द्वारा ही जन्म लेता है। भाव के अनुसार ही सूक्ष्म शरीर बनता है। यह सीमा सीमित है। जैसा प्रारब्ध होगा, वैसा ही भाव बनेगा और वैसा ही सूक्ष्म शरीर। शेष भाव लिंग देह में लुप्त होते हैं। जो सीमाबद्ध भाव राशि है, वह इस जन्म का संस्कार या बुद्धि है। अर्थात् बुद्धि या संस्कार लिंग देह नहीं है। सूक्ष्म देह धारण करके जीव पहले पितृयान पथ द्वारा स्वर्ग जाता है या नरक। यह तो उसका कर्म ही निश्चत करता है परन्तु अतिवाहक देवता यह रास्ता दिखा सकते हैं।

•••

स्वर्ग

स्वर्ग या नरक में जब सूक्ष्म शरीर जाता है, वह वहां कर्मों के फल को भोगता है। जब वह भोगायतन सूक्ष्म शरीर वहां के भोगों को भोग लेता है, तब वह (सूक्ष्म शरीर) नष्ट हो जाता है और जीव नया सूक्ष्म शरीर लेकर पृथ्वी पर आता है।

यह दो प्रकार के जीवों की बात है। एक प्रकार का जीव वह होता है जो मृत्यु के उपरान्त तुरन्त ही जन्मांतरण ग्रहण कर लेता है। ये क्षुद्र जीव होते हैं; जैसे– मक्खी, मच्छर, कीट–पतंग इत्यादि। मृत्यु के बाद ये जीव ऊर्ध्व स्तर में जन्म लेते हैं। चौरासी लाख योनियों के बाद ये मनुष्य जन्म को प्राप्त होते हैं।

स्वेदज उद्भिज्ज प्राणियों को जन्म लेने के लिए माता–पिता की आवश्यकता नहीं होती। अपने लिंग शरीर से ये स्वयं ही सूक्ष्म शरीर की रचना कर लेते हैं। शेष अन्य जीवों के जन्म में माता–पिता की आवश्यकता होती है। माता के गर्भ में प्रविष्ट करने से पूर्व जन्म होता है। मृत्यु के समय की उद्दीप्त तीव्र वासना से जीव सूक्ष्म शरीर की रचना करता है, यह प्रारब्ध भोग के लिये है।

•••

विदेह आत्मा

जो हम सबका शरीर है, जो जीवों की देह है, जिसे हम स्पर्श करते हैं, स्पर्श से आभास होता है, अनुभव होता है, किसी वस्तु के होने का, जिसका एक रूप है, स्वरूप है, जिसे देखा जा सकता है, जिस रूप में भिन्नताएं हैं, पहचान है। इसे ही देह कहा जाता है। आत्मा ने जो चोला पहन रखा है जीवात्मा बनकर वह देह है।

जीवों की अपना–अपना देह है। जो पंच भौतिक तत्त्वों से उपलब्ध है इस काया रूपी आवरण को ही देह कहा जाता है। प्रत्येक काया में प्रत्येक व्यक्तित्व की एक अलग पहचान है। यही देह है। अर्थात् जीव के अहंकार बोध में मेरेपन का, मेरे होने का जो बोध कराता है, उस देह को देह कहा जाता है।

अहम् का गिर जाना ही शरीर बोध से मुक्त होना है। अहन्ता (प्राईड) का गिर जाना ही देह का दाह भी है। अहंकार मुक्त देह जीवधारी के लिए देह नहीं है। इस देह के रहते हुए भी देह से मुक्त भाव में जीया जा सकता है। राजा जनक इत्यादि अहन्ता से मुक्त थे, वे ज्ञान के साथ लगाव युक्त जीवन नहीं जीते थे। दधीचि ऋषि भी शरीर के अहन्ता से मुक्त थे। जो शरीर किसी की अहन्ता का आस्पद या आश्रित नहीं होता, वह देहमुक्त है, वह विदेह है।

योगी लोग, साधक लोग इस देह से साधना के द्वारा विदेह होकर रह सकते हैं। मन्त्राग्नि, मन्त्रमय स्वर भास्कर तेज रखते हैं। यह काल की तरह प्रभावशाली हैं। ये मन्त्र क्रमिक वर्णात्मक शब्दार्थ मन्त्र होते हैं। मन्त्र रसायन होता है। मन्त्र में जीवन का सार होता है। मन्त्र सूक्ष्म जगत को वश में करने का साधन होता है। मन्त्र सूक्ष्म लोकों के रहने

वालों का शरीर भी है। मन्त्र में विकिरण ऊर्जायें बहती हैं। मन्त्र के विमर्श द्वारा शरीर को विदेह बनाया जा सकता है।

जब शरीर का अभिमान और साधक का अभिमान दोनों ही दग्ध होकर पाक हो जाते हैं या पाक कर पूरी तरह से अदृश्य हो जाते हैं तब देह की स्वभाविकता का परिचय होता है। तब यह देह–देह नहीं रह जाती, तब यह कारण शरीर हो जाता है। अहन्तानिष्ट ऐसी ही आत्माएं विदेह आत्माएं कही जाती हैं।

•••

विदेह भाव और उसकी पराकाष्ठा

जो सत्य है और जो सत्य का स्वरूप है, वही जीवन की पराकाष्ठा है। यह सत्व स्वरूप ही परावस्था है – विदेह भाव की। शुद्ध चिदात्मा में विश्राम।

साधक अपनी साधना से या गुरु प्रसाद के अनात्म स्वभाव के देह अभिमान को पहले नष्ट करता है और भस्म रूप में स्थित शरीर के संस्कारों को उड़ा देता है, कर्म रूपी वायु के द्वारा। तब जाकर चिदात्मा रूपी भूमि में स्थित होती है। यही विश्राम है परावस्था में – यह परम विशुद्ध आत्मा में समर्पित है। देह–प्राण आदि रूप मित परमात्मा में जब शुद्ध शरीर सृष्टि का उदय होता है तब उस परमात्मा को एक सनुच्चधाम लाभ होता है।

•••

मृत्यु

काल मृत्यु और अकाल मृत्यु। परन्तु सभी मृत्यु काल मृत्यु ही हैं। काल पूरा हुए बिना मृत्यु हो ही नहीं सकती। यह बहुत ही गूढ़ उच्च तथा सूक्ष्म दृष्टि की बात है। परन्तु स्थूल दृष्टि से काल मृत्यु और अकाल मृत्यु के विषय में ही प्रायः जाना जाता है।

प्रायः मृत्यु चार कारणों से संघटित होकर अपना प्रभाव डालती है–

1 आयु का क्षय होना
2 कर्म का क्षय होना
3 आयु और कर्म – दोनों का क्षय होना
4 अपेच्छेदक कर्म।

1. आयु क्षय से अगर मृत्यु होती है तो सारे जगत में कहा जाता है, कि अपने कर्म पथ पर – अपने कर्मों का प्रायः पूरा करके स्वाभाविक मृत्यु को प्राप्त हुआ। उसकी आयु का परिणाम इतना ही था। इसी को पूर्ण आयु मान लिया जाता।
2. कर्म क्षय जब मृत्यु का कारण होता है तब उसमें जनक कर्म से संजात शक्ति के पतन के कारण देह पात हो जाता है, तब उसे कर्म क्षय के कारण मृत्यु कहा जाता है।
3. कभी–कभी ऐसा भी होता है कि मनुष्योचित दीर्घतम आयु और जनक कर्म संजात शक्ति का परिमाण एक ही होता है ऐसी स्थिति में हुई मृत्यु को युगपत – दोनों ही कारणों से मृत्यु हुई जानते हैं।

4. यदि आयु और कर्म शक्ति के रहते हुए भी विरूद्ध शक्ति के प्रभाव से देह नष्ट हो जाती है तो उसे उपच्छेदक कर्म का फल कहा जाता है। साधारण शब्दों में इसे ही अकाल मृत्यु कहते हैं।

यह अकाल मृत्यु अनेक प्रकार की होती हैं – वात – पित्त आदि दोष और उनके सन्निपात को वायु देने पर भी बाहर के कारण से अकालमृत्यु हो जाती है। बाहरी प्रकृति का क्षोम एक प्रधान कारण है। भूकंप, वज्रपात आंधी–तूफान, प्लावन, यानभंग, कार का एक्सीडेंट, सर्पदंश, जानवरों द्वारा मृत्यु को प्राप्त हो जाना – अकालमृत्यु होती है। द्रव्य आदि का अनुचित व्यवहार तथा आकस्मिक आक्रमण भी अकाल मृत्यु कही जाती है। आग में जल जाना, स्वयं आत्महत्या करना, किसी दूसरे के द्वारा आक्रमण में मर जाना, उत्पीड़क अपघातक कर्म से उत्पन्न व्याधि रोग आदि से मृत्यु हो जाना अकाल मृत्यु के अंतर्गत आता है।

केवल कर्म ही जीव के दुःख और मृत्यु का कारण है, बल्कि विश्व की सृजन प्रक्रिया में दुःख का कारण निहित है।

मृत्यु को अधिकांश लोग आजादी कहते हैं या मुक्तपथ कहते हैं। पर यह सत्य नहीं है। मुत्यु भी निर्धारित मार्ग पर ही ले जाती है। मृत्यु से पहले भी जीव स्वाधीन नहीं होता और मृत्यु के बाद भी जीव स्वाधीन नहीं होता। मृत्यु तो एक परिवर्तन है जो कर्मों के फल, संस्कार और प्रारब्ध के अनुकूल होता है।

मृत्यु इच्छा के अधीन नहीं होती। जन्म भी इच्छा के अधीन नही है। कर्मों का फल जीवन की अवधि को पूरा करता है। कर्म ही संस्कार बनाता है। कर्म ही प्रारब्ध की जननी है। कर्म ही भोग और भाग्य का सृजन करता है। यहां जो कुछ भी व्यक्ति प्राप्त करता है वह उसका प्रारब्ध कर्म ही होता है।

आपने अपने पूर्व जन्मों में अनेकों तीर छोड़े हैं, उनमें से कुछ तीर नीचे गिर चुके हैं और कुछ अभी गिरने बाकी है। कब गिरेंगे – कैसे गिरेंगे, यह सब अन्धकार में छिपा हुआ है, आप उसे देख नहीं सकते, क्योंकि आपका अहंकार, मैं और मेरेपन की भावना ने आपको अज्ञानता में डुबो दिया है। कर्म आपका है। फल आपके हाथों में नहीं है– कर्म गति है। कर्म क्रिया है। कर्म शक्ति के अधीन है। प्रत्येक जीव के कर्मों की अधिष्ठात्री शक्तियां हैं, जो दिव्य हैं। जैसा कि पूर्व में भी मैंने आपको

बताया है – अभी इन्द्रियों की गति बाह्य और भीतर दो दिशाओं में है। सभी इन्द्रियां भी स्वाधीन नहीं हैं, न मन स्वाधीन है, न बुद्धि स्वधीन है, न आपके जीवन की गतिविधियां स्वाधीन हैं।

सब कुछ आश्रित है – सब कुछ आधार से जुड़ा है – सब कुछ बाहर और भीतर से सम्बन्धित है। एक को मारना है या एक को समाधि देनी है तभी दूसरा समझ में आएगा। बीज मरेगा तभी तो पौधा बनेगा, वृक्ष बनेगा। बाहर के काम अगर छूटेंगे नहीं तो भीतर का ज्ञान कैसे प्रकाशित होगा। आपकी इन्द्रियां दोनों दिशाओं में एक साथ कार्य नहीं कर सकती। नदी का बहाव तो एक ही तरफ होगा। उसे किसी और दिशा मे ले जाने के लिए उस पर बांध बांधना होगा। उस बहाव में क्रिया है। उस बहाव में शक्ति का प्रभाव है। बहाव स्वतंत्र नहीं है। बहाव में अकेलापन नहीं है। उस बहाव को रोकना होगा। उस ऊर्जा का उपयोग करना होगा। उस बहाव को दिशा देनी होगी, नहीं तो वह विनाशकारी बन जाएगा।

आपकी इन्द्रियों के साथ भी ऐसा ही है। बाहर को आप लोगों ने इतना जगा दिया है कि भीतर एक तरह से खो ही गया है। आप लोग बाहर से विकसित नहीं हुए हैं। आप लोगों के आने का मार्ग अन्दर से है। आप सूक्ष्म कारण–महाकारण–हिरण्यगर्भ से यहां तक आए हैं। आपके सूक्ष्म शरीर ने आपके इस अननमय कोष में छिपे शरीर को आश्रय दिया है जिसमें मन, प्राण और आप सबका विज्ञान छिपा है।

मनोमय कोश, प्राणमय कोश और विज्ञानमय कोश का घर है सूक्ष्म शरीर – और यध्अप्रित कारण शरीर पर जो आनन्दमय है – ज्योतिर्मय है जिसके खो जाने का डर है वह तो भौतिक शरीर है। जीव का भौतिक देह के साथ ही ज्यादा सम्बन्ध होता है। क्योंकि भौतिक तत्वों के बाजार में लौकिक जगत रहता है। मरने का जो भय रहता है। वह भौतिक देह का होता है। सूक्ष्म देह तो बना ही रहता है।

इसलिए यहां अज्ञानता आपके साथ यात्रा करती रहती है – आपके अहंकार की अज्ञानता आपको स्वयं से मिलने नहीं देती। इसलिए कर्म महान है। कर्म श्रेष्ठ है। कर्म ही मोक्ष, मुक्ति और कैवल्य की यात्रा करवाता है। कर्म ही नर्क की ओर ले जाता है।

यह जो कर्म शक्ति है वह भी स्वाधीन नहीं है – आपके द्वारा किया गया हर कर्म किसी न किसी कारण से होता है – किसी न किसी

निमित्त से होता है। न मृत्यु से पहले स्वाधीन थे और न मृत्यु के बाद ही। आपके कर्मों की अधिष्ठात्री दिव्य शक्तियाँ या देव शक्तियाँ आपको उस दिशा की ओर ले जाती हैं जिसे आपके संस्कारों ने बनाया है और प्रारब्ध का निर्माण किया है। वे देव शक्तियां आपकी सूक्ष्म ज्ञानेन्द्रियां हैं उन्हीं के साथ सभी स्मृतियां शेष रह गई है क्योंकि आपका भौतिक शरीर मर जाता है और आप सूक्ष्म शरीर के साथ रह जाते हैं। आप देह विहीन हुए ही नहीं।

वे देवशक्तियां अतिवाहक बनकर उसे उस गर्भ में ले जाकर डाल देती हैं। जहां आपका प्रारब्ध कर्म कहता है। वह कोई भी हो सकता है– वह आपकी पत्नी हो सकती है जो मां बन जाए। वह आपकी मां हो सकती है तो भविष्य में पत्नी हो जाए। वह आपकी बेटी या बेटा हो सकता है। वह कोई भी गर्भ हो सकता है। जिससे आपका ज्यादा लगाव होगा।

आपने जनक विदेह राजा की कथा सुनी होगी। उन्होंने याज्ञवल्क्य ऋषि से बहुत प्रार्थना की थी कि वे पूर्व जन्म दिखाएं। ऋषि के मना करने पर भी उन्होंने देखना चाहा – ऋषि ने कहा – राजा जनक। आपको दुःख होगा – परन्तु राजा जनक नहीं माने। जब उन्होंने याज्ञवल्क्य ऋषि की कृपा से अपने पूर्व जन्म को देखा तो वे बड़े दुःखी हो गए। उनके पूर्वजन्म की उनकी मां ही आज उनकी पत्नी बनकर आई थी।

मृत्यु केवल देह का परिवर्तन है। अतिवाहक देवशक्तियां उसे ढोकर ले जाती हैं। जीवका मरना और जन्म लेना दोनों सापेक्ष हैं इसलिए ये दोनों कर्म की अधिष्ठात्री शक्तियों के अधीन हैं।

जब तक अज्ञान से जुड़ा देहात्म बोध का अभिमान रहेगा तब तक यह शक्तियों के अधीन नियंत्रित होता रहेगा। मृत्यु तो होती है पर अज्ञानता में। वह जीव जो मुमुर्ष है यह जान ही नहीं पाता कि उसकी मृत्यु हो रही है। मृत्यु प्रकृति के नियम से हो जाती है। यह निद्रा या गहरी निद्रा के समान है या यह मूर्छा की अवस्था है।

कभी–कभी जब कोई मरता है तो थोड़ा, बहुत कष्ट भी होता है और किसी–किसी की मृत्यु बिल्कुल कष्ट विहीन होती है। दुनिया में ऐसे बहुत से लोग मिलेंगे जिनको मृत्यु के समय ज्ञान होता है। समझ होती

है। वे सहजता में, सरलता से देह को छोड़ देते हैं। इसी ज्ञान और अज्ञान के प्रभाव में जीव की यात्रा होती है। जीव कहां जा रहा है यह ज्ञानी को ज्ञात होता है। अज्ञानी को नहीं।

कर्मों का प्रभाव होता है, जैसा कर्म वैसी फलोगति। शुभ और अशुभ, श्रेष्ठ और निम्न प्रकार का भेद तो होगा ही। शुक्ल जिसे देवयान गति कहते हैं और कृष्ण जिसे पितृयान गति कहते हैं।

ज्ञान का कुछ भाव उदित हुए बिना केवल कर्म और विकर्म के प्रभाव से देवयान गति प्राप्ति नहीं होती। यह जो ज्ञानियों की मृत्यु है। इसमें भी परिवशता है देवशक्ति की। अज्ञान मृत्यु के सम्बन्ध में तो इच्छा मृत्यु का प्रश्न ही नहीं होता।

आप इस बात पर ध्यान देंगे कि जो पूर्ण ज्ञानी है। जो इच्छा मृत्यु को प्राप्त होता है। वह देह अवसान काल के बाद किसी गति को प्राप्त नहीं होता। उस पर किसी भी गति का प्रभाव नहीं पड़ता। उस ज्ञानी का प्राण अपनी महासत्ता में लीन हो जाता है। बिना योगशक्ति के इच्छा मृत्यु सम्भव नहीं। योग शक्ति ही ऐसी शक्ति है जिसका प्रभाव प्रारब्ध पर भी तीव्रता से पड़ता है योगाग्नि प्रारब्ध को भी जला देती है। योग शक्ति के प्रभाव से ही ज्ञानियों की इच्छा मृत्यु सम्भव होती है। इच्छा मृत्यु का सम्भव होना, शक्ति साधना या उपासना के द्वारा अर्जित की जाती है अथवा पूर्व कर्म सापेक्ष या निरपेक्ष में भगवत् कृपा से प्राप्त हो सकती है, अथवा महापुरुषों, गुरुओं के वरदान या आशीर्वाद से भी प्राप्त होती है।

इच्छा शक्ति के साथ ज्ञान का योग बना भी रह सकता है और नहीं भी। यह अपने आप में अनेकों विचित्रताओं और संभावनाओं को छुपाए रखती है। प्रकृति ने जो प्राकृत्य लीला प्रकट कर रखी है उसमें हर कर्म शक्ति के विरोध में विरूद्ध शक्ति बना रखी है। हर पदार्थ तत्व, ग्रह–नक्षत्र, लोकान्तर में जीवों को दो दिशाओं से बांध रखा है संतुलन बनाए रखने के लिए। इसलिए कर्म का सापेक्ष और निरपेक्ष रूप है।

•••

समष्टि मृत्यु व्यष्टि मृत्यु

जहां तक प्रश्न है मृत्यु का वह एक मात्र घटना है। मैंने देखा है। युद्ध के मैदान में मृत्यु के ताण्डव नृत्य को। मैंने महाभारत को भी देखा था। मैं तब भी वहां था और पाकिस्तान के युद्ध में भी भाग लेकर मैंने देखा है। हजारों लाखों लोगों की मृत्यु को। उनकी निर्जीव देह को देखा है। अनेकों बार भूकम्प के प्रभाव में आए हजारों लोगों की निर्जीव देह को देखा है अपने मित्रों के घर या पड़ोस में या गांव में या अकेले किसी के मृत शरीर को देखा है।

मृत्यु या काल के दो रूपों को देखा है मैंने। व्यष्टि मृत्यु – केवल एक व्यक्ति की मृत्यु है जहां अकेले कोई मर जाता है। और एक ही समय में अनेकों लोगों की मृत्यु हो जाती है। चाहे कोई भी कारण क्यों न हो, उसे समष्टि मृत्यु कहा जाता है।

सब कुछ काल के वश में ही है। जो समष्टि मृत्यु है वह समष्टि कर्म का फल होता है या फिर काल के परिवशता में। कालकृत होने पर उसे प्रलय के रूप में देखा गया है। कालकृत होने पर उसे संहार कहा जाता है। यह व्यापक होने के कारण अनेकों प्रकार से देखा जाता है।

अगर आप लोग पुराणों, इतिहासों के पन्नों पर अंकित मृत्यु के ताण्डव नृत्य को देखने का प्रयत्न करेंगे तो आप को समझ में आ जाएगा कि समष्टि मृत्यु क्याहै ? यही बात कृष्ण, कंस और पाण्डव, कौरव के काल के इतिहास का भी संकेत करता है समष्टि मृत्यु का।

जो प्रणेता माने गए हैं वे साक्षी हैं। श्री कृष्ण ने अर्जुन से कहा है– तुम तो निमित्त हो, अपना कर्म करो, मुझे समर्पित करो – ये सभी तो पहले से ही मरे हुए हैं। ध्यान दें, "पहले से ही मरे हुए है" यह बहुत

महत्त्वपूर्ण बात है। कर्मफल निर्धारित हो चुका था। समय का संयोग, काल के कला रूप में समष्टि दहन का सन्देश होता है।

मोहम्मद पैगम्बर के जीवन में भी समष्टि मृत्यु घटी है। मक्का के कब्जा होने के अवसर पर प्रथम युद्ध, द्वितीय युद्ध और सैकड़ों धार्मिक ऐसी लड़ाइयां लड़ी गई हैं जिसमें समष्टि मृत्यु का रूप निर्धारित था। आपातकालीन सर्व अपेक्षा अधिक व्यापक और विराट रूप समष्टि मृत्यु को आप देखना चाहे तो मनु के समय के प्रलय नृत्य स्थिति की ओर ध्यान दें। कैसा रहा होगा समष्टि मृत्यु का रूप, जल ही जल।

प्रलय पृथ्वी पर – या व्यापक प्रलय – समग्र ब्रह्माण्ड का – सब के सब समष्टि मृत्यु के अधीन हैं, जो कर्म ही निर्धारित करता है। इससे ज्यादा व्यापक मृत्यु प्रकृत्यण्ड का संहार है। इससे और अधिक व्यापक मृत्यु मायाण्ड का संहार है। यह मायिक जगत का विनाश है।

जब यह सब होता है तब अशुद्ध माया ही समाप्त हो जाती है। माया की अशुद्धता का समष्टि रूप कर्म बनने से ही यह प्रलय होती है। जब अशुद्ध माया ही नहीं होगी तो निम्न स्तर की भांति सृष्टि प्रलय, व्यष्टि मृत्यु भी नहीं होती होगी।

पर याद रखें अगर यह सब नहीं भी होता है तो भी सृष्टि संहार बना रहता है। परन्तु वह मृत्यु प्रदत्त नहीं होता, वह आकुंचन और प्रसारण के रूप में होता है। मायातीत समूचे शक्ति जगत् में ऐसा व्यापार होता है और यह व्यापार सुदीर्घ काल तक चलता रहता है। जब यह भी समाप्त हो जाता है। नष्ट हो जाता है तब "कालसाम्य" की अवस्था आती है। इस काल साम्य अवस्था को प्राप्त होते ही परम ज्ञान का उदय होता है। तब सृष्टि संहार अर्थविहीन हो जाता है।

इसलिए आप याद रखें, आप अकेले नहीं है, आप में पूरा विराट समाया हुआ है, आप में पूरे लौकिक पारलौकिक जगत् का सृजन है। जब आप मरते हैं तो आपके साथ एक प्रलय होता है – आपके एक लोक की मृत्यु होती है। आपका शरीर नहीं गिरता – पूरा एक लोक गिर जाता है। आप एक खण्ड प्रलय से गुजरते हैं।

आप सबको इस काल के प्रभाव से मुक्त होना है तो अपनी इस काया को आश्रय देने वाली सूक्ष्म काया से मिलें, जो सहज में, सरल में

मृत्यु के अधीन नहीं आती। जितना ही अन्तःकरण का आप भेदन करेंगे उतना ही महान् बनते जाएंगे। माया राज के प्रभाव से मुक्त हो जांएगे

इस मायाराज्य में इस अन्नमय शरीर की काल गणना छोटी–सी है परन्तु इसी माया राज्य के सूक्ष्म शरीर की कालगणना दीर्घ है। बहुत लम्बी है। उस पर इस काल का प्रभाव लंबे समय तक नहीं पड़ता। सूक्ष्म देह से भी अतिदीर्घकालीन तुम्हारा कारण शरीर है, जो कारण जगत है, जो चिद् का, महत्त्व का निवास है और उससे आगे तुम स्वयं हो, जिसका कभी विनाश नहीं होता जो काल राज्य से बाहर हो जाता है। मृत्यु से परे यही समाधि है। सभी शरीरों को क्रमशः समाधि में रखो और निज को मुक्त कर सभी समष्टि के संहार से बाहर अवस्थित होकर सृष्टि और संहार दोनों को अर्थहीन बना दो।

●●●

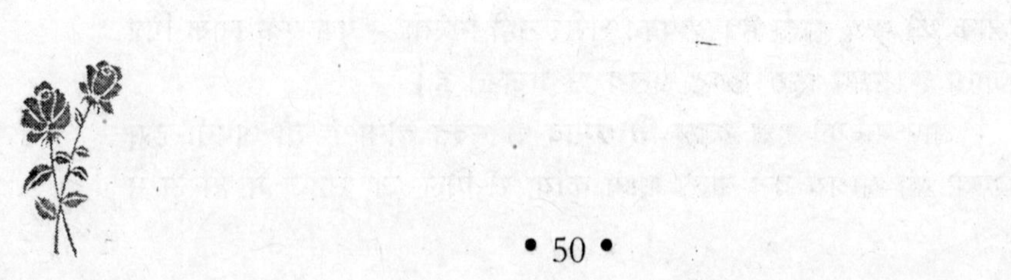

मृत्यु और सत्‌चिन्तन

अभी तक तो कर्मों की प्रधानता बनी हुई थी। कर्म ही जन्मान्तरों तक अपने फलों को भोग अपवर्ग के रूप में उपलब्ध करवाता हुआ जन्म मृत्यु के आवर्तन में पड़ा हुआ है। यहीं मृत्यु के समय की भाव की प्रधानता आ गई है। उस क्षण जब मृत्यु घट रही होती है, बड़ा ही महत्त्वपूर्ण है। वह आखिरी निर्णय होता है। उस क्षण मनुष्य का संकल्प, मनुष्य की क्रियाशक्ति, मनुष्य का भाव कितना श्रेष्ठ है, वही जीवन में फलीभूत होता है। मृत्यु के समय मनुष्य का भाव संकल्पमय हो, जाग्रत हो तो निश्चित है यह श्रेष्ठ है।

मृत्यु के समय जीव का जैसा भाव होता है मन का जैसा भाव होता है उसी के अनुसार मरणोपरान्त उसकी गति होती है। कितना श्रेष्ठ और उच्चकोटि का अवसर मानव मन को मिलता है। पर मानव शुरू से ही मूढ़ बना होता है।

प्रायः ऐसे कम मानव मिलेंगे जिनका मन स्थिर हो, मृत्यु के समय। जिनका मन जाग्रत हो, चैतन्य हो, अपनी मृत्यु को दृष्टा बन कर घटते देख रहा हो, अपनी गति को अपनी भाव–गंगा में बिठाया हो।

हमारे ऋषि मुनियों ने इस अवस्था की खोज के लिए कितना कठिन परिश्रम किया होगा। साधारण रूप में मृत्यु तो होनी ही है। आप सभी लोग असाधारण तो नहीं हैं – योगी भी नहीं हैं – तो मृत्यु तो होगी ही। तो क्यों न मन को इतना श्रेष्ठ बना लें कि अपनी गति को स्वयं निर्धारित कर सकें।

परन्तु ऐसा सभी के साथ नहीं हो सकता। जब राजा भरत जैसे विशेष भक्त, ईश्वर प्रेमी, उच्च कोटि के तपस्वी, ऋषियों के कृपापात्र भी

अपने मन के भाव को हिरण के बच्चे के साथ रख सकते हैं और मृत्यु के बाद उन्हें भी बच्चा बनना पड़ा तो आप सोचें – अपने मन के भाव को – क्या वह मरते समय आपको आपके लिए वक्त देगा। जैसा मन का भाव वैसी गति।

इसलिए आप सब को मैं कह रहा हूं, अभी से तैयारी करो, अपने मन भाव को निर्धारित करो, अपने अपवर्ग के लिए। किसी मरने वाले व्यक्ति के पास सांसारिक चर्चा मत करो, उसकी मृत्यु शैय्या के पास संसार विषयक प्रश्नो को हटा दो । भगवद् चर्चा करो मरने वालों के पास बैठकर वेद का, देव भक्ति का या गुरुजनों की विशेष वाणी का पाठ करो। उसको मन्त्रोच्चारण करने के कहो या स्वयं मन्त्रोच्चारण करके सुनाओ। यह सब मरने वाले के भाव को श्रेष्ठ बनाएगा। उसके भाव में ईश्वर की सत्ताका स्वरूप जाग्रत हो उठेगा। उसे सांसारिक कर्मों की स्मृति से मुक्त करने का प्रयत्न करना चाहिये। उसकी चिन्ता संसार के विषयों से न जुड़कर परमात्मा से जुड़ना चाहिये।

अगर मरने वाले किसी गुरु से दीक्षित नहीं है तो उसके दायें कान मे भगवद् नाम का मन्त्र कहना चाहिये। अगर मरने वाला व्यक्ति जप करने की सामर्थ्य खो चुका है तो उसे अपने मन में भगवान के किसी स्वरूप का ध्यान करना चाहिये। सबसे सुन्दर बात तो यही होगी कि मरने वाले के पास गीता का, रामायण का, भागवत कथा का या जगदम्बे मां के नाम का पाठ करते रहना चाहिये ताकि उसके कान भगवान् से जुड़ जाए।

इस भौतिक जगत में मनुष्य ही कर्म प्रधान है, मनुष्य की तरह किसी का ऋतु भाव या संकल्प किसी के पास नहीं है। मरने के बाद ऋतु भाव संकल्प के अनुरूप ही उसकी गति भी होती है।

मृत्युंजय

किसी के आशीर्वाद से अमरता प्राप्त कर जाना या किसी की कृपा से अमर हो जाना ऐसे अमर महापुरुषों के विषय में तो हम सुनते–पढ़ते चले आ रहे हैं। जैसे हनुमान जी को माता सीता का आशीर्वाद प्राप्त था तथा मर्यादा पुरुषोत्तम रामचन्द्र जी का तथास्तु। अश्वत्थामा को उनके पिता ने अमरता की कृपा प्रदान की थी।

परन्तु यह अमरता किसे प्राप्त हुई है। शरीर को, मन को या फिर आत्मा को। लेकिन एक बात निश्चित है कि इन सभी अमरता प्राप्त महापुरुषों से वे लोग श्रेष्ठ हैं जिन्होंने मृत्यु पर विजय प्राप्त कर ली है।

वैसे तो दोनों स्थितियों को एक ही अवस्था माना गया है, चाहे अमरता हो अथवा मृत्यु पर विजय करना। परन्तु अमरत्व प्राप्त करने की अपेक्षा मृत्यु–विजय अधिक श्रेष्ठ है, उच्च है।

यह सर्वविदित है कि जब समुद्र–मन्थन हुआ था, अमृत बाहर आया था। उस अमृत को लेने के लिए देवताओं और असुरों में भयंकर संघर्ष हुआ था। परन्तु भगवान विष्णु की माया से अमृत देवताओं के हाथ लगा। देवता अमृतपान करके अमर हो गए। परन्तु ज्योंहि विष निकला– सागर मन्थन को छोड़कर सभी दूर भाग खड़े हुए। अमरत्व प्राप्त देवताओं की भी क्षमता नहीं थी उस विष को ग्रहण करने की, उस विष को पीकर संसार

को भय से मुक्त करें ऐसा कोई नहीं था। लेकिन शिवशंकर उस हलाहल को सहज ही में पी गये क्योंकि वे महान् योगी हैं, योगियों में सबसे श्रेष्ठ हैं। जिस भोले बाबा ने उस भयंकर हलाहल का पान किया। वे हर स्थिति में सर्वश्रेष्ठ हैं। वे मात्र देवता नहीं हैं अपितु मृत्यंय महादेव हैं।

मृत्युंजय यह जो काल है यही कालकूट विष है। देवता भी इसे नहीं पचा सकते। इस समग्र विश्वसत्ता का मन्थन कर उसके सुन्दर तथा शोभन अंश को जो ग्रहण करते हैं वे दिव्य पुरुष हैं। किन्तु उस मन्थन से निकले अंश में विश्व की अन्तर्वर्ती प्रतिकूल सत्ता को जिसे देवता भी सहन नहीं कर सकते – उसको हंसते–हंसते पीकर जो मृत्यु पर विजय प्राप्त करते हैं वही मृत्युंजय भगवान शिव हैं, महादेव हैं, देवों के देव हैं। इसी को स्वरूप का रूपान्तर सम्पादन कहते हैं।

अगर मृत्यु को जीतना हो या काल का अवरोहण करना हो तो केवल निम्न स्तर की यात्रा को छोड़कर – उच्चस्तर की ओर यात्रा करने से ही नहीं होगा अपितु उभय स्तर का समीकरण करके दोनों को करना होगा। बाह्य जगत यात्रा में जो कुछ भी उपलब्ध होता है वह तो बाहर के भोगायतन का विषय तत्व है यह माया की ही माया है जो इसी लोक तक सीमित है। अनेकों विश्लेषणों से युक्त होकर भी ओब्जेक्टिव जगत ही है। और अगर इसे छोड़कर भीतर की ओर जाते हैं तो वह सब्जेक्टिव जगत है। वह सत्य से जुड़ा तो है परन्तु सत्य नहीं है। जैसे यह छूट जाता है वैसे ही वह भी छूट जाएगा।

परन्तु भीतर वाला मार्ग उस निज बोध की ओर जाता अवश्य है। मृत्युंजय होने के लिए, अमृतपान करें या पवित्र कर्म करें – साक्षात्कार दोनों में नहीं है। साक्षात्कार के लिए या मृत्युंजय होने लिए तो दोनों से ऊपर उठना होगा। आप यह मान लें कि अन्नमय से प्राणमय स्तर पर जांने के लिए केवल पूर्णतया प्राणमय स्तर से तादात्म्य लाभ करने से ही कार्य पूर्ण नहीं होगा बल्कि प्राणमय से प्राणशक्ति लेकर अन्नमय में उतरना होगा। और उसके पश्चात् अन्नमय को प्राणशक्ति के प्रभाव से प्राणमय रूप में परिणित करना होगा। बार–बार ऐसा करते–करते एक तरफ प्राणमय जैसे अन्नमय सत्ता से सत्तावान होगा, दूसरी तरफ वैसे ही अन्नमय भी प्राणमय सत्ता से सत्तावान होगा। उसके पश्चात् ये दोनों एक हो जाते हैं।

मैं आप लोगों को अन्नमय, प्राणमय, मनोमय, विज्ञानमय और आनन्दमय सत्ता की अवस्थाओं की यात्रा को समझाने का प्रयत्न करता हूं।

आनन्दमय 'अ' है। अब 'अ' ऊर्ध्व गति से मनोमय में प्रवेश कर जाता है और मनोमय के साथ एक हो जाता है। एक होकर वह 'अ' में उतर जाता है और फिर 'अ' को भी मनोमय कर लेता है। वे दोनों धीरे–धीरे एक हो जाते हैं जिसे हम 'ब' कहेंगे।

फिर यह 'ब' ऊपर ऊर्ध्वगति से उठकर विज्ञानमय में प्रवेश करता है और विज्ञानमय के साथ एकाकार हो जाता है। पुनः उतर कर वह 'ब' में एक हो जाता है। इस अवस्था का नाम 'स' दिया है। यह 'स' ऊपर उठकर ऊर्ध्वगमन करके बना लेता है। एकाकार – एकीकृत होकर वह एकीभूत सत्ता विज्ञानमय में उतर आती है। विज्ञानमय को अभिन्नता के साथ अपने में स्थापित कर दिया जाता है। इसका नाम 'द' दिया गया। इसके बाद भी अवस्थाएं हैं उन्हें भी नाम दिया जा सकता है। वह नाम एक आधार से अन्नमय, प्राणमय, विज्ञानमय और अपनन्दमय सत्ता है। यह अचित स्वरूप है। इसके बाद 'ध' चित्त स्वरूप आत्मा में प्रवेश करके उससे एक हो जाता है। तब जाकर चित्त स्वरूप आत्मा अवतरण करके अचित् से एक हो जाती है। उस अवस्था में चित्त और अचित्त किंवा आत्मा और शरीर का भेद नहीं रह जाता। और सूक्ष्म का भी भेद नहीं रह जाता।

भिन्न–भिन्न खण्ड–खण्ड सत्ताओं में सब प्रकार के भेद तिरोहित होकर यह अखण्ड सत्ता स्थापित हो जाती है। वास्तव मे यही सिद्धावस्था है। इसी सिद्धावस्था का नाम कालजय है, इसे मृत्युंजय भी कहा जाता है।

यह देव अवस्था से बहुत ऊपर है। क्योंकि देव अवस्था में अमरत्व लाभ तो होता है किन्तु मृत्युंजय नहीं हुआ जा सकता। अमर लोग मृत्यु से डरकर मृत्यु से दूर हो जाते हैं। इसलिए देवता भी मृत्यु के अधीन होते हैं। यह निश्चत रूप से कहा जा सकता है।

देवता लोग सोमपान या अमृतपान द्वारा अमरत्व प्राप्त करके केवल दीर्घजीवन का लाभ ले पाते हैं। महाप्रलय या अतिप्रलय में इस दीर्घ जीवन का भी अवसान हो जाता है।

किन्तु मृत्युंजय अवस्था तो काल के भी अतीत है। इस अवस्था में मृत्यु रहती ही नहीं है। सिद्धों का सिद्धत्व इस मृत्युंजय की सामर्थ्य पर निर्भर करता है। किन्तु फिर भी केवल मृत्युंजय चरम सिद्धि नहीं है। लक्ष्य तो आगे और आगे प्रतीक्षारत है।

•••

गति विज्ञान

गति तो सर्वत्र है। गति में ही बहाव है। यात्रा है। फल है और गति में ही गति है। जीवन एक गति ही तो है। परन्तु मरने के बाद जीव सत्ता की गति के रहस्य को ही गति विज्ञान के नाम से अभिहित किया गया है। हम यह आलोचनाएं कर रहे हैं वे सब मनुष्यदेह की मृत्यु के विषय में ही हैं। मानवेतर पशु–पक्षियों के विषय में नहीं।

जो मानव से नीचे की स्थिति के जीवधारी हैं, उन सभी जीवों का कर्म सम्बन्ध नहीं होता। क्योंकि उन जीवों में अहंकार नहीं होता इसलिए कर्म की संभावना नहीं रहती। यहां मानव देह से अपरोह क्रम में पतन हो जाने पर पशुपक्षियों की देह धारण कर समय की प्रतीक्षा करने वाले साधकों की बात नहीं हो रही। चौरासी लाख योनियों की देह धारण करनी ही पड़ती है, यह स्वाभाविक है।

परन्तु कुछ ऐसे भी योगी, यति, सिद्धपुरुष होते हैं जो कभी–कभी किसी जानवर या पशु–पक्षी की देह में अवस्थान कर लेते हैं। उनकी अपनी व्यक्तिगत कार्य–प्रक्रिया होती है जिसके विषय में मुझे अनेकों अनुभूतियां हैं।

जब मैं हिमालय की परिक्रमा कर रहा था, तब अनेकों बार महान् सन्तों को पशु के वेश में भ्रमण करते हुए देखा था। अनेकों देवी–देवताओं को भी पृथ्वी पर पशु – पक्षी के वेश में देखा है। कैलाश और मानसरोवर के आसपास अनेकों उच्चकोटि के सन्तों को मैंने बड़े–बड़े चूहों के रूप में देखा है, मैंने उनका दर्शन लाभ किया है। उनके साथ रहकर देखा है। वे ऐसा क्यों कर रहे हैं, ऐसे क्यों रह रहे हैं। इसका कारण तो है पर यह कहा नहीं जा सकता।

जिन्होंने मृत्यु पर विजय प्राप्त कर ली है या अमरता को प्राप्त कर

लिया है, आम जनता के बीच में रहना उनके लिये संभव नहीं है। संसार और सामाजिक जीव काल की गणना के अधीन हैं और वे लोग तो काल से परे है। समय की प्रक्रिया तो कालराज्य में गुजरेगी ही।

यह लोक जिसमें हम सब रहते हैं, यह परिवर्तनशील है, यह आवर्तन चक्र में गतिशील है। इस आवर्तन मार्ग में जो कुछ भी आता है उसमें गति का अपना महत्व है। यह गति है, यह क्रिया है, इसके बिना परिवर्तन संभव ही नहीं है।

कीट–पतंग आदि पशु पक्षियों की कोई गति नहीं है क्योंकि वह भोग योनि है। उनके जीवन में केवल भोग ही भोग है। कर्म करके वे किसी और गति को प्राप्त कर जाएं यह असंभव है। परंतु मनुष्यों ने बहुत से जानवरों को अपने मार्ग पर डाल दिया है। अब वे मनुष्य के साथ रहकर कर्म करने लगे हैं, और वे सब मनुष्य जीवन पाने के अधिकारी बनते जा रहे हैं। क्योंकि वे गरीब मनुष्यों से ज्यादा श्रेष्ठ जीवन जीते हैं; जैसे– घोड़ा, कुत्ता, बिल्ली ये सब पालतू जानवर बन गये हैं; अब उनके संस्कार जानवर के नहीं रह जाते हैं।

पशु होकर भी उनका रहन–सहन बच्चों की तरह हो रहा है। उनका पालन पोषण बच्चों जैसा ही किया जाता है इसलिए उनका प्रारब्ध कर्म तो बनेगा ही। वे मनुष्यों के साथ रहने लगे हैं। मनुष्यों के साथ टेबल पर खा रहे हैं। वे अपना करतब भी दिखाते हैं जिसके लिए उन्हें पुरस्कार भी मिलता है।

मनुष्य अपने कर्म के अनुकूल अपनी गति को प्राप्त करता है। वह अन्य लोकों को भी प्राप्त कर सकता है। वह अपने कर्म को श्रेष्ठ बनाकर देवता भी बन सकता है और अपने कर्मों से गिरकर निम्न योनियों के भोगों को भी प्राप्त कर सकता है। वह मनुष्य शरीर होकर भी जानवरों की तरह रह सकता है।

आप सब जो कुत्ते बिल्लियां पालते हैं। वे सब आप लोगों के प्रिय बन जाते हैं। ऐसा भी हो सकता है कि आपका जो मोह है, लगाव है उन पालतू जानवरों के साथ हो जाए जिससे उसके कारण शायद आपको उन जानवरों के बच्चे बनने के लिए बाध्य होना पड़े। क्योंकि मृत्यु के समय आपका मन उन्हीं जानवरों में होगा। आप सभी लोग सोचें – क्या इतनी सेवा आपने अपने बच्चों, पति, पत्नी की है जितनी कि इन जानवरों की सेवा की है?

आप जितने भी कर्म दिन भर में करते हैं, उन सभी कर्मों से ज्यादा अपने पालतू कुत्ते बिल्लियों से करते हैं। मरते वक्त आपका जहां मन होगा, उसी ओर तो अगले जन्म का खिंचाव होगा। आप लोगों ने धर्म तो किया नहीं, परमात्मा को जाना नहीं, आपने परमात्मा को जानने की कोशिश ही नहीं की फिर यह गति आपको कहां ले जाएगी

आपने बाहर को भी खोया, मनुष्य होकर भी मनुष्य से प्रेम नहीं किया – शरीर को, प्रेम को केवल भोग समझा। प्रेम को प्रेम, सेवा को सेवा, धर्म को धर्म नहीं समझा। अपना सारा प्रेम तो आपने उस पालतू जानवर पर लुटा दिया। अपना सारा चिन्तन तो जानवरों में ही डुबो दिया, फिर गति की क्या अपेक्षा करते हैं।

आपके कर्मों का फल, कर्म की गति तो निश्चित ही सुरक्षित है। वे पालतू जानवर कुत्ता–बिल्ली इमोल्यूशन की ओर बढ़कर उन्होंने आपके हाथों के स्पर्श को यादें बना लिया है। उनके पास मन नहीं था परन्तु आपने उनकी इन्द्रियों को मन जैसा मेमोराइज्ड कर दिया है इसलिये उनकी गति श्रेष्ठ होगी। परन्तु वह जानवर आपके एहसानों के बोझ से लदा है, आपकी सेवा के कर्ज को चुकाना है उसें इसलिये वह मनुष्य बनकर आपको अपनी सन्तान के रूप में प्राप्त करेगा।

ऐसी अनेकों घटनाएं मैं देख रहा हूं। पुराण और शास्त्र भी कह रहे हैं, जैसा मन वैसी गति।

मेरे जीवन में अनेकों कुत्ते आए। वे मेरे गार्ड्स हुआ करते थे। वे मेरा पहरा दिया करते थे। मेरे घर की चौकीदारी किया करते थे। मेरे कार के समान की रखवाली किया करते थे। मैंने उन्हें केवल भोजन दिया – वह भी अपने हाथों से नहीं, नौकरों ने खिलाया, परन्तु वे मुझे पहचानते थे कि यही मेरा मालिक है। कुत्ते वफादार होते हैं।

अगर उन कुत्तों को बेटा–बेटी बनाकर अपने बिस्तरों मे सुलाएंगे, उनके लिए अच्छे–अच्छे कपड़े खरीदेंगे, उन्हें बाथटब में स्नान करवाएंगे, उन्हें शैम्पू तथा सुगंध लगाएंगे, जो कि गरीब मानवों को भी उपलब्ध नहीं है तो फिर आपके कर्मों का अवलोकन होगा तो क्या गति होगी आप सोचें।

आज भी मेरे आश्रम में दुनिया की अच्छी नस्ल के कुत्ते हैं, उन्हें समय पर भोजन मिल जाता है। वे सब सौ प्रतिशत शाकाहारी हैं, फल खाते हैं, दूध पीते हैं, चावल दाल रोटी खाते हैं, कुछ और दे तो नहीं

खाते हैं, कुत्ते और शाकाहारी, आपको बड़ा आश्चर्य होगा। परन्तु यह सत्य है।

मैंने उनके विषय में तब सोचा जब मुझे बताया गया कि इनके बच्चे होते हैं, सभी स्वस्थ होते हैं, लेकिन सब के सब एक–एक करके एक माह के अन्दर ही मर जाते हैं। यह चार–पांच बार हो चुका है। पांच–पांच, छह–छह बच्चों ने जन्म लिया और सभी प्रेम से हंसते – खेलते शरीर छोड़ देते हैं मैंने अपने द्रष्टा–भाव को उनकी ओर दौड़ाया, एक दिन समाधि मे बैठकर उन सबकी जीवन यात्रा का अवलोकन किया। मैंने पाया की वे सब मनुष्य योनि को प्राप्त हुए हैं। कभी वे भटक गए थे। अपने सारे प्रेम को उन्होंने अपने कुत्तों पर न्यौछावर कर दिया था। कुछ जन्म संस्कार तो कुत्तों का ही था, परन्तु आश्रम में साधु–सन्तों का स्पर्श पाकर वे भी मुक्त हो गये।

आज भी मेरे आश्रम में अनेक कुत्ते हैं। जर्मन शेफर्ड एक बड़ा कुत्ता है जो बिना कर्म किये खाना नहीं खाता। जब तक भोग भगवान का न लग जाए, वह खाना नहीं खाता। मन्दिर में पूजा के समय कई कुत्ते अपनी हाजिरी देते हैं, आवाज करते हैं, जैसे शंख बज रहा हो। पूजा समाप्त होते ही अपने–अपने निवास की ओर चल देते हैं। जब भी मैं आता हूं सभी प्रेम से आकर गिफ्ट की प्रतीक्षा करते हैं। कोई–कोई कुत्ता तो नाराजगी भी प्रकट करता है।

मैं जानता हूं कि वे सब कौन हैं। मैं चाहता हूं कि वे सब शरीर छोड़कर महान् आत्मा बनकर अपने आपको मोक्ष मार्ग पर डाल दें।

इसलिए दुनिया के हर उन जानवर प्रेमियों से मेरा कहना है कि – मानव देह के कर्तव्यों को भुलाकर ऐसे मत खो जाएं कि मरते वक्त प्रायश्चित करना पड़े।

यह कर्म भूमि है, यहां कर्मों के फल की गति होती है। अहंकार को छोड़िये। कर्तव्य को निभाइये। मानव होकर संपूर्ण मानवता से प्रेम करते हुए पशु–पक्षियों की भी सुरक्षा करें। उनके प्रेम में फंसकर अपने जीवन की अगली गति को न बिगाड़ें।

जापान में, अमेरिका में, फ्रांस में, तथा अनेकों देशों में देखा, पति से प्रेम नहीं है। बेटा–बेटी पता नहीं क्या कर रहें हैं – पर कुत्ते या बिल्ली से ज्यादा प्रेम है। लड़के–लड़कियों को अच्छा खाना मिलता है कि नहीं – यह पता नहीं पति या पत्नी, बेटा या बेटी कब घर आए, कब चले गए

पता नहीं – पर कुत्तों को लेकर घूमना इत्यादि के बारे में सब पता है। किसी–किसी के घर में तो कुत्तों के लिए सौ–सौ कपड़े थे अर्थात् दस–बीस हजार डालर, अच्छा बिस्तर, बैंक अकाउन्टस और स्पेशल मकान भी देखे। मनुष्यों ने हमारी माताओं, बहनों, भाईयों ने तो हद ही कर दी है।

मनुष्य जानवर बन गया है। गरीबी से व्यक्ति त्रस्त है। अफ्रीका, इन्डोनेशिया, नेपाल, भारत से लेकर अरब देशों में हजारों बच्चे भूख से मर रहे हैं, वस्त्र नहीं है और ये कुत्ते बिल्लियां कितने भाग्यशाली हैं आप कल्पना कर सकते हैं। साथ ही साथ आप सोचिये आपका मन कहां है। जहां आपका मन है, वहीं गति होगी।

अगर आपको विश्वास नहीं है तो आइये मैं आपकी गति को पहले ही दिखा सकता हूं। यह पृथ्वी नोट कर रही है यह हवा अपने साथ मेमोराइज्ड कर रही है और सबसे ज्यादा आपका मन अपने स्मृतिपटल पर लिख रहा है वह सब आपको अगले जन्म की गति बता सकते हैं।

मैंने देखा है, एक अच्छे योगी, उन्होंने सन् 1982 में शरीर छोड़ा है। अपने हाथी से बड़ा ही प्यार करते थे। उन्होंने हाथी पाल रखा था। हाथी का प्रेम भी अपूर्व था। योगी का शरीर छूटा तो हाथी ने भी शरीर छोड़ दिया। जब योगी को हृदय रोग हुआ तो हाथी रो रहा था। मैं अनेकों बार उस योगी को याद दिलाता था, याद रखना यह हाथी से लगाव तुम्हारे मोक्ष द्वार को खोलने में बाधक होगा। परन्तु वे मुस्कुराकर रह जाते। योगी समाधिष्ठ नहीं हो पाए। हृदय–रोग के कारण शरीर छूटा। आज दोनों एक साथ हैं। दोनों पुनः महात्मा बने हैं और पुनः मोक्ष द्वार को खोलने के प्रयत्न में लगे हुए हैं।

एक दिन मैं कालीचोर के जंगल में घूम रहा था। एक महात्मा के साथ लंगूर को देखा – लंगूर भाग कर मेरे पास आया – वे वैष्णव संत थे। हम दोनों एक साथ बैठकर बातें करते रहे। मैंने संत से पूछा – यह कहां मिला आपको – इसे आप छोड़ क्यों नहीं देते? वे हंसकर बोले यह अब जाता ही नहीं – इसे मैंने दीक्षा दे दी है – इसका नाम भगवान दास रखा है, यह मुझे नहर में गिरा हुआ मिला था। तब यह एक छोटा–सा बच्चा था।

मुझे तुरन्त ही राजा भरत की कहानी याद आ गई। उन्हें भी हिरण का बच्चा पानी में गिरकर डूबता हुआ मिला था। उस हिरण के बच्चे को वे अपने महल में ले आए, उसे अपने पास ही रखा, उसे बहुत चाहने लगे।

राजा भरत मुक्त थे। वे अपनी साधना भक्ति–सेवा के लिए आज भी याद किये जाते हैं। अनेकों ऋषियों ने राजा भरत को उस हिरण के बच्चे से इतने ज्यादा लगाव के लिए मना किया। उसे छोड़ देने का इशारा भी किया, पर राजा भरत ने नहीं छोड़ा। अन्त में वही हुआ, जब राजा भरत का शरीर छूट रहा था तो मन हिरण के बच्चे में था, इसी कारण राजा भरत को हिरण के बच्चे का जन्म लेना पड़ा। राजा भरत ज्ञानी थे। हिरण के बच्चे का जन्म ग्रहण करने के बाद भी उन्हें उसका बोध था।

धन्य कहिये ऋषि नारद को जिन्होंने राजा भरत का हिरण के रूप में पहचान लिया, उन्होंने पूछा – कहिये राजा भरत! कैसा लग रहा है। नारद जी ने उस हिरण के बच्चे को ज्ञान की दीक्षा देकर मुक्त किया।

ठीक वैसी ही स्थिति अपने पास बैठे उस महात्मा की थी। उनके साथ वह लंगूर केवल एक बन्दर नहीं था बल्कि वह एक साधक था। वह लंगूर का बच्चा जिसे भगवानदास नाम दिया था मैंने अपने पास रख लिया। उसे लेकर हिमालय की उस गुफा की ओर चला गया जहां मार्कण्डेय ऋषि ने तपस्या करके अमरता को प्राप्त किया था। मृत्यु पर विजय प्राप्त की थी। वहां उस स्थान पर ले जाकर उस लंगूर भगवानदास को मुक्त कर दिया। वह लंगूर वैसा ही करने लगा था जैसा एक साधक मनुष्य करता है। आज भी उसकी समाधि काठगोदाम रेलवेस्टेशन के पीछे मंदिर के प्रांगण में बनी हुई है।

आप सब मानव हैं, आपकी यात्रा अधूरी है। आपने कभी भी अपने बारे में नहीं सोचा। केवल बाहर की यात्राएं करते रहे, बाहर के सुख से सुखी हुए, बाहर के दुःख से दुःखी हुए। बस इतना ही आपके जीवन का सत्य है। प्रेम किया और बिछड़ गये। क्योंकि प्रेम को भी टेस्ट के लिये किया, प्रेम को भी भोग बना दिया। प्रेम को भी अनुभूतियों में बिसार दिया।

भोग की अनुभूतियों को आप लोगों ने प्रेम का नाम दे दिया, शादी कर ली और छोड़ दिया। बच्चे पैदा करना नहीं चाहते – अगर पैदा हो गए तो प्रेम नहीं दिया, केवल साधन दिया – बड़े हो जाने का। सब कुछ आप लोगों ने सब कुछ बदल दिया है। क्योंकि आप सब बुद्धिमान है, वैज्ञानिक है, दार्शनिक हैं, डॉक्टर हैं, इंजीनियर हैं, प्रोफेसर हैं, राजनीतिज्ञ हैं, व्यापारी हैं, इत्यादि इत्यादि। परन्तु आप हैं कौन यह तो आपने जाना ही नहीं? यह आप भूल गए कि बाहर की दुनिया भीतर की दुनिया के कारण ही है। आपको जो यह शरीर मिला है इसका आश्रय भीतर ही है।

जिन आंखों से आप देख रहे हैं, उन आंखों की रोशनी भीतर से है। जिन कानों से आप सुन रहे हैं उनकी श्रवण शक्ति भीतर में है। बाहर का संसार तो केवल ऑब्जेक्ट है सब्जेक्ट को आपने भुला दिया। आप व्यक्तित्व के अहंकार में जी रहे हैं। आप यह तो जानते ही नहीं कि आप कौन हैं ? कोई ऑब्जेक्ट की दुनिया के मापदण्ड में लगा हुआ है तो कोई सबजेक्ट के मन्थन में खोया है। कर्म के इन दोनों पथों में प्रायः दुनिया भटक कर रह गई है।

ऑब्जेक्टिव दुनिया को इतना जान लिया कि वह विनाश का साधन बन गयी। पदार्थ तो बना ही है, विस्तार के लिए तत्व तो बहुत कुछ देता है। और बहुत कुछ अपने अन्दर छिपा रहा है। आज विज्ञान ने पदार्थ को मजबूर कर दिया है अपने अन्दर छिपी हुई क्षमता को उजागर करने के लिए। विज्ञान एक खोज ही तो है। अणु–परमाणु शक्तियों को जान लिया है, एटानेमिक इनर्जी की गुप्त शक्तियों को, रहस्यों को प्राप्त कर लिया है। यह विनाशकारी है। यह प्रकट नहीं करना चाहिये था – मनुष्य उस स्थिति को प्राप्त नहीं कर पाया है जो इन शक्तियों का दुरूपयोग न करे।

अपने बचपन जैसे व्यवहार को मनुष्य अभी भूला नहीं है। वह अभी इतना जिम्मेदार नहीं हुआ कि अपने अभिमान के लिये इसका उपयोग न करे। मनुष्य आज भी मूर्ख और धूर्त है। वह अपने हितों के लिए किसी भी खतरनाक ऊर्जा का, शक्ति का उपयोग कर लेता है।

एटमिक इनर्जी को वैज्ञानिकों ने खोजकर मानव को या इस मानव भूमि को विनाश के लिये तैयार कर दिया है। यह ऊर्जा मनुष्यों तक नहीं पहुंचनी चाहिये थी। सबसे ज्यादा दुर्भाग्य की बात तो यह है यह दुर्लभ विनाशकारी एटोनोमिक इनर्जी राजनीतिज्ञों के हाथ लग गई है। अब यह वैज्ञानिकों के पास नहीं रही। वैज्ञानिकों ने तो खोजा और अधिकार में आया राजनीतिज्ञों के, जो किसी के नहीं होते।

आप लोगों ने तो सुना ही है कि राजनीतिज्ञों ने इसका उपयोग हिरोशिमा और नागासाकी पर कर दिया, कितने अफसोस की, कितनी दर्दनाक घटना घटी होगी। कितना हृदय विदारक परमाणु बमों का उपयोग रहा होगा। आप जरा सोचें – चर्चिल ने तो अमेरिका को एक बम ही गिरा देने की सलाह दी थी। मात्र एक – परन्तु बम दो स्थानों पर गिराए गए और रहस्य छुपा दिया गया, शायद अब खुल रहा है। अमेरिका ने दूसरा बम क्यों गिराया। तीन दिन के बाद नौ अगस्त को

नागासाकी पर – रूजवेल्ट अमेरिकी राष्ट्रपति था, उस वक्त जवाब नहीं दे पाए। उसे आज खोजा जा रहा है।

अब तो इस भूमि को अनेकों बार श्मशान बनाने का साधन उपलब्ध है प्रलय अब तो मनुष्य स्वयं ला सकता है। इन सबकी मृत्यु के बाद क्या गति होगी।

वैज्ञानिकों ने मैटर को फोर्स कर दिया और मैटर ने अपने अन्दर छिपे रहस्यों को दे भी दिया क्योंकि तत्वों को मजबूर किया जा सकता है सब कुछ दे देने के लिए। परन्तु यह अतिक्रमण भीतर में नहीं किया जा सकता। आन्तरिक ज्ञान तब तक प्रकट नहीं हो सकता जब तक आप तैयार नहीं होंगे। इस तैयारी के साथ–साथ यह आपके उपयोग में आ सकता है या नहीं, औरों को आपके द्वारा सहयोग मिल सकता है या नहीं। जब तक अन्तस के विज्ञान का पता नहीं चल जाता तब तक अपने आन्तरिक रहस्यों को वह नहीं खोलता।

उसके लिये आपको अपने अहंकार पर विजय प्राप्त करनी होगी – लोभ – लालची अपनी शक्ति के दुरूपयोग पर विजय प्राप्त करनी होगी। उन सभी इच्छाओं पर जिन्हें आपने अपनी एम्बसीशस बना रखी है, उन पर विजय प्राप्त करनी होगी। विजय प्राप्त करके अपने केन्द्र को जब विश्वातीत बना लेंगे तब कहीं वह घटने के लिये तैयार होगा। तब आपका अपना महत्त्व – आपकी अपनी चिद् विलासिनी, अपने प्रकाशपुंज से आपको प्रकाशित कर देगी।

अगर आपने व्यक्तिगत इच्छाओं को मार दिया – आत्मीय चाह को भी जीत लिया – ज्ञान विवेक को भी प्राप्त कर लिया तब आप तैयारी कर सकते हैं। उस द्वार में प्रवेश करने की जो सत्य तक जाता है।

यह आपकी अपनी यात्रा है। जो कुछ भी अभी तक जाना गया है– वह हम सब की ज्ञान आत्मा की बात है। आप सब की अपनी चिद् की – महत्त्व की बात है, जो सब्जेक्टिव है।

मैं आप सब के स्वयं के चिद् की ओर ले जाने की बात कहने का प्रयास कर रहा हूं। बाह्य जगत के विषयों से हटाकर अंतर्जगत की ओर ले जाना चाहता हूं। आप में बदलाव आ जाय। आपकी ऊर्जा की यात्रा मार्ग को बदल दूं – जो ऑबजेक्टस की ओर भाग गया है। जो आपसे काफी दूर माया के बाजार में भटक रहा है। वह वापस लौट कर सबजेक्टिव बन जाये। बाहर के विषयों के बजाय आन्तरिक विषय से

जुड़ जाय। और जब यह सब हो जाता है। जब आप लोगों में से कोई आन्तरिक जगत में चल देता है। पूर्ण रूप से इसमें संलग्न हो जाता है। अपने आप में पूर्ण चेतना के साथ निज आत्मा से जुड़ जाता है – तब वह सत्य के घर में प्रवेश कर सकता है।

आप ध्यान से सोचना, देखना – करना, अगर आप लोग अन्तर्जगत की यात्रा करने लगेंगे तो यह यात्रा आपकी आन्तरिक होगी आपकी अपनी होगी, स्वयं से मिलने की यात्रा होगी। यह अन्तर जगत का विषय है। अगर आप लोग बाहर की यात्रा करते हैं तो यह ऑब्जेक्टिव यात्रा होगी, आप बाह्य जगत की यात्रा में निकल जाएंगे। और अगर आप दोनों के आगे निकल जाते हैं तो आप लोग सत्य की यात्रा करते हैं – आपकी यात्रा तभी प्रारंभ होती है क्योंकि जो ऑब्जेक्ट है वह सत्य नहीं है। यह केवल सत्य का अंग है। जो सबजेक्टिव है वह भी सत्य नहीं है– वह भी एक भाग ही है।

आप लोग जितने भी साधक और योगी हैं ज्यों ही ऑब्जेक्टिव और सब्जेक्टिव दोनों को छलांग लगाकर पार कर देते हैं तब आप सत्य के आवर्तन में प्रवेश कर जाते हैं। अगर आप लोग अपनी इन्द्रियों को बाहर की ओर उपयोग में लाते हैं तब यह ऑबजेक्ट की ओर निकल जाता है। अगर इन इन्द्रियों को आप भीतर की यात्रा कराते हैं तो ये सब्जेक्ट की यात्रा करते हैं।

जानने वाले को, स्वयं को, आत्मा को, बाहर के द्वारा – ऑब्जेक्ट को, जो जाना जाता है। जिसको जान लिया जाता है – भीतर के द्वारा, जो जानने वाला है, कर्ता है सेल्फ है। ये दोनों दो भाग हैं। दोनों के आगे सत्य है – सत्य के दोनों भाग हैं। सत्य तो यह है कि दोनों एक ही है। इसी को ब्रह्मा कहते हैं – अन्तिम सत्य। आप इस अन्तिम सत्य में – दोनों में से किसी एक के द्वारा प्रवेश भी नहीं पा सकते।

आप सत्य को पाना चाहते हैं – तो सत्य तक दोनों मार्गों से नहीं पहुंचा जा सकता। ये दोनों पथ नहीं हैं सत्य के। एक संसार की ओर जाता है – जो जाना जाता है। दूसरा निज की ओर जाता है – जो जानने वाला है। जब तक आप लोग दोनों को छोड़ेंगे नहीं तब तक तो सत्य से भेंट असम्भव है।

जो दोनों को छोड़कर आगे बढ़ेंगे तो आपका साक्षात्कार हो जाएगा – उस निर्विकल्प से – उस महान से उस परम सत्य से जिसे परमात्मा

कहते हैं। तभी आत्मा को जानने के लिए अन्तःकरण का उपयोग किया जाता है। और जगत को जानने के लिये बाह्य इंद्रियों का – इन सभी इन्द्रियों के दो रास्ते हैं – एक बाहर की ओर जाता है और दूसरा भीतर की ओर। अगर परमात्मा को जानना हो तो किसी भी इन्द्रिय का उपयोग वहां नहीं होगा – न बाह्य इंद्रियों की ओर न अन्तः इन्द्रियों का। वहां तक जाने के लिये दोनों तरह की इंद्रियों की गतिविधियों को पूरी तरह से बन्द करना पड़ेगा। इन इंद्रियों को पूर्ण रूप से छोड़ना पड़ेगा। ज्यों ही आप बिना इंद्रियों के होंगे त्यों ही आपकी मुलाकात हो जाएगी ब्रह्म सत्य से, पूर्ण सत्य से, आप मृत्यु पर विजय प्राप्त कर जाएंगे – मृत्यु का भय नहीं रहेगा।

आज का विज्ञान भले ही कितना भी आगे बढ़ गया हो उससे कोई फर्क नहीं पड़ता। केवल कुछ वैज्ञानिकों के कह देने से – कि कोई सत्य नहीं है, कोई ब्रह्म नहीं है। कोई परमात्मा नहीं है। यह सत्य कैसे हो सकता है। केवल ऑब्जेक्टिव को जाना गया है केवल पदार्थ के रहस्यों को जाना गया है। बहुतों ने तत्वों को जाना है जो ऑबजेक्ट है– बहुतों ने तत्त्वों को जानने वाले आत्मा को जाना है जो सब्जेक्ट है। सेल्फ है, जानने वाला है। सत्य और परमात्मा की चर्चा तो वही कर सकता है जो दोनों से आगे निकल गया हो तो सत्य से परिचित हो– जन्म और मृत्यु के बार–बार के चक्रव्यूह से निकलकर सत्य के साथ हो गया हो।

उन सभी साधकों को सत्य को जानना चाहते हैं, उन सबसे मैं कह रहा हूं, यह जीवन – मात्र यूं ही बिता देने के लिए नहीं मिला है। संत बनकर भी – साधक बनकर भी समझौता करके जी रहे हैं। जब इस रास्ते पर चल ही दिये तो फिर भय किसका – किसकी प्रतीक्षा है। आप अपने से भाग क्यों रह हैं – कब तक भागेंगे – कहां तक जाएंगे – अगर अन्तिम सत्य को नहीं प्राप्त कर सकते थे। उन कर्मों से क्यों भाग रहे हैं जो आपकी पहुंच का मार्ग खोलता है लक्ष्य लेकर चले थे, फिर मठ–मन्दिरों के पुजारी, महन्त बन कर क्यों जीने लगे।

आपका लक्ष्य आपकी प्रतीक्षा कर रहा था जिस दिन से आप चले थे। आप लोग बिना जो न गुरु बन गये। अपने आपको ही मूर्ख बनाने से क्या मिलेगा। आप लोंग इसलिए तो नहीं चले थे। इस मार्ग पर वह मार्ग खुला नहीं, मिला नहीं और आप पहले से ही फंस गए। चलना ही छोड़ दिया, वह कर्म ही छूट गया जो वहां तक जाता है। वह रास्ते में ही रह गया।

आपको पुनः उठना होगा, तैयारी करनी होगी, मृत्यु के भय से मुक्त होना होगा। आप सभी साधकों को जिन्होंने साधना को अपनाया है। सत्य को अनुभूत करने को जिन्होंने साधना को अपनाया है। सत्य को अनुभूत करने के लिए, मैं उन्हें रास्ता दे रहा हूं। मैं प्रवेश द्वार को खोल रहा हूं। आप लोगों को जाना होगा उस प्रवेश द्वार के भीतर आप सभी साधक और शिष्यवर्ग अपने आपको देखें – क्या आप लोग तैयार हैं उसमें प्रवेश करने के लिये – क्या आप लोग तैयार हैं दोनों जगत के प्रभावों से मुक्त होने के लिये – बाह्य यात्रा और भीतर की यात्रा से – आपके पास जो कुछ भी है, वह दोनों के अहंकार में फंसा है – इन दोनों रास्तों से आगे जाना है। और अगर आप तैयार हैं तो प्रश्न कीजिये पृथ्वी से, पृथ्वी से पूछिये – याद रखिये दोनों दशाओं को आपने पूरी तरह छोड़ रखा है – छल नहीं करना है साधना में छल नहीं, कर्म में कमजोरी नहीं, पूर्ण रूप से तैयारी चाहिये।

पृथ्वी के पास सब कुछ है – सारी रहस्यमय यादें उसमें संजोई हुई हैं। तुम कब, कहां थे। तुम कब क्या कर रहे थे। तुमने क्या–क्या किया है, कहां है, सब कुछ पृथ्वी की धरोहर है। कब किस रूप में तुमने जन्म लिया, कितनी अवधि तक उस जीवन को बिताया, कैसे शरीर को छोड़ा – कितनी बार जन्म लिया – कितनी बार मृत्यु हुई – यह पृथ्वी – यह जल – यह वायु और यह आकाश सब कुछ तुम्हें बताएंगे, बशर्ते कि तुम खाली हो। तुम पूर्ण रूप से अकेले हो – तुमने विचारों को छोड़ दिया हो – तुमने मन को छोड़ दिया हो – तुम पूर्ण रूप से खाली हो, तब तुम्हें सब कुछ मिल जायेगा।

इस भूमि पर राम हुए थे, कृष्ण हुए थे, बुद्ध हुए थे, महावीर हुए थे, शंकराचार्य हुए थे। मैं पैदा हआ था तुमने जन्म लिया – यह सब कुछ पृथ्वी ने अपने में समाहित कर रखा है। वायु, जल, आकाश पूरे विश्वायतन ने अपनी यादों के गह्वर में छिपा रखा है। तुम खाली हो, तुम्हें मिल जाएगा।

मुझे अनुभव है, मैंने पूछा है, कृष्ण इस भूमि पर हुए थे, उन्होंने क्या किया था, वह सब मैंने देखा है। जैसा उस वक्त हुआ था, वैसा आज देखा जा सकता है। जो महान् हुए हैं उनकी गतिविधियों को पृथ्वी ने महत्त्वपूर्ण ढंग से संजो रखा है – उन्हें पता लगाना आसान है – सहज है।

मैंने भारद्वाज ऋषि से अनेकों बार मिलकर उनके बारे में बहुत कुछ जाना और उपयोग भी किया। दत्तात्रेय को प्रकट कर पृथ्वी के माध्यम से मैंने बहुत कुछ सीखा। तुम भी मेरी तरह जान सकते हो। परन्तु पूर्णरूप से खाली हो तब – प्रकृति सब देख रही है। तुम कुछ भी नहीं छिपा सकते।

रामायण, गीता जो कुछ भी पूर्व में कहा गया है वह सब वैसा का वैसा वायु दे सकता है। सभी तत्वों का ध्यान गर्भगृह है – जहां जा कर सब कुछ विश्राम कर जाता है। ध्यान की बहुत–सी गुप्त प्रक्रियाओं को जिनका सृजन दत्तात्रेय जी ने किया था मैंने उन सब को वायु द्वारा प्राप्त किया है।

भारद्वाज ऋषि ने द्रोणाचार्य को क्या सिखाया था। दुर्वासा ऋषि से अनेकों बार मैंने संपर्क स्थापित करके तंत्र के द्वारा सत्य जानने की विद्या प्राप्त की। यह सब संभव है। दुनिया की सभी रहस्यमय विद्याओं को वायु ने अपने अन्दर छिपा रखा है। यह सब आप लोगों को भी प्राप्त हो सकता है। परन्तु आप लोग तैयार हों तभी तो, आप लोगों का तैयार होना आवश्यक है।

मैं जानता हूं वायुदेव के किस ह्दय–गुफा में वह सत्य कितना गहरा छुपा हुआ है। कैसे उसे आपके समक्ष लाया जा सके जो आपको अनुभूत हो जाए। यह बहुत आश्चर्यजनक और दिमागी करिश्मा है।

पृथ्वी, वायु, जल और आकाश के पास जो कुछ भी है वह विशुद्ध है, उसमें कोई मिलावट नहीं। क्योंकि पृथ्वी, वायु और आकाश तथा उस घटना के बीच मनुष्य के मन जैसी कोई वस्तु नहीं है जो उनमें अपनी प्रभुता दिखा सके। पूर्ण सत्य को जैसा का तैसा अपने पास रख लेती है, पृथ्वी उससे अपना सबंध कभी नही तोड़ती। जो महापुरुष इस पृथ्वी पर पैदा हो गये हैं, उन्होंने सत्य को जाना है, सत्य को अभिव्यक्त किया है।

वह सत्य आपको भी मिल जाएगा। अगर आप आपने अतीत को खोजेंगे तो वह भी पृथ्वी दे देगी। जिससे आपका संबंध था – लाखों वर्ष पहले वह आज भी पृथ्वी ने संजो रखा है अपने में – उसे देखने के लिये आपको अपनी अन्तर इंद्रियों को विकसित करना होगा। वह आपको सब प्रकट कर देगी। कल भी ये प्राकृतिक गतिविधियां आपके साथ थीं और आज भी आपके साथ हैं।

आप शरीर धारी हैं – यह शरीर पंच भूतों पर ही आश्रित है। यह आपके प्रारब्ध कर्मों की ही देन है , जो लोग आपके साथ पहले थे, वे

ही आज भी आपके साथ हैं उनमें से बहुत से लोग सूक्ष्म शरीर में हैं और बहुत से शरीर धारी भी हैं परन्तु आपके आसपास ही है।

मनुष्य की आत्मा इन दोनों स्थितियों में रह सकती है, भौतिक शरीर हो अथवा सूक्ष्म शरीर। ये दोनों शरीर इस लोक के ही अंग है, वे अभी मुक्त नहीं हुए। वे जन्म लेने की प्रतीक्षा में है। जो लोग आपसे आगे निकल गए है, जिन्होंने साक्षात्कार कर लिया है। वे आप सब साधकों के लिये मार्ग बना गये हैं – बस आप लोगों को उस मार्ग से जाना है। आप लोगों को भी उस गति को प्राप्त होना है।

जो लोग महान हैं, महापुरुष हैं, वे इस देह में ही देहपात के द्वारा परामुक्ति लाभ कर रहे हैं। उन्होंने इन रास्तों को खोल दिया है, वे अपनी अवस्था में रहकर, हर भगवत् प्रेमियों को आगे जाने के मार्ग को निर्विघ्न प्रशस्त करते हैं। देहपात तभी होता है जब प्रारब्ध कर्म समाप्त हो जाता है। देहपात के बाद कोई कर्म शेष नहीं रह जाता, जिसकी कोई गति हो।

जिन साधकों, योगियों ने कर्मकाण्ड, अनुष्ठानों द्वारा वैध मार्ग से सकाम जीवन बिताया है, जिनके चित्त में ज्ञान का उदय नहीं हुआ है, वे मृत्यु के बाद गति को प्राप्त होते हैं। और जो निषेध कर्म का वर्जन करके मात्र वैध कर्मों का ही अनुष्ठान करते हैं, मृत्यु के बाद उनकी भी गति होती है। इस गति को पितृयान कहते हैं। इस गति के परिणामस्वरूप वे जीव धूम मार्ग द्वारा पुण्य कर्म के कारण स्वर्ग आदि लोकों को प्राप्त करते हैं और उनका भोग करते हैं। उनके द्वारा किये गए भूम कर्मो का फल ही इन लोकों की प्राप्ति है। परन्तु ये अनित्य हैं इसलिये पुण्य की यात्रा के अनुसार स्वर्ग आदि लोकों में उनका भोग होता है। पुण्य का क्षय होने पर वे स्वर्ग से बाहर कर दिये जाते हैं। अर्थात् भोग के समाप्त होते ही उन्हें मर्त्यलोक में जन्म ग्रहण करना पड़ता है।

सिद्ध लोक अनेक हैं – स्वर्ग भी अनेक हैं – जैसा कर्म वैसा फल। इसलिये यह ध्यान रखना है कि जो स्वर्ग से भोगों को समाप्त करके पुनः मृत्यु लोक आते हैं वे अच्छे वंश में जन्म लेते हैं। पुनर्जन्म भी उस जीव के शेष कर्म या अवशिष्ट कर्म के कारण होता है। जैसे किसी बोतल में पानी भरकर रखा जाए उस पानी को गिरा दिया जाए तो फिर स्वर्ग के भोग के क्षय के बाद भी कुछ पुण्य कर्म शेष रह जाते है – उसी के कारण पुनरावर्तन होता है और मनुष्य देह में जन्म होता है।

पाप कर्म करने वालों के साथ भी ऐसा ही होता है। पापी लोग बड़े–बड़े कष्टों से – धूम मार्ग द्वारा नरक में जाते हैं नरक का अर्थ है– ऐसा जीवन जहां भयंकर कष्टप्रद नारकीय यातनाएं सहन करनी पड़े। स्वाभाविक शरीर में ऐसी कठिन यंत्रणाएं सहन करना संभव नहीं। इसलिए गलत कार्य – कुकर्म करने वालों को यातना – देह प्राप्त होती है जो एक विशेष प्रकार की देह होती है। उसी यातना देह के साथ वह जीव उस नारकीय क्षेत्र में प्रवेश करता है। बहुत – बहुत समय तक अनेकों प्रकार की तीव्र – कठिन यातनाएं भोगने के बाद – जीव मुक्त होकर लौट आता है। अतिनिम्न कोटि के कर्म करने वालों को कभी–कभी पशु–पक्षी का शरीर धारण करना पड़ता है। उसके बाद वे मानव योनि को प्राप्त होते हैं। बहुत से पशु–पक्षियों और मनुष्यों को देखेंगे कि जो यातनाएं उन्होंने नरम में भोगी हैं उसका कोई न कोई प्रभाव चिह्न अनेक भौतिक शरीर में रह जाता है। बहुत से लोग कठिन रोग जन्म से ही लेकर आते हैं। ऐसे लोगों को क्रम से एक से अधिक बार जन्म लेना पड़ता है।

स्वर्ग जैसा जीवन या नरक भरा जीवन – इसका निर्णय मनुष्य के कर्मों के अनुकूल ही होता है। दोनों गतियों को प्राप्त होने के बाद पुनर्जन्म आवश्यक है, पुनः आवर्तन अवश्य है।

मैं आपको थोड़ा स्वर्ग के बारे में बताना चाहता हूं क्योंकि आप में से अनेकों का मन वैज्ञानिक और दार्शनिक हो गया है, वह आप सबको तार्किक बनाए रखता है। वैसे तो आप लोगों ने, वैज्ञानिकों ने इस पृथ्वी पर काफी परिवर्तन करने की कोशिश की है लेकिन कर्मों के फल को बुद्धिजीवी कहां मिटा सके, कहां परिवर्तन ला सके। आम के बीज से आम का ही पेड़ निकलेगा। भले ही आप उसकी डाली में परिवर्तन ला दें या नये योग से प्लांट कर दें, पर सत्य तो सत्य ही रहेगा उसे कोई बदल नहीं सकता। कर्म तो फल का निर्माण करेगा ही। यह सब कर्मों की गति का ही फल है।

जो कुछ भी भिन्न–भिन्न तरह की जीवन प्रणाली को आप देख रहे हैं, वह कर्म फल ही है। संसार बना ही इस आधार पर है – संसार में जो कुछ भी है वह आवर्तन कर रहा है गति से गति की ओर। कर्म की गति, गति से कर्म, कर्मों का भोग, भोग से कर्म, इच्छाओं से इच्छाएं बनती भी हैं और पूर्ण भी होती हैं। स्वर्ग भी कर्म का फल है और नर्क भी कर्म का फल है। आपका मानव मन आपको शायद दुविधा में डाल

दे कि ऐसा कुछ भी नहीं होता। परन्तु आप को अपने कल्याण के लिये इस बात को हमेशा ध्यान रखना होगा।

आप चाहें कितना भी भागना चाहें, इस व्यवस्था से जो प्राकृतिक है, ईश्वरीय है, आप भाग नहीं सकते क्योंकि आपका जीवन जो जन्म और मृत्यु के आवर्तन में घूम रहा है, वह इच्छाओं के अधीन है। प्रारब्ध के अधीन आपका जन्म है और इच्छाओं के अधीन आपका जीवन – और जीवन का सर्वश्रेष्ठ लक्ष्य है मृत्यु पर विजय प्राप्त करना।

अपने आप इर्द–गिर्द मनुष्य जीवन देख सकते हैं उनके जीवन प्रकरण पर गौर से अध्ययन करेंगे तो पाएंगे कि हर व्यक्ति दुःखी है। मैं दुःखी था, आप दुःखी हैं, बुद्ध, महावीर, शंकराचार्य, जीसस, मुहम्मद आदि सभी दुःखी थे क्योंकि सभी इच्छाएं रखते थे। वे दुःखी नहीं होते तो आज यहां नहीं होते। अगर दुःख नहीं होता तो सिद्धार्थ बुद्ध नहीं बने होते। दुःख नहीं होता तो महावीर तीर्थंकर नहीं बने होते। दुःख नहीं होता तो शंकर – शंकराचार्य, जीसस – क्राइस्ट और मुहम्मद – पैगम्बर नहीं बने होते। आज जो मैं हूं – उसके पीछे दुःख ही था।

दुःख से भागने का उपाय ही आनन्द की खोज है। जो दुःख है वह इच्छाओं से पैदा होता है। इच्छाओं का अन्त ही दुःखों का अन्त है। दुःख, इच्छाएं और इच्छाओं का अन्त ही दुःखों से मुक्ति है।

जो इच्छाएं हैं वे अच्छी भी हैं और बुरी भी। चाहे वे कैसी भी हों – चाहे वे देवत्व की तरह हों या आसुरी प्रवृत्ति की हैं तो दोनों इच्छाएं ही, और सभी इच्छाएं बन्धन हैं। परन्तु दोनों में अन्तर है। बुरी इच्छाएं बन्धनों में जकड़ती जाती हैं और अच्छी इच्छाएं व्यक्ति को धीरे–धीरे इच्छा विहीन कर देती हैं। ये इच्छाएं ही कर्मों को प्रगाढ़ करती हैं। इन सभी की एक गति है, बहाव है, जिसे हमें भोगना होता है।

आसुरी इच्छाएं नरक की ओर ले जाती हैं और देवत्व की इच्छाएं स्वर्ग की ओर। दोनों से अलग हो जाय अर्थात् निष्काम हो जाय तो वह निगुर्ण ब्रह्म से मिलती हैं। निर्गुण निष्काम का फल है। ऐसा कर्म जिसमें कोई गुण प्रधान न हो, बिना इच्छा का। दोनों प्रकार की इच्छाएं बंधन को पैदा करती हैं – भोगों का निर्माण करती हैं, जिसे भोगना ही पड़ता है स्वर्ग के रूप में या नरक के रूप में।

एक आनन्द से मुक्त भोग जीवन है। – दूसरा दुःखों यातनाओं से भरा जीवन। एक ज्ञान युक्त रोशनी से भरा जीवन है तो दूसरा अज्ञानता

के अन्धेरों से भरा जीवन – दोनों जगत केवल भोग हैं। और भोगों के बाद पुनः जन्म होता है, क्योंकि वहां भी काल की गणना है।

हर मनुष्य गुण–प्रधान है। हर मनुष्य का कर्म भी गुण प्रधान है। इन गुणों के अनुकूल इच्छाएं हैं। उन्हीं के अनुकूल कर्म और उसकी गति। यह एक साथ लगा हुआ है। कोई तमोगुण प्रधान है, कोई रजोगुण और कोई सतोगुण प्रधान। इन्हीं के अनुकूल इच्छाओं का जन्म होता है तमोगुण मनुष्य को संसार के प्रति उपयोगी नहीं बनने देता। वे हमेशा उत्तरदायित्व से भागते हैं। संसार को बेकार समझते हैं। संसार के लोगों को दुःख पहुंचाकर प्रसन्न होते हैं। उनमें अहंकार ज्यादा होता है।

रजोगुण का व्यक्ति दूसरों को हानि नहीं पहुंचाना चाहता परन्तु ज्यादा अपना हित चाहता है। वह भी अहंकार युक्त होता है पर संसार को बनाए रखना चाहता है। और जो सतोगुण का व्यक्ति होता है वह सभी परेशानियों से लड़कर स्वतन्त्र होना पसंद करता है। संसार के कल्याण की बात सोचता है। हर इंसान को सुन्दर बातें या मार्गदर्शन देता है। वह अहंकारी नहीं होता। परमार्थ, सेवा–देना, पूजा आदि उसका कर्म होता है।

जितना ही आप अपने अन्दर सतोगुण का विकास करेंगे उतना ही आनन्द के साथ अपने स्वर्ग के रास्ते को प्रशस्त करेंगे।

अगर तीनों गुणों से अलग, गुण–विहीन, निर्गुण हो जाएंगे तो आप ब्रह्ममय हो जाएंगे। बुद्ध, महावीर, शंकराचार्य आदि बन जाएंगे। फिर जन्म–मृत्यु का आवर्तन नहीं होगा तब आप निर्गुण हो जाएंगे।

परन्तु मैं तो स्वर्ग की बात करना चाहता हूं – जो सगुण है। सगुण में सतोगुण प्रधान है। रजोगुण तो हमेशा मनुष्य को मनुष्य के जीवन चक्र में ही पिरोये रहता है। तमोगुण कभी–कभी ही रज के सहयोग में या सत्व के प्रभाव में आकर मुक्त हो सकता है। नहीं तो वह उसी तरह का प्रारब्ध बनाता है – जो भिन्न–भिन्न कोटि के जन्म या नरक की यात्रा कराता है।

इच्छा या चाह कोई बुरी बात नहीं है। और न ही यह गलत है। हर व्यक्ति की जीवन–प्रक्रिया तो इच्छाओं के अधीन होती है। अगर आप अपनी पवित्र इच्छाओं को पूरा कर सकें और उससे आगे बढ़ते रहें तो एक दिन आपको इच्छा विहीन होना ही है।

परन्तु एक बात का ध्यान रखना है कि इच्छाओं को कोई अन्त नहीं होता। आप सब अपनी–अपनी जीवन यात्रा में आई हुई सभी इच्छाओं

का या आने वाली सभी इच्छाओं का रेखाचित्र बनाएं तो पाएंगे कि इच्छाओं का एक लम्बा सिलसिला बन गया है। हर इच्छा के पीछे एक दूसरी इच्छा है। इच्छाओं की समाप्ति कहीं नजर नहीं आती।

इन्हीं इच्छाओं के अधीन आपका यह जीवनचक्र घूम रहा है। तभी तो यह निम्न यात्राएं करातीं है क्योंकि सामाजिक–सांसारिक परिस्थितियां आपसे ऐसा कार्य करवा लेती है जो निम्न तमोगुणी होती है। उस कर्म की गति भी निम्न होगी और कभी–कभी महान कार्य कर जाते हैं, अच्छी संगत पाकर। उस पवित्र कर्म की गति भी पवित्र होगी।

संसारी कर्मफल आपको भोग जीवन ही देता है। नरक के भोग के लिए नरकयुक्त यातना शरीर को प्राप्त करते हैं। स्वर्ग के भोग के लिए विशेष वायु प्रधान, अग्नि प्रधान जीवन को पाते हैं। फलों के अवसान तक वहां ठहरकर पुनः मनुष्य बनते हैं। अच्छा मनुष्य ही बनकर नारकीय भोग के लिये यातना शरीर को पाते हैं जो पशुओं की तरह होते हैं। आप अनकों जीवधारियों को देखते होंगे, मनुष्यों को देखते होंगे जिनका शरीर तो मनुष्य का है मगर उनका जीवन नारकीय होता है।

और ऐसे भी श्रेष्ठ मानवों को देखते होंगे जो सभी कुछ प्राप्त होने पर भी धर्म को नहीं भूलते। अच्छे संत महात्माओं का जीवन भी अहंकार रहित होता है। वे इस शरीर को कृपा–प्रसाद समझते हैं, इसकी सुरक्षा करते हुए ईश्वर को समर्पित होकर अपना कर्म करते हैं।

मैं जो बातें स्वर्ग की कर रहा हूं वे कर्म प्रधान हैं, कर्म के वश में हैं– कर्मफल है। कर्म की गति है। यह जो स्वर्ग है, मानव–रचित स्वर्ग जो आप लोगों ने बनाया है उसकी बात नहीं कर रहा हूं, जो निम्न स्तर का स्वर्ग है। यह आप लोगों के सकाम पुण्य पवित्र कर्मों के फल से प्राप्त होता है।

इसके ऊर्ध्व में भी स्वर्ग है जो इस निम्न के ऊपर है। वह ज्ञानहीन पुण्य कर्म के फल से नहीं प्राप्त हो सकता जो नीचे का स्वर्ग है वह तो "काम्य–फल" के भोग का स्थान है। वहां भोग करने योग्य सारी वस्तुओं का संसार है, जो केवल इच्छा मात्र से प्राप्त हो जाता है, किसी से मांगना नहीं पड़ता।

अनुकूल अप्सराएं अमृत विभिन्न प्रकार के सुस्वादु फल – सुन्दर–सुन्दर दृश्य – दिव्य सुगंध स्वर्ण कमल से भरे सरोवर आदि सभी भोग वस्तुएं सहज में उपलब्ध हैं।

यह भोग प्रधान स्वर्ग है। भोग समाप्त हो जाने पर पतन हो जाता है। अर्थात मनुष्य योनि को पुनः प्राप्त होना पड़ता है।

यह निम्न प्रकार के स्वर्ग अनेकों हैं। यहां इन्द्र के द्वारा देखभाल की जाती है। इन्द्र भी तपस्या के बल पर इसे प्राप्त करते हैं। अनेकों भारतीय ऋषियों ने इस इन्द्र के स्थान को प्राप्त करके छोड़ दिया है या उनका पतन हो गया है। अनेक असुर भी तपस्या द्वारा इस पद को प्राप्त कर जाते हैं। भारतीय संस्कृति में ऐसी अनेकों पौराणिक कथाएं लिखी गई है जिनमें असुरों द्वारा स्वर्ग पर अधिकार करने का वर्णन है। उनकी कठोर तपस्या की भी चर्चा हुई है।

कोई भी मानव तपस्या द्वारा अपने कर्मों को इच्छा–युक्त रखकर निम्न स्तरों के स्वर्ग को प्राप्त कर सकता है। इन स्वर्गों के अलावा जो ऊर्ध्व स्वर्ग लोक है वे सभी लोक इन्द्र के अधीन नहीं है। महर्लोक, सत्यलोक और तपोलोक ऊर्ध्व स्वर्ग के अवान्तर माग हैं। ज्ञान कर्म के समुच्चय के बिना यहां किसी का प्रवेश नहीं।

योग शक्ति और कर्म के विकास के फल के रूप में ऊर्ध्वतन स्वर्ग की प्राप्ति होती है। यह पितृयान पथ की उपलब्धि नहीं है। पितृयान मार्ग में शुभ और अशुभ दोनों कर्मों की गति होती है। थोड़ी दूर तक की यात्रा एक ही मार्ग से होती है। एक ही पथ से गति है साथ–साथ। उसके बाद रास्ते अलग–अलग हो जाते हैं।

देवयान पथ की जो गति है उसे शुक्ल गति भी कहते हैं। यह ज्ञानहीनों, कर्महीनों के लिये नहीं है। कर्म तो अनेक श्रेष्ठ होते हैं पर बहुत से श्रेष्ठ कर्म भी ज्ञानयुक्त नहीं होते। परमार्थ, सेवा, दूसरों की भलाई करना, बड़ों को आदर देना, दुखियों को सहयोग देना, ये सब ऐसे कर्म है जिनमें शारीरिक शोधन, मानसिक शोधन, भाव शोधन इन पर सत्, रज, तम आदि गुणों का प्रभाव नहीं पड़ता। यह आत्म ज्ञान, ब्रह्मज्ञान या समाधि का मार्ग नहीं है बस हृदय के मानवतावादी द्वार को खोलना है। निम्नस्तर के स्वर्गों में जैसी गति होती है, ये लोग पितृयान मार्ग या देवयान मार्ग से चले जाते हैं। बहुत से साधक सिद्धियों से जुड़ जाते हैं और सम्प्रज्ञात समाधि को प्राप्त कर विचारानुगत, वितर्कानुगत आदि भावों में रह जाते हैं। उन्हें भी शरीर के अन्त के बाद न्यून स्तर के स्वर्ग की प्राप्ति होती है।

कर्महीन ज्ञान एक बारगी गतिशून्य है जहां ज्ञान और कर्म का समुच्चय आवश्यक हो जाता है। यह समुच्चय दो प्रकार से कार्य करता है। एक सम समुच्चय और दूसरा विषम समुच्चय।

जो सम समुच्चय अवस्था है उसमें ज्ञान और कर्म की मात्रा बराबर होती है। विषम समुच्चय में कर्म संग होता है और ज्ञान संग या ज्ञान संगा होता है और कर्म संग। ज्ञान से कर्म का मिश्रण न हो तो गति संभव नहीं। कर्म और ज्ञान में किसकी प्रधानता है यह योगियों और मुमूर्ष साधकों की साधना पर निर्भर करता है। इस समुच्चय में अगर कर्म का प्रभाव ज्यादा होता है तो रास्ते में प्रत्येक केन्द्र पर उतरना पड़ता है। अर्थात अनेकों लोक हैं उन पर रहते हुए, उनके भोगों को भोगते हुए आगे बढ़ना पड़ता है।

यदि ज्ञान की मात्रा अधिक होती है तो सीधे सत्यलोक, महर्लोक, तपलोक आदि को छोड़ता हुआ ब्रह्मलोक को प्राप्त करता है। ब्रह्मलोक से आगे कोई भी ज्ञानी नहीं जा सकता, जब तक वह विशुद्धता को नहीं पा लेता।

विशुद्ध ज्ञानियों के लिये ब्रह्मलोक में गति नहीं होती। ज्ञानी लोग ब्रह्मलोक को प्राप्त कर जब तक अपनी वासनाओं को समाप्त या क्षय नहीं कर लेते तब तक आगे का द्वार नहीं खुलता। शुद्ध ब्रह्म को विशुद्ध ब्रह्म को विशुद्ध ज्ञानी ही प्राप्त कर पाते हैं। ब्रह्मलोक में जीवन मुक्त रूप में रहा जाता है। ये सभी जीवन मुक्त सीधे हिरण्यगर्भ से सम्बन्ध बनाए रखते हैं।

जिन साधकों ने निम्न अधिकार लेकर ब्रह्म लोक को प्राप्त किया है उन्हें हिरण्यगर्भ का सालोक्य प्राप्त होता है। वे उच्चकोटि के अधिकारी साधक होते हैं। उन्हें सारूप्य प्राप्त होता है, भगवद्‌मय हो जाने का।

जो उच्चकोटि के साधक अधिकारी होते हैं वे सृष्टि तथा सामीप्य लाभ प्राप्त करके चरम अवस्था में एकाकार या सायुक्त हो जाते हैं। उसके बाद महाप्रलय के समय ब्रह्माण्ड के नाश के साथ–साथ जब हिरण्यगर्भ की देह भी नष्ट हो जाती है तब हिरण्यगर्भ के साथ–साथ उसके अंगीभूत जीव पर ब्रह्म से अभेद प्राप्त करते हैं इनको ही हिरण्यगर्भ कहा जाता है। इस अवस्था में सभी साधक अपने–अपने इष्ट को प्राप्त करते हैं। यह गति है जीवन पथ के उन कर्म यात्रियों की जो साधना में रत हैं।

•••

हं ॐ क्षं
हं
यं
रं
वं
लं

कुंडलिनी

जीवन एक अमूल्य निधि है। शरीर एक बहुमूल्य सम्पदा है। जिस तरह से ब्रह्माण्ड विचित्रताओं का संसार छुपाए बैठा है, उसी तरह से यह पिण्ड आश्चर्यों से भरा, रहस्यों से युक्त, दिव्यताओं से मंडित एक अद्‌भुत संसार छुपाए बैठा है। मनुष्यों ने जितना भी कुछ जाना है, खोजा है, वह इस शरीर की ही देन है। जो कुछ भी घटित होता है उसके अनुभव का माध्यम शरीर ही है।

भारत एक ऐसा देश रहा है जो अनादि काल से इस मानव शरीर की दुर्लभताओं की खोज करता आया है, इसकी उपयोगिताओं का मूल्यांकन करता आया है। अगर भारत के उन साहित्यों पर ध्यान दिया जाए जिसमें भारत भूगर्भ विज्ञान आदि का वर्णन किया गया है तो हम पाएंगे कि उनमें जीवन की बहुमूल्यताओं का संकेत सहज ही में उपलब्ध हो जाता है। पर्वतों के नाम, ग्रहों के नाम के पीछे भी जीवन के सत्य की खोज के संकेत मिलते है।

समुद्र मंथन को ही लें तो वह एक अच्छा उद्धरण है। भिन्न–भिन्न शक्तियों की उपलब्धि का। यह गाथा जो पुराणों की है वह सुन्दर अभिव्यक्तियों का विधि लेख है। शक्ति के जागरण का। भगवान शिव के वास कैलाश पर्वत की अद्‌भुत चर्चाओं में भी मानवदेह की दुर्लभताओं का वर्णन है। पाण्डवों द्वारा हिमालय के स्वर्गारोहण में भी जीवन के आरोहण पथ की ही चर्चा है। सुमेरू पर्वत के इर्द–गिर्द भी चक्रतीर्थ, तीर्थापुरी, अलकापुरी, लक्ष्मीवन एवं गंगा के उद्‌गम के पीछे की यात्रा स्वर्गलोक की यात्रा जिसमें वैतरणी नदी को पार करना, तपोवन नन्दनवन, शिव शिखर, जल के अनेकों कुण्ड और सुमेरू शिखर की वार्ता कही गई हैं।

इन सब में मानवदेह के अवरोहण और अवतरण की पथ यात्राओं का ही संकेत है। जितना श्रेष्ठ यह खोज का विज्ञान है, उसकी तुलना में आज का विज्ञान नगण्य है। खोज तो अनादि काल से मानव की यात्रा का पथ रहा है। सबकी खोज का साधन – मानव मन ही रहा है। विकास का श्रेय मन को ही जाता है। इच्छाओं का केन्द्र मन ही है। इच्छाओं की पूर्ति का साधन उपलब्ध कराने के पीछे भी मन है। उन सबके भोग अपवर्ग में उपलब्ध करके आनन्दमय होना ही मन की अपनी साम्राज्य शैली है।

आज के विश्व की जो उपलब्धियां है, वे सब मन की सीमाओं में ही आती हैं, चाहे वह बुद्धि विवेक के चिन्तन – मनन का अन्वेषण ही क्यों न हो। मनुष्य की पहचान मन ही है। परन्तु भारत के ऋषि मुनियों ने मनुष्य को जंगल से बाहर निकालकर केवल तपस्वी मानव या वैदिक मानव अथवा सुसंस्कृत मानव बनाकर दिग्विजय, चक्रवर्ती ही नहीं बनाया, इस मानव को मानव से महामानव ही बनाकर नहीं छोड़ दिया बल्कि मानव को देवता और पूर्ण मानव भी बनाया।

ऋषियों की खोज का विषय केवल विकसित मन की सांसारिक सांस्कृतिक खोज ही नहीं रहा, उन्होंने मन के उद्‌गम के पीछे की भी यात्राएं कीं हैं। स्वाभाविकता के प्रभाव से भी मानव को मुक्त करने का मार्ग खोजा। निजबोध की, आत्म साक्षात्कार की यात्राएं करवाई। मनुष्यों को आश्रित जीवन से मुक्त करवाकर निज की प्रभुता रूपी सम्पन्नता से जोड़ा। उन्होंने कुरीतियों पर विजय प्राप्त करने के मार्ग, साधन एवं शास्त्रों की भी खोज की जिनका उपयोग अपने आधीन रखा। आत्म संकल्प मन के संकल्प की प्रभुता का प्रभाव रखा।

व्यक्ति को आज के विज्ञान ने जितना भयभीत कर रखा है, जितना खतरनाक आज का मानव मन हो गया है, उतना उस काल में नहीं था। मानव द्वारा मानव को गुलाम बना कर रखना उस समय प्रथा में नहीं था। यह सब तो आज के बुद्धिजीवियों का काम और पेशा हो गया है। अशिक्षित होकर भी कल का मानव गुलाम नहीं था। सेवा धर्म था। पृथ्वी पर अपने–अपने विजय ध्वज को फहराने की और उसके लिये नर संहार के ऐतिहासिक ताण्डव की भूख तो मानव हो या देवता या राक्षस सभी में होती है।

परन्तु जाति परिवर्तन, धर्म परिवर्तन, विश्व को अपने विचारों का गुलाम बनाने की प्रथाएं, सब आज की देन हैं। अब विश्व का राजनीतिकरण – धार्मिक, सामप्रदायिक विचारों पर हो गया है।

इस पृथ्वी पर कोई रहा नहीं है, चाहे वह राम हो, कृष्ण हो, मूसा हो, ईसामसीह हो या पैगम्बर आदि अवतार हो, सभी अपनी–अपनी कलाओं की जीवन शैली का प्रदर्शन करके चले गए। इस पृथ्वी ने किसी को रहने का अवसर नहीं दिया। किसी भी मानव को यह अवसर प्राप्त नहीं है। जो कुछ भी पृथ्वी देती है या जो कुछ भी प्रकृति प्रंदत्त है, वह सब छिन जाता है या छीन लिया जाता है। इसके बावजूद भी यह अभिमानी मन मनुष्य को अपने ही विचारों का गुलाम बना कर रखना चाहता है।

गुजरा हुआ कल हमारा आधार हो सकता है, हमारे पूर्वज हमारे जीवन – मार्ग के प्रतीक हो सकते हैं। परन्तु जो वे कर गए, जो वे कह गए वैसा जीवन हम क्यों जीयें – उन्हें हम क्यों ढोएं। वह हम सबका जीवन नहीं हो सकता। वे हमारे पूज्य हो सकते हैं क्योंकि वे हमारी जीवन यात्रा की एक कड़ी हैं, परन्तु वे हम कैसे हो सकते हैं। हम अपने ही कर्म से निर्मित संस्कारों और प्रारब्धों को लेकर आए हैं। हम सब मुक्त होने के लिये आए हैं। हम सब निष्काम होने के लिये आए हैं। हमने जो कुछ भी लिया है, दिया है, उसकी पूर्ति कर निजबोध के लिये आए हैं।

फिर हम उधार का जीवन क्यों जीएं। दूसरों के विचारों को ढोने के लिए हम क्यों मजबूर हों। हमारे अपने अधिकारों का हनन करके धर्म और राजनीति के नाम पर लोग हमें गुलाम क्यों बनाना चाहते हैं। शक्ति का दुरूपयोग, विद्या का दुरूपयोग, सिद्धांतों का दुरूपयोग क्यों हो रहा है। क्या हम सब अनुयायी बनकर जीने आए हैं, क्या हमारी जीवन यात्रा का अर्थ केवल उन लोगों पर विश्वास करके उनके प्रति समर्पित हो जाना है। हम सब उनसे निकलकर आगे आ चुके हैं। वे लोग हमारा इतिहास हो सकते हैं, हमारा गुजरा हुआ कल हो सकते हैं परन्तु वे लोग हमारा वर्तमान कैसे हो सकते हैं। वे लोग हमारे मील का पत्थर कैसे हो सकते हैं। वे लोग मेरे जैसे यात्रियों के जीवन में एक पुल कैसे बन सकते हैं।

हमारी यात्रा तो आगे की ओर है। फिर वे हमारी इस यात्रा मार्ग में कैसे आ सकते हैं। उनके विचारों का, उनके द्वारा किये गये कर्मो का

इतना ज्यादा प्रभाव हम क्यों डाले हुए हैं। हम गुलाम, सेवकदास भावनाओं को जन्म देते चले आ रहे हैं। यही कारण है कि मानव गुलामी को स्वीकारता चला आ रहा है। दास भावना से जुड़कर अपने कर्म की महानता को भूल जाता है। हमारे कर्तापन क्रियापन की पहचान का शोषण किया गया है। हमारे अन्दर छिपी अपार सम्पदा पर पर्दा डाला गया है। वे लोग जिन्हें धार्मिक गुरु कहा गया है, वे नहीं चाहते कि आपका विकास हो, आप सुसंस्कृत बने। आप बुद्धिजीवी बने – आप अपनी अस्मिता को जाने। तभी आपको आस्था, विश्वास श्रद्धा के नाम पर समर्पण सिखाया गया है। परमात्मा की सर्वज्ञता का गलत अर्थ लगाया गया है। राम के पुरूषार्थ कर्म और कृष्ण के लीलामय कर्म का भी गलत अर्थ लगाया गया है। उनके साथ सक्रिय मानव पशु, पक्षी, वानर आदि को तो देवी–देवताओं का अवतार बना कर श्रेष्ठ बना दिया गया और आप सबको पापी जीव कह कर गुलाम बना दिया गया।

आप लोगों की मुक्ति अर्थात् आजादी का मार्ग अवरूद्ध हो गया और गुलाम बनकर जीने वालों के लिये प्रभु का दरवाजा खोल दिया गया। आप कथा सुनकर मुक्त हो सकते हैं मुक्त होने के लिये। आप उनके द्वारा गाए गीतों को सुनकर मोक्ष प्राप्त कर सकते हैं परन्तु अपने कर्मों से नहीं – अपनी बुद्धि से नहीं – अपने योग से नहीं। अपनी तपस्या से नहीं। इसीलिये तो भारत का मानव कई हजारों वर्षों से गुलाम बनता चला आया है। उनकी किसी ने भी सहायता नहीं की, आज भी यही हो रहा है। फिर से आपको गुलाम बनाने का षड्यंत्र चल रहा है, फिर से आपके धर्म को छीन लेने का चक्रव्यूह बनाया जा रहा है।

हर तरफ से कुछ बुद्धिजीवी मानव आपको अपना–अपना विश्वास पात्र बना कर, अपना–अपना शिष्य बनाकर, अपना–अपना सेवक बनाकर स्वतंत्र जीवन की हत्या कर रहे हैं। ईशरत्व का लोप हो रहा है, गुरुत्व बढ़ रहा है, सर्वव्यापक परमात्मा का स्थान कुछ आत्मावादी ढोंगी गुरु ले रहे हैं।

समर्पण ईश्वर के बजाय, व्यक्ति विशेष करता रहे हैं। आपकी खोज ईश्वर है। आपका लक्ष्य सत्य का साक्षात्कार है। परन्तु व्यक्ति गुरु बनकर आपका लक्ष्य बनने जा रहे हैं। ये लोग चर्चा तो भगवान की कर रहे हैं परन्तु पूजा अपनी करवा रहे हैं।

आप स्कूल, कॉलेज, विश्वविद्यालयों में शिक्षा ज्ञान को प्राप्त कर अपने–अपने कर्म के धनी बनते हैं परन्तु इन गुरुओं से शिक्षा प्राप्त करके आप इन के सेवक गुलाम बनकर अपने ज्ञान और शक्ति को खो रहे हैं। आप लोग भेड़–बकरियों की तरह क्यों जीना चाहते हैं, जिन्हें दो–चार कुत्ते चरा लेते हैं और जिन कुत्तों का मालिक चरवाहा होता है।

आप अपने अन्दर छुपी उस अपार सम्पदा और शक्ति को जगाएं – अपने आपको इस शोषण से मुक्त कराएं। नहीं तो आप मूर्ख बनकर रह जाएंगे। आपका यह जीवन भी बेकार हो जाएगा। हम सबके अन्दर अद्भुत शक्ति का भंडार है जो इस व्यक्तित्व में छुपा हुआ है। वह अदृश्य शक्ति है। इस शक्ति का एक केन्द्र हैं। उसी केन्द्र से परमात्मा की पहचान होती है। उसका अनुभव किया जा सकता है। वही केन्द्र सत्य से परिचय करवाता है। वहीं से ही जीवन की मूल शक्ति की पहचान होती है। वह ऐसा केन्द्र है जो बाहर की सभी सक्रियताओं को अपने अधीन रखता है और वही केन्द्र भीतर की ओर ले जाता है।

•••

काल

जब समय ने अपने गर्भ में हम सबको सक्रिय किया होगा तब कुछ न कुछ घटा होगा, बिना कुछ घटे हम उस महान् से इस तरह बिछड़े न होंगे। काल के चक्रवात् ने, काल के आवर्तन ने न जाने किन–किन घटनाओं के संघात–आघात से टकराकर इस यात्रा को प्रारंभ किया होगा। जब कुछ घटा होगा तो कुछ हुआ होगा। कभी हमने अपने अनेकों आवरणों को प्राप्त करने के प्रयत्न में यात्रा की होगी। कभी हम इन आवरणों को छोड़कर नूतन की खोज में चले होंगे। न जाने कितनी बार इस जीवन विकास मार्ग पर हमने निर्माण और विनाश देखा होगा।

विकसित होते–होते हम अचानक संकुचन के प्रभाव में आ गये होंगे। अनेकों बार हमनें अपने उस केन्द्र से जुड़ने का प्रयत्न किया होगा। इन घटनाओं की क्रमबद्धता ने पूरे ब्रह्माण्ड को जोड़ रखा है। जब हम चले थे तो अकेले थे। और भी होंगे अपनी–अपनी यात्रा में – लेकिन सब अकेले। तब हम जीवात्मा नहीं थे। तब हम पंच भूतात्मक नहीं थे। तब हम जड़ता से नहीं जुड़े थे। तब हम केवल चेतन थे। केवल आत्मा थे। एक इकाई थे। हम अपने आप में थे। जगत का प्रभाव नहीं था। केवल बीज था, तब न संस्कार था, न प्रारब्ध।

रास्ते में घटता गया, यात्रा में होता गया, यात्रा ने पथ को पकड़ा, पथ ने दिशा का निर्माण किया। तत्त्वों ने अपना प्रभाव डाला और बीज अंकुरित होने लगा। बीज पौधा बनने लगा, बीज वृक्ष बनने लगा। काल की आवर्तन यात्रा में निर्माण और विनाश की यात्रा प्रारंभ हो गई। कृपा हो गई। कृपा घट गई। आत्मा को जीवात्मा बनने की कृपा प्राप्त हो गई और बीज को वृक्ष बनने की।

है तो यह एक घटना लेकिन यह कृपा में बदल गई। आकस्मिकता ने वर्तमान को पहचाना। अदृश्यता ने स्वरूप की यात्रा की। सूक्ष्मता ने भौतिकता का रूप ले लिया। आश्रय की तलाश में आवरण बनते गए। ऊर्जा अपनी सत्ता को बनाती रही – अपना मार्ग निर्धारण करती रही। काल का आवर्तन – काल का चक्रवाहन यह यात्रा कितनी लम्बी हुई होगी – कितना समय लगा होगा तनिक सोंचे ?

उस अकेलेपन की यात्रा का विचार करें जब आप पूर्ण अकेले होंगे। जहां वह परमात्मा होगा और आप। तब न सूर्य होगा, न पृथ्वी, न चन्द्र, न तारे। ये सभी अपनी–अपनी यात्रा में अपनी–अपनी अवस्था को प्राप्त करने में सक्रिय होंगे। कितना समय लगा होगा, सूर्य वायु अग्नि, जल और पृथ्वी को अपने–अपने स्वरूप में आने में।

आपकी चेतना को इस तरह अचेतन से जोड़ने की एक घटना घटी होगी, प्रक्रियात्मक रूप से जिस तरह महान से बिछड़कर आकाश आदि घट की निर्माण प्रक्रिया घटी होगी। आकाश से पृथ्वी तक की यात्रा। सूर्य से अन्य ग्रहों, नक्षत्रों तक की यात्रा, आत्मा से जीवात्मा तक ही यात्रा।

यह सभी कुछ अनजाने में होता रहा। इनका कोई परिचय न था। इनकी कोई बात नहीं थी। स्वरूप होता गया। घटता रहा, कुछ बनता रहा, कुछ नष्ट होता रहा। एक के निर्माण के लिए अनेकों को नष्ट होना पड़ा। इसमें कोई कृपा नहीं, कोई दया नहीं, कोई अहिंसा कोई करूणा नहीं। यह एक घटना है। स्वाभाविक घटना, प्राकृतिक घटना, जिसे घटते रहना है।

इसे ही माया कहा गया है। इसे ही परमात्मा की लीला कहा गया है। तभी से खोज प्रारंभ हुई। घटनाओं की क्रमबद्धता ने जीवों को अनुभूतियों से झकझोरा और प्रारंभ हुई एक खोज की यात्रा। रहस्यों की खोज की यात्रा, उत्पत्ति और विनाश के कारणों की खोज की यात्रा, अनाम से नाम के खोज की यात्रा, दृश्यता में छिपी अदृश्यता की सत्ता की खोज की यात्रा। उस सत्ता की खोज की यात्रा जो सब सत्ताओं में सर्वज्ञ सत्ता बनी हुई है। उस सर्वज्ञता की खोज की यात्रा जो सब सत्ताओं में सर्वज्ञ बनी हुई है। उस सजीवता की खोज की यात्रा जो हर निर्जीवता में जीवन डाल देती है। उस शिव की खोज जो शव में शक्ति

बन जाता है और शिव कहलाता है। सत्य की खोज जीवन रूपी अस्तित्व की खोज। और इस खोज का भाव तभी अंकुरित हुआ होगा जब कुछ घटा होगा। वह घटा होगा मन पर, बुद्धि पर, इन्द्रियों पर, अस्तित्व पर, जगत में, जीवन यात्रा के किसी आयाम में। यह सब कुछ बन चुका होगा, परन्तु इसका कोई नाम नहीं होगा। एक साथ यात्रा करने पर भी बेनाम होंगे। यह सारा ब्रह्माण्ड बेनाम होगा।

जीवन रहा होगा। जगत बन चुका होगा। अस्तित्व रहा होगा। खोजों ने इनको नाम दिया होगा। चेतनत्व रहा होगा। इन्द्रियां बन चुकी होंगी, मन–बुद्धि का विकास हो चुका होगा।

आज यह हम सबका वर्तमान है। यह काल का वर्तमान है। यह जैसा कल था, वैसा ही आज है ऐसा ही रहेगा।

इसका अपना कोई अतीत नहीं, न ही इसका अपना कोई भविष्य है। जो कुछ भी है बस यह वर्तमान ही है। यह पूर्ण मुक्त है और रहेगा। परन्तु हम सबका भूत है, भविष्य है, हम सब किसी न किसी यात्रा मार्ग से चले आ रहे हैं।

घटनाओं के संघात–आघात में इस काल का हाथ है। परन्तु जिस पर घटना है। प्रभाव उसी पर पड़ता है। उसकी स्मृति उन तत्वों, उन पदार्थों पर होती है चाहे वे जड़ हो अथवा चेतन। अब हमारा नाम है, हमारा परिचय है, हमारे आसपास के सभी तत्वों का नाम है। मानव ने अपना प्रभाव डाल दिया है।

यह खोज तब से चली आ रही है जब से मानव ने होश संभाला है। अनेक जन्मों से यह खोज चली आ रही है। न जाने कितने जन्मों की खोज के बाद एक नाम मिल पाया है। एक अनुकूल परिस्थिति का निर्माण हुआ है। इस खोज को कुछ भी नाम दिया जा सकता है। चाहे इसे विज्ञान कहें या धर्म। वैदिक संस्कृति कहें या आधुनिक, यह है खोज की ही उपलब्धि।

अपनी इस खोज की यात्रा में मानव ने अपनी निज चेतना को विकसित किया है। मनुष्य की चेतना, मनुष्य की बुद्धि, मनुष्य का मन, मनुष्य का विवेक और मनुष्य के कर्म पथ के निर्माण–विकास में अनेकों घटनाओं का प्रभाव पड़ा है। जो कुछ भी आज प्रकाश में आया है वह पहले सुषुप्ति में पड़ा था। छुपा हुआ था। मानव मन के रहस्यमय कुण्डों में।

अनेकों संभावनाएं आज भी झांक रही हैं। क्योंकि यह खोज आज भी जारी है। यह खोज अभी तक अधूरी है, प्रकाश में आने के लिए, जागरण की लम्बी कतारें मनुष्य के भीतर में प्रतीक्षारत हैं। अभी तक जो कुछ भी जाना गया वह पूरा नहीं है। अभी मानव खोज की यात्रा अधूरी है। क्योंकि मानव अभी स्वयं में ही भटका हुआ राही है। इतना कुछ जान लेने के बाद भी मनुष्य अपने लिये अज्ञात ही है। अपने आप से अपरिचित ही है।

अब तो एक बड़े इतिहास की रचना हो चुकी है। मनुष्यों की खोज में समर्पित–अर्पित उन महामानवों के विषय में, हर पन्नों पर किसी का स्वर्णाक्षरों में लिखा इतिहास है। इस जगत को सुसंस्कृत करने में, इस मन को वैज्ञानिक बनाने में, गाथा की एक लंबी श्रृंखला है। यह गाथा उन लोगों की है जिन्होंने मानव को यहां तक पहुंचाया है और जगत का परिचय दिया है। उनके त्याग को हम चाहकर भी भुला नहीं सकते ना ही बिसरा सकते।

•••

सत्य

अनेकों उत्साही, साहसी मानवों ने लाखों–लाखों वर्षों से जगत के यात्रा–पथ पर चलकर अनेकों खोजें की हैं। जो बन चुका है। उसकी उपयोगिता, उसकी क्षमता और उसमें छुपी क्षमता का रहस्योद्घाटन किया है। मानव की यह खोज अपनी चरम–सीमा तक पहुंच गई है। बहुत कुछ जान लिया है। बहुत कुछ उपलब्ध कर लिया है। परंतु फिर भी मानव दुःखी है, पीड़ा से भरा हुआ है। उसकी खोज अभी तक उसे पीड़ा से मुक्ति नहीं दिला पाई है। जीवन के सत्य का अनावरण नहीं हो पाया है।

सत्य अज्ञात है। सत्य अपरिचित है। मानव जीवन की यह सबसे दुखद अवस्था है। मानव जल में रह कर भी प्यासा है। जीवन को पाकर जीवन के सत्य से अछूता है। यही अज्ञानता पीड़ा से मुक्त न होने का कारण बन गयी है। तत्त्वों के अन्वेषण में मानव मन काफी आगे निकल चुका है परन्तु स्वयं के भीतर जाने में पीछे रह गया है। पदार्थों के जिन आवरणों को हटाकर मानव–मन झांक चुका है, वह बाह्य गति का प्रभुता संपन्न क्षेत्र है।

जो मूल से यात्रा कर अपना एक संसार बना चुकें हैं, जिन्होंने अन्तः यात्रा की है। अनेकों परतों को चीरकर, अनेकों अवरोधों को मिटाकर वहां पहुंचे हैं, उस पथ पर बहुत कम लोग पहुंच पाए हैं। जो लोग उस पथ पर चल पाए हैं। आज का इतिहास उन्हें भुला देना चाहता है। आज का विज्ञान उन्हें पीछे छोड़ देना चाहता है क्योंकि उन्हें डर है कि विज्ञान की परिभाषा कहीं बदल न जाए। ऋषियों, अवतारों – तीर्थंकरों गुरुओं में ऐसे अनेकों नाम हैं जिन्होंने सत्य को जाना है।

अन्तर यात्रा के महान् पथ पर चलकर मानव सभ्यता को इतनी खूबसूरत भेंट देने वाले थोड़े से ही लोग हैं। जिन लोगों ने इसे जाना वे अतिप्राचीन भी थे और हम सब के समकालीन भी – कश्यप, कपिल, भारद्वाज, विश्वामित्र, अत्रि, पुलस्त्य, गौतम, कणाद, पिपलादि, व्यास, शुकदेव, दत्तात्रेय, दुर्वासा, चन्द्रमा, वशिष्ठ, पतंजलि, बुद्ध, महावीर, शंकराचार्य, जीसस, मुहम्मद, सनफ्रांसिस आदि। राम और कृष्ण तो अपने आप में मिसाल थे, एक आदर्श थे। कृष्ण की तुलना में तो इस पृथ्वी पर कोई हो ही नहीं सकता। जीवन के सत्य के अस्तित्वगत अन्तर्यात्रा की जिस प्रक्रिया को खोजा गया – वह ही धर्मपथ कहलाया। शान्ति की खोज का मार्ग, आनन्द की खोज का मार्ग, बीज की ओर यात्रा का मार्ग।

जिस तरह से मानवों ने अपने भौतिक लक्ष्यों की प्राप्ति की अन्वेषण प्रक्रियाओं को जन्म दिया, जहां पदार्थ जगत, स्थूल जीवन के रहस्यों को जाना तथा खोजा, उस विज्ञान को नाम दिया, उसी तरह से अस्तित्वगत अन्तर आत्मा जगत व अन्तस–चेतना जगत की भी खोज हुई। उसे भी एक नाम दिया गया। ये दोनों ही विज्ञान कहलाए गए, एक बाह्य जगत का विज्ञान दूसरा अन्तर्जगत का विज्ञान। एक की खोज में परिवर्तन प्रक्रिया का प्रभाव रहा और दूसरी में पहले से ही सब कुछ था। सब कुछ है। कुछ नया खोजना नहीं है। बस आवरण को, बादलों को – परतों को हटाना है। विश्राम में आनन्द की अनुभूतियों को जानकर अन्तस की ओर जाना है।

गति में गतिहीनता की क्रिया में क्रियाहीनता की, अस्थिरता में स्थिरता की अशान्ति में शान्ति की खोज। यह खोज अनवरत है। कई जन्मों की खोज है। न जाने कितने जन्मों की खोज के बाद उस आनन्द का एहसास होता है। उस आनन्द की एक झलक मिलती है। उस आनन्द का प्रवेश द्वार खुलता है। जिसे परमात्मा का द्वार कहा जाता है।

इसे ही साक्षात्कार और निर्वाण कहा जाता है। यही शान्त, अति – शान्त के शान्ति के नाम से जाना जाता है। जो हर सृजन की प्रसूत भूमि है। जो आपकी समझ में आए आप इसे नाम दे सकते हैं। यह आपकी अनुभूति की अभिव्यक्ति है। यह आपके समझने की बात है। इस अहसास का, इस अनुभूति का कोई नाम नहीं। यह कितने जन्मों के

प्रयासों के बाद मिलता है, निश्चत नहीं। यह इस जन्म में भी घट सकता है और कई जन्मों के बाद भी। आपको यह पता नहीं कि यह आपका कौन सा जन्म है। आपको पता नहीं आप कितने जन्मों से साधना कर रहे हैं, इसलिए यह कभी भी घट सकता है। और जब यह घटता है – तब वह एक विश्राम होता है। एक अनन्त ठहराव – एक असीम शान्ति– परन्तु यह आपका पड़ाव नहीं होता यह आपकी यात्रा का विश्राम अवस्थान नहीं होता। यह तो आपकी आनन्दमय अनुभूति को एक और नए श्रम से जो जोड़ देता है।

एक नई शुरुआत, विश्वातीत की, विराट की, इस आनन्द को विश्वातीत बनाने का श्रम, एक ऐसी कर्मयात्रा जो अपने लिये नहीं होती। अभी तक की जो यात्रा थी, नदी से सागर बनने की थी। और अब एक और यात्रा का प्रारंभ हुआ, बांटने की यात्रा और आगे बढ़ चले।

तभी तो भक्तों–संतो के कृष्ण सखा बन गए। कृष्ण बन्धु बन गए। कृष्ण दूत बन गए। गोपियों के विरह में मिले। सुदामा की मित्रता में दिखाई पड़े। द्रौपदी की आह प्रेम में नजर आए। बुद्ध, महावीर गांव–गांव, दरवाजे–दरवाजे जाकर खड़े हो गए। जीसस दुःख दर्द में खड़े मिले।

जिसने उसे पा लिया वह जगत से जुड़ गया, जिसने उसे उपलब्ध किया वह नये आयाम से जुड़ गया। जो कुछ भी जितना–जितना महत्त्वपूर्ण और श्रेयस्कर है, महान् है, उसे पाने में बड़ा आनन्द आता है – जिसने भी उसे पाया वह बांटने के लिये व्याकुल हो गया। उसे कबीर ने पाया आप कबीर की बेचैनी देख सकते हैं – कितनी आतुरता है बांटने के लिये। तुलसी को राम की प्राप्ति और उसे बांटने की बेचैनी – मानस के दोहों में देख सकते हैं।

सूरदास, रैदास, रसखान, रहीम, करीम आदि की बेचैनी उनकी दोहावलियों में साफ दृष्टिगत होती है। मोजेज की बेचैनी उनके श्रम में झलक आती है। जीसस की बांटने की बेचैनी उनके यात्रा मार्ग में दिखाई देती है। यह वैसे ही होता है जैसे फूल खिलता है और सुगन्ध चारों ओर फैलती है। गोरखनाथ की जीवनशैली को देखकर लगता है, अंतरिम आनन्द को बांटने की कितनी बेचैनी थी। वे गांव–गांव, घर–घर के गोरखनाथ बन गए। जाग मच्छेन्द्र गोरख आया एक कहावत बन गई। गोरखनाथ की ऐसी कृति जो घर–घर प्रचलित हो गई।

शंकराचार्य घर–घर गए अपने आनन्द को बांटने के लिये। इन सबने बांटा, किसी ने भी अपनी पूजा अपनी प्रार्थना करने को नहीं कहा। सबने उस परम आनन्द को प्राप्त करने का संदेश दिया। उन्होंने आज के उन पाखंडी महामानव जैसा बनने के लिये नहीं कहा। आज जो लोक कथा, कथा कह रहे हैं, भगवद् चर्चा कर रहे हैं, भावगत्, सत्संग आदि के माध्यम से जीवन को सुसंस्कृत बनाने की कोशिश कर रहे हैं। उन्हें सीखना चाहिये। इनके अनुयायियों ने धर्म को बिगाड़ा है। आज जो भी ज्यादातर गुरु बने हुए हैं। उन्होंने उस आनन्द को प्राप्त नहीं किया है। उनमें बांटने की भूख नहीं हैं, वे अनुभव से नहीं गुजरे हैं तभी तो वे व्याख्यान देते हैं, प्रवचन करते हैं, कथा सुनते हैं, लीला करते हैं, और उस लीला, कथा के माध्यम से अपना परिचय देते हैं।

उनका अपना कुछ भी नहीं है। वे सब उधार की बातें करते हैं। यह बड़े ही आश्चर्य की बात है कि वे चर्चा तो भगवान की लीला किया करते हैं, भगवत् प्रेम की, भगवत् कृपा की चर्चा करते हैं, भगवान् की महत्ता का वर्णन करते हैं लेकिन पूजा अपनी करवाते हैं। एक संत कह रहा है, मेरी पूजा करो, एक मील का पत्थर कह रहा है, मैं ही तुम्हारा लक्ष्य हूं। एक सहारा देने वाली छड़ी कह रही है, मैं ही तुम्हारा सब कुछ हूं। एक पतवार कह रही है, मेरी पूजा करो।

मैं तुम सबसे पूछ रहा हूं क्या नौका, एक पतवार तुम्हारा लक्ष्य हो सकती है। क्या सेतु तुम्हारे जीवन का परम उद्देश्य हो सकता है। तुम्हें उन सभी धर्म गुरुओं से सावधान होना होगा जो तुम्हें मूर्ख बना रहे हैं वे तुम्हें अपनी संपति समझ रहे हैं। तुम अपनी श्रद्धा का, विश्वास का, भक्ति का, प्रेम का, सेवा का दुरूपयोग न करो। तुम्हारे दोनों लोक खराब हो रहे हैं, तुम्हारा यह अमूल्य जीवन यों ही नष्ट हो रहा है।

तुम सब सोचो, मनन करो, विचार करो और अपने–अपने गुरुओं को माध्यम बनाकर अपने लक्ष्य की खोज में निकलो। गुरु एक सेतु का काम कर सकता है। गुरु एक मील के पत्थर का काम कर सकता है। गुरु नौका का काम कर सकता है। गुरु की खोज भी साक्षात्कार है, आनन्द का, परम आनन्द का। आनन्द को, परमात्मा को, मोक्ष को, निर्वाण को प्राप्त किया हुआ गुरु कभी भी अपनी पूजा नहीं करवाएगा क्योंकि वह सत्य को जानता है। सत्य के साक्षात्कार का नाटक करने वाला गुरु अपनी पूजा करवाएगा

क्योंकि वह गीता रामायण अनेकों महाकाव्यों के गीत गाता है। वह सत्य के विषय में तो कहता है लेकिन सत्य उपलब्ध नहीं होता। वह तो एक बाजार लगाता है जिसे रामायण, गीता, वेद आदि श्रुतियों को रखता है। उसका अपना तो ज्ञान कुछ नहीं होता।

तुम बस अपने महान् ऋषियों--मुनियों अथवा अपने गोत्र का परिचय देने वाले आदि नामों का विचार करो, जिन लोगों ने हमेशा भगवद् साधना का मार्ग बताया, अपने आपको हमेशा तुम्हारे मार्ग दर्शक के रूप में दर्शाया। तुम सोचो, बादलों ने कभी अपनी पूजा क़रवाने की बात कही है, वे आते हैं, और बरस जाते हैं, सागर में लहरें उठती हैं, तटों पर जाकर टकराती हैं, नदियां बहती हुई सागर में जा मिलती हैं।

पेड़ों पर फल लगता है, पक कर गिर जाता है। तुम उन गुरुओं से भी पूछो और कहो, जब कुछ मिलता है जब कुछ घट जाता है, तो वह औरों के लिये, बंटने के लिये, बिखर जाने के लिये, फैल जाने के लिये, व्याकुल हो जाते हैं।

तुम सब भी बुद्ध बनो, महावीर बनो, क्यों इन आडंबरों से मंडित गुरुओं के दास बनकर अपने इस जीवन को बेकार कर रहे हो। अगर सचमुच में तुम और तुम्हारे गुरु का मिलन हो जाये तो तुम्हारा जीवन सार्थक हो सकता है।

तुम गुरु बना सकते हो, पर अगर वह तुम्हारा गुरु नहीं है तो तुम्हारा मिलन नहीं होगा। केवल तुम दर्शक बन कर रह जाओगे, तुम केवल एक नाम लेकर रह जाओगे। तुम्हें दीक्षा नहीं मिलेगी। तुम्हें गुरु का शक्तिपात प्राप्त नहीं होगा। तुम्हें गुरु का स्पर्श नहीं मिलेगा। तुम गुरु बनाकर भी गुरुविहीन रहोगे। गुरु का नाम पा कर भी तुम गुरु को प्राप्त नहीं कर पाओगे। क्योंकि तुम्हारा गुरु भीड़भाड़ में खो गया है। उसके पास वक्त नहीं है। वह सर्वज्ञ नहीं है। वह परमात्मा नहीं है कि जो अपनी सर्वज्ञता की उपस्थिति तुम्हें दे जाय। वह एक मानव है। जो प्रेम रस जानता है। जो आनन्द रस, विरह रस, बालरस आदि के कवित्व को जानता है। तभी तो वह मंच पर पॉप संगीत की तरह कथा कहता है।

आज व्यास की कथा नहीं है। आज शुकदेव और परीक्षित की कथा नहीं है। आज तो भेड़--बकरियों को चराने की कथा है। आज कथा एक मनोरंजन बनकर रह गयी है। आज कथा एक व्यवसाय बनकर रह गया

है। तुम्हें मोक्ष भी खरीदना पड़ेगा। तुम्हें आत्म साक्षात्कार भी खरीदना पड़ेगा। तथा तुम्हें दीक्षा भी खरीदनी पड़ेगी।

पर सत्य तो यह है कि यह सब घटता है। यह सब कुछ बिकाऊ नहीं है। तुम अपना जीवन न्यौछावर करके भी यह सब खरीद नहीं सकते। यह तो साधना में प्राप्त होता है यह साध्य है। साधकों के द्वारा। तुम सब भटक रहे हो, अहंकार में, अहंकार की प्रभुता में, आडंबर की प्रभुता में धन की प्रभुता में, नाम की प्रभुता में।

तुम दोनों भटक रहे हो, तुम भी और तुम्हारा गुरु भी। तुम्हारा गुरु वशिष्ट, विश्वामित्र, अत्रि, दत्तात्रेय, दुर्वासा, भारद्वाज, व्यास, शुकदेव, कृपाचार्य, द्रोणाचार्य और बलराम, श्रीकृष्ण के गुरु से तो महान् नहीं हैं। कश्यप, कणाद, कपिल, गौतम आदि से तो महान् नहीं है, यह बुद्ध, महावीर, शंकराचार्य, अरस्तू, मूसा, जीसस, मुहम्मद से भी तो महान् नहीं होगा। इन सबने अपने शिष्यों को अपने हाथों से संस्कार दिये, सुसंस्कृत और गुरुत्व का पाठ पढ़ाया।

आज कल के गुरु तो तुम्हें भेड़–बकरियों की तरह बैठा कर माईक से दीक्षा दे रहे हैं और तुम उन्हें गुरु मान रहे हो। यह तुम्हारी कैसी कर्मयात्रा है। तुम अपनी आने वाली पीढ़ियों को क्या जवाब दोगे। जब तुम्हारी मृत्यु होगी तब तुम क्या लेकर जाओगे। क्या तुम्हें अपने ऊपर दया नहीं आती। कुछ लोग तो मृत लोगों के नाम से आज भी दीक्षा दे रहे हैं। कुछ लोग गुरु के एजेन्ट बन कर दिक्षा दे रहे हैं, उन्हें दिक्षा देने का अधिकार दिया गया है। वे स्वयं भूखे हैं। पद पाने के लिये, प्रतिष्ठा पाने के लिये, नेता और मंत्री बनने के लिये, वे अपने आपको भगवान घोषित करते हैं। तुम लोगों जैसे अनेकों मूर्ख मानव हैं जो आज भी उन्हें गुरु मान रहे हैं और उनके लिये अपना सब कुछ समर्पित कर रहे हैं। क्या तुम्हें सत्य को जानने का ज्ञान नहीं है। क्या सत्य को परखकर देखने की आंख नहीं है।

•••

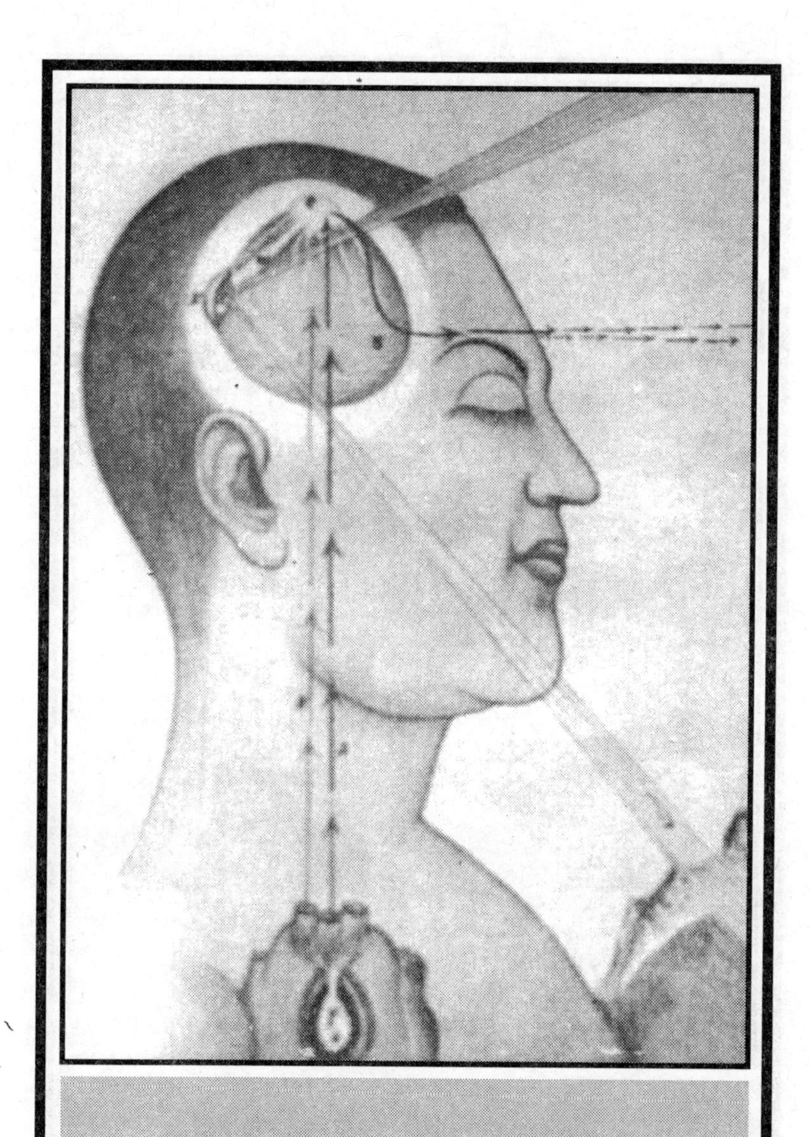

एक रूप दिव्य दृष्टि का

हृदय चक्र

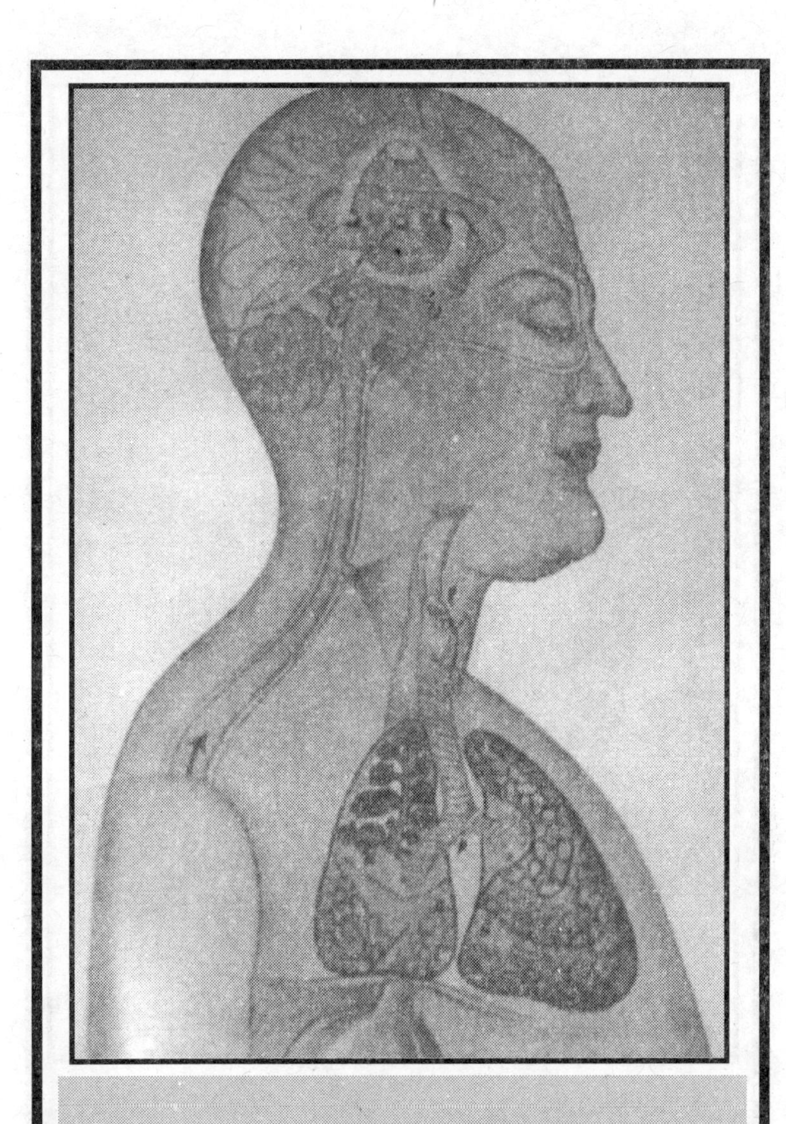

विशुद्धि चक्र

मूलाधार चक्र

मैं यहां क्यों आया हूं?

जहां तक मेरा प्रश्न है, तुम मुझसे पूछो, मैं यहां क्यों आया हूं? मैं जानता हूं, मुझे पता है कि मैं यहां क्यों आया हूं। मैं यहां जिसके लिये आया था, जैसा गुरु मैं चाहता था, वैसा ही मुझे गुरु मिला। गुरु ने मुझे दीक्षा देकर मुझे धन्य किया। मुझे अनेकों दीक्षाएं लेने की आवश्यकता नहीं पड़ी। आज मैं समाधिष्ठ हूं। आज मैं योगी हूं। मेरा परिचय सभी से हो गया है। उन सभी महान् अवतारों योगियों, सिद्धों से परिचय हो गया है। जिन लोगों ने पृथ्वी पुत्रों को जगाया है। मेरे गुरु ने मेरे संकल्प को जगाया। मेरे गुरु ने मेरे अन्दर छुपी दुर्लभता को जगाया। मेरे गुरु ने मेरी अज्ञानता को दूर किया। मेरे गुरु ने मुझे अन्तर्यात्रा करवाई। मेरे गुरु ने एक सेतु का काम किया। मेरे गुरु ने मुझे पथिक बनाया। मेरे गुरु ने मेरा लक्ष्य मुझे ही बनाया। और मेरे गुरु ने सेतु से आगे भेज दिया मुझे। आज मैं जानता हूं, मैं कौन हूं, मेरा क्या काम है। मेरे गुरु ने कभी भी यह नहीं कहा कि कथा या सत्संग से मुक्ति या मोक्ष मिलेगा।

उन्होंने तो कर्मपथ की यात्रा करवाकर, बाह्य जीवन को कर्मक्षेत्र बनाकर, अन्तःकरण की यात्रा करवाई। आत्म–संकल्प आत्म विश्वास का धनी बनाकर शक्ति का जागरण किया। मैंने महान गुरुओं को कभी भी दुकान लगाते नहीं देखा। क्या सत्य भी कभी व्यवसाय बन सकता है? क्या कभी जीवन का आनन्द दुकानों में बिक सकता है?

फिर तुम सब क्यों भटक रहे हो? मैं तुम्हारे उन सभी गुरुओं के गुरुओं को जानता हूं जो दावा करते हैं कि उनके गुरु हिमालय के गुरु हैं या थे।

मैं महा अवतार को भी जानता हूं। मैं सर्वेश्वरानन्द को भी जानता हूं। मैं सुन्दरानन्द को भी जानता हूं। मैं अद्वैतानन्द तथा हंस को भी जानता हूं। मैं सोमवारी, हेड़ियाखान, लटूरिया, जंगमवाला, गंधबाबा,

सीताराम बाबा, मोहनदास, नारायण स्वामी के गुरु को भी जानता हूं। मैं शंकराचार्य और गोरखनाथ को भी जानता हूं। मैंने इन सभी महान् आत्माओं को तो धर्म की चादर, गायत्री चादर, पीताम्बर, धूप, अगरबत्ती, दवाइयां, जड़ी, बूटियां आदि बेचते नहीं देखा। फिर ये लोग क्यों अपनी–अपनी दुकान साथ लिये फिर रहे हैं। इनकी मोबाइल दुकानें घूम रही हैं, क्या भूल गये हैं कि आत्म साक्षात्कार करने वालों की यह पहचान नहीं है। क्या ये लोग भूल गए हैं कि भारतीय योगी, यति, संन्यासी या सन्तों की यह पहचान नहीं है।

तुम लोगों को ये बेवकूफ बना रहे हैं। अपने–अपने समाज के निर्माण के लिये ये अपने आपको ऑर्गनाइज्ड कर रहे हैं। जातिवाद का समाज – राजनीति से प्रभावित समाज, धार्मिक, सांप्रदायिक समाज। ये केवल तुम्हारे जीवन को ही नहीं बरबाद कर रहे हैं बल्कि राष्ट्रीय संस्कृति को भी बांट रहे हैं। पौराणिक मर्यादाओं का भी हनन कर रहे हैं। वैदिक संस्कृति – सनातन संस्कृति को बांट रहे हैं। देश को फिर से जाति और धर्म के नाम पर गुलामी की ओर धकेल रह हैं। ये लोग अपने मठ मन्दिर बना रहे हैं। ये सनातन नहीं हैं, क्योंकि ये सनातन की रक्षा नहीं कर पा रहे हैं।

ये लोग तुम्हारे पूजागृह में अपनी तथा अपनी पत्नी की फोटो रखवाकर पूजा करवा रहे हैं। देवी–देवताओं, शक्तियों और परमात्मा के नाम के बजाय अपने नाम का जप करवा रहे हैं। और तुम सब लोग इसे कर रहे हो। जब तुम्हारी मृत्यु होगी तो तुम्हारा क्या होगा। जब तुम शरीर छोड़ोगे तो तुम इन्हीं के धाम को पाओगे। ये जहां होंगे तुम भी वहीं भटकोगे क्योंकि मन जैसा संकल्प बनाता है। अगला जन्म वैसा ही बनता है। पूजा–पाठ–अराधना– प्रार्थना ये सब तो साधना है–तपस्या है। यह सब अपने अगले जन्म को सुधारने और इस जन्म को महान् बनाने के लिये किया जाता है।

क्या तुम इस पृथ्वी पर, इस कर्म भूमि पर इसलिये आए हो कि अपने मनुष्य जन्म पाने के उद्देश्यों को भूल जाओ। तुम किसी व्यक्ति की पूजा के लिय तो नहीं जन्में हो। तुम्हारे वेद शास्त्र और पूर्वजों ने ऐसी शिक्षा तो नहीं दी है। क्या तुम्हारी आंखे नहीं हैं जो देख सको। क्या तुम्हारी बुद्धि नहीं है जो जान सको। क्या तुम्हारा मन नहीं हैं जो मनन कर सको, क्या तुम होश में नहीं हो जो समझ सको। प्रेम, भक्ति, श्रद्धा,

विश्वास और करुणा की अपार सम्पदा तुम्हें मिली है जो तुम्हें परमात्मा से मिला सकती है। पंचभूत से बना इस तात्विक शरीर का सीधा सम्बन्ध प्रकृतिमय होने का है। यह तुम भूल चुके हो, इसलिये न तो तुम ईश्वरमय बन पाए हो और न ही प्रकृतिमय। तुम गलत लोगों के चक्रव्यूह में फंस गए हो।

न जाने कितने जन्मों के बाद तुम्हें यह मनुष्य शरीर मिला होगा और वह भी यूं ही बेकार जा रहा है। धिक्कार है तुम्हें जो तुम इस मानव देह का पवित्र उपयोग नहीं कर पाए। धिक्कार है उन माता–पिता को जिन्होंने तुम्हें जन्म दिया। तुम किस अन्धविश्वास में पड़कर पथ भ्रष्ट हो गए हो। तुम किस अभिमान में खोए हो। मरने के बाद तुम्हारा और उनका क्या होगा, सोचो? मृत्यु को प्राप्त होने वाले जीवित आडंबर – जीवियों को जिन्हें आपने अपना गुरु बनाया है, अपना जीवन समर्पित कर दिया है वे आपके लोक को कैसे सुधारेंगे? तुम्हारे कर्म को कौन महान् बनाएगा। मरने के बाद तुम उन्हीं की तरह भटकोगे, तुम्हारे खाते में यह भी तो नहीं लिखा जाएगा कि तुम मानव बनकर फिर से अपने कर्मों को पवित्र कर सको।

तुमने मानव मन का, बुद्धि का, ज्ञान का और होश का दुरूपयोग किया है। भगवान और अपने आप को धोखा दिया है। होश में आओ। अभी वक्त है भगवद्भक्ति की ओर बढ़ो, अपने आप को, अपने विचारों को मुक्ति दो। अपनी आंखे खोलो, भगवान ने तुम्हें बुद्धि दी है तुम अपनी बुद्धि का प्रयोग करो अपने मन को महान बनाओ, उस सेतु की पूजा करने के बदले उस के पार जाओ। उस सेतु पर घाट बनाने के बजाय उस पार जाओ, आगे बढ़ो, तुम्हारा लक्ष्य तुम्हारी प्रतीक्षा कर रहा है।

तुम्हारी कर्मयात्रा आगे है। मूर्खता को छोड़ दो। तुम सम्मोहन से मुक्त होकर आगे बढ़ो। क्यों भावनाओं की माया के अन्धविश्वास में फंस कर नरक की यात्रा करना चाहते हो तुम कुत्ते, बिल्ली, पालतू जानवर बनकर जीने लिये तो नहीं आए हो। किसी को गुरु बनाकर, उनकी सेवा के लिये ही जीवन बिताने नहीं आये हो। गुरु तो पथ–प्रदर्शक होता है – गुरु तो ज्ञान होता है। गुरु तो जन्म सुधारक होता है। गुरु तो प्रेरणा देता है – गुरु तो आत्मसाक्षात्कार करवाकर प्रभुमय बनाता है। गुरु तो मनुष्य जीवन को मोक्ष के द्वार पर ले जाता है। गुरु तो अज्ञानता को मिटाता है। गुरु तो राग, द्वेष, अहंकार, मोह, माया से छुटकारा दिलाता है। गुरु तो गंगा

है। गुरु तो सूर्य है। गुरु तो पृथ्वी है। गुरु तो अग्नि है। गुरु तो पवन है – गुरु तो आकाश है – जो अपने लिये कुछ भी नहीं करते और हर किसी को जीवनदान देते हैं।

तुम सोचो, क्या तुम्हारा गुरु रोष कर रहा है। क्या तुम्हारा गुरु गीता, रामायण, बनकर मोक्ष मार्ग दिखा रहा है। तुमने खोजा है – तुमने माना है। गुरु को – यह़ तुम्हारी खोज है, यह तुम्हारा मानना है। तुम किस लिये गुरु को खोज रहे थे। तुम्हारे मन में उस वक्त क्या था। तुम्हारे हृदय में किस का भाव था। उसे तुमने क्यों छोड़ दिया। तुम तो रास्ता खोज रहे थे – जो परमात्मा तक जाता है। फिर तुम क्यों एक व्यक्ति की तलाश कर रहे थे, जो मार्ग बता दे। वह तुम्हारी साधना का लक्ष्य कैसे बन गया। वह तुम्हारा भाग्य विधाता कैसे बन गया।

अपनी उन स्मृतियों को टटोलो। उन सभी मील के पत्थरों की पूजा करना छोड़ दो। अपने जीवन के परम लक्ष्य की ओर जाओ। तुम जिज्ञासु हो। तुम खोजी हो। धैर्यवान और मुमुक्षु हो। तुम साधक हो, तुम छलांग लगा सकते हो। अगर तुम आगे बढ़ो तो परमात्मा की शक्ति तुमको रूपान्तरित कर देगी। अभी तुम साधक नहीं हो, अभी तुम आनन्दमय नहीं हो। अभी तो तुम्हें कोई नचा रहा है। किसी के विचार तुमको प्रभावित कर रहे हैं। अभी तुम्हारा प्राण–प्राण, कण–कण और सारा अस्तित्व उस परमात्मा के अनुग्रह से नहीं नाच रहा है और न ही गा रहा है। उसकी अनुकम्पा तो आपार है। तुम एक पग आगे तो बढ़ो। तुम साधक हो। साधना की गहराइयों में डूबने की कोशिश करो। मैं तुम्हें उत्प्रेरित कर रहा हूं। मैं इसलिये आया हूं – तुम्हें मानव देह द्वारा भगवान की उपासना करनी है। मानव, मानव का गुलाम नहीं हो सकता। मैं तुम्हारा उद्देश्य बताना चाहता हूं।

मैं तुम्हें अन्धविश्वास और झूठे समर्पण से मुक्त करवाने आया हूं। मैं तुम्हारी खोज को नई दिशा देने आया हूं। तुम तो तालाब को ही सागर समझने लगे हो। तुम कुएं में फंस गए हो, कुएं के मेढक की तरह। तुम्हें उस कुएं को ही सागर बताया जा रहा है। एक बार उस कुएं से बाहर तो आकर देखो सही कि सागर किस को कहते हैं। जीवन की सारी सीमाओं को तोड़ दो, विरोध और द्वन्द्व से बाहर निकलो, पीड़ाओं से मुक्ति लो और सागर बनने की तैयारी करो, तुम्हारी खोज तो परम सत्य की उपलब्धि है।

तुम साधक हो, तुम्हें उस परम सत्य की खोज में निकलना चाहिये, तुम्हें यात्रा करनी चाहिये, स्वयं के खोज की, तुम्हें मेहनत करनी चाहिये, स्वयं के अस्तित्व के लिये। तुम्हें साधना करनी चाहिये अपनी ही वृत्तियों को अन्तर्दिशा देने के लिये।

सत्य की खोज का अर्थ है, जीवन के अस्तित्व के रहस्यों की खोज करना किसी व्यक्ति या उसके गुण का पुजारी बनना नहीं। मैं नहीं मानता कि परमात्मा ने तुम्हें आंखे दी हैं और तुम देख नहीं सकते – देखकर परख नहीं सकते। तुम्हें अपनी पति–पत्नी की पहचान है, अपने बाल–बच्चों की पहचान है, अपने पालतू जानवरों की पहचान है, अपने–अपने घर, आफिस, व्यापार केन्द्र और दुकान की पहचान है और तुम अपने भगवान को ही नहीं पहचानते हो जो सर्वज्ञ है। सब जगह है। हर किसी में है। जिसके बिना पहचान संभव ही नहीं, जिसके बिना आंखे होकर देख नहीं सकती – जिसके बिना सब कुछ होकर भी सब 'शव' है, निर्जीव है, उसी को पहचानना भूल गए। और कोई व्यक्ति तुम्हारा गुरु बनकर भगवान बन गया, कोई राहगीर जिससे तुमने आगे जाने का रास्ता पूछा वह राहगीर तुम्हारी प्रज्ञा बन गया। किसी ने तुम्हारे दर्द को ठीक कर दिया वह तुम्हारा भगवान बन गया। किसी ने तुम्हें भीड़ में बिठा कर मंत्र पढ़ दिया वह तुम्हारा गुरु बन गया।

मनुष्य होकर तुम किसी के खूंटे में बंधे जानवर जैसा व्यवहार तो नहीं कर सकते। तुम गुरु बनाओ, अपनी गति को प्राप्त करने के लिये– और कोइ गुरु बनकर तुम्हारा दोहन करता रहे और तुम खूंटे से बंधे जानवर की तरह स्वतंत्र होने का प्रयास भी न करो। बंधा हुआ जानवर भी मुक्त होकर भाग जाना चाहता है, लेकिन तुम तो मनुष्य हो। मनुष्य का क्या परिचय है तुम जानते हो।

जब–जब मनुष्य को पीड़ा हुई है, तुम्हें पीड़ा हुई है, तब–तब तुमने उस पीड़ा से मुक्त होने का उपाय खोजा है। यहां पर भी तुम मनुष्य बनो। तुम परमात्मा की देन हो – तुम्हारा सृजन गुरु या गुरु बने व्यक्ति ने नहीं किया है। तुम गुरु की खोज में निकले थे। पीड़ा, परेशानियों से छुटकारा प्राप्त करने के लिये, तुम ठहर क्यों गये। तुम्हारी खोज समाप्त क्यों हो गई। तुम्हारी खोज गुरु है, जो लक्ष्य नहीं हो सकता क्योंकि व्यक्ति सत्य नहीं है। वह तो मार्ग बनाता है। जीवन अस्तित्व के लिये सत्य की खोज। तुम्हें साधक बनकर निकल पड़ना है खोज में, और तुम वहां तक जाओगे

अथवा तुम्हें डूबना होगा अस्तित्वगत अंतर्यात्रा में। तभी सत्य उपलब्ध होगा और पीड़ा का नाश होगा। तुम केवल व्यक्ति नहीं हो बल्कि आत्मशरीर, ब्रह्म शरीर और निर्वाण शरीर भी हो तुम्हें इस व्यक्तित्व की गहराइयों में छुपे शरीर को समझना होगा। इसके उस पार जाना होगा। तुम्हारे जीवन में संघर्ष चल रहा है जिसके कारण तुम अपना जीवन बेकार में व्यतीत कर रहे हो – अब वह समय आ गया है जब तुम्हें हमेशा के लिये इससे मुक्त होना है। मैं तुम्हें मुक्त करवाने आया हूं।

मुझे मालूम है कि तुम अभी भी खोज रहे हो। तुम्हारी खोज समाप्त नहीं हुई है। तुम जैसे करोड़ो लोगों के जीवन में क्रांति की किरण को जगाना है, उन्हें पाखंडवाद – गुरुवाद से मुक्त करवाकर आत्मचेतना और परमत्तव की ओर ले जाना है। जिसे कभी बुद्ध ने किया था, महावीर ने किया था, शंकराचार्य ने किया था, दयानन्द ने किया था। समय समय पर इन सबके अनुयायियों ने इनके, सिद्धांतों इनके नामों का दुरूपयोग कर अपना प्रभुत्व स्थापित कर लिया था। इन्हीं लोगों ने समय–समय पर मानव को अन्धविश्वास अंधश्रद्धा से मुक्ति दिलाकर सनातन सत्य को प्रखरित किया था। आज भी सनातन के नाम पर इन गुरुओं ने अपने आप को स्वामी बना लिया है – जगत गुरु, विश्व गुरु बना लिया है अपने आपको। असली नकली शंकराचार्यों का झगड़ा खड़ा हो गया है। पद प्रतिष्ठा प्राप्त करने की होड़ सी लग गई है। गुरु बनकर भगवान बनने की प्रतिस्पर्धा हो रही है संन्यासी बनकर – अधिक से अधिक शिष्य बनाकर अपनी–अपनी सेनाएं खड़ी की जा रही हैं। और तुम सब इसके शिकार बन गए हो। तुम्हारी खोज यह नहीं थी। मैं तुम्हारी खोज को जानता हूं। तुम्हारी खोज अवरूद्ध हो गई है। तुम्हारी खोज के मार्ग में नकली भगवान आ गए हैं। तुम्हारी खोज के मार्ग में अदाकारी करने वाले गुरु आ गए हैं। तुम्हारी खोज के मार्ग में नौटंकी करने वाले कथाकार आ गये हैं। वे भागवत कथा और रामायण की कथा के साथ–साथ लीला भी कर रहे हैं। जन्म की लीला, विवाह की लीला, रासलीला आदि–आदि। गुरु का जन्मदिन भी कथाओं की बीच में मनाया जा रहा है।

क्या तुम देख नहीं सकते हो। क्या तुम परख नहीं सकते हो। क्या तुम समझ नहीं सकते हो। वे लोग कितना तुम्हें मूर्ख बना रहे हैं। शुकदेव ने जब यह कथा कही थी तो एक सप्ताह में ही जनमेजय को

ज्ञान हो गया था। मृत्यु का भय समाप्त हो गया था। यहां तो कथा सुनते–सुनते, कहते–कहते जीवन भर गया – न तो तुम्हें ज्ञान प्राप्त हुआ और न मुक्ति और न ही कथाकारों को।

अब समय आ गया है सबसे प्रश्न करने का। उत्तर देने का, जीवन को इन बन्धनों से मुक्त कराने का। अगर आज तुम नहीं मुक्त होगे तो तुम अनेकों जन्मों तक भटक जाओगे। आज आश्रित जीवन जीकर किसी की स्तुति प्रार्थना करके जीवन निर्वाह करने का समय नहीं है। तुम श्रम करो, तुम लक्ष्य की ओर जाओ, तुम साधक बनो, साधना करो, ये साधनाएं तुम्हारे निज की अज्ञात गहराइयों में जाने के लिये रास्ता बनाएंगी। यह साधना अपने आप में एक आमूल परिवर्तन है। स्वयं को बदल डालने का एक संकल्प है। ये साधनाएं तुम्हें मलपाक करेंगी। ये साधनाएं तुम्हें गुरु से और आगे आत्म साक्षात्कार तक ले जाएंगी जो आत्मा परमात्मा का द्वार है।

साधना नया जन्म देगी। इसी जीवन में, फिर कभी प्रसव पीड़ा से गुजरने नहीं देगी। तुम बाहर निकलो। तुम एक अंधकार पूर्ण युग में प्रवेश कर गये हो। तुम्हारे साथ लाखों करोड़ों लोग सम्मिलित हो गये हैं। यह कुछ वर्षों से धन्धा बनकर उभर आया है। गुरु शिष्य का संबंध राजा और प्रजा की तरह हो गया है। अगर तुम कुछ करना चाहते हो तो तुम, शंकराचार्य बनो, महावीर बनो – बुद्ध बनो और कुछ करना चाहते हो तो कृष्ण जैसे बनों। इन सबने परिवर्तन दिया है – प्रथा नहीं। पर इनके अनुयायियों ने प्रथा को जन्म दिया है। तुम प्रथा के गुलाम मत बनो, तुम व्यवस्था के दास मत बनो, केवल मतों के अनुयायी बन कर तुम मत जीयो। तुम्हें इस अनुयायीपन से निकल कर अपने आपको मुक्त करना है। भारत की संस्कृति को उद्धार करना है। संपूर्ण मानवजाती को अन्धकार से बाहर लाना है।

अगर तुम्हें ऐसा लगता है कि तुम कुछ कर सकते हो तो तुम बाहर आओ और लोगों को बाहर लाओ। जीवन की अद्भुत समृद्धि तुम्हारे स्वयं के अस्तित्व की खोज प्रतीक्षारत है।

मैं भी आप लोगों की तरह दूसरे की आंखों से देख रहा था। मेरे इस प्रकार के देखने से मुझे मुझसे अलग कर दिया था। सत्य से अलग कर दिया था। मैं दूर होता और वह दिखाने वाला करीब होता गया। मेरी जो थी वह गहन अंधेरे में खो गई और मैं धर्म की बातों से, संप्रदाय की बातों

से, शास्त्रों की बातों से, कथाओं की लीलामयी, रसमयी, आनन्दमयी बातों से घिर गया मैं चादर पर चादर ओढ़ता चला गया, समय ने मुझे बहुत पीछे धकेल दिया।

मैं वर्तमान का आदमी अतीत में जीने लगा। मैं पृथ्वीपुत्र हवा में स्वप्न देखने लगा। वह मुझमें बैठा हुआ है और मैं उसे आकाश की ओर देखने लगा, खोजने लगा। कर्म मैं करता था और श्रेय उसे मिलता था। मैं होकर भी नहीं था। कोई रामयण के राम को ब्रह्ममय बताकर मुझे तोड़ देता था तो कोई भागवत की कृष्णलीला सुनाकर मुझे अपनी ओर खींच लेता था। कभी कोई शिवपुराण की गाथाओं में ले जाकर अनबुझ पहेली बना देता था, तो कभी कोई विष्णु पुराण, देवी पुराण, और हजारों लाखों देवी देवताओं की गाथाओं में ले जाकर मन को प्रभावित कर देता था। कोई बुद्ध के अहिंसावाद में, महावीर के दयावाद में, जीसस के सेवावाद में, मुहम्मद के आदर्शवाद में और गोरख के योगवाद में लम्बी–लम्बी यात्राएं करता था। लोगों ने मुझे बहुत चराया और मैं इन सबको चरते–चरते आगे निकलता रहा। किसी के भी खेत में ऐसी फसल नहीं उगी थी जो मुझे संतोष प्रदान कर सके।

मैं एक ऐसा शिकारी था जो किसी का शिकार नहीं करना चाहता था। मैं तो स्वयं के शिकार में निकला था। मैं तो स्वयं के, जीवन के, सत्य के, अस्तित्व के शिकार में निकला शिकारी था। मैं भला क्यों बातों की, विचारों की, गाथाओं की, कथाओं की परोसी थाली को खाकर वैचारिक गुलामी को ढोता?

मैंने राम से मिलना चाहा, मैंने कृष्ण से साक्षात्कार करना चाहा लेकिन उनकी लीलाओं में मैंने अपने आपको खोना नहीं चाहा, उनकी कही बातों, उनके द्वारा किये गए कर्मों के आदर्श बनाकर जीना स्वीकार नहीं किया। मैंने अपने अन्दर के बुद्ध को प्राप्त करना चाहा, मैंने अपने अन्दर के तीर्थंकर को पाना चाहा। गौतम ने बुद्धत्व को प्राप्त किया। महावीर तीर्थंकर बने, जीसस ने प्रेम को जाना, मुहम्मद ने आदर्श को जाना, गोरख ने योग प्राप्त किया। मैं इनका अनुयायी क्यों बनूं। सब कुछ मेरे ही अस्तित्वगत हैं, उसे ही क्यों न मैं खोजूं। मैं सब कुछ छोड़ता गया और आगे निकलता गया। खोज समाप्त नहीं की, खोज को विश्राम नहीं दिया।

बाह्य यात्राओं से मैं सिमटता गया और अन्तर्यात्रा में मैं निकल पड़ा। अपने अन्दर में रमण करने वाले राम को पकड़ा। अपने अन्दर आनन्दमय

होकर विश्राम करने वाले इंद्रिय रूपी गोपिकाओं का संग कर उन्हें विरह में छोड़, निमग्न – आनन्दकन्द उस आत्मा रूपी कृष्ण को पकड़ा। मैंने शिवत्व को पाया।

अपनी जड़ता में चेतना का समावेश तथा शव में शक्ति के प्रादुर्भाव को प्राप्त किया। प्रेम रूपी हृदय सागर में विश्राम कर रहे विष्णु को खोजा। नाभि केन्द्र में सृजनकर्ता ब्रह्मा को खोया हुआ पाया। उस महामाया को महत्त्व, चिद्मय सागर में शयन करते हुए शक्ति के महारूप को देखा।

बुद्ध, महावीर, जीसस, मुहम्मद सभी के हृदय के विशाल सागर में करुणा, अहिंसा, दया, प्रेम और आदर्श आदि रूपों को उठते और विलय होते हुए देखा। और मैं जाग गया। लोगों ने मुझे विचारों को ढोने की शिक्षा दी लेकिन मैंने विचारों को भस्म बनाकर शरीर पर लपेट लिया। लोगों ने मर्यादाओं की दुहाई दी और मैं उसे वैतरणी नदी समझ कर पार कर गया। आज जो भी मैं हूं, वह मैं जानता हूं। मैंने कभी भी राम–कृष्ण, शंकराचार्य, बुद्ध, महावीर, जीसस, मुहम्मद बनने की कोशिश नहीं की और न ही इनका अनुयायी बन कर जीने का प्रयास किया तथा न ही इन्हें आदर्श मानकर इनके बताए मार्गों पर चलने का प्रयत्न किया।

मैं जानता था, मैं सब समय की मांग थे। आज भी हमें ऐसे व्यक्ति की आवश्यकता है जो किसी की नकल न हो। ये सब लोग किसी की नकल नहीं थे। ये स्वतः अपने आप में जाग्रत थे। किसी ने भी उधार की बातें नहीं की। सभी ऑरिजनल थे। किसी ने पाप–पुण्य का सृजन कर लोगों को भयभीत नहीं किया। किसी ने पाप–पुण्य का सृजन कर लोगों को भयभीत नहीं किया। किसी ने भगवान बनकर अपनी–अपनी पूजा करवाने का निमन्त्रण नहीं दिया। क्योंकि वे सब पूर्ण थे। वे सब ब्रह्ममय थे, आनन्दमय थे। संपूर्णताएं उनके चारों तरफ प्रवाहित थीं। वे आज की तरह नकली अवतार नहीं थे। वे सब महलों में रहकर भी सड़कपर तथा जंगलों में रहते थे।

परन्तु आज के नकली भगवानों का तो बाजार लग गया है। आज के सभी गुरु ब्रह्म, विष्णु और महेश बन गए हैं और ब्रह्म ही बन गए हैं। गुण है ठग का, गुण है भिखारी का, गुण है व्यापारी का – पर गुरु बन गए हैं। आज उन महापुरुषों की आवश्यकता है, पर वे अपनाने वाले नहीं हैं क्योंकि उन्होंने अपना कार्य पूरा कर लिया है। अब वे मृत्यु के बाद भी अपना काम

कर सकते हैं। अगर इस भूमि की उन्हें जरूरत होती तो वे छोड़ कर चले नहीं गए होते। पृथ्वी ने उन्हें विदा दे दी है। परन्तु आज पुनः उन जैसे लोगों की आवश्यकता है। आज पृथ्वी पुनः आतातायियों, राक्षसी व्यवहारों, नकली, ढोंगी, अवतारों, और तथाकथित भगवान बने गुरुओं के बोझ से व्याकुल हैं। ये सभी अपने–अपने साम्राज्य को फैला रहे हैं।

इन्हें देश की सनातन संस्कृति से कुछ लेना–देना नहीं है। ये वेदों को बेच रहे हैं, ये मंत्रों को बेच रहे हैं, ये ध्यान का व्यवसाय कर रहे हैं। ये आत्मसाक्षात्कार कराने के व्यवसाय में लगे हुए हैं। ये अपने ढोंग को छुपाने के लिये समाज–सेवा में लगे हुए हैं। सोचो कितने लोग पचासों सालों से भगवान और भगवान के अवतार बन कर इस भारतभूमि पर जी रहे हैं। अपने अनुयायी बना रहे हैं। परन्तु आज तक मानवता के लिये कोई भी विशेष कार्य नहीं किया। देश–विदेश में इन सबकी प्रभुता का प्रचार–प्रसार चल रहा है – परन्तु वे आज तक बुद्ध–महावीर नहीं बन सके। सनातन धर्म को पुनः स्थापित नहीं कर पाए।

भगवान तो भगवान ही होता है। सिद्ध तो सिद्ध ही होता है। महात्मा तो महात्मा ही होता है। बुद्ध तो बुद्ध ही होता है। तीर्थंकर तो तीर्थंकर ही होता है। वह किसी की नकल नहीं होता। वह किसी और की बात नहीं करता। इसलिये तुम सबको जागना है। इस भूमि को स्वार्थी तत्वों से मुक्त करना है। तुम बेहोशी में मत जीयो। तुम सम्मोहन में मत फंसो। तुम इससे बाहर आओ। और देखो सत्य तुम्हारी प्रतीक्षा कर रहा है। जिसके लिये तुम चले थे। तुम सब कुछ देखकर भी न समझने की कोशिश कर रहे हो। तुम मुझे ही देखो मैं एक योगी हूं। अनेकों बार लोगों ने मुझे बुद्ध का अवतार घोषित करने की कोशिश की पर मैं जो हूं, जैसा हूं अपने आप को मैंने वैसा ही पसंद किया। मैं उधार का मुखौटा क्यों पहनूं। अपनी पहचान पर मैं किसी और की पहचान का चिह्न क्यों लगाऊं। मैं जो कुछ भी हूं। शरीर और मन की प्रभुता में जीता हूं। भीतर में एक देवता बनकर रहता हूं। भीतर में मैं आत्मब्रह्म बनकर रहता हूं। जीवात्मा मेरी पहचान है शरीर के द्वारा। आत्मीयता मेरा अपना परिचय है। आत्मा को ब्रह्ममय बना देना मेरा धर्म है।

मैं मन के साथ रहकर संसार का हो जाता हूं। मैं ही आत्ममय होकर अपनी अन्तर्यात्रा में रहता हूं। तुम भी तो मेरे जैसे ही हो फिर संसार से डर

क्यों। डरकर जीने से क्या फायदा। तुम्हें स्वयं राम आकर कुछ देकर गए हैं। स्वयं कृष्ण आकर कुछ दे गए हैं, न जाने कितने लोग आकर देकर चले गए। उन्होंने तुम्हें उधार की बातें नहीं दी। उन्होंने अपने विचारों को ढोने की बात नहीं की। उन्होंने तुलनात्मक धर्म की रचना नहीं की। उन्होंने सांप्रदायिकता नहीं फैलाई। परन्तु आज उन्हीं लोगों को बेच रहे हैं उन्हीं लोगों ने देश को गुलाम बनाया है। इन लोगों ने देश को साम्प्रदायिकता में डाल दिया। मत मतान्तरों का जन्म इन सब आधुनिक गुरुओं ने किया है। ये सब कबीर, नानक, तुलसी, शंकराचार्य, बुद्ध, महावीर, की देन नहीं हैं। गुरु गोबिन्द सिंह ने ऐसी बात नहीं की, धर्म आज – संप्रदाय का चोला पहनकर उग्रवाद बन गया है। उन सब गुरुओं की बातों को झूठलाकर लोगों को गुमराह किया जा रहा है।

इसलिये आज इस भूमि को इन महान् गुरुओं और अवतारों की आवश्यकता है। काफी दूरी हो गई है, उनके और आज के बीच। मैं चाहता हूं आपका और आपके सत्य रूप गुरु का मिलन हो जाय। मैं चाहता हूं आप सबके नकली गुरुओं की भी आंख खुल जाय। वे समझ जायें कि असत्य रूप पाखंड गुरु के दिन कम होते हैं। मैं चाहता हूं वे असली बुद्ध बनें, और वे हजारों बुद्ध बनाएं। कर्म को व्यापार न बनाएं। सत्य का सौदा न करें। आत्म साक्षात्कार को पदार्थ न बनाएं। जीवन का मूल्यांकन न करें।

मैं जो कुछ भी देख रहा हूं, मैं चाहता हूं आप भी उसे देखें। क्योंकि वह इतना दूर नहीं है जितना आप समझते हैं। जिस तरह से लोगों ने मुझे दूर कर दिया था – उसी तरह से आपको भी लोगों ने दूर कर दिया है। यह ठीक वैसा ही लग रहा है जैसा कि मेरे साथ हुआ था। मैं कैलाश पर्वत के पास खड़ा था। जब मैं उसकी परिक्रमा कर रहा था उस क्षण मेरे साथी ने मेरी आंख में कंकड़ डाल दिया। कंकड़ के पड़ते ही कैलाश दिखना बन्द हो गया – परन्तु आखिर कितनी देर तक। मैंने कंकड़ को अपनी आंख से बाहर निकाल दिया और कैलाश मेरे सामने था। मैं कैलाश के दिव्य दर्शन करता हुआ उसकी परिक्रमा करने लगा। मैंने अपने मित्र साधु से कुछ नहीं कहा। मैं वहां से आगे निकल गया, वह साधु भी मेरे पीछे हो लिया।

आप सोच रहे हैं कि कैलाश एक विशाल पर्वत है। उस विशाल पर्वत को ओझल करने के लिए विशाल कंकड़ की आवश्यकता होगी,

लेकिन नहीं एक छोटा सा कंकड़ ही आंख को ढक लेता है। आपके अन्धविश्वास ने, आपकी अज्ञानता ने आपकी महानता को आपके भीतर की ज्ञान गंगा को ढक लिया है। आपकी आखों पर उस गुरु के अहंकार का, नाम का, झूठी कृतियों का पर्दा लगा हुआ है। आप उस पर्दे से बाहर आते ही नहीं। आप लोग भ्रांति में हैं। इसलिये जीवन के इतने बड़े सत्य को नहीं देख पाते।

कभी–कभी तो आप लोगों को देखकर आश्चर्य होता है – ऐसा लगता है कि आप जानबूझ कर समझना नहीं चाहते। देखना नहीं चाहते। इतना करीब होते हुए भी आप उससे दूर कैसे हो गए।

मुझे एक घटना याद आ रही है जब मैं जयपुर में सुमन चौहान की मां के घर गया था। जयपुर एक सुन्दर पिंकसिटी है। उस शहर की अपनी शोभा है। वहां के लोग भी गुलाबी नजर के, भाव के होते हैं। उनका दिल बड़ा ही प्रेमी होता है। अतिथियों के लिये अपनी आंखें बिछाये रहते हैं। वहां बहुत से लोग मेरे पास आए। उनमें कुछ संपन्न महिलाएं भी आईं – पढ़ी–लिखी महिलाएं। धार्मिक महिलाएं, वे भगवद् के नाम से अभी तक साधनाएं कर रहीं थीं। भगवान पर अपार विश्वास था, श्रद्धा थी। परन्तु उनकी श्रद्धा और विश्वास में दरार पड़ गई थी। एक कथाकार महात्मा जो गृहस्थी थे उसने आकर उनके विश्वास को झकझोर दिया।

उस महात्मा को गुरु बनने की बड़ी भूख थी। आज भी वह हजारों लाखों व्यक्तियों का गुरु है। परंतु वह किसी को गुरु दीक्षा नहीं देता। वह किसी को संस्कारित नहीं करता। वह किसी के कान में बीज मंत्र द्वारा शक्तिपात नहीं करता – इस पर भी वह गुरु है। वह मंडप में बिठाकर तीन–चार नामों में से किसी एक नाम को चुन लेने को कहता है। वह अपने को ही स्वरूप की पूजा करने के लिये कहता है। भगवद् कथा – भगवान की लीला की महत्ता के नाम पर अपने नाम की चालीसा का पाठ करवाता है। उसके किसी भी आश्रम में जाओ – भगवान के किसी भी स्वरूप की उपासना नहीं मिलेगी। बस उसका फोटो मिलेगा। उन महिलाओं ने शर्माते हुए अपने गुरु का नाम ले लिया – जैसे कोई पत्नी मजबूरी में अपने पति का नाम लेती है।

अपने पथ–प्रदर्शक गुरु का नाम लेने में भी उन्हीं भावनाओं को जन्म देना क्या मूर्खता नहीं है? मैंने उन महिलाओं से गुरुत्त्व पर थोड़ी चर्चा की।

दीक्षा किसे कहते हैं, दीक्षा कैसे होती है। सत्य तो आप में हैं – सत्य आता है। सत्य के आधार पर आप सक्रिय होते हैं। उसकी सर्वज्ञता को जानते हुए भी आप कैसे भक्त हैं। परमात्मा को छोड़कर आप व्यक्ति पूजा में लग जाते हैं, तथाकथित गुरुओं से तो बचना ही चाहिये।

संसार को देखने के लिये, पहचानने के लिये, परखने के लिये आपको आंखें मिली हैं। इस पर भी आप धोखा खा जाते हैं। क्या पुराण पुरुष की चर्चा करने वाला मानव आपका लक्ष्य हो सकता है? आप देखकर भी नहीं देखते और सुनते हुए भी नहीं सुनते। मैंने तो देखा है, सुना है।

उन महिलाओं ने इन सब बातों से अपना अपमान समझा और अपने गुरु का अपमान समझा क्योंकि उनके गुरु ने उन्हें यह शिक्षा दे रखी थी कि गुरु का अपमान सुनने से गुरु के त्याग करने से नरक मिलता है। नरक से डर से वे पाखंड को ही पकड़े रखना उचित समझती थी। नरक के डर से वे डर गई कि गलती को जान लेने पश्चात भी उस गलती को नहीं सुधारने से महानरक की प्राप्ति होती है तथा अपने ही बच्चों का भविष्य खराब होता है।

सत्य और तुममे कोई दूरी नहीं है। तुम स्वयं को स्पर्श करके एहसास करके तो देखो – तुम्हारे भीतर में झांकने के लिये भी आंखे हैं तुम्हारे भीतर सुनने के लिये भी कान हैं, उसे जरा खोल कर सुनो। हमारे भीतर की जो आंख हैं, वे महान् हैं, उन आंखों से जीवन के सारे सत्य प्रकाशित हो जाते हैं। बाहर की आंख पर भी पर्दा पड़ सकता है। बाहर के देखने में भ्रांतियां हो सकती हैं। परन्तु भीतर में नहीं। जो कुछ भी जगत में है वह तुम्हारा नहीं है। उन सबसे कुछ लेना है, कुछ देना है। वह तुम्हारा नहीं हो सकता। सब कुछ ले–देकर तुम्हें अपने आप में स्वीकार करने की, प्राप्त करने की रिसेप्टिविटी की क्षमता को पैदा करना होगा।

तुम्हें तुम्हारे ही कर्मों का फल मिलेगा। कर्म ही भोग – भाग्य बनाता है, कर्म ही प्रारब्ध और संस्कार बनाता है। कर्म ही साक्षात्कार का दरवाजा खोलता है। कर्म ही आशीर्वाद का मार्ग बनाता है। कर्म जैसा महान श्रम और कोई है ही नहीं। कर्म जैसी महान् साधना और कुछ नहीं है। तुम किसी के आर्शीर्वाद के भरोसे कब तक बैठे रहोगे। तुम्हारा कर्म ही आशीर्वाद की वर्षा करवाएगा।

तुम इनके बहकावे में मत आओ – ये सारी जिंदगी चिल्लाते रहेंगे – इनका धर्म ही चिल्लाना है। ये सारी जिंदगी गीत गाते रहेंगे। सदियों से ये

गाते चले आ रहे हैं। तुम भी न जाने कितने जन्मों से सुनते चले आ रहे हो। न तुम्हें मोक्ष मिला और न सुनाने वालों को ही। केवल कह देने से सत्य की खोज नहीं होती। केवल सुन लेने से ही सत्य नहीं घटता।

अगर तुम्हारी ये आंखें न हो तो आकाश में उदय हो रहा सूर्य भी बेकार है। तुम्हारे हाथ न हों तो तुम किसी को स्पर्श नहीं कर पाओगे। कान न हो और समुद्र गर्जन करता रहे तो क्या वह सुनाई देगा।

दिन रात तुम परमात्मा के नाम की रटन लगाते हो। कथाएं बार–बार कही जाती हैं, प्रभु की चर्चाएं की जाती हैं, कथा करने वालों की तो बाढ़ सी आ गई हैं। तुम भी बार–बार सुनते हो – परन्तु तुम्हें क्या ऐसा नहीं लगता कि ये सब मात्र चर्चाएं ही हैं। बातें ही हैं। केवल कथा ही कथा है। केवल भजन ही भजन हैं। केवल कीर्तन ही कीर्तन है। परन्तु वह परमात्मा तुम्हें नहीं मिला और न ही तुम्हें उसके करीब होने का एहसास ही हुआ। सब भाव का खेल है। सब इन्द्रियों का रस पल्लवित करने का खेल है। सब मन की भावुकता का खेल है। बच्चों को खिलौना पकड़ाने जैसा खेल है।

क्या बातों से अनुभव हो जाएगा? क्या बातों से सत्य की खोज हो सकेगी? क्या तुम बातों से ही अपने आपको जल पिला पाओगे? खाना खिला पाओगे? क्या तुम बातों से समुद्र का जल खारा है या मीठा पता लगा पाओगे। समुद्र का पानी पीकर ही तुमको पता लगाना पड़ेगा। परोसे हुए खाने को तुम्हें अपने हाथों से खाना होगा। तुम तो बिना साधना किये केवल बातों से ही परमात्मा को सत्य चाहते हो।

बातों से सत्य को नहीं झुठला सकते। बातों से अनुभूतियों को भी नहीं झुठला सकते। चाहे तुम जन्मों–जन्मों तक बातें करते रहो, बातें सुनते रहो। तुम भ्रम में जी रहे हो। बातें करते–करते तुम्हें उसके होने का भ्रम हो गया है। पहले से ही तुझे मान लिया है कि अब तुम्हें और कुछ नहीं पाना है।

अगर तुमने गुरु को ही भगवान् मान लिया है तो यह कोई बड़ी बात नहीं। यह मान लेना बातों से ज्यादा महत्त्वपूर्ण नहीं। तुम्हें समझा दिया है, तुमको सम्मोहित किया गया है।

बुद्ध ने सनातनियों में तर्क के बल पर शून्यवाद का प्रचार किया। शंकराचार्य ने बौद्ध बुद्धिजीवियों को पुनः वैदिक संस्कृति के प्रभाव में

तर्क के बल पर ले लिया। पर आज तर्कशास्त्र का प्रभाव नहीं है। सिद्धांत नहीं है, आज किसी सत्य का प्रमाण साक्षी नहीं है।

आज तो शस्त्र और शास्त्र का भय है। पूरे भारत में चार सौ वर्षों तक इस्लाम ने जबरदस्ती धर्म का परिवर्तन किया। औरंगजेब दो मन जनेऊ को तौलने के बाद खाना खाता था। जरा सोचो, तुम सब भारतीय हिन्दू मुस्लिम हो तुम्हारे हिन्दू पूर्वजों के साथ कितना अन्याय हुआ होगा। आज अपने आपको तुम मुस्लिम कहते हो। परन्तु उनके लिये सोचो, जिन्होंने तुम्हारे लिये अपनी कुर्बानी दी। तुम अपने मूल की ओर क्यों नहीं लौट जाते। तुम अपने पूवर्जों की कुर्बानी का पुनः सृजन क्यों नहीं करते। तुम तो हिन्दू थे, मुस्लिम कैसे हो सकते हो, क्या नाम बदल देने से, वस्त्र बदल देने से, लिंग को छील देने से मुस्लिम हो जाओगे। तुम्हारी भूमि और संस्कार और प्रसूत तो हिन्दू है। तुम सब अपने भीतर में झांको। मन्दिर को छोड़ मस्जिद और गिरजाघर में जाने और आने से तुम महान नहीं बन गए बल्कि और पिछड़ गए हो। कई एक जन्म और पीछे हो गए हो।

तुम आत्मा को तो नहीं बदल सकते। तुम सनातन थे, सनातन रहोगे चाहे तुम्हें कोई डरा कर, धमका कर, समझा कर भले ही अपना बना ले। पर धर्म से, कर्म से तुम सनातन ही हो। तुम्हारा यह मान लेना – जान लेना नहीं है, भीतर में तुम वही हो।

मैं यहां इसलिये आया हूं कि मैं तुम्हें तुम से मिला दूं। तुम्हें तुम्हारी पहचान बता दूं। जो तुम हो वह तुम नहीं हो, यह तुम्हारी मजबूरी है। यह तुम्हारा असहायपन है। तुमने अपने आपको पहचानने की कोशिश ही नहीं की। तुम्हारे भीतर रहने वाला समझौता नहीं कर सकता, तुम भले ही समझौता करके जियो। तुम्हारे भीतर में अनेकों केन्द्र हैं। वह कई जन्मों से तुम्हारे साथ है। वह केन्द्र ईसाई नहीं बन सकता, वह केन्द्र मुसलमान नहीं बन सकता। वह केन्द्र तुम्हारे भीतर में सुषुप्त है – निष्क्रिय पड़ा है। उस केन्द्र ने राम को देखा है, कृष्ण को देखा है मुहम्मद–ईसा को देखा है, राम, कृष्ण, बुद्ध, महावीर, शंकराचार्य, नानक आदि की यह भूमि रही है। यह देवी देवताओं की भूमि है और तुम्हारे संस्कार भी इसी से जुड़े हुए हैं। यह वेद, शास्त्र, पुराण, उपनिषद् की भूमि है। यह ऋषि मुनियों की जननी है। इस भूमि पर ईसाइयत, इस्लाम

लादा गया है। जीसस, मुहम्मद की यह भूमि नहीं है। यह जननी नहीं है। उन्हें उस भूमि पर भेजा गया था जहां यहूदी मुस्लिम रहा करते थे। इसलिये तुम यहां ईसाई बनकर भी हृदय से ईसाई नहीं हो सकते। तुम मुस्लिम बनकर भी हृदय से मुस्लिम नहीं हो सकते क्योंकि तुम गंगा, जमुना, सरस्वती के जल को पी रहे हो तभी तो तुम्हारा मन भयभीत रहता है, बेचैन रहता है।

पर मैं इन सब बातों को ढोने नहीं आया हूं क्योंकि मुझे मालूम है सनातन, सनातन ही रहेगा। सनातन समाप्त नहीं हो सकता। इतने युगों में कितने ही यम, राक्षस, आतातायी आये और चले गए। मैं तुम सब लोगों को यह बताने आया हूं कि मुझे राम से भी उतना ही प्रेम है जितना कि कृष्ण से और मुझे वैसा ही प्रेम जीसस और मुहम्मद से भी है क्योंकि ये सब महान् थे। मैं चाहता हूं तुम्हारे अन्दर कमल पुष्प दल की पंखुड़ियां खिल जाएं, जो केन्द्र तुम्हारे भीतर पड़ा है। उस बन्द केन्द्र को मैं जगाने आया हूं।

ऐसा कोई व्यक्ति नहीं मिलेगा जो जाग नहीं सकता ऐसा कोई व्यक्ति नहीं मिलेगा जो सोता न हो, जो स्वप्न न देखता हो। हर परिस्थिति में शक्ति का अपना एक अलग स्थान होता है। प्राण का अपना प्रभाव होता है। शक्ति का प्रवाह ही हर गतिविधियों का संचरण है। प्रकाश फैला हुआ है क्योंकि बल्ब जल रहा है। बल्ब को जलाने के लिये तार द्वारा शक्ति का प्रवाह है। अगर कोई तार काट दे तो यह प्रवाह रुक जायगा। तब बल्ब नहीं जलेगा और चारों तरफ अन्धेरा ही अन्धेरा होगा। बल्ब में निष्क्रियता आ गई और अन्धेरा छा गया। तुम्हारे साथ ऐसा ही हो रहा है। तुम्हारे केन्द्र से संचार तो हो रहा है लेकिन तार काट दिये गये हैं। अब उस तार को जोड़ना है प्रकाश को लाना है, अज्ञानता के अन्धकार को मिटाना है। उस केन्द्र से तुम्हें मिलाना है। वह मन नहीं है, वह बुद्धि भी नहीं है। तुम मन पर विश्वास मत करना, यह तो उतार चढ़ाव में गिरता उतरता है। मन दिव्य भी है अगर वह दिव्यता को धारण करले मन नटखट भी है अगर वह अपनी ही वृत्तियों के दास है। गुरु मन के अहंकार में फंसा है और तुम उस नकली गुरु को बना लेने के बाद ही स्वाभिमान में फंसे हो।

तुम भूल गये हो कि तुम मानव हो। तुम वफादार कुत्ता बनने की कोशिश कर रहे हो। तुम पालतू जानवर नहीं हो, जो दो रोटी के लिये

अपना जीवन समर्पित कर दे। तुम खोजी हो, तुम भगवत् खोजी हो, तुम सत्य के खोजी हो। तुम जीवन के सत्य, अस्तित्व के सत्य के खोजी हो। तुम्हें यह सत्य नहीं मिला। क्योंकि तुमने उस सेतु के उस पार जाने की कोशिश ही नहीं की। सेतु की सुन्दरता, सेतू का आकर्षण देखकर सेतु का ही बनकर रह गए न घर के रहे ना घाट के।

अब तो तुम यह भी भूल गये हो कि तुम कौन हो। तुम एक गुलाम बन कर रह गए हो। तुम स्वयं के अधिकार को भूल चुके हो। क्योंकि तुमने समर्पण कर दिया है गुरु आज्ञा के पालनकर्ता एक दास बने हुए हो। हनुमान तो कम से कम मर्यादा पुरुषोत्तम राम के दास बने थे, पर तुम किसके दास बने हो। तुम मनुष्य हो, तुम्हें कर्म करने की स्वतंत्रता है। तुम बाहर से तो संसार के बन सकते हो परन्तु भीतर से तुम भगवत् प्रेमी हो।

मनुष्य का धर्म ही कर्म है, कर्म प्रधान केवल मनुष्य है। पशु नहीं। पक्षी नहीं और न ही देवता। फिर आप लोग मनुष्य होकर कर्म विहीन क्यों हो गए हो। व्यक्ति को ही परमात्मा मानकर समर्पित क्यों हो गए हो। क्या मनुष्य जीवन का लक्ष्य कोई व्यक्ति हो सकता है। चाहे वह गुरु ही क्यों न हो। अगर वह व्यक्ति योगी है, यति है, तपस्वी है, ऋषि है तो संभव है, वह गुरु बन सकता है क्योंकि उसकी तपस्या ने उसे ईश्वर का सामीप्य प्रदान किया है। लेकिन एक कथाकार गुरु कैसे बन सकता है। तुम स्वयं अपना गुरु बन सकते हो कोई तुम्हें जीवन भर मूर्ख बनाए और अपनी सेवा में रखे, तुम्हें आगे बढ़ने का रास्ता न दिखाए – इससे अच्छा है अपने पवित्र कर्मों को ही गुरु मान लो। मीठी बातें करने से परमात्मा नहीं मिलता है और न मीठी–मीठी बातें सुनने से। बातें तो बातें ही होती हैं।

परन्तु हृदय की आवाज परमात्मा तक पहुंच जाती है। हृदय में प्रेम है, करुणा है। मन में श्रद्धा है, दया है। यह सब श्रम से होता है। श्रम तो तपस्या है। श्रम ही कर्म का रूप है। श्रम ही गति देता है कर्म को। बिना श्रम के कुछ भी प्राप्त नहीं होता, यहां तक कि तुम्हारा शरीर भी तुम्हारे ही कर्मों से सृजन किये हुए संस्कारों की देन है।

साधन धाम मोक्ष का द्वार है। मानव शरीर है। खाना–पीना–आराम करना तो पशु–पक्षी भी जानते हैं। और तुम मनुष्य होकर परमात्मा को भूल गए हो। पशु से भी तुम अधम हो गए। तुम शरीर सुख और इंद्रिय सुख में फंस गए हो। जो जीवन तुम्हें मिला है यह आध्यात्मिक शांति – आदिवैदिक संपत्ति है। जब तक यह शरीर है तभी तक सुअवसर है।

आप अपनी जीवन यात्रा को दिव्य मंगलमय बना सकते हो। तुम अपने कर्मों के बल से प्रभु का आशीर्वाद प्राप्त कर जन्म मरण शृंखला से मुक्त होकर परम आनन्द में रह सकते हो। तुम जिस सत्–चित्त आनन्द की खोज में हो वह सत् प्रकट रूप से सर्वत्र व्याप्त है। चित्त मौन है। यह अन्तःकरण का एक मार्ग है। यह प्रकृति है। सभी विकारों की जन्मदात्री है। इसका आनन्द अप्रकट है। जड़ वस्तु में भी सत् चित्त है। परम आनन्द नहीं है और तुम मानव रूपी जीव के साथ–साथ सभी जीवों में सत् और चित् प्रगटता है और आनन्द अव्यक्त रूप से रह जाता है। वैसे तो आनन्द तुम्हारे भीतर ही है पर तुम उस आनन्द को बाहर में खोजते फिर रहे हो। आनन्द नारी देह, धन सम्पदा, मान प्रतिष्ठा में नहीं है, वह सब तो अभिमान की तुष्टि है। अहंकार का घर–इच्छाओं का प्रसार है।

आनन्द तो तुम्हारा निजबोध है, अपना स्वरूप है। आनन्द तुम्हारी अन्तःयात्रा के अन्त में आता है। यह आनन्द की खोज तुम्हारी है, आनन्द परमात्मा का घर है और तुम्हारा भी घर है। इसलिये साधना है, साधना की प्रक्रिया का बोध कराना ही शास्त्र का धर्म है। साधना को क्रियात्मक रूप देना गुरु का धर्म है। साधना को साध्य बनाना, तपस्वी होकर उसे प्राप्त करना तुम्हारा धर्म है।

तुम्हें मनोमंथन करना होगा, तुम्हें जीवन यात्रा के अन्तस में प्रवेश करना होगा। यह केवल जान लेने से नहीं होगा। यह शरीर और जीवन यात्रा एक प्रयोगशाला है। उस प्रयोगशाला में एक योगी, एक तपस्वी ही प्रवेश कर सकता है। दूध में मक्खन रहता है पर देखने में नहीं आता। दूध से भी सीधे मक्खन निकाल सकते हैं परन्तु वह पूर्ण नहीं होगा जिस तरह दूध में मक्खन है इसका अनुभव नहीं होता वैसे ही ईश्वर की जो सर्वव्यापकता है वह अनुभव में बिना तप के बिना साधना के नहीं आती।

जीव और ईश्वर में अन्तर नहीं है इस पर भी तुम्हें उस महान् की पहचान करने का प्रयत्न करना होगा। यही प्रयत्न तुम्हारे अन्दर की दिव्यता को प्रकाशित करता है और तब जाकर साक्षात्कार होता है।

तुम जीव हो तुम्हारा शरीर एक मन्दिर है। इस मन्दिर में वह केन्द्र है जो ब्रह्माण्ड के समस्त मार्गों का द्वार है। वह द्वार छुपा हुआ है। मैं उस केन्द्र को जगाने आया हूं। मैं संपूर्ण मानव जाति के उस केन्द्र को जगा देना चाहता हूं जिससे विश्व मानवता का पतन न हो। वह समय

आ गया है जब सारे मानव मन को इस क्रिया की ओर मुड़ना होगा, नहीं तो मानव जाति का विनाश हो जाएगा।

कुछ रुढ़िवादी, जड़वादी, मार्क्सवादी, नास्तिकवादी, जुनूनियत के लोग अपने स्वार्थ के लिये विश्व की मानवता को नष्ट करना चाहते हैं। विचित्रताओं से भरे अद्‌भुत विश्व की क्रियाकलापों को जाति–धर्म की जुनूनियत का शिकार बनाना चाहते हैं। ये ऐसा कर सकें यह संभव तो नहीं परन्तु विनाशकारी अवश्य है। ये करुणा, शांति, प्रेम, अहिंसा, दया के पुजारी नहीं हैं, ये रावण के वंशज हैं। ये स्वयं को तो मारेंगे ही साथ ही अपनी सारी जाति और वंशजों को भी मार देंगे। आज तुम जिस अवस्था से गुजर रहे हो – यह तुम देख सकते हो। विश्व किस स्थिति में है यह भी तुम देख रहे हो। इसलिये तुम सब जागो। साथ ही सारी मानव जाति के उन केन्द्रों को जगाओ जिससे विश्व की मानवता बच जाय और आनन्द में रहें।

आनन्द के द्वारा भाव में फंस कर मत खो जाना। साधनजन्य आनन्द जिसे विषयजन्य आनन्द भी कहते हैं, साधन या विषय के नाश होने पर उस आनन्द का भी नाश हो जाता है। उस आनन्द के आगे जो तपस्वियों, साधकों और योगियों के पास आनन्द है उसे पाने का यत्न करना जिसमें साधन और विषय नहीं होता जो भीतर का आनन्द है। यह सत् चिद् आनन्द ईश्वर में परिपूर्ण है और तुम्हारे भीतर में स्थित है। यह जो जगत है वह अपूर्ण हैं।

अगर कोई महान नहीं है – कोई केन्द्र नहीं है – कोई ईश्वर नहीं है तो तुम सोचो ईश्वर विहीन संसार कैसा होगा और ईश्वर विहीन तुम्हारी स्थिति क्या होगी। तुम जीव हो, जीव चिद् अंश है, फिर भी तुम परिपूर्ण नहीं हो। तुममें ज्ञान आता है पर वह ज्ञान स्थायी नहीं होता। सत् नित्य है। चित् वह ज्ञान है जो चिद् शक्ति है या ज्ञान शक्ति है। तुम जिस तरह बाहर में विवेक के साथ रहते हो वैसा क्या घर में रहते हो। तुम कभी भी एकान्त में स्व–स्वरूप में नहीं रह पाते। तुम्हें उत्पत्ति, स्थिति, संहार में समान भाव से रहना होगा। तभी तम सत्य की खोज कर सकते हो। तुम्हें अपनी स्थिति में रहना चाहिये तभी आनन्द को प्राप्त कर सकते हो।

ईश्वर की बात तो तुम किये चले जाते हो। ईश्वर की कथाएं करते रहते हो। ईश्वर की कथाएं सुनते रहते हो। ये कहना, सुनना शायद

इसलिये होता है कि तुम लोग सोचते हो कि अनुभव किया हुआ सत्य तुम्हें बातों में ही मिल जाएगा। तुम सोचते हो यह कृपा पढ़ने, कहने और सुनने से ही प्राप्त हो जायेगी। लेकिन क्या बातचीत करके कुछ पाया जा सकता है – क्या केवल सुनकर – गीत गाकर ईश्वर को प्राप्त किया जा सकता है। अगर कोई नेत्रहीन सारी जिन्दगी प्रकाश – प्रकाश की बात करें तो क्या उसे प्रकाश मिल जाएगा। वे भ्रान्ति में पड़ सकते हैं लेकिन प्रकाश उन्हें कभी भी नहीं मिल सकता।

तुम लोग ऐसे भ्रम में मत जियो। अपने भीतर झांको तुम व्यक्ति हो, मानव हो, तुम्हारा अपना व्यक्तित्व है, तुममें होश है, बुद्धि है, मन है, चेतना है, तुममें वह केन्द्र है जहां से सत्य अनुभव किया जाता है, जहां से परमात्मा पहचाना जाता है। वह केन्द्र तुम्हारे जीवन की मूल ऊर्जा का केन्द्र है, जहां से सत्य अनुभव किया जाता है, जहां से परमात्मा पहचाना जाता है। वह केन्द्र तुम्हारे जीवन की मल ऊर्जा का केन्द्र है जिसके कारण तुम हो।

अगर उस केन्द्र से तुम जुड़ जाओ या उस केन्द्र की यात्रा कर पाओ तो वह द्वार खुल जाएगा जो मुक्ति का द्वार है, जो स्वर्ग का द्वार है, जो किसी बंधन में नहीं होता। वह तुम्हारी परम स्वतंत्रता का द्वार है जिसकी कोई सीमा नहीं जो असीमित है विस्तृत है जहां कोई दुःख नहीं– वहां आनन्द ही आनन्द है। और आनन्द के सिवाय कुछ नहीं है। वही परमात्मा का घर है। आनन्द ही ईश्वर का निवास है। आनन्द ही परम शान्ति है।

परन्तु याद रखना जो तुम कर रहे हो जो तुम सुन रहे हो , जिसकी तुम स्तुति–प्रार्थना कर रहे हो जिस ऊर्जा को तुम जगाना चाहते हो, उसकी पहुंच वहां तक नहीं है। तुम बाहर की ओर यात्रा कर रहे हो, तुम बाहर के व्यक्तित्व से जुड़े हो। उसमें वासना है, उसमें मांग है। उसमें तुम जुड़ रहे हो। जरा सोचो – उस केन्द्र तक तुम्हारी जीवन धारा नहीं जाती। यह ऊर्जा वहां तक नहीं पहुंच पाती जिस केन्द्र से तुम जी रहे हो, चल फिर रहे हो। यह सब तो कहीं न कहीं जाकर क्षय हो जाता है, समाप्त हो जाता है।

तुम अपने श्रद्धा रूपी पुष्प को अपने गुरु को प्रसन्न करने के लिये चढ़ा रहे हो। तुम अपनी भक्ति रूपी माला को उस व्यक्ति को पहना रहे हो जिसके पास मन है, बुद्धि है, और वह मन व्यवसायी है। ऐसे

व्यवसायी जो दान को, सेवा को, परमार्थ को भी पथ बता रहे हैं परमात्मा तक पहुंचने का। मैं बात कर रहा हूं उस ऊर्जा की, गैं बात कर रहा हूं तुम्हारी उस सक्रिय शक्ति को उस केन्द्र तक लौटा ले जाने की और केवल बातें ही नहीं कर रहा हूं बल्कि उसे प्रयोग में लाकर तप से, उसके मूल तक लौटा देने का साधन भी उपलब्ध करवाना चाहता हूं। आपके हृदय में दिया जल जाय, फूल खिल जाय, चहुं दिशा में सुगंध बिखर जाय, मैं तुम्हारे तीसरे नेत्र को खोलने का संकेत दे रहा हूं।

अतीन्द्रिय जाग जाय और तुम देखने लगो। यह अधिकार तो हर किसी को है। अगर मुझे है तो तुम्हें भी है। अगर मैं देख रहा हूं तो तुम भी देख सकते हो। इसीलिये तो मैं आया हूं। परन्तु याद रखना – बीज होने का यह अर्थ नहीं है कि हर बीज वृक्ष बन जाय। हर बीज को अधिकार तो है वृक्ष का मगर सभी बीज पेड़ नहीं बन पाते। हर बीज में ये सम्भावना है कि वह एक विशाल पेड़ बने, उसकी लम्बी–लम्बी डालियां हों, घने–घने पत्ते हों, परन्तु उसके लिये कुछ और की भी आवश्यकता होती है।

एक अच्छा खेत हो, उस खेत में बीज बोया जाय, खाद भी डाला जाय, साथ में पानी भी होना जरूरी है। बीज को मरना होगा, बीज को फटना होगा, बीज को टूटना होगा, बिखरना होगा। जब कोई बीज मरने, टूटने, बिखरने के लिये तैयार होगा तभी तो वह पेड़ बन जाएगा। तुम भी तैयार हो जाओ, मरने के लिये, बिना मरे बीज वृक्ष नहीं हो सकता। आज भी तुम तैयार नहीं हो। क्योंकि जो कुछ भी तुम कर रहे हो – वह सब नहीं है। तुम अपने आप से भाग रहे हो। तुम कुछ करने के लिये तैयार नहीं हो। तभी तो तुम कृपा की प्रतीक्षा में हो। तुम गुरु कृपा और परमात्मा की प्रतीक्षा में हो। कृपा हो जाय और तुम्हें सब कुछ मिल जाय। पके–पकाए को खाना चाहते हो। तभी तो तुम व्यक्ति की सेवा में दिन गुजार रहे हो।

ऐसा तुम हमेशा से यही करते चले आए हो। जब राम आए तब तुमने यह कह कर टाल दिया कि तुम पुरुषोत्तम हो और हम साधारण जीव। जब कृष्ण के साथ तुम थे तो वहां भी ऐसा ही किया। तुम कह दिया कि तुम तो भगवान कृष्ण हो और अपने आपको साधारण बना दिया। बुद्ध, महावीर, शंकराचार्य, नानक आदि आए और तुमने उन्हें अवतार बना दिया और अपने आपको छोटा बना दिया।

आज भी तुम वही बात दोहरा रहे हो। तुम गुरु के समक्ष एक साधारण व्यक्ति बन कर, पैर स्पर्श कर नमस्कार कर, अपने आप से भाग रहे हो। अपने आप को गृहस्थ कह कर कमजोर कर रहे हो। अपनी सामर्थ्य को झुठला रहे हो। तुम भी तो बुद्ध हो, तुम भी तो महावीर हो, नानक, कबीर–शंकर सब तुम भी तो हो। उन्हें बुद्ध, तीर्थंकर, सिद्ध, अवतार कहकर अपने आपको क्यों कमजोर बना रहे हो।

अरे मूर्ख! तुम भी तो ईश्वर के पुत्र हो, तुम भी तो पृथ्वी पुत्र हो, तुम अपने आपको वैसा ही एक बीज समझो जिसमें एक विशाल वृक्ष छुपा है। सत् चित् आनन्द तुम्हारे में है। तुम ईश्वर अंश जीवात्मा हो। तुम पूर्ण नहीं हो। तुम श्री कृष्ण को देखो वे सोलह हजार रानियों के साथ रहकर बातें करके भी ज्ञानी थे। उनमें उस क्षण भी ज्ञान था जब उनके सारे वंशज और मथुरा, वृन्दावन, द्वारिका का नाश हो रहा था। उनका आनन्द उन नगरों में या उनकी रानियों में नहीं था। श्री कृष्ण तो स्वयं अपने आप में आनन्द थे। तुम अपने स्वरूप में स्थित नहीं हो इस लिये तुम्हें आनन्द नहीं मिलता।

तुम उत्पत्ति, स्थिति और संहार इन तीनों में आनन्दमय रह सकते हो– अगर अपनी स्वरूप स्थिति को प्राप्त कर लोगे तो। तुम भागो मत, तुम कमजोर मत बनों, तुम अपने आप को गृहस्थ और साधारण मनुष्य कहकर कमजोर मत बनाओ। चाहे तुम घर में रहो या बाहर – अगर तुम्हें आनन्द प्राप्त करना है तो तुम उस केन्द्र का आश्रय लो जो परमात्मा का द्वार खोलता है। तुम्हें परिपूर्ण होना होगा। तुम्हें शांति प्राप्त करनी होगी। आनन्द पूर्णता में है, आनन्द शान्ति में है। संसार का प्रत्येक पदार्थ विनाशशील हाने के कारण परिपूर्ण नहीं हो सकता हर पदार्थ का एक केन्द्र है। हर पदार्थ के उस केन्द्र से परम आनन्द परमात्मा तक जाने का मार्ग है। तुम अपने मन को उस केन्द्र के साथ तदाकार कर दो। तदाकार होने पर ही मन अन्तर्यात्रा करा सकता है।

अन्तर्यात्रा के लिये तुम्हें साहस जुटाना होगा। तुम्हें पुल से आगे बढ़ना होगा। परमात्मा से मिलन के लिये तुम्हें आगे बढ़ जाना होगा अपने मनुष्यत्व को देवत्व बनाना होगा। तुम कई जन्मों से, कई वर्षों से भोगी बन कर चले आ रहे हो। उन भोगों से ऊपर उठो। इससे ऊपर नहीं उठोगे तो दर्शन कहां से होगा। बिना दर्शन के साक्षात्कार कहां ? शांति कहां ?

तुम अपने चारों तरफ देखो, सब कुछ गतिमान है, सब कुछ सक्रिय है। सब के सब निष्प्राण है, निष्क्रिय है, निर्जीव है, शव है, सब कुछ होते हुए भी वे कुछ नहीं हैं। इन सब में वह कौन–सी शक्ति का प्रवाह है, वह कौन सी ऊर्जा है जो सबके अन्दर स्थिति को बनाए रखकर सबकी संजीवता का कारण बनी हुई है। अगर आप सब समझ सको तो समझ लो, यही ईश्वर का परोक्ष साक्षात्कार है, दर्शन है, सर्वव्यापकता का – सर्वज्ञता का एकत्व का। वह सर्वत्र है तो वह तुममें भी है – वहां तक तुम जा सकते हो। जब अन्तर्यात्रा करो तो उस केन्द्र में जाओ।

और अगर तुम यह समझते हो कि ईश्वर किसी एक स्थान पर है तो तुम्हारा परोक्ष ज्ञान का साक्षात्कार होगा तुम तो दर्शन करते आ रहे हो तो तभी तो गुरुभक्ति का भाव उमड़ आया है। तुमने स्वप्न में दर्शन किया होगा। तुमने मन्दिर और मूर्ति में परमात्मा का दर्शन किया होगा। ईश्वर का परोक्ष दर्शन भी किया होगा, तभी तो तुम अपने गुरु में, ब्रह्म को, ईश्वर देखने का प्रयास कर रहे हो। पर तुम्हें बाहर में, औरों में, परमात्मा की खोज करने के बजाय, अपने आप में खोजना चाहिये जिसको अपने अन्दर प्रभु दर्शन हो जाए वही मनुष्य परमात्मा से मिल सकता है।

ज्ञानियों की दुनिया ज्ञान में है। ज्ञान के द्वारा ही वे ईश्वर का अपरोक्ष साक्षात्कार करते है। भक्ति करने वाले प्रेम से परमात्मा का अपरोक्ष दर्शन करते हैं। परन्तु यह तभी संभव है जब बाह्य जगत से अपनी साधना के माध्यम से अदृश्य हो कर अन्तर जगत में उपस्थित हो जाय। छोड़ना तो पड़ेगा ही – मरना तो पड़ेगा ही – जब तक शरीर को स्वयं नहीं मारोगे, जब तक यह शरीर तुम्हारे संकल्प से नहीं मरेगा तब तक अन्तर दरवाजा नहीं खुलेगा।

जो पान, सुपारी, चाय और बीड़ी नहीं छोड़ सकते, जो गुरु चालीसा, तन्त्र–मन्त्र नहीं छोड़ सकते, जो कथा कहना और सुनना नहीं छोड़ सकते, जो एक आदत सी बन गई है, उस आदत को नहीं छोड़ सकते तो वे अपने जीवन में परमात्मा का साक्षात्कार कैसे कर पाएंगे। शुकदेव तो बनना ही होगा जो जन्म लेते ही चल पड़े, आप पिता नहीं हैं, मैं पुत्र नहीं हूं कहकर चले गए। ऋषि, मुनि, शास्त्र सब के सब छोड़ने के लिये कहते हैं, काम छोड़ो, क्रोध छोड़ो परन्तु तुम सब कहां छोड़ रहे हो। तुम तो बस प्रतीक्षा में रहते हो – तुम सोचते हो कृपा बरसे और तुम मुक्त हो जाओ।

तुम आगे चलो तो सही, चलकर पुल से आगे निकलो तो सही, तब पता चलेगा तुम कौन हो। अभी तो तुमने पकड़ रखा है सेतु को, चौकीदारी कर रहे हो, सेतु से कमीशन खा रहे हो। सेतु की पत्नी की सेवा में हो – सेतु की किताबें चादरें बेच रहे हो। सेतु के उस पार जाओगे, वहीं तुम्हारी दुनिया है। तुम्हारे अन्तस में अनन्त उम्मीदें हैं, असिमित संभावनाएं झांक रहीं हैं। इन अनन्त संभावनाओं की दिव्यताओं का बोध तब तक नहीं होगा जब तक कि भीतर का दरवाजा नहीं खुलेगा। तुम्हें अपने तन को सुलाना होगा, मन को अन्तर्दिशा देनी होगी, इन्द्रियों की गति को सूक्ष्म बनाना होगा।

मैं आपको यही सब कुछ बताने के लिये आया हूं। मेरे आने का यही तात्पर्य है। मैं चाहता हूं तुम साधना करो। मैं तुम्हारे उस केन्द्र को जगा दूं। जब तक तुम उस केन्द्र तक नहीं पहुंचोगे, तब तक तुम्हारी दुर्लभताएं अछूती रह जाएंगी। तुम्हारी दिव्य शक्तियां सुषुप्त रह जाएंगी। तुम अपने आपको जगत के सामने दावे के साथ पेश नहीं कर सकोगे। आज जो कुछ भी तुम कह रहे हो वह सब झूठ है, चमचागिरी है। अपने आनन्द को, अपनी अस्मिता को, अपने स्वाभिमान को दबाकर – मारकर तुम झूठी प्रशंसा में लगे हो।

कब तक किसी की चापलूसी करते रहोगे। किसी नकली भगवान को कब तक पूजते रहोगे। मैंने देखा है, पढ़ा है, ऐसे अवतारों और गुरुओं के बारे में। असंभव गाथाओं की काल्पनिक रचनाएं की हुई हैं, व्यक्ति को भगवान बनाने के लिये।

व्यक्ति महान् हो सकता है, व्यक्ति सिद्ध हो सकता है, व्यक्ति श्रेष्ठ हो सकता है, वह शंकराचार्य, बुद्ध, तीर्थंकर, जीसस, मुहम्मद हो सकता है, परन्तु वह राम और कृष्ण की तरह अवतार नहीं हो सकता। गर्भ से जन्मा पुरुष पुरुषोत्तम कैसे हो सकता है? और अगर वह पुरुषोत्तम है – तो भारत जातिवाद रंगभेद, धर्म परिवर्तन का शिकार क्यों हो रहा है, इसे वह क्यों नहीं सुधारता। क्या अवतारों का काम, चन्दा उगाहना बड़े–बड़े मण्डप लगाना सत्संग हॉल, स्कूल, कॉलेज और अस्पताल बनाना ही है तो यह काम तो हम सब और अमीर लोग भी कर रहे हैं।

मेरा यह प्रश्न उन तथाकथित अवतारों और उनके सेवकों से है कि वे भारत को पुनः पीड़ा, उत्पीड़न और विध्वंस से क्यों नहीं उबारते। श्रीराम ने तो सीता के अपहरण को लेकर सारे बन्दर, भालू, जंगल के आदिवासी

दलितों को लेकर रावण पर चढ़ाई करके धर्म की लड़ाई लड़ी थी परंतु आज तथाकथित अवतार अपना भी कल्याण नहीं कर पा रहे हैं।

केवल चारित्रिक कर्म की गतिविधियों से देश का कल्याण नहीं हो सकता। अपनी दिव्य शक्ति का प्रयोग सनातन धर्म की रक्षा के लिये करना होगा। बातों से कथाओं को दिव्य रूप देने से, सत्संग, कथा प्रसंग को लीलामय बनाकर लोगों के मन को सम्मोहित करके कब तक लोगों को मूर्ख बनाया जा सकेगा।

अगर आप अवतार हैं, अगर आप महान अवतारों के सेवक हैं तो बाहर आकर भारत को पुनः बटने से बचाएं। अपनी–अपनी संकल्प शक्ति का प्रयोग अधर्म के खिलाफ करें, अन्याय के खिलाफ करें। धर्म का दुरुपयोग न होने पाए। राजनीतिज्ञ देश का शोषण न कर पाए। भारत में पुनः सनातन संस्कृति का उत्थान हो।

बड़ा आश्चर्य होता है जब सुनता हूं, पढ़ता हूं कि आपने बड़े–बड़े अमीरों को उनके घर पर ही दर्शन दे दिया। उन्हें प्रसाद में सोने चांदी की मूर्तियां भी दी। परंतु यह सब हमको क्यों नहीं होता, किसी गरीब के घर में यह क्यों नहीं घटता। किसी गरीब को सोने, चांदी, हीरों की मूर्तियां, अंगूठी, घड़ियां क्यों नहीं प्राप्त होती। राम तो शबरी के घर भी गए थे। यह सब देखकर ऐसा नहीं लगता कि वह धर्म जो ईश्वर का धर्म है, जो सत्य का धर्म है, जो सनातन धर्म है, आज जन मानस का चमत्कार दिखाकर बेवकूफ बनाने का धर्म बन गया है। सब अपनी–अपनी डफली और अपना–अपना राग गा रहे हैं। सब के सब भगवानों ने दुकान खोल रखी है, आशीर्वाद की दुकान और उनका भारी प्रचार–प्रसार हो रहा है।

मुझे याद आ गया कुछ साल पहले मेरे मित्र की मृत्यु हो गई। वे बड़े ही प्रसिद्ध अभियान के उद्‌बोधक थे, उन्हें अपने संस्थान को चलाने के लिये कोई और गुरु ही नहीं मिला। वे महापुरूष एक योग्य शिष्य तैयार नहीं कर पाए जो उस संस्था को तपस्या तथा साधना का केन्द्र बनाए रख सके। वह आन्दोलन भी एक व्यावसायिक केन्द्र बनकर रह गया। अब वह धीरे–धीरे टूटता जाएगा। क्योंकि कोई गुरु नहीं रह गया। जो जहां पर है वह वहीं का गुरु बन जाएगा – मालिक बन जाएगा। अब वहां भी व्यक्ति की पूजा होती है – मरे हुए के नाम से दीक्षा दी जाती है। अपने आप में कोई भी समर्थ नहीं है। आगे बढ़ कर

ऋषि बनें, तपस्वी बनें। वक्ता तो हर कोई बन सकता है पर वक्ता में गुरु बनने का सामर्थ्य नहीं हो सकता।

मैं चाहता हूं उनमें से कोई आगे बढ़कर गुरु बनें। अपने नाम की दीक्षा दे। संस्थान को किसी के नाम का गुलाम न बनाएं। आन्दोलन तो एक जागृति है, जागरण है, एक परिवर्तन है। हम विचारों को ढोने के लिये आन्दोलन नहीं चलाते हैं और धार्मिक आन्दोलन तो हमेशा वर्तमान से जुड़ा होता है। अतीत का ढोना साक्षात्कार नहीं दे सकता। अतीत साक्षात्कार का जन्मदाता नहीं है। केवल वर्तमान ही उसका साक्षी है।

मैं उस मित्र की आत्मा से अनेकों बार पूछता हूं, आखिर ऐसा तुमने क्यों किया। आज भी जवाब में वे मौन हैं। मैं प्रतीक्षा कर रहा हूं एक परिवर्तन का, त्याग का, तपस्या का, और ये होगा। मैं नहीं चाहता हूं, चारित्रिक विकास की चादर ओढ़कर ये धार्मिक संस्थाएं केवल व्यवसाय करें। ये सब अपने आपको, अपने साधकों को संकल्प का धनी क्यों नहीं बनाते हैं।

आज आप सबका धर्म कथा और पूजा पर आकर रुक गया है। आप सबके दावे तो बहुत बड़े–बड़े है। परन्तु आपके द्वारा चलाए जा रहे अभियान व्यवसाय बनते जा रहे हैं। आप कहते कुछ और हैं और करते कुछ और हैं। लाखों करोड़ो के मार्ग दर्शक बनने के बाद भी आप और आपका जनमानस अतृप्त है। क्या पीताम्बर पहन लेने से, श्वेत वस्त्र शरीर पर धारण कर लेने से लोगों का कल्याण हो जाएगा। क्या गायत्री मंत्र, गायत्री नामी वस्त्र, ओम् गुरु देवाय या राम राम, नारायण नारायण, हरीओम् हरीओम्, ओम नमो शिवाय कहने और इनके वस्त्र डालकर – इनके प्रचार–प्रसार करने से मानवों का कल्याण हो जायेगा।

भीड़ इकट्ठी करके, सदस्य बना कर के, अपनी प्रभुता का प्रभाव दिखाने से कुछ भी नहीं होगा। आप सबको बदलना होगा। सभी शिष्यों को साधक – तपस्वी बनाना होगा। उन्हें गायत्री का वैज्ञानिकीकरण करके उसके अन्दर छिपे अग्नितत्त्व की दिव्यता को दर्शाना होगा।

आप सभी जानते हैं, विज्ञान लाभदायक भी है और विनाशकारी भी। विश्वामित्र द्वारा उपलब्ध यह गायत्री एक महाविज्ञान है। अगर इसका विशेष तरह से उपयोग नहीं हुआ तो यह जाप सहज मत लेना। अगर सर्वेश्वरानन्द के इस विज्ञान का दुरुपयोग हुआ तो फल बड़ा खतरनाक होगा।

सभी मंत्रों में एक अपूर्वशक्ति स्थापित है। सबके अन्दर आणविक

शक्तियों का समावेश है। कौन–सा अणु किस स्थिति में किसका आवर्तन करेगा यह सब शरीर, मन, इन्द्रियों की स्थिति, अवस्था के साथ जुड़ा हुआ है। और आप लोग घर की मुर्गी दाल बराबर की तरह मंत्रों का उपयोग कर रहे हैं।

अनुष्ठान का अर्थ प्रयोग होता है। केवल यज्ञ कुण्ड ही इसकी प्रयोगशाला नहीं है, इसकी प्रयोगशाला तो तीनों शरीर के अन्तस में, दिव्य केन्द्रों के केन्द्र में निहित कुण्ड है। इसलिये इस अनुष्ठान के चलाने वालों को और उनके सहयोगियों को मेरा यह एक मात्र सन्देश है कि अपने साधना मार्ग में समय, स्थिति और जमीन की भौगोलिक अवस्था आदि का सोच समझकर उपयोग करें। यह जीवन ही एक प्रयोगशाला है। यह जीवन ही यात्रा है। हर कोई आया और चला गया। सभी बीज वृक्ष तो नहीं बन पाते। आप सभी व्यक्तिवाद–व्यक्तिपूजा से बाहर आकर सत्यमार्गी बनें। जीवन की खोज का सन्देश दे। अस्तित्व की खोज का सन्देश दें। सत्य की खोज का सन्देश दें।

गायत्री सत्य की खोज का मन्त्र है। गायत्री मंत्र का हर शब्द अनीश्वर है। गायत्री का हर प्रतीक प्राकृतिक है। गायत्री जीवन है, अस्तित्व है, सत्य है। गायत्री तो आदित्य है। गायत्री न विश्वामित्र की है न सर्वेश्वरानन्द की। न यह भारद्वाज, अत्रि, गौतम आदि की है और आचार्य न श्रीराम की। और न यह आपकी है और न ही मेरी यह गायत्री किसी की संपत्ति नहीं है, कि जिसका दुरुपयोग किया जा सके। इसलिये आप सब व्यक्ति पूजा से बाहर निकलकर आगे बढ़िये। अगर आप फूलों से पूजा करने लगेंगे तो बीज कैसे बनेगा और जब नये बीज नहीं होंगे तो फूल कैसे बनेंगे।

सभी व्यक्ति संन्यासी और ब्रह्मचारी नहीं बन सकते। क्योंकि सृष्टि ऐसा नहीं चाहती। सभी बीज फूल बनने तक नहीं पहुंच पाते। सभी फूल बीज बनने तक नहीं पक पाते। क्योंकि प्रकृति यह नहीं चाहती। आप गौर करके देखेंगे तो अचंभित हो जाएंगे, सारे भारत के धार्मिक इतिहास को देखेंगे तो समझ जाएंगे कि किसी भी त्यागी पुरुष ने धर्म को अपना साम्राज्य और सम्मति नहीं बनाया। रामायण कालीन महाभारत कालीन के किसी भी ऋषि को देखें जिसने अपना मत चलाने का प्रयत्न किया हो या किसी ने अपने शिष्यों, साधकों को अपनी पूजा करने के लिये कहा हो या शिक्षा दी हो।

आज आप देख सकते हैं, किन–किन लोगों ने अपना धार्मिक साम्राज्य बना रखा है। जिस तरह से राजा को मुकुट और गद्दी तथा चादर दी जाती है तथा पिता का पुत्र अधिकारी होता है उसी तरह से इन धार्मिक गुरुओं ने अपनी परम्पराएं बना रखी हैं। आप सारे शिष्य इनकी पूजा हैं तथा ये आपके स्वामी। इनमें से कोई भी किसी योग्य शिष्य को गुरु बनाने के लिये तैयार नहीं है, क्योंकि संपत्ति खो जाने का भय है।

संन्यासियों, बैरागियों, उदासीन और निर्वाणी त्यागियों ने तो योग्य शिष्यों को दीक्षा देना प्रारंभ कर दिया है। बुद्ध ने सौंप दिया या छोड़ गये– कोई चिन्ता नहीं क्योंकि अनेकों बुद्ध छोड़ गए थे। शंकराचार्य अनेकों शंकराचार्यों को छोड़ गए। रामानुजाचार्य, निम्बकचार्य आदि–आदि ने त्यागियों, तपस्वियों को छोड़ा। उनका कोई साम्राज्य नहीं है, मठ और मन्दिर है, जिनमें भगवान की किसी–न–किसी स्वरूप की पूजा होती है।

मैंने पूर्व–पश्चिम, उत्तर–दक्षिण और मध्य भारत के साथ–साथ हिमालय के सभी देवस्थलों का दर्शन किया है। हर जगह किसी न किसी देव स्वरूप भगवान की पूजा का देखा है।

जब इन गृहस्थ ऋषियों की ओर ध्यान जाता है, जिन्होंने व्यक्तिवाद और गुरुवाद तथा गुरुपूजा को जन्म दिया है तो मेरे चेहरे पर विचित्र से भाव आ जाते हैं। हंसी आ जाती है। सिखों ने गुरुग्रन्थ साहिब की पूजा की है। मुसलमानों ने हर स्वरूप को हटाकर निराकार की पूजा की है, समाधियों की पूजा की है। उनमें किसी स्वरूप या चित्र की उपासना नहीं है। इसाइयों ने भी क्रॉस की पूजा की है। और ये महानुभाव, महामूर्तिमान अपनी–अपनी पूजा करवा रहे हैं। ये अपने मन्दिरों के स्वयं ही भगवान बन बैठे हैं।

अभी कुल चार पाँच सौ वर्षों की ही बात है, इनके गुरु राम–राम, कृष्ण–कृष्ण, ओम नमो भगवते वासुदेवाय हरिओम् और नारायण कहते–कहते चले गये, अपने–अपने निज प्रभु के धाम को प्राप्त हो गए – जिसने जिसकी उपासना की उसने उसी के धाम को प्राप्त किया। जैसा मन, वैसी प्राप्ति।

मैं एक योगी हूं। दत्तात्रेय, दुर्वासा, विश्वामित्र, पातजंलि और शंकराचार्य की तरह। मैं महावतार सर्वेश्वरानन्द, सुन्दरनाथ, हेड़ियाखान, देवरहा बाबा, मौनी महाराज, जगन्नाथदास, जंगलबाबा, उड़ियाबाबा, गंडा बाबा आदि–आदि अनेकों संतों के साथ रहा हूं। इनमें से मैंने किसी को भी

अपनी पूजा करवाते नहीं देखा है। मैंने सभी को परमात्मा के किसी–न–किसी स्वरूप के सामने नमन करते देखा है। परन्तु जब इन लोगों को देखा तो अजीब–सा लगा। इन लोगों ने भारतीय ईश्वरवाद संस्कृति में भेद पैदा कर दिया है। महान् होते हुए भी वासनाओं से मुक्त नहीं हो पाए। श्रेष्ठ होते हुए भी रिश्तों को नहीं तोड़ पाए। इनके द्वारा सृजन किये गए चूजे भी पूजा योग्य बन गये हैं। ये लोग व्यक्तिपूजा के जन्मदाता हैं। रिश्तों में अपने पुत्र–पुत्रियों को गद्दी पर बैठाने वाले लोग हैं। इन्हें संपत्ति का लोभ है – इनके द्वारा आपका कल्याण कैसे हो सकता है। जब इनका स्वयं का मन तृप्त नहीं है, भूख नहीं मिटी है, इनके मन से भय नहीं गया है तो फिर ये आपका कल्याण कैसे कर सकते हैं, ये तो भाषाओं के धनी हैं, बातों के धनी हैं, शब्दों के धनी हैं, तर्क के धनी है और अपनी सम्पत्ति के धनी हैं, और तुम लोग इनके शिष्य हो।

तुम्हारे अन्दर जो सम्भावनाओं का ढेर है वह वैसा का वैसा ही रह जाएगा। तुम वहां से आगे बढ़ नहीं पाओगे। अंडा – अंडा ही रहेगा – अगर अंडा न फूटे तो वह चूजा नहीं बनेगा। अंडा चाहे भी तो उड़ नहीं सकता। चूजा चाहे भी तो उड़ नहीं सकता। अंडे को टूटना ही पड़ेगा। चूजे में पंख आने ही होंगे। अंडे से बाहर आकर जब पक्षी उड़ते हुए पक्षियों को देखता है तो उसे विश्वास नहीं होता कि एक दिन वह भी उड़ेगा।

तुम्हारी भी यही दशा है। तुम भी डरते हो उन छोटे पक्षियों की तरह। तुम्हारी भी मनोदशा भय से परिपूर्ण है। परन्तु तुमने देखा होगा कि वे छोटे पक्षी अनेकों प्रयासों के बाद एक दिन खुले गगन में उड़ जाते हैं। पेड़ो की डालियों पर बैठकर वे हिम्मत जुटा लेते हैं, उनकी मां उड़ती है, उनका पिता उड़ता है। माता–पिता उन बच्चों को उड़ने का प्रोत्साहन देते हैं, धक्का देते हैं। जो कभी उड़ा ही नहीं उसे कैसे विश्वास होगा कि वह उड़ सकता है।

तुम भी जानते हो कि एक दिन तुम्हारी खोज पूरी होगी। परन्तु तुम निराश हो गए हो। तुमने इस जन्म की आशा छोड़ दी है। पिछले जन्मों के कर्मों को तुम सदा कोसते रहते हो। एक लम्बी अवधि से तुम प्रतिक्षा कर रहे हो। तुम्हारा गुरु तुम्हें झूठी आशा पर आशा देता चला आ रहा है। वह तुम्हें तुम्हारे दोषों को गिना रहा है। तुम्हारे मन को दोषी बना रहा है। उसे सेवा – परमार्थ की शिक्षा देकर तुम्हारा उपयोग कर रहा है। इसे उसने शुद्धीकरण नाम दे रखा होगा। संस्कार परिवर्तन कहता

होगा। पापों को धोना कह रहा होगा और तुम्हारे मन ने तुम्हें दुविधा में डाल दिया होगा, कहां जाऊं, अब मैं कहीं का तो नहीं रहा।

परन्तु ऐसा नहीं है। नदी पर अनेकों पुल हैं। किसी भी पुल से तुम उस पार सकते हो। परन्तु तुम पुल के उस पार जाओ तो। तुम दिल्ली, हरिद्वार, ऋषिकेश, वृन्दावन आदि अन्य शहरों में तो जाते हो। तुम्हारे जीवन में तुम्हें अनेकों बार अनेक सेतु मिले होंगे। अनेकों बार तुमने उन्हें पार किया होगा। पर कभी भी किसी सेतु को अपना घर नहीं बनाया होगा।

यहां तो तुम भगवान की खोज में निकले हो। तुम्हारी खोज तो सत्य की खोज है। तुम्हारी इस खोज में न जाने कितने मील के पत्थर आएंगे। कितनी बार रामायण, गीता को पढ़ना होगा। कितने संतों, साधकों से भेंट होगी। फिर तुम किसी के क्यों हो गए। अगर वह मील का पत्थर तुम्हारे लक्ष्य तक नहीं जाता है तो आगे क्यों नहीं बढ़ जाते। राम भी वसिष्ठ से आगे विश्वामित्र के संग हो गए थे। कुछ जानकर अपने गुरु के चरणों में आ गए थे। तुमको उस पक्षी की तरह बिना किसी अनुभव के एक छलांग तो लगानी ही पड़ेगी।

एक घटना मेरे साथ घटी थी, मेरे बचपन की बात है, मैं दार्जिलिंग में रहता था। मैं बचपन में बहुत डरता था। हमेशा मृत्यु से संबंधित कुछ–न–कुछ स्वप्न देखता था। उन दिनों मैं नित्य प्रातः घोड़ा दौड़ता था। चाहे वह जाड़ों की ठिठुरती ठंड हो अथवा कुहरे से मरा रास्ता हो या पत्थरों–कंकड़ों से भरी पगडंडी, मैं घोड़े को दौड़ाना नहीं भूलता था। परन्तु मेरे मन के किसी कोने में मरने का भय कचोटता था। दार्जिलिंग अपने आप में सुन्दर पर्वतों की रानी है। सुन्दर कंचनजंगा पर्वत के शिखर मन को सदा मोहते रहते हैं। कभी–कभी मैं प्रातः टाईगर टॉप की ओर निकल जाता था। एक दिन मैं टाईगर टॉप के पास एक पत्थर की शिला पर बैठा था। सुबह का सूर्य अपनी लाली बिखेर रहा था। भगवान भास्कर धीरे–धीरे बाहर आ रहे थे। यह सब देखते हुए अचानक मेरे मन में एक अनजाना भय समा गया। मरने का भय, सब कुछ छूट जाने का भय। यह सुन्दरता, यह मनमोहक छटा, यह सूर्य, यह पृथ्वी का सौंदर्य, माता–पिता सब छूट जाएंगे। मैं नहीं रहूंगा या ये सब मुझसे अदृश्य हो जाएंगे।

मौत! जैसा एक भयानक भाव मेरे मन में जाग गया था। अचानक घोड़े ने हिनहिनाकर मेरा ध्यान आकृष्ट किया अभी आदित्य पर्वतों के पीछे से झाँक रहे थे। लाली भरी रश्मियां स्वर्ण में बदल रहीं थीं। सूर्य

की रश्मियां जैसे किसी कन्दरा से निकल कर चारों ओर फैल रही थीं। घोड़े की हिनहिनाहट के साथ मैंने पीछे मुड़कर देखा एक महात्मा खड़े थे। वे मुस्कुरा रहे थे। एक विचित्र आनन्द मिला उस मुस्कुराहट को देखकर, उन्होंने धीरे से कहा, क्या तुम्हें मौत से इतना डर लगता है। मैंने उत्तर में अपने सिर को हां में हिला दिया। वे अचानक आगे बढ़े और उन्होंने मुझे उस पत्थर की शिला से धक्का दे दिया और कहा – आओ मैं तुम्हें मृत्यु से परिचय करवा देता हूं।

नीचे गहरी खाई थी सैंकड़ों फुट गहरी और मैं नीचे चला जा रहा था। मैं सोच भी नहीं सकता था। एक अजीब झनझनाहट हो रही थी। सारा शरीर कांप रहा था। मैं नीचे की ओर चला जा रहा था। बदन को ठंडी पवन का स्पर्श हो रहा था? लेकिन मैं पसीने से तर हो रहा था। आंखें बन्द थी।

सोचो कैसा क्षण रहा होगा। परन्तु जब मैं नीचे गिरा तो आंखें खुल गई। मैं पूरी तरह से ठीक था, कोई चोट नहीं, कोई खंरोच नहीं, मैं उस महात्मा की गोद में था। मैं कभी नीचे और कभी ऊपर देख रहा था। चारों ओर प्रकाश फैल गया था। अनेकों लोग मुझे देखने के लिये दौड़ पड़े थे। किसी भी व्यक्ति ने उस महात्मा को धक्का देते हुए नहीं देखा था परन्तु सभी ने उन्हें मुझे बचाते हुए देखा था।

उस महात्मा ने वैसी ही अद्भुत मुस्कुराहट के साथ कहा – कैसी रही यह जीवन और मृत्यु की यात्रा। अब तो नहीं डरोगे ना! अब तो तुम्हारी मृत्यु से दोस्ती हो गई है, प्रेम हो गया है। और उसके बाद मैं वास्तव में कभी नहीं डरा। सैंकड़ों बार मैंने वायुसेना में पैराशूट से नीचे की ओर छलांग लगाई। वायुसेना की लड़ाइयों में दुश्मनों के छक्के छुड़ा दिये। और आज मैं एक योगी हूं। निरंजन, स्वतंत्र पथ का पथिक। मेरा साम्राज्य यह संपूर्ण ब्रह्माण्ड है। मैं किसी भी सीमाओं में नहीं आता। न जन्म की सीमा, न मृत्यु की। अनन्त और असीमित प्रभुता के प्रेम का योगी हूं।

मैं आचार्य शंकर की तरह भक्त भी हूं, वक्ता भी, पुजारी भी और योगी भी। मैं शिव का भक्त हूं, मां का अनन्य पुजारी हूं। शक्ति रूप में इन सबको जानता हूं। एक योगी होने के नाते समाधि में बैठकर वर्षों तक ब्रह्माण्ड का भ्रमण कर लेता हूं। मैं आप से इतना प्रेम करता हूं कि आप सबमें मुझे परमात्मा नजर आता है। इसलिये मैं आप सब लोगों से

कहता हूं कि पुल के उस पार जाओ। वहां कुछ घटेगा। साक्षात्कार घटता है समाधि घटती है। उस घटने के लिये अवसर तो दो।

अगर तुम यह सोचने लगो कि पानी में उतरे बिना तैरना सीख जाओ तो यह तुम्हारी मूर्खता है। तैरना सीखने के लिए पानी में उतरना ही होगा। डूब जाने का डर तुम्हें पानी में उतरने नहीं दे रहा है, पर तुम तैरना चाहते हो। तुम तैरना सीखना चाहते हो पर पानी में उतरना नहीं चाहते। सिखाने वाला कह रहा है कि उतरोगे तभी तो सीखोगे। तुम्हें उतरना होगा, पानी में कूदना होगा क्योंकि उतरने के बाद ही सीखा जा सकता है।

दुनिया के सभी जीव तैरना जानते हैं, लेकिन जब वे पानी में गिर जाते है तभी तैरना सीखते हैं, गिरने के बाद ही तैरना अपने आप आता है, भले ही निपुणता न हो, पर तैरना आता है। तुम्हारे साथ भी ऐसा ही है। तुमको मालूम है। तुमने आनन्द की अनुभूति की है। तुमने उस आनन्द के क्षण में परमात्मा की करीबी पाई है, यह तुम्हें याद है। तभी तो तुम खोजते–खोजते यहां तक आ पहुंचे हो।

तुमने गुरु बनाकर सोचा होगा कि तुम्हारी खोज समाप्त हो गई है। तुमने अपने आप में राहत की सांस ली होगी, तुम्हें थोड़ा आराम मिला होगा उस आराम के क्षण में तुम्हें पुनः याद आया होगा कि यह वह जगह नहीं है, जहां सत्य आत्मसात् होगा। यह मेरी खोज का पड़ाव नहीं है। मैं गलत सेतु पर आ गया हूं – यह सेतु मुझे उस पार नहीं ले जाएगा। यह सेतु तो स्वयं ही भगवान बन गया है। परन्तु तुम बाहर नहीं आ रहे हो।

लेकिन वह अनुभूति जो ले चुकी है – तुम्हें याद दिला रही है – उस आनन्द की अनुभूति – उस आनन्द में परमात्मा की अनुभूति। यह उस तैरने की तरह है – तैरना हर किसी को आता है पर जब तक वह पानी में नहीं कूदता तब तक हाथ पैर नहीं चलते। पानी में गिरने पर हाथ पैर स्वतः चल पड़ते हैं। जब तुम पानी में कूदोगे तभी तुम जान पाओगे कि तैरना किसे कहते हैं।

यहां भी तुम्हें कूदना होगा – कूदते ही हाथ पैर काम करना आरंभ कर देंगे। परन्तु इस आध्यात्मिक यात्रा में इन हाथ–पैरों की जरूरत नहीं है। परन्तु उस हिम्मत की जरूरत है, उस विश्वास की जरूरत है जो तुम्हें आगे बढ़ जाने दें।

तुम्हें छोड़ना तो होगा ही। यहां कोई काम–क्रोध–लोभ को छोड़ने बात नहीं है। न ही यहां घर त्याग करने की बात है। यहां तो तुम्हें आजाद होना है। भय मुक्त होना है। डर का भय छोड़ना है, नरक में जाने का भय त्यागना है। पापी होने का भय छोड़ना है। क्योंकि तुम्हें वहां रखने के लिये मर्यादा की बात की गई है। तुम्हें भयभीत किया होगा। ताकि तुम उस भय से वहां बने रहो। अगर तुम चाहो भी तो यह सब नहीं छोड़ सकते हो। क्योंकि तुम्हें कथाओं में यही बताया गया है। सुनाया गया है। जब जीव सब प्रकार की प्रवृत्ति छोड़कर निवृत्ति में बैठता है तब भी मन में प्रवृत्ति के विचार आते हैं। बार–बार तुम्हें गोपियों की प्रेम लीला की बातें कही जाएंगी। पर सोचो क्या तुम गोपियां बन सकते हो। क्या भारत के सभी ऋषि–मुनियों ने गोपियों जैसा व्यवहार किया था। क्या हम सब गोपियां हो सकते है वे कहते हैं गोपियों ने घर नहीं छोड़ा था। वे घर का हर काम करती थी। उन्होंने स्वधर्म का त्याग नहीं किया था। वे वन में नहीं गई थी। फिर भी उन्होंने श्री कृष्ण को प्राप्त किया था।

परन्तु किसी ने यह कहने की कोशिश नहीं की कि गोपिकाएं कृष्ण के साथ रह चुकीं थी – कृष्ण को जान चुकी थीं। कृष्ण से बिछड़ते ही उनका प्रेम विरह में बदल चुका था। वे अनासक्त भाव से जी रही थी। कृष्ण का विरह आत्म–प्रेम में बदल गया था। वे सब कुछ भुला कर कृष्णमय हो गई थी। वह अपना सब कुछ भुलाकर कृष्ण के प्रति समर्पित हो गई थी। अगर ऐसा नहीं होता तो गोपिकाएं भटक जाती। वे केवल कृष्ण–प्रेम को जानती थी। भौतिक कृष्ण को नहीं। तभी तो उन्होंने उद्धव को लौट जाने के लिये कहा।

कथाकारों का यह कहना सरासर झूठा है और अतिशयोक्ति है कि योगी को जो आनन्द समाधि में मिलता है, वही आनन्द आपको घर में रहते हुए भी प्राप्त होगा, अगर आप सब भक्तिमय हो जाओ। तुम बताओ भक्तिमय होना क्या इतना आसान है। भगवत् शास्त्र के कहने वाले शुकदेव को क्या आवश्यकता थी कि जन्म लेते ही वे घर से चल पड़े। पिता व्यास जी द्वारा रोकने पर भी उनका कहना कि आप मेरे पिता नहीं, मैं आपका पुत्र नहीं। हर बात हर किसी के लिये नहीं होती। गोपिकाओं की तरह हर मनुष्य का गृहस्थ नहीं हो सकता। श्री कृष्ण हर गृहस्थ के लड़के–लड़कियों के साथ रहकर लीला नहीं कर गए थे। यह बड़ी ही महत्त्वपूर्ण बात है कि न हम सब गोपिकाएं हो सकते हैं और न गोपिकाएं

हम लोगों की तरह। यह समय–समय की बात है। आप सबको मालूम होना चाहिये कि समय अपना प्रभाव रखता है। काल के प्रभाव से दूर रहना मुश्किल है। दिशा–काल की अपनी–अपनी परिस्थितियां हैं। मानव इन परिस्थितियों का दास है। यह दासता जो समय की देन है, इससे मुक्त होने का प्रयास ही साधना है।

साधना को जो झुठलाता है, कर्म को श्रेष्ठ बनाने से जो वंचित होता है, वह जीवन में कुछ नहीं कर पाता है। शास्त्र की दुहाई देकर कुछ कथाकार भक्ति, ज्ञान और योग की चर्चा करते समय वे यह भूल जाते हैं कि वे किस काल की घटना का वर्णन दे रहे हैं। बस उन्हें तो भाषा की शैली को अलंकृत कर मनमोहन ढंग से कहना भर होता है।

सभी कथाकारों को साधना करनी चाहिये। जीवन को तप से गुजारना चाहिये। शरीर और मन पर योग का, समाधि का प्रयोग करना चाहिये। तब कहीं जाकर वे समझ पाएंगे कि तप, साधना, योग, भक्ति और ज्ञान में कोई अंतर विशेष है या सब एक ही है, जीवन के सत्य की खोज के मार्ग में। एक व्यक्ति को भक्ति, ज्ञान और योग सबकी आवश्यकता है। राम स्वयं योगी थे, कृष्ण स्वयं योगी थे। राम तपस्वी थे, भरत तपस्वी थे, लक्ष्मण तपस्वी थे। सीता तपस्वनी थी। और कृष्ण तो योगी के साथ–साथ महान् साधक भी थे।

फिर कथाकार इतनी बड़ी बातें क्यों कह जाते हैं। इतनी डींग क्यों हांक जाते हैं। यह कौन नहीं जानता कि भगवत् चर्चा हर स्थिति में श्रेष्ठ, महान्, भक्तिमय, आनन्दमय प्रेममय और योगमय है। इन सब कथाकारों को, अपने जीवन को तपस्वी बनाकर कथा की व्यास गद्दी पर बैठना चाहिये। मुझे इन लोगों से कोई शिकायत नहीं। शिकायत तो इस बात की है कि ये सारी बातें उधार की करते हैं। इनमें इनका कुछ नहीं होता। ये दावा करते हैं कि इनके द्वारा कही गई कथा का श्रवण कर लेने मोक्ष–मुक्ति मिल जाएगी, रोगों से छुटकारा मिल जाएगा। परन्तु दिखने में कुछ और ही आता है। ये सारे भगवत् प्रेमी स्वयं अपने आपको दुःखों और तनावों से मुक्ति नहीं दिला सकते तो आपको कैसे दिलवा सकेंगे।

मैं चाहता हूं आप सभी बदलें, झूठी आस्था, झूठी आशा, झूठी दिलासा से बाहर निकलकर कर्म करें। कर्म ही तपस्या है। कर्म ही पूजा है, कर्म ही भक्ति है, कर्म ही ज्ञान है और कर्म ही योग है। कर्म ही जीवन को महान् बनाते हैं, कर्म ही जीवन के हर पथ पर काम आते हैं।

तुम्हारी वह भक्ति काम नहीं आएगी जो तुम भगवान् को, साधन और सांसारिक सुखों को साध्य करने के लिये करते हो। तुम्हारी भक्ति सार्थक नहीं हो सकती। तुम हमेशा से ही अपंने प्रेम को बदलते आए हो। उसमें तुम्हारा स्वार्थ निहित होता है, इसलिये हर जगह तुम हारते चले जाते हो।

बाल्यकाल में तुम अपनी माता से प्रेम करते रहे, कुछ बड़े होने पर प्रेम के लिये मित्रों की संख्या बढ़ाने लगे, विवाह हुआ तो पत्नी से प्रेम करने लगे, कुछ समय बीत जाने के बाद अपनी पत्नी का तिरस्कार कर बच्चों से प्रेम करने लगे, और इन सब से अधिक तुम धन से प्रेम करते हो, इसीलिये तुम्हें शान्ति नहीं है सुख नहीं है। हमेशा तुम अपने आप पर विश्वास नहीं कर सके तो ईश्वर पर क्या विश्वास करोगे। चाहिये तो तुम्हें यह था कि जिस किसी भी स्थिति में तुम रहो उसी में आनन्द स्वीकार करो – उसी को ईश्वर की कृपा समझो। सच्चा खोजी सत्य का – वहीं हो सकता है। जो किसी भी परिस्थिति में परमात्मा की कृपा का ही अनुभव करता रहे और मन को शान्त और संतुष्ट रखे।

तुम चाहते हो जीवन–मृत्यु के भय से मुक्त होना तो यह सत्कर्म भी तुम्हारा अपना ही किया हुआ हो। तुम्हें स्वयं ही अपनी आत्मा का उद्धार करना है। तुम जीव हो और जीव स्वयं अपना उद्धार कर सकता है। तुम सोचो तुम्हारे सिवाय तुम्हारा हितकर भला और कौन हो सकता है। अगर तुम अपना भला स्वयं नहीं कर सकते तो तुम्हारा साथ कौन देगा। तुम्हें अपनी कर्म पर विश्वास करना होगा। तुम्हें अपने कर्म द्वारा अपनी खोज का मार्ग प्रशस्त करना होगा। तुम्हें अपने सारे कर्मों को ईश्वर को समर्पित करना होगा।

तुम मनुष्य हो, तुम स्वयं देव बनने का प्रयत्न करो और दूसरों को भी देव बनाने का प्रयास करो। इस कार्य को पूरा करने की शक्ति तुम्हारी आत्मा में है। तुम्हें इस आत्मशक्ति को जगाना है, उसी तरह जिस तरह जामवन्त ने हनुमान को सुषुप्ति से जगाया, उन्हें उनके आत्मबल की पहचान कराई, तुम्हें भी अपने आत्मबल को जगाना है।

तुम ऐसे मानव मत बनो जो पुण्य करने से कतराता है और पुण्य के फल की इच्छा रखता है। जो पाप तो करता है पर पाप के फल को नहीं चाहता। तुम इस देह को अपना मत समझो, कारण इसे तुम हमेशा रख

नहीं सकते, जब यह शरीर ही तुम्हारा साथ नहीं देगा तो तुम्हारा साथ कौन देगा। यह शरीर तो हाड़–मांस और रुधिर का पिंड है, इसे उपयोग में लो, इसका सदुपयोग करो, इसे अपना मत मानो, सांसारिक मोह को छोड़ दो, यह क्षणभंगुर और नश्वर है। इस संसार के किसी पदार्थ को स्थायी समझकर उससे राग–द्वेष, मोह मत करो। बस अपनी खोज यात्रा में चला दो – उस खोज में जिसकी अनुभूति की स्मृति तुम्हें है। जिसके लिये तुम यहां तक आ पहुंचे हो। थोड़ा और उतर जाओ अगर भागना भी पड़े तो भाग निकलो – तुम्हारा इसी में कल्याण है। अगर तुम यहां से भाग जाओगे तो तुम शरीर से भाग सकते हो। मन और इन्द्रियों से भी भाग सकते हो जब तक तुम्हारा मन और आत्मा से सम्बन्ध है तब तक उलझनें हैं, भ्रांतियां है। तुम मन से भाग कर बुद्धि और आत्मा से सम्बन्ध बनाओ। इससे तुम विवेकवान बन जाओगे – तब संसार रूपी नदी में डूबने से बच जाओगे। यह विवेक तुम्हें संत्संगी बनाकर आत्म आनन्द दिलाएगा, तब आत्म–शक्ति का जागरण होगा और तुममें दिव्यता का प्रादुर्भाव होगा।

यहां तुम मन की बात मत मानना। मन तो बुद्धि से सलाह लेकर तुमको दुःखी बनाएगा। मन ने अनेकों बार तुम्हारे आत्मभाव को धोखा दिया होगा। यह मन बड़ा स्वार्थी है। मन का कहना अगर टाल दोगे तो– जीवन आनन्दमय होगा। अगर मन के साथ जाओगे तो यहां से निकल नहीं पाओगे। मन वृत्तियों की ओर जाता है। मन वृत्तियां आसक्ति पैदा करती हैं। मन–काम, क्रोध, लोभ, मोह, मद, मत्सर और अविद्या से जोड़ देता है। तुम इसी में बंध जाते हो और सारा जीवन इसी में फंसा रहता है।

तुम भी मोह से नहीं भाग पा रहे हो। मनुष्य मोह को छोड़ ही नहीं पाता है। वासना अर्थात् आसक्ति। नारी के प्रति आसक्ति, पति–पत्नी की आसक्ति, पुत्र की आसक्ति, पिता–पुत्र की आसक्ति, व्यावसायिक आसक्ति, द्रव की आसक्ति, कुटुम्ब की आसक्ति, घर–बार की आसक्ति, गांव की आसक्ति, गुरु सेवा, आश्रम की सेवा की आसक्ति। इन सब आसक्तियों को छोड़ कर भागो। जब तक इन वासनाओं में रहोगे, तब तक जीवभाव बना रहेगा, आसक्तियां बनी रहेंगी। ये सभी आसक्तियां तुम्हारे निष्काम को सकाम बना देगी।

जब तक तुम संसार सुख का त्याग मन से नहीं कर देते तब तक खोज का लक्ष्य पूरा नहीं होगा। तुम्हारी भक्ति, योग साधना आदि सफल नहीं होंगे। भोग का त्याग भी न करो और भक्ति में सफलता मिल जाए यह संभव नहीं। धीरे–धीरे तुम अपने मन के स्वभाव को बदलो और खोज में चल पड़ो।

तुम्हें मैं यह नहीं कहता कि जगत का त्याग करो। मैं यह कह रहा हूं कि भोग दृष्टि से देखने की वृत्ति का त्याग कर दो। अपनी विकार दृष्टि को बदलो। जगत को काम दृष्टि, भोग दृष्टि से मत देखो। जब तक दृष्टि का दोष नहीं जाता तब तक यह मान लो कि तुम्हारी दृष्टि नहीं हो सकती।

केवल ज्ञान को ही श्रेष्ठता मत दो। यह ज्ञान व्यर्थ है। जीवन व्यवहार के काम में आया हुआ ज्ञान ही सार्थक होता है। आचरण को श्रेष्ठ बनाओ। प्रभु के सद्‌गुणों को अपने जीवन में उतारकर चल पड़ो। भय को छोड़ो। उन गुरुओं की पाप से युक्त भयभीत करने वाली बातों को छोड़ो। पूर्वजन्म के विचार भी न करो। अभी तुम्हारी खोज बाकी है।

तुम आगे बढ़ो। वह पुल तुम्हें त्याग देगा। तुम भी उस सेतु को छोड़ दो। क्या होगा भविष्य में भूल जाओ। अभी तुम जिस झूठ की नगरी, जिस नरक में रह रहे हो उससे मुक्त हो जाओ। कल क्या होगा, स्वर्ग मिलेगा या नरक इसका चिन्तन मत करो। यह भी भूल जाओ कल क्या हुआ था। अतीत को छोड़ो, भविष्य को त्याग दो और वर्तमान में जीयो। यह तुम्हें रास्ता देगा, यह तुम्हारे साथ घटेगा। राजा जनक की भांति मत अपने अतीत में – अपने भविष्य में। एक दिन राजा जनक ने याज्ञवल्क्य ऋषि से अपने पूर्वजन्म की लीला देखने की जिज्ञासा प्रकट की ऋषि के बार–बार मना करने पर राजा नहीं माने। विदेह जनक को ऋषि ने कहा – राजन अतीत में झांकने से दुःख ही होता है। इस पर राजा के न मानने पर ऋषि याज्ञवल्क्य ने राजा को उनके पूर्वजन्मों की यात्रा करवाई। राजा जनक ने देखा उनकी अपनी पत्नी ही पिछले जन्म में उनकी माता थी राजा को दुःख हुआ। क्षोम हुआ।

तुम भी इन सब को छोड़कर इस जन्म को सार्थक बनाओ। थोड़ा–सा सोचो – तुम्हारा मन क्यों भ्रांति में है। तुम्हारा मन क्यों बिगड़ा हुआ है, तुम्हारा मन तुम्हें क्यों नहीं जाने देता। तुम्हें पता चल जाएगा

कि तुम पाप–पुण्य में फंसे हो। तुम स्वर्ग–नरक में फंसे हो। तुम डरते हो। तुम्हारा मन संसार का चिन्तन करते रहने से विकृत हो गया है। तुम इस मन को अन्तर्दिशा दो। उस केन्द्र की ओर जाने दो। उस केन्द्र में जाने के लिये ध्यान–ध्याता और ध्येय में एकत्व लाओ। मन आनन्द को छू लेगा। परम आनन्द झलक जाएगा। ध्यान के समय किसी ओर का चिन्तन मत करो। किसी चेतन का ध्यान करो – जड़ का नहीं।

यह जो तुम्हारा मन आज भटक रहा है वह कई जन्मों से भटकता आ रहा है। ध्यान में भी मन सांसारिक विषयों को ले आता है। ध्यान में भी वह असत्य तथ्यों को बटोरता है। ध्यान में भी मन उन्हीं शब्दों को–भावों को विचारों को लाता है जो तुम्हें अंतर्यात्रा न करने दे। मन को मालूम है कि सांसारिक आवरण को हटाकर मन की वृत्तियों को छोड़कर अगर वह भूल की यात्रा कर गया तो उसका भौतिक साम्राज्य नष्ट हो जाएगा। इसीलिये उस दरवाजे को खोलना है जो परमात्मा का द्वार है। परमात्मा के नाम का बार–बार चितंन करने से या केन्द्र की ओर यात्रा करने से या परमात्मा का ध्यान करने से मन शुद्ध होता है। मन की मलीनता नष्ट होती है। यह मान कर चलो कि बिना ध्यान के मनोमिलन नहीं हो सकेगा, आंख से दर्शन और मन से स्मरण करोगे तभी तो उस शक्ति के केन्द्र की ओर बढ़ पाओगे, जो परमात्मा की शक्ति का केन्द्र है। ध्यान करने से प्रभु और जीव का मिलन होता है। बिना ध्यान के ब्रह्म सम्बन्ध नहीं हो सकता। ध्यान की परिपक्व दशा ही समाधि है, इसे ही जीवन मुक्ति कहा गया है। समाधि दीर्घ समय तक रहने लगे तो योगियों, ज्ञानियों, साधकों को जीते जी मुक्ति का आनन्द मिलता है। परमात्मा का साथ हो जाता है। बिना ध्यान के ईश्वर का साक्षात्कार नहीं हो सकता। ध्यान योग ही सारे शास्त्र, पुराण, वेद, उपनिषद् और विज्ञान के प्रादुर्भाव का कारण है। सृजन भी संकल्प समाधि की देन है। जो कोई भी ईश्वर का ध्यान करेगा वही ईश्वर को प्रिय होगा।

ज्ञान मार्ग का उद्देश्य है ज्ञान से भेद को दूर करना। भक्ति मार्ग का लक्ष्य है भक्ति से भेद को दूर करना। दोनों का ध्येय एक है। मार्ग अलग–अलग हैं। साधन भिन्न–भिन्न हैं। यह जगत तो क्रिया प्रधान है। क्रिया में और लीला में भेद है। जो कुछ भी प्राकृतिक है, जो कुछ भी प्रभु करता है वह लीला है और जो कुछ भी जीव द्वारा होता है वह क्रिया है।

क्रिया बंधनों से मुक्त है क्योंकि उसमें कर्ता की आसक्ति है – स्वार्थ भी है– अहंकार भी है।

ईश्वर या प्राकृतिक लीलाओं में बंधन नहीं है क्योंकि प्रकृति को या ईश्वर को स्वार्थ और अभिमान नहीं छूता। जिस काम में कर्तव्य का, कर्तापन का अभाव हो, जिसमें अभिमान न हो वह लीला है। जगत् की उत्पत्ति लीला है। जगत में स्थिति लीला है और विनाश भी लीला है। तुम मनुष्य हो, तुम क्रिया प्रधान हो। तुम्हारे कर्म में कर्त्तापन का अभिमान है। तुम चाहो तो दृष्टा बन सकते हो। कर्तापन को त्याग दो। अपने आपको लीलामय पर छोड़ दो। अगर नहीं तो फिर सजग हो जाओ। अपनी बुद्धि को आत्मचेतना से जोड़ो। इस मन को जो तर्क वितर्क का घर है, आत्मा से अलग करो। तब तुम्हें ज्ञान गंगा में जाने का अवसर मिलेगा जो प्रज्ञा है, ऋतम्भरा है। यह तुम्हें तुम्हारे केन्द्र से परिचय कराएगी। जिस केन्द्र की ओर मैं तुम्हें ले जाना चाहता हूं वह हृदय का केन्द्र नहीं है – वह मन का केन्द्र नहीं है और न ही वह नाभि केन्द्र है। मैं तो तुम्हें उस केन्द्र में ले जा रहा हूं जो मस्तिष्क में है।

मैं तो एक योगी हूं। मैंने इस मस्तिष्क को खोलकर देखा है। इस मस्तिष्क की हर क्रिया को जाना है। इस मस्तिष्क की हर गतिविधि के केन्द्र को खोला है। मैंने समाधि में प्रवेश करके इस मस्तिष्क में और मस्तिष्क से आकाश में स्थित ग्रह नक्षत्रों के प्रभाव का – संग का अध्ययन किया है। इस मस्तिष्क रूपी प्रयोगशाला में जब तुम प्रवेश करोगे तो अचम्भित हो जाओगे। मैं उन सारी दुर्लभ शक्तियों की चर्चा तो यहां नहीं कर सकता – क्योंकि मैं तुम्हें पढ़ाने नहीं आया हूं। मैं तो तुम्हें मस्तिष्क के उस केन्द्र की ओर ले जाना चाहता हूं। यह तुम्हारा मस्तिष्क जिसे अंग्रजी में ब्रेन कहते हैं। इस मस्तिष्क का ज्यादातर हिस्सा सुषुप्त है, सोया हुआ है, निष्क्रिय है। क्यों सोया है, क्यों बना है, क्यों काम में नहीं आ रहा है, यह तो बनाने वाला विधाता ही जाने या फिर हम जैसा कोई योगी ही जाने जिसने उसे जगा कर देखा है, काम में लाया है।

वैसे तो इस जीवन को ढोने वाले पंचभूत शरीर में अनेकों केन्द्र हैं। इन पंचभूत तत्वों का केन्द्र अलग है और पंचकोषों का केन्द्र अलग है। जीव रूपी यात्री न जाने कितने लाखों वर्षों से यात्रा में हैं। अपने इस यात्रा पथ में न जाने कौन–कौन सा शरीर धारण करता चला आ रहा

है। न जाने इस यात्रा मार्ग में क्या–क्या करता चला आ रहा है। या सब एक गांठ बनकर किसी न किसी केन्द्र से जुड़ा हुआ है। कहीं आगे चलकर मैं तुम लोगों को बताऊंगा इन सब केन्द्रों के बारे में। तुम लोगों का इसे जान लेना, अनुभव करना आवश्यक है। मैं चाहता हूं तुम लोगों को उस चित्तशक्ति महामाया कुण्डलिनी के बारे में बताना और उसे जगाकर संसार के संपूर्ण ऐश्वर्य सिद्धियों का उपयोग करते हुए समाधि रूपी आनन्द में रहना, जहां परमात्मा भी आकर आनन्द लेता है। जिसे समाधि में बैठकर भगवान विष्णु जगत की देखभाल कर रहे हैं। जिस समाधि में बैठकर भगवान शंकर जगत के सृजन का सामर्थ्य रखते हैं। इसी समाधि में बैठकर गौतम ने बुद्धत्व प्राप्त किया। इसी समाधि में बैठकर महावीर ने जीवत्व प्राप्त किया। इसी समाधि में बैठकर आचार्य शंकर आदि गुरु बने थे।

मैं समाधि में बैठकर सारे ब्रह्माण्ड की यात्रा कर लेता हूं। कुछ भी दूर नहीं है समाधि लग जाने के बाद। मैं चाहता हूं तुम सब समाधि सागर में डूबो। मैं चाहता हूं तुम सब समाधि को घटाने का अवसर दो। और यह तभी संभव होगा जब तुम तपस्वी बनोगे। भूल जाओ इन शास्त्रविदों को, कथानकों को, भूल जाओ राम की लीलामय गाथाओं को। इनको पढ़कर समझकर त्याग दो। भूल जाओ उन कथाकारों की कथाओं को सुनो समझो और उन्हें अपने जीवन में उतारो। केवल सुनने से ही समाधि लग जाएगी ऐसा स्वप्न मत देखो। किसी भी कहने वालों की आज तक समाधि नहीं लगी। क्योंकि ये कथाकार, व्यास, शुकदेव, याज्ञवल्क्य, नारद, पराशर आदि की तरह तपस्वी नहीं हैं। जिन लोगों ने कृष्ण का सान्निध्य पाया, कृष्ण के दर्शन किये, कृष्ण के संग खेले यह सब उन्हीं के साथ घटा क्योंकि वे तपस्वी थे, योगी थे – भक्त थे, ज्ञानी थे।

गोपिकाओं के प्रेम के पीछे विरह था। बिछड़ने के बाद विरह। विरह प्रेम नहीं है। विरह तपस्या है, और प्रेम से ज्यादा प्रभावशाली विरह है। तुम लोगों को योग, तपस्या, ज्ञान सभी को झुठलाकर केवल नाम की महिमा का गुणगान सुनाकर तुम्हारी भावनाओं का दुरुपयोग किया जा रहा है। परिक्षित ने केवल एक बार कथा सुनी थी। सात दिनों में ही उन्हें उपलब्धि हो गई थी।

यह जीवन ही प्रेम और तपस्या का फल है। राम भी महाराज दशरथ

को तपस्या के ही बल पर मिले थे। तुम यह भूल मत करना कि राममय भाव बना लोगे तो राम के दर्शन हो जाएंगे। भाव से भ्रांतियां पैदा होती हैं। भाव कर्म नहीं है। भाव स्पन्दन है। भाव एक आन्तरिक एहसास है, जिसे गति देकर प्रयोग में लाया जाता है। भाव ही विवेक को देता है। वितर्क, विचार आनन्द और अस्मिता के बाद विवेक ख्याति है।

यह सब सम्प्रज्ञात अवस्था है समाधि की। अभी मैं तुम्हें समाधि की ओर नहीं ले जाना चाहता। लेकिन समाधि सागर में मैं तुम्हें अवश्य ले जाऊंगा। क्योंकि सबकी प्रसूत मंगलमय भूमि यही है। अभी तो मैं उस केन्द्र की ओर तुम्हें ले जा रहा हूं जो मस्तिष्क में है।

मस्तिष्क का बहुत थोड़ा–सा भाग ही सक्रिय है। और बड़ा भाग तो प्रतीक्षा कर रहा है सक्रिय होने के लिये। इस मस्तिष्क में वह केन्द्र है जो दिव्य है, जो तीसरी आंख कहा जाता है, जो अतिन्द्रिय कहा जाता है। अगर यह जग जाय तो जीवन का अर्थ समझ में आ जाय और जीवन के अनेकों आयाम खुल जाएं।

अगर यह केन्द्र खुल जाए तो जगत छुप जाएगा पदार्थ लुप्त हो जाएंगे और परमात्मा का साक्षात्कार हो जाएगा। आकृतियां विराट और शून्य हो जाएंगी, आकाश खुल जाएगा, रूप मिट जाएंगे, ब्रह्म प्रकट हो जाएगा, मृत्यु प्रार्थना करेगी और अमृत बरसेगा। मैं उस केन्द्र की बात कर रहा हूं जो मस्तिष्क में छुपा है, सोया है, सुषुप्ति है, यह उस मस्तिष्क में छिपा है जिसने सारे ब्रह्माण्ड को सूक्ष्म बनाकर अपने आप में छुपा रखा है।

तुम्हारा मस्तिष्क एक अद्भुत प्रयोगशाला है। यह दो भागों में बटी हुई है। एक दाहिना भाग है तथा दूसरा बायां। तुम चाहो तो अपने मस्तिष्क में झांक सकते हो। यह मस्तिष्क ही सारे विश्व का द्योतक है। यह मस्तिष्क ही सारी कार्यविधियों के स्वरूप को छुपाए हुए हैं। मस्तिष्क में ही मन है। पर यह कहां है, इसका पता लगाना इतना सहज नहीं है। विश्व के अनेकों वैज्ञानिकों ने, ऋषि–मुनियों ने इसे जानने की अधिक से अधिक कोशिश की है। मस्तिष्क में जो मन है वह बड़ा ही सूक्ष्म और गहनतम है, वही जीवन का केन्द्र बिन्दु बन कर बैठा हुआ है।

अब तो तुम कह सकते हो कि तुम्हारा मस्तिष्क कहां है, तुम्हारा एहसास, तुम्हारा अनुभव, भावनाओं की उत्पत्ति का केन्द्र कहां है।

विचारों की उथल–पुथल, संस्कारों का संग्रह केन्द्र इमोशन, आक्रोश, अहंकार आदि सबका केन्द्र कहां से उत्पन्न होता है। मस्तिष्क के किन–किन हिस्सों से यह सक्रिय हो कर संचार करता है। पहले लोग सोचा करते थे मस्तिष्क हृदय में छुपा है या मस्तिष्क नाभिकेन्द्र में बैठा है यह विश्व के बड़े–बड़े दार्शनिकों का विचार था। परन्तु भारत के ऋषियों–मुनियों ने तो पहले ही इसे पा लिया था और इसे उपयोग में ला भी रहे थे। इस अनमोल दुर्लभ मस्तिष्क रूपी खजाने को पा जाने के बाद इसका उपयोग करना भी जान गए थे।

शिव की तीसरी आंख तो सदियों पुरानी चर्चित है। यह जो मस्तिष्क है उसमें जो दिव्यता है, जो ज्ञान–विज्ञान छुपा है, उसमें से एक प्रतिशत भी यह विश्व प्राप्त नहीं कर पाया है। यह मन बहुत ही सूक्ष्म और महान क्षमता का केन्द्र है। यह मन बहुआयामी है। इस मन की देन यह सारा ज्ञान और विज्ञान है। मस्तिष्क के अनेको केन्द्रों में मन एक केन्द्र है। एक छोटा सा अणु जैसा है। मस्तिष्क में अनेकों केन्द्र हैं पर वे निष्क्रिय हैं, अछूते हैं, कुछ योगी ही इसे स्पर्श कर पाए हैं। दुनिया का कोई भी वैज्ञानिक इसे छू नहीं पाया है।

मस्तिष्क की बनावट में रासायनिक प्रक्रिया भी काम कर रही हैं। विद्युत की तरंगे भी प्रभावित कर रही हैं। सूर्य तारे चन्द्र, मंगल, पृथ्वी आदि सभी का प्रभाव और उत्तरदायित्व मस्तिष्क पर पड़ रहा है। घट रहा है। मस्तिष्क की बायोलाजिकल गतिविधियां भी हैं। आकाश में घट रही सभी घटनाओं का सन्देश क्षेत्र मस्तिष्क में है। इस मस्तिष्क का मन कितनी तीव्र गति से अन्तरिक्ष में जाकर काम करने लगता है, इसकी कल्पना भी नहीं की जा सकती है।

मैथमेटिशियन ने कम्प्यूटर जगत का जन्म ही ब्रेन की नकल उतार कर किया है। इस परे भी वे मस्तिष्क के चक्रव्यूह का भेदन नहीं कर पाये। इतनी भाग दौड़ करने के पश्चात् भी सभी वैज्ञानिकों का यही निष्कर्ष निकल पाया है कि दो अपर ब्रेन हैं और वे दोनों भिन्न–भिन्न आयामों के मानसिक क्षेत्र में अपना अपना काम करते हैं। मस्तिष्क से प्रसारित रश्मियां बहुत ही प्रभावशाली होती है।

हर मानव शरीर के ऊपरी हिस्से में दो भागों में बंटा एक मस्तिष्क है और उनकी एक विशाल और महान् नेटवर्क ने नसों और इन्द्रियों के

माध्यम से सारे शरीर और अन्तरिक्ष से जोड़ा हुआ है। ज्यादातर बायें तरफ का मस्तिष्क सक्रिय होता है जो तर्क–वितर्क, भाषा, कारण, क्यों और कैसे के चक्र में सक्रिय रहता है। हर तत्वों, पदार्थों, जीवों में कुछ न कुछ कारण बनाए रखता है। चीजों के बारे में जानना, उनका अंकगणित बनाना, जनगणना निकालना, बायें हिस्से के मस्तिष्क का काम है। अर्थात् उसने स्कूली या शिक्षा का कार्य भार संभाल रखा है। एकेडिमिक गतिविधियों में जब तक बायां मस्तिष्क लगा रहता है तब तक दाहिने भाग का मस्तिष्क आराम करता है।

दाहिने भाग का मस्तिष्क संगीत–प्रेमी है। समीकरण के साथ काम करता है। कल्पनाएं करता रहता है। इमेज का कहिल है। रंगों से ज्यादातर प्यार है। यह दिन में स्वप्न दिखाने का काम करता है। सभी चीजों की सामानान्तर रेखाएं बनाता है। सभी चेहरों की पहचान यह दाहिना मस्तिष्क ही करता है। संसार के सभी पैटर्न कार नक्शा और पहचान का सूत्रधार यह दाहिना मस्तिष्क ही है। दुनिया के ज्यादातर वैज्ञानिक बाएं मस्तिष्क के प्रभाव क्षेत्र में थे। जितने भी आर्टिस्ट कलाप्रेमी हैं, संगीतकार या गान करने वाले सभी दाहिने मस्तिष्क के प्रभाव में होते हैं। पिकासो भी दाहिने मस्तिष्क के प्रभाव में था।

बुद्ध, महावीर, शंकराचार्य आदि दाहिने मस्तिष्क के प्रभाव में थे। बृहस्पति, चन्द्रमा, विश्वामित्र, दुर्वासा, द्रोणाचार्य, कृपाचार्य, परशुराम आदि भी बायें मस्तिष्क के प्रभाव में थे। जिन ऋषियों ने वैज्ञानिक आत्मीय अनुसन्धान किये, यज्ञ आदि से नवीनता की संस्कृति से मानवता का शृंगार किया, वे सब बायें मस्तिष्क के सृजन के प्रयोग से प्रभावित थे। जितने भी आर्किटेक्ट, इंजीनियरिंग, वैज्ञानिक प्रयोगों के करने वाले लोग, अन्तरिक्ष के अनुसन्धान करने वाले लोग हैं वे सब बायें मस्तिष्क की ही देन हैं। और विश्व के सारे कला प्रेमी, संगीत प्रेमी, हृदय–प्रेमी दाहिने मस्तिष्क की देन हैं भक्ति, प्रेम, आत्म–साक्षात्कार का प्रेरणा स्रोत मस्तिष्क है।

कुछ बातों में दाहिने और बायें दोनों का मिलन होता है। कभी–कभी कोई वैज्ञानिक बड़ा ही संगीत प्रेमी होता है, दार्शनिक होता है, प्रेमी होता है। कभी कलाप्रेमी, जीवनप्रेमी, खेलों में ओर खोजों में भी सफल होते हैं। यह दाहिने और बायें दोनों मस्तिष्कों का योगदान हैं। बहुत से कलाकार, बहुत से प्रेमी शराब के नशे में डूबकर लगातार अपनी कला को उपजाऊ बनाते हैं। या ये दोनों मस्तिष्क के सम्मिश्रण की वृत्ति है।

बुद्ध करुणामय थे। महावीर अहिंसाप्रेमी थे, दोनों मन की वृत्तियों से बहुत ऊपर थे। पर दोनों दाहिने मस्तिष्क के प्रभाव में ही थे। परंतु शंकराचार्य एक भक्त थे, एक योगी थे। एक उपासक भी थे, दोनों मस्तिष्क का प्रभाव उन पर होगा।

तुम्हारे इन मस्तिष्कों में एक–एक मिनट में एक लाख से दस लाख तक भिन्न–भिन्न रासायनिक गतिविधियों का क्रियात्मक प्रभाव पड़ता है। यह भी हम जानते हैं कि ज्यादातर मस्तिष्क में दस अरब से ज्यादा नस सेल या न्यूरन एक–एक इकाई बन बैठे हैं। यह बहुत आश्चर्य जनक है कि एक न्यूरन दूसरे न्यूरन को आकर्षित कर इंटरेक्ट कर सकता है – केवल एक ही तरफ से नहीं बल्कि ज्यादातर उपायों से – ज्यादातर मार्गों से। अर्थात् इन न्यूरनों का जो इन्टरेक्ट – इन्टरकनेक्शन है, वह 800 गांठों (नट) पर 10 है। यह भी बड़ी आश्चर्य जनक बात है कि जब अंकगणित के विद्वानों ने विश्व कीं आणविक संभावनाओं का अंक जाना तो वह भी इतना ही था जितना इस मस्तिष्क का है।

दुनिया का या ब्रह्माण्ड का जो सबसे छोटा कण है वह अणु है, एटम है। और सबसे बड़ा जो आज तक जाना गया है वह ब्रह्माण्ड है। और ब्रह्माण्ड के अणु की जो गणना है वह अनुमानतया दस के साथ एक सौ गांठ है किसी एक मस्तिष्क के अणु की गणना भी यही है जो ब्रह्माण्ड की है।

डाक्टर प्योतरा अनोकिन ने मास्को विश्वविद्यालय में अपने जीवन के अनेकों वर्षों के अनुसंधानों से यह निष्कर्ष कि इस मस्तिष्क के संदेश की संभावनाए, इस मस्तिष्क की योग्यता एक नम्बर से संबंधित 800 गांठ है। वह भौतिकता से जुड़ा अनुमान है। उन्होंने अपने शोध में पाया कि यह मस्तिष्क एक संख्या के अंतर्गत 800 टन तक है। मस्तिष्क का प्रभाव, योग्यता उससे भी कहीं आगे है। इस मस्तिष्क की कार्यक्षमता असीमित है। आजादीपूर्ण गतिविधियां हैं। अगर कोई लिखना चाहे या चार्ट बनाना चाहे तो वह 10.5 मिलियन किलोमीटर लम्बा हो जाएगा। इतनी संभावनाएं हैं इस मस्तिष्क में लाखों, तरह–तरह की कलाकृतियों के साथ–साथ मेलोडीज, बुद्धिजीविता का प्रयोग किया जा सकता है।

इन सब से हटकर इस मस्तिष्क में अदभुत संस्कारों का खजाना है। इसमें संस्कारों की, मेमोरी फिस्ट और फिस्ट ऑफ सुपर स्ट्रेन्थ और

आसाधारण शारीरिक गतिविधियों की कंट्रोल क्षमता छिपी हुई है। और इसी मस्तिष्क में छिपे हुए उस केन्द्र की ओर मैं तुम्हें ले जाना चाहता हूं। तुम सोच सकते हो कितना दुर्लभ वह केन्द्र होगा। वह सोया हुआ केन्द्र है, उसे कैसे जगाया जाय – यह उपाय तो करना ही पड़ेगा।

मैं जब तिब्बत में भ्रमण कर रहा था तब मिलरेपा के जन्म स्थान पर गया। हमारे साथ योगमाता कैको आईकवा थी और पाकिस्तान में बिट्रिश दुलवास की एक उच्च महिला अधिकारी तथा न्यूजीलैंड के दो युगल प्रेमी भी थे। मैंने तिब्बत की अनेकों बार यात्राएं की हैं। उन यात्रियों में मैं उन सभी मोनेस्टरी गुफाओं में जाकर तिब्बतियन साधकों, और लामाओं से मिला करता था। ज्यादा–ज्यादा उम्र के लामाओं की मैं ढूंढ़ निकालता था। मैं यह तो नहीं कह सकता कि मैंने पूरी तिब्बत का भ्रमण किया है परन्तु यह जरूर कह सकता हूं कि प्रायः सभी दुर्लभ या सहज मोनेस्टरी और गुफाओं तक मैं पहुंच चुका हूं। उनमें से एक यह भी था।

वहां अनेकों साधक थे। वे लामा थे। खोजते–खोजते मैं एक नदी के तट पर एक गुफानुमा स्थान पर पहुंचा। वहां एक लामा साधक अपनी साधना में बैठा था। दिन में भी गुफा में अन्धेरा था। बाहर बैठ लामा ने मुझे अन्दर नहीं जाने दिया, तो मैं चौखट पर ही बैठ गया। मैं जान गया था कि वह साधक अपनी थर्ड आईज को खोलने की साधना कर रहा था। उसके मस्तिष्क पर लकड़ी का पटा बन्धा था और उस पर कपड़ा लिपटा हुआ था। मैंने यह साधना कर रखी थी और मैं उसकी विधि भी जानता था। मैंने उससे दूर से ही प्रश्न किया–क्या तुम्हारी उन पट्टियों के नीचे, पत्थर का कोई टुकड़ा, कोई जवाहरात या सोने चांदी की बनी हुई आंख है। मैंने उससे प्रश्न किया। वह अपनी गुफा से निकलकर दौड़कर मेरे पास आ गया और अपने साथ अपनी गुफा में ले गया। उसने अपनी पट्टी को अन्धेरे में खोला और मुझे दिखाया।

उस व्यक्ति को दौड़ते देखकर मैं अचंभित हो गया क्योंकि उसकी दानों आखों पर पट्टी बंधी थी, वह उन आंखों से देख नहीं सकता था, इस पर भी वह दौड़कर मेरे ही पास आया और मुझे ही पकड़कर भीतर ले गया। वह अपनी तीसरी आंख को खोल तो नहीं पाया थाा परन्तु उसे दिव्यदृष्टि मिल चुकी थी। वह बन्द आंखों से भी देख सकता था और चेहरे की पहचान भी कर लेता था।

मैंने उसे प्रणाम किया साथ ही उसे अपनी साधना में सफल होने का आशीर्वाद भी दिया। जो कुछ भी थोड़ी कमी थी पट्टी बांधने में उसे बता दिया। मैंने उसे प्रयोग के साथ–साथ समाधि की ओर जाने का भी यत्न बताया। और हम लोग चल पड़े वहां से एवरेस्ट की ओर जाने वाले पथ पर जो प्रतीक्षा कर रहा था हम यात्रियों की।

हम सब यात्री हैं। हम यात्रा कर रहे हैं। अपनी इन यात्राओं में उन मानवों से मिलना चाहते हैं जिन्होंने मानव की दुर्लभ आत्मविज्ञान की संस्कृति अपने अन्दर छुपा रखी है। परन्तु इसके साथ ही अपने जीवन के बारे में अबोध बने लोगों को हम कुछ देना चाहते हैं। कर्म पथ – यात्रा पथ पर सारी मानव जाति ही यात्री बनी हुई है। तुम भी जीवित हो हम भी जीवित हैं। जीने का जो दृश्य दिखाई पड़ रहा है वह जीवन है। श्वास ले रहे हैं, धड़कन चल रही है। दृश्य दृष्टिगोचर हो रहा है, पहचान करने की क्षमता है। यह जीवन है। खाना खाते हैं – खाने को पचा लेते हैं। यह जीवन की सक्रियता की पहचान है। सोना – फिर जाग जाना। काम करना, फिर थककर आराम करना या पुनः सो जाना जीवन यात्रा है छोटे बच्चे से सयाना हो जाना, प्रौढ़ से बूढ़ा हो जाना– यह भी जीवन यात्रा है। जन्म लेना, मर जाना, यह जीवन यात्रा का मार्ग है, शायद इसे भी जीवन कहा जाता है।

तुम करते रहते हो, तुम सोचते हो, सोते हो, जागते हो, क्योंकि यह जीवन है। तुम बच्चे भी पैदा कर लेते हो, घर भी बना लेते हो – यह जीवन है। क्या इसीलिये तुम आए हो, सोचो! यह काम तो जानवर भी कर लेते हैं। यह काम तो मशीन भी कर रही है। उस मशीन के साथ भी यही हो रहा है। बचपन, जवानी, बुढ़ापा यह तो प्राकृतिक है, मेकेनिकल है – यह तुम्हारे हाथ में नहीं है। किसी भी फैक्ट्री को खोलो उसगें मशीन लगाओ – वह भी धीरे–धीरे बचपन, जवानी और बुढ़ापे से गुजरेगी। कार, मोटर, बसें भी बचपन, जवानी और बुढ़ापे से गुजरेगी। वे भी नष्ट हो जाएंगी। बच्चे तो अब टेस्ट ट्यूब में पैदा होने लगे हैं। यांत्रिक बनकर जीना जीवन नहीं है। इस जीवन के कुछ और अर्थ हैं जिसे तुम छोड़ आए हो। इसीलिये मैं तुम्हें उस जीवन ऊर्जा के केन्द्र से मिलाना चाहता हूं।

तुम्हें भी उस लामा साधक की तरह तपस्वी बनना होगा। तुम भी उस जीवन ऊर्जा के केन्द्र को जगाने का प्रयास करो मैं तुम्हारे साथ हूं।

तुम केवल साधक बनो। शिष्य होना जरूरी नहीं। साधना करो, गुरु तो स्वयं आ कर मिलेगा।

जीवन कुछ और है। यहीं पर बैठकर तुम उस पार नहीं जा सकते। तुम्हारे अन्दर प्रवाह है। ऊर्जा धारा का प्रवाह, वह उस केन्द्र तक पहुंच ही नहीं रहा है। उसे तुमने रोक रखा है। वह प्रकाश बिन्दु प्रकाशित होने की कब से प्रतीक्षा कर रहा है। परन्तु तुम अपनी उस ऊर्जा धारा को व्यर्थ बरबाद कर रहे हो। तुम्हें उस धारा को नई दिशा देनी होगी। एक बल्ब कब से एक बार जुड़ने की प्रतीक्षा कर रहा है। तुम्हारा वह केन्द्र, तुम्हारी उस ऊर्जा की धारा की प्रतीक्षा में है। तुम धारा को कब उस ओर ले जाओगे तुम कब उस धारा रूपी को उस बल्ब रूपी केन्द्र से जाओगे। वह जलने के लिये प्रतीक्षारत है।

याद रखना बल्ब सिर्फ एक तार के जुड़ने से नहीं जलता। उसी प्रकार तुम एक ऊर्जा की तार से धारा को बहाओगे तो वह जागने वाला नहीं है। तुम अपनी भीतर की भी जीवन धारा को जगाओ। अन्तर की ओर गति दो। बाहर और भीतर दोनों की जीवन ऊर्जा को वहां तक ले जाओ। तीसरी आंख खुल जाएगी। जब तक दोनों तारों को नहीं जोड़ोगे तब तक वह बल्ब नहीं जलेगा।

तुम ध्यान देकर सोचो – क्या कर रहे हो। और कुछ भी कर रहे हो उससे क्या लाभ है। जो तुम कर रहे हो वह तो पशु भी कर लेता है। क्या तुम किसी खूंटे से बंध जाने के लिये आए हो? कब से तुम यत्न कर रहे हो। यह जीवन यूं ही बीतता चला आ रहा है। सुबह शाम पूजा पाठ कर रहे हो – आरती स्तुति कर रहे हो। मालाएं जप रहे हो। परन्तु क्या कभी उस ऊर्जा की धारा में तुम्हारे मन के अन्धेरे को प्रकाशित किया। जहां कल थे, वहीं आज भी हो। तुम्हारा मन तुम्हें मुक्त नहीं कर रहा है। सभी तुम्हारे मन को दोषी बना रहे हैं। हैं। तुम भी अपने मन को दोषी मानकर – हार मानकर समझौता कर रहे हो।

समझौता करके जीना साधकों का जीवन नहीं है। तुम भूल रहे हो कि तुम जान आए हो पहचान आए हो। तुम किसी और काम के लिये यहां आए हो। जो कुछ कर रहे हो वह काम नहीं था। केवल मान कर बैठने वाले तो तुम नहीं – केवल सुनकर तुम मानने वाले नहीं हो। तुम्हारा पथ तो साधना है। साधक बिना कुछ प्राप्त किये ठहरता नहीं है। साधक खोज को पूरा किये बिना जीवन में पड़ाव नहीं डालता। उस प्रकाश का केन्द्र आज भी

प्रतीक्षा कर रहा है उसे तुम्हें ही जोड़ना पड़ेगा। उसके तार कट गए हैं और यह तुमने ही काट रखा है। उस प्रकाश बिन्दु केन्द्र में अन्धेरा है। वह ऊर्जा की धारा उस ओर नहीं बह रही है। तुम खो गए हो। भटक गए हो। तुम्हारी जीवन धारा का वह तार किसी की सेवा में लग गया है। तुम आशीर्वाद के भरोसे बैठे हो। इन्तजार कर रहे हो, सोच रहे हो, कोई उस ऊर्जा की तार – तुम्हारे उस केन्द्र रूपी बल्ब से जोड़ देगा – वह बल्ब जल जाएगा। तुम्हारी आंतरिक दुनिया प्रकाशित हो जाएगी। तुम्हारे ज्ञान–चक्षु उधार की बातें कर रहे हैं। अपना कुछ भी नहीं है।

अरे पगले! ऐसा कभी हुआ है कि तुम कर्म न करो और कर्म का फल तुम्हें मिल जाए। यह तो गुलामों की गति है। यह पशुओं का जीवन है। किसी ने तुम्हे अपना गुलाम बना लिया, अपने नाम की कंठी दे दी, फोटो लगी माला तुम्हारे गले में लटका दी और तुम्हारी डोर उसके हाथों में आ गई। तुम उसके लिये जीते हो, उसी की प्रतीक्षा करते हो कि वह कृपा करेगा, तुम्हारे उस तार को बल्ब से जोड़ देगा।

शक्तिपात का प्राप्त किये हजारों लोग घूम रहे हैं। मन्त्र दीक्षा या नाम लेकर लाखों लोग माला फेर रहे हैं। हजारों लाखों लोगों ने तो अपने जीवन का नित्य–नियम बना लिया है घर में यज्ञ करने का। ढोते चले आ रहे हैं चाहे मन चाहे। अपनी महानता को भूल चुके हैं जिसे जगाने के लिये चले थे। उस प्रवेश दरवाजे से भी दूर हो गए जो खुलकर स्वागत करता है। अब तो मात्र प्रतीक्षा है कृपा की। क्या वह कृपा कभी होगी। क्या कभी बरसात होगी। क्या आप उस कृपा की बरसात में स्नान कर सकेंगे। क्या कभी वह अमृत की बूंद बरसेगी। मैंने तो कभी नहीं देखा कई जन्मों तक प्रतीक्षारत लोगों को तो देख रहा हूं। इस जीवन में गुरु प्राप्त कर, गुरु को खो दिया और प्रतीक्षा की कर रहे हैं।

मन भ्रांति में है। परन्तु तर्क ने उन्हें कमजोर कर रखा है। बुद्धि कभी–कभी उत्प्रेरित करती है। परन्तु मर्यादा ने बांध रखा है। आत्मा कभी–कभी उद्वेलित करती है परंतु अहंकार आकर सामने खड़ा हो जाता है। कर्म की नदी मर्यादित होकर बह रही है। पाप पुण्य के दो किनारों के बीच मान अपमान के दो तारों के बीच।

उन मर्यादाओं से ऊपर उठकर जीना आप लोगों के बस की बात नहीं है। आप लोगों ने ही देश को गुलाम बनाया था। आप लोगों ने ही देश की संस्कृति को नष्ट होते देखा था। आप लोगों ने ही अपने

भाई–बन्धुओं को वैदिक संस्कृति छोड़कर – मुस्लिम और ईसाई बनने को बाध्य किया था। आप लोगों ने ही – उन्हें बदल जाने के बाद पुनः अपनों में आने को स्वीकार नहीं किया था। क्योंकि आप अभिमान में थे। आप सबको आपके गुरुओं ने नाम देकर महानता की चादर ओढ़ा रखी थी। वह झूठी चादर जो धर्म के नाम पर देश, समाज और गरीबी का शोषण करती रही है।

उसने आपका भी शोषण किया। आपका भी समय नष्ट हुआ। आपके जीवन का आनन्द भी – स्थापित, काल्पनिक भावात्मक आनन्द में भटक कर रह गया, क्योंकि आप कर्म के धनी नहीं बन सके। आप लोगों ने स्वाभिमान में अस्मिता को नहीं देखा बल्कि अभिमान में फंसकर रूढ़िवादी बन गए। परम्परा बन गए। भूल गए कि आपकी यात्रा खोज थी। सत्य की खोज, जीवन के अस्तित्व की खोज। आपकी खोज कोई व्यक्ति नहीं था। आपकी खोज तो परमात्मा था।

और आप धर्म के हो गए। गुरु के हो गए। वह महान् हो सकता है– वह सिद्ध हो सकता है। वह ज्ञानी भी हो सकता है। परन्तु उसकी महानता, सिद्ध होने से आपको क्या मिलेगा।

यह कोई ऐसी संपत्ति तो नहीं है जो आपको ट्रांसफर कर दी जाएगी। आप उसके उत्तराधिकारी तो नहीं हैं जो वह आपको मिल जाएगी। मेरे प्रिय साधकों। भूल जाओ इन सब बातों को – लीला को– लीला तो लीला ही है। उसके मात्र पात्र बनकर या दर्शक बनकर समय को मत बिताओ। जीवन के उस केन्द्र को स्वयं जगाओ। और यह तभी संभव है जब तुम अपने मन को योगी बनाओगे, तन को तपस्वी बनाओगे और अपने जीवन ऊर्जा के उन दोनों तारों को स्वयं बल्ब से जोड़ोगे।

मैं ऐसे अनेकों गुरुओं को जानता हूं जो पारिवारिक गुरु हैं। अब उन परिवार के लोगों को अवसर ही नहीं मिलता अपने वास्तविक गुरु को खोजने का। वह घर अब उस गुरु की परम्परा का दास बन गया है। वह मर्यादा को निभाएगा। अगर दरवाजे पर भगवान भी आ गए भिक्षाटन करते हुए तो उनसे से भी वह अपने गुरु की प्रभुता का गुणगान करेगा और दरवाजे पर आया गोरख मुस्कुराते हुए चला जाएगा। कहीं उन लोगों में आप भी न हो। आपका भी जीवन गुजर न जाए कृपा की प्रतीक्षा में। आपका भी चोला छूट जाए और गुरु का भी शरीर छूट जाए और आप तथा आपका परिवार परम्पराओं के दास बन रह जाएं।

इसीलिये मैं आया हूं कि आप आंखें खोलो, मन की दासता को मुक्त करो। अपनी तन्द्रा को तोड़ो। निज बोध की ओर बढ़ जाओ। वह प्रतीक्षा कर रहा है। अपनी जीवनधारा के बीच में गुरु को दीवार मत बनाओ। अपनी यात्रा के पथ में अपने और अपने लक्ष्य के बीच किसी और को लक्ष्य मत बनाओ। तुम्हारे सिवाय तुम्हारा कोई और लक्ष्य नही हो सकता।

मैं तुम्हारा गुरु हो सकता हूं। मैं यात्रा में एक महत्त्वपूर्ण मील का पत्थर हो सकता हूं। पर मैं तुम्हारा लक्ष्य नहीं हो सकता। मैं तो खुद ही यात्री बनकर निकला था। मेरे गुरु ने मुझे लक्ष्य की ओर भेजा। मेरा गुरु होकर उसने स्वयं को भगवान नहीं बनाया। क्योंकि वह जानता है कि वह भगवद् खोजी है। गुरु जब अपना लक्ष्य नहीं छोड़ सकता तो तुम्हारे लक्ष्य को कैसे छुड़वा सकता है। वह सेतु तक तो तुम्हारे साथ ही है। उस सेतु से चलकर तुम्हें जाना है। उसके बाद सिर्फ तुम हो, तुम अकेले हो। तुम्हारे साथ और कोई नहीं है। तुम पूर्ण अकेले हो जाओगे। वहां किसी की कृपा नहीं होगी। वहां आशीर्वाद भी नहीं होगा। यह तुम्हारी यात्रा है। यह उस मन की यात्रा नहीं है, जिसे शक्तिपात, दीक्षा, मंत्र या कृपा की आवश्यकता होती है। यह तुम्हारी अपनी यात्रा है। न यह मन की यात्रा है और न बुद्धि की यात्रा है। यह ऊर्जा की यात्रा नहीं है। यह सब तो केवल उस पुल तक की यात्रा है। जब तक तुम पूर्ण अकेले नहीं होगे यह यात्रा पूर्ण नहीं होगी।

यह अनुभूतियों का क्षेत्र नहीं है या सूर्य की किरणों का प्रभाव क्षेत्र नहीं है। यह तो स्वयं सूर्य ही है। अगर तुम वहां तक आ जाओगे तो तुम्हारा आना जाना सहज हो जाएगा। जब तुम लौटोगे तो तुम्हारा गुरु तुम्हें खुशी से नाचता हुआ सा दिखाई देगा क्योंकि आज उसने भी पा लिया। तुम्हारा पुल पर रहना उसके लिये भी भारी था। वह तो सिर्फ तुम्हारे आवागमन के मार्ग को सहज करने आया था।

अब यह तुम्हें समझ में आ गई होगी। अगर आज से तुम तीस साल पहले गंगोत्री गए होंगे, केदारनाथ गए होंगे, बदरीनाथ गए होंगे तो सोचो कितनी कठिन यात्रा थी। और अब इन तीर्थ स्थलों पर आना जाना कितना सहज हो गया है क्योंकि रास्ते में अनेकों सेतु बन गए हैं। तुम उन सेतुओं पर कहीं भी ठहरने का प्रयास नहीं कर रहे हो। रास्ते में अनेकों मील के पत्थर हैं। पर तुम किसी को भी अपना लक्ष्य नहीं बनाते हो। अब तुम्हें पता चल गया है कि सभी सेतु तुम्हें तुम्हारे लक्ष्य

तक ले जाने में सहयोगी हैं। मार्ग दर्शक हैं। तुम्हारी यात्रा को सहज बनाने के लिये ये तुम्हारे जीवन में आते रहेंगे, तुम्हें तो जहां जाना है जाओ और आओ।

वे तुम्हें बता रहे हैं। तुम ही यात्री हो। तुम ही अपनी यात्रा पर निकले हो, तुम्हें ही जाना होगा। तुम्हारे भीतर वह केन्द्र है जिससे वह जाना जाता है, तुम्हारे भीतर वह प्रकाश है जिससे वह प्रकाशित होता है। परन्तु तुम्हारी अपनी ही मूर्खता के कारण वह केन्द्र तुमसे दूर हो गया है जो परमात्मा तक जाता है।

तुम्हारा मन सक्रिय है, बल्कि मन ही नहीं तुम्हारे मन की वृत्तियां भी सक्रिय हैं। ये वृत्तियां प्रभाव डाल रही हैं। ऐसा नहीं है कि तुम्हारी आंखे नहीं हैं – बुद्धि नहीं हैं – पर तुम्हारी आंखों तक उस जीवनधारा की पहुंच नहीं है – तुम्हारी बुद्धि तक उस चेतना का स्पर्श नहीं है। नेत्र होकर भी तुम नेत्रहीन हो। बुद्धि होकर भी मूर्ख हो। जब तक तुम होश में नहीं आओगे तब तक लोग तुम्हें बेवकूफ बनाते रहेंगे। और तुम आंखे होकर भी परख नहीं पाओगे। सोचो, जिसे तुम सत्य मानते हो, जिसे तुम गुरु बनाकर अपना भगवान मानते हो, क्या इसके पहले तुम नहीं थे। इसके पहले दुनिया नहीं थी, इसके पहले और गुरु नहीं थे।

जिस गरु की तुलना तुम ब्रह्मा, विष्णु, महेश से करते हो, साक्षात् परमब्रह्म होने की स्तुति करते हो, प्रार्थना करते हो, जिसे तुमने पकड़ रखा है – क्या वही तुम्हारा लक्ष्य है, तुम सोचते क्यों नहीं कि वह तुम्हारा लक्ष्य नहीं हो सकता। तुम अपनी यात्रा मार्ग की प्रथम सीढ़ी पर आकर ही रुक गए हो। तुमने तो सीढ़ी को इसलिये चुना है कि तुम छत तक पहुंच सको पर तुम सीढ़ी पर ही रूक गए हो। सीढ़ी और छत में ज्यादा दूरी नहीं। पर तुम रुक गए हो, छत तुम्हें दिखाई नहीं दे रही, तुम केवल सीढ़ी को ही देख रहे हो।

तुम्हारी आंखों में मल पड़ गया है किसी गलत मार्गदर्शक का। आंखें तुम्हारी आगे की सीढ़ी को भी नहीं देख पर रही हैं। अगर देख भी रहीं हैं तो तुम्हारी मनोवृत्तियां तुम्हें भ्रमित कर रही हैं। अब तुम ही सोचो तुम कहां जाना चाहते हो। तुम जीवन की प्रथम सीढ़ी पर ही जीना चाहते हो या परमात्मा को पाना चाहते हो। बहुत थोड़ी सी दूरी है। सीढ़ियां छोड़ोगे तभी तो छत तक जा पाओगे। यह जो थोड़ा फासला है। यह जीवन का बड़ा लम्बा फासला है। तुम्हारी ये सीढ़ियां अनेकों जन्मों तक की दूरी बना

देंगी। यह दूरी जो तुमने बना ली है। यह दूरी जो तुम्हारे उन गुरुओं ने बना ली है। अपनी पूजा के लिये वह बड़ी खतरनाक है। यह दूरी प्रकृति से, परमात्मा तक की दूरी है। पदार्थ से प्रभु तक का फासला है। यह बेहोशी से होश तक आने का फासला है। तुम चले थे छत पर जाने के लिये और सीढ़ी के ही होकर रह गए। तुम पदार्थ को ही ब्रह्म मानने लगे। वह ब्रह्म जो तुममें है, भटक कर रह गया है। तुम प्रकृति तत्त्व को ही परमात्मा मान बैठे हो, परमात्मा तो प्रतीक्षा कर रहा है।

पदार्थ और आत्मा की दूरी को समझो। प्रकृति और परमात्मा की दूरी को समझो। मृत्यु और अमृत के अन्तर को समझो। निद्रा और जागृति के भेद को समझो। अभी तक तुम इतना सुन्दर मन नहीं बना पाए हो। जिससे तुम परमात्मा को ठहरा सको। अभी तो तुम्हारा मन व्यक्ति को ही पूज रहा है। शायद तुमने जीवन में प्रेम को समझने की कोशिश नहीं की या तुम्हारे जीवन में प्रेम ने झांका नहीं होगा। अगर प्रेम घर गया होता तो तुम समझते इस भक्ति को, क्योंकि यह भक्ति ही प्रेम है।

परन्तु तुम्हारी भक्ति तो सिखाई हुई भक्ति है। तुम्हारी भक्ति में परमात्मा नहीं है। राम नहीं है। कृष्ण नहीं है। तुम्हारी भक्ति में तो राम और कृष्ण की महिमा गाने वालों की आकृति है। मैं तुम्हें एक घटना से परिचय करवाता हूं। वैसे तो ऐसी कई घटनाएं हैं जो मेरे सामने घटी हैं, अगर मैं लिखना चाहूं तो यह पुस्तक इन गाथाओं से भर जाएगी। परन्तु मैं नहीं करूंगा क्योंकि मेरे पास भी समय नहीं है। मैं हिमालय की लीला भूमि को छोड़ कर आया हूं और सम्पादित समय ही मुझे मिला है।

मैं यहां इसलिये आया हूं कि तुम लोगों को भटकाव से मुक्ति दिलाऊं – आडम्बरी गुरुओं से जो अपने स्वरूप की पूजा करवाते हैं उनसे तुम्हें छुटकारा दिलवाऊं। वे बातें तो आत्मा–परमात्मा के साक्षात्कार की करते हैं। लीला तो भगवान की सुनाते हैं पर पूजा अपनी कराने का प्रोत्साहन देते हैं। मैं दिल्ली में रहता था। पश्चिम बिहार में। राजौरी गार्डन से मेरे पास कुछ लोग आया करते थे। प्रेमी थे – भक्त थे। साधक भी थे। पर उनकी भक्ति में व्यवधान आ गया था। तन्त्र से जुड़े लोगों के पास वे जाया करते थे, अनेकों पीर मजारों पर भी जाया करते थे। उस परिवार की एक महिला में शक्ति का प्रसार कुछ ज्यादा ही था। वह महिला पढ़ी–लिखी, बुद्धिजीवी थी। मैंने उसे देखते ही समझ लिया कि आवश्यकता से अधिक आन्तरिक ऊर्जा धारा का आकर्षण बाहर की

ओर हो गया है। जिस केन्द्र से उसे जुड़ना चाहिये उससे जुड़ नहीं पाया है। उस महिला में अन्य लोगों को परेशानियों से छुटकारा दिलाने तथा रोगों को स्पर्श से ठीक करने की क्षमता आ गई थी। जिसका दुरुपयोग किया गया था। मैंने उस महिला के केन्द्र को स्पर्श करके सुला दिया। वह एक गहरी निद्रा में ऐसे सो गई मानों वर्षों से नहीं सोई और पति को कहा कि इसे ले जाओ पर इसे जगाना मत, जब तक यह स्वयं न जागे। जागने के बाद यह स्वस्थ, प्रसन्न और अपने आप में होगी। हो सकता है यह दो–तीन दिन तक ना जागे – पर आप घबराना नहीं।?

हुआ भी ऐसा ही, वह महिला लगातार तीन दिन, तीन रात सोती रही और जब उसकी नींद खुली तो वह एक अच्छी नारी थी। जीवन सरिता में एक अच्छा उभार आया। परिवार के लोग अब खुश थे। परन्तु वे लोग खुश नहीं थे जो अपने आपको पीर या तन्त्रों के गुरु मानते थे। वे लोग उस महिला की स्पर्श क्षमता का उपयोग करके लोगों को राहत दिलवाकर दुकानदारी चलाते थे। उन्होंने उस महिला को परेशान क़रने का प्रयत्न किया लेकिन वे असफल ही हुए क्योंकि वह महिला एक सम्भ्रांत और अच्छे परिवार से संबंध रखती थी।,

एक दिन वह एक लड़की को मेरे पास लाई और निवेदन करने लगी कि इसे आप ठीक कर दें। वह लड़की मौन थी। उसका बोलना बन्द हो गया था। आंखें होकर भी नहीं देख पा रही थी। लोगों को उसके ठीक होने का विश्वास नहीं था। डाक्टर लोग भी विश्वास नहीं कर रहे थे। सभी लोग कह रहे थे कि वह ठीक है पर वह ठीक नहीं थी। वह विश्वविद्यालय की छात्रा थी। उसने अंग्रेजी आनर्स से टॉप किया था। वह अपने परिवार में सबसे ज्यादा प्रसन्न रहने वाली लड़की थी परन्तु एक दिन अचानक उसकी तबियत खराब हो गई। उसका हंसना, खेलना, पढ़ना सब बन्द हो गया, गुमसुम सी रहने लगी, बिलकुल चुप हो गई। लोगों के विचार से उसकी तबियत खराब हो गई थी। डॉक्टर्स बुलाए गए लेकिन उन्होंने कहा कि वह पूर्णतया ठीक है उसे कुछ नहीं हुआ है। लेकिन अब अपनी आंखों से भी नहीं देख सकती थी।

उस लड़की को मेरे पास बैठा दिया गया। मैंने सभी को बाहर जाने के लिये कहा। कई घंटों तक मैंने उसे अपने पास बैठाए रखा। मैंने उसके कॉलेज के दिनों की चर्चा की तो वह अचानक रो पड़ी। खूब

रोई। मैंने भी उसे रोन दिया। मैं जानता था कि वह जितना अधिक रोएगी उतना ही आनन्द और शक्ति का अनुभव करेगी।

मैंने ज्योंही उसके प्रेमी की बात की तो वह कांप गई। उसने मुझे पकड़ लिया। लाज, शर्म, मर्यादा को तोड़कर वह मेरे गले लग गई। मेरे सिर को सहलाया, चेहरे को सहलाया, मेरी आंखों को स्पर्श किया। जैसे ही उसने मेरी आंखों को स्पर्श किया, उसने कहा – बाबा! मैं देख सकती हूं। आप मेरे लिये बहुत कुछ हैं। मैं आपको सब कुछ बताती हूं।

मैं किसी से प्रेम करती हूं। प्रेम अचानक हो गया मुझे पता ही नहीं चला। कब हुआ कैसे हुआ – मुझे नहीं मालूम। परन्तु मैं उसे अचानक चाहने लगी। वह भी मुझे चाहने लगा। मैं तो पढ़ाई के अलावा कुछ नहीं चाहती थी, पढ़ाई ही मेरा धर्म था। पढ़ाई ही मेरा कर्म था। मैं लाज, लिहाज, अनुशासित तथा मर्यादित लड़की थी। परन्तु उसके प्रेम ने सभी दीवारों को तोड़ देने पर बाध्य कर दिया। परन्तु यह ज्यादा दिनों तक नहीं चल सका। मैं एक अमीर घर की लड़की थी। मुझे अनेकों लड़के चाहते थे। मेरे भाई बड़े व्यापारी हैं – उन्हें मेरे उन चाहने वाले लड़कों ने सब कुछ बता दिया। मेरे भाई ने मुझे तथा मेरे प्रेमी को उठवा लिया तथा अपने एक़ प्राइवेट मकान में ले गया। उसने मेरे प्रेमी को जान से मारने की धमकी दी और मुझे भी मारा–पीटा। अपनी प्रतिष्ठा के लिये मेरे प्यार के बीच में दीवार खड़ी कर दी। उसने मुझसे कहा कि अगर तुम इस लड़के से मिली तो मैं इसे जान से मार डालूंगा। मैं कुछ नहीं कर सकी, कुछ नहीं कह सकी।

यह देश अभी भी प्रेम का आदर नहीं करता। प्रेम की पूजा तो करता है,. लेकिन प्रेम करने वालों के बीच दीवार खड़ी कर देता है। लोगों ने राधा–कृष्ण की लीला को भगवान् की लीला तो बना दिया है लेकिन अगर उनकी कोई बहन या बेटी किसी से प्रेम करे तो उसके प्रेम की हत्या भी कर देते हैं।

आप ही सोचिये बाबा! मैं क्या कर सकती हूं। मैं तो एक नारी हूं, माता–पिता, भाई के घर की प्रतिष्ठा, लाज, मर्यादा। मुझे उनकी पारिवारिक प्रतिष्ठा भी देखनी चाहिये थी मगर, वे नहीं सोचते की लड़कियों का सुहाग होता है। कहीं प्रेम के बिना परमात्मा को बांधा जा सका है। इसलिये मैंने सोचा कि अब मैं परमात्मा को ही प्रेम से बांधू और संसार के बंधन तोड़ दूं।

मैं जब उस रात सोकर उठी तो, चाहकर भी बोल नहीं पाई। धीरे–धीरे मैं शून्य हो गई। एक जड़ता भी मेरे मन में समा गई थी। मेरी आंखें और कुछ देखना नहीं चाहती थी। मेरे मन ने ऐसा सोचा कि जिसे मैं देखना चाहती थी – उसे देखने के लिये तो इस स्वार्थी जगत ने प्रतिबन्ध लगा दिया तो अब मैं ऐसे जगत के अन्य जीवों और तत्त्वों को क्यों देखूं। और अब मैं आंखें होते हुए भी अन्धी हूं।

मैं जानती हूं प्रेम बहुत शक्तिशाली होता है। प्रेम निराकार को भी साकार स्वरूप दे देता है। निष्काम ईश्वर भी प्रेम के कारण सकाम बन जाता है, आज मेरा यह विश्वास मेरी यह प्रतीक्षा पूर्ण होते हुए नजर आ रही है। मैंने आपको देखने के लिये प्रार्थना की थी। मैं आपको देखना चाहती थी। अब आप मुझे संन्यास दे दीजिये। मैं आपके आशीर्वाद से सब कुछ देख पा रही हूं। अब आप ही मेरे लिये कुछ करें। मैंने उसे पुनः मौन हो जाने की सलाह दी।

मैंने उसके भाई, माता–पिता तथा उस महिला को बुलाया। उनसे चर्चा करके, उस लड़की की उसके प्रेमी लड़के से शादी भी करवा दी। उस लड़की की जीवन ऊर्जा उस ओर चली गई जहां आनन्द ही आनन्द है।

मैं तुम लोगों से यही कहना चाहता हूं कि जब तक तुम लोग उस केन्द्र की ओर नहीं लौटोगे जो परमात्मा का द्वार है, तब तक भटकते रहोगे, अशान्त रहोगे, तुम अभी परतन्त्र हो, तुम्हारे विचार गुलामी के हैं। तुम व्यक्ति की पूजा में हो। तुम्हारा सृजन करने वाला व्यक्ति नहीं हो सकता। बिना परम स्वतन्त्रता के तुम सत्य को नहीं प्राप्त कर सकते।

जो केन्द्र तुममें छुपा हुआ है वह व्यक्ति से नहीं मिलेगा। वह तो परमात्मा का द्वार है। वहां तो सिर्फ तुम ही जा सकते हो, अपने सत्य स्वरूप गुरु की कृपा से। अभी तो तुमने ऐसे व्यक्ति को पकड़ रखा है जो तुम्हें अपनी आंखों से दिला रहा है। अभी तो तुम किसी के सहारे जी रहे हो, उसका जाप कर रहे हो जो मनुष्य है। धर्म उसका व्यवसाय है। कथा कहना उसकी कला है। उसने परमात्मा का दर्शन नहीं किया है। उसका साक्षात्कार नहीं किया है। फिर वह तुम्हारा पथ–प्रदर्शक कैसे हो सकता है। जब तक तुम लौटोगे नहीं, अपने मूल की ओर तब तक साक्षात्कार कहां है।

•••

श्री हरी बाबा

आधार शक्ति

प्रेम जो है वह भगवान का घर है। करुणा भी भगवान का घर है। सेवा भी भगवान का घर है। ये सब ऐसे रास्ते है जो जीवन के सत्य तक पहुंचा सकते हैं। प्रेम सागर बन जाता है, करुणा भी सागर बन जाती है तथा सेवा परमार्थ। जो विराट है, परम है, वही परमात्मा है। प्रेम, करुणा, सेवा ये भोग नहीं है, तृणा नहीं है। यह तो वह मार्ग है जो परमात्मा तक जाता है। भक्ति--प्रेम में जो डूब जाता है, वह मानव मोक्ष के आनन्द को भी त्याग देता है।

एक तुम हो कि विषय भोग का त्याग करने की इच्छा या प्रयत्न तो करते नहीं और कहते हो कि मुझे कृष्णा नहीं मिली, मुझे आनन्द नहीं मिला। तुम्हारा भोग बाधक नहीं है किन्तु तुम्हारी भोग शक्ति बाधक है। भोग वासना में फंसकर मन ईश्वर से दूर भागता है, तभी तो तुम लोग गुरु के पास रहकर भी, आनन्द की तृणा में भटक रहे हो।

जो सत्य का खोजी है, अगर उसे सत्य मिल भी गया तो वह कह नहीं पाएगा। उन बीजों की तरह जो आज एक विशाल वृक्ष बन गए हैं, वह वृक्ष कह नहीं पाएग। जब पीपल का वृक्ष, वह--वृक्ष अपने आप को देखेगा तो क्या वह कह पाएगा कि मैं एक छोटे से बीज का पैदाइशी हूँ।

अंधकार आज तक कोशिश ही करता रह गया कि प्रकाश से उसकी मित्रता हो जाए। वह आज तक प्रतीक्षा कर रहा है कि प्रकाश से एक सुन्दर भेंट हो जाये। ऐसा ही तुम्हारे साथ हो सकता है। प्रकाश के आते ही अन्धकार दूर हो सकता है। ज्ञान का प्रकाश आया नहीं कि अज्ञानता गई। दोनों में कभी भेंट नहीं होगी।

यह सब कृपा है गुरु की। यह प्रसाद है। परन्तु इसमें तुम्हारे अपने कर्म भी सहयोगी है। तुम्हारा प्रयास भी सहयोगी है। बिना, प्रयास के यह

सब नहीं मिलता। तुम बुद्ध के उन अनुयायियों की तरह मत करना, जिन्होंने सिर्फ उसी क्षण में बुद्ध की महत्ता के गुण गाए जिस वक्त उन्हें बौद्ध वृक्ष के नीचे बुद्धत्व मिला। ज्ञान प्रकाशित हुआ। वे लोग भूल गए उन सात वर्षों को जब गौतम बुद्ध के घर का त्याग करके अपने प्रयासों से अपने जीवन को तपस्वी बनाया, वे भूल गए कि अगर बुद्ध ने विभिन्न प्रयास न किये होते, तप न किया होता, साधना न की होती तो गौतम का बुद्ध बनना कठिन होता। उन सात वर्षों ने उन्हें बुद्ध बनाया।

तुम भी अपने हर समय को तपस्वी बनाओ। हर क्षण को प्रेम और भक्ति से भर दो। कर्म के धनी बनो। अपने प्रयासों के बल पर ही तुम सफल हो सकते हो। जीवन के सारे अंधकार मिट जाएंगे। कृपा तभी होती है जब प्रयास होता है। गुरु–कृपा, प्रभु–कृपा को प्राप्त करने के लिये, कठिन साधना से गुजरना होता है। आनन्द ही आनन्द से मिलाएगा। गुरु–ही–गुरु से मिलाएगा।

विवेक–वैराग्य भी हो। षट् सम्पति आदि भी हो, परन्तु जब तक सद्गुरु कृपा न हो तो मन बुद्ध नहीं हो सकता। बिना मन की बुद्धता के आनन्द उपलब्ध नहीं होता। बिना मन की एकाग्रता के भक्ति जागरण नहीं होता। बिना मन के संयम के भगवान की प्राप्ति दुर्लभ है। चाहे कितना भी साधना करो, सद्गुरु की कृपा के बिना मन गंगा नहीं बन पाता। मन तो बड़े–से–बड़े साधु सन्तों – ऋषियों को सताता है। मन बड़ा ही चंचल है। मन की शुद्धता के लिये सद्गुरु की शरण में जाना होगा। मन विशेश आवरण आदि से कलुषित और मलिन होता है। मन के इस मल को पाक करने और मन की कलुषित मलिनता को धोने के लिये सद्गुरु की शरण में जाना होगा।

गुरु–कृपा के बिना ह्रदय शुद्ध नहीं हो सकता। साधना, तपस्या करने के बावजूद भी, सद्गुरु की कृपा के बिना काम नहीं बनेगा। इस मन की प्रभुता की अनेकों कहानियां हैं। अनेकों महान ऋषियों को इसने मिटाया है। इस मन की प्रभुता की कहानियाँ भिन्न–भिन्न प्रकार ही हैं। ऋषि विश्वामित्र भी इसके प्रभाव में आ गए थे। ऋषि पराशर, कर्दम, दुर्वासा आदि भी मन के चक्रव्यूह में फंस चुके हैं।

मन को मैं अच्छी तरह जानता हूँ। यह मन तो है बहुआयामी। अगर इसे साथ कर लो तो यह महान् बना देता है और अगर इसको महत्त्वहीन समझकर, अपने मद में इसे झुठलाने की कोशिश करो तो यह

धोखा दे देता है। इसलिये इस मन को प्रभुमय बनाओ। गुरु की कृपा का पात्र बनाओ। यह मन शरीर रूपा मन्दिर का एक महत्त्वपूर्ण पुजारी हे। यह परमात्मा तक जाने के मार्ग पर बैठा है। यह हम सब योगियों की गुफा द्वार का पहरेदार है।

यह मन कभी खाली नहीं बैठता। मन ही मनुश्य की पहचान है। यह मन ही अगर रास्ता दे दे तो जीवन के सारे प्रश्न अर्थ–हीन हो जाएं। मन और हृदय मन हृदय तक पहुंचने नहीं देता। हृदय में कोई प्रश्न नहीं उठता। हृदय में दुविधा नहीं है – हृदय को सब कुछ मिल जाता है। परन्तु इस मन के पास हजारों–लाखों प्रश्न है लेकिन इसे आज तक एक भी प्रश्न का उत्तर नहीं मिलता है, और नाही कभी मिल पाएगा क्योंकि इसके पास किसी उत्तर को प्राप्त करने की क्षमता ही नहीं है। मन उत्तर स्वीकार नहीं करता। यह तो हृदय का विषय है।

तुम्हारा मन – इस जगत के सारे मानवों के मन के पास प्रश्न ही प्रश्न तो है। कभी समाप्त न होने वाला तुम्हारा मन–योगी हो जाय, तुम्हारा मन–खोजी न बन जाये तो यह शान्त नहीं हो सकता।

मन कभी इन्तजार नहीं करता। यह हमेशा जल्दी में रहता है। इसे आराम पसंद नहीं, इसे धैर्य पंसद नहीं। यह अपने ही काम में व्यस्त रहता है, इसे गति पंसद है। इसे क्रियाशीलता पंसद है। यह हमेशा सवाल पर सवाल पैदा करता है। इसे उन सवालों का उत्तर पाने की भी प्रतीक्षा नहीं होती। उसे तो केवल प्रश्न ही करना है। इसलिये, तुम्हें इसको समझने के लिये बहुत ही संयम चाहिये। इसकी गतिविधियों को पकड़ने के लिये, द्रष्टा भाव चाहिये। समय के महत्व को जानना चाहिये। तुम कितना तैयार हो, तुममें कितनी क्षमता है, तुममें कितनी जागृति है इसे पकड़ने के लिये, तुम कितना स्वीकार करने के लिये तैयार हो। यह मन बड़ा चंचल है। यह मन बड़ा क्रियाशील है। इसमें प्रतीक्षा करने की इच्छा नहीं। यह बिना धैर्य का पथिक है। बस अपना करना जानता है।

यही तो तुम्हारी पहचान है – मनुश्य होने की। इसी से तुम्हें मुक्त होना है। इसी मन का यह संसार है। इसी मन ने तो खोजा है। तुम्हारे जगत के विकास और विस्तार में चार चांद लगाने वाला यही मन है। आरामदायक, आनन्दमय बनाने के पथ में जितनी भी दुर्लभ खोज हुई है – वे सब मन के कारण ही हुई है। अगर तुम इस मन को समझ लो – अगर तुम इसे अपने अनुकूल बना लो, तो यह तुमको – तुम से मिला देगा।

यह हमेशा भागता ही रहता है। तुम्हारे न समझने के कारण – लाखों वर्शो से – अनेकों प्रश्न लिये यह भागता चला आ रहा है – तुम्हारे न समझने के कारण यह मस्तिश्क के बारह की यात्रा करने लगता है – तुम्हारे सर्तक न होने के कारण यह समझ में नहीं आता। अगर तुम्हें समझ में आ जाये, तुम इसके स्वागत में लग जाओ, तो देखो यह क्या–क्या नहीं करता है।

मन प्रश्न करता है पर यह वह जानता है कि उसके अधिकांश प्रश्न निरूद्देश्य है। अर्थहीन है। वह जानता है प्रश्न का महत्त्व तभी है जब उसका उत्तर हो। इन प्रश्नों के उत्तर के लिये मन में जगह नहीं हे – क्षमता नहीं है। यह तो तुम्हारी क्षमता है। यह गुण तो तुममें है और इसे तुम्हें ही जगाना होगा।

तुम्हें आवश्यकता है मौन होने की –शान्त होने की – और अपने को तैयार करने की – पूर्ण रूप से तैयार – जहां समर्पण हो – विश्वास हो– प्रेम हो – करूणा हो। ये गुण मन के पास नहीं है। यही कारण है कि मन हजारों वर्षों से सवालों का एक खजाना लिये भागता आ रहा है। इस प्रतीक्षा में कि जिस घर का वह सदस्य है वह उसको समझे। जिस घर में वह रहता है उस घर के लिये वह कुछ कर सके। यह मन एक वैज्ञानिक है। खोजी है। अवरोही है। अगर इसका स्वागत करने वाला मिल जाए तो यह अन्तस के मार्ग की सभी बाधाओं को दूर हटा देगा। इस मन की दुनिया के प्रश्नों के सिवाय और है ही क्या ? और ह्दय की दुनियां में केवल उत्तर ही उत्तर है। यह ह्दय की दुनिया में केवल उत्तर ही उत्तर है। यह ह्दय जानता है कि वह प्रश्न क्यों करे।

ह्दय एक प्रतीक्षा है। वह प्रकृति में होने वाले परिवर्तन, ऋतुओं में होने वाले परिवर्तन, स्वतः होने वाले बदलाव की प्रतीक्षा कर सकता है। ह्दय प्यासी पृथ्वी की तरह प्रतीक्षा करता है। बरसात होने की प्रतीक्षा, अमृत बरसने की प्रतीक्षा, बादलों के झुंड की प्रतीक्षा क्योंकि यह हमेशा से होता आया है। धरती को विश्वास है। क्योंकि यह हमेशा से होता आया है। धरती को विश्वास है। विश्वास कभी धोखा नहीं देता। जहाँ कहीं भी विश्वास है, प्रतीक्षा है, वहाँ कभी भी धोखा नहीं होता। आज तक पृथ्वी ने कभी धोखा नहीं खाया। आज तक ह्दय ने कभी धोखा नहीं खाया। अगर ह्दय में संसार है, मन है तो फिर धोखा है।

हृदय और मन की गतिविधियों में पूरी तरह से अन्तर–भेद है। मात्र एक अन्तर नहीं। हृदय और मन में बहुत अन्तर है। मन अनेकों विचारों को जन्म देता है। कभी वह दार्शनिक बन जाता है। मन कभी तार्किक बन जाता है। मन कभी न्यायविद् बन जाता है, मन कभी चिन्तक बन जाता है, इसी तरह वह अपनी यात्रा में चलता रहता है। उसकी यह यात्रा अविराम है वह किसी की प्रतीक्षा नहीं करता। मन तो तुम मानवों की सतर्कता पर आश्रित होता है। अगर यह पकड़ में आ जाए तो यह तुम्हें वैज्ञानिक, राजनीतिज्ञ, योगी, दार्शनिक, साधक आदि, आदि बना दे। संसार में जो कुछ भी तुम देख रहे हो वह सब इस मन की ही देन है।

मन तो प्रतीक्षा नहीं कर सकता, लेकिन हृदय अवश्व प्रतीक्षा करता है। उसका काम है प्रतीक्षा करना तथा उसे ठीक समय पर उत्तर भी मिल जाता है।

अगर तुम चैतन्य होकर, जाग्रत होकर प्रतीक्षा करते हो तो तुम महसूस कर सकते हो कि तुम्हारे मन के हर प्रश्न का उत्तर तुम्हारे पास है। तुम समझ सकते हो क्योंकि तुम्हारे अन्दर एक दिव्यता है। नई दिशा है। अन्तस का मार्ग है, एक विश्वास है, एक नया अध्याय खुल सकता है।

सभी प्रश्नों का अपना–अपना अर्थ होता है अगर प्रश्न का उत्तर मिल भी जाता है तो मन पुनः दूसरा सवाल उत्पन्न कर देता है। मन में प्रश्नों का उत्पन्न होना वैसा ही है – जैसा कि वृक्ष की शाखाओं में पत्तों का पनपना। मन इन प्रश्नों के अम्बार से भी संतुष्ट नहीं होता – वह तो लोभी है।

मन की तुलना एक मरूस्थल से भी की जा सकती है जहां सिर्फ रेती होती है। इस मन ने ऐसा कुछ भी तो उपलब्ध नहीं करवाया है जिससे जीवन में आनन्द–आराम–सुख व शान्ति का एहसास हुआ हो। परन्तु फिर भी लगता है कि यह मन ही सब कुछ कर रहा है क्योंकि मन न सभी इन्द्रियों पर अपना साम्राज्य स्थापित कर लिया है इसे आपका पूरा सहयोग मिल रहा है, आपकी सहायता इतनी मिली है इसे कि इस मन ने आपको अपना गुलाम बना लिया है। मन ने आपके अस्तित्व को अपने काबू में कर रखा है। आपके व्यक्तित्व का वह मालिक बन बैठा है। उसने आपकी शान्ति को दूर भगा दिया है। आपकी मौनता को छीन लिया है।

इसने आपके हृदय के प्रेम को करुणा को भी अशान्त कर दिया है– आपकी बुद्धि को अपनी प्रभुता में ले लिया है। आज अधिकांश बुद्धिजीवी

समाज में मन को ही सब कुछ मान रहे है। अगर पश्चिम के दर्शन को पढ़ोगे तो उसमें मन ही सब कुछ है।

यह आपका हृदय, जो सब कुछ सुन लेता है। सब कुछ समझ लेता है। जिसका सीधा सम्पर्क आत्मा से है उसे भी मन ने अशान्त कर दिया हैं यह हृदय कभी विरोध नहीं करता। यह शान्ति का खजाना है। यह हमेशा प्रतीक्षा करता है और मन की यह चाहत है कि वह सबका मालिक बन जाये।

लेकिन यह तुम्हें अच्छी तरह मालूम है कि तानाशाही ही क्या दशा होती है। मन भी एक तानाशाह बन बैठा है जबकि यह एक नौकर है – उस मालिक का नौकर है क्योंकि जो कुछ भी तुम्हारी दिव्यता का खजाना है, वह हृदय ही है। हृदय से ही प्रेम उत्पन्न होता है – हृदय से ही करूणा का जन्म होता हे – ध्यान भी हृदय–गुफा की ही देन है। हृदय के ये सभी गुण इतने सुन्दर, इतने महान्, इतने गुणशाली हैं कि मानव इनको पाकर आनन्द में खो जाता है। यह सभी गुण परमात्मा के द्वार है। इस जीवन धारा के जो कुछ भी महत्त्वपूर्ण है, बेशकीमती है वह सब हृदय की ही पैदाइश है।

इस मन को तुम्हें किनारे लगाना होगा। यह तुम्हें सदियों से मूर्ख बनाता चला आ रहा है। जो राजा है। जिसकी यह राजगद्दी है। वह तो सड़क के किनारे दूर खड़ा प्रतीक्षा कर रहा है और जो नौकर है वह मालिक बनकर राज्य कर रहा है। सबसे पहले मन से राजगद्दी को छीन लो और फिर हृदय को राजमुकुट पहनाओ फिर देखो कितना आनन्द आता है। मन का मद टूटते ही वह एक भक्त बन जाएगा एक योग्य शिष्य बन जाएगा। हृदय के मालिक बनते ही मन नौकर बन जाएगा, यही परिवर्तन है। नौकर के रूप में मन एक योग्य नौकर है। शिष्य के रूप में मन एक योग्य शिष्य है। वैसे भी मालिक के रूप में नौकर खतरनाक ही होता है।

परन्तु हृदय बड़ा ही कोमल होता है। शान्तिप्रिय होता है। हृदय हमेशा तुम्हारा साथ देगा। हृदय ही द्वार है परमात्मा का। हृदय ही द्वार है आत्मा का। यही एक मात्र तुम्हारा साथी है तुम्हारे आनन्द का। संसार के सभी सम्बन्धों का। यह चाहे राजा बनकर रहे अथवा सड़क का भिखारी बनकर रहे, इसमें कोई बदलाव नहीं आता हर स्थिति में यह तुम्हारे साथ होगा।

हृदय ही आत्मा–परमात्मा को सेतु है। यहीं संसार में प्रेम से रहना सिखाता है। हृदय से ही वह मधुर संगीत निकलता है जो मदमस्त कर देता है। हृदय से ही आनन्द की वर्षा होती है। तुम हृदय के साथ हो लो, छोड़ो मन की प्रभुता को। परन्तु तुम यह भूल कदापि मत करना कि मन को वश मे करने लगो। वह कभी भी भी वश में नहीं होगा उलटे तुम संघर्ष में पड़ जाओगे। तुम्हें तो मन को अपने अनुकूल बनाना है या फिर मन की ओर ध्यान ही नहीं देना है। इसे तुम अपना काम करने दो। तुम हृदय–मय होकर अपना काम करो, मन से अलग हो जाओ। उससे लगाव मत करो, व्यवहार के ऐसे धनी बन जाओ कि मन का अभिमान टूट जाए, उसे एहसास हो जाए कि मन के बिना भी तुम आनन्दमय जीवन व्यतीत कर सकते हो।

अगर तुम मन को वश में करने का प्रयास करोगे तो मन और शक्तिशाली बन जाएगा। मन को सतर्क मत करना, उसे अपन दुश्मन मत बनाना। मन को बड़ा अच्छा लगता है युद्ध करना – मन को आनन्द आता है लड़ने में, उसे बड़ी ताजगी मिलती है, राहत मिलती है। उसे और ताकत मत दो – उसे और भोजन मत दो। आज तक कोई भी मन से लड़कर, मन को अपने वश में नही कर सका है।

मन को द्रष्टा बनकर देखो मन जो करता है करने दो। तुम मन नहीं हो, द्रष्टा हो। ज्यों ही मन को यह पता चलेगा कि उसका स्वागत नहीं हो रहा है, ज्योंही मन को एहसास होगा कि तुम अब उसमें दिलचस्पी नहीं ले रहे हो, तो वह बेचैन हो जाएगा, परेशान हो जाएगा, चीखने, चिल्लाने लगेगा एक बालक की तरह। न तुम महत्त्व दे रहे हो, न देखर रहे हो और न सुन रहे हो, न कुछ जानने को प्रसाय ही कर रहे हो कि क्या कुछ हो रहा है मन के घरौंदे में।

मन के विपरीत जाना ही ध्यान है। मन की ओर जाना महत्त्वाकांक्षा है।

आजकल हमारे साथ एक लड़का है। वह बिलाले सिंह का लड़का है। उसे हम बम–बम कहते हैं। वह पैरों से कमजोर था। उसके घर उसका बड़ा ख्याल रखा गया होगा। उसकी हर इच्छाओं की पूर्ति ही जाती होगी। उसकी उम्र लगभग सात वर्ष की होगी। वह अपनी हर इच्छा की पूर्ति के लिये रोता होगा। आज वह चेतना माँ तथा श्रद्धा माँ की देख–रेख में है। उसके साथ उसकी सेवा में ठाकुर तथा एक लड़का पिंटू भी है। अब वह

अनेकों बार रोता है पर ख्याल नहीं किया जाता, वह उठता है, गिर जाता है, पुनः उठता है, देखकर भी उसे अनेदखा किया जाता है।

आज धीरे–धीरे वह अपने पैरों पर चलता है। एक दिन हम सब वैष्णों देवी दर्शन करने गए। लौटने पर हम सब के प्रारंभ होने की प्रतीक्षा कर रहे थे। बमबम चलने की कोशिश कर रहा था। मैंने बिलालेजी से कहा कि अगर वह गिरता है तो ध्यान मत दीजिये – अगर वह सहायता के लिये आपकी तरफ देख रहा है तो उधर से नजरें हटा दीजिये। मैं भी वैसा ही करूंगा।

वह चलता रहा – गिरता रहा – अपने आप उठकर फिर से चलता रहा। एक बार वह जोर से गिर गया – उसने अपने पिता की तरफ रोने जैसा मुंह बनाकर देखा – पिता ने मुंह फेर लिया – मैंने भी वैसा ही किया – उसने जब देखा कि कोई उसकी ओर ध्यान नहीं दे रहा तो वह स्वयं उठकर खड़ा हो गया और फिर चलने लगा। थोड़ी देर के बाद पुनः वह गिर गया, तब तक उसकी माँ आ गई। माँ को देखते ही वह रोने लगा – माँ ने झट से उसे गोद में उठा लिया, और प्यार से कहा– क्या हो गया मेरे बेटे को। वह उसे प्यार से पुचकारने लगी। ऐसा ही मन है – तुम मन की तरफ ध्यारन मत दो तुम उसे गोद में मत उठाओ। तुम्हारी चाह, तुम्हारा लगाव उसकी कमजोरी है। एक छोटा बच्चा बमबम भी समझ रहा था कि जब तक कोई उत्तरदायित्व न ले तब तक रोने का मजा ही क्या?

ऐसा ही तुम्हें मन के प्रति होना पड़ेगा। ज्यों ही तुम मन से दूरी बनाओगे, मन समझ जाएगा और उसके सारे प्रश्न समाप्त हो जाएंगे।

आनन्द मात्र आनन्द ही नहीं है, मन की चंचलता जब स्थिरता में बदल जाती है तब ह्रदय की हर धड़कन, हर आवाज़ मधुर संगीत बन जाती है। ह्रदय सभी दूरियों को दूर कर देता है। ह्रदय का संगीत गुरु और शिष्य दोनों क लिये सामान्य हो जाता है और जब ह्रदय में आनन्द उभरता है तब यह शान्ति, यह गहरा मौन विश्वातीत हो जाता है तब कोई बात कहीं नहीं जाती सुनी नहीं जाती तब सिर्फ दर्शन होता है। जीवन मन की परेशानियों से मुक्त होकर आनन्दमय हो जाता है।

जब शक्ति जाग जाती है तो सारा संसार आप में समाहित हो जाता है। तब विश्व का मापन आप स्वयं कर सकते है। यह जीवन ऊर्जा का

केन्द्र बनकर सृजन के प्रांगण में बैठा है। जो सृजन का केन्द्र है। जो गर्भ द्वार है। उस जननेन्द्रिय के पास है।

अब तो इसके बारे में बहुत लिखा जा चुका है, परन्तु बहुत कुछ अब भी बाकी है। अधिकांश लोगों ने इसके बारे में अनुभव के बिना ही लिखा है। परन्तु जब यह शक्ति जाग जाती है या जागने की संभावनाएं पनप जाती हैं तो अनेक दुर्लभ, आश्चर्य–जनक घटनाएं उसके साथ घटने लगती है। जब मेरे साथ भी घटा तो मैं बहुत छोटा था। इसकी चर्चा मैं अन्तर्यात्रा के भाग में कर आया हूँ। आज मैं सब कुछ जान गया हूँ और इन अनुभूतियों से बहुत आगे निकलकर मानव जाति को जगाने के प्रयास में लगा हुआ हूँ।

जहां मैं खड़ा, वह ऐसा जगह है जहां साक्षात्कार का भी महत्त्व नहीं है। यहां आकर सभी सीमाएं ढह जाती है। सारी अनुभूतियां लुप्त हो जाती हैं क्योंकि इन सभी अनुभूतियों का आगमन साक्षात्कार तक ही रहता है या फिर सम्प्रज्ञात समाधि तक – जहां संकल्प भी होता है और विकल्प भी। जहां विचार भी होता है वितर्क भी। जब तक यह सब है सब कुछ बड़ा सुन्दर है। आनन्द और चमत्कारों से भरा है – ये सारी अनुभूतियां है और अनुभूतियां आशीर्वाद से भरी होती है।

जो कुछ भी तुम लोग भागवत् कथा में सुनते हो, रामायण में सुनते हो, हनुमान, अंगद, जामवन्त आदि की अणिमा, लघिमा, गरिमा, महिमा आदि सिद्धियों का प्रभाव है – वह सब सम्प्रज्ञात समाधि की अवस्था का सृजन है। जहां योगी का संकल्प ही हर विकल्प को जन्म देता है। उन सभी साधकों ने उन सिद्धियों को अपनी साधना और भगवत् कृपा से प्राप्त किया था। उन्होंने भगवान के अवतार रूप के सानिध्य को प्राप्त किया है।

परन्तु जो महान् योगी हैं, वे सब इन शक्तियों के केन्द्र से आगे निकल गए हैं। सभी अनुभूतियों को पार कर गए हैं। उन्हें किसी–न–किसी सद्‌गुरु का सानिध्य प्राप्त होता है। जब तुम्हें तुम्हारा सद्‌गुरु मिल जाएगा, वह तुम्हें बन्धन में नहीं डालेगा। वह गुरु–भक्ति–ज्ञान और योग के अन्तरभेद नहीं बताएगा बल्कि तुम्हें गंगा के मूल उद्‌गम गौ मुख से भी आगे ले जाएगा। शक्ति जागरण के बाद चमत्कारिक सिद्धियों में तुम्हें भटकने के लिये छोड़ नहीं देगा।

तुम जहां तक हो, वहां तक तो द्रष्टाभाव है। साक्षी भाव है। शक्ति का जागरण है। परन्तु साक्षात्कार के बाद तुम रह जाओगे तुम्हारी

अनुभूतियां नहीं। साक्षात्कार तक ही अनुभूतियां है। तभी तो जब कोई साधक शक्ति के जागरण के क्षेत्र में आ जाता है तब वह अपने वश में नहीं होता। परन्तु जो साक्षात्कार से आगे निकल जाता है वह उस परमात्मा के असीमित क्षेत्र में प्रवेश कर जाता है।

साक्षात्कार में तुम हो जिसे तुम आत्मा कह लो या ईश्वर अंश परंतु इसके बाद तो केवल उस महान् का ही क्षेत्र है। अनुभव, अनुभव कर्ता और साक्षात्कार सब कुछ पीछे रह जाता है। उस परमात्मा के असीमित खालीपन में कुछ भी नहीं है और कुछ भी न होते हुई भी सब कुछ है। यह ब्रह्मत्व है। इसी से सब कुछ पैदा हुआ है – यह एक ऐसी मंगलमय प्रसूत – भूमि है जो सारे ब्रह्माण्ड की जन्मदात्री है। अंत में इसी में ही सब कुछ समा जाता है।

यह सब मात्र कुण्डलिनी की जागृति से नहीं होगा। तुमने इसे समझने की कोशिश नहीं की है। यह राम और कृष्ण की लीलाओं से भी परे है क्योंकि ये सब तो भक्ति के केन्द्र से जुड़े है। इसमें तुम्हारी भावना प्रधान है, प्रेम प्रधान है। इसमें तुम्हें राम और कृष्णामय होना है। इसमें तुम्हें राम और कृष्णा के लोकों की प्राप्ति होगी। इसमें तुमको समर्पित होना पड़ेगा। प्रेम में सब कुछ लुटाना पड़ेगा इसमें तुमको दास बनकर रहना है। इसमें साक्षात्कार नहीं है। इसमें चेतनत्व का स्थान नहीं है। इसमें किसी का होना होता है।

इसलिये इनके पीछे उपासना, पूजा और श्रद्धा आदि की ज्यादा चर्चा होती है। तुम्हें और तुम्हारी भावनाओं को किसी के प्रति श्रद्धामय या भक्तिमय बनाना होता है। जब कथा समाप्त होती है तो तुम एक गहरे स्वप्न से जाग जाते हो, कुछ देर के लिये तुम भूल जाते हो कि तुम कौन ? उसके बाद पुनः तुम घर की ओर लौट जाते हो। इसमें तुम जो कुछ भी हो प्रभु कृपा से हो। तुम्हारा होना न होना बराबर है क्योंकि तुम एक दास हो सेवक तुम प्रेमी नहीं हो। दास को प्रेम करने का अधिकार नहीं है।

परन्तु जब प्रश्न आता है शक्ति का, शक्ति के जागरण का तब इस शरीर का महत्व सामने आ जाता है। बिना शरीर के तो तुम दास भी नहीं बन सकते। आत्मा किसी की दास नहीं होती। आत्मा किसी की कृपा–पात्र नहीं होती।

यह जो शरीर है – वह तो प्रकृति–प्रदत्त है। आत्मा पुरुष है। प्रकाश को रोशनी की जरूरत नहीं होती। परन्तु प्रकृति–प्रदत्त तीनों गुणों ने पांच सूक्ष्म तत्त्व और उनसे पांच भौतिक तत्वों को जन्म दिया है। प्रकृति और विकृति। विकृतियां भी प्रकृति बन गई है। इसीलिये लय–प्रलय होते रहने की संभावनाएं बनी हुई हैं। अगर तुम यहां तक यात्रा करके आए हो तो तुम्हारे लोट जाने के मार्ग भी बने हुए है।

परन्तु अब तुम आत्मा नहीं हो क्योंकि इससे मन पैदा हो गया है। अपनी स्वतन्त्रता के लिये इस आत्मा ने मन का सृजन कर लिया है। एक ऐसे नौकर का सृजन, जो सारा कार्य भार संभाल ले। परन्तु यह नौकर अब मालिक बन बैठा है। वैसे सभी इन्द्रियों का स्वामी तो आत्मा है। परन्तु बीच में मन आ टपका है एक सारथी बनकर और यह मन एक ऐसा विशाल वृक्ष बन गया है, जिसकी छाया में मनुष्य और मनुष्य की सारी इन्द्रियां भोग–अपवर्ग की खोज में खोई हुई हैं।

यह शरीर एक मन्दिर है। इसी में वह रहता है जिसको पता है। परमात्मा के घर का पता। पुराणों, कथाकारों ने तो पहले से ही परमात्मा का स्वरूप दे दिया है। वह पहले से ही निर्धारित है। लक्ष्य अनजान नहीं है। लक्ष्य निर्धारित है। तुम्हें केवल मन को भक्त बनाना है। सेवक बनाना है। तुम्हारी यात्रा उन लक्ष्यों तक जाती है जिन्हें लीला प्रधान कहा जाता है। याद रखना, इसमें तुम निजबोध को प्राप्त नहीं होते। तुम स्वयं से नहीं मिल पाते। इसमें आत्म–साक्षात्कार नहीं है, क्योंकि तुम किसी और से प्रेम कर रहे हो। तुम्हारा प्रेम आत्मा के प्रति नहीं है – तुम किसी लीला प्रधान की ओर खिंचे चले जा रहे हो। वह तुम्हारा चुम्बकत्व नहीं है। चुम्बक कोई और है। पर जब बात शक्ति की आती है तो फिर शरीर से अलग, मन से अलग किसी और का अस्तित्व नजर आता है। सक्रियता, गति का जो सम्पादन कर रहा है,. उसका भी आभास होने लगता है। भक्ति में इसकी महत्ता नहीं है। इसमें सब कुछ उस परमात्मा की कृपा का उपादान है। एक तिनका भी उसके बिना नहीं हिलता परन्तु इसमें शरीर, इन्द्रियों, मन, बुद्धि आदि में जो गति है उसक महत्त्व जाग जाता है। संकुचन से विस्तार की ओर विस्तार से संकुचन की ओर।

वह कौन–सी शक्ति है, जो सबकी सक्रियता का कारण है। उसका केन्द्र क्या है। वह कौन–सी शक्ति है जिसने इस शव रूपी शरीर को

शिव रूप बना दिया है, जिसने इस जड़ शरीर को चेतनत्व प्रदान किया हुआ है। यह कृपा है पर वह परमात्मा नहीं हो सकता जो व्यक्ति है। अगर व्यक्ति परमात्मा है ता व्यक्तित्व मर क्यों जाता है। इस चेतना पूर्ण शरीर से क्यों मुक्त हो जाता है। उसके बाद यह शरीर बेकार क्यों हो जाता है।

उस प्रकृति की खोज करनी है। हम सब पुरुष को जानते हैं, वह आत्मा है। वह परमात्मा का अंश है। वह घट–घट में व्याप्त प्रभु का ही रूप है, परन्तु यह तो हमें बताया गया है। उसका अनुभव तो नहीं है। क्या केवल मान लेने से ही हम आत्मा हो जाएंगे। क्या केवल प्रभु को स्वीकार कर लेने से ही आत्म–दर्शन हो जाएगा। यह जरा कठिन प्रश्न है।

मैं कथाओं की बात नहीं कर रहा हूँ, जो अनेकों भक्तों, सेवकों और दासों की जीवन–चर्चा है। मैं तो तुम्हारी बात कर रहा हूँ। क्या शरीर को तुम त्याग सकते हो। क्या शरीर या जड़ या शव बनकर समय बिना सकते हो। थोड़ी सी देर के लिये शारीरिक, मानसिक परेशानी हो जाती है तो डाक्टरों की लाईन लग जाती है।

मैंने माना कि यह शरीर नश्वर है। माया है। खत्म हो जाएगा – पर मुझे यह प्राप्त है। मैं इंसी से जाना जाता हूँ और इसी के द्वारा ही उस सत्य को प्राप्त कर सकता हूँ। फिर मैं इसे कैसे झुठला दूं। मैं इस भू–लोक पर आया हूँ। मेरे चारों तरफ अनेकों लोक है – अनेकों लोग है, इन सबके आभास के पीछे कौन है।

त्रिगुणात्मक गतिविधियों के ज्ञान–विज्ञान का माध्यम यह काया ही है। इस काया में एक ऐसी जगह है। जहां वह महामाया अपनी शक्ति को केन्द्रित करके बैठी हुई है। वह एक कुण्ड है, कुएं की तरह, छोटे तालाब ही तरह। शिव के चारों तरफ सर्प–ही–सर्प दिखाए जाते है। उसके पीछे भी इस कुण्डलिनी शक्ति की ही भावात्मक कल्पना की गई है।

विश्णु को शेशनाग पर – उनकी शैय्या बनाकर बैठे हुए दिखाया जाता है। वह सर्प, कुण्ड बनाकर कुण्डल मार कर बैठा हुआ है। इसके पीछे भी इस चित्त–विलासिनी की ही भावना बनाकर कुछ कहने की संकेत दिया गया है। यह शक्ति प्राचीन समय में जगदम्बा, अम्बा, अम्बिका, दुर्गा, काली आदि अनेकों नामों से जानी गई थी। ये सारी शक्तियां कहीं न कही अपने किसी–न–किसी रूप में, इस शरीर में केन्द्र बना कर बैठी है। मैं इसकी चर्चा करूंगा।

अभी तो मैं उस साध्वी की बात करने जा रहा हूँ जो योग–चेतना माँ है। प्रातः जब सूर्य निकल रहा था। सूर्य की रश्मियां चारों ओर पड़ रही थीं फूल खिल रहे थे, उनक सुगन्ध फैल रही थी, पृथ्वी अपने आकर्षण में जीव–जन्तुओं की कर्मविधि को समेट रही थी। भाग दौड़ शुरू हो गई थी, मैं उसे देख रहा था। श्रद्धामाता अर्थात् चन्द्रकला पाण्डेय और चेतना माँ दोनों मेरे पास आ रही थी। उनकी साधना सम्प्रज्ञान समाधि के अभ्यास से गुजर रही थी। कई माह से तैयारी चल रही थी। पर उस दिन देखा कि कुछ घट गया है। चेहरा सब कुछ बना रहा था चेतना माँ ने मुझसे कहा – आज मैंने कुछ अजीब सा देखा। ऐसा लगा कुछ होने वाला है। मैंने देखा – कहीं दूर एक बड़ी इमारत पर जहाज गिर गया है और वह इमारत जल रही है। मैंने इसे बार–बार देखा है। जब भी ध्यान की गहराई को छूती हूँ यह घट जाता है। इस विश्व में कहीं कुछ घटने वाला है। साधक की शक्ति जो सूक्ष्म अवस्था को पार कर गई है और विश्वातीत हो गई है उसमें सब कुछ दिखाई देता है और उसी दिन समाचार आ गए कि न्यूयार्क के ट्रेड–टॉवर पर उग्रवादियों ने हवाई जहाज टकरा दिया है। वह भी आश्चर्य चकित हो गई।

परन्तु मैं सब कुछ समझ गया। कुछ दिन पहले मैंने संकल्प लिया था, हिमाचल प्रदेश की ज्वाला देवी के मन्दिर में, जहां दिन रात ज्योति जला करती है। अनेकों वर्षो के बाद मैं अचानक इस यात्रा पर निकला था।

कलकत्ता के आर. पी. सिंह और उनकी पत्नी के अन्दर छिपी जिज्ञासा और संकल्प की पूर्ति हेतु हिमालय के कई स्थानों का दर्शन कर जब मैं ज्वाला देवी के मन्दिर में बैठा था। तब मन्दिर के पट खुलने में कुछ देर थी। लोग अपनी–अपनी तरह से अपनी भक्ति का, श्रद्धा का प्रेम का, पुष्प–प्रसाद और भाव समर्पित कर रहे थे।

मैं बैठा था, माँ के आंगन में, मेरे साथ कामता प्रसाद वेमटे भी बैठे थे। अचानक भारत के साथ हो रहे उग्रवादियों के अन्याय और अत्याचार मेरे सामने झलकने लगे। ऐसा लगा कि इस अत्याचार का नाश होना चाहिये। तभी मुझे रामायण का वह प्रसंग याद आया जब रावण के अत्याचार से तंग आकर देवताओं ने नारायण से प्रार्थना की और नारायण राम के अवतार बनकर आ गए। देवताओं ने देखा कि रावण बलशाली भी है और बुद्धिमान भी बुद्धिमान व्यक्ति का पतन नहीं हो

सकता और जब तक रावण रहेगा, अत्याचार भी रहेगा। सभी देवता बुद्धि की देवी माँ शारदा के पास पहुंच गए। उन्होंने माँ सरस्वती की स्तुति–प्रार्थना की कि हे माँ! तुम बुद्धि की देवी हो। रावण भी बुद्धिमान है पर वह आसुरी–प्रवृत्ति का है। धर्म को बिगाड़ रहा है आज तुम रावण की बुद्धि पर सवारी करो उसकी बुद्धि को बिगाड़ दो ताकि वह कुछ गलती कर बैठे और गलती उसके और उसके असुरों के विनाश का कारण बन जाये।

माँ शारदे की कृपा हुई देवताओं पर। पृथ्वी का भार हलका करने के लिये। रावण ने गलती कर दी। माँ सीता का अपहरण किया। महामाया का अपहरण। सीता माँ का अपहरण रावण के विनाश का कारण बना।

मैंने भी उस दिन माँ शारदा का आह्वान किया। बुद्धि की देवी सरस्वती का। ज्वाला देवी माँ को साक्षी बनाकर संकल्प कर दिया। सिर्फ भारत से ही नहीं बल्कि पूरे विश्व से उग्रवाद को खत्म करने का संकल्प। हे माँ शारदे! उन उग्रवादियों की बुद्धि पर सवारी करो। इस पृथ्वी के भार को उनसे मुक्त कर दो। तुम बुद्धि की देवी हो। तुम चाहो तो उनकी बुद्धि में प्रवेश कर जाओ। उनका समूल नाश कर दो।

जब चेतना माँ ने सब कुछ मुझसे कहा और वह हो गया। माँ शारदा ने अपना काम कर दिया। संकल्प साकार हो गया। जैसे उस वक्त रावण से पृथ्वी को मुक्त करवाया ठीक वैसे ही अब होने जा रहा है, उन्होंने गलती कर दी, न्यूयार्क के ट्रेड टॉवर पर विमान को टकरा दिया– यही कारण बन गया उनके विनाश का। इससे कश्मीर और भारत ही नहीं, पूरे विश्व का उग्रवाद खत्म हो जाएगा।

उग्रवाद मानवता का शोषण है। सत्य की हमेशा विजय होगी। मैं उस संकल्प हो यहां नहीं लिखूंगा। पर हर मुसलिम, ईसाई और बुद्धिष्ट हिन्दुओं को यह सीखना होगा कि दूसरे धर्मों के लोगों की मजबूरी का लाभ उठाकर धर्म परिवर्तन न करें। जीसस, मुहम्मद, राम, कृष्ण, नानक देव, गुरु गोविन्द सिंह, बुद्ध, महावीर ने ऐसा पाठ नहीं पढ़ाया है। यह एक दिन अभिशाप बन जाएगा और उन सभी धर्मों के पतन का कारण बन जाएगा जो छल, कपट, धन बल से धर्म परिवर्तन करा रह हैं।

•••

श्री अवतार बाबा

प्रेम और विश्वास

कुछ लोगों ने संकल्प में निर्माण और विनाश छुपा रखा है। कुण्डलिनी जागरण के मार्ग में ये सब सिद्धियां सामने आकर दस्तक देती हैं। वह शक्ति जो महामाया है, जो सारे ब्रह्माण्ड को केन्द्र बनाकर बैठी है। हर व्यक्ति में भिन्न–भिन्न रूपों से सक्रिय होकर उस केन्द्र में आराम कर रही है। मैं उसी शक्ति के केन्द्र तक तुम्हें ले जाना चाहता हूँ। सारा ब्रह्माण्ड इसी क्रिया के अधीन है। यह सारे जगत को अपने केन्द्र में लेकर बैठी हैं और उसी शक्ति का अवतरण सृष्टि है और उसी शक्ति का ऊर्ध्वगमन मोक्ष प्राप्त है। यह अगर तुम्हारे अन्तर में अन्तर्मुखी हो जाये तो तुम मोक्ष को प्राप्त कर सकते हो। अगर यह ऊर्ध्वगमन करने लगे तो संसार की सारी सिद्धियाँ और ऋद्धियां तुम्हारे पांव चूमने लगे।

अगर इस शक्ति का जागरण योग चेतना, श्रद्धा माता सोमा माता, मंगलगिरि, योग माता आदि अन्य लोगों में हो सकता है, इस शक्ति का जागरण गोपीकृष्ण, मुक्तानन्द नारायणतीर्थ, आनन्दमयी, कृष्णा माता, रामकृष्ण परमहंस, देवरहवा बाबा आदि सन्तों में हो सकती है तो तुममें क्यों नहीं हो सकती। परन्तु यह उन लोगों के लिये संभव नहीं है जो अपने शरीर के अन्दर छुपी इस महिमा मण्डित, दिव्य स्वरूपा, राज–राजेश्वरी त्रिपुर सुन्दरी को नहीं जानते हैं।

मैंने तो इस सत्य को इस शरीर में ही देखा है जो ब्रह्म है। जो विश्वातीत है। जो परम है। असीमित है परन्तु ज्ञानी लोग इस शरीर को नश्वर कहकर इसे महत्त्वहीन कर देते हैं जो सत्य है, वर्तमान है। जिसके द्वारा सब कुछ संभव है, वह झूठा है। नश्वर है और जो मर चुका है। जो अतीत बन चुका है। उसके बारे में कहा जा रहा है वह सत्य है।

कथानक या लीला सत्य है। उसमें तुम दोष नहीं निकाल सकते। पर जो तुम हो उसमें दोष देख सकते हो। किसी के बारे में कुछ कहा

जाता है। वह सत्य कैसे हो सकता है। वह तो कहा गया सत्य है। वह आज नहीं हो सकता। वह कल का गुजरा हुआ सत्य है। वह वर्तमान नहीं हो सकता। वह हमेशा कल का अतीत ही रहेगा। इसलिये अतीत से तुम्हें सीखना है। तुम अतीत के गर्भ से पैदा हुए हो। वह अतीत की गोद में घटा है। वह हमारी संस्कृति है। हमारी मर्यादा है। परन्तु वह तुम या मैं नहीं हो सकता। हो सकता है तुम भी उस वक्त रहे होगे। परन्तु तुम्हारे उस वक्त रहने का परिचय ये कथाएं नहीं दे सकतीं। जो तुम हो वह तुम्हारा वर्तमान है और इस क्रियापन में जो सजीवता ला रहा है उसे खोजना है। यह विश्व एक विशाल ब्रह्माण्ड है। तुम कहां खोजोगे।

इस पृथ्वी पर ऐसे अनेकों पृथ्वीपुत्र हो गए हैं जिनकी लीलाएं बहुचर्चित है। मर्यादा पुरुषोत्तम राम से भी पहले अनेकों अवतार और महापुरूष पैदा हो गए है। राम और कृशण के बीच एक खालीपन है – महापुरुषों को नहीं – अवतारों का। कृष्ण आज के लिये योग्य व्यक्तित्व है। कृष्ण को पाकर भारत धन्य हो गया है। पर कृष्ण के बाद – बुद्ध और महावीर पैदा हुए है। इनके अनुयायियों ने एक नई संस्कृति को जन्म दिया – सनातन बंट गया और इसके बाद शंकर आए, आदिशंकर बनकर और सनातन संस्कृति का उद्धार किया। ये सब भारतभूमि के पृथ्वीपुत्र है। इनके बाद ही जीसस, मुहम्मद आए। मध्य विश्व के उन क्षेत्रों में जो पैगम्बर या मसीहा मानकर धर्म बना दिया है। अब वह विश्व का धर्म बन गया है।

तुम्हारा सनातन धर्म जिसकी दो भुजाएं मर्यादा पुरुषोत्तम राम और कृष्ण है, जिनका शरीर देवी–देवताओं का शरीर है, जिसमें वेद, शास्त्र, उपनिषद्, पुराण आदि समाये हुए है, वह धर्म सिमट कर रह गया है। तुम आज तक प्रतीक्षा कर रहे हो। उम्मीदें दिलाए जा रहे हो और ईश्वरवाद को तोड़कर लोग अपना–अपना समूह बनाकर, संस्थान बनाकर व्यक्तिपूजा में लगे हुए हैं।

तुम कहते हो वह सर्वत्र है। सब कुछ देख रहा है। फिर वह इन नास्तिकों को क्यों नहीं देख रहा है जो कि स्वयं गुरु बनकर भगवान के अवतार बन गए है। आज अनेकों संस्थाएं बन गई है जातिवाद पर। गुजरात, पंजाब, और दक्षिण तो इन अवतारों का घर ही बन गया है। इनके मठ–मन्दिरों में सनातन का कोई भी चिह्न नहीं मिलेगा। वहां ये ही बैठे हैं क्योंकि ये आत्मवादी परमात्मा है। यह काल की गोद में समा

जाएंगे परन्तु गुरु या भगवान का अवतार बनकर जनता को मूर्ख बनाना नहीं भूलेंगे। अब तो भारत इसाईयत और इस्लाम धर्म का शिकार होता जा रहा है और हमारे धर्मगुरु अपनी–अपनी डफली बजा रहे हैं और अपना–अपना राग गा रहे हैं। इनके पास सनातन धर्म को बचाने का कोई उपाय नहीं और न ही इनका यह उद्देश्य है।

आज राजनीति भी वोटों के चक्कर में जातिवाद को बढ़ावा दे रही है। राष्ट्रवादी व्यक्ति महत्त्वपूर्ण नहीं बल्कि जातिवाद का नेता महत्त्वपूर्ण है। ये सब भूल गए है कि धर्म क्या है, राष्ट्र क्या है, जनता क्या है। सभी जनता को मूर्ख बनाने में लगे हुए हैं। लेकिन आखिर कब तक। इसलिये तुम शिष्य लोग जागो। स्वयं जागो और अपने–अपने गुरुओं को जगाओ। सनातन ध ार्म की सुरक्षा और साक्षात्कार ही तुम्हारा लक्ष्य होना चाहिये।

तुम नहीं जागोगे तो तुम्हारा धर्म बिगड़ जाएगा, तुम होश में नहीं आओगे तो तुम्हारी संस्कृति नष्ट हो जाएगी। जिस राम की कथा तुम सुन रहे हो, जिस कृष्ण का तुम भागवद्पुराण श्रवण कर रहे हो उस संस्कृति हो इसाइयों तथा मुसलमानों ने नष्ट करने का संकल्प ले रखा है। तुम अपनी संस्कृति से, अपने भगवान से इतना प्रेम करो, इतनी भक्ति करो कि वे तुम्हारी आवाज को सुन सकें, तुम्हारी आवाज, तुम्हारी प्रार्थना को सुनकर इस सनातन धर्म की रक्षा करने के लिये तत्पर हो जाएं। तुम इन अवतारों को पुनः बुलाओ इस पृथ्वी पर। इन गुरु रूप बने, अवतारों और भगवानों को होश में लाओ। इन्हें समझाओ, इनसे प्रश्न करो कि सनातन की सुरक्षा ये क्यों नहीं कर पा रहे हैं। दो हजार वर्षो से तुम्हारा शोषण होता चला आ रहा है। हजारों वर्षो से तुम्हारा शोषण होता चला आ रहा है। हजारों वर्षो से तुम्हारे मठ–मन्दिरों को लूटा जा रहा है, तोड़ा जा रहा है और तथाकथित भगवान इनकी सुरक्षा नहीं कर पा रहे है। इन्होंने अपने हजारों, लाखों शिष्यों के मन में तो अपने भगवान होने का विश्वास जमा दिया लेकिन में 'स्वयं' अपने आप पर विश्वास नहीं कर सके।

मैं उन स्वयंभू भगवानों से पूछता हूँ। कब तक पाखण्ड करते रहोगे। कब तक स्वयं के जीवन को धर्म का ढोंगी बनाते फिरोगे। तुम राम नहीं बन सकते जो अत्याचार, अन्याय और अधर्म के खिलाफ लड़े थे। तुम कृष्ण नहीं बन सकते जिन्होंने अधर्म तथा अधर्मियों को पृथ्वी से हटाने के लिये अपने हाथों में चक्र उठा लिया था। फिर तुम कैसे भगवान हो। तुम गुरु

बनकर ज्ञान देते तो अच्छा था। तुम आध्यात्मिक बनकर, कथाकार बनकर भगवान की लीला की चर्चा करते हो अच्छा था। पर तुम तो भगवान बन बैठे हो, तुम अपनी सुरक्षा करने में असमर्थ हो तो फिर सनातन धर्म की, सनातन संस्कृति की, गीता के कहे वचनों की सुरक्षा कैसे कर पाओगे। क्या दो, चार, दस अस्पताल, स्कूल कॉलेज बनवाना ही भगवान का धर्म है। भगवान का कर्म है। तुम अपने आप से डरो। अपने कर्मों से डरो। अपने कर्मों के कारण कहीं तुम रोगी बनकर न मरो। मृत्यु शैय्या पर जब तुम जाओगे तो अपने आपको क्या जवाब दोगे।

इसलिये मैं तुम सभी सन्तों, भगवान को मानने वाले साधकों, भक्तों, शिष्यों से कह रहा हूँ, होश में आओ। अपने अन्दर उस महामाया को जगाओ। उस कुंडलिनी को जगाओ। तुम स्वयं हनुमान बनो, तुम स्वयं अर्जुन बनो, तुम स्वयं भरत बनो। तुम्हारे भीतर तो वह खजाना छुपा है जो पहचान देता है, पुरुषत्व देता है तुम अपने शरीर को साधारण मत समझो। तुम अपने मन को बेकार मत बनाओ। यह मन संकल्प का धनी है। यह मन हठी है। इसका सदुपयोग करो।

मैंने इस शरीर में उस महामाया को देखा है जो महान् है, विश्वातीत है। तुम भी उसे जगाओ, उसका दर्शन करो, उसकी जाग्रत शक्ति का सदुपयोग करो। तुम मनुष्य हो – तुम्हारे कर्म श्रेष्ठ है। तुम्हारे संस्कार श्रेष्ठ है। तुम्हारे प्रारब्ध ऊंचे हैं, फिर तुम किसी और के विचारों को क्यों ढोना चाहते हो। तुम भाग्यशाली हो जो तुमने इस मानव देह को प्राप्त किया है। यह मात्र देह नहीं – इसमें परमात्मा का निवास है। इसी में परमात्मा की सारी शक्तियां केन्द्रित हैं। तुम जरा सोचो– वह तुम्हारा गुरु जो अपने आपको भगवान कह रहा है। कल तक वह परमात्मा की खोज में था, कल भगवान और देवी देवताओं का गुणगान करता आ रहा था। वह अचानक स्वयं परमात्मा कैसे बन बैठा। परमात्मा बनकर वह परमात्मा से दूर कैसे हो गया, उसे तो परमात्मा बनकर परमात्मा से और ज्यादा प्रेम करना चाहिये। परमात्मा के नाम की चर्चा संपूर्ण विश्व में करनी चाहिये। परंतु वह सब कुछ भूलकर स्वयं अपने कल्याण में लगा हुआ है। अपना हित साध रहा है, अपना घर भर रहा है।

और इसके लिये तुम सब दोषी हो। तुम सब अन्धविश्वास में फंसे हो। तुम सब अज्ञानता में डूबे हो। तुम सबका मन अपना मन नहीं है।

तुम्हें अपने इन कर्मों की सजा भुगतनी होगी। तुम पाप का साथ दे रहे हो। तुम अधर्म का साथ दे रहे हो। तुम्हें ज्ञात है कि आचार्य द्रोण जैसे गुरु का भी अधर्म का साथ देने के कारण पतन हो गया था। भीष्म पितामह जो इच्छा जीवन के आशीर्वाद कवच से सुरक्षित थे उन्हें भी अधर्म के कारण मरना पड़ा।

तुम धर्म के पथिक हो, तुमने धर्म रूपी गुरु को धारण किया है। वह धर्म रूपी गुरु अगर तुम्हें भगवान की शिक्षा नहीं दे रहा, तुम्हें भगवान के ब्रह्म स्वरूप की पूजा करने नहीं दे रहा, तो फिर तुम उसका साथ क्यों दे रहे हो।

आत्मा ब्रह्म है, पर मनुष्य देह नहीं। तुम गुरु की आत्मा की पूजा कर सकते हो, पर गुरु के शरीर की नहीं। आत्मा सूर्य है, आदित्य है, दिवाकर है, जीवन है पर व्यक्ति नहीं, व्यक्ति का व्यक्तित्व नहीं, व्यक्ति का नाम नहीं। यह सब तो माध्यम है, परिचय है, घर है। संसार को कर्मक्षेत्र बनाने का।

अगर वे लोग तुमसे – अपने शरीर की, अपने चित्रों की पूजा करवा सकते हैं तो फिर तुम अपने इस पांच तत्त्वों से बने शरीर की, देह की उपासना क्यों नहीं कर सकते। तुम्हारा परमात्मा इसमें भी तो रहता है। तुम्हें भी अपने शरीर के अन्दर सोई उस महामाया को जगाना होगा। अगर तुम अपने शरीर को, अपने अस्तित्व को भुलाकर, सत्य को किसी और में खोजोगे तो भटक कर रह जाओगे। अपने शरीर और अपनी अस्मिता को भुला दोगे। सत्य की खोज नहीं कर पाओगे। इस जीवन तथा इस संसार को समझ नहीं पाओगे।

अगर वह दिव्यता, वह ईश्वर हर स्थान पर है तो अवश्य ही वह इस शरीर में भी है। तुम लोग उन ज्ञानियों की मीठी–मीठी शास्त्रीय बातों में न आना जो शरीर को परमात्मा की प्राप्ति में बाधक समझते हैं और निजबोध जैसी स्वतन्त्रता को प्राप्त करने में इस शरीर के कार्य में असुविधा खड़ी कर देते हैं।

मुझे याद है, मुझे मेरे गुरु ने कहा था – "दुनिया का हर महान् व्यक्ति जो सद्गुरु है, जो आत्मदर्शी है, जो परमात्मा का साक्षात्कार कर चुका है, उसने अपने शरीर रूपी मन्दिर में ही प्रवेश किया है। इसी मठ में ही परमात्मा के दर्शन किये हैं। उसके बाद ही हर तत्त्व में, हर मठ–मन्दिर में, हर जीव में, हर कण में दर्शन किये होंगे। वह परमपिता

परमेश्वर यत्र, तत्र सर्वत्र है लेकिन उसे पाना तो इसी शरीर से ही है। तुम भी अपने शरीर की कद्र करो, प्रेम करो, इसे सुरक्षित रखो – क्योंकि यह परमात्मा का घर है और जब मैं महासमाधि में प्रवेश कर जाऊं तो मेरे शरीर को सुरक्षित रखना।

आज मैं भी तुम लोगों से कहने आया हूँ कि इस शरीर रूपी मठ को सुरक्षित रखो, इसे स्वच्छ रखो, यही तुम्हारी वह सम्पति है जो तुम्हें परमेश्वर से मिलाएगी मुझे देखो आज मैं सब कुछ पा गया हूँ। समाधि मेरे लिये घर है। समाधि में रहकर मैं पूरे ब्रह्माण्ड की यात्रा कर आता हूँ। समाधि में रहकर संपूर्ण सिद्धियों को प्राप्त कर उन्हें भोगकर त्याग देता हूँ। यह तभी संभव है जब तक यह शरीर है।

अगर तुम सत्य का जल्द लाभ उठाना चाहते हो तो अपनी देह से प्रेम करो, यह तुम्हारा घर है, यह आत्मा देह से प्रेम करो, यह तुम्हार घर है, यह आत्मा का घर है, यह उस परमात्मा का घर है जो सर्वत्र है।

तुम इस शरीर से प्रेम करो, इसे साधो, इसकी गुप्त गुफा में प्रवेश करो। भोग आनन्द के लिये है, विशेषकर सांसारिक आनन्द। योग समाधि के लिये है, विशेषकर आत्म–आनन्द के लिये। सूर्य हर पदार्थ को सुखा देता है, अग्नि सब कुछ पचा लेती है। इसी तरह तुम बनो तुम भी सूर्य बनो सभी को सुखा दो। तुम भी अग्नि बनो, सब कुछ पचा लो। परन्तु पाप मत करो, पापी मत बनो। अपने बहुमूल्य समय को इन व्यक्तियों के व्यक्तित्व की पूजा करने में नष्ट मत करो। छोड़ दो इन लोगों को जो परमात्मा की ओर तुम्हें नहीं ले जाना चाहते। त्याग दो उनको जो अपनी पूजा करवाना चाहते हैं। तुम अपनी निज बोध की यात्रा में निकलो।

आओ, मैं तुम सबको बुला रहा हूँ, उसी आस्था और विश्वास के साथ आओ, मैं तुम्हें तुम से मिला दूंगा। मैं तुम्हारी महामाया को जगा दूंगा। केवल तुम मुझे चालीस दिन दे दो। अगर तुम्हें नहीं कुछ मिला तो वापस लौट जाना। परन्तु ऐसा होगा नहीं, तुम अवश्य पाओगे क्योंकि जो भी व्यक्ति मेरे पास आया है, उसने अपनी शक्ति को जगया है। हर व्यक्ति ने समाधि सागर में जाकर अपने आनन्द को सत् चित् आनन्द में बदलकर ब्रह्मानन्द को प्राप्त किया है।

मैं चाहता हूँ, तुम सब आओ मैं तुम्हें आनन्द से परिचय करवाता हुआ आत्मब्रह्म की ओर ले जाऊंगा। परन्तु यह याद रखना, आना पूरे

के पूरे, एक प्रतिशत भी छोड़ कर मत आना, उसके बाद ही तुम्हारे साथ यह सब घटेगा। तुम चलोगे रास्ते पर, तुम प्रयोग करोगे तन, मन, बुद्धि और चित् पर। मैं तो केवल मील का पत्थर बनकर लक्ष्य की ओर जाने का इशारा करूंगा, जाओगे तुम। जाना तुम्हें होगा मैं ऐसा सेतु नहीं हूँ जिस पर तुम अपना घर बना लो। तुम्हें चलना ही होगा, तुम्हें जाना ही होगा, जिस कार्य के लिये तुम आए हो।

न मैं रुका हूँ और न ही तुम लोगों को रुकने दूंगा। मैं पड़ाव नहीं हूँ न ही कोई चौराहा हूँ। मैं कोई रेलवे का प्लेटफार्म नहीं और न ही कोई बाजार हूँ, जहां आकर तुम भीड़भाड में खो जाओ।

मैं तुम्हें इसलिये बुला रहा हूँ कि मैं तुम्हें बता सकूं कि तुम्हारी खोज रूपी दुर्लभ संपति तुम्हारे भीतर ही है। तुम बाजार मं खो गए हो, तुम्हारे गुरु कपड़े बेच रहे हैं, आयुर्वेदिक दवाइयां बेच रहे है, मन्त्र बेच रह है, किताबें बेच रहे हैं और अब तो अपनी आत्मा को भी बेच रहे हैं, और तुम लोग भीड़ लगाए हुए हो। तुम यहां क्यों आए हो, यह भूल गए हो। तुम्हारी खोज क्या थी – यह भी भूल गए क्योंकि उस धार्मिक बाजार में भीड़ बहुत हैं।

तुम्हारी पहुंच वहां नहीं है क्योंकि उस गुरु को सुरक्षा व्यवस्था उपलब्ध है। उसको खतरा है तुम लोगों से इसलिये वह सुरक्षा में रहता है। तुम उससे मिल तो सके नहीं पर शिष्य बन गए, फीस जमा कर दी, मन्त्र माईक से कह दिया गया। बस यही है तुम्हारे गुरु शिष्य की रिश्तेदारी। अब तुम सम्बन्धी बन गए जिन्दगी भर के लिये और अब यह सब जिन्दगी भर ढोना होगा।

मैं तुम्हें बुला रहा हूँ। छोड़ो इन सब रिश्तेदारियों को और आओ अपने शाश्वत सत्य की ओर जो परमात्मा है। वहां तक पहुंचने के लिये अपनी शक्ति को पहचानो। तुम शक्ति के समन्वय हो। तुम्हारे अन्दर अनेकों प्रकार की शक्तियाँ सक्रिय है। सभी शक्तियों का अपना–अपना केन्द्र है और हर केन्द्र एक दूसरे से जुड़ा हुआ है।

मैं तुम्हें उस केन्द्र की ओर ले जाना चाहता हूँ जो सभी शक्तियों का केन्द्र है। जब तक तुम उसे जगा नहीं लोगे तब तक तुम अधूरे हो, तुम्हारी जीवन यात्रा अधूरी है, क्योंकि तुम बंट गए हो, तुम किसी के आश्रित हो गए हो। तुम तो उस पंछी की तरह भी नहीं हो जो खुले आकाश में अपने ही पंखों के बल पर स्वच्छंद उड़ सके। पंछी कितना

आजाद होता है, कितना स्वतंत्र होता है, पूरा आकाश उसी का होता है, जिसकी कोई सीमा नहीं होता। परन्तु तुम अभी आश्रित हो किसी पर, किसी के विचारों पर, किसी के कहने पर।

तुम लोग दुर्भाग्यवश इस अन्धविश्वास के शिकार बन गए हो, बाह्य जगत के दिखावेपन और चकाचौंध में खो गए हो। तुम अपने आप को भूल गए हो। किसी और में तुम आनन्द खोज रहे हो। तुम भूल गए हो कि महा आनन्द तो तुम्हारे स्वयं के भीतर है और तुम भिखारियों की तरह भीख मांगते फिर रहे हो। तुम अपने अन्दर के आनन्द सागर को झुठलाकर, किसी व्यक्ति के लीलामय जीवन में आनन्द खोज रहे हो।

तुम मानव हो, हर मानव के पास क्षमता है इसे प्राप्त करने की लेकिन वह मानव तैयार नहीं है, तुम तैयार नहीं हो। पर एक दिन तुम सभी तैयार हो जाओगे – आओ चलो मेरे साथ। तुम्हारे जीवन में बदलाव लाना आवश्यक है।

परन्तु तुम अभी तक विश्वास नहीं कर पाए हो, अगर विश्वास करते भी हो तो तुम्हारे अन्दर आस्था नहीं है। और तुम्हारा यह विश्वास ज्यादा महत्त्वपूर्ण भी नहीं है क्योंकि यह तो हर पल बदलता रहता है। तुमने न जाने कितनों पर विश्वास किया है। कल राम को जप रहे थे, आज कृष्ण को, कभी शिव को जपते हो तो कभी विष्णु को, कभी बैरागी बन जाते हो तो कभी संन्यासी। तुम्हारा विश्वास टिकाऊ नहीं है।

उन भारतीय ईसाइयों और मुसलमानों को ही देखो उन पर कौन विश्वास करेगा। ईसाई और मुसलमान भी उन पर विश्वास नहीं करते क्योंकि उन्होंने अपना धर्म छोड़ा है। अपने पूर्वजों का धर्म छोड़ा है जो युगों–युगों से चला आ रहा था। उनका विश्वास कहां गया।

किसी ने आकर कुछ लोभ दे दिया, लालच दे दिया और ईमान, धर्म, विश्वास टूट गया। उन अच्छे मुसलमान, सिखों को देखो जो जान दे देंगे पर अपना धर्म नहीं छोड़ेंगे और उन मुसलमानों और ईसाइयों को देखो जो कल मन्दिर में जाते थे, उनके माता–पिता सनातन धर्मी थे, हिन्दू थे, लेकिन ये मुसलमान बन गए, ईसाई बन गए। थोड़ी सी लालच, थोड़े से लोभ के कारण अपने धर्म पथ को त्याग दिया, उसका तिरस्कार कर दिया।

अगर भारत में पुनः कोई महामानव बनकर शस्त्र उठा ले तो ये सब वापस आ जाएंगे। ये आसानी से वापस आने वाले नहीं है। क्योंकि

इनकी मर्यादा मारी गई है। ये बेशर्म और बेहया बन गए हैं। इन्हें अपना घर बुरा लगता है। इनका मन बिकाऊ है क्योंकि इनको विश्वास नहीं हैं। इनके विश्वास का बहुत ही सस्ता और घटिया व्यापार है। कोई अपने आपको हिन्दू कहता है, कोई मुसलमान, कोई क्रिश्चियन, कोई सिख, कोई बुद्धिष्ट, कोई जैन आदि, आदि। ये सब बदलने वाले लोग है, इनका विश्वास बदलता रहता है, इनके रंग का कोई भरोसा नहीं क्योंकि इनका विश्वास, विश्वास नहीं बल्कि सिर्फ एक विचार है।

विश्वास और श्रद्धा, विश्वास और आस्था, विश्वास और प्रेम। ऐसे विश्वास के पैर नहीं होते। यह गिर–गिर जाता है, परन्तु श्रद्धा के, आस्था के पैर होते हैं। ये गिरते नहीं हैं। विश्वास और आस्था में बड़ा अन्तर है। दोनों में जमीन–आसमान का अन्तर है। विश्वास को अंग्रेजी में Belief कहते हैं और आस्था को Trust। यह विश्वास जो है, धोखा दे जाता है, पर आस्था कभी धोखा नहीं देती। विश्वास चापलूस है, चालाक है, यह हमेशा अपने आस्था का रूप लेने की कोशिश करता है। लाखों, करोड़ो लोग इस विश्वास के माया जाल में फंस जाते हैं, अधिकांश लोग विश्वास का ही इस्तेमाल करते हैं, विश्वास का ही जाल चारों तरफ बिछा हुआ है।

परन्तु यह आस्था रूपी विश्वास सत्य है। तुम आस्थावान बनो। Trust करो – Belief से ऊपर उठो तभी तुम गुरु का अर्थ समझ पाओगे। जब तुम प्रेम और आस्था को एक करोगे तब कुछ घटेगा, क्योंकि प्रेम और आस्था, दोनों हृदय के अन्दर है। यह हृदय की बात है। विश्वास मन है। मन स्थिर नहीं रहता। जब प्रेम और आस्था आगे बढ़ जाते हैं, एक होकर तब समर्पण घटता है, समर्पण का जन्म होता है।

इस बात को तुम अच्छी तरह याद रखना। प्रेम और आस्था का मिलन होने से ही समर्पण घटता है। इसे कहा नहीं जा सकता। यह समर्पण नौटंकी नही। इस समर्पण में कोई मांग नहीं। जब समर्पण घटता है तो सारा संसार, संसार की हर वस्तु, पदार्थ एक समान हो जाते हैं। इसकी कोई व्याख्या नहीं कर कसता क्योंकि यह अनुभव है – अगर अनुभव को कहा जाएगा तो वह सिर्फ उसका वर्णन मात्र होगा – वह अनुभव अभिव्यक्ति नहीं हो सकता – उसका कोई नाम नहीं हो सकता।

यह ठीक वैसा ही होता है जैसा कि कोई मरू–भूमि में यात्रा कर

रहा हो, उसे प्यास लगी हो, कण्ठ सूख रहा हो, प्राण निकलने वाले हों और उसे जल मिल जाये। मरू भूमि में प्यासे का जल उसके सामने तब स्वर्ग भी आ जाए तो उसकी कोई कीमत नहीं। उस वक्त उस प्यासे को पानी पीकर जिस तृप्ति की अनुभूति होगी, उसको कोई नाम नहीं दे सकता क्योंकि वह तृप्ति शब्दों की पकड़ में नहीं आती। उसको कोई अभिव्यक्त नहीं कर सकता।

अगर वास्तव में तुम भगवान के साक्षात्कार के प्यासे हो तो गुरु के समक्ष जाते ही तुम्हारी प्यास मिट जाएगी। गुरु तुम्हारी प्यास को मिटा सकते हैं, गुरु प्रतीक्षा नहीं करवाते बशर्ते कि तुम्हारे अन्दर वह प्यास जाग्रत हो।

मैं गुरु बनकर तुम्हें वहां ले जा सकता हूँ जहां तुम जाना चाहते हो, अनुभव करना चाहते हो। मैं उस नदी तक तुमको ले जा सकता हूँ जहां तुम्हारी प्यास मिट जाये। परन्तु पानी तुम्हें पीना होगा, मेरा काम तुम्हें वहां तक पहुंचाना है।

सच्चे गुरु के पास जाने से एक परिवर्तन होता है, शिष्य कुछ पाता है, अगर जागा हुआ गुरु हो तब। तुम शिष्यों में आन्तरिक शक्ति है। अगर तुम्हारे असीम प्यार ने, असीम श्रद्धा ने, असीम आस्था ने, असीम समर्पण ने गुरु को घेर लिया है और इसी के साथ–ही–साथ तुम्हारे गुरु की उपस्थिति भी है तो अवश्य ही तुममें बदलाव आएगा।

मुझे अनुभव है। मेरी अनुभूतियां किसी भी भाषा में व्यक्त नहीं हो सकती। जो कोई भी मेरे पास आता है मैं उसे वहां तक ले जाता हूं और कहता हूं अब तुम नदी के जल को पीओ, यह तुम्हारी अनुभूति होगी, इसे तुम कोई भी नाम दे दो परन्तु यह वह नहीं होगा, जो तुम कहोगे।

यह तुम्हारा जीवन, मेरा जीवन और सभी का जीवन कितना सुन्दर है, इसमें बहुत कुछ छुपा है। जितना भी खोजोगे उतना ही पाओगे और अगर यह अनजाना ही रह गया तो तुम मन के संकल्प और विकल्प में रह जाओगे– मन तुम्हें थका देगा। मन तुम्हें बेकार कर देगा – और एक दिन तुम मृत्यु को स्वीकार कर लोगे जिसके बारे में सभी जानते है, सभी कहते है, मृत्यु एक भयानक स्वप्न है।

गुरु और शिष्य के बीच क्या घटता है, जो भी घटेगा, वह सर्वश्रेश्ठ

होगा। जीवन की सबसे ऊँचाई पर होगा जिसके बारे में दोनों कुछ भी नहीं कह सकते।

मत प्रतीक्षा करो। क्यों समय को यूं ही व्यतीत कर रहे हो, कब तक प्रतीक्षा करोगे। कितंने जन्मों तक प्रतीक्षा करोगे। इतना होने पर भी कुछ नहीं घटेगा। तुम्हें मूर्ख बनाया जा रहा है। तुम्हारे इस जीवन को बर्बाद किया जा रहा है – तुम धोखा खा रहे हो क्योंकि तुम एक व्यवस्था के दास बन गए हो। तुम्हारा विश्वास तुम्हें धोखा देगा जैसे कि उन सभी लोगों ने अपने पूर्वजों के संस्कारों को त्यागकर धर्म बदल दिया, हिन्दुत्व या सनातन धर्म को छोड़कर ईसाई या मुसलमान बन गए – न घर के हुए न घाट के, यहां मन्दिर में जाते थे, वहां चर्च में जा रहे हैं, यहां धर्मशास्त्र पढ़ रहे थे, वहां बाइबिल, कुरान पढ़ रहे हैं, वहां पर भी विश्वास नहीं था और यहां पर भी विश्वास नहीं है। परन्तु सब कुछ ढोये चले जा रहे हैं। यहां मरते तो जला दिये जाते, वहां मरेंगे तो दफना दिये जाएंगे, कब्र में सुला दिये जाएंगे, वहां पर भी नरक द्वार खुला था – यहां भी नरक में ही जाना है। क्योंकि काफिरों की स्वर्ग की यात्रा नहीं होती।

इन गुरुओं को देखो, अपनी कैसी चौकीदारी करवा रहे हैं। इनको जीवन का भय है, खतरा है, लाखों करोड़ों शिष्यों में से कोई उनपर आक्रमण न कर दे। क्योंकि वे जानते हैं कि वे उन शिष्यों को मूर्ख बना रहे है – गुरु जान रहे हैं कि वे झूठी दिलासा दे रहे हैं। वे जानते है कि मैं उन्हें वह नहीं दे सकता जो ये चाह रह है। जो ये खोज रहे है परन्तु फिर भी आशा दिये चले जा रहे है।

प्रतीक्षा में अगर विश्वास है तो चिन्तन भी यही है। चिंतन में परखने की क्षमता है। सोचने, मनन करने की क्षमता है। इसलिये अपनी सुरक्षा कर रहे हैं। उनको किसी से डर है – वे पहचान नहीं सकते है इसलिये सभी शिष्य उनकी शंका के दायरे में हैं। कोई भी करीब नहीं आ सकता। हर किसी से उन्हें भय है। यही कारण है सुरक्षा का – तुम भी उसी में षामिल हो। चाहे कितना भी करीब हो पर तुम पर भी विश्वास नहीं किया जा सकता। इस दुनिया में Trust नाम की कोई चीज रह ही नहीं गई है। Trust करना, आस्था रखना कठिन है। उन व्यक्तियों में भी विश्वास नहीं रह गया है, जो एक दूसरे से प्रेम करते हैं। ऐसे अनेकों मित्रगण

मिलेंगे जो एक दूसरे के लिये जान दे देंगे। पर जहां तक प्रश्न है विश्वास का, वह कहीं नजर नहीं आएगा।

हर व्यक्ति वक्त के साथ–साथ बदल जाता है क्योंकि हर व्यक्ति अपनी जिन्दगी जीना चाहता है। व्यक्ति अपने स्वार्थ के लिये प्रेम की हत्या तो क्या, शरीर की भी हत्या कर डालता है।

आजकल जापान में एक फैषन चला है। शादी–शुदा पति–पत्नी, किराये के आदमी या औरत को अपने पति या पत्नी के पास प्रेम करने के लिये भेज देते हैं। ज्यों ही प्रेम हो जाता है वे अपने लिये नए प्रेमी या नई प्रेमिका की तलाश में निकल पड़ते हैं। कभी–कभी तो ऐसा भी देखा गया है कि पत्नी से पुनः प्रेम की प्राप्ति के लिये किसी खूबसूरत लड़के को किराए पर पत्नी के पास, पत्नी से प्रेम करने के लिये भेज दिया जाता है। जब पत्नी को उस लड़के से प्रेम हो जाता है तो एक दिन वह लड़का अचनाक गायब हो जाता है। फिर दिखाई नहीं पड़ता। पत्नी अकेली हो जाती है। अकेलापन उसे काटने दौड़ता है तो पुनः वह अपने पति के पास, नयेपन के साथ, प्रेम लेकर वापस आ जाती है।

लोग अपनी पत्नी पर भी विश्वास नहीं करते, पत्नियां अपने पति पर विश्वास नहीं करतीं। जब इतने पवित्र रिश्ते पर विश्वास नहीं किया जाता तो गुरु और शिष्य के संबंध में क्या कहा जा सकता है।

मुझे एक घटना याद आ रही है। जब मैं एयर–फोर्स में था। मेरा एक मित्र लुधियाना में रहता था। वह अमीर था। कई होजियरीर्स का मालिक था। आलीशान कोठी होने के बावजूद भी वह एक बड़ा मकान किराए पर लेकर अपनी पत्नी के साथ रहता था। पत्नी हिमाचल प्रदेश के चम्बा की रहने वाली थी। वह बहुत ही खूबसूरत थी। मेरा मित्र उसे बहुत प्यार करता था। इतना ज्यादा कि जब कभी वह बाहर जाता अपने मकान के बाहर वह ताला लगा कर जाता था। वह पत्नी से बेहद प्यार करता था, उसे कभी अकेला छोड़ता ही नहीं था।

एक दिन ऐसी मजबूरी हुई कि उसे शहर के बाहर जाना पड़ गया। उसने अपनी पत्नी को घर में बन्द कर दिया और बाहर से ताला लगा दिया। तालें की चाबी कहीं खो न जाये, इसलिये उसने वह चाबी अपने सबसे प्रिय दोस्त, जिस पर उसे पूर्ण विश्वास था, से दे दी। दोनों मित्रों में गहरी दोस्ती थी। बिजनेस पार्टनर भी थे। ज्यादातर समय दोनों

साथ–साथ बिताते थे। एक दूसरे पर जान न्यौछावर करने के लिये दोनों दोस्त हमेशा तैयार रहते थे।

मित्र ने जब चाबी अपने दोस्त को देते हुए कहा– "मैं बाहर जा रहा हूँ, यह चाबी कहीं खो न जाये इसलिये उसे मैं तुमको दिये जा रहा हूँ, वापस आकर मैं तुमसे यह चाबी ले लूंगा।" इतना कहकर वह चल दिया। वह अभी स्टेशन पर पहुंचा भी न था कि उसका मित्र वहां आ पहुंचा – मित्र ने पूछा "ऐसी क्या मुसीबत आ पड़ी कि तुम यहां इतनी शीघ्रता से आ पहुंचे। अभी–अभी तो हम साथ ही थे – सब कुछ ठीक तो है ना!" उस जान देने वाले मित्र ने कहा – "क्या खाक ठीक है – तुमने चाबी गलत दे दी है।" भौंचक्का होकर मित्र अपने मित्र की ओर देखने लगा।

मेरे कहने का मतलब है कि आज के युग में बड़ा मुश्किल है विश्वास करना। इसीलिये तुम्हारे गुरुओं ने मास्क पहन रखे हैं चेहरे पर। गार्ड लगा रखे हैं अपनी सुरक्षा के लिये अपनी प्रचार 'व्यवस्था में इतना धन लगा रखा है कि उस धन से एक गरीब व्यक्ति को अमीर बनाया जा सकता है। सत्संग के पंडालों में जितना खर्च होता है उससे लाखों गरीबों को भोजन कराया जा सकता है। जीवन एक Competition बन गया है, प्रतिस्पर्धा बन गया है। सभी लोग भाग रहे हैं अपने–अपने कार्यों की पूर्ति हेतु। अपने–अपने स्वार्थ की सिद्धि हेतु।

भला सोचो, जिन लोगों का जीवन इतना व्यस्त है, इतना त्रस्त है, क्या वे प्रेम की ऊर्जा को अपने अन्दर कायम रख सकते हैं। अगर तुम्हारी व्यस्तता यह सब करने की इजाजत नहीं देती तो, तुम्हारे गुरु तो तुमसे सैकड़ों गुना व्यस्त हैं और फिर वे सिर्फ एक गुरु ही नहीं है बल्कि एक व्यापारी भी हैं, एक कथाकार भी हैं, एक सलाहाकार भी है और एक प्रचारक भी हैं। भला उनमें, प्रेम, करुणा, दया कहां ठहरेगी – ये सब तो ह्दय की बाते हैं, और वहां मन का व्यवसाय है।

तुमको सफलता नहीं मिलेगी। इस दुनियां में दो प्रकार के लोग ही सफल होते हैं। एक वे जो सांसारिक सफलता चाहते है और दूसरे जो आत्मीय सफलता प्राप्त करना चाहत हैं। एक ही यात्रा बाहर की ओर है दूसरे की यात्रा भीतर की ओर। यह प्रतिस्पर्धा का जगत है। हर चीज, हर काम, हर धर्म में प्रतिस्पर्धा है, कॉम्पटीशन है और इसमें वह सफल हो सकता है जो त्याग करने के लिये तैयार हो। वह किसी का भी त्याग

हो सकता है। चाहे पत्नी हो, पति हो, बेटा हो, बेटी हो, माता–पिता अथवा दोस्त या गुरु हो। वे किसी को भी बर्बाद कर सकत है क्योंकि उनका उद्देश्य होता है–जीतना। वे जीत हासिल करने के लिये पूरी मानव जाति को सीढ़ी बना सकते है। अपनी सफलता के लिये पूरी मान–मर्यादा की हत्या कर सकते है। जिन लोगों ने सांसारिकता में सफलता प्राप्त की है, उन्हें आप देख सकते हैं, उनके लिये उस सफलता के सामने दुनियां की हर चीज महत्वहीन है। उन्होने त्याग किया है– प्रेम का, करुणा का, दया का, ममता का, स्नेह का और आदर्शो का त्याग, आस्था का अर्थ है– इन सबसे विरोध। इन व्यापारियों का, इन राजनीतिज्ञों का, उन तथा कथित गुरुओं का कहना है कि किसी पर विश्वास मत करो। पर हर किसी को यह विश्वास दिलाओ कि तुम उन पर विश्वास करते हो। तुम अपने किसी भी मित्र से ऐसी बाते मत कहो। जो तुम अपने दुश्मन से भी नहीं कह सकते क्योंकि तुम यह नहीं जानते हो कि किस दिन तुम्हारा मित्र तुम्हारा दुश्मन बन जाएगा और कभी भी अपने दुश्मन के खिलाफ ऐसी बाते मत करना जो अपने दोस्त से नहीं कह सकते क्योंकि इस व्यस्तता और भागदौड़ तथा काम्पटीशन की दुनिया में न जाने कब वह दुश्मन दोस्त बन जाए। ऐसे जीयो, ऐसी बाते करो जो दोस्त तथा दुश्मन दोनों को अच्छी लगे। इसलिये सच क्या है तुम समझ नहीं पा रहे हो।

तुम सोचते हो तुम्हारा गुरु तुमसे प्रेम करता है। तुमसे इन्तजार करने को कह रहा है। वह वादा कर रहा है तुम्हारी आशाओं की पूर्ति करेगा, प्रयास कर रहा है। कह रहा है अभी समय नहीं आया अभी तुम तैयार नहीं हो तुम अपने आप को धोओ। सेवा से। दास बन करके। वह तुम्हें रामायण के महान् पात्र हनुमान की दास भावना का उदाहरण देगा। वह तुम्हें भरतजी की चरणपादुका की सेवा भावना की दुहाई देगा।

इसीलिये आज संसार में सच्चे गुरुओं की पूजा नहीं हो रही है। सच्चे गुरु हिमालय की ओर लौटे जा रहे हैं। संसार को देख–देख कर मन–ही–मन मुस्कुरा रहे हैं और जो सच्चे गुरु बनने का स्वांग भर रहे हैं, लोग उन्हीं की पूजा–अर्चना करने में लगे हुए है।

आज उन नेताओं की मांग कम हो गई है जो राष्ट्र भावना, देश–प्रेम, सनातन संस्कृति के प्रति जागरूक हैं – और उन नेताओं की

मांग बढ़ गई है जो देश को जाति–भेद–संप्रदाय–भेद में बाँट रहे हैं तथा जो देश की संस्कृति व धर्म को बेच रहे हैं।

जब प्रेम और विश्वास मिलता है तब सागर ही तो बनता है। जब गंगा, यमुना और सरस्वती का मिलन होता है तो उन्हें सागर बनना ही पड़ता है। इसी प्रकार जब तुम्हारे सत्य, प्रेम और सात्विक आस्था का मिलन होगा तब तुम सागर से जा मिलोगे – प्रभु के हो जाओगे।

तुम्हारे अन्दर भी गंगा, यमुना और सरस्वती है। इंगला, पिंगला तथा सुषुम्ना – जब इन तीनों का मिलन होता है तब समाधि घटती है। ब्रह्म से मिलन होता है। यह तभी संभव है जब सत्व स्वरूप विश्वास और आनन्द स्वरूप प्रेम का मिलन हो तथा समर्पण का उद्गम हो।

अन्धविश्वास, साधारण विश्वास तो हर कोई किसी न किसी रूप में करता ही है। सामाजिक रीति–रिवाज, जाति–संप्रदाय आदि संबंधों का विश्वास तो होता ही है। इनकी शिक्षा आपको प्रारंभ से ही दी जाती हैं। परंतु यह इतनी महत्त्वपूर्ण यात्रा नहीं है – महत्त्वपूर्ण विश्वास नहीं हैं, ये सब तुम्हें प्रेम से नहीं जोड़ते बल्कि अन्धविश्वास बनकर तुम्हारे अन्दर भेद–भाव पैदा करते हैं। तुम्हारी भक्ति, ज्ञान और योग में भेद पैदा करके तुम्हें शिव, शक्ति तथा वैष्णव बनाते हैं। तुम्हें संन्यासी, वैरागी, ब्रह्मचारी, नाथ, उदासीन आदि भेदों में डाल देते हैं। क्योंकि यह विश्वास तो एक विचार है, एक मत है। विचार कभी अनुभूति नहीं हो सकता। यह विश्वास जो केवल अभिव्यक्तियां हैं। प्रायोगिक नहीं है। इसमें फल नहीं लगता। ये सुन्दर वृक्ष तो हैं पर बिना फल के।

ये लोग तुम्हें सिर्फ विचार ही बताते हैं। किसी और की सिद्धि–ऋद्धि के बारे में बात करत हैं या किसी की लीला के बारे में बात करते हैं, ये अपनी बात नहीं करते क्योंकि ये लोग अनुभवों से नहीं गुजरे हैं, ये विचारों को ढोने वाले है विचारों का व्यवसाय करते हैं – और तुम भी विचारों को ढो रहे हो। विचारों के गुलाम हो – ये सब विचार उधार के हैं। तुम उस वृक्ष के नीचे बैठकर फल गिरने की प्रतीक्षा कर रहे हो। जिस वृक्ष ने कभी फल दिया ही नहीं।

तुम्हारा विश्वास झूठा है। तुम अपने विश्वास को कभी भी तोड़ सकते हो – तुम उसे अपने कपड़ों की तरह बदलते आ रहे हो। अपने भोजन की तरह बदलते आ रहे हो। तुम्हारा विश्वास मन का विश्वास है, तुम्हारा विश्वास एक तर्क है। विचारों का तर्क। कोई भी तुम्हें प्रभावित

कर सकता है। तुम बातों के प्रभाव में आ जाते हो। अभी भी तुम्हें बातों पर ही विश्वास है। तुम्हारे स्वयं के विश्वास का जीवन से कोई संबंध नहीं है। तुम्हारे हृदय से कोई संबंध नहीं है। तुम्हारे विश्वास की कोई जड़ नहीं है वह तो एक प्लास्टिक के फूल की तरह है जो बहुत सुन्दर दिखलाई देता है लेकिन उसमें कोई सुगंध नहीं होती, जीवन नहीं है। जब उसमें जीवन ही नहीं है तो फिर मरने का प्रश्न ही नहीं उठता।

प्रेम में जड़ है। प्रेम रूपी विश्वास में जीवन है। उसका उद्‌गम हृदय है और हृदय आत्मा से संचालित होता है। इस जीवन में अर्थात् प्रेम रूपी आस्था में रासायनिक प्रक्रिया है। जीवन है। अगर एक बार यह घट गया तुम्हारे साथ तो फिर यह कभी नहीं बदलेगा। प्रेम हो जाता है। प्रेम विचार नहीं है, प्रेम तो गंगा है। मोक्षदायिनी है। परमात्मा तक ले जाने का द्वार है। प्रेम एक विशाल सागर है। इसकी कोई सीमा नहीं। यह जीवन्त है। प्रेम एक ऐसा वृक्ष है जो जीवन को हमेशा जीवन्त बनाए रखता है।

तुम लोगों का विश्वास वैचारिक है। दार्शनिक है। उसमें तुममें परिवर्तन लाने की कोई शक्ति नहीं तुम्हारा ऐसा विश्वास जिन पर है वे सिर्फ विश्वास की बात ही करते रहेंगे – तुम्हें जगा नहीं सकेंगे। वे कभी तुम्हारे भीतर को छू नहीं सकेंगे। तुम देख सकते हो तुम अनेकों वर्षों से वहीं पड़े हो – जब अभी तक कुछ नहीं मिला तो जान लो आगे भी तुम्हें कुछ नहीं मिलेगा।

इसलिये मेरे साथ आओ। मैं तुम्हें अपनी सेवा में नहीं लगाऊंगा। क्योंकि मैं इन सब परमार्थ रूपी विश्वासों को नहीं जानता। मैं तो केवल तुम्हें वहां तक पहुंचा दूंगा – जहां तुम्हारे साथ कुछ घट जाए। मैं तुम्हारी बेहोशी को दूर करना चाहता हूँ। तुम मूर्छा में जी रहे हो। इसलिये तुम्हें अपनी सोई हुई शक्ति को जगाना है

तुम्हें किसी धर्म को नहीं अपनाना है, सोचो क्या राम का – कृष्ण का कोई धर्म था। क्या वे किसी संन्यासी या वैरागी के शिष्य थे। क्या उन्होंने किसी मत का प्रचार किया था। क्या उन्होंने किसी संप्रदाय का निर्माण किया था। धर्म तो प्रकृति है। धर्म तो जीवन है।

आज तो हर किसी ने कोई न कोई धर्म बना लिया है परन्तु क्या बुद्ध के पहले बुद्धिष्ट थे। क्या बुद्ध बौद्ध थे। ऐसे ही जीसस से पहले

क्या क्रिश्चियन थे। जीसस, बुद्ध आदि प्राकृतिक धर्म के पथिक थे। ये सब धर्म तो उनके अनुयायिओं ने अपने स्वार्थ सिद्धि के लिये बना दिये हैं। आज तुम जिन लोगों के पीछे भाग रहे हो वे केवल अपना मत चला रहे है इसीलिये तुम याद रखो, कोई सांप्रदायिक विचारों का नाम दे देने से वह धर्म नहीं बन जाता है। कोई भी बुद्ध धर्म को अपनाने वाला बुद्ध की अनुभूति नहीं कर सकता। कोई भी क्रिश्चियन धर्म को मानने वाला जीसस की तरह सत्य का साक्षात्कार नहीं कर सकता। कोई भी अब नानक, कबीर, रामानन्द, नारायण स्वामी की तरह सत्य को आत्मसात् नहीं कर सकता। अब ये सारी संस्थाएं परम्पराओं को ढो रही हैं और ढोएंगी। अच्छी–अच्छी बातें करेंगी, सत्संग करेंगी और चारित्रिक सेवाएं करेंगी और उनके प्रलोभन में तुम फंसे रहोगे। इसलिये जब कोई भी इनमें साधक बना है तो वह छोड़ जाता है क्योंकि साधकों, योगियों, तपस्वियों का बसेरा संप्रदाय नहीं हो सकता। परन्तु दुर्भाग्य की बात है कि उन सब गुरुओं के नाम से पुनः उनके अनुयायिओं ने दूसरी संस्थाओं को जन्म दे दिया है। तुम देख सकते हो सनातन भी बंट गया है – हिन्दू भी कई मतों, कई विचारों के शिकार हैं, शाक्त, शैव, वैष्णव, सिक्ख, जैन, राधास्वामी, अकाली, निरंकारी आदि, आदि। सिक्ख भी बंट गए हैं अनेकों पंथों में। राधा स्वामी भी कई भागों में बंट गए हैं, निरंकारी अपने गीत गाने लगे हैं। रूहानी इनसे अलग हो गए हैं।

इन लोगों ने दलितों का नवीनीकरण करके उन्हें अपना सेवक बनाया है। जैन भी बंट गए हैं। अब तीर्थंकर नहीं होगा – इनके विकास की सुई वहीं जाकर अटक गई है – क्रिश्चियन, मुसलमान सब बंट गए हैं और फिर एक दिन तुम भी बंट जाओगे। श्री राम शर्मा का गायत्री आन्दोलन भी बंट गया है। हंस महाराज के नाम से सक्रिय हंस समाज भी बंट गया है।

राम और कृष्ण तो युगों के अन्तराल में पृथ्वी का भार उतारने के लिये आए थे। पर इन लोगों के यहां तो सभी अवतार हैं और इनकी पत्नियां दुर्गा आदि देवियों का अवतार हैं। इच्छाएं मरी नहीं भगवान बनकर भी और नेता, मंत्री आदि बनने की भूख लग गई हैं।

तुम सब कहां तक बेवकूफ बनते रहोगे। तुम अपनी ओर देखा – तुम्हें भी शरीर मिला है। तुम्हारे पास भी मन है। तुम्हारे पास भी हृदय है। तुममें भी आत्मा है और वह परमात्मा जो सर्वत्र है वह भी तुममें है।

फिर यह भटकाव क्यों – इन नकली अवतारों , योगेश्वरों और आत्मदर्शियों के पीछे क्यों पड़े हो। तुम्हारी बेवकूफियों ने इन्हें भगवान बना दिया है तुम्हारे अन्धविश्वास ने इन्हें धनवान बना दिया है। तुम्हारे अज्ञानता रूपी समर्पण ने तुम्हें मूर्ख बनने का अवसर दिया है।

ये तो कहां के कहां पहुंच गए और तुम वहीं के वहीं रह गए। एक साथ दो शरीरों की स्थिति बनाने का झूठा ढिंढोरा पीटने वाले सिद्ध पुरुष भी शारीरिक कष्टों को झेलकर बुरी तरह से मौत को प्राप्त हो गए। न वे रहे न दूसरा शरीर परन्तु वे वहां अनेकों गुरुओं को गद्दी पर बिठा गए है। सभी बेटे बन गए हैं और तुम सब आज भी मूर्ख बने हुए हो।

मैं इन सारे अवतारों, गुरुओं और भगवानों को जानता हूँ। मेरा इनके साथ दरश–परश भी हुआ है। ये कभी योगी रहे होंगे, ये कभी तपस्वी रहे होंगे। इन्हें जब इनके कठिन प्रयासों का फल नहीं मिला तो इन्होंने अन्धविश्वासों का फायदा उठाया। अब ये मरते दम तक मुक्त नहीं होंगे क्योंकि इनके चारों ओर व्यवस्था का एक जाल बिछा हुआ है। इसे तोड़कर ये बाहर नहीं आ सकते। जिस तरह राजनीतिज्ञों के समाज में किसी व्यक्ति को केन्द्र बनाकर एक जाल बुना जाता है शासन करने के लिये, पॉवर को लेने के लिये उसी तरह से इन गुरुओं का भी समाज है। तुम सारी जिन्दगी वहां रहकर, सब कुछ गंवाकर एक दिन जीवन को गंवा दोगे। मुझे अनेकों लोगों का अनुभव है।

सिक्किम की एक बुद्धिजीवी महिला, वर्षा को मैं जानता हूँ। वह अपना सब कुछ छोड़कर – प्रेम पॉल रावत अर्थात् बाल योगेश्वर के पीछे थी। बाल योगेश्वर को निकाल कर सतपाल महाभक्त बन गए। राजेश्वरी से संन्यास का वस्त्र लेकर वर्षा ने मानव सेवा में अपना अधिक समय गुजारा। निराशा ही हाथ लगी। वहां से छोड़कर वह नारायणदत्त श्री माली के पास चली गई। वहां पर भी उसने अपने सेवाश्रम का सहयोग देकर दस–पंद्रह साल गुजार दिये। जीवन का बहुमूल्य समय गुजर गया। बुढ़ापे ने निराशा के साथ स्वागत किया। जीवन में खालीपन ही रहा। एक दिन वह मेरे पास आई उसके पहले भी नारायण दत्त श्रीमाली क़े यहां से कई शिष्य मेरे पास आ चुके थे। साधना की खोज में। मैंने वर्षा से कहा – कब तक भागती रहोगी। जब जीवन ने अब तक कुछ नहीं दिया तो अब क्या देगा। तुमने भगवान को तो खोजा नहीं –

अपने भीतर में तो झांका नहीं। जीवन भर किसी व्यक्ति को भगवान बनाने के प्रचार–प्रसार में अपना समय गुजार दिया। खुद को योगी बनाओ। अपने भीतर जो बैठा हुआ है उसको खोजो। पहले मन को विचारों की गुलामी से मुक्त करो। अब फिर से किसी और को भगवान बनाने की कोशिश मत करो।

मैं एक योगी हूँ। स्वतंत्र योगी। भगवान बनने के लिये मैंने योग नहीं लिया है। मैं परमात्मा को जानता हूँ। मैं ब्रह्म को जानता हूँ, जो मैंने अनुभव किया है वह कहने से, वचनों से परे हैं। मैं तुम्हें अनुभव करने के मार्ग पर डाल सकता हूँ। मैं सवा नहीं ले सकता। सेवा लेना मेरा धर्म नहीं। मैं तो एक सेतु बनकर, साधकों को उनके सत्य का साक्षात्कार करवाने के काम में आ कसता हूँ।

मेरा पथ प्रेम है, मेरी यात्रा योग की है। मैं कर्म को ही श्रेश्ठ मानता हूँ। उसके माध्यम से मैं लाखों लोगों को, सिक्किम, गंगटोक, सिंगथा आदि शहर और गाँव के लोगों को जानता हूँ। लोगों ने दीक्षा – संस्कार भी लिया है। पर मैं दीक्षा को रिश्ता नहीं मानता। दीक्षा तो भगवान की ओर जाने का एक दरवाजा है। दीक्षा तो गुरु और शिष्य के कई जन्मों का सम्बन्ध है। अगर आप सब दीक्षा लिये हुए लोग चन्द्रकला पाण्डेय बन जाएं तो आप सबका मोक्ष का दरवाजा खुल जाएगा।

सिक्किम की जमीन सिद्धों का भूमि है। हिमालय का वह हृदय है। वहां के लोग प्रेमी हैं। पर वे ईष्वर के प्रेम को भूल गए हैं। शरीर और मन के चक्रव्यूह में फंसे हुए हैं। उन्हें यह नहीं मालूम कि गुरु और शिष्य का क्या सम्बन्ध होता है।

गुरु व्यक्ति नहीं है। गुरु तो वर्तमान है। समय है। जिसका सदुपयोग करना चाहिये। गुरु तो एक ऐसा सेतु है जो लोगों को मार्ग दिखाता है। आवागमन को सहज करता है। जाना और आना तो आपको ही पड़ेगा। अगर तुम प्रतीक्षा में बैठे रहोगे तो सत्य स्वयं चलकर तुम्हारे पास नहीं आएगा। सत्य तो घटता है।

मैं उन सबाके धन्यवाद देता हूँ जिन्होंने सिक्किम में जागरण दिया। मुख्यमंत्री और गवर्नर भी धन्यवाद के पात्र है।

मेरा धर्म परमार्थ नहीं है। मेरा धर्म तो आत्मा का साक्षात्कार है। मैं भक्ति, योग और ज्ञान को एक ही मार्ग के तीन साधन मानता हूँ। जानता हूँ और प्रयोग भी किया है।

आप सब सिक्किम वासियों में भी धर्म के प्रति निराशा है। आप लोगों को भी बेवकूफ बनाया गया है, इम्प्लांट किया गया है। आपसे धन बटोरा गया है और अब तो क्रिश्चियन भी अपना पांव पसार रहे हैं। बुद्ध भी भूमि पर धर्म परिवर्तन की एक साजिश पूर्ण व्यवस्था में लग गए है। आप सब लोग शरीरिक, मानसिक सुखों की खोज में, भोगों की खोज में भाग रहे है। हर कोई भाग रहा है। हर कोई कॉम्पटीटिव्ह बन गया है। हर कोई आगे निकलना चाहता है। इसका नतीजा क्या होगा – आपका शोषण।

संसार के सुखों के साथ – संसार की वस्तुओं के साथ प्रेम करते हुए अपने शरीर रूपी संस्कृति और आत्मा की ओर भी देखो।

एक दिन वर्षा ने मुझसे कहा था – "आप मुझे देर से मिले, मैं अब बूढ़ी हो गई हूँ, मैंने अपना जीवन यूँ ही खो दिया, मेरा ज्यादा समय बेकार गया। अब मेरे लिये यह कठिन हो गया है कि जो कूड़ा–करकट–गारबेज मैंने बटोर लिया है उसे छोड़ दूँ। कोशिश करने पर भी वह छूटता ही नहीं – मैंने एक ऐसी चादर ओढ़ ली है जिसमें सिर्फ उधार की बातें – किसी की चापलूसी की बातें ही भरी पड़ी हैं। मैंने बड़े परिश्रम से यह सब प्राप्त किया लेकिन जब होश आया तो सब निरर्थक था। मैंने सत्य को एक ड्रामा ही बना लिया था, लेकिन अब मैं भरसक कोशिश करूंगी वापस लौट आने की – मेरा पूरा प्रयास रहेगा कि जीवन के अन्तिम क्षणों में मैं कुछ कर सकूँ – मुश्किल तो है पर अगर आपकी कृपा हो तो मैं अब एक खोजी बनकर मरना चाहती हूँ। मैंने उन लोगों को मूर्ख बनाया, हमारी शिक्षा तथा हमारी क्षमता का दुरुपयोग किया। झूठ कितना ताकतवर होता है। यह सारा जीवन बीत जाने के बाद मालूम हुआ। झूठ और पाखण्ड की जड़ें बहुत ही गहरी होती हैं। वे लोग कितने चालाक, चतुर और शातिर होते है जो झूठ को सत्य बनाकर अपनी पूजा करवाते हैं। आपके पास आकर मेरी आँखें खुल गई हैं। मैं तन्द्रा से वापस आ गई हूँ। मेरी अज्ञानता की बेहोशी टूट गई है। अब मैं मात्र एक दार्शनिक या किसी पाखण्डी की पुजारी बनकर नहीं मरुंगी। मैं तो अब प्रभु की खोज की खोजी बनकर भक्त बनकर, योगी बनकर मरुंगी, जिससे मेरा अगला जन्म सफल हो जाय। आपने जो प्यास प्रभु के प्रति मुझे दी है – समाधि के प्रति दी है। मैं अगले जन्म में अवश्य पूरा करूंगी।"

मैं चिन्तामणि , नवल जी, रसेली, वरनेत, एन. के. प्रधान सुटेखा, नेपाली सिंह, मधूसूदन पाण्डेय, इन्जीनियर गिरि, कल्पना, देविका जी, जिनके घर पर मैं रहा, सुजीत, गीता गुटंग, कुन्ता, प्रो. रान. द्विवेदी तादांग से, मनमोहन पाण्डेय, के. के. अग्रवाल, मालू, नेपाल आदि अन्य सभी लोगों को प्रभु के प्रेम के साथ आशीर्वाद देता हूँ। ये सभी लोग संस्कार के श्रेष्ठ हैं, कर्म के धनी हैं और जीवन को संस्कृत करने की क्षमता रखते हैं।

मैं उस मानव को भी धन्यवाद दे रहा हूँ जो कभी नेता रहा है और आजकल वेदों का अध्ययन कर रहा है, मौन धारण कर रखा है तथा सात्विक आहार लेता है परन्तु आज भी दुविधा में है – मैंने सोचा था कि सिक्किम में मैं उसे धर्म का एक मेरुदण्ड बनाऊंगा, उसे समाधि के सातों द्वारों को पार करके निजबोध की ओर जाने का प्रोत्साहन दूंगा – पर ऐसा संभव नहीं हो पाया क्योंकि वह मानसिकता की दलदल से नहीं निकल पाया – जो वेदान्त को पढ़कर भी आत्म–दर्शन नहीं कर पाया उसका निकलना भी कठिन है। सत्य को जानकर भी वह अफवाहों के चक्र में फंस गया। अपने आप ही वह दोषी हो गया – स्वयं अपने मन में दोषी होना एक बहुत बड़ा संकट है।

मैं उनको इन सब दोषों से मुक्त होकर, आत्म गंगा में स्नान करने के लिये प्रार्थना करता हू कि वे भूल जाएं राजनीति के चक्र को, भूल जाएं धन उपार्जन करने के गलत तरीकों को, भूल जाएं लोगों की धार्मिक भावनाओं से खेलने को, भूल जांए किसी पर गलत आरोप लगाने को। सत्य के समक्ष धन महत्त्वहीन होता है। यह जीवन कितना सुन्दर है। तो जीवन बनाने वाला कितना सुन्दर होगा। इस जीवन में सब कुछ कहने योग्य नहीं है, यह जीवन तभी तो इतना महत्वपूर्ण है कि बहुत कुछ चाहकर भी कहा नहीं जा सकता। अगर सभी कुछ कहने योग्य होता तो यह जीवन एक बन्जर भूमि बन गया होता।

मन की एक बाऊन्ड्री होती है। अगर जीवन में सब कुछ आप जान लेते या भविष्य की ओर भाँक लेते तो आप उस पक्षी की तरह होते जो आकाश में अपने पंखों पर उड़ता है। उस आकाश में जिसकी कोई सीमा नहीं होती – बिलकुल स्वतंत्र होकर। सारा आकाश उसी का होता है।

यह जीवन एक उपहास नहीं, जीवन रेतीली मरु–भूमि नहीं। जीवन तो एक बहाव है। जीवन तो एक प्रक्रिया है। जीवन न समाप्त होने

वाली एक यात्रा है। इसी जीवन में शायद प्रेम घटा नहीं होगा। आपको प्रेम कभी हुआ नहीं होगा, आपने प्रेम किया होगा। प्रेम करने में और हो जान में बड़ा अन्तर है। आपने प्रेम के लिये सुयोग्य पात्र खोजे होंगे। प्रेम के लिये तैयारियाँ की होंगी। आजकल एक शब्द बड़ा प्रचलित है– पटाना। लड़के–लड़की को पटाना प्रेम नहीं होता। पटाने की कोशिश प्रेम नहीं वह प्रेम तो टूट जाता है। उस प्रेम में शंका होती है। परन्तु जो सच्चा प्रेम होता है वह हो जाता है। यह प्रेम लाखों लोगों को लाखों वर्षो से होता आ रहा है। यह प्रेम आज भी वैसा का वैसा ही है।

आपकी कल्पना का प्रेम। कल्पना की खोज का प्रेम हमेशा अधूरा होता है। प्रेम एक अनुभूति है। ज्ञान एक अनुभूति है। भक्ति एक अनुभूति है। ध्यान एक अनुभूति है। समाधि एक ऐसा अनुभव है जिसमें यह सब घटता है। इसके बारे में कुछ भी कहा नहीं जा सकता – अगर आपके साथ ऐसा घट जाये तो उस महामाया की माया से निकल कर आप बाहर आ जाएंगे – माया बड़ी मोहीनी है। वह विश्वरूपा है। वह कभी पत्नी बनकर आ जाती है तो कभी दासी बनकर, वह कभी लक्ष्मी बनकर सामने आ जाती है तो कभी कला बनकर। महामाया के इन रूपों से मुक्त होना इतना आसान नहीं। आपको गुरु और शिष्य के सम्बन्ध को पहचानना होगा। गुरु और शिष्य का सम्बन्ध रहस्यों से भरा हुआ है। तुम इस सम्बन्ध को संसार के अन्य सम्बन्धों जैसा मत समझना।

यह सम्बन्ध माता–पिता, भाई–बहिन की तरह नहीं है और न ही यह पति–पत्नी तथा प्रेमी–प्रेमिका की तरह ही है। यह रिश्ता तो परमात्मा से मिलाने के लिये है। यह रिश्ता तो आनन्द से समागम करने का है। इस रिश्ते में शरीर नहीं होता – व्यक्ति नहीं होता – केवल 'काल' होता है – वह काल जो हर समय तुम्हारे साथ रहता है। अगर तुमने प्रेम किया होगा तो तुम्हारी पहुंच सिर्फ शरीर तक ही होगी क्योंकि तुम्हारा मन भोगी है और अगर प्रेम तुम्हारे जीवन में अचानक घटा होगा तो तुम्हें प्रेम की अनुभूति होगी तभी तुम गुरु के प्रेम को समझ सकते हो।

प्रेम तो प्रेम ही है – भागवत में गोपिकाओं के प्रेम की काफी चर्चा है। गोपिकाएं कृष्ण को कभी अपने से अलग समझती ही नहीं थी। जिसका मूल्यांकन हो, वह प्रेम नहीं हो सकता। प्रेम मन नहीं है, प्रेम शरीर नहीं है। प्रेम एक विश्वास है। आत्म–विश्वास। मन का विश्वास

नहीं, मन तो सौदा करता है। मन लेन–देन करता है। मन जान–पहचान करता है, इसलिये प्रेम मन की घटना नहीं है।

प्रेम तो हृदय की घटना है, प्रेम तो आत्मा का विश्वास है। यही प्रेम गुरु के साथ होता है, जैसा गोपिकाओं ने किया था।

सिक्किम के प्रेमी–वासियो! मैं आप लोगों के उस प्रेम को याद करता हूँ जो समाधि के बाद उमड़ा था। समाधि आत्मा का मिलन है। समाधि परमात्मा से एकाकार हो जाना है। समाधि जीवन की सबसे ऊंची उपलब्धि है। मैं वहां परमात्मा के प्रेम की बरसात तो कर आया और आप लोगों के आप्त प्रेम को भी पाया। मैं वहां सामाजिक–सांस्कृति रूप में कुछ कर नहीं पाया क्योंकि मैं एक योगी हूँ। मैं धर्म को व्यवसाय नहीं बन पाया हूँ और नहीं धर्म को व्यवसाय कर पाऊंगा। मैं तो आत्मा के प्रेम को लेकर चलता हूँ। मैं तो आपके जीवन के सबसे श्रेष्ठ सत् को लेकर चलता हूँ। मैं चाहता था कुछ कहना परन्तु कुछ लोगों ने इन जड़ों को गहरा नहीं होने दिया। कृष्णानन्द अपने स्वार्थों में भटक गया और वर्षा अपने आप को व्यवस्थित करने में।

मैं चाहता हूँ आप लोगों में से कुछ लोग जागे और आगे बढ़े। मैं चाहता हूँ आपको बताना कि आप अपने में कैसे परिवर्तन ला सकते हैं। अपने आपको आप कैसे प्रकाशित कर सकते हैं। अपने आपको आप कैसे सावधान और चैतन्य रख सकते हैं। मैं चाहता हूँ आप हमेशा अपने आपको होश में रखें, निरोग रहकर जीवन में सफलता के चार चांद लगाएं।

मै। आप सबके अन्दर छिपे उस दुर्लभ खजाने को देख रहा हूँ। जब हर व्यक्ति मृत्यु शैय्या पर जाकर उसको प्रकाशित करना चाहता है। आपने शायद धन को महत्त्व दिया है परन्तु यह पैसा ही सक कुछ नहीं है – धर्म मुख्य है। मानव जीवन में धर्म ही प्रधान है। धर्न से कभी सुख नहीं मिलता – धन जीने का मात्र साधन है। जीवन को सुलभ बनाता है। सच्चा सुख तो मिलता है अच्छे संस्कारों से – संयम से और सदाचार से। सुख तो मिलता है प्रभु प्रेम और त्याग में। धन धर्म से महान् कभी भी नहीं हो सकता। धर्म इहलोक और परलोक दोनों को सुख प्रदान करता है। जब इंसान मृत्यु को प्राप्त करता है तो धन साथ नहीं जाता बलिक धर्म की साथ देता है। धर्म एक ऐसा वृक्ष है जो व्यक्ति

के जीवन में उपज जाय तो जीवन धन्य हो जाये और अगर घर में पनप जाये तो घर स्वर्ग बन जाये।

मैं चाहता हूँ आपका जीवन तथा घर दोनों स्वर्ग बन जाये। आप केवल बाहर ही देखें बलिक अपने भीतर भी झाँक कर देखें। आप दोनों को महान् बनाएं। अगर आप एक को अमीर बनाएंगे तो दूसरा मर जाएगा। अगर आप संसार को देखेंगे तो धर्म को मार देंगे और अगर सिर्फ धर्म को महान् बनाएंगे तो संसार की तरफ से आप बेपरवाह हो जाएंगे, सांसारिक कर्म आपको भ्रष्ट कर देगा। बाहर और भीतर दोनों को श्रेष्ठ बनाना होगा। इसके लिये आपको अपने अन्दर छिपी उस महामाया को जगना होगा जो कुण्डलिनी है।

आपके सिक्किम – लिंगी की रहने वाले चन्द्रकला पाण्डेय अपनी तपस्या, विश्वास और प्रेम के बल पर आज समाधि–सागर में प्रवेश कर गई है। चन्द्रकला आज श्रद्धा माता है। हजारों–लाखों लोग उसको चाहने वाल हैं। जिस कार्य के लिये वह संसार में आई थी, उसे वह पूरा कर रही है क्योंकि वह हिमालय की गोद में आई है। आपको वह याद दिलाना चाहती है कि आंखों को मन शक्ति देता है, मन को बुद्धि शक्ति देती है और बुद्धि को शक्ति देने वाल वह जगदम्बा है जो कुंडलिनी बनकर आप में विराजमान है। वह हर किसी में अव्यक्त है। वह परमात्मा की शक्ति है। जब तक तुम उसे जगा नहीं लोगे तब तक संसार का सुख आत्ममय नहीं होगा।

परमात्मा ने बाह्य जगत् में अपनी माया फैला रखी है। इस बात को समझते हुए आप अगर अन्तर्जगत को समझने का प्रयास करेंगे तो जीवन आपका धन्य हो जाएगा नहीं तो आप देख सकते हैं आप लोगों में ऐसा कौन है जो रोगी नहीं है। आपके पास सब कुछ होते हुए भी आप शरीर तथा मन के रोगी हैं। संपूर्ण जगत ही ईश्वर की माया है। जीवन रक्षा हेतु जो भोजन करते हैं। संपूर्ण जगत ही ईश्वर की माया है। जीवन रक्षा हेतु जो भोजन करते हैं वह भी माया ही है। जो द्रव्य का उपयोग करते है वह भी माया ही है। मर्यादा में रहने के लिये जिन वस्त्रों का प्रयोग करते है वह भी माया है। जो स्त्री प्रकृति स्वरूपा है, प्रेयसी है, पत्नी है, स्नेह और भगता है वह सब माया है। इसे मर्यादित रखना है– अगर इसे भोग करने का एक साधन समझोगे तो पतित हो जाओगे। काम सुख भोग नहीं एक सृजन है।

संसार के ज्ञान–विज्ञान का जो अभिलेख है, पुराण, शास्त्र आदि हैं। वे सब आपको अनुभूतियों की ओर ले जाने के प्रेरणा स्रोत है। उन्हें आप ढोओ मत। इनका उपयोग करते हुए आपको आगे बढ़ना है। उस माया को, जिसने पूरे जगत को अपने प्रपंचों में उलझा रखा है, उसे जगाना है। अपने भीतर की महामाया से मिलना है। वही प्रभु तक जाने का दरवाजा खोलेगी।

जगत की किसी भी वस्तु से इतना स्नेह मत करो कि वह स्नेह, वह लगाव तुम्हारे जीवन में बाधक बन जाये और तुम्हें प्रभु–प्रेम से दूर कर दे। तुम देख सकते हो– भरत मुनि जिन्होंने राज्य का त्याग किया, रानियों का त्याग किया, सर्वस्व त्याग दिया और वन में तपस्या करने चले गए। वन में एक मृग के बच्चे से स्नेह किया और उसे अपने मन में स्थान दे दिया। इस आसक्ति के कारण उनका भजन, ध्यान, प्रेम, भक्ति आदि सब खंडित हो गए – अंत में उन्हें मृग–योनि में जनम लेना पड़ा।

तुमने तो अनेकों वासनाएं पाल रखी हैं। कुत्ते–बिल्ली आदि तो तुम पालते ही हो परन्तु उनमें इतनी आसक्ति भी रखते हो। अब आप सोच सकते हो कि आपका अगला जन्म कैसा होगा। अगर भरत जैसे महामुनि को एक छोटी सी स्नहे रूपी वासना ने ऊंचाईयों से धकेल कर मृग योनि की यात्रा करवा दी तो आपकी स्थिति क्या होगी – आप सोच सकते हैं। वासना युक्त संकल्प पुनर्जन्म का कारण होता है। आप अपने मन में अन्य पदार्थों को उतना ऊंचा स्थान मत देना कि आपका जीवन ही बोझ बन जाये और परमात्मा दूर हो जाये।

तुम सबको नौका की तरह रहना है। यह संसार एक सागर है और तुम्हारा जीवन एक नौका। पानी पर तैरती रहने से नाव सुरक्षित रहती है यदि नौका में छेद हो जाये, पानी अन्दर आने लगे तो वह डूब जाएगी। उसकी प्रकार संसार को तुम अपने अन्दर मत आने दो – निर्लेपता का साथ संसार में रहो – संसार सागर है और विशय जल है। मन में विषयों का चिन्तन करते रहोगे तो मुक्ति नहीं मिलेगी। बंधन मन का होता है – आत्मा का नहीं। आत्मा तो सदैव मुक्त है। मन को मारो– विषयों के बंधंन को हटाओ, मुक्ति मिल जाएगी।

अधिक–से–अधिक पाप मन से होता है– शरीर से नहीं। तुम तो आत्मा हो–फिर मन से ऊपर उठकर क्यों नहीं जीते। आकाश में

उदय–अस्त हो रहे सूर्य को देखो, जो तुम्हारे जीवन का सूर्य है, बुद्धि के देवता सूर्य। बुद्धि को प्रकाशित करता है सूर्य। सारे के सारे स्थावर – जंगम की आत्मा है सूर्य। वह संपूर्ण जगत का सूर्य है। ठीक ऐसा ही तुम्हारे अन्दर भी एक सूर्य है। तुम धन के संसार के पदार्थों को– अपने रिश्ते–नातों को बहुत महत्व देते हो जब वक्त आता है तो सब छोड़ जाते हैं – कोई भी तुम्हारा साथ नहीं देता। लेकिन वह सूर्य– तुम्हारे अन्दर का सूर्य तुम्हारा साथ देता है। हर उतार–चढ़ाव में वह साथ रहता है। उसी के कारण तुम जीव से जीवात्मा बने हो। तुम्हारी अपनी असावधानियों के कारण तुम्हें सूर्य से विमुख होना पड़ता है। तुम्हारी वासनाओं ने तुम्हें रोगी बना दिया है – तुम्हारे स्वार्थ ने तुम्हें लोभी बना दिया है। तभी तो तुम अपने अन्दर उन केन्द्रों को सुरक्षित नहीं कर पाते हो।

तुम लोग मर्यादाओं को तोड़ देते हो। तुम सूर्य–चन्द्रमा आदि की मर्यादाओं का उल्लंघन कर देते हो। परमात्मा ने तुम्हें संसार की सारी सुख–समृद्धि मर्यादाओं के पालन के लिये ही दे रखी है। इसलिये तुम प्रार्थना करो कि तुम्हारी बुद्धि, तुम्हारा मन कहीं कुमार्गी न बन जाये। अर्थ और ज्ञान के साथ उन मंत्रों का जप करो जो गुरु–प्रदत्त है। भगवान के तेजोमय रूप का ध्यान करो। अपने कर्मों को सोच–समझ कर करो। प्रतिकूल वातावरण में भी समय का सदुपयोग करो अपने अन्दर की महामाया को जगाओ।

केवल भोग के लिये ही यह तन नहीं मिला है योग भी करो, तप भी करो, संसार को भी देखो और अपने आप को भी। संसार तुम्हारे बिना रह सकता है लेकिन तुम संसार के बिना बेकार हो। यह तुम्हारा शरीर भी संसार है। इसे भोग में, इच्छाओं में यूं ही व्यर्थ न गंवाओ।

भगवान का नाम लेने में क्या जाता है। संसार को भी सेवा करो तथा जीवन की भी। मन्दिर में रहकर मन्दिर के देवता को कैसे भूल रहे हो। सारा चढ़ावा स्वयं ही खा जाना चाहते हो, उसे भोग भी नहीं लगाना चाहते तभी तो वह तुम्हें छोड़ जाता है, तुम्हारा मन्दिर खाली हो जाता है, ढह जाता है। पिंजरा खाली हो जाता है, पंछी उड़ जाता है।

इसलिये मैं कहता हूँ उस देवी को जगा लो जन्म सुधर जाएगा। मृत्यु को भय मिट जाएगा। संसार के कर्म समझ में आ जाएंगे।

मैं तुमसे संसार के त्याग की बात नहीं कर रहा हूँ। मैं तो तुम्हारे भीतर उस दिव्य खाजने को ढूंढने की बात कर रहा हूँ। तुम चाहो भी तो संसार तुमसे छूटने वाला नहीं है। अगर तुम संसार छोड़ दोगे तो जाओगे कहाँ–कहाँ भी जाओगे वहां संसार को पाओगे। तुम संसार में ही रहो और उसका उपयोग करो, यह बना ही तुम्हारे लिये है। परन्तु इस संसार को ले जाने की भावना का त्याग कर दो – उसे अपने घर में मेहमान बना के रखो किन्तु अपने मन में कभी जगह मत दो।

संसार को अगर तुमने अपने मन में बसा लिया तो तुम भोग बन जाओग। तुम्हारी खोज समाप्त हो जाएगी। काम बड़ा प्रबल होता है – वह तुम्हें परमात्मा से दूर कर देगा।

जब तक तुम्हें परमात्मा मिल न जाये – तब तक साधना में लगे रहो। परोपकार में भी मत उलझो जब तक कि परमात्मा न मिल जाए– यह परोपकार भी साधक के जीवन में बाधक होता है। वैसे परोपकार करना सभी का धर्म होता है। परन्तु ऐसा परोपकार नहीं करना चाहिये– जो लक्ष्य से हटा दें। परमात्मा से दूर कर दे। ज्ञान को दृढ़ करने के लिये वासना को नष्ट करना होगा। वासना में मन बुरी तरह से फंसा हुआ होता है।

जब तक तुम मन की वासना का नाश नहीं करोगे – तक तब भक्ति और ज्ञान में स्थिरता नहीं आ सकती। तुम्हारे प्रेम और विश्वास दोनों का तब तक मिलन नहीं हो सकेगा। वासना के वेग में प्रायः ज्ञान बह जाता हैं वासनाओं का बोझ लेकर मृत्यु की ओर मत बढ़ो – न जाने कितने जन्म बेकार हो जाएंगे। यह जो जीवन मिला है इसी को सफल बना लो। मृत्यु कभी नहीं सोचती कि तुमने अपना कार्य पूरा किया है या नहीं। तुम्हें हर क्षण सावधान रहना है – चेतन रहना है – मृत्यु के लिये हमेशा तैयार रहना है। अपने जीवन को इस प्रकार बना लो ताकि मृत्यु आ भी जाए तो तुम्हें अपने जीवन के व्यर्थ जाने का दुख न हो।

भरत जी असावधान हो गए थे। थोड़ी सी–असावधानी ने उन्हें हिरण का जन्म लेने पर बाध्य कर दिया। उन्होंने हिरण के बच्चे को बचाया – परोपकार तो किया – जो कि उनका धर्म था। परन्तु उस परोपकार ने दूसरा ही रूप ले लिया। वह घर से मन में प्रवेश कर गया। मन में समा गया – उसी वक्त काल ने आकर भरत जी को दस्तक दी।

भरत जी को संभलने का अवसर नहीं दिया। मृत्यु के समय उन्हें वह मृग–शावक याद आ गया, उनसे भूल हो गई। असावधानी हो गई। उसके कारण वह अगले जन्म में मृग बने।

तुम सबकी भी अगले जन्म की तैयारी इस जन्म में प्रारंभ हो गई है। हर व्यक्ति अगले जन्मों की तैयारी वर्तमान जन्म में कर देता है। कोई भी तप जो तुम्हारे द्वारा किया गया है। कभी निष्फल नहीं जाएगा। जैसा तुमने पूर्वजन्मों में किया था, उसका फल तुम्हें वर्तमान में मिल रहा है। जैसे तुम बीज बोओगे वैसा ही फल तुम्हें मिलेगा। संस्कारों का बीज प्रारब्ध का बीज – भोगों का बीज।

मैं तो कभी–कभी उन लोगों के बारे में सोचता हूँ, जिन्होंने कुत्ते और बिल्लियों से अपना दृढ़ प्रेम बना रखा है। अपने स्नेह को कुत्ते और बिल्लियों में बाँट रहे हैं। उन्हें वे अपने साथ खिलाते हैं, पिलाते हैं, सुलाते हैं, प्यार करते हैं, उनका क्या होगा, जब वे मरेंगे।

मैंने देखा, जापान की जनसंख्या बढ़ती चली जा रही है। पहले कम थी। मुझसे योगमाता कैको आइकवा ने एक दिन पूछा था। तब मैंने एक दिन संकल्प योग समाधि लगा ली और इन प्रश्नों का उत्तर खोजा – जानकर मुझे बड़ा अचरज हुआ। वे सभी जानवर जो मनुष्यों के प्रेम में रहते हैं, मनुष्यों को स्पर्श पाते हैं। स्नेह पाते हैं, वे सभी उत्थान करके अपने अगले जन्म में मनुष्य बन जाते हैं। और उनके बेटे – बेटियाँ वे लोग बन जाते हैं जिनकी सेवा उन लोगों ने की। जिन महिलाओं, पुरुषों की उन कुत्ते–बिल्लियों के पहले मृत्यु हो गई – जिनके मन में उन जानवरों का स्मरण बना रह गया, वे लोग उन्हीं कुत्ते–बिल्लियों के बच्चे बन गए, यह निश्चित है।

मैंने शास्त्रों में पढ़ा था – अगर इस जन्म में मनुष्य योनि मिली है तो वह मनुष्य फिर से कुत्ता, बिल्ली या जानवर की योनि में नहीं जाता परन्तु यहां ऐसा जानकर मैं स्तब्ध रह गया। तभी मुझे राजा भरत की कथा याद आ गई।

पशु–पक्षी के अनादर करने की बात मैं नहीं कर रहा हूँ। भारत के सभी देवी देवताओं की सवारी पशु–पक्षी ही है। पशु–पक्षियों की पूजा भारत में ही की जाती है। ऐसा प्रेम पूरे विश्व में नहीं मिलेगा। मैं तो उन लोगों की बात कर रहा हूँ जिनके मन में जानवरों के पालने की वासना है। मोह है। भरतजी तो ज्ञानी थे, योगी थे, फिर भी उन्होंने मृग

योनि का भुगता। लेकिन तुम तो योगी नहीं हो, ज्ञानी नहीं हो, तपस्वी नहीं हो। तुम लोगों ने तो आसक्ति पाल रखी है। उस आसक्ति को हटाना होगा।

अपने जीवन को भटकाव, अतृप्ति, और मोह से मोड़कर अपने निज बोध की यात्रा में लगाओ।

दर्शन और अनुभव में भेद है। तुम दर्शन को अनुभव में बदलो। दर्शन में दृश्य भी होता है और द्रष्टा भी। अनुभव करोगे तो ये दोनों एक हो जाएंगे। अगर तुम्हें किसी में आसक्ति है तो उस आसक्ति को प्रभु गत आसक्ति में बदल दो। उसमें भी परमात्मा को देखो और फिर अपने आप में भी उसी परमात्मा को देखा – वह आसक्ति छूट जाएगी। आचार्य तुलसी को देखो, अपनी आसक्ति को प्रभु–प्रेम में लगाकर, प्रभु प्रेम का दर्शन पा कर – रामचरितमानस जैसी अमूल्य रचना कर डाली।

उनकी भी आसक्ति थी, वे अपनी पत्नी के प्रति आसक्त थे। उनकी पत्नी ने एक ही झटके में उनकी आसक्ति को प्रभु–भक्ति में बदल दिया। वह काम–शक्ति, ईश्वर शक्ति में बदल गई। परन्तु आजकल की पत्नियां तो पतिदेव को थप्पड़ मारती हैं, झाड़ू से मारती हैं और तो और घर से भी बाहर निकाल देती हैं फिर भी परमात्मा का ख्याल नहीं आता।

तुम्हारी आत्मा को वासना ने छिपा लिया है। वह महामाया तुम्हारे अन्दर बैठी हुई है। वह परमात्मा तुम्हारे पास ही है लेकिन तुम उसे देख नहीं पा रहे हो क्योंकि तुम्हारी आंखों के आगे वासना का पर्दा पड़ा हुआ है। आत्मा और परमात्मा के बीच एक दीवार खड़ी हुई है। वासना की। तुम्हें इस वासना को, अज्ञानता को हटाना होगा, उस आवरण को चीरना होगा, उस दीवार को तोड़ना होगा।

मैं इसीलिये आया हूँ ताकि तुम्हें इस बुद्धिगत वासना से मुक्ति दिलाऊं, और तुम को तुम से मिला दूँ।

•••

आन्तरिक जगत्

तुम जीव हो।

तुम यात्री हो।

कर्म के पथ के यात्री। कई एक जन्मों से यात्रा में हो। अनेकों बार आए हो, चले गये हो। और सब कुछ विस्मृत कर गये हो।

यह तुम भूला सकते हो। तुम्हारा आज का मन भुला सकता है। पर तुम्हारा सूक्ष्मतम इसे नहीं भुला सकता उसे सब कुछ याद है। भरत की तरह वह किसी भी जन्म में जाकर सब कुछ याद रखता है।

पर यह जो जगत जो चारों तरफ फैला है यह माया का बगीचा है। अति सुन्दर है यह विश्व मोहिनी रूप है महामाया का। इसको देख–देख कर – तुम तो क्या सभी ऋषि–मुनियों के भी होश उड़ गये थे। पर वे सावधान हो गये उन्होंने अपने आप को प्रभुमय हो जाना ही है यही ध्यान और भक्ति की पराकाष्ठा है और फल भी।

ध्यान करते–करते संसार का विस्मरण हो जाता है ध्यान में तन्मयता हो जाने पर मेरापन समाप्त हो जाता है और ध्याता ध्यान तथा ध्येय एक हो जाता है। यही है मुक्ति, यही तो है भगवती का जागरण।

मनुष्य का देह। एक अद्भुत व्यवस्था है। इस देव में सारा विराट

पिरोया हुआ है। यह जितना ही भौतिक है। उससे कहीं अधिक गहरा इसका सूक्ष्मजगत है। और सूक्ष्मजगत से भी अति गहरा कारण जगत है।

और इन सब शरीरों से यह मानव देह बना है। न जाने कितने केन्द्र कितने चौराहे कितने नदियां भौतिक और सूक्ष्म रूप में इसमें बनें हैं। प्रवाहित हो रहे।

उन केन्द्रों में जीवन का महाकाव्य भी लिखा हुआ है और कुछ केन्द्रों में जीवन का दुर्लभ खजाना छिपा हुआ है। और ये सब नदियां संयोग वियोग बनाती हुई। मानव देह को संरक्षता देती हैं। रक्षा करती हैं पालन करती हैं।

इस शरीर के – अन्त से जगत में अनेकों ऐसी नदियां हैं जो अमृत बहाती हैं और अनेकों ऐसे कुण्ड हैं जो अमृत छिपाये बैठे हैं। पर फिर भी यह जीवन जीवन नहीं है। अगर मानवता की जो शक्ति है। जो प्रवाह की प्रणता की कृपा ना मिली हो।

सभी की सक्रियता में वह सक्रिय है तो सभी के विस्तार और संकुचन में भी वह सक्रिय है। उसके बिना यह जीवन एक जड़ पदार्थ है। उसके बिना यह जीवन अनुभव शून्य है। ऐसे तो मानव देह अनेकों शरीरों के साथ बना हुआ है पर जो शरीर मुख्य है। वह तीन ही शरीर है। यह तीनों – ब्रह्माण्ड के तीनों लोकों से अधिक गहरी सम्बन्ध बनाये रहती है।

इन तीनों शरीरों से मानव देह प्रभावित है और तीनों ओर इन तीनों लोकों, तीनों शरीर के सक्रियता या गति के पीछे वह भगवती है।

वही कुण्डलिनी है। वह कभी दुर्गा बन जाती है तो कभी काली – वह कभी सरस्वती बन जाती है तो कभी त्रिपुरा सुन्दरी।

तुम बुद्धिजीवी या वैज्ञानिक बन कर इसे उर्जा कहते हो। जिस उर्जा के अनेकों रूप हैं।

आओ योग चेतना मैं तुम्हारे शरीर की अवतरण की ओर ले चलता हूँ।

क्योंकि तुम समाधि में जा रही हो।

तुम सृष्टि कर्ता की कीर्ति हो।

और जो उसे अमृत्व दे रहा है। वह चन्द्रमा है।

और इस देह को – को जो अपनी–अपनी ओर आकर्षित कर रहे हैं। वे पृथ्वी और आकाश हैं। जो स्वरूप की अनुभूति कराता है। वह

अग्नि है। जिसे तेजस भी कहते हैं। यह अग्नि प्रत्यारोपण और प्रत्यावर्तन करने का सबसे विशिष्ट माध्यम है।

अग्नि से सूक्ष्म जगत को, भौतिक जगत में ले आता है। और अग्नि ही भौतिकता को सूक्ष्मता में परिवर्तित करता है।

और जो वायु है। जो सम्पूर्ण शरीर में गमन प्रक्रिया को आवागमन को अपने वश में रखा हुआ है।

वह स्पर्श की अनुभूति का कारण है।

और जो रसना है रासायनिक प्रक्रिया है। जो अमृत और विष दोनों को बनाता है वह जल है। और जो दिख रहा है जिससे तुम्हारी एक पहचान तुम्हारा परिचय बना है। वह इस पृथ्वी की देन है।

अर्थात तुम अन्तरिक्ष से चली हो। आकाश से तुम्हारा धीरे–धीरे अवतरण हुआ है।

न जाने युगों लगे होंगे। इस शरीर के स्वरूप को निर्माण करने में– तब तक कहां होगी।

कभी तुमने सोचा है। किस महामाया के गोद में लाखों करोड़ों वर्षों तक सुषुप्ती में पड़ी होगी। उस महानिद्रा में तुम्हें जगाकर, यहां तक लाने में जीव को कितना कठिन यात्रा करना पड़ा होगा।

पर यह तभी संभव होता है जब किसी गुरु की कृपा दृष्टि तुम्हारे पर पड़ी होगी।

मैं तुम्हें कब से खोज रहा था और तुम माया बन कर संसार के विभिन्न रूपों में – जीवों को बन्धन में डाल रही थी।

तुम सब चेतन और अचेतन के मिश्रित रूप हो। चाहे तुम पुरुष हो – चाहे स्त्री।

तुम केवल इस वर्तमान को ही मत देखो। तुम लोग अतीत के उस यात्रा पथ की ओर भी झांको। जो तुम्हारे अन्तर्यात्रा के मार्ग में काम आएगा।

मैं तुम सबों को भगवती जगदम्बा के अनेकों रूपों का साक्षात्कार कराने की यात्रा में ले जाना चाहता हूँ। और तुम लोग – जितने भी हो – अपने आप को किसी न किसी भगवती के रूप को ही समझो।

चाहे तुम सोमा श्रीमाता बन आई हो अथवा योग चेतना बनकर – चन्द्रकला – श्रद्धा बनकर अथवा कुसुम – सत्यरूपा बनकर चाहे छोटू मोटू अपने अस्मिता को लेकर या कादम्बरी अपने चातुर्य को लेकर – जितनी भी मातायें अपने जीवन के लक्ष्य को लेकर इस यात्रा में आई हैं।

उनकी यह यात्रा इतनी आसान नहीं थी। क्योंकि आप लोग भोगरूपा स्त्री भी हैं। और मोक्षदायिनी गंगा भी। आप लोगों में से जो भी आगे निकल जाएगा उसमें उसकी आत्मा प्रेम भक्ति ही होगी।

आप लोगों में आप लोगों भी गुणों की प्रधानता ही होगी। और जो मंगलगिरी, नित्यानन्द, दिव्यानन्द, अवधेशानन्द, रामेश्वरानन्द, शंकरानन्द आदि पुरुष आत्मा के संत हैं वे भी अपने संस्कारों को संस्कृत कर निजबोध के ही योगी हैं पर सभी के समक्ष संसार रूपी माया – अपनी वासनाओं का जाल डाल रखी है। इन सब में जो सोई हुई महामाया है उसकी जागृति है। रास्ते को कैवल्य की ओर प्रशस्त करेगी।

जब मैं समाधि की ओर ले जाने का जो मार्ग बना रहा हूँ – उसमें इन दरवाजो को खोलना जरूरी है। जब मैं एक को सम्बोधित कर रहा हूँ तो मेरे से जुड़े हुए आप सभी आत्मपथ के योगियों को सोचना पड़ेगा कि मैं आप सबको सम्बोधन दे रहा हूँ।

भगवती को तो बाद में जगाऊंगा, पहले उसके प्रभाव में निर्मित उन रास्तों, पड़ावों और कर्मपथ से तो परिचय करा दें।

वह तो – कभी निन्द्रा की ओर ले जाता है तो कभी जागृति की ओर।

वहां सुषुप्ति में भी सक्रिय है और तुरीया–तुरियातीत में भी। वह ऋतम्भरा भी है। और प्रज्ञा भी इन सारे तन्तुओं ने यात्रा की है। इनकी यात्रा का मार्ग है। और यात्रा करते हुए इन्हें करोड़ों वर्ष से ज्यादा लगे हैं। इस देह को बनने तक।

यह जो कुछ भी मैं कह रहा हूँ। वह मात्र मेरी ही अनुभूती नहीं है। यह पहले भी आप लोगों से कहा जा चुका है। मेरे द्वारा ही। पर आप लोग भूल चुके हैं।

भूले इसलिए हैं कि – आप लोगों के मन में वासनाओं ने घर बना ली हैं।

ध्यान योग में बैठ कर उस परमात्मा की निज शक्ति का जो सभी कार्यो के अन्दर छिपी हुई है।

प्रत्यक्ष देखा है।

और आप सब को भी इसे अपने समाधि योग में प्रत्यक्ष करना होगा।

सभी कुछ अपने जगह पर श्रेष्ठ है।

और सभी साधनाएं भी अपने आप में महान है। पर जो हम सब का मार्ग पथ है वह योग है। और यह योग ही समाधि है।

पर केवल योग ही समाधि है कहने से नहीं होगा – क्योंकि योग एक मार्ग बनाता है। ऊंचाइयों तक चढ़ने का यह जीवन तो उतार है। ऊचाइयों से उतर कर मानव देह तक की यात्रा की है।

यह पहले ब्रह्म के साथ था। यह ब्रह्ममय था पर बिछड़ कर अणु बन गया बिछड़ कर एक जीव बन गया और इस जीवात्मा बनने में चौरासी लाख योनियों की यात्रा करनी पड़ी है आप लोगों को सब कुछ बनना पड़ेगा। ज्ञाननिष्ठ धर्मज्ञ और जितेन्द्रिय भी। पर सभी के साथ योग जरूरी है। प्रेम, भक्ति ज्ञान सब अपनी जगह पर आरूढ़ है। ये सब सर्वज्ञ की ओर जाने में सहयोगी हैं।

आकाश से अवतरण और पृथ्वी तक बनने का, ये तो प्रकृति के गुण हैं। अवतरण – जिसे डिसेन्डिंग कहते हैं, अब आप लोगों को अवरोहण पथ पर जाना होगा, जो ऐसेन्डिंग हैं। अवतरण में आप सब कुछ मिलाते आए हैं। सब कुछ जोड़ते आए हैं। यह सृष्टि प्रकरण है। नवीनता के सृजन में अमृतदान है – सृष्टि का विस्तार मार्ग है। क्रियेटिव जगत है। धन और ऋण की जरूरत है। पर समाधि में जाते वक्त अकेले की यात्रा है। यह त्याग की यात्रा है। यह अलग लेने की यात्रा है।

जिस योग को मैं बता रहा हूं यह और योग से अलग है। योग ही सृष्टि है। योग ही उपादान का मार्ग है। योग से ही प्रकृति संयोग और वियोग का संसार बना रही है। जिस मार्ग पर मैं ले जा रहा हूं। वह एक आत्म–विज्ञान है, जिसे साइंस की भाषा में डिफ्यूजन कह सकते हैं।

आपके सामने दो प्रक्रियाएं सक्रिय हैं। आपका शरीर तथा आपकी आत्मा एक तथा दूसरा – प्रकृति और ब्रह्म। एक विराट है जो चारों और फैला है, वह प्रकृति और पुरुष है। तथा दूसरा छोटा है, सिमटा हुआ है, जिसका शरीर एक लघु रूप है और उसमें आत्मा है। दोनों जगत हैं। दोनों ब्रह्माण्ड हैं। आपका शरीर आत्मा के अधीन होकर काम करता है, जिसमें एक मेकेनिज्म है। एक वृहद् ब्रह्माण्ड है और एक लघु ब्रह्माण्ड।

उसी तरह प्रकृति भी ब्रह्म के अधीन है। इसमें भी आन्तरिक प्रक्रियाएं हैं। जब आप लागों के साथ समाधि घटेगी तो आपको महतत्व तक का ही साक्षात्कार होगा। उससे जो आगम अवस्था है। आगमगम्य गुणों की एकाकार स्थिति प्रकृति है। विकृतियां समक्ष आ जाएगी।

आपको मूल प्रकृति में जाना है। यह जो संसार है इसमें सब कुछ उपलब्ध है। हर तत्व में हर तत्व की सूक्ष्म अवस्थाओं में भी वह उपलब्ध है – अर्थात् वह इस शरीर में भी है।

यह सारा ब्रह्माण्ड एक प्रक्रिया है – एक आवर्तन है – जिसमें रासायनिक – भौतिक – नाभिकीय प्रक्रिया घट रही है – उसमें आना जाना लगा हुआ है – अर्थात् कोई जन्म लेता है तो कोई मृत्यु को प्राप्त करता है। यह प्रक्रिया तभी संभव है जब यह अनेकों द्रव्यों तथा तत्वों में विभाजित हो। इन सभी की सक्रियता के पीछे जो सहस्यात्मक गतिविधियां – उसे जानना जरुरी है।

अतः मेरे प्रिय साधकों, आप सब अपनी–अपनी गतिविधियों का अवलोकन कीजिये। यहां से एक साधना शुरु होती है। आप सब लोग ध्यान दें। आपके आस–पास क्या–क्या पदार्थ किन किन रुपों में उपस्थित है। आप लोगों ने क्या–क्या छोड़ा। और उस छोड़ने के पीछे क्या कारण हैं। क्योंकि जिसमें सब कुछ निहित हो, सुख आनन्द की अनुभूति हो उसे आप छोड़ना नहीं चाहेंगे। जो हेय है – हेय पदार्थ है जो हेय का हेतु है। उसे ही आप त्यागना चाहेंगे, वह दुख भी हो सकता है। दुख हेय पदार्थ है। वह त्यागा जा सकता है। वह हेतु है।

दूसरा है हानि, जिन तत्वों, कर्मों और गुणों से आपको लाभ नहीं हुआ – उसे आप छोड़ना चाहेंगे उसे आप अपने साथ नहीं रखना चाहेंगे। इसके साथ ही हमारे आस–पास जो नजर आ रहा है या जो अनुभूत हो रहा है – वह है द्रव्य। द्रव्य के गुण द्रव्य के कर्म – सामान्य विशेष और समभाव। द्रव्य मूल में है, गुण है कर्म है। इन सभी पदार्थों में केवल धर्म ही तो द्रव्य है और जो पांच है द्रव्य के धर्म हैं। द्रव्य के धर्म, गुण और कर्म हैं। सामान्य और विशेष द्रव्य गुण और कर्म तीनों के धर्म हैं। और समभाव पांचों का धर्म है।

इन छह में से जो पहले तीन हैं। जिसे द्रव्य, गुण और कर्म कहते हैं। यह मुख्य पदार्थ है। इन्हीं में अर्थ क्रिया का प्रयोजन दिखाई पड़ता है और यही धर्म और अधर्म के रूप में लिये जाते हैं। ये तीनों निमित्त हैं – धर्म–अधर्म के। तीनों में कोई गति नहीं है, कोई क्रिया नहीं है। वे केवल शब्द–व्यवहार के प्रयोग में आते हैं।

तत्त्व अर्थात् द्रव्य नौ हैं। पृथ्वी–जल–अग्नि–वायु–आकाश–काल–

दिशा–मन तथा आत्मा। यह सब तुम्हें अपने जीवन की गतिविधियों में नजर आ रहा होगा। इसकी अनुभूति प्रत्यक्ष या अप्रत्यक्ष रूप से नजर आ ही जाती है। सब के सब किसी न किसी रूप में सक्रिय हैं। ये जीवन से जुड़े हुए हैं ये सृष्टि प्रकरण के उपादान हैं। इनके बिना न स्वरूप है– न स्थिति है न गति है और न पहचान है।

पृथ्वी–जल–तेज–वायु और आकाश ये पाचों द्रव्य पंचभूत हैं। इन्हीं का समभाव संपूर्ण जगत के जीवों–तत्वों का रूप है। पृथ्वी का गुण गन्ध है। जल का गुण रस है। अग्नि का गुण रूप है। वायु का गुण स्पर्श है और आकाश का गुण शब्द है। घ्राण–रसना–नेत्र–त्वचा और श्रोत्र ये पांच इन्द्रियां इनके माध्यम हैं। क्रमानुसार गन्ध–रस–रूप–स्पर्श और शब्द पांच विषय बन जाते हैं। घ्राण नाक के अग्र भाग में स्थित है। यह पार्थिव है इसलिये पृथ्वी के गुण गन्ध को पकड़ लेती है। रसना जिह्वा के आगे के भाग पर रहती है जो तरल होने के कारण जल के गुण को पकड़ लेती है। नेत्र की काली पुतली के आगे के भाग में तैजस अपना घर बनाए हुए है। यह हर रूप को पकड़ लेता है। त्वचा पूरा शरीर ही है। वायुमय होने के कारण यह वायु के स्पर्श को पकड़ लेता है।

अगर तुम इन तत्वों को ही अपने आप से एक–एक करके अलग करते जाओ तो तुम्हारे साथ समाधि घट जाएगी। क्योंकि इन तत्वों के चुम्बकत्व ने तुम्हें पकड़ रखा है। इन तत्वों के उपकरणों ने तुम्हें तुमसे अलग कर रखा है। इन तत्वों तुम किसी एक को पकड़ लेते हो तो अन्य को नगण्य कर देते हो, झुठला देते हो। परन्तु इन तत्वों की अपनी–अपनी पहचान है। अपने–अपने गुण हैं – इन गुणों का अपना प्रभाव है। ये कहीं भी रहते हैं वहां किसी न किसी रूप हाजिर रहते हैं। भले ही ये एक लम्बी यात्रा करके पृथ्वी का रुप लिये हों परन्तु ये सब में समाए हुए है। तुम किसी एक साध्य को ले लो वह तुम्हें तुम्हारे लक्ष्य तक ले जाएगा।

पृथ्वी को ही लो – इसमें गन्ध भी है। रस–रूप और स्पर्श भी है। भले ही इसका मुख्य गुण गन्ध हो, परन्तु अन्य तीन गुण भी इसमें अदृश्य रूप में कार्य कर रहे हैं। अगर पृथ्वी में अग्नि न हो तो कोई भी बीज वृक्ष नहीं बन पाएगा। इसमें छिपी अग्नि ही बीजों के स्वरूप को मारकर नया जीवन देती है। नवीनता का सृजन करती है। और अगर पृथ्वी में जल और वायु न हो तो कोई भी जीवन विशाल वृक्ष नहीं बन

सकता। परन्तु तुम्हारे शरीर में पृथ्वी का हिस्सा है। तुम भूमि पर रहते हो। भूमि का मार तुममें ज्यादा है। तुम चाहो तो पृथ्वी के तत्वों के साथ एकाकार होकर पृथ्वी के अन्दर बैठकर समधि लगा सकते हो।

अगर तुमने ध्यान की परिपक्व अवस्था को प्राप्त कर लिया है तो पृथ्वीमय होकर पृथ्वी से जुड़े सभी जीवों के साथ अपना सम्बन्ध बना सकते हो और पृथ्वी से सम्बन्धित सभी लोगों की सहायता भी कर सकते हो। इस पृथ्वी में संवेदनात्मक गतिविधियां है। इस पृथ्वी का ज्यादा सम्बन्ध चन्द्रमा, सूर्य तथा मंगल से है।

अगर तुम पृथ्वीमय होते हो तो विश्व के संपूर्ण चराचर जगत का सम्बन्ध तुमसे हो जाता है। तुम जगत से जुड़ जाते हो, तुम्हारी प्रार्थना का संकल्प सारी मानव जाति के लिये उपयोगी हो जाता है। पृथ्वी तुम्हें कभी शरीर त्यागने नहीं देगी तुम्हें अपनी गोद में पाकर, तुम्हारे सद्कर्मों के कारण वह तुम्हारे शरीर की सुरक्षा करेगी क्योंकि तुम पृथ्वी की तरह जगत की सुरक्षा में सक्रिय हो गये हो। छोटे–छोटे शारीरिक, मानसिक आनन्दों से ऊपर उठकर तुम परमात्ममय हो गए हो। प्रकृतिमय हो गए हो। तुम्हारा अंग–अंग प्रकृति प्रदत्त है। तुम्हारा शरीर प्रकृति से गढ़ा है।

•••

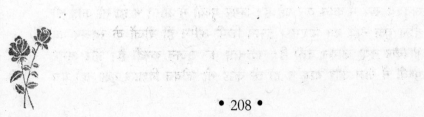

योग एक विज्ञान

भूमिगत समाधि केवल साधना नहीं है। बहुत से हठ योगियों ने इसे समझने का प्रयास नहीं किया है। हठ से प्राणायाम के द्वारा प्राण को रोककर कितने महीनों तक वे भूमि में बैठे रहे परन्तु फिर भी वे अपने लिये और जगत के लिये भी उपयोगी नहीं बन सके।

इन हठयोगियों की कुछ कृतियों का अनेकों दार्शनिकों ने मजाक उड़ाया है। खासकर उन लोगों ने जिन्होंने जीवन को तपस्वी नहीं बनाया न मन को साधा, वे फिलास्फर बन गए। अच्छी–अच्छी बातों से भरी किताब लिखने लगे, ईश्वर और मन की बातें। मैंने देखा रजनीश, दीपक चोपड़ा और इनके जैसे अनेकों लाजिकल साहित्यकारों ने हठयोगियों के बारे में अच्छी बातें नहीं की हैं। वे भूल गए कि गोरखनाथ, मच्छेन्द्रनाथ, गोपीचन्द आदि सब महान् योगी – हठ योगी थे। उन्होंने अपने योग बल से अच्छा प्रभाव छोड़ा है। अपने योगबल से चमत्कारिक ढंग से जगत् के समक्ष आए हैं। अनेकों दुर्लभ समस्याओं को योग के सहारे हल किया है जैसे अपने शरीर को बदलकर दूसरे शरीर में प्रवेश करना तथा नृत्य की अद्‌भुत शैली में संदेश को भेजना इत्यादि। दार्शनिकता भी महान है पर वह सत्य को कभी नहीं जान पाई। विज्ञान भी महान है। पर वह सत्य को कभी नहीं पा सका। कथाकार तथा कथाएं भी श्रेष्ठ हैं, क्योंकि उनमें भगवद् प्रेम की, भक्ति की चर्चा हैं।

वे भूल गए कि इन कथाओं के पात्र महान तपस्वी थे, योगी थे। उन्होंने अपने शरीर तथा मन को तपाया था। उस समय के सभी ऋषि–मुनि, योगी तथा तपस्वी थे तभी तो उनके दरवाजों पर इन श्रेष्ठ अवतारों को भी पधारते देखा गया।

प्रेम एक महान् पथ है। भक्ति प्रेम ही है। नाम लेना श्रेष्ठ भक्ति ही है। प्रेम में विह्वल हो जाना, भावनाओं का श्रेष्ठ रूपान्तरण है। प्रेम एक दर्शनशास्त्र नहीं है। प्रेम हृदय की तपस्या है। तपस्याओं को योगियों के योग को नकार कर इन कथाकारों ने भारत को भक्तिविहीन, योगविहीन और कर्मविहीन कर दिया है। केवल भाव से मुक्ति मिल जाएंगी – केवल नाम लेने से मोक्ष मिल जाएगा – केवल भागवत् कथा श्रवण कर लेने से कल्याण हो जाएगा – ये सब कलियुग की महानता को बताकर लोगों के विश्वास के साथ खिलवाड़ किया गया है।

योग एक विज्ञान है जो मानव मन ही नहीं बल्कि मानव देह को भी स्वस्थ, निरोग और संसार में कुछ कर जाने का बल देता है, प्रोत्साहन देता है। योग हर मानव को कर्म और विश्वास का धनी बनाता है। योग करने वाला व्यक्ति काया नहीं हो सकता। योग करने वाले मानव को कोई गुलाम नहीं बना सकता क्योंकि योग केवल शरीर की क्रिया ही नहीं है बल्कि योग तो एक सम्पूर्ण विज्ञान है।

योग में शरीर के लिये एक सन्देश है। योग में आत्मा के लिये सन्देश है। योग में मन के लिये सन्देश है।

मैं आप सब से और उन महान् दार्शनिकों–कथाकारों से पूछता हूं। आपके कलियुग में नाम लेने वाले वे साधक कहां गए, जिनका आर्त–वेदना को भगवान नहीं सुन पाए और आपके कृपा सागर भगवान ने भारत को गुलामी की ओर धकेल दिया।

आपके धर्म का सूर्य जो सनातन था क्यों डूबता जा रहा है। आपकी कथाओं ने इनकी रक्षा क्यों नहीं की। आपने अहिंसा, प्रेम, अतिथि सेवा एवं परोपकार को महत्व देकर प्रचार किया जिसके कारण भारत में रहने वाले लोगों में ऐसे कमजोर समर्पण की भावना जागी जो आजतक जारी है।

उनके अल्लाह ने उनकी सहायता की – वे चौहद सौ वर्षों में विश्व के अनेकों हिस्सों का धर्म बन गए।

उनके फॉदर ने उनकी सहायता की और क्रिश्चियन धर्म विश्व का सबसे बड़ा धर्म बनकर फैल गया। कुल दो हजार वर्षों में और आपका दसों हजार, लाखों वर्षों का सनातन धर्म डूबता चला गया।

अपने निहित स्वार्थों के लिये यहां के मानवों के मन को कमजोर कर दिया गया। जब धर्म परिवर्तन नहीं किया गया। जब धर्म को नहीं

स्वीकारा गया तो औरंगजेब, बाबर आदि ने खुलेआम हत्याएं की जनेउओं को जलाया। तब आपकी भगवत् कृपा कहीं आराम कर रही होगी। आप सब लोग उस वक्त भूल गए थे और आज भी भूल गए हैं। ये मानव–रचित धर्म है तथा इनकी सुरक्षा भी मानव ही कर सकता है।

वे मानव जिनका मन योगी है – जिनका धर्म संकल्प और विश्वास है जो शिव की तरह विष्णु की तरह और राम की तरह है। जिन्होंने बनवास जाने के लिये सबकुछ त्याग दिया पर धनुष और बाण को नहीं त्यागा। उन शिव की तरह जो समाधि में बैठ तो गये लेकिन त्रिशूल को अपने सामने गाड़ दिया। उन विष्णु की तरह जिन्होंने अपने सुदर्शन चक्र को कभी नहीं छोड़ा।

अपनी प्रतिज्ञा को तोड़कर हाथ में रथ के चक्र को धारण करने वाले भगवान् कृष्ण की कथा तो आप बड़े मोहक, बड़े आकर्षक शब्दों में करते हैं लेकिन अपने उन भक्तों को जो लाखों–लाखों की तादात में पंडाल में बैठे होते हैं, उन्हें जगाते नहीं। आप उनके मन को क्यों कमजोर करते हैं। उनकी शक्ति को क्यों किसी के आशीर्वाद के भरोसे छोड़ देते हैं। उन महिलाओं को तो शर्म भी नहीं आती जो कथाओं को ही भगवान मानकर ऐसी भागी फिरती है जैसे गोपिकाओं को कृष्ण मिल गए हों। वे गरीबों को वस्त्र नहीं देंगी, गरीबों को खाना नहीं खिलाएंगी। धर्म की रक्षा करने वालों को दान नहीं देंगी, कोई योगी आ गया तो उसे पाखंडी कह देंगी, और अपना धन उन कथाकारों को देंगी जो अपना घर बनाते हैं तथा अपने लोगों को धनवान बनाते हैं।

आप लोग पूर्णतया दोषी है इस राम और कृष्ण के देश को गुलाम बनाने में – क्योंकि आप लोग तपस्वी नहीं हो, योगी नहीं हो, आप लोग व्यास, शुकदेव नहीं हो जिन्होंने तपस्वी जीवन गुजारा और जिन्होंने योग से अपने जीवन को संस्कृत किया। क्या राम योगी नहीं थे? क्या राम तपस्वी नहीं थे? क्या भरत तपस्वी नहीं थे? क्या हनुमान योगी और तपस्वी नहीं हैं? क्या भगवान शंकर योगी और तपस्वी नहीं हैं? क्या कृष्ण योगेश्वर नहीं थे महाभारत के सभी पात्र एक उच्चकोटि के योगी और तपस्वी थे वे प्रेमी भी थे। वे भक्त भी थे। वे सखा भी थे। वे योगी भी थे। वे शूरवीर भी थे और सभी के सभी तपस्वी भी थे।

उनका देश गुलाम नहीं था। परन्तु आप लोगों ने ऐसा क्यों किया?

अब तो आप लोग बदलो। जिन लोगों ने कथा को व्यवसाय बना

लिय है उन सभी लोगों से मेरा कहना है कि आप लोग बदलो। यदि आप कथा को प्रभु का सन्देश मानते हो कृपा मानते हो तो आप सभी लोग बदलो। सभी लोगों को चाहे स्त्री हो या पुरुष – उनके मन को – तन को योगी बनाओ। उनके हृदय को प्रेमी भक्त बनाओ। आत्मा को संकल्प का धनी बनाओ। शास्त्र के साथ शस्त्र को भी धारण करवाओ। आप उन महान् शक्तियों की ओर क्यों नहीं ध्यान देते जिन शक्तियों ने, जिन देवियों ने आप लोगों के उद्धार के लिये युद्ध किया। अधर्मियों तथा धर्म को मिथने वालों का नाश किया।

अगर आप लोग ऐसा नहीं करोगे तो आपके सनातन धर्म का सूर्य डूब जाएगा। तब आप कथा नहीं कह पाएंगे, शंख नहीं बजा सकेंगे और यज्ञादि कर्म भी नहीं कर सकेंगे क्योंकि आक्रमण अब शस्त्रों का नहीं है अब तो छल–कपट और चतुराई का आक्रमण है। धर्म परिवर्तन का आक्रमण है। आप लोग अपने धर्म को बचाओ। शंकर बनो, बुद्ध बनो, महावीर बनो, अपने आत्मबल के धनी बनो।

सनातन धर्म की सुरक्षा करने की कथा कहो। उसको बचाने के लिये सहयोग देने की कथा कहो। इन्हें इतना कमजोर मत बनाओ कि ये थोड़ी सी मीठी बातों में आकर या धन के लालच में आकर अपने धर्म को बदल डालें।

तुम्हें यह जानकर आश्चर्य होगा कि आदि शंकराचार्य, रामानुजाचार्य, कृष्णवल्लभाचार्य आदि की जन्मभूमि के आसपास ईसाइयत और इस्लाम का बोलबाला है। जिनके वैष्णव धर्म का तुम टीका लगाते हो – जहां से यह आन्दोलन चला था, वहीं कमजोर हो गया है और धीरे–धीरे तुम्हें भी कमजोर कर रहा है।

तुम्हें केवल कृपा की बात नहीं करनी चाहिये। तुम व्यास गद्दी पर बैठकर, व्यास के कर्मपथ को भूल जाते हो, शुकदेव को भूल जाते हो। तुम द्रोणाचार्य, कृपाचार्य आदि को भी भुला देते हो। केवल नाम ही सब कुछ नहीं होता कर्म भी तो है। धर्म भी तो है। जीवन भी तो है। इनकों भी तुम नाम के भरोसे छोड़ देते हो। तुम सब कथाकार इन्हें अपने कर्म के प्रति संकल्प के प्रति धनी बनाओ। तब भक्ति और प्रेम की बातें करो, नाम की बातें करो।

जब तक हर किसी के मन को योगी नहीं बनाओगे तब तक ये कर्म के धनी नहीं होंगे। केवल नाम और प्रेम से रोटी नहीं पकती। कृपा तो

उन्हीं के ऊपर हुई है जिन्होंने कर्म को श्रेष्ठ बनाया है। इसलिये हर किसी की जीवन यात्रा में कर्म का धनी होना जरूरी है।

सनातन संस्कृति को कोई नहीं डुबा सकता अगर आप सब लोग साथ देने लगो। तो आओ हम सब मिलकर हर सनातनी को योगी बनाएं कर्मठ बनाए। प्रेमी बनाएं और उन्हें संकल्प का धनी बनाकर भारतीयता और भारत के सनातन धर्म की रक्षा के लिये तत्पर कर दें।

मैं योगी हूं, योग सिखाता हूं, पर भगवान के नाम की महिमा भी बताता हूं – पर कर्म से श्रेष्ठ नहीं बताता। कर्म ही वह मार्ग है जिससे परमात्मा प्रसन्न होता है। कर्म का प्रेम एक मार्ग है। कर्म का विश्वास एक आधार है। कर्म का भक्ति मार्ग है। कर्म का योग मार्ग है। कर्म का संन्यास, वैराग्य, गृहस्थी एक मार्ग है – साधन है।

ये सभी साधना हैं। साधना को व्यक्ति से श्रेष्ठ मत बनाओ। व्यक्ति के द्वारा ही इन सब मार्गों पर चलकर अपना लक्ष्य साधा जा सकता है। कमजोर व्यक्ति को जो कर्महीन है उसे न संसार मिला है न भगवान। सारा मानव जगत ही नहीं बल्कि यह सारा जीव जगत ही कर्म के द्वारा बना – संस्कार, प्रारब्ध का धनी है। संस्कार उसे नये जन्म की ओर ले जाता है और भविष्य में प्रारब्ध उसे फल देता है। ये सारी कृतियां मनुष्य के कर्मों का फल है। इसीलिये तो हम कह रहे हैं। वह इस घर में रहता है क्योंकि उसी ने इस घर को बनाया है।

मैं आपसे फिर पूछता हूं। भारत के सनातनियों को इतना कमजोर क्यों बना रहे हो। केवल कृपा के भरोसे जीने के लिये कह रहे हो। गोपिकाओं की भांति प्रेम की बातें, विरह की बातें कह रहे हो। यह भूल गये गोपिकाएं कौन थी। वे क्यों गोपिकाएं बनकर आई थीं। इन पृथ्वीपुत्रों को अपने कर्म के धनी बनाने की अपेक्षा उनके सामने समर्पण और विश्वास की बातें करके उनका यह जीवन भी आध्यात्मिक गुलामी में रख रहे हो।

क्या कभी बिना कर्म किये किसी को मोक्ष मिला है? किसी पर कृपा हुई है। कर्म–विहीन मानव तो पशु होता है। तुम पशुओं का कर्म का अधिकार नहीं देते तो वे प्रेम के अधिकारी है। भोग के अधिकारी हैं फिर तुम इन कर्मनिष्ठ मानवों को पशु क्यों बना रहे हो।

मेरा तुम लोगों से यही निवेदन है कि इन स्त्री–पुरुषों को योगी बनाओ – कर्मयोगी। इस देश को प्रेम रोगी नहीं चाहिये। इस देश को अभी निष्काम भक्ति नहीं चाहिये – इस देश को कर्मठ योगी चाहिये।

राम की तरह, लक्ष्मण की तरह – कृष्ण की तरह – बुद्ध की तरह, शंकर की तरह, दयानन्द की तरह जो धर्म को बचाएं – जो मानवता को बचाएं। इसीलिये गोरखनाथ चाहिये, गोपीचन्द चाहिये, मुद्गल चाहिये, मैत्रेय चाहिये, विश्वामित्र चाहिये, दुर्वासा चाहिये, दत्तात्रेय चाहिये, चन्द्रमा चाहिये और वे ऋषि–मुनि चाहिये जिन्होंने वैदिक संस्कृति की रक्षा की।

ऐसे लोग नहीं चाहिये जो बुद्ध के नाम पर दलितों का शोषण करना चाहते हैं – जो भारत को अनेक भागों में बांट चुके हैं और बांटना चाहते हैं। उन सभी सिद्धों, योगियों की जरूरत है जिन्होंने अपने योग बल और सिद्ध बल पर हमेशा भारत के भविष्य की सुरक्षा की – उनमें नए प्राण फूंक और सनातन धर्म को बचाया।

तुलसीदास, नानक, कबीर, सूरदास, रैदास को हम कैसे भूल सकते हैं। परन्तु इनके नाम पर देश को बांटने वालों को समझाना होगा।

योग में आठ सीढ़ियां चढ़नी पड़ती है – तब जाकर कहीं खुली छत मिलती है, जिसको आज़ादी कहते हैं। आठों सीढ़ियों पर चढ़ना एक कठिन तपस्या है। तभी तो तुम लोग भाग जाते हो, उन पंडालों की तरफ जहां गीत गाये जाते हैं। तुम्हारे मन की बात की जाती है।

पर योग मन की बातें नहीं हैं। योग तो मन को सिद्धियों से भर देने की बात करता है जो आठ प्रकार की सिद्धियां हैं। वे योग से प्राप्त होती हैं। हनुमान जी को जो सिद्धि प्राप्त थी वह अणिमा – लघिमा – महिमा थी – जो अंगद ने पृथ्वी पर अपने पांव जमा दिये तो उन्हें रावण जैसा शक्तिशाली भी नहीं उठा पाया वह सब योग का ही संकल्प था। रावण ने, मेघनाद ने भी योग तपस्या से ही शक्ति तथा सिद्धियों को प्राप्त किया था – भले ही उन्होंने रास्ता गलत चुना पर थे वे तो तपस्वी ही।

इस योग में संपूर्ण सिद्धियों का खजाना भी है और परम से आमने–सामने होने का साधन भी है। परन्तु योग अष्ट सिद्धि दाता है। गुरु वसिष्ठ ने – राम, लक्ष्मण, भरत, शत्रुघ्न चारों भाइयों को पूर्ण योग का साधक बनाया था। शस्त्रों की उत्पत्ति का साधन योग ही है, धारणा ध्यान और समाधि का ही विज्ञान है। ये धारणा, ध्यान तथा समाधि एक प्रयोगशाला है, जिससे मन परिपक्व होकर उन सुषुप्त शक्तियों को समय के अनुकूल जगा सकता है और पुनः लौटा भी सकता है।

यह सारा जगत जो वैज्ञानिक बना है। शोधकर्ता बना है और जितनी उपलब्धियां प्राप्त की है। वे सब धारणा का विज्ञान हैं।

तम सब योग को नकारते हो – धारणा के बिना तुम्हारा जीवन एक भटकाव है। बच्चों की पढ़ाई से लेकर रसोईघर और सारे कार्यशालाओं – आफिसों और वैज्ञानिक प्रयोगशालाओं में अगर धारणा न हो तो कोई भी काम सफल नहीं होगा। यह धारणा योग की छठी सीढ़ी है। जिस धारणा ने तुम्हें इतना सब कुछ दे रखा है तो सोचो संपूर्ण योग तुम्हें क्या–क्या नहीं दे सकता।

जिस देश को योग जैसा विज्ञान मिला वह देश पिछड़ गया, कब से जब से भक्त और प्रेमियों ने अपनी लीलाएं शुरू कर दी। कृष्ण एक योग–योगेश्वर थे। उनके योग को किसी ने नहीं अपनाया। परन्तु गोपिकाओं की रामलीला सुन्दरियों तथा दूसरे की मां–बहनों के साथ करने को अपना लिया।

श्री कृष्ण ने अष्टांग योग शक्तियों से आठ असुरों का वध कर डाला– उस ओर किसी का ध्यान नहीं गया कि एक छोटा बालक इतना शूर–वीर और चातुर्य का उदाहरण कैसे बन सकता है परन्तु राधा–कृष्ण की प्रेम–लीला की तरफ सबका ध्यान चला गया। जो वास्तव में योग साधन था, उसे ठुकराकर जंगल व झाड़ियों में प्रेम करना सिखाया गया तथा इसको लीला कहकर दोषमुक्त कर दिया गया। सत्य जो प्रयोग से उपलब्ध होता है उसे ढक दिया गया।

प्रेम को युद्ध के मैदान में लड़ते तो नहीं देखा है, पर प्रेम को युद्ध का कारण बनते आदि काल से देखते चले आ रहे हैं।

यह योग आठ पैरों पर खड़ा है और इसका कोई भी पैर कमजोर नहीं है। आठों पैर सशक्त हैं। यह योग मनुष्यों को अपनी पहचान बनाने की एक कर्म–यात्रा है। योग के आठ अंग ये हैं – यम, नियम, आसन, प्राणायाम, प्रत्याहार, धारणा, ध्यान तथा समाधि। मानव को तन से मिलाने की, मन मिलाने की यह एक पूर्ण यात्रा है। जब यह तन से मिलाती है, तनमय बनाती है तो सारी पृथ्वी उसके सामने दर्पण बनकर खड़ी हो जाती है और अगर यह मन से मिला दे, मनोमय कर दे तो सारा सूक्ष्म जगत भौतिक बनकर सामने आ जाता है।

मैं आपको इसी यात्रा पर ले जा रहा हूं। मैं तत्वों के माध्यम से, उनके गुणों के माध्यम से आपको समाधि में ले जाना चाहता हूं। यहां तक तो मैं आ गया हूं। इसके आगे अष्टांग योग के माध्यम से ब्रह्म तक ले जाऊंगा जो आपका अपना निज घर है। जहां से आप चले हैं। यह

घर आपका अपना नहीं है। अगर आप बाहर से कोई रास्ता अपनाएंगे तो वह अपनी एक और नई यात्रा होगी। यह घर तो आपको मिला हुआ है जिसे आपको लौटाना होगा और जो घर आपका अपना है। वह आपकी प्रतीक्षा कर रहा है।

वह रास्ता भीतर से जाता है, जिधर से भी आप जाएंगे आपको समाधि से ही गुजरना होगा। वही एक ऐसा है जहां से सारे रास्ते निकलते हैं और उसी में समा जाते हैं। सबकी समाधि भी है और समाधि सबका दरवाजा भी है, प्रभु से मिलने का।

तो आईये मैं आपको पृथ्वीमय के बाद जलमय की ओर ले चलता हूं।

यह शरीर जिसमें आप रह रहे हैं यह पंचभूत का शरीर है। इसे आपको बहुत संभालकर रखना है। यह धोका दे देता है। बड़ा नाजुक है – इसे किसी और का शिकार मन होने दीजिये। इस शरीर के अलावा आपके पास कोई साधन नहीं है। यह अनमोल है – दुर्लभ है – बार–बार नहीं मिलता – इसमें सब कुछ छिपा हुआ है – यह एक प्रयोगशाला भी है – इसमें अनेकों अंग हैं यह तीन विभिन्न गतिविधियों के केन्द्र में बेठा हुआ है। मस्तिष्क खण्ड–हृदय खण्ड और नाभि खण्ड– यह ब्रह्मा है। ये तीन दुर्लभ प्रयोगशालाएं हैं। विश्व की सारी खोज इस छोटी सी मस्तिष्क रूपी प्रयोगशाला की देन है – जीवन, विज्ञान का संचार संचालन का विज्ञान – प्रेम और भक्ति का विज्ञान हृदय रूपी प्रयोगशाला के अधीन है। यह व्यक्तिगत भी है और विश्वातीत भी। यह बाह्य गतिविधियों से भी जुड़ा है और अन्तर्जगत से भी।

नाभि तो एक ऐसा केन्द्र है जो संपूर्ण शरीर का – संपूर्ण व्यवस्थाओं का मूल केन्द्र हैं। यह सुमेरू पर्वत की तरह पूरे शरीर का केन्द्र है। इसके अलावा भी गुदा और योनि स्थल पर केन्द्र है, जो काम का केन्द्र है और मुक्ति का भी केन्द्र है। भोग और योग दोनों का एक ही केन्द्र है। एक तरफ भोग द्वार बनकर सृजन करता है तो वही दिशा परिवर्तन कर जीवन की मोक्ष द्वार से जोड़ देता है।

यही पृथ्वी का भी केन्द्र है और यही पर उस महामाया भगवती का स्थल भी है जिसे आप लोग कुण्डलिनी कहते हैं। यह जीवन ऊर्जा रूपी धारा का कुण्ड है ऐसा कुण्ड जैसे कि एक जल का कुण्ड होता है।

मैंने हिमालय में ऐसा कुण्ड देखा है – उसे देखने पर ऐसा लगा मानो योनि के ऊपर कुण्डल मार कर कोई सर्प बैठा है। कुण्डल के बीच

में एक कुण्ड बना है। पर्वत की एक लम्बी श्रृंखला है – नीचे की ओर जाएंगे तो बहुत ही दुर्लभ गुण है। यह कभी मार्कण्डेय ऋषि की तपस्थली रही है। इसलिये इसे मार्कण्डेय कुण्ड भी कहा जाता है। मार्कण्डेय अमर योगी हैं। उन्होंने मृत्यु पर विजय प्राप्त कर ली है। मैं भी इस स्थान पर काफी समय रहा हूं। इस कुण्ड के जल के अलावा आसपास कई मीलों तक जल का अन्य कोई साधन नहीं है। उस कुण्ड का पानी कभी समाप्त नहीं होता। वहां घना जंगल है।

काठगोदाम नैनीताल में है। काठगोदाम चुंगी चौक से एक रास्ता जाता है जंगल औश्र पहाड़ों से होता हुआ। वहां के लोग इस कुण्ड से परिचित हैं। दर्शन करने के लिये आते हैं। यहां पर सिद्ध लोग ठहरते हैं। उन गुफाओं में आज भी कुछ अच्छे सन्त हैं।

हेड़ियाखान बाबा, सोमवारी बाबा और लटुरिया बाबा यहीं पर ठहरते थे। कालान्तर में नान्तिन बाबा आदि सिद्ध सन्त भी यहा आकर ठहरते थे। मैं भी यहां आकर ठहरा था। इस कुण्ड का दर्शन कर लेने से अपने अन्दर कुण्डलिनी की स्थिति एवं स्वरूप का ज्ञान हो जाता है। यहां स्थित पर्वत की शिला को देखकर ऐसा लगता है मानो कोई विशाल सर्प लेटा हो। वर्षा होने पर जल ऐसा बहता है मानो कोई नागिन मदमस्त होकर, हिचकोले खाकर नीचे की ओर सरकती जा रही हो। या कुण्ड शायद रूपान्तरण है क्योंकि यहां मार्कण्डेय जी ने अपनी इसी शक्ति को जगाकर शिव कृपा को प्राप्त किया था। हेड़ियाखान बाबा ने भी यहां पर तपस्या की थी जिन्हें सारी दुनिया महावतार बाबा के नाम से जानते हैं।

मैं कह रहा था कि हम सब के शरीर के भीतर एक अद्भुत केन्द्र है। यौन उर्जा केन्द्र के पास। योग के विषय पर लिखे आज कई साहित्य बाजार में उपलब्ध हैं। उनमें आपने पढ़ा ही होगा योग के बारे में। इस पर भी मैं थोड़ी सी चर्चा कर रहा हूं। सुषुम्ना, इड़ा और पिंगला नाड़ी। सुषुम्ना मध्य नाड़ी है। यह अन्तस यात्रा का मार्ग बनकर बह रही है। यह गुप्त सरस्वती की तरह है। इड़ा बाएं से बह रही है – पिंगला दाहिने। मेरुदण्ड की दोनों दिशाओं से। सुषुम्ना भीतर से। इन तीन नाड़ियों का शक्तिशली केन्द्र जहां से उद्गम होता है वह स्थल वह कुण्ड है। योनि भी कुण्ड है। गुदा भी कुण्ड है। यह भौतिक है पूरी तरह से भौतिक। पृथ्वी के हर जीवों का काम केन्द्र योनि। आनन्द देने वाला क्षेत्र। उस कुण्ड से उठा हुआ कम्पन या विधुत–प्रवाह जो मानव तन मन सब को मोट

लेता है थोड़ी देर के लिये स्वर्ग का सुख भी उसके सामने बेकार हो जाता है। वह आनन्द उस सर्प के थोड़े से कंपन से ही मिलता है – जिसके लिये सारा विश्व पागल है। मानव ही नहीं बल्कि पशु पक्षी भी उसके लिये आतुर हैं – अतृप्त हैं। उस प्यास को मिटाने के लिये – खोज कर रहे हैं। यात्रा कर रहे हैं। उस सुषुप्ति में पड़े सर्प की थोड़ी सी हलचल को ही हम सारे जीवन का सुख मान रहे हैं। आप लोग सोचें – थोड़ी कल्पना करें कि अगर वह सर्प पूरी तरह से जाग जाये और ब्रह्मरन्ध्र तक पहुंच जाये तो क्या नहीं हो सकता – सब कुछ हो सकता है। अगर इस कुण्ड से उस सर्पिणी महामाया को जगाकर मार्कण्डेय अमर हो सकते हैं – महावतार, सर्वेश्वरानन्द, सुन्दरानन्द, लटुरिया बाबा, सोमवारी बाबा आदि महान् योगी बन सकते हैं – तो आप लोग क्यों नहीं।

यह समाधि मार्ग तक जाने की पहली सीढ़ी है। परमात्मा तक जाने के मार्ग की प्रथम सीढ़ी और उस प्रथम सीढ़ी को पकड़कर सारी मानव जाति खो गई है। जीवन सारा उद्देश्य ही इसी कुण्ड के छींटां के बीच रह गया है। उस मार्कण्डेय कुण्ड में मैंने अनेकों बार स्नान किया है। रात्रि के ढलते ही ब्रह्म मुहूर्त में। अन्य योगियों के आने से पहले ही मैं वहां पहुंच जाता था। वहां पहुंचना तथा उस कुण्ड में डुबकी लगाना इतना सहज नहीं है क्योंकि इसकी गहराई की सीमा नहीं है। उस आनन्द सागर रूपी कुण्ड में डुबकी लगाकर बाहर आना भी इतना आसान नहीं है। वह कुण्ड प्रकृति तथा पाताल जैसा गहरा है। उस कुण्ड में प्रकृति से परमात्मा तक की दूरी है। वह कुण्ड स्वर्ग तक जाता है। वह कुण्ड दिखने में तो बहुत छोटा है लेकिन परमात्मा तक ले जाता है।

यह आपका शरीर भी छोटा है लेकिन यह छोटा शरीर ही आपसे चलकर परमात्मा तक ले जाता है। अगर आप पहली सीढ़ी पर न रुककर आगे बढ़ जाएं तो यह पृथ्वी से लेकर ब्रह्माण्ड तक आपको यात्रा करवाएगा। इस ब्रह्माण्ड में जितनी भी शक्तियां सक्रिय हैं। इस विश्वातीत सृष्टि प्रकरण की जितनी ऊर्जाओं की गतिविधियां है। वे सब आपके शरीर रूपी पिण्ड के इसी केन्द्र में समाहित है। एक त्रिकोण योनि मण्डल है। सुषुम्ना का मुख उस योनि मण्डल के केन्द्र में है। जो मेरूदण्ड के भीतर होकर ऊपर की ओर जाता है। यह साधारण अवस्था में बन्द ही रहती है। इसके बन्द होने के कारण ही इसकी शक्ति इडा और पिंगला के द्वारा ही प्रवाहित होकर बाएं और दाएं भाग से ऊपर की

ओर प्रवाहित होती हुई। उन सभी केन्द्रों को जिसे चक्र कहा जाता है छूती हुई सारे शरीर में अविराम क्रियाशील होती हुई प्रवाहित होती है।

इस त्रिकोण योनि मण्डल में एक अति सूक्ष्म विद्युत समान अद्‌भुत दिव्य शक्तिशाली नाड़ी लिपटी हुई है। यह सर्प की तरह है। यह साढ़े तीन लपेटे खाकर अपनी पूंछ को अपने ही मुख में दबाकर शंख की आकृति में सोई है। यही वह महामाया भगवती है जिसे कुण्डलिनी शक्ति कहा जाता है।

यह प्रयोग में आती ही नहीं। आप कल्पना कर सकते हैं कि यौन क्रिया के समय यह केवल आन्दोलित होती है। इसमें मात्र कम्पन होता है। इसकी निद्रा नहीं खुलती यह ज्यादातर सुषुप्त ही पड़ी रहती है।

यह महामाया जगदम्बा है। यही अम्बिका है जगत् जननी है। यह वह प्रसूत भूमि है जहां से सृजन प्रारम्भ हुआ है यह वह शक्ति है जो जाग जाये तो मस्तिष्क की महिमा को मण्डित कर दे। तब यह बुद्धि को इतना प्रकाशित कर देती है कि मनुष्य की सारी दिव्य शक्तियां जाग जाती है। शिव और शक्ति का मिलन हो जाता है।

शिव गहन तपस्या में है। शक्ति सोई हुई है। जीवन चक्र यूं ही चल रहा है। शिव समाधि में प्रवेश कर गए है। सारा मस्तिष्क खण्ड यूं ही सोया हुआ है। शक्ति अन्तस भवन बैठी है अपनी सारी ऊर्जाओं को समेट कर। शक्ति का जागरण हो तभी शिव की समाधि भंग हो। शक्ति को शिव से मिलना है। सुषुप्ति को जागृति से द्वय होकर एकाकार होना है।

आप में से अधिकांश व्यक्तियों ने देखा होगा कि सर्प जो कुण्डल मार कर बैठा होता है, अगर उसे थोड़ा सा स्पर्श कर दिया जाय तो उसका फन झटके उठ जाता है। और अगर पुनः उसे कुछ न किया जाये तो वह अपनी पहली की सी अवस्था में आ जाता है, क्योंकि वह अपने में निमग्न होता है। इसी प्रकार यह कुण्डलिनी है। इसे किसी से क्या लेना–देना। इसकी जरूरत तो आपको है, जगत को है। अगर यह जाग जाय तो अपना और जगत का कल्याण हो जाये। शिव को यहां समधि‍ा से जगाना है अर्थात् मस्तिष्क को प्रकाशित कर सारी ऋद्धियों–सिद्धियों को पाना है और यह तभी संभव है, जब यह कुण्डलिनी जाग जाये।

यह सुषुप्ति से जागरण तक की दूरी है। यह बेहोशी से होश तक आने की यात्रा है। यह मृत्यु से अमृत तक ही यात्रा है। यह शक्ति से

शिव तक की यात्रा है। इसे जगाकर वहां तक ले जाना है जहां मानव की पूर्णता का मार्ग है।

यह जागकर कभी सरस्वती बन जाती है, कभी दुर्गा तो कभी काली का रूप ले लेती है। यह कभी लक्ष्मी बन जाती है कभी विश्वमोहिनी बनकर प्रेम की गंगा बहाती है, कभी यह जागकर डाकिनी, शाकिनी, हाकिनी बन जाती है, कभी पीताम्बरा कभी यह जागकर अपने आपको ही मिटाने लगती है। जब कभी यह साधकों की गलतियों के कारण काली रूप में जागती है तो जीवन और मृत्यु का प्रश्न खड़ा हो जाता है क्योंकि काली के सामने कोई देवी–देवता खड़े नहीं हो सकते। सबके सब बेचैन हो जाते हैं, घबरा जाते है, सोचते हैं अब क्या होगा। उस समय शिव सामने आ जाते हैं। आपने चित्रों में देखा ही होगा शिव के ऊपर काली को खड़े होते हुए। शिव ही उस काली को शान्त कर सकते हैं।

यह आधार शक्ति है। इसके बिना आगे बढ़ना कठिन है। लक्ष्मी की पूजा आराधना इसके बिना नहीं हो सकती है। यह कुण्डलिनी का ही एक रूप है। ऐसे सैकड़ों रूप है शक्ति के। इस कुण्डलिनी रूप भगवती के हजारों नाम है। यह कुण्ड के भीतर से लेकर बाहर तक आठ बार कुण्डल मार कर बैठी है। जैसे कि विष्णुजी को आपने देखा होगा शेष नाग पर बैठे हुए क्षीर सागर में। बाहर की ओर यह साढ़े तीन चक्र मार कर बैठी है उस कुण्ड से, उस त्रिकोण से बाहर जगाकर ला देने से जीवन की यात्रा पूरी तरह से निर्वाण की ओर चल देती है।

यह एक शक्ति है जहां वह बैठी है वह शक्ति का केन्द्र है। इस केन्द्र में दिव्य शक्तियां छिपी हुई हैं। यह अगर जग जाये तो महाशक्ति का रूप ले लेती है। यह संपूर्ण शरीर उसके अधिकार क्षेत्र में आ जाता है। जब यह ऊपर की आरे दौड़ती है तो एक सैकंड के सौवें हिस्से में सारे शरीर की अजीब दशा हो जाती है। इसलिये इसे जगाकर अपने अनुकूल आरोहण यात्रा में ले जाने पर ही यह उपयोग सिद्ध होती है। यह सर्व सिद्धिदात्री है। योगीजन इसे जगाकर मोक्ष प्राप्त कर लेते हैं। यह अपार शक्ति का केन्द्र है।

भगवान शिव को आपने देखा होगा। अपने शरीर के अंगों में सर्प–ही–सर्प लपेटे हुए, उसका मात्र अर्थ यह नहीं कि वे हलाहल को पी गए हैं इसलिये विष उनपर असर नहीं कर सकता बल्कि उसका अर्थ विशेषतः यह है कि वे कुंडलिनी शक्ति का प्रतीक है। भगवान शिव के

साथ यह शक्ति जागकर उनके अंग–अंग से जुड़ी हुए है। इसीलिये वे देवों के देव सदाशिव है। भोले भी है और ताण्डव नृत्य धारी भी है।

सम्पूर्ण शारीरिक शक्तियों का आधार यह कुण्डलिनी ही है। जागने पर यह केवल सीधे दौड़ती ही नहीं है अपितु अनेकों स्थानों पर रुककर अपनी भिन्न–भिन्न शक्तियों का रूपान्तरण भी करती है। तथा यह अपने यात्रा मार्ग में केवल चक्रों का भेदन या सम्पादन ही नहीं करती बल्कि एक सौ आठ जगहों पर कुण्डल भी बनाती है। यह सब मूल से ब्रह्माण्ड तक की यात्रा करने में होता है।

भगवान शिव की यह आधार शक्ति है। शिव और शक्ति के मिलन से ही यह शरीर और संसर है शिव भी शव और शक्ति का मिलन ही है। यह दिव्य प्रकाश से युक्त है। यह चकाचौंध कर देती है, जब यह भौतिक यात्रा में चल पड़ती है।

यह अति सूक्ष्म है। हम जितने भी कुण्ड आदि की चर्चा कर रहे है– इनका कोई भौतिक रूप नहीं है। यह सब सूक्ष्मता में है। स्कन्द के ऊपर मेरुदण्ड के सबसे नीचे के हिस्से में। आई अंगुल गुदा से ऊपर और पुरुष के लिंग से चौदह अंगुल की दूरी पर और महिलाओं की योनि से साढ़े चार अंगुल भीतर में जो कि का काम का मूल क्षेत्र है। भौतिकता में यह काम सुख की प्रकृति है और आध्यात्मिकता में मोक्ष दायिनी है। इसे ऊर्ध्व करके – अन्तर्मुखी गति देकर पुरुष हो या स्त्री दोनों परमानन्द में खो सकते है, दोनों ही महान् योगी हो सकते हैं। तक मोक्ष का बहुआयामी दरवाजा खुल जाता है। जब भी आनन्द का एहसास होता है, तो वह इसका स्पर्श मात्र होता है।

प्रेम तो जन्म लेता है हृदय में जो द्वैत का प्रतीक है क्योंकि दो जीवों की वह एक यात्रा होती है – ठीक वैसे ही जैसे पुरुष प्रकृति के प्रभाव क्षेत्र में आ जाता है। वह चाहकर भी मुक्त नहीं हो सकता अगर प्रकृति न चाहे तो।

पुरुष कारण है पर जो चुम्बकत्व प्रकृति में है वह पुरूष में नहीं है। वैसा ही जीवों के साथ होता है – दो दिलों के प्रेम का बीजारोपण तो हृदय में होता है। पर मिलन मूलाधार के नीचे महापापा के माया क्षेत्र में ही होता है। प्रेम का मिलन आनन्द की खोज है। प्रेम का मिलन अद्वैत है। प्रेम इशारा है उस परम प्रेम की ओर आने का। यही सष्जन है। प्रकृति प्रसूता है। प्रसूता भूमि होने से ही विकृतियों का जन्म होता है।

आज हम सब जो दृश्यमान होरक जगत में घूम–फिर रहे हैं, उसका कारण यह आकर्षण ही है प्रकृत्ति का। वह गुरुत्व अगर प्रकृत्ति में नहीं होता तो इस जगत् का सज्जन नहीं होता। तब हम ओर आप उस प्रेम के फल की खोज में न प्रेमी बन पाते और न ही योगी–यति।

प्रेम भी एक खोज है। प्रेमी–प्रेमिकाएं प्रेम करते हैं आनन्द के लिये। सब योगी और सन्त बनते हैं उस आनन्द को परमानन्द में बदलने के लिये।

प्रेम में द्वैत को अद्वैत बनना है। दो जीवों के शरीर का मिलन है। दो जीवों की आत्माओं का समर्पण है। परन्तु योग में अद्वैत की मात्रा है क्योंकि उसमें काम रुपी कामाक्षी के किसी स्पर्श की आवश्यकता नहीं है क्योंकि वह तो स्वयं ही भोग भोगी और भोक्ता है। वह जानती है उसका परम आनन्द कहां है।

वह शक्ति जागते ही उस परम शिव की ओर यात्रा करती है। बिना परमशिव से एकाकार हुए, सद्, चित्, आनन्द की प्राप्ति नहीं होती। वह कुण्डलिनी जब तक उस परम से नहीं जा मिलती तब तक परमानन्द की प्राप्ति नहीं होती है और वह परम अनेकों रूपों में इस पिण्ड ब्रह्माण्ड में बैन हुआ है इसीलिये तो आनन्द भी बंट गया है।

परम की ओर महामाया की यात्रा इतनी आसान नहीं है। अनेकों भैरवी, काली, डाकिनी, शाकिनी, हाकिनी और दुर्गा आदि रास्ते में बैठी हुई है। कहीं ज्ञान की गंगा बनकर – पीताम्बरा बैठी है तो कहीं ऐश्वर्य की महामाया लक्ष्मी। ये सब भोग का योग लिये कई जन्मों के प्रारब्ध संस्कारों की स्मृतियां लिये हुए है। तभी तो वह महामाया अपने आप में कुटस्थ होकर उस कुण्ड में बैठी है जो अमृत कलश है वो अमृत कुण्ड है। भोग की प्रक्रियाओं में योग बनते ही यह अमृत छलक जाता है। जिस क्षण ये छलकता है पुरुष और स्त्री के लिय वह सभी स्वर्गों से श्रेष्ठ होता है। स्वर्ग घट जाये लेकिन यह नहीं घटता।

मूलाधार एक चक्र। यह आधार शक्ति का केन्द्र है। यह सारे शरीर का आधार है। यह शक्ति का भी आधार है। यह काम का भी पीठ आधार है। यह प्रसूत भूमि का भी आधार है। यह संपूर्ण मानव जाति का नहीं बल्कि सन्तान पैदा करने वाले जीवों का भी आधार केन्द्र है। यहां पर सब कुछ है। योनि भी है – लिंग भी है। वायु का स्थान भी है वायु की

गति का आधार भी है। यहां अपने ग्रेविटेशन में अपना केन्द्र बनाए हुए अपना कार्य करती है।

वह सब एक स्वाभाविक प्रक्रिया है। सम्पूर्ण शरीर के रक्त को बटोरकर यह अमृत रूपी बीज का निर्माण करती है जिसे बिन्दु कहते है। सम्पूर्ण इमोशनल इकटेसी के समन्वित प्रभाव को रिलीज़ करने और आनन्द में परिवर्तित करने को यह आधार क्षेत्र है। इसके बिना सब कुछ बेकार है। यहां पर जो आनन्द उपलब्ध होता है। वह धार्मिक बनने से रोकता है।

यह भोग के रूप में जागकर, भोग की प्रक्रियाओं से गुजार कर आप लोगों के उस अमष्त बीज को नष्ट करवा देती है। आप अनेकों बार मरते हो और फिर यह अमष्त का सष्जन कर आपको एक नया जीवन देती है। इसीलिये यह सर्पिणी की तरह कुण्डल मारकर बैठी हुई है।

मैंने कई बार नर सर्प और मादा सर्प को एक साथ लिपटकर कुण्डल मार कर भोग में कई घंटों तक बैठे देखा है यह मेरे साथ रोज ही होता था। जब मैं हिमालय में एक पर्वत की शिला पर बैठकर अपने को दत्त–चित्त करता था तो मुझे पूरे दिन का पता ही नहीं चलता था। जब आँख खुलती थी तो सामने दो नर–मादा सर्प को लिपटा हुआ अपने फ़न–को–फन से मिलाए हुए, कभी कुण्डल मार कर कभी एक–दूंसरे से लिपटे हुए रहते थे। इधर मेरा ध्यान टूटता था उधर उनकी मग्नता भी भंग होती थी।

लोग कहते है कि नर–मादा सर्प को भोग करते हुए देखना खतरे से खाली नहीं होता – वे देखने वाले को डँस लेते हैं। लेकिन मेरे साथ ऐसा नहीं हुआ। वे दोनों मेरे सामने से गुज़र जाते थे। लेकिन जब भी मैं जगह बदल कर किसी दूसरे स्थान पर जाता था तो वे भी वहां पर आ जाते थ। बाद में मैंने जगह बदलना छोड़ दिया – यह सोचकर कि महामाया जो करना चाहती है उसे होने दिया जाये। और मुझे समझ में आ गया कि जो कुछ भी मैं कर रहा हूं या जो कुछ भी मेरे साथ घट रहा है वह अन्दर की उस सर्पिणी की ही माया है। वही बाहर आकर अपनी माया को दर्शा रही है। भीतर वाली जो शक्ति है वह उस सर्पिणी से ज्यादा खतरनाक है।

मैं उस वक्त वज्रौली कर कई एक माह तक कठिन अभ्यास करके अश्विनी मुद्रा शक्ति चालिनी मुद्रा का प्रयोग करता था।

मैं ऊर्ध्वगमन के मार्ग पर था। मैंने सर्प से हमेशा शिव का प्रेम देखा है। सर्प को हमेशा शक्ति का ही एक रूप माना है। बचपन से ही मेरा और सर्पो का साथ रहा है। इसीलिये मैं समझ गया था कि मेरे अन्दर की सर्पिणी परम पुरुष से मिलने के लिये आकुल है। वह अतृप्त सोई है। मुझे उसकी सुघप्ति को जगाना है। कुण्ड में कुण्डल मारकर सोई महामाया भगवती को अपने अन्दर के शेषनाग से मिलाना है। मैं उसे सफल करने के लिये दुर्लभ – कर्कोटक नाग की गुफा में चला गया। कर्कोटक नाग ने राजा नल को डस लिया था। जब राजा नल अपनी पत्नी दमयन्ती को जंगल के ताल पर छोड़ आये थ। उस नाग को मैं अनेकों बार देख चुका था लेकिन उसकी गुफा में मैं कभी नहीं गया था।

वह गुफा बड़ी रमणीय है पर्वत की ऊंची चोटी पर है। उस गुफा में जल का विशाल कुण्ड है जो एक तालाब के समान है। ऐसा लगता है वह नाग कोई दिव्य पुरुष रहा होगा जिसके लिये प्रकृति ने इतना सुन्दर स्थल बनाया। मैं जिस कार्य को कर रहा था वह एक नाग या सर्प के डसने के कार्य से भी ज्यादा खतरनाक था, मैं भीतर की नागिन को छेड़ चुका था और उसे अपने परम–पुरुष से मिलने नहीं दे रहा था।

आप लोग मिलाने के प्रयास में जीवन गुजारते हो, पर उसे मैं मिल जाने पर भी बिछड़ा देता था और कहता था आओ नान्ति बाबा कुकुर की तरह फुदकने लगे अर्थात् जैसे मुर्गा–मुर्गी उछलकर चलते हैं और आवाज करते है वे भी वैसा ही करने लगे। मैं उनके पीछे–पीछे भागा। वे मुर्गे के समान कभी एक लंबी छलांग लगा देते थे। यह सब घंटों चलता रहा। मैंने उनसे कहा – अब तो शान्त हो जाइये और अपनी मूल स्थिति में आइये। तब वे हंसने लगे बोले आनन्द की खोज में ही तो हम तुम निकले है। आनन्द ही तो मैं ले रहा हूं। इन शक्यिों को जगा कर इस लीला में जो प्रकृति की लीला है उसका आनन्द लो।

जो तुम हो उसे मारो ओर जो तुम चाहो वह बनकर इस भोग भूमि पृथ्वी पर जीवों का संग करो। आनन्द लो। एक को मिटाओ दूसरे को अपने में सृजन करो। बीज को मारो। वृक्ष को बनने दो। बीज रहकर क्या करोगे और बीज बनकर भी क्या करोगे। उस बीज को वृक्ष बनाओ कि वह काम आए – छाया बने। उस अण्डे से क्या लेना जो पक्षी ही न बना पाए। उस अण्डे को फोड़ो – पक्षी बनने दो और उसे खुले आकाश में उड़ने दो।

यह सब शक्ति का खेल है। यह सब प्रेम का खेल है। यह सब योग का खेल है। मन को नहीं जीवन को योगी बनाओ। अपने अन्दर की महामाया को जगाओ और उसे लक्ष्मी बनने दो, फिर लक्ष्मी का आनन्द लो। उसे चन्द्रकला बनने दो और चन्द्रमा की सभी कलाओं का आनन्द लो। उसे अपनी चेतना बनने दो और चेतना रूपी प्रकाश में आनन्द लो। उसे सोमा बनने दो और उस अमृत का आनन्द लो या सब उस महिमामयी राज राजेश्वरी कुण्डलिनी का ही तो संसार है।

इस हिमालय में आए तो, उस पुराने को छोड़ो, नयेपन की तैयारी करो। एक बात याद रखना मोक्ष कठिन नहीं है – समाधि कठिन नहीं है। यह सब तो मिला है मुझे भी तुम्हें भी। इस समाधि का परम आनन्द लेना है। समाधि में जाकर इस ब्रह्माण्ड का आनन्द लेना है। यह जितना विराट है – उतना ही सूक्ष्म भी है। इस विराट को अपने में खोलो।

कुण्डलिनी जगाओ, जगाकर उसे अपने शिव का दर्शन करने दो, स्पर्श करने दो। पर उसको साथ रहने मत देना। सुसुप्ति से जगाकर, चेतना के साथ मिलकर – खो नहीं जाना है। उस आधारेश्वरी को आधार के साथ मिलाकर रहने मत देना। उसे अलग कर दो। फिर उसको साथ करो। जितना ही विरह दोगे, जितना ही करीब करके दूर रखोगे उतना ही तुम्हें महामाया का साथ मिलेगा। अगर उसे छोड़ दोगे वह तुम्हें छोड़ देगी। जागने से पहले वह कूटस्थ होकर बैठी थी और जागने के बाद वह उसके साथ होकर परमानन्दमयी हो जाएगी और तुम जीव के जीवन रह जाओगे।

याद रखना वह तुम नहीं हो, वह शक्ति है, वह ईश्वर भी नहीं है – वह ईश्वर ही माया है। तुम जीवात्मा हो वह ब्रह्म से अलग होकर अपनी अपार सम्पदा लेकर सोई है। तुम ब्रह्म से अलग होकर जीव यात्री बनकर लाखो सालो से संस्कार और प्रारब्ध के चक्र में घूम रहे हो।

तुम उसका उपयोग करो, जगत का कल्याण करो और अपना भी। यह विश्व मोहिनी जल जागती है। तो सभी कलाएं खिल जाती है। सभी केन्द्र प्रकाशित हो जातें है। सभी केन्द्रों में सुसुप्त लोक लोकान्तर जागने लगते हैं। सभी केन्द्रों में छिपे ज्ञान विज्ञान प्रखरित होने लगते है। सभी केन्द्रों में छिपा तुम्हारा व्यक्तित्व उजागर होने लगता है।

इन सभी का तुम्हें आनन्द लेना है। इनसे भागकर नहीं जाना है। जब डूबने की तैयारी करोगे तभी तो डूबोगे। पर डूबने की तैयारी जिस लिये

कर रहे हो। उस वैभव से मत भागना। क्योंकि मार्ग में जो कुछ भी है वह तुम्हारा है, तुम चाहे उसे अपने लिये मत रखो पर उसे जगत को तो दो।

तुम बीज से वृक्ष बने हो – उसके लिये बीज को मरना पड़ा। वृक्ष से जो फल मिलता है उसे उपयोग में आने दो। इसीलिये तो वृक्ष में फल आता है।

मैं यही करता हूं जितने भी स्वरूप है उस सर्वेश्वरी के – उन सारे स्वरूपों का आनन्द लेता हूं। परमानन्द में जाकर बैठना क्यों मैंने इस नयेपन का सृजन किया है, पुरानेपन को मारा है। और जब इसे मारुंगा तो उस नयेपन में रहूंगा। लोगों की बातों में मत आना। वे भगवान की महिमा का गान करते है। तुम तो लीला के भागीदार हो, तुम जीवात्मा हो। तुम उस परम और प्रकृति दोनों के हो। तुम पुरुष के भी हो और प्रकृति के भी हो। दोनों की शक्तियां असीमित हैं। दोनों दिव्य और महान् है। तुम दोनों के प्रसाद हो।

तुम सोचो तुमसे कितनी अपार दुर्लभ सम्पदाएं छिपी होंगी। इसलिये यह कुंडलिनी उतनी सहज नहीं है जितनी लोग लिख देते हैं। यह परमात्मा तक की यात्रा का साधन है, यही तुम्हें लक्ष्य से मिलाएगी, यही और मार्ग सिद्धियों के उपलब्ध कराएगी। जब तक जीवन के उन सभी सुन्दर वाटिकाओं से गुजर न जाओ तब तक बैठना मत। स्वर्ग भी न लेना क्योंकि यह जीवन है। यह तुम्हारी यात्रा है। जहां तक जगत है वहां तक तुम्हारे इस व्यक्तित्व की यात्रा है। तुम इस व्यक्तित्व को मार रहे हो, जब भीतर वाला जागेगा तब उसे यूं ही किसी का बनाकर मत ठहर जाना, तब तुम खो जाओगे, तब तुम अपने आपको खो दोगे। जब तुम पक्षी बनकर आकाश में खो गए हो तो फिर डाली पर आकर बैठे। बैठो इसलिये नहीं कि वहां पर बैठे रहना है – बल्कि इसलिये कि पुनः उड़ना है। क्योंकि आकाश खुला है। आकाश का होना है। पर संसार तो डाली है। इस डाली का साधन बनाना है क्योंकि यह भी उसी का सृजन है।

ये सभी बातें नान्तिन बाबा ने कहीं। उन्होंने कहा कि इन सारी शक्तियों का संग करना है। इनका संसार देखना है और तब जाकर अपनी संकल्प इच्छा के साथ उसे भी मिलने देना है और निज बोध को भी।

यह जो कुण्डलिनी है वह इन्द्रियों की पकड़ से बाहर है, पर इन्द्रियां इससे बाहर और भीतर के मार्ग दौड़ के मार्ग है।

सभी का अपना कर्म–पथ रखा हुआ है। ये कर्तव्य के धनी है। ये मनुष्यों के मन की तरह दुविधा में नहीं होते, ये अपना काम सही कर्तव्य – परायणता के साथ करते है। ये मनुष्यों की तरह धोखा नहीं देते। ये अपने मालिक की आज्ञा का पालन करते है। काम तो इनसे मन लेता है। पर इन इन्द्रियों का स्वामी मन नहीं है – वह तो आत्मा है।

यह कुण्डलिनी इन्द्रियों से परे का विषय है। पर इस कुण्डलिनी को देखना, एहसास करना या साक्षात्कार करना इन्द्रियों का ही सहयोग है। बिना इन्द्रियों की एकाग्रता के यह सब सम्भव नहीं है। इन इन्द्रियों को भी दिव्य बनाना पड़ता है। अपनी धारणा शक्ति द्वारा इनके प्रवाह को रोकना पड़ता है और प्रवाह की धारा को उस तरफ मोड़ना पड़ता है। जो इनका स्वामी है। अर्थात् अन्तर्यात्रा। यह सारी इन्द्रियां प्रकाशित हो जाती है। इस महामाया के प्रकाश द्वारा ही तब इन इन्द्रियों की सांसारिकता समाप्त हो जाती है और तब साधक की यह शक्ति मुक्ति का मार्ग प्रशस्त कर देती है।

यह कुण्डलिनी शक्ति जब तक अपनी सुषप्त अवस्था में सोई रहती हैं तब तक जीवन ऊर्जा – जीवन निर्माण की सारी गतिविधियों को स्वाभाविक ही संभाले निर्माण की साररी गतिविधियों को स्वाभाविक ही संभाले रहता है। और जब विशेष प्रयोग द्वारा शारीरिक और मानसिक क्रियाएं होती है। जगा दी जाती है तब यह शरीर के तापमान को बढ़ा देती है। तब यह सभी चक्रों को भेदन करती हुई ऊपर चली जाती है – ब्रह्मरंध्र द्वार पर जो सहस्रदल कमलों से युक्त सहस्रार है। सभी चक्रों का पूरी तरह यह चक्र न मारकर सीधे आ जाती है। या अचानक कभी–कभी किसी चक्र पर प्रभाव छोड़ जाती है।

यह उन शक्तियों को जगा देती है जो ज्ञान–विज्ञान का खजाना अपने साथ छिपाए होती है। अगर यह हृदय चक्र पर रुक जाये तो प्रेम का संसार खुल जाता है और ज्ञान का भी सागर मिल जाता है। यह हजारों सूर्यो के प्रकाश से भी ज्यादा प्रकाशित होती है और उससे ज्यादा इसका ताप होता है। यह जब चन्द्रमा के भाव में होती है तो हजारों चन्द्रमाओं की शीतलता से भी ज्यादा शीतल होती है। वह स्वरुप से नहीं होती वह परमब्रह्म के सदृश्य होती है। वह सृष्टि की मूल है। वह अति सूक्ष्म है, वह आनन्द का सागर है – सृष्टि की मूल है – वह

अति सूक्ष्म है। वह आनन्द का सागर है। शक्ति है और विश्व की भी मूल शक्ति है। जब यह हजारों सूर्य के प्रकाश में होती है तब कभी–कभी इसमें ताप ही नहीं होता।

यह शरीर की सूक्ष्मतम अवस्था में रहकर पूरे शरीर रूपी ब्रह्माण्ड की केन्द्र शक्ति है। इस पूरे ब्रह्माण्ड में शरीर रुपी ब्रह्माण्ड की केन्द्र शक्ति है। इस पूरे ब्रह्माण्ड में भी वह सभी की आधार शक्ति है। अगर वह आधार बनकर गति नहीं दे रही हो तो यह आवर्त्तन का जगत कभी का नष्ट हो गया होता। वह पूरे ब्रह्माण्ड की प्रसूता भूमि हैं यह हिरण्यगर्भ भी है। यह भौतिक शरीर के अन्तर्गत ही है, पर भौतिक नहीं है यह तीनों शरीरों से जुड़ी हुई है। यह मन के संसार में भी नहीं है जो सूक्ष्म शरीर का एक भाग है। यह कारण शरीर में है जहां दिशा, काल, आकाश और पदार्थ नहीं होता। यह मूलाधार में अपनी अति सूक्ष्म अवस्था में सुषुप्त रहकर लेटी हुई है। वही से जागकर यह ब्रह्म से मिलने की यात्रा प्रारम्भ करती है सहस्रार में।

जगत अपना काम कर रहा हैं। शिव अपनी समाधि में लीन हैं। सभी देवी देवता अपने–अपने कर्तव्य पर पर कर्म और भोग यात्रा में संलग्न हैं। पृथ्वी का मानव अपनी जीवन–चर्या और भोग अपवर्ग की खोज में भटक रहा है और महामाया अपनी अर्ध–चेतना में लेटी है। ब्रह्म अपने सृजन में लगे हुए है। विष्णु पालन में और इन सबको जहां से शक्ति मिल रही है – वे अपनी समाधि में है।

यह रचना का चक्र निरन्त चला आ रहा है। यह यदा–कदा ही प्रलय होता है – और कभी–कभी महा प्रलय।

जब यह पिण्ड ब्रह्माण्ड में होता है तो मोक्ष और मुक्ति होती है और जब अखिल ब्रह्माण्ड में होता है तब सब कुछ उस गर्भ में जाकर विश्राम करने लगता है। एक का केन्द्र सहस्रार है जो स्वर्ग आदि लोकों का शरीर है। जिसे आप गोलोक – सिद्धलोक – स्वर्ग लोक आदि कह सकते हैं। यह सहस्रार ही वह शरीर है जो ब्रह्माण्ड के सभी दरवाजों को खोल देता है। इसी सहस्रार में पहुंचकर आदमी समय विहीन हो जाता है – और भिन्न–भिन्न स्थितियों में रह भी सकता हैं शिव जो परम पुरुष है यह उसका विराट देह है। सारा ब्रह्माण्ड ही इसी में बैठा है।

वहां किसी की मानवीय चेतना ही पहुंच नहीं है पर मानव जब अपने आपको देव चेतना – कारण चेतना में पहुंचा लेता है तब इस कारण शरीर के सहस्रार द्वार से वह सिद्ध लोकों की यात्रा कर जाता है। तब वह मानव देह – योगी देह बन जाता है और वह योगी देह अमर भी हो जाता है। फिर चाहे तो सुषुप्त कुण्डलिनी को जगाकर वह योगी इस जगदम्बा के साथ परम शिव तक की यात्रा कर ले अथवा आत्ममय बनकर या कारण शरीर रखकर विश्वातीत बन सकता है।

शक्ति का जागरण ही सब संस्कारों का क्षय है। सिर का जो शिखा क्षेत्र है वही वह स्थान है जिसके तल में वह कारण शरीर है और उस कारण शरीर में मानव का शिव स्वरुप समाधिष्ट है। इसी को कैलाश धाम, संग्रीला, सिद्धलोक आदि अनेक सिद्ध भूमि भी कहा गया है।

मस्तिक का भी मस्तिक है। ह्रदय का भी ह्रदय है। गर्भ का भी मातृगर्भ है और मातृगर्भ का भी हिरण्यगर्भ है। इस शरीर का भी शरीर है जिसे सूक्ष्म शरीर कहते हैं। उसे भी अपने में समाहित किया हुआ शरीर है जो कारण शरीर हैं इस कारण का भी कारण शरीर है जिसे महाकारण कहा जाता है।

लौकिक भाषा में आप चाहे तो उसे शिव का शरीर – सदाशिव का शरीर और परम शिव का शरीर कह सकते हैं। एक बात मैं आपको बता दूं आप उन दार्शनिकों, वैज्ञानिकों की बातों में मत आना जो सब को अशरीरी बनाकर अपने मतों को स्थापित करते है और अपने प्रायोगिक विचारों से ईश्वर को रुप विहीन कर देते हैं। हालांकि वे पदार्थों पर नित्य प्रयोग कर रहे हैं और उन पदार्थो की सूक्ष्मतम अवस्था में आणविक शक्तियों को प्राप्त कर उसका उपयोग कर रहे है और फिर भी उस अदृश्य सत्ता का नाम स्वीकार नहीं करते।

जगदम्बा कुण्डलिनी एक छोर पर जाकर कुण्डल मारकर बैठी है – अर्ध चेतना में। दूसरे छोर पर वह परमशिव समाधि में है – दोनों का द्वार बन्द है। दिन–रात, समय काल और दिशा अपना काम कर रहे हैं। संसार के आवर्त्तन में कोई फर्क नहीं पड़ता। संस्कार और प्रारब्धों के कारण भोग भाग्य के साथ जीव अपने–अपने कर्म पथ पर चले जा रहे हैं, चले आ रहे हैं, इन सबका उन पर कोई प्रभाव नहीं पड़ता। न वे जगत के ज्ञान–विज्ञान की पकड़ में है और न जगत के क्रिया कलापों

में। मानव मन की समाधि हो जाने पर ही उनके स्वरूप का दर्शन होता है। जहां तक मन है, वहां तक संसार है। काल है, गति है, मन बहुत गहरा है।

यह मन भौतिक बन गया है। पर इसका घर सूक्ष्म जगत है। यह सभी जीवों में तो इन्द्रिय प्रधान होकर काम कर लेता है, पर मानव देह में यह इन्द्रियों का सारथी बनकर अपना काम करता है। यह केवल सारथी है। इसका और इन्द्रियों का स्वामी तो आत्मा है। यह सारथी शरीरों को बन्धन में डालकर स्थिति, परिस्थिति का मौका उठाकर मालिक बन गया है।

सारे जगत को इसने अपनी खूबियों के प्रभाव में ले रखा है। जाग्रत जगत की आत्मा आंखों से देख रही है। इन बाहय आंखों की इन्द्रियों का स्वामी यह मन है।

तो मेरे कहने का अर्थ था, शिव के सभी स्वरूपों का दर्शन हो जाता है। माँ के सभी स्वरूपों का दर्शन लाभ होता है, अगर तुम संकल्प के योगी हो तब। एक आधार शक्ति में बैठी है और एक कारण जगत में। एक ने प्रकृति तत्व के अन्तिम विकार पृथ्वी तत्त्व को आधार बनाया है और दूसरे ने कारण जगत हो।

यह मानव देह सूक्ष्म जगत के सूक्ष्म तत्वों का आश्रय लेकर आया है और कारण जगत के तत्त्वों का आश्रय लेकर सूक्ष्म जगत बना हुआ है। कारण जगत ने महाकारण का आश्रय लिया है। तब इन्हीं वैज्ञानिकों और दार्शनिकों की भाषा में यही कहना ठीक होगा कि जीव जो भौतिक से जुड़ा है, वहां भी काल का परिक्रमा है। जन्म मृत्यु के रुप में दिखाई देता है।

लेकिन वह है नहीं क्योंकि जो मरता है – वह मरता नहीं – वह यहीं का यहीं रहकर शरीर को बदल रहा है। उसकी गति केवल सूक्ष्म जगत को माध्यम लेकर उस नये शरीर के निर्माण में सहयोगी होती है। जीव जब सूक्ष्म जगत की यात्रा में होता है तब प्राण का आश्रय होता है– मन का आश्रय होता है। विज्ञान का भी आश्रय होता है और सबसे ज्यादा महत्वपूर्ण होता है इस परा प्रकृति कुण्डलिनी का आश्रय – यह शक्ति वहां भी सुषुप्ति में ही रहती है।

एक अच्छा साधक सूक्ष्म शरीर में भी रहकर इस माहामाया को जाग्रत कर सकता है। मैंने ऐसे हजारों योगियों को देखा है और जानता भी हूं जो सूक्ष्म में ही रहकर साधना कर रहे है।

वे पंच भौतिक शरीर को इसलिये धारण नहीं करते क्योंकि उन्हें गर्भ से गुजरना पड़ेगा। और ऐसा कोई गर्भ आजकल उपलब्ध नहीं है जो उनके संस्कारों को सुरक्षित रख सके। और अगर वे गर्भ के द्वारा पृथ्वी पर भौतिक शरीर धारण करते हैं तो उनका वह संकल्प कमजोर हो जाएगा और उनके उस शरीर को पुनः लेने के सारे माध्यम नष्ट हो जाएंगे – जिस शरीर में रहकर उन्होंने साधन को साध्य किया। सूक्ष्म में रहकर वे उस शरीर का कभी–कभी उपयोग कर लेते है – निष्काम होने के लिए।

सूक्ष्म जगत के वासी को भी शरीर छोड़ना पड़ता है। बस फर्क इतना है कि पृथ्वी भौतिक रुप में अपनी धुरी पर सूर्य की परिक्रमा एक दिन रात में पूरा करती है और इसी के प्रभाव काल में सभी जीवों का भोग शरीर आ जाता है। इसीलिये इसकी अवधि छोटी है।

एक आम व्यक्ति चाहे तो 144 वर्ष का जीवन जी सकता है क्योंकि सोर मण्डल के प्रकाश का प्रभाव एक व्यक्ति पर 144 वर्षों के बाद उस घड़ी पड़ता है जिस समय जिस दशा और नक्षत्र में उसको विदा होना होता है – परन्तु भोगों के कारण दशा बिगड़ जाने से इन्सान स्वयं ही अपनी मौत का कारण बन जाता है और अब तो यह भौतिक जगत–सूक्ष्म–कारण गजत की प्रभावशाली शक्तियों को खोज लिये जाने के कारण मृत्यु का शिकार जल्दी ही हो जाया करेगा। स्वाभाविक रेडियेशन में जो संभव था, वह अब असम्भव हो गया है। इसलिये तो मृत्यु की आकस्मिक घटनाएं ज्यादा घटने लगी हैं, प्राकृतिक कम। पहले का आदमी रोगी कम होता था अब तो वातावरण के दोष के कारण ही अनेकों मृत्यु होने लगी है पर योगी चाहे तो अधिक समय तक जीवित रह सकता है क्योंकि वह शरीर को रखकर भी सूक्ष्म शरीर से ज्यादा जुड़ जाता है। और सूक्ष्म शरीर की उम्र सभी देवी देवताओं की उम्र के बराबर होती है। इसीलिये वह शिव हो जाता है। वह शिव जो आप लोगों के आज्ञा चक्र में बैठा है। जो तीनों लोकों के आज्ञाचक्र में बैठा है। जो तीनों लोकों की यात्रा कर कसता है और साधना भी।

इस आज्ञाचक्र पर बैठे शिव की भी उम्र है – वे भी इस काल के आवर्त्तन से मुक्त नहीं है। इसीलिये शिव को योगी कहा गया हैं शिव हम सबके संसार के शिव भी हैं जो तपस्वी है – जो योगी है – जो समाधि में बैठकर शिव से सदाशिव हो जाते हैं और सदाशिव से परम शिव।

मेरे कहने का तात्पर्य यह है कि हम सब भी शिव है अगर योगी है तो। समाधि में बैठकर – अपने मांया जगत से कहकर – सदाशिव – परमशिव की यात्रा कर सकते है। जब हम परमशिव तक की यात्रा कर लेते है तो कारण शरीर को भी छोड़ना होगा। यह कारण शरीर ब्रह्मा की आयु है। वह वास्तविक शरीर है। यहाँ पर सूर्य का आवर्त्तन वैसा नहीं है जैसा पृथ्वी पर होता है। यह सूर्य तो इन ग्रह नक्षत्रों के क्षेत्र का सूर्य है – जहाँ तक सूक्ष्म शरीर की पहुंच है। इन सभी की उम्र है लेकिन तुम्हारी मानव देह से बहुत ज्यादा।

अब तो तुम्हें वैज्ञानिकों ने बहुत कुछ दे दिया नॉर्थ पोल, साउथ पोल की यात्राएं कर ली है। वहाँ 6–6 महीने का दिन और रात होता हे। एक दिन 6 महीने का एक रात 6 महीने की। तो सोचो अगर तुम वहां के रहने वाले हो तो तुम्हारी उम्र ऐसे ही बढ़ जाएगी क्योंकि तुम्हारे शरीर के ह्रास – पतन होने का कारण ये सूर्य और चन्द्र दोनों है। ये अमृत बनाते है और जहर भी। अर्थात् हमारे तीनों शरीरों की सरहद में लाखों वर्षों तक जीने की क्षमता है और शरीर में रहकर जीने की क्षमता है। ऐसे अनेकों ऋषियों की चर्चा है पुराणों में जो अविश्वसनीय लगता है – पर यह सत्य है। अगर तुम चाहो तो अपनी उस कूटस्थ महामाया को जगाकर उस शिव से मिला सकते हो – जो दिव्यता और सूक्ष्म जगत के अहिन्ता है। तुम चाहो तो उस सुषुप्त तपेश्वरी को जगाकर सदाशिव से मिला सकते हो – जो संपूर्ण ब्रह्माण्ड की यात्रा करा देती है और तुम चाहो तो उस त्रिपरु–सुन्दरी को जगाकर परम शिव से मिल सकते हो जो अमर बना देते हैं। तुम उसी के प्रभाव में जो काम क्षेत्र है – रह जाते हो – जो भोग का मैदान है – उसी में रह जाते हो।

आनन्द की खोज में निकले हो – आनन्द का भी आगमन हुआ है – यह जितना भी जगत दष्ष्यमान है सब का सब आनन्द की ही देन है। इसलिये इसके साथ होने पर – स्पर्श में भी आनन्द है – सुगन्ध में भी आनन्द है – स्वाद में भी आनन्द है – शब्द में भी आनन्द है और देखने में भी आनन्द है अगर तुम्हारा स्वयं का किसी वस्तु के साथ एकाकार हो जाये तो वह आनन्द बढ़ जाता है। किसी सुगन्ध के साथ एकाकार हो जाये तो आनन्द और भी आनन्दमय हो जाता है। इसी तरह शब्द, रुप, स्पर्श के साथ होने पर होता है – क्योंकि इन सब में वह

शक्ति की क्रिया विद्यमान है। इन सबमें संघर्षण है – आकर्षण की क्रिया है और यह आकर्षण ही प्रेम है अनुराग है – भक्ति है – दरश–परश है– श्रवण है – संगीत है। इन सबसे तुमको प्यार है क्योंकि ये सब आनन्द दायक है।

ये सब भौतिक होते हुए भी सूक्ष्म पर आश्रित है। इनके आवागमन का मार्ग सूक्ष्म है। पहले यह बड़ा आश्यर्चजनक था –पर अब नहीं क्योंकि विज्ञान ने तुम्हें विद्युत दी है – बेतार का तार – टेलीफोन सम्बन्ध दे दिया है – संगीत के दुर्लभ तरीके ईजाद कर दियो है। यह सब पहले तपस्वी और योगियों के पास था। यह सब आनन्द जो तुम्हें सहज ही उपलब्ध है उसका कारण भी शक्ति का जागरण ही है जो स्वाभाविक प्रवाहित हो रही शक्तियों की क्रिया कलापों में समाहित है। जो गुरुत्वाकर्षण और विकर्षण में है या यूं कहिये कि आकर्षण और विकर्षण में प्रतिपादित है। हवा बह रही है। जल प्रवाहित हो रहा है – अग्नि जल जाती हैं। शब्दों का ध्वनि रूप चारों तरफ चलायमान है। संसार का हर पदार्थ कितना सुन्दर दिख रहा है जिनका स्पर्श ये आँखे करती है और फूलों की सुन्दरता और सुगन्ध का वर्णन तो तुम्हारी सीमा के बाहर ही है। यह सब आनन्द है। जब इन आनन्दों की सीमाओं को तोड़कर – सद् चिद और आनन्द की ओर बढ़ोगे तो जीवन का सत्य सामने खड़ा होगा। और इस काम के लिय उस अर्धचेतना, सुषुप्ति में पड़ी वसुन्धरा स्वरुप चेतना माँ को जगाना होगा।

हृदय का प्रेम तुम्हारा प्रेम है। कूटस्थ कुण्डलिनी आधार शक्ति के क्षेत्र का प्रेम तुम्हारा भोग है। मन की प्रसन्नता – यह संसार का प्रेम है। मन का स्नेह संसार का स्नेह है। मन का आदर्श का प्रेम है। मन का स्नेह संसार का स्नेह है। मन का आदर्श संसार है। मन का प्रणय भी संसार का प्रणय है। यह सभी जीवों के साथ है। तुम भी पशु ही हो – बस फर्क इतना है कि तुम मन से मोदित हो। तुम्हें मन जैसी मणि प्राप्त है। बाकी सब तो जानवरों के पास भी है। दिल उनके पास है – भोग का योग क्षेत्र उनके पास है। सन्तान उत्पन्न करने की क्षमता उनके पास है। इन्द्रियाँ उनके पास है। जो उनके पास नहीं है वह है मन। मन का होना ही तुम्हारी जीत है। मन की वृत्तियों से ऊपर उठ जाओ, तुम ही शिव तो।

तुम तीसरी आँख को प्राप्त कर लोगे क्योंकि तुम्हारा आज्ञा चक्र ही शिव है और वही तीसरी आँख भी है।

एक बात और तुम्हें बता दूं। दार्शनिकों ने बड़ी ही महिमा गाई है शून्य की। शून्यता को ब्रह्म ही बना दिया है। शून्यता को महाशून्य कहकर आस्तिकों के प्रेम को – भक्ति को – भावना को झुठलाने की कोशिश ही है।

बुद्ध की बात दूसरी थी क्योंकि उन्होंने साक्षात्कार कर लिया था– वह भी महाव्रत के बाद लय था। बोधिवृक्ष की जड़ में – वे तपस्वी थे, वे योगी थे, उन्होंने अनेकों शून्यों का दर्शन किया था। और सहस्त्रार में महाशून्य को देखा था। पर इन दार्शनिकों ने तर्क के सिवाय कुछ भी नहीं देखा है। वे यह भी भूल गए कि अगर यह शून्य नहीं होता तो यह ब्रह्माण्ड कैसे टिकता। अपनी–अपनी घुरी पर – रास्ता बदल–बदल कर कैसे आवर्तन होता रहता। कैसे समय का, परिवर्तन का प्राकृतिक संयोग बनता।

तो मैं यह कह रहा था कि शून्य है। यह शून्य एक नहीं है – अनेकों शून्य है। उन शून्यों ने ही सभी चक्रों के बीच अन्तर भेद कर रखा है। शरीर के सभी चक्रों के बीच एक शून्य हैं उस शून्य में कभी–कभी यह शक्ति जाकर खो जाती है। यह सब का आकाश है। आकाश में आते ही अपना बोध हो जाता है। ठीक वैसा ही होता है जैसे किसी डाल को छोड़कर पथ्वी खुले आसमान में उड़ रहा हो। जीव की यात्रा ऐसी ही होती है। कभी–कभी जीव इन शून्यों में से किसी एक शून्य में जाकर अपने आपको आजाद समझ लेता है। वह वहां के जगत की आजादी होती है। तुम लोग इन शून्यों में पड़कर अपने आपको आत्मबोधि मत बना लेना क्योंकि तुम्हारे जीवन में जैसे अनेकों शून्य आएंगे जो तुम्हें सैर कराएंगे। हर शून्य के बाद दूसरा चक्र आएगा। उस सहस्त्रार में तो अनेकों शून्य है। जिसमें सारा आकाश मण्डल की समाया हुआ है। इस आकाश में न जाने कितनी गैलेक्सी है, कितने तारे नक्षत्र है और न जाने कितने सूर्य और चन्द्रमा है। सभी की दूरियों को बनाए रखने वाली जो कड़ी है वह शून्य है। अगर उनके बीच में शून्य न हो तो वे सभी ग्रह नक्षत्र एक ही क्षण में नष्ट हो जाएं। जिस ग्रह का शून्य खत्म होगा, जिसका आकर्षण तत्त्व नष्ट हो जाएं। जिस ग्रह का शून्य खत्म होगा,

जिसका आकर्षण तत्त्व नष्ट होगा वह मरेगा। वह दूसरे बड़े का ग्रास बनेगा। सभी का पहचान क्षेत्र भी वह शून्य है। कोई भी वस्तु शून्य में जाकर भटक जाती है।

तुम्हारे सभी चक्रों के मध्य यह शून्य है। इन किसी भी शून्य में आकर साधक भटक जाता है। क्योंकि वह कुछ देर के लिये लिबरेट हो जाता है। वह ईश्वरवादी के बनाय शून्यवादी बन जाता है। उसे क्या मालूम कि उसे कुछ भी नहीं मिला, न घर के रहे न घाट के। जैसे आजकल के बुद्धिजीवी दार्शनिक लोग जो प्रयोग तो करते नहीं – बस बातों के ढेर पर सोते हैं इसलिये कुण्डलिनी को कोई जगाने का प्रयास नहीं करता क्योंकि लोग प्रयोगवादी बन गए है। वे भवान को जानते नहीं देखा नहीं कोई परिचय नहीं वह है भी कि नहीं, पर लोग उससे प्रेम करते हैं और भावना की सेज पर सुलाते हैं, यह सब जानते हुए कि मन का अपना एक संसार है। जो मनुष्यों को मन मुक्त होने नहीं देता।

लोग कहते हैं कि कुण्डलिनी को जगाकर भोगी थोड़े ही बनना है– कुण्डलिनी तो भोग की इन्द्रियों को प्रज्वलित करती है। कुण्डलिनी तो भोग की है। ऐसा कहने में वे भूल जाते हैं कि भोग का कारण भी प्रेम है। उनकी माँ ने उन्हें जन्मा होगा जब भोग का संयोग बना होगा – भोग घटा होगा। कुण्डलिनी अगर जग जाये और उसका किसी भी चक्र पर किसी भी शक्ति से या पुरुष से या पुरूष से संयोग हो जाये तो वह ज्ञान–विज्ञान ही नहीं, परम पुरूष तक जाने का मार्ग प्रशस्त कर देती है। हर चक्र अपने आप में श्रेष्ठ है क्योंकि वह संपूर्ण संसार का प्रेम शान्ति ओर सुख की सिद्धियां लिये हुए है। इन चक्रों से भी श्रेष्ठ वे शून्य जगत है जो आनन्द देते है – आजादी देते है और जीवन के निष्काम भाव से समझने का अवसर देते है।

ये सारे चक्र तो पीठ है या यों कहिये कि जगत की संपूर्ण सम्पदाओं, सिद्धियों के रूप में उपलब्ध करने के साधन है। वैसे तो सभी सीढ़ियों जो है चक्र के रुप में वे छत तक ले जाने का साधन है – वह छत परमात्मा है। उस छत जहां से छलांग लगती है उस के बाद कोई सीढ़ी नहीं है।

पर यहाँ तक पहुंचने के लिये एक लम्बी यात्रा है बुद्ध को सात साल लग गए थे। महावीर को चालीस साल लगे थे। कबीर नानक सभी ने

इसे जगाया था। वह किसी–किसी को जन्म से ही जगी हुई होती है परन्तु उन्हें समझ में नहीं आता। किसी–किसी को यह एक झटके में ही जाग जाती है और अपने परम शिव से मिलने के लिये दौड़ जाती है। यह सब कई जन्मों के संस्कार कर्म है।

तुम सब भी संस्कारी हो तभी तो उस खोज में निकले हो। पर पड़ाव गलत जगह पर डाले हुए हो। उन आदर्श कथाकारों के जीवन में यह नहीं घटा है। क्योंकि वे लोगों को लीलामय शब्दों के अलंकार में लगा रहे हैं। तुम्हें तो जाना है वहां तक जहां यह जाकर घट जाती है – जहाँ जीवन के सौंदर्य – खिलने के लिय प्रतीक्षा कर रहे है।

हम जहां कहीं भी जाते हैं तो उसका कोई–न–कोई उद्देश्य होता है। पर कभी–कभी हम यूं ही चले जाते है खासकर जब कोई धार्मिक आयोजन हो क्योंकि धार्मिक होना सामाजिक काम नहीं है। इसके बिना जिन्दगी कट सकती है। परन्तु जब वहां पहुंच जाते हैं तो कुछ देर के बाद महसूस होता कि आपने कुछ खोया है। आप अभी तक जीवन में जो करते आए है – वह सब बेकार है और जो छोड़ते आए है – वही जीवन का सत्य है – जीवन का मूल लक्ष्य है।

यह प्रायः सभी के साथ होता है – पर उन लोगों के साथ नहीं जो जन्म से अच्छे संस्कार लिये हुए हैं। मैं उनकी बात नहीं कर रहा हूं जो सामाजिक धर्म को जानते है – जो किसी न किसी आर्गनाइजेशन के सदस्य बनकर सोचते है। कि वे धार्मिक कार्य कर रहे है। इसमें फंस जाने के बाद तो अवसर ही नहीं मिलता – सत्य की ओर मुड़ने का। क्योंकि इस बहुमुखी विकसित जीवन के रास्ते में यह दृश्य जगत जो है, बहुत आकर्षण से मरा हुआ है। यह हर ओर से मोहक है। इसमें जीव को बड़ा आनन्द आता है। जब तक कि वह होश में न आ जाए।

कभी–कभी हर अन्तर में छिपी वह कुण्डलिनी एक झटका दे देती है। यह आचनक ही होता है। यह उस कुण्डलिनी का ही कार्य है जो भोग में आनन्द को आरोपित करती हैं। मानव मन उसमें फंस जाता है और फिर उसे सारी दुनियां फीकी नजर आती है। यह एक ऊर्जा ही है। पर जिस ऊर्जा से तुम काम ले रहे हो वह नहीं है। तुम ज्यादातर अपनी शक्ति को यूं ही सर्च कर देते हो और जब इस शक्ति केन्द्र की ओर जाने की तैयारी में कहीं जाते हो तो डर जाते हो। तुम सोचते हो मैंने

अपनी पत्नी के साथ काफी शक्ति खर्च कर दी है। मैंने प्रेम में ऊर्जा का ज्यादा दुरुपयोग कर दिया है। यह कार्य मेरे वश में नहीं है। पर मैं जिस कुण्डलिनी की बात कर रहा हूं वह तुम्हारे लिये एक निमन्त्रण है। जो कुछ भी तुम हो या जो कुछ भी तुम्हारे पास बच गया है उसे पूरी तरह से लगाना है। उसमें से कुछ भी बाकी रखना नही है।

पर मैं कुण्डलिनी की यात्रा में तुम लोगों को ले चलूं उसके पहले तुम सब लोगों को अपना पूरा परिचय देना होगा। यहां में साक्षात्कार का परिचय नहीं देना चाहता हूँ। मैं तो तुमसे कहना चाहता हूँ – जो कुछ तुम्हारे पास है – वह काफी है। पर तुम जानते नहीं। तुम बस एक मनुष्य देहधारी हो और संसार में अपने कर्म करने, भोगों को भोगने के लिये आए हो। तुम्हारी यह देह एक बड़ी मेकेनिज्म है। यह बड़े ही संयमित ढंग से बनाई गई है।

मैं तो आया हूँ कि आप लोगों को जगा दूं। आपकी ऊर्जा का उत्थान कर उसके पुरुष से मिला दूं। शिव से शक्ति बिछड़कर कूटस्थ बैठी है या यूं कहे कि शिव की प्रतीक्षा में पार्वती तपस्या कर रही है अपने शिव से मिलने के लिये। हम सबके जीवन में कुछ–न–कुछ रोज होता है। हम जो चाहते है वह पूरा नहीं होता। अनेकों लोग आकर मुझसे कहते हैं मैंने इस कार्य को करने से पूरा परिश्रम किया। अपना बहुत कुछ दाव पर लगा दिया पर वह कार्य पूरा नहीं हुआ। प्रायः ज्यादातर काम पूरा होते–होते हाथ से निकल ज़ाते है। आप कुछ उपाय बताइये।

साधना करने वाले लोग भी यही कहते हैं। कुण्डलिनी को जगाने वाले अनेकों साधक निराश होकर अपने आप से समझौता कर लेते है और अपने भाग्य को दोष देते है। पर वे भूल जाते है कि उन्होंने सब कुछ दावं पर नहीं लगाया। परमात्मा की खोज में निकलते है पर कभी भी पूरे मन से नहीं होते। अनेकों संन्यासी बन जाते है, वैरागी बन जाते हैं, उदासीन बन जाते है पर पूरा नहीं बनतें। कभी भी ये लोग पूरी तरह से अपने आपको दावं पर नहीं लगाते। वे सीमा के पास पहुंचकर लौट आते है। कितनी बार तो यह देखा गया है कि सब कुछ होने वाला है, घटने वाला है और लोग लोट गए हैं। मैं ऐसे अनेकों साधक और साधिकाओं को जानता हूँ जो मेहनत करते है पर अपने उस श्रम के प्रति आस्था नहीं होती। वे अपने कर्म के प्रति विश्वास नहीं रखते।

परमात्मा को पाना है पर अधूरे चले है। ऊर्जा को जगाना है पर टुकड़े–टुकड़े में जगना चाहते है। अपने आपको उन्होंने बाँट रखा है। यह नहीं करते कि जो कुछ अपने आपको उन्होंने बाँट रखा है। यह नहीं करते कि जो कुछ अपने पास है – सब कुछ लगा दो। इसलिये तुम लोग ख्याल रखना अगर तुम इस पर अगर तुम इस पथ पर चल रहे हो तो कुछ छोड़ मत जाना कुछ ढोना भी मत। कुछ भी मत बचाना। जो कुछ भी तुम्हारे पास बल है सब का सब लगा दो। यहां तुम्हारी कंजूसी नहीं चलेगी। सब कुछ लगाना ही होगा। क्योंकि यह परमात्मा की खोज का मार्ग है। कोई संसार के पदार्थों की खोज में नहीं लगे हो।

हमें जिस केन्द्र से शक्ति को जगाना है उसे उठाकर ऊर्ध्व गति के मार्ग पर ले जाना हैं क्योंकि वह नित्य की तुम्हारी क्रिया लीला नहीं है। जो कुछ भी तुम रोज करते थे वह अलग बात है। तुम उसमें बहुत कुछ खो चुके हो। संसार ने तुम्हें समझा दिया है। अब तुम समझकर इस शक्ति को जगाना चाहते हो। यह शक्ति जो है व खास है, यह साधरण नहीं है। यह रिजर्व ऊर्जा है। यह आम काम के लिये नहीं है।

यह तो परमात्मा से मिलाने की ऊर्जा है। नित्य की जीवन चर्या में इसी जरूरत नहीं है। तुमने अपने ताकत का उपयोग कर लिया है। तुम बहुत कुछ कर चुके हो। उस कुछ करने से तुम्हें मिला कुछ भी नहीं है। अब जो तुम खोज रहे हो उसके लिये इस सुरक्षित ऊर्जा की जरूरत है।

हम सबके भीतर अनेकों केन्द्र है। व शक्यिां कहां सुरक्षित रखी हुई है। अभी तक उनका काम नहीं पड़ा था अब उनकी जरूरत आ पड़ी है। उस सुरक्षित को अपने कुण्ड से बाहर करने में तुम्हें पूरी की पूरी ताकत लगानी होगी। ठी उसी तरह जिस तरह से किसी सभा में आम लोग अनेकों बैठ है। बड़े शान्त आनन्द से सभी चल रहा है और अचानक कोई आकर कहता है देखो शेर आ गया तो आप लोग भाग पड़ते है – दौड़ जाते है और इतनी ताकत से दौड़ते है कि कुछ कहा नहीं आ सकता। आप पूरी ताकत लगा देते हैं, सोचते भी नहीं पीछे मुड़कर देखते भी नहीं कि कौन आया और कुछ है भी कि नहीं। आप काफी दूर जाकर रूकते है। जब आपको विश्वास हो जाता है कि आप खतरे से बाहर है।

तो मैं आपसे यही कहना चाहता हूँ कि आपको उसी ताकत को लगाना है। यह ताकत कहां से आती है। आप लोगों को पता होना

चाहिये कि यह ताकत आप लोगों के भीतर में खोई हुई है। आप लोग बहुत कम अपने बारे में जानते है। जो जानते हैं वह संसार है और यह संसार ऐसा सागर है जो एक भूल भुलैया है – इसमें जो भटक गया वह भटकता ही रह जाता है। यह जो कुछ भी फल देता है उसका भुगतान आगे की ओर बढ़ जाता है। यह सभी कर्मों का फल भविष्य में देता है। आत्म–साक्षात्कार या परमात्मा की प्राप्ति के सिवाय कुछ भी वर्तमान में अनुभव से नहीं गुजरता।

लेकिन मनुष्यों ने इस संसार के विनाश की प्रक्रिया को तुरन्त फलित होने का साधन खोज लिया है। जीवन को बचाए रखने का भी साधन खोज लिया है। पर जीवन को बनाए रखने का नहीं। यह संसार भी एक प्रयोगशाला है। सीखने का, जानने का, करने का। यह संसार भी एक कर्म–भूमि है। यहां अपने ही कर्मों का फल भोगा जाता है। कर्म साथी है। हर मानव का कर्म ही प्रारब्ध बनाता है। कर्म ही संस्कार और कर्म ही भोग–भाग्य है। आप सब इतने महान है कि कर्म जैसा साथी मिला है। कर्म के द्वारा आप राजा भी बन सकते हैं और फकीर भी। कर्म आपको महान बना देगा तो कर्म आपको गिरा भी देगा।

कर्म के धनी ऐसे लोग मिलेंगे जो किसान शरीर रहे होंगे जो आज बहुत बड़े अमीर हैं। या वे अमेरिका जैसे देश के राष्ट्रपति बन गए होते। कर्म ने ही राजाओं को महलों से निकालकर सड़क पर ला दिया। जो कुछ भी आप भोग रहे है वह आपके ही कर्मों का फल है। और जो कुछ आप चाह रहे है वह भी आपके कर्म की ही देन है। जब तक आप ढहर नहीं जाओगे और अपने को देखने नहीं लगोगे या अपने व्यक्तित्व को स्थापित करने के बजाय निज बोध रूपी अस्तित्व की ओर नहीं झाँकेगे तब तक यह संसार आपको लाता रहेगा और भेजता रहेगा।

आप सबको एक दिन बदलना तो है ही न ! वह दिन आज ही बना लो। आज को ही साध्य कर लो। जीत जाओगे। इसलिये माँ को जगाने के लिये जो शक्ति की माँ है। उसे जगाने के लिये आप अपनी पूरी ताकत लगा दो तब तक ताकत लगाओ जब तक कि आपको स्वयं एहसास न हो जाये तभी पता चलेगा जब आपकी पूरी की पूरी ताकत एक जगत इकट्ठा होकर काम करनेलगेगी। स्पर्श करते ही इस का पता चल जाता है। आप लोगों को पता है जब बिजली का नंगा तार से

छू जाये तब उसका कैसा अनुभव होता है – ठीक उस समय केन्द्र से कोई शक्ति ऊपर की ओर दौड़ती शुरू हो जाएगी। गरम अग्नि की उबलती हुई धारा या प्रवाह की भांति। उसके चारों ओर शीतलता का भी आभास होता रहेगा। यह ऊपर की ओर चल पड़े और आप लोगों को कोई अनुभूति न हो, ऐसा हो ही नहीं सकता। वह जब की ऊपर की ओर उठेगा, कई घटनाएं आपके साथ घटने लगेगी। आप उसे रोक नहीं सकते इसलिये उसे बहने दीजिये, जल ही तरह। अपने आपको उसी तरह छोड़ दीजिये जिस तरह कोई आदमी नदी में बह रहा हो। याद रखे पहले अपने आपको पूर्णतया समर्पण के लिये तैयार रखना है और फिर सारा का सारा दाँव पर लगा देना है। कुछ कमी न रहे। उन प्रेमी–प्रेमिकाओं की तरह नहीं जो प्रेम तो करते हैं लेकिन मिलतें नहीं, डर जाते हैं अपने अन्दर कुछ हो जाने का पर यहां तो यह प्रेम है जिसमें डरना नहीं है जो कुछ है उसे लगा देना है। यहां तो आपको ऐसा जुआरी बनना है जैसे युधिष्ठिर बने थे, ऐसे प्रेमी–प्रेमिका बनना है, जैसे पराशर और मत्स्यकन्या बने थे। सब कुछ लगा देना है।

जब सब कुछ लगा दिया और जब भीतर कुछ होने लगा तब आपको पूरी तरह अपने आपको छोड़ देना है। जैसे नदी की धारा में कोई बड़ा लकड़ी का टुकड़ा बहता है। बहता पानी जहां उसे ले जाये, किसी किनारे लगा दे या फिर उसे बहाकर उस सागर तक ले जाये। जब कोई चीज जग जाती है, तब आपके बाहर से सम्बन्ध टूट जाता है, बाहर का व्यक्ति मर जाता है और भीतर वाला संभाल लेता है। भीतर वाले का यह काम है अभी तक आपका काम था आपका श्रम था, आपका विश्वास था। आपने आवाज दी थी। अब उसने सुन लिया है। अब उसके ऊपर छोड़ दीजिये, वह बाहर से ज्यादा ताकतवर है। पहले भी उसने ही संभाल रखा था। पर वह मात्र उसकी स्पर्शता की क्रियाशक्ति का संचालन था। अब तो उसने स्वयं संभाल लिया है, अब अपने आपको चिन्ताओं से मुक्त कर लो। यह है आपके पूर्ण समर्पण का फल।

और अब जब आपने अपने आपको छोड़ ही दिया तो अपने आपको नवीन सृष्टि के लिये तैयार रखना है। नया जन्म होने जा रहा है, नये जन्म के लिये धैर्य चाहिये। साहस चाहिये और विश्वास चाहिये। जब यह जगदम्बा जागती है तब भीतर में हलचल हो जाती है, जैसे स्थिर

पानी में आप लोगों ने पत्थर के टुकड़ों को फेंककर अनेकों बार खलबली मचाई है। उस हलचल को आपने देखा होगा किस तरह गोलाकार होकर चारों तरफ भागता है।

जितनी बार आप कंकड़ फेंकोगे उतनी ही बार हलचल होगी। ठीक उसी तरह इस वसुन्धरा पर, त्रिपुरसुन्दरी के जागरण से होता है। वह अपनी सुषप्ति से ज्यों ही जागती है, इस शरीर के अन्तस के सारे प्रवाह को अपने में समेट लेती है। सभी अंग – जो कुछ था वह छूट जाता है। जो कुछ आपने बटोरा था उससे सम्बन्ध टूटता है। एक नए जीवन की यात्रा प्रांरभ होती है। एक नया जन्म होता है। यही तो नये की तरह नहीं जी पाते है। हर नयी चीज से आम आदमी को डर लगता है और पुरानी तरह की जिंदगी को पकड़े रहने की इच्छा ही तो जीवन के नयेपन से नहीं जुड़ने देता। यह उस बच्चे की तरह होता है जो जन्म लेते ही रो पड़ता है। चारों तरफ के माहौल को देखकर। उसे माँ के गर्भ में रहकर कुछ करना नहीं पड़ा था। बिलकुल रचतंत्र था। एकदम न खाने की, न पीने की, न रोने के, न गाना सुनने की, वहां केवल उसी की अपनी दुनिया थी।

वह उस बालक की समाधि थी जहां उसकी नवीनता का सृजन हुआ था। जहां केवल विश्राम–ही–विश्राम था। जो कह रही थी, पर जब वह बाहर आया तो घबरा गया, पहले वाले को मारना पड़ा, तब नए का जन्म हुआ। वह एक अंडा था। वह मरा तो बच्चा बन गया, भीतर वाल जो था, आनन्द–ही–आनन्द पूर्ण विश्राम, समाधि स्थल में वह भी मरा तब इस नये का जन्म हुआ। एक घबराहट के साथ जो पेट में था वह अब मर गया जो अब बाहर है वह संसार बनने जा रहा है। आनन्द होता है तब कुछ पैदा होता है। विश्राम होता है तब शान्ति पैदा होती है। जब एक मरता है तब दूसरा जन्म लेता है। वह वैसा तभी तक रहेगा जब तक नये का सृजन प्रांरभ नहीं होगा।

•••

प्रेम और शान्ति

जब यह जागती है तब पूरे शरीर में हलचल होती है बैचनी होती है घबराहट होती है। जब तुम माँ के पेट में होगे तब कितना अच्छा होगा यह तब प्रश्न आता है जब तुम बाहर जन्म ले लेते हो, पुराना पुनः पकड़ना चाहता है परन्तु नया अब पुराने की ओर नहीं लौट सकता। तुम और तुम्हारा यह मानव विज्ञान कितना भी चाहे वह पुराने की तरह नहीं बन सकता। क्योंकि वह गर्भ–स्थल समाधि थी। आज जितना भी तुम लोगों ने खोजा है आराम के लिये इन सभी तत्त्वों के स्वरूप में ये सब पुराने जैसा अनुभव पाने की भूख है, इच्छाएं हैं।

तुम अपने चारों तरफ देखो, वह सब माँ के गर्भ के समान बनाने का प्रयास है। तुम्हारे मकान का कमरा, कार का स्वरूप, सोफा–सैट, गद्दे–गद्दियां उन्हें बनाने का अभिप्राय उस आनन्द उस शान्ति को पाने की इच्छा ही तो है परन्तु वह मिला नहीं है क्योंकि उस गर्भ में जाने के लिये पुनः इस तन को मारन होगा।

किसी भी नए काम के प्रति घबराने का कारण माँ के गर्भ से आने के वक्त का अनुभव ही है माँ के गर्भ से तो शरीर ही आता है – एक शरीर जो पूरे आराम में था। वह जगत में बेचैनी में आ गया। पर यहां याद रखना यह तो जो जागरण है वह दिव्य जागरण है।

यह आत्मा के तल पर घटने जा रहा है। वह शरी के तल पर था। वह जो माँ के गर्भ का जन्म है दो बार का जन्म है। एक माँ के गर्भ का जन्म – दूसरा माँ के गर्भ से बाहर का जन्म। गर्भ में वे अणु भरते हैं जो अण्डे के रूप में जो कीटाणु उन संस्कारों के साथ ही वह माँ के गर्भ में शरीर का निर्माण करते हैं। पर माँ के गर्भ से बाहर आते वक्त शरीर नहीं मरता। यहाँ व्यक्तित्व समाप्त हो जाता है। यह दूसरा जन्म है।

उस जन्म में आप दो हाते है। माँ होती है – माँ को प्रसव की पीड़ा होती है। उस प्रसूता को जन्म देने की पीड़ा और एक सन्तान पाने

की खुशी और आपकी समाधि रूपी गर्भ से बाहर आकर संसार को देखकर घबराहट। पर जब यह जाग्रत होती है तब तुम दोनों तो तुम माँ भी हो तुम्हें प्रसव की पीड़ा के अनुभव से भी गुजराना होगा और नये जन्म के अनुभव से भी। तुम यहां अकेले हो और कोई नहीं है वैसे कोई है तो वह गुरु जो साक्षी है, जो देख रहा है जिसने तुम्हें जगाने की राह पर डाला है पर वह साक्षी है वह परमात्मा भी हो सकता है और व्यक्ति भी।

उसी तरह से तुम उस वक्त माँ भी हो और बेटा भी जन्म देने वाले भी तुम हो और पैदा होने वाले भी तुम हो। बड़ी कठिन डिलीवरी है यह प्रसूत बड़ा कठिन है। दोनों से तुम्हें ही गुजरना होगा।

मैंने देखा है अनेकों साधकों को योगियों को जोरों से चिल्लाते हुए, जोरों से रोते हुए। वह जो चिल्ला रहे हैं वह माँ के प्रसव की पीड़ा है जब शक्ति जागती है तब प्रसव जैसी ही पीड़ा होती है एहसास होता है। उन्हें मैं राने ही देता हूं चिल्लाते हुए ही देखता हूँ क्योंकि मुझे मालूम है उन्हें क्या हो रहा है और वह भी जानता है कि उसके साथ क्या हो रहा है। वह उसके अन्दर की माँ रोती है जिसे सन्तान पैदा हो रही है। शक्ति जाग रही है। उस जगह को छोड़ने में पीड़ा हो रही है। उस पीड़ा के पीछे उसे आनन्द भी है तभी तो माँ उस गर्भ के बच्चे की पीड़ा को बर्दाश्त कर रही है। उसके पीछे आनन्द का आगमन है। एक भविष्य को उसकी कल्पना है।

जब यह शक्ति जागती है तो उस पीड़ा के साथ अपार शक्ति लेकर बहती है। चन्द्र नाड़ी, पीड़ा प्रसव की, पीड़ा जन्म देने की, पीड़ा जागने की शक्ति और आनन्द की बरसात साथ ही साथ होते है। इसको गुरु ही जानता है। वह हमेशा साक्षी बनकर रहता है क्योंकि यह आत्मा की ओर की यात्रा है। यह जन्म शरीर का नहीं है। यह तो ऐसा जन्म है जो हो जाये तो परमात्मा के सभी द्वार खुल जाते है। यहाँ जो कुछ भी होता है, होने देना है, क्योंकि यह बच्चे को जन्म देना नहीं है। यहाँ तो सभी ध्यान के यात्री है, यहाँ कोई स्त्री पुरुष के स्त्रीत्व और पुरुषत्व के लिये नहीं बैठा है। यहाँ तो सब के सब ध्यान में बैठे है। सब के सब शक्ति के जागरण के यात्री है। यहाँ स्त्री या पुरुष कोई नहीं है। स्त्री या पुरुष को जो शक्ति को जगा रहा है उसे स्त्री बनना ही पड़ता है।

जब यह घटने लगे तो हर आदमी अपने आपको छोड़ दे। चीखे – चिल्लाए – रोए या बेचैन हो अथवा लेटकर छटपटाए – सब होने दो – यह होगा तभी आनन्द का प्रसव होगा – तभी बहुत–सी अद्‌भुत घटनाएं

घटेंगी। यहां पर जो कुछ भी होता है। – होने दो – कोई किसी भी सहायता न करे। हो सकता है तुम्हें ऐसा लगे कि तुम्हारा शरीर जमीन से ऊपर उठने लगे या ऊपर उठकर उड़ने लगे। ऐसा भी लग सकता है तुम्हारा शरीर बहुत बड़ा हो गया है या बहुत छोटा हो गया है।

अगर तुम देवी–देवता के उपासक हो तो ऐसा भी लगेगा कि तुम वह देवी–देवता हो गए हो। यहाँ बहुत कुछ हो सकता है। होने दो। जब तक वह जागकर पूरी यात्रा न कर ले। इसे हर हालत में पूरा होने देना चाहिये। यह तुम्हारी अपनी यात्रा है। यह पूरी तरह से व्यक्तिगत यात्रा है। निजी यात्रा, यह जरूरी नहीं कि जो तुम्हारे साथ घट रहा है वह दूसरे के साथ भी घटे। इसलिये इस निजी घटना को किसी से नहीं कहना चाहिये। मैंने देखा है कि जब यह घटती है तो लोग बदल जाते है। महावीर नग्न खड़े हो गए थे। मीरा नाचने लगी थी कृष्ण के प्रेम में। चैतन्य मग्न हो गए थे। नानक मौन हो गए थे। कबीर के मन से दोहे निकल पड़े। जीसस सूली पर चढ़ गए। बुद्ध को इतनी बेचैनी हो गई कि वे सैकड़ों मील लम्बी यात्रा कर गए, बोध गया से सारनाथ तक, मौन रहरकर।

मैंने देखा, चेतना – योग चेतना बन गई। एक ही रात में और समाधि के गहन सागर में प्रवेश कर गई। साहस और धैर्य के साथ चलकर सोमा – श्री माता बन गई शक्ति के जागरण के साथ ही और चन्द्रकला पाण्डे आज श्रद्धा माता हैं। जल शक्ति जागी तो नागवार – अशिक्षित शंकरानन्द कस्तूरी मृग के समान नाचने लगा और नाचता रहा जब तक गिर कर समाधि में नहीं समा गया।

इसलिये मैं आप सबको निमन्त्रण दे रहा हूँ, आओ – अपने जीवन के उस सौंदर्य को निहारो, जो तुम्हारे अन्दर छिपा हुआ है। वह शक्ति–परमेश्वरी है, सर्वेश्वरी है, वह सर्पिणी की तरह कूटस्थ होकर अपने आप में बैठी है – उसे जगाओ – वह तुम्हारी ब्रह्माणी है जिसे ब्रह्म से मिलना है उसके रास्ते में ब्रह्माण्ड के सारे सुख वैभव पड़े हुए हैं।

यह जगाकर अगर अपनी यात्रा पूरी कर ले तो समझो तुम्हारी प्रतीक्षा खत्म हो गई। तुम्हारी तपस्या पूरी हो गई।

पर क्या वहां रहकर समय को, जीवन को काटने के चक्कर में यह जागेगी ? तुमने जिसे पकड़ रखा है उसे छोड़ने के भय से मुक्त हो जाओ और नवीन सृजन की ओर बढ़े। आओ – तुम सभी प्रतीक्षारत साधकों का मैं इन्तजार कर रहा हूँ।

•••

मां योग श्रद्धा

शरीर एक ब्रह्मांड

शरीर एक पदार्थ है। यह भी शक्ति का ही रूपांतरण है। यह जो जीवन है यह भी शक्ति का ही एक रूप है। जो विचार की तरह महसूस हो रहा है, जो चेतना की तरह सब में समाहित है। यह सब उस त्रिपुर सुन्दरी महामाया हा ही एक रूप है – यह सारा ब्रह्मांड चाहे वह आकाश, तारे, नक्षत्र, ग्रह मण्डल तो अथवा सागर में उठ रही लहरें या ये सारे पेड़, पौधे, लताएं, बालू के कण–कण या पर्वन की चोटियाँ, अग्नि की लपटें या वायु के झोंके से सब शक्ति के भिन्न–भिन्न रूपान्तरण है। हम सब जो है। वह सब महाशक्ति के ही रूप है। इस बृहद् विश्व की गतिविधियों का केन्द्र महामाया का ही रूप है।

यह जीवन जो एक अविराम यात्रा है, कहां से प्रांरभ हुआ और कहां जाकर समाप्त होगा, यह कोई नहीं कह सकेगा और कहना कठिन भी है। पंच तत्त्वों से मुदित इस शरीर की कोई सीमा नहीं है। शरीर तो एक बदलाव है। परिवर्तन है ज़ो बार–बार बदलता रहता है। न जाने कितने शरीर धारण किये और बदलते–बदलते इस शरीर को धारण किया है। यह देह हम सब की सीमा नहीं है यह देह अनेकों देहों से जुड़ी हुई हैं।

यह जो चाँद है, सूर्य है ये सब जीवन के उपयोगी केन्द्र हैं जो हमसे लाखों करोड़ों मील दूर हैं, मानव जीवन पर इसकी मजबूत पकड़ है।

यह सूर्य जीवन है। जीवन इसके बिना बेकार हो जाएगा। यह इतना दूर है कि पहले का मानव इसकी कल्पना भी नहीं कर सकता था जीवन पर इसका इतना प्रभाव होगा। आज भी अनेकों जीवन मिलेंगे जिन्हें जीवन पर सूर्य के प्रभाव की जानकारी नहीं होगी।

पर ऋषियों ने इसे खोज लिया था। आज के वैज्ञानिकों ने तो हर दिल को खोज लिया है। वे अपने अनुमान की शक्ति को प्रयोगिक रूप देकर उन्होंने सभी दूरियों को माप लिया है। यह सूर्य दस करोड़ वर्ष की दूरी पर स्थित सभी ग्रह नक्षत्रों का केन्द्र बना हुआ है। जिस तरह से हम सबका शरीर इस नाभिकीय केन्द्र से केन्द्रीभूत होकर सारे पिण्ड ब्रह्म का संचालन कर रहा है उसी तरह से हमारे भीतर सोई कुंडलिनी शक्ति जीवन की शक्ति के संचालन का शक्ति केन्द्र है।

आप कल्पना करें कि अगर सूर्य न हो तो इस पृथ्वी पर रह रहे जीवों और पदार्थों का क्या होगा। दोनों तरफ से वह जीवन को नष्ट कर सकता है। अगर वह और करीब हो जाये तो भी सब कुछ जलकर भस्म हो जाये। अगर वह और दूर हो जाए तो हम ठंडे तो जाएं। पृथ्वी पर ऐसे अनेकों क्षेत्र हैं जहां इसकी रोशनी साल–साल भर नहीं पहुंचती। कहीं–कहीं इसकी प्रकाश रश्मियाँ 6–6 महीने के बाद पहुंचती हैं। आज वहां हिम–सागर है सब कुछ ठंडा है। अगर वह सूर्य ठंडा हो जाये तो हम सबका जीवन भी ठंडा हो जाए।

यह सूर्य हम सबके साथ हमेशा मौजूद है। यह हम सबके जीवन का हिस्सा बन गया है। सूर्य का ठंडापन हमारा ठंडापन है। सूर्य की गर्मी हमारी गर्मी है – हमारे शरीर की गर्मी है।

इस आकाश में जो चारों तरफ फैली हैं वह वायु का सागर है – पवन का तैरता सागर है। यहां से सारे जीव जगत को प्राणशक्ति प्राप्त होती है। अगर वह उपलब्ध न हो तो हमारा रोम–नाम सत्य हो जाये। प्राण हमारा साथ छोड़ दे तो हम मृत्यु को प्राप्त हो जाये। यह श्वास जो हम ले रहे उसी ने हम सबको भीतर–भीतर और बाहर से जोड़ रखा है। बाहर का जगत और भीतर का जगत हम सब से जुड़ा हुआ है।

हम सोचते है हमारा शरीर ही हमारी सीमा है। इस शरीर के मर जाने को हम अपने आपको मरा हुआ समझते हैं। पर हम सब कहां मरते है। यह सारा विश्व की हमारा शरीर है। यह अनन्त है। असीमित है। यह जीवन सीमा विहीन है। यह जीवन एक अविराम यात्रा पर है। पूरा ब्रह्माण्ड ही इसकी जीवन यात्रा है। इस जगत हर तत्त्वों, पदार्थों और जीवन की सक्रियता में इसका केन्द्र है। ऐसा कुछ भी तो नहीं है जिसमें इस जीवन का केन्द्र न हो।

यही तो इस जीवन के ईश्वरत्त्व की उपस्थिति का एक प्रमाण है तभी तो बातों–बातों में सब जगत सब में ईश्वर के होने की बात कही गई है। जब यह जीवन सर्वत्र है तो इस जीवन रूपी ईश्वरत्व की महिमा का क्या कहना।

जब एक सूर्य के बिना जगत की लीला को नकारा जा सकता है तो ऐसे तो अनेकों सूर्य इस ब्रह्मांड में सक्रिय है। इसी के कारण जल भी है। पवन भी है। चन्द्रमा भी है पृथ्वी भी है और अग्नि भी है। यही सब शरीर है। यही जीवन का आधार भी है और यही सभी अनुभूतियों का अभिव्यक्त जगत है। यह शरीर की पूरा एक विश्व है। इसे समझना होगा जानना होगा तभी सत्य प्रकट होगा। वह सभी के अन्दर छिपा है। जीवन का सत्य, तुम्हारा सत्य, हम सब का सत्य और जगत का सत्य।

इसे जानने के लिये उस महामाया रूपी सर्वेश्वरी को जगाना होगा जो तुम्हारे आधार में आधारशक्ति बनकर कूटस्थ होकर कुण्डल मारकर उस कुण्ड में सुषुप्त पड़ी है उसकी सुषुप्ति के कारण भी तुम ही हो, तुम्हारी अज्ञानता है। तुम्हारा अहंकार है तुम्हारा अबोधपन है। जिसे माया को तुम सत्य समझ रहे हो, वह तो क्रीड़ा स्थल है। तुम्हारे खेल का मैदान है। मनोरंजन का साधन है। जिसे तुम छोड़ते चले आ रहे हो वह तुम्हारे प्रयास की प्रतीक्षा में है। वह तुम्हारे कई जन्मों से प्रतीक्षारत है। वह तुम्हारे जीवन का ऊर्जा स्रोत है।

जब तक तुम विश्वातीत नहीं होगे, जब तक तुम अपनी उस ऊर्जा से एकाकार नहीं होगे, जब तक तुम स्वयं वह नहीं बन जाओगे तब तक यह सारी संभावनाएं लुप्त ही रहेंगी। तुम्हारा जीवन यों ही एक जड़ वृक्ष की तरह हमारों वर्ष तक प्रतीक्षारत रह जाएगा। तुम वृक्ष नहीं हो जो अपने विश्वास को जड़ता में बदल दोगे। तुम जीवन की सक्रियता के मार्ग पर हो। तुम जड़ नहीं हो। तुम चेतन हो। तुम्हें चेतनामय होना पड़ेगा। तुम वृक्ष को ही देखा वह निरंतर खड़े वृक्ष से जुड़ गया है। उसके हर पत्ते नाच रहे हैं। कुछ कह रहे हैं। हवा के हर झोंके के वह साथ है। तुम्हें भी विश्व से जुड़ना होगा उस विराट के साथ होना होगा। इसलिये उस शक्ति को जगाना होगा। वह जागेगी तभी तो विराट से जुड़ेगी। वह जागकर जब विराट से मिलने की यात्रा में चलेगी तो रास्ते के सभी केन्द्रों का भेदन करती हुई जाएगी। भेदन से ही चक्रों की जागृति होगी।

वह जब विराट से मिलता है तो वह 'वह' नहीं रह जाती, वह खो जाती है। उसी के साथ-साथ तुम 'तुम' नहीं रह जाओगे, तुम भी खो जाओगे – तुम विराटमय हो जाओगे। इसीलिये यह काया तुम्हें मिली है कि अपने अन्दर के विज्ञान क्षेत्र में प्रवेश करो। यह प्रकृति की विशाल प्रयोगशाला है। सृष्टि के सृजन और विनाश के बृहद् अनुष्ठान का आयोजन चल रहा है। तुम बाह्य जगत में भटकते रह जाते हो और प्रति क्षण जो तुम्हारे अन्तः जगत में घट रहा है उससे अनभिज्ञ रह जाते हो।

जिसे तुम मृत्यु कहते हो वह तो बहुत बाद की बात है। वह तो एक ऐसा व्यापार है जो अन्त में घटता है। भौतिक जगत से लुप्त कर देता है तुम्हारी उपस्थिति को, वह तुम्हारे परिचय को मिटा देता है। तुम्हारी देह से सूक्ष्म सत्ता पृथक् होकर कहीं और जाकर सक्रिय हो जाती है। उसे ही तुम मृत्यु कहते हो। पर तुम मरे नहीं तुम तो किसी और जगत चले जाते हो, इसी विराट में।

यह तुम्हारे ऊपर आश्रित है। यह तुम्हारे कर्म के अधीन है। यदि तुम अपने आत्मकर्म को इसी शरीर से पूरा कर लो तो तुम जीत जाओगे। जब तक तुम्हारा आत्मकर्म पूर्ण नहीं हो जाता, तब तक यह जन्म-मृत्यु का खेल चलता रहेगा। यह जो स्थूल जगत का कर्म है, अथवा स्थूल का योग्य आत्मकर्म है उसके समाप्त होने के पहले यह घटना घट जाये तो तुम्हारी यात्रा के अवशिष्ट आत्मकर्म को करने के लिये पुनः भौतिक शरीर को धारण करना पड़ेगा।

पुनः जन्म न हो उसके लिये उस शक्ति को जगाकर सभी चक्रों के केन्द्र में अवस्थित उन सभी प्रारब्ध संचित संस्कारों को पाक करना चाहिये या इस मानव देह द्वारा पुनः नवनिर्मित कर्मों के द्वारा प्रारब्ध को संचित नहीं होने देना चहिए। तभी क्रम विकास का मार्ग सभी बाधाओं से मुक्त होगा। इसीलिये यह जीवन तुम्हें प्राप्त है। मरने के बाद तुम्हारे कर्म की प्रधानता खत्म हो जाती है।

जीवित शरीर अवस्था में रहते हुए यदि तुम अपने आप को उठा सको और तीनों शरीर का बारी-बारी से आसन की तरह उपयोग कर ऊपर उठा सको तो तुम्हारा यह जीवन धन्य हो जाएगा। मेरे कहने का उद्देश्य यह है कि जो भौतिक देह है, सूक्ष्म देह है और कारण देह है, इन तीन आसनों का काम सपन्न कर लेना अर्थात् यों समझ लो कि प्रकृति के

चौबीस तत्त्वों से चैतन्य सत्ता को पृथक् कर प्रकृति और महामाया को अलग–अलग स्वतंत्र करके शुद्ध अभिमान की सहायता से शुद्ध महामाया त्रिपुरेश्वरी के मुक्त आकाश में, अधिकार युक्त पुरुष के रूप में, अपने आपको लाकर प्रकट करने में समर्थ कर लो तो यह सारा संसार तुम्हारे प्रभाव का अनुभव करने लगेगा। तुम राम, कृष्ण, बुद्ध, महावीर, जीसस आदि की तरह नज़र आओगे क्योंकि तुम्हारा प्राकृत और अप्राकृत शरीर एक हो जाएगा जिसे महासिद्ध काया कहते हैं।

तुम सब में योगियों को देखा, हम जो योगी हैं, जीवन के समापन को देखते नहीं हैं। मैं तो हमेशा यही कहता आ रहा हूँ कि अभिमान का अर्थ समझो। अभिमान की पूर्णाहुति नहीं होती। अगर तुम गौर से देखोगे तो पाओगे कि अग्नि कभी बुझती नहीं। अग्नि का कभी निर्वाण नहीं होता क्योंकि उस निर्वाण में भी अनिर्वाण रूपी अग्नि को बनाए रखना पड़ता है। अग्नि लुप्त रूप में भी जागती रहती है। वह कभी समाप्त नहीं होती – इसी तरह अभिमान की आहुति दे देने पर भी उस विशुद्ध अभिमान के स्वरूप को बनाए रखना पड़ता है। क्योंकि महाकर्म रूपी कर्म शेष रह जाता है।

प्रकृति के कर्म को समाप्त कर तीनों शवासनों पर बैठकर योगी विशुद्ध सत्वमय आधार में स्थित हो जाता है। उस आधार को महाकारण देह कहा जाता है। यह हम सब योगियों का विशुद्ध अभिमान है जिसे अह्म तत्त्व भी कह सकते है। इसी आधार का आश्रय लेकर हम जैसे योगी विश्व कर्म के महाक्षेत्र में आकर सक्रिय रहते है। हमारा इसमें कोई व्यक्तिगत प्रयोजन नहीं होता। संपूर्ण जीव जगत का प्रयोजन ही हमारा लक्ष्य होता है। केवल पदार्थ कर्म होता है। योगियों से उनकी सभी गतिविधियों से अपना कुछ भी नहीं होता। हर सिद्ध योगी विशुद्ध सत्य मय आधार पर स्थितिप्रज्ञ होकर जगत के कल्याण में लग जाता है।

यह सब कहने का मेरा तात्पर्य है कि यह जीवन जो मिला है इसमें अपने कर्मों द्वारा अपने कर्म का प्रसाद जो प्रारब्ध कर्म है, प्रारब्ध कर्म की जो स्मृतियाँ संग्रहित हैं। जो चक्रों पर अपना केन्द्र बनाकर अवस्थित हैं। उसे जगाना है। अर्थात् यह सभी मानव देहधारियों का लक्ष्य है कि इस सक्रिय जीवन में जो वर्तमान है। जीवन के सभी कर्मों को समाप्त कर, नवीनता की अनन्त कर्मों की धारा में प्रवेश पाए।

प्रकृति से पुरुष को अलग कर प्रकृतिजन्य भौतिक देह से कारण देह तक सभी को स्वतंत्र करता है। इन्हें स्वायत्तता देना है। लिबरेट करना है। प्रकृतिजन्य सभी तत्त्व यदि स्वायत्त नहीं होते तो मनुष्यों को अपने पूर्ण लक्ष्य को प्राप्त करना संभव नहीं है।

अभिमान कारण देह का आश्रय लेकर कारण देह में कर्म की सूचना देता रहता है। सूक्ष्म शरीर के कर्म शेष रह जाने के बाद और सूक्ष्म शरीर के श्वासन होकर कारण देह द्वारा अधिष्ठित होने के बाद योगी कारण देह को ही आश्रय करके अहम् – अभिमान का अनुभव करता है। आत्म कर्म चलते ही रहते हैं एवं कारण सत्ता या मूल प्रकृति में निहित गुप्त चैतन्य पृथक होने लगता है। जब प्रकृति रूप कारण सत्ता से चित्त शक्ति अलग होती हैं तब योगी को एक अनिर्वचनीय स्थिति के सम्मुख होना पड़ता है इसी अवस्था में जीवात्मा का स्वरूप ज्ञान जाग उठता है तब योगी जन अपने नेत्रों से प्रत्यक्ष अनुभव करने लगते हैं कि पुरुष सभी तत्त्वों से अलग है, स्वतंत्र है।

अगर परम पिता परमेश्वर की असीम कृपा की बरसात इस अवपर पर न हो तो योगी इस स्वरूप ज्ञान से प्रकाशित निज सत्ता में स्थिर हो जाता है और यह उसका कैवल्य लाभ है तब इसी तरह की माया में भी पृथकत्व की घटना घटती है और माया में भी निज सत्ता का उदय होता है। यह सब चक्र भेदन के मार्ग में दो आसनों की क्रियाओं के फल की सिद्धि है जो भौतिक देह और सूक्ष्म देह से जुड़ी होती है। ज्यादातर साधक यहीं पर आकर विश्राम करने लगते हैं – इसे ही जीवन का लक्ष्य समझने लगते हैं। इसे ही महासिद्धि समझकर अपने जीवन महान पथ यात्रा से कह जाते हैं और पदार्थ में लग जाते हैं। पर यह पूर्णत्व की यात्रा नहीं है यह वह लक्ष्य नहीं है जहां मनुष्य अपनी साधना की यात्रा का विराम दे दे।

केवल प्रकृति से अलग हो जाने से ही काम नहीं चल सकेगा। ठीक प्रकृति नहीं किन्तु कारण शरीर को भी आसन बनाना होगा। यदि वह नहीं किया जाये तो प्रकृति से मुक्त पुरुष को कैवल्य की ही प्राप्ति हो कर रह जायेगी। यहीं से कारण देह को माध्यम बनाकर अभिमान का त्याग करने के बजाय उसे जाग्रत रखना होता है।

स्थूल देह के आत्मकर्म को समाप्त कर प्रारब्ध भोग को भी समाप्त कर उसके बाद अभिमान को सूक्ष्म में योजित कर स्थूल देह को शव

रूपी आसन में परिणित कर दिया जाये यहाँ पर वह आसन प्राप्ति बनी रहती है और कर्मों का आरब्ध हुआ होता है जिसके प्रभाव से अमर भूमि का द्वार खुल जाता है। वहाँ पर कर्म की भी उन्नति होती है जो एक लंबी यात्रा है। साधना के भोग की। काल के प्रभाव से बाहर हो जाने पर अमर जगत में कर्म द्रुत गति से आगे नहीं बढ़ता है।

यह स्थूल शरीर की जो निर्माण प्रक्रिया है उसमें प्रारब्ध कर्मों द्वारा ही ज्यादातर प्रभावित होता है, उस देह का नियंत्रण भी प्रारब्ध कर्म करता है। यह प्रारब्ध अधिक प्रभावशाली तत्त्व है। कर्म, अनुग्रह, संस्कार आदि बहुत सी विभिन्न शक्तियों के एकत्र संगठन से प्रारब्ध की रचना होती है और इच्छा की उत्कंठा से उसका सृजन होता है।

इस तरह से आप सब देखोगे कि आयु निश्चित हो गई है – कर्म नियत हो गई है तो अकाल मृत्यु की संभावनाएं ही नहीं। प्रारब्ध निश्चित होने से आयु निश्चित है। यह कटु सत्य है। फिर आयु की वृद्धि और ह्रास दोनों ही हो सकते है। यह भी कटु सत्य है। यह वृद्धि और पतन का कारण – शक्ति के संयम और दुरुपयोग से हो सकता है। अथवा बाहर से शक्ति के अनुप्रवेश आदि कारणों से भी हो सकता है। इसके अनेकों कारण है जिंस कारण से भी क्यों न हो इस देह के जीवित रहते–रहते ही योगी अपने सभी आत्मकर्म समाप्त करने की इच्छा करते हैं।

इस शरीर के रहते यदि भौतिक देह को शव बनाकर सूक्ष्म शरीर में चाहे वह अपना समय, भाव देह या ज्ञान देह ही क्यों न हो, अभिमान कर सूक्ष्म का आत्मकर्म किया जाये तो ऐसी अवस्था में इस देह में रहकर भी अमर क्षेत्र में प्रवेश किया जा सकता है।

मैंने अनेकों बार ऐसा करके देखा है। इस शरीर को शव बनाकर – सूक्ष्म शरीर को बाहर निकाल, देवलोक, गन्धर्व लोक आदि अनेके अन्य लोकों का भ्रमण किया है। जहां केवल अमर आत्मवादी लोग ही रहते हैं जो केवल भोग प्रधान है। कर्म प्रधान नहीं है। उनका भोग क्षय होता है पर उसकी आयु अधिक हैं। लाखों करोड़ों वर्षों पर क्षय होते ही लौटना है।

•••

मां योग चेतना

कर्म द्वारा या अभ्यास के द्वारा उस स्फुरण को आगे शनैः शनैः बढ़ाया जाता है तभी उस मानव देह के अन्तर में और बाहर में उद्बुद्ध चैतन्य शक्ति की धीरे–धीरे विकास होता है और तब आत्म का की चेतनता और उसके विकास की अनात्मा में आत्म–भाव को हटा देता है। उस आत्म में विशेषकर आत्म अभिमान की पूर्ण अभिव्यक्ति का दरवाजा खुल जाता है और जीव का जागरण निज बोध की यात्रा कर जाता है।

प्रकृति और उसकी माया से आत्म स्वरूप का उदय हो जाता है – उस आत्म स्वरूप का उदय होने से कर्म के संस्कार करते हैं। जब कर्म संस्कार विहीन होता है तब कर्म संस्कार से परिष्कृत होता है और प्रारब्ध धुल जाते हैं। तब जन्म मृत्यु के ऊपर नित्य स्थिति की प्राप्ति हो जाती है पर जब तक पशुत्व का निवारण नहीं होता तब तक भगवद् स्वरूप का दर्शन दुर्लभ होता है। भगवत् प्राप्ति तो तभी संभव है जल जीव पशुवत् संस्कारों को पाकर उससे ऊपर उठ जाये।

जो मानव देहधारी जीव आत्मा–परमात्मा की अभिन्नता से मुक्त हो गया है या फिर परमात्मा के सनातन अंशभूत की सर्वज्ञता का साक्षात्कार कर लिया है या वह नित्य दिव्य भाव सम्पन्न हो गया है तो वह पशु अवस्था के निम्न स्तर से ऊपर उठ जाता है। कहीं ऐसे जीवन यात्रा के कर्म पथ पर वह नहीं जा पाया है तो वह उस निम्नता की पकड़ में पड़ कर रह जाता है तब प्राकृतिक सूक्ष्म संस्कारों के प्रतिबद्धता से जुड़ा और घिरा रहकर बन्धन में ही पड़ा जाता है। अर्थात् उसके वे सूक्ष्म संस्कार उसे स्वायत्तता नहीं दे पाते। उन प्राकृति सूक्ष्म संस्कारों के बादलों से ही वह घिरा रह जाता हे। जब तक कि दिव्य ज्ञान का उदय नहीं हो पाता और उदय होकर क्रमशः विकास के मार्ग पर आगे नहीं बढ़ता तब तक उन संस्कारों का क्षय नहीं होता।

अगर ऊर्जा का जागरण हो जाये और उसका क्रम से विकास होता रहे तो सभी संस्कार खत्म हो जाते है और वह पशु बीज भी कट जाता है।

तुम साधन बनो, साधना में परिपक्वता लाओ। तुम्हें मानव देह जैसा श्रेष्ठ आधार मिला है जो मानवीय संस्कारों से जुड़ा है। साधना के अभ्यास से जीवन यात्रा को योगी बनाओ। यह क्रम से विकसित होता है। सद्गुरु की खोज करो।

साधक गुरु अनेकों हो सकते हैं। साधना कहीं से भी प्रारंभ कर सकते हो। गुरुओं से बाजार भरा है। शिष्य बनाने के लिये अनेकों दुकाने

लगी हुई हैं। शिष्य बनाने के मूल्य भी लगे हुए हैं दीक्षा के स्तर भी बन चुके हैं। उनमें से कहीं से भी तुम साधना का प्रारंभ कर सकते हो। पर तुमकों चलते रहना है, साधना पथ पर तभी तो आगे बढ़ पाओगे। अनेकों मील के पत्थर रास्ते में आएंगे, उन्हें छोड़ते जाना है अनेकों दुकानें सजी हुई मिलेंगी, पर तुम्हें तो अपनी दुकान पर जाना है। साधक के जीवन स्तर को योगी बनाना है, साधना के क्रम को ऊंचा उठाना है। योगी जीवन के विकास की उच्चतम अवस्था में ले जाना है। अपने योग कर्म द्वारा उस ज्ञान अग्नि की चिनगारी को निज सत्ता में पूर्ण विकसित करना है।

गुरु द्वारा प्राप्त उस योगाग्नि को इतना प्रज्ज्वलित करना है कि वह सबको पाक कर दे। गुरु द्वारा वह ज्ञान–अग्नि–गुरु प्रदत्त उस योगाग्नि का प्रयोग कर अपनी निज बोध की यात्रा में सभी पशुवत् बीजों को जलाकर, विस्तार के मार्ग में आंगे बढ़ जाता है। अज्ञानता के साम्राज्य को समाप्त करना है।

यह जो तुम्हारी देह है वह कर्म समभूत है। देह के रहते समय तक अज्ञान और कर्म संस्कार थोड़े बने ही रहते है। अज्ञानता का पूरा प्रभाव समाप्त नहीं होता और न ही कर्म संस्कार का ही पूर्ण निवारण होता है। अगर ऐसा हो जाये तो यह शरीर नहीं रहेगा। अगर सभी संस्कार समाप्त हो गए, अज्ञानता का बीज फट गया तो यह साधारण शरीर साथ छोड़ देगा यह कटे हुए वृक्ष के समान गिर जाएगा, तब तुम्हारी साधना की पूर्णता नहीं होगी। इसी कारण ज्यादातर सन्त–साधकों–योगियों के संस्कार और अज्ञानता पूर्ण रूप से नष्ट नहीं होती, शरीर का रहना जरूरी है – शरीर के द्वारा ही सारी सिद्धियाँ प्राप्त होती हैं। सिद्धियों की पूर्णता के बाद निज बोध है। भगवद् दर्शन है।

तभी तो सन्त समाज – भक्त समाज– प्रेमी समाज के सभी तपस्वी– साधक की साधनाएं अधूरी रह जाती हैं। उनकी सिद्धियां पूर्णता में रूपान्तरित नहीं हो पाती। पूर्ण सिद्धि की प्राप्ति इस साधारण देह के रहते हुए नहीं हो सकती, लेश मान भी अविद्या या अज्ञानता देह की अवस्था में अवश्य रह जाती है ताकि यह शरीर बना रहे और जगत का कार्य ऐसे ही चलता रहे।

जब तक पूर्ण निर्विकल्प स्थिति नहीं होगी तब तक यही अवस्था बनी रहती है। निर्विकल्पता की अवस्था में शरीर के सारे सम्बन्ध

विच्छिन्न हो जाते हैं और आत्म संस्कार सब के सब छोड़ जाते हैं। तब चिदाकाश में – स्व–स्वरूप में साधक विराजमान हो जाता है। इसे ही कैवल्य या विदेह कहा जाता है।

इसीलिये सभी साधक–योगियों–भक्तों को इस देह में रहकर देह के संपूर्ण कर्म को शेष करना पड़ता है। माया के आभास और संस्कार की केंचुलों से सदा के लिये मुक्त हो जाने के लिये व्यक्तित्व में परिवर्तन लाना जरूरी है व्यक्तित्व बना रहे पर उस व्यक्तित्व का उपयोग न हो, व्यक्तित्व नष्ट न हो, पर उस परम सत्ता व्यक्तित्व की बनी रहे और निराकार निष्क्रिय चिद् स्वभाव में अवस्थान भी हो।

उसके लिये कुंडलिनी साधना जरूरी है। कुंडलिनी शक्ति ही सभी साधनाओं की आधारशिला है। कुण्डलिनी के जागरण और उसके क्रम विकास से ही सभी मल पाक होते है। यह कुंडलिनी ही साध्य और साध ाक के भेद को मिटा सकती हैं ऐसे तो अनेकों तरह के साधक हैं। जिन्हें भिन्न–भिन्न अवस्थाओं के कई विकल्पों को प्राप्त कर ही संतुष्टि हो जाती है। परन्तु ज्यादातर दो तरह के साधकों की स्थितियाँ इस कुण्डलिनी साधना में सफल हैं।

परन्तु इन दोनों में भी भिन्नताएं है। वैसे तो मैं इसके बारे में पहले चर्चा कर आया हूँ। पर यहाँ थोड़ा और कुछ विशेष बताना आवश्यक समझता हूँ।

ये सब आधार के ऊपर आश्रय है जो कई एक जन्मों से संग्रह होते चले आए हैं। किसी–किसी का आधार अपेक्षाकृत सबल होता है। इसी से योगी देह में कुंडलिनी शक्ति का विकास आरंभ से ही अधिक मात्रा में होता है। देखा गया है कि जहां साधक अपनी साधना को विश्राम देता है वहां से योगी अपनी साधना को प्रारंभ करता है। इसी से साधक के कर्म और योगी के कर्म पहले से ही अलग–अलग होते है और उन् कर्मों का फल भी अलग–अलग होता है।

एक साधक के कर्मों से जो विकल्पों का समुदाय है, वासना, कामादि संस्कार और उसके मूल बीज निर्मल होकर चिदालोक में परिणित हो जाते हैं। उनका विरोधाभास मिट जाता है और उनकी सत्ता चित्त सत्ता के साथ मिल जाती है जिससे सिद्धावस्था को प्राप्त कर उनका शरीर मन आदि का संबंध शून्य, निर्विकल्प, चिन्मय, आत्म स्वरूप में स्थित हो जाता है।

परन्तु योगी के कर्मफल की दशा इससे भिन्न है। योगी के कर्म में मात्र अवरोध शक्ति के विरोध भाव का ही विरोध का अभाव कर उसे निर्मल बना कर आत्मा की स्वरूप स्थिति में परिणित कर लेना है। यह योगी का लक्ष्य होता है।

शत्रु के शत्रुभाव त्यागकर उदासीन और तटस्थ होने तक ही साधक की आत्मा अपने को मुक्त समझ लेती है। किन्तु योगी इच्छा करते हैं कि शत्रु का शत्रुभाव विरोहित होकर तटस्थ ही न रहे बल्कि वह मित्र रूप में बदल जाये। शक्ति का परिहार करना और शक्ति हीन अवस्था में स्थिति ग्रहण करना योगी का उद्देश्य नहीं होता।

साधना की परिपक्वता के बाद योगी सभी गुणों से ऊपर उठ जाता है, यहां तक कि उसमें प्राकृत गुण भी नहीं रहते परन्तु योगी सृष्टि प्रकरण में जीवन वृक्ष की सक्रियता और विकास के लिये अप्राकृत गुणों को विकास होने देता है। यह योगी की अपनी इच्छा होती है क्योंकि योगी संकल्प का माध्यम लेता हैं उसके संकल्प में प्रबल शक्ति होती है। अपने संकल्पमय जीवनयात्रा में योगी अपनी क्रिया से बहिरंग शक्ति को बाहर की शक्ति के रूप में उपयोग नहीं होने देता, उसे अंतरंग का रूप देकर आत्मा को संकल्प का – शक्तिशाली–आत्म संकल्प बनाता है।

वह साधक के रूप में विदेह निर्वाण का पथ अपनाता है और सभी विकल्पों को समाप्त कर लेता है क्योंकि इसमें देह और मन का संयोग होता है। हर किसी विकल्प के लिये देह और मन संयोग होता है। हर किसी विकल्प के लिये देह और मन का संयोग जरूरी है।

योगी के लिये पिण्ड सिद्धि जरूरी है, वह विकल्प को भी शुद्ध कर शुद्ध विकल्प का रूप देता है। वह साधक के रूप में सिद्धावस्था को प्राप्त कर सिद्धावस्था में काम का परित्याग कर निष्काम चित्त स्वरूप में स्थिति को प्राप्त कर लेता है और योगी के रूप में मलिन काम को परिपक्व कर विरोधकाम रूप में उसे बदल देता है जो मानव जीवन का मुख्य उद्देश्य है। अर्थात् भगवत् प्रेम – आत्म प्रेम।

इसी कारण योगी मुक्त अवस्था में भी आकार रहित नहीं होते अर्थात् योगी की काया कभी परित्यक्त नहीं होती अपनी नित्य काया को प्राप्त कर अखंड कर्म पथ पर वह बढ़ता ही रहता है।

•••

ज्वाला

जो परमात्मा है वह निराकार है। सम्पूर्ण ब्रह्मांड उसकी आकृति है। कण–कण में वह व्याप्त है। अणु–अणु में उसकी उपस्थिति है। जड़ हो या चेतन, ब्रह्म निराकार हैं। निराकार में विश्वातीत है एकत्व है। शक्ति की सक्रियता का अर्थ ही शरीर का होना जरूरी है बिना शरीरिक सम्बन्ध के क्रिया नहीं तभी तो शक्ति की क्रिया न होने पर उसका वेट नहीं होता और न ही संभव है।

जहाँ तक साक्षी भाव की बात आती है वह शरीर के होने की अवस्था में ही संभव है। इसमें विदेह अवस्था का महत्व नहीं है। क्रिया की जागृति में देह माध्यम होता है साक्षी भाव का। अगर काया नहीं है तो साक्षी भाव भी संभव नहीं और न मण्डल की संभावनाएं हो सकती हैं। जब माया होती है तब साधक का जीव से संबंध बना रहता है जिस कारण साक्षी भाव का विकास नहीं होता।

जीव ज्यादातर हृदय के आकाश सें जुड़ा रहता है और अज्ञानता के कारण मोह में फँसा रहता है देह का तादात्म्य बना रहता है। प्रेम–आसक्ति का घर जो वैराग्य का भी कारण है – का भेदभाव जीव को समझ में नहीं आता। शरीर के साथ जब अभेद भाव का ज्ञान जाग्रत होता है तब उसी के साथ–साविज्ञान का भी उदय होता है।

आत्मा के विस्मरण के कारण शरीरिक तादात्म्य की उत्पत्ति होती है और इस तादात्म्य के कारण भेद ज्ञान की जड़ में बाह्य सृष्टि का उदय होता है। पर हृदयाकाश में निर्मलता स्वच्छता आ जाती है तब आत्मा की उपलब्धि का एहसास हो जाता है। इस अवस्था में काया के साथ एकता का अथवा अभेदभाव का भाव नहीं रह पाता। तब आत्मा की असंगता का

प्रभाव जाग्रत हो जाता है। यही साक्षी भाव का उदय होना है। इसी अवस्था में देह का अभिमान नहीं होता। इस पर शरीर के साथ योग होने के कारण साक्षीभाव प्राप्त हो जाता है। यही ज्ञानशक्ति की क्रियाशक्ति की अवस्था है जो महामण्डलेश्वरी कुण्डलिनी जागरण की एक परम क्रिया है। इसी से निर्विकल्प समाधि तक की यात्रा की जा सकती है। निर्विकल्प समाधि ही शरीर को मग्न करता है।

महामण्डलेश्वरी ही महामाया शक्ति है। इस शक्ति के उन्मेष के बिना वास्तविक साक्षी भाव नहीं होता। यह महामाया ही चित्तशक्ति है इसे ही ज्ञानशक्ति क्रिया शक्ति कहा गया है। एक अणुरूपी जीव की सत्ता है तो दूसरी तरफ से उसे विभु रूप कहा जाता है। शक्ति और शिव अर्थात् अणुरूपी जीव की सत्ता और विभु रूपी शिव की सत्ता।

चिद् भी अणु है प्रकृति तत्त्व है। इसकी माया का निवारण होने के बाद भी ब्रह्म स्वरूप में साक्षी भाव की स्थिति बनी रहती है। अगर ऐसा नहीं होता तो ब्रह्म स्वरूप में पाने का और कोई साधन नहीं है। यह चिद् अणु चित्त शक्ति के ही ज्ञानशक्ति रूप अंश से विशिष्ट आत्मा है। यह अवस्था ही साक्षी भाव है। इस साक्षी भाव को उपलब्धि के साथ क्रियाशक्ति का विकास होने से चिद् अणु मुक्त पुरुष के रूप में अथवा परमात्मा के अंश के रूप में अभिन्न अंश रूप से हृदय में बना रहता है।

यह शरीर के होते हुए भी होता है। जगत का भेदन करना मुक्त पुरुष का ही काम है औ इस जगत भेदन के लिये साधक को सबसे पहले अपना देह भेद करना पड़ता है। यह देह भेद ही जगत भेदन है। जो साक्षी नहीं है वह देहभिमानी है वही भोक्ता है। वह देह का भेदन नहीं कर सकता। वही बद्ध है बन्धन में है।

और जो अभिमानहीन है पर चेतन है जो देह से सम्बन्ध विशिष्ट है वे भी परमात्मा के अंशभूत दृष्टा के रूप में देह में रहकर भी देहस्थ शून्य में अर्थात् शरीर के अन्तस आकाश में जिसे हृदय आकाश भी कहते हैं उसमें अवस्थित रहते हैं।

क्रियाशक्ति ही उपासना सूत्रपात है। क्रियाशक्ति का पूर्ण विकास ही कुण्डलिनी जाँगरण है। कुण्डलिनी जागरण उपासना की अन्तिम सीढ़ी है। उपासना हो योग है। इसी योग ने ही अपने आंगन में सभी साधनों

को छिपा रखा है। इसी योग में सृजन छिपा है और इसी योग में वियोग की प्राकृत क्रिया छिपी है।

योग में दो वस्तुओं का समभावापन्न है। इसमें एक वस्तु मुक्त पुरुष है जिसमें क्रिया शक्ति का पहला उन्मेष होता है। दूसरी वस्तु परम पुरुष है जिसमें क्रिया शक्ति का विकास जाकर समाप्त होता है। प्रथम पुरुष जो मुक्त पुरुष है वह जीवात्मा है, द्वितीय पुरुष जो परम पुरुष है वह परमात्मा है। जीवात्मा और परमात्मा का मिलन ही योग है। जो पूर्ण योग है वह परमात्माकार होना है। इसलिये योग में क्रियाशक्ति के द्वारा शक्ति को जगाने का बड़ा महत्व है। योग में ही क्रिया योग आता है। सहज योग, ज्ञान, योग, भक्तियोग हठयोग आदि–आदि जो अनेकों योग आते हैं वे सब योग के ही रूप हैं। इसे बाद में बुद्धिजीवी दार्शनिकों ने अनेकों नाम दे दिये हैं।

जीवन के सृजन में योग है। जीवन के विनाश में योग है। जीवन के विकास में योग है। योग के बिना प्रवाह नहीं है। योग के बिना निर्माण नहीं है। जैसे–जैसे क्रिया शक्ति का विकास होता है वैसे–वैसे ही योग स्थापित होता जाता है। योग की अवस्था को प्राप्त करने का अर्थ ही परमात्म भाव का जागरण है। क्रिया में मिलन है। जड़ और चेतना का यह मिलन की योग हैं। गति का विज्ञान है।

इच्छा में मिलन है। शक्ति और विचार का जो विकास का कारण है। ज्ञान में मिलन है बुद्धि और शक्ति का जो ज्ञान का कारण है। कर्म में गति प्रवाह के लिये देह और शक्ति का मिलन है जो योग है कर्म विज्ञान का।

इच्छा, ज्ञान और क्रिया विश्व के उत्थान पतन में सम्मिलित है। यह विश्व देह इन्हीं प्रक्रियाओं के अधीन कार्यरत है। मानव देह भी इच्छा ज्ञान और क्रिया के कारण आता है जाता है जिसे आप लोग अपना अवतरण का मार्ग उत्थान का मार्ग कह सकते हैं।

इन्हीं सब क्रियाओं की प्रसूता माँ कुण्डलिनी है। इन सब प्रक्रियाओं में इसको जगाने का साधन छिपा हुआ है। यह मार्ग अपने अन्दर उस महामाया को कूटस्थ से जागरण करने के सभी महाभागों को छुपाए हुए है। यह योग मात्र क्रिया का विज्ञान नहीं है। यह प्रकाश के मार्ग से चलता है। प्रकाश सौरमण्डल की प्रभा किरणों का कृतिमार्ग है। सौर्य

मंडल से जो सक्रियता विश्व देह के लिये प्रवाहित होती है वह महाविज्ञान है। सबका प्राण वही है। योग को मात्र मनोरंजन या भोग तन्तुओं को जगाकर मानवमन के तुष्टिकरण का साधन न समझें। योग ही समाधि है। योग ही ध्यान है। योग ही धारणा है और योग ही जीवन है। योग से ही शरीर का निर्माण हुआ है। योग ही द्वैत का अद्वैत की यात्रा कराता है और योग की अद्वैत को द्वैत बनाता है। योग जीव जगत के लिये एक महाविज्ञान है। संसार को प्रेममय बनाने का साधन भी योग ही है।

यह योग एक खोज है, एक ऐसी खोज जो प्रयोग बनकर मानव देह को संसार के लिये उपयोगी बनाए रखती है। इसे तैयार करो क्योंकि यह देह ही साधन है। कर्म, इच्छा और ज्ञान का। कर्म ही कारण है – भोग अपवर्ग और जीवन यात्रा को लक्ष्य तक ले जाने का। कर्म में समन्वय है। कर्म के पीछे इच्छा है, विचार है भाव है। कर्म ही पूजा है। कर्म ही जीवन को संजोता है। कर्म यदि योग पथ का यात्री बन जाये तो यह काया को सबल बनाकर, जीवन के सत्य से परिचय करवाता है। योग यदि कर्म रूपी यम–नियम से जुड़ जाये तो जीवन यात्रा को महान बना देता है।

योग यदि कर्म के आमानों से जुड़ जाये तो इस देह मन्दिर को निरोग बनाकर अमरता की आरे ले जाता है। योग का प्रत्याहार कर्म यात्रा सभी अन्तस की इन्द्रियों को स्वच्छ–निर्मल करता है। योग धारणा रूपी कर्म पथ का जीव, यात्रा करने लगता है तो संसार की सभी ऋद्धि–सिद्धियां आकार पाँव धोती हैं और कर्म यदि योग के ध्यान प्रांगण में ले जाये तो मुक्ति के लिये प्रतीक्षारत वह जीव अपनी यात्रा समाप्त कर लेता है। वह परम पुरुष बन जाता है।

उसका प्रवेश समाधि में हो जाता है जो शक्ति को जगाकर ले जाने के मार्ग से होता हुआ परम पुरुष से मिलाने की जगह है। योग ही महायोग है, जीवन की एक ऐसी अभियान यात्रा जो निजबोध को उपलब्ध कराता है, जो निर्वाण है, साक्षात्कार है, सत्य को प्रकाशित करता है, मानव देह को विश्व देह बनाता है।

यह योग ही मानवदेह का माध्यम लेकर अन्तर की यात्रा करता है। यह योग अपने विभिन्न आयामों से शरीरिक स्थिति और अवस्थाओं का

उन्मेष करके उन केन्द्रों में छिपे रहस्यों को प्रकाशित करता है। यह योग उन सभी दरवाजों को खोलता है जो जीव की सभी दशाओं के अनेकों केन्द्र बनाकर स्थान–स्थान पर अपनी–अपनी स्मृतियों को अति सूक्ष्म मंडल बनाकर इस देह में अवस्थित हो गया है। देह का साधन बनाकर जीव यात्रा कर रहा है और यह यात्रा कब से प्रारंभ हुई है, इसकी कल्पना करना भी मुमकिन नहीं है मानवों के लिये। मानव भूल चुका है इस देह के मोह में विश्व देह के मोह में।

इस जीवन के परिचित साधन शरीर और संसार में तथा प्राण में शक्तियों की अति ही विचित्रताएं छिपी हुई हैं। चिद् आत्मा के निज की अनयायिनी शक्ति ही अपने निज की ऐश्वर्या शक्ति है जो कर्तव्य का बोध कराती है।

जब तक जीवन का यात्रापथ है, जहां जीव की अपनी अवस्था का बोध है उस जीवावस्था में वह महामाया रूपी जो शक्ति है, आत्मरूप में आच्छादित होकर, प्राण, अपान और समान का रूप लेकर जीवन की जाग्रत, स्वप्न और सुषुप्त भूमि बनकर कार्य करती है। यह भूमियाँ देह, प्राण और पथ नष्टक भागों से आत्मा को सम्मोहित करती रहती है।

यह संसार की दशा है। यही संसार की सांसारिक गतिविधियों का आकर्षण है, जिसमें जीव पड़ा रहता है। परन्तु कभी–कभी साधक अपने शिव रूपी स्व–आत्मा के प्रति अभिमुख होकर अपने यात्रा मार्ग में परिवर्तन कर लेता है और प्राण अपान की प्राकृतिक दशाओं को अपने प्रभाव में ले लेता है। तब वह शक्ति मध्य में स्थित सुषुम्ना मार्ग की यात्री बन जाती है जिसे उदान कहा जाता है। यह उदान ऊर्ध्व दिशा की ओर बढ़ जाती है।

जब इसकी ऊर्ध्व गति समाप्त हो जाती है तो यही शक्ति ध्यान बन जाती है। यह ध्यान संपूर्ण देह में और पूरे विश्व में व्याप्त हो जाती है। यह उस कुण्डलिनी के यात्रा मार्ग का आरोहण पथ है। पहले यह इसी मार्ग से अवतरित होकर इस पंचभूत शरीर का निर्माण करने में सक्रिय रही है और पंच प्राण के रूप में संपूर्ण देह और जगत देह में व्याहा हो गई है। अपने द्वारा निर्मित विभिन्न आयाम शक्तियों के प्रभाव में विश्व देह और मानव देह को छोड़कर अपनी निज अवस्था में कूटस्थ होकर कुण्ड में जाकर सो गई है। इस मार्ग पर प्राण, अपान समान की दिशा

प्रवाह को मोड़ कर उदान रूप देकर अगर योगी अपनी यात्रा मार्ग को बदल लेता है, सुषुम्ना के अंतर्गत तो वह योगी खण्ड देह आत्मभाव से पूरी तरह मुक्त होकर व्यापक स्वरूप को प्राप्त कर सकता है।

जो तीन अवस्थाएं हैं– जाग्रत, स्वप्न और सुषप्ति। ये जीव को बाह्य दशाओं के केन्द्र हैं। जो चौथी–पाँचवीं दशा है वह जीव के लिये चिदानन्द अवस्था है जिसे तुरीय और तुरीयातीत कहा जाता है। यह जीवन मुक्ति की अवस्थाएं हैं जो जीव को बाह्य प्रक्रियाओं से मुक्त कराकर अन्तस की ओर यात्रा कराती है।

इस स्थिति अवस्था का जागरण देह, अवस्थान समय में भी हो सकता है। प्राण और अपान का परस्पर विरोधी स्वभाव है। इन दोनों प्राण अपान की साम्य अवस्था ही समान है। जब विरूद्ध शक्तियों का समीकरण हो जाता है तब स्वाभाव से ही अधः गति कह रही चिदाग्नि जाग जाती है, वह प्रज्वलित हो जाती है।

आपस में विरोधी दशा बनाकर यात्रा कर रही ये विरुद्ध शक्तियां जब अपना विरोध छोड़ देती है तब इंगला और पिंगला मार्ग भी बन्द हो जाता है और श्वास प्रश्वास अचानक रुक जाता है। श्वास–प्रश्वास के शान्त होते ही वह चिदाग्नि जो प्रज्वलित हो चुकी है सुषुम्ना मार्ग से ऊपर की ओर चढ़ती है। ऊर्ध्वगमन मार्ग पर तीव्रता से आरोहण करती है। अधोबिन्दु से ऊर्ध्व बिन्दु तक अर्थात् जीवन की ऊंची चोटी सुमेरू शिखर तक उत्थान कर जाती है।

यह जागरण है, उस वसुन्धरा माँ का जो कुण्ड में साढ़े तीन फेटा मार कर बैठी हुई है। बिना आसक्ति के इस देह के स्कन्द केन्द्र में जिसने मानव को छोड़ दिया है। अपने अन्य धमनियों के प्रवाह के चक्रव्यूह में जिसे संसार कहते हैं। सृष्टि प्रकारण – भोग का योग। भोग का आनन्द। भोग द्वारा सृजन। भोग द्वारा विकास। भोग द्वारा प्लावित। यह उस महामाया का ही संसार चक्र है। पर यदि जीव योगी मन बन जाये तो वह विश्व देह से ऊपर उठकर ब्रह्ममय हो जाता हैं इस मार्ग से चलकर जिसका उत्थान सुमेरू शिखर तक है।

इस शिखर तक यात्रा करने के बाद वह शक्ति जीव को चाहे तो संपूर्ण सिद्धियों से पोषित कर देती है और सारी सिद्धियाँ उसके चारों ओर गुनगुनाने लगती हैं। यह सभी केन्द्रों के संस्कारों को जगाकर पाक

कर देती हैं। बीज को भी जला देती है। वह योगी चाहे तो देह का त्याग कर सकता है और अपने ब्रह्मरन्ध्र का भेदन कर उस शक्ति के साथ होकर विश्वातीत हो सकता है।

जीव की यह व्याप्ति दशा है घृणि अवस्था है। वह आदित्य हो जाता है। भास्कर बनकर प्रकाशित हो जाता है। अगर कोई साधक उदान की क्रिया पहले पूरी कर ले और ब्रह्मरन्ध का भेदन कर ले और अपनी तुरायातीत अवस्था में रहकर अपनी कर्मयात्रा को करता भी रहे तो यह जागरण की प्रक्रिया देह के अवसान के समय भी हो सकती है, जिसमें शरीर का बोध नहीं रह जाता। इस अवस्था में शरीर का रखना या न रखना, एक समान ही होता है।

•••

शिव शक्ति

महाशक्ति तो एक ही है जो आधार शक्ति है, मूल शक्ति है जिसे कुंडलिनी कहते हैं। यह तो व्यक्त और अव्यक्त सत्ता है वह इसी महाशक्ति का रूप है जो अखण्ड प्रकाश रूप हैं या चिद्रूप है।

सत् ही चित् एवं चित् ही सत् है। जो निरपेक्ष है। स्वतंत्र है जो आनन्द – सभी आत्माओं का सुखरूप है। वह आनन्दमय है सच्चिदानन्द है। अभिव्यक्ति में वह चित्त है और रसमय स्वाद में वह आनन्द है। वह अव्यक्त सत् अपने आप में अव्यक्त नहीं है क्योंकि वही चित् है। वह अप्रमेय होने पर भी स्वप्रकाश है और स्वप्रकाश के कारण स्वयं आनन्द भी है।

इस महाशक्ति की यह विशेषता है कि वह अपने पास अपना प्रकाश रखती है और अपने स्वरूप के आनन्द का स्वयं आस्वादन करती है। यह आधार शक्ति स्वभाव से ही ज्ञान बल क्रिया की द्योतक है वह अद्धितीय है। वह अपनी मूलसत्ता के आधार पर दूसरे का स्फुरण कर सकती है। यह निःस्पन्द रहकर भी सपन्दनशील हो सकती है। अचल बनकर भी चल रह सकती है।

यह महाशक्ति ही अपने आप में अनन्त तरह के विरोधों का समन्वय द्वार है। क्रियाशील रहकर भी उसमें अक्रियापन है। वह दूर होकर भी अति करीब है क्योंकि वह सर्वव्यापक है। वह रूप भी है और अरूप भी है वह शब्द भी है और अशब्द भी। वह नित्य भी है अनित्य भी।

वह जगत का प्राण है। वह निज स्वरूप में रहकर भी अनन्त रूपों और भावों में संचारित होती है। वह गुप्त रहकर भी गुप्त नहीं होती। वह प्रकाशात्मक होकर भी चिर गुप्त है। वह अपने निजबोध के कारण ही अपने आपको संकुचित कर लेती है। इसी कारण शक्ति के विस्तार में एक ओर उसका आश्रय और दूसरी तरफ उसके विषय में विभक्त सत्ता एवं बीच में दोनों की संयोजक एक पुल की तरह है।

इसी महाशक्ति त्रिपुरी का भाव अभिव्यक्त महाप्रकाश में होता हैं। ज्ञान, भाव, क्रिया इन तीनों के क्षेत्र में जगत् का व्यापार दिखाई पड़ता है। यही महाशक्ति की लीला है – उल्लास है और यह तुरन्त महामाया बन जाती है।

वह एक है पर विभिन्न शक्तियों से संपन्न है। इस शक्ति की यह महिमा है कि यह एक होकर भी भिन्न–भिन्न रूपों में प्रकाशित है। जिस तरह से संसार के विद्युतीकरण को आप लोगों ने देखा है और नित्य जीवन–चर्चा में प्रयोग कर रहे हैं उसी तरह से आकाश में सूर्य जो इस मण्डल का है वह एक ही है और उसी के कारण भिन्न–भिन्न रूपों में प्रकाश प्रकाशित हो रहा है।

शिव और शक्ति में ब्रह्मा और सरस्वती में, विष्णु और लक्ष्मी में, पुराण में भगवत् चर्चा में जो आप लोग सुनते आ रहे हैं। दैविक प्रकरण के विशेष उल्लेखों में इनके द्वय स्वरूपों में कोई भेद नहीं। चाहे शिव हो या शक्ति – दोनों एक ही है। जो परम है वही परमा है।

शक्ति के बिना शिव इच्छाहीन है। ज्ञानहीन है। क्रिया हीन है। किसी भी प्रकार की गतिविधियों में असमर्थ है और शव समान है और प्रकाशात्मक शिव के बिना शक्ति आल प्रकाश में असमर्थ है।

दोनों चिद्रूपा हैं। दोनों अभिन्न हैं। एक के बिना दोनों के रहने की संभावना नहीं है। चित् के स्वरूप में लिंगभेद नहीं है। इसलिये वे अलिंग होते हुए भी सर्वलिंग रूप में प्रकाशित होते हैं। नाना लिंग रूप में प्रकाशित होकर भी अलिंग है।

शिव की परिणति पंचतत्त्व है। यह स्वरूप परिणाम है। शक्ति का परिणाम मन आदि के रूप में होता है। यह देश, काल, आकार आदि द्वारा परिच्छिन्न नहीं है। यह अखण्ड है। इसी अखण्डता में बोध और स्वातन्त्र्य अभिन्न रूप में विद्यमान होता है यही आत्मा है। स्व–आत्म है और यही विश्व आत्मा के रूप में जाना जाता है।

यह दोनों प्राकृत्य और प्रकृत। पुरुष और प्रकृत का अभेद रूप है जिसे शिव और शक्ति के अभेद रूप में लिया गया है। पर जागतिक दृष्टिकोण में इसमें शिव का अंश निष्क्रिय और साक्षी है।

शवत्य अंश हमेशा पंच कृत्यकारी है। यह पंच कृत्यकारी शवत्य अंश को शिव या शिवानी, ब्रह्म या सरस्वती, विष्णु या लक्ष्मी कहा जाता है। यह सब सर्वदा ही पूर्ण है और हमेशा रिक्त है। इनकी पूर्णता और

रिक्ता में कोई अन्तर भेद नहीं है। ये एक रहकर भी अनन्त है और अनन्त होकर भी एक है। ये विकल्पविहीन है। विकल्पहीन होने के कारण इनमें एक और अनन्तता का कोई विकल्प नहीं होता। ये एक तरफ विश्वरूप शिव है और दूसरी तरफ विश्वमय शक्ति है। वे एक ही समय में दोनों हैं। यह अभेदात्मक है। परम प्रामाता है। अमित प्रामाता है विशुद्ध चैतन्य है परमानन्द स्वरूप है।

चेतना की संकुचन स्थिति में जिस तट एक तरफ प्रामाता और प्रमेय रूप दिखाई पड़ता है उसी तरह दूसरी तरफ अविभक्त प्रकाश मात्र दिखाई पड़ता है। दोनों दशाओं में संकोच विद्यमान होता है। यह अपने आप में परिपूर्ण है। सबका समष्टि शिव हैं। त्रिकाल गतिविधियों के सभी ग्राहक एक पिण्ड भाव के कारण उन्हें विश्वनाम दिया गया है। जब परम अवस्था होती है तब यह विश्वमय नहीं होता पर इसमें विश्व का आभास हमेशा बना रहता है। परम स्थिति में विश्व नहीं रहता यह भी सत्य है। परन्तु उसी में विश्व रहता है। यह भी सत्य है। वह अखण्ड प्रकाश निरामास होकर भी सामास है और सामास होकर भी निरामास है।

महाशक्ति के बाहर कुछ भी नहीं है। यह महाशक्ति ही ज्ञानियों की भाषा में अद्वैत शिव और परमशिव कहे जाते हैं। उपासकों की भाषा में महाशक्ति ही परमशक्ति है। अद्वैत शक्ति है। दोनों एक ही अखण्ड सत्ता के बोधक हैं।

यह प्रकाश भाव और अभाव दोनों का प्रकाशक है। भाव ग्राहक है। जिसका स्वभाव प्रकाश और अभाव दोनों हैं। ग्राह्य जिसका प्रकाशभाव के अधीन है, भावाभाव है। ग्राहक और ग्राह्य दोनों ग्रहण करने के स्वरूप हैं दोनों एक ही हैं। प्रामाता, प्रेमय और प्रमाण इन तीनों का समष्टि रूप ही विश्व है। यही महाशक्ति की क्रिया प्रकरण ही सृष्टि है या देह के अन्दर सुसुप्ति से जागरण है शक्ति का अवतरण और आरोहण शक्ति का आधार से सुमेरू तक और सुमेरू से आधार तक।

महासत्ता के इस महासत्ता में विश्व नित्य विराजमान है। और उस महासत्ता महास्वातंत्र्य से निरन्तर उसके पंचकृत्यों का विषय भी भासमान है। वह स्व–आत्मा हमेशा अपने आप में स्थित रहकर भी सृष्टि कर रहा है। अपने स्वरूप में भिन्न रूप में विश्व को प्रकाशित कर रहा है। इसके साथ–ही–साथ भिन्न–भिन्न रूपों के प्रकाशित करने के पूर्व स्वयं आत्म संकोच द्वारा निज स्वरूप का तिरोभाव करते हुए अपूर्ण और भिन्न रूप

में स्थित भी है। वह अपने आगव भाव का विधान कर रहा है। यह अनेक निज स्वातंत्र्य भाव की क्रीड़ा है लीला है।

वह पंचकृत क्रिया बोध का कर्त्ता भी है विषय भी है और साक्षी भी है। यही नित्य लीलामयी शक्ति है यही कुंडलिनी है और सही शिव भी है।

विश्व मंच का सूत्रधार भी यही है, अदाकार भी वही है और नाट्यकार भी वही है सब कुछ हो रहा है। वह सब कुछ में सक्रिय रहकर भी सुसुप्त बैठी है। वह कुछ न करते हुए भी – सभी क्रियाओं की कर्त्ता है। वह सभी भोगों के साथ परम भोग भी है वह परम त्याग भी है जीवन ऊर्जा का प्रवाह भी वही है और संकुचन भी वही है। भीतर–बाहर कहीं भी बढ़ने पर उसका पता नहीं चलता। वह वाणी मन आदि इन्द्रियों से अगोचर है। मन के गम्य है महाभाव रूपा है। इसके साथ–ही–साथ वह सभी इन्द्रियों का वेधन और सर्वभावमय है।

यह अनन्त महिमामयी महाशक्ति ही ब्रह्म, परमात्मा और भगवान के रूप में जानी जाती है। यह महाशक्ति ही मातृभाव में – मातृ रूप में है। यही श्री माता है यही पर अपरा भाव रूपा है। यह त्रिकोण के मध्य बिन्दु में परा रूप में है। दक्षिण में परापरा वाप में अपरा और ऊर्ध्व में परातीता के रूप में है। यही आत्मा है और सारा विश्व उसका शरीर है। स्वरूप स्थिति में शरीर और आत्मा में भेदभाव नहीं रहता। ऐश्वर्य की अनन्तता है।

यह पंचकृत्य उसी का अंश है। उसमें अनन्त शक्तियां हैं। सभी उसमें अमित्र है और एकीभूत भी। यह शक्तियां केवल अधीन मात्र ही नहीं है, ये तो प्रभु का रूप ग्रहण कर – सब शक्तियां उनको प्रभु बनाकर मोहित करती हैं। उस समय शिव बन्धन में परिणत होकर अपना अस्तित्व बनाए रखते हैं। पर जब ये शिव रूप में विराजमान होते हैं तब ये शक्तियां उनका सत्कार करती हैं और शिवोचित का उद्गार बन जाती है। यह महामाया की रहस्यमय शक्तियों के भिन्न–भिन्न पात्र है जो अपने–अपने कार्य को जीवन–लीला की सजीवता के लिये करती रहती है।

इस महाशक्ति का संकोच और सृष्टि विकास का क्रम बना रहता है। यह अपने आपको खण्ड कर जीव रूप में संसार की ओर यात्रा करती रहती है। जीव के खेल समाप्त होते ही अपने निज स्वरूप में लौटा लेती है। इन सभी क्रियाओं में उस महामाया चित्त विलासिनी की अपनी स्वतंत्र सत्ता बनी रहती है और इस अवस्था के साथ–साथ उसकी अपनी सहायक शक्तियाँ काम करती हैं।

उस परा शक्ति संकुचन होते ही आत्मा में अणुत्व का उन्मेष होता है। और उन्मेष के साथ–ही–साथ सभी अवान्तर शक्तियाँ अपने कार्य में लगाकर उस अमृतत्व के सभी उपयोगी कार्यों का सम्पादन करने लगती हैं और जब परा शक्ति के प्रकट हाने का क्षण आ जाता है तब वे सभी अवान्तर शक्तियां निज भाव अर्थात् एकत्व भाव के अनुकूल कार्य निष्पादन करने लगती हैं।

जब हम सब जीव रूप को प्राप्त करते है या विश्व का जब प्रारंभिक काल होता है उस वक्त इस शक्ति के संकुचन के कारण ही स्व आत्म स्वरूप से अलग हटकर विश्व की उत्पत्ति होती है तब ग्राहक रूप और ग्राह्य रूप अलग–अलग अलग होकर प्रकाश में आ जाते है और धीरे–धीरे क्रम से यह और अधिक साफ नजर आने लगता है। वह महाशक्ति की सत्ता जो पूर्ण अहम् है वह अहम् और इदम् रूप में बंट जाता है। यह 'मैं पन' और 'वह–पन' के परिचय देने लगाता है। सारा विश्व इदम् होकर ग्रहण का विषय बन जाता है और ऐसा लगता है कि पूर्ण अहंता इदम् रूप में ही सक्रिय हो गया है और पूर्णता अहंता पर एक आवरण छा गया हो। यह पूर्ण ही अपूर्ण होकर ग्राहक बन जाता है। यह इदम् अंश भी पूर्ण अहम् से ही उत्पन्न होता है जो संकुचन के कारण होता है।

आत्मा में अनात्मा का भाव उत्पन्न हो गया – भाव में परिवर्तन हो गया। आत्मा भाव अनात्म भाव से झलकने लगता है पर यह सब अधिक गहरा होने पर भी आत्मभाव के ही परिचायक रूप में रहता है। ऐसा लगता है। आत्मभाव, अनात्म भाव में डूब गया हो उसे घटाओं ने घेर लिया हो। सूर्य ढक गया हो और बादल ही बादल मंडरा रहे हों।

ऐसा भाव होते ही उस महामाया प्रसूता में अशुद्ध माया का अवतरण हो जाता है। अवरोह काल में अवतरण का क्रम लक्षित नहीं होता। अवतरण के बाद ही माया के कार्यभूत शरीर का निर्माण होता है और उस शरीर में व्यक्त हो जाता है। महामाया के प्रभाव क्षेत्र में जो गति है, क्रिया है वह जागरण से स्वप्न के भीतर होकर सुसुप्ति की ओर यात्रा करता है।

माया राज्य के ठीक इसके विपरीत गति हो जाती हैं वह सुषुप्ति से स्वप्न का भेदन कर जागरण की ओर क्रियाशील हो जाती है। यह कारण जगत की यात्रा है। इसलिये जब प्रत्यावर्तन का समय आता है तब माया क्षेत्र के हर तत्त्वों जीवों में जो क्रिया क्रियाशील होती है वह जाग्रत से सुषुप्ति तक की यात्रा है क्योंकि वह सुषुप्ति ही कारण जगत है – कारण शरीर है।

इस कारण का भेदन करने से ही महाकारण ही ओर प्रवेश होता है, कारण तक माया का प्रभाव क्षेत्र है। माया से महामाया तक यात्रा करने पर महाजागरण जीव का होता है। तब वह जाग्रत स्वप्न निद्रा से निकलकर सुषुप्ति को भी त्याग देता है और तृतीय तूरीयातीत का यात्रा करता है। यह बड़े ही सौभाग्यशालियों को प्राप्त होता है – जो माया से महामाया की सीमाओं को पारकर अपने निज शिवत्व को प्राप्त करता है।

यही उस कुण्डलिनी की चार वृत्तियां है – जो परा पश्यंति, मध्यमा और वैखरी रूप में जानी जाती है। अणु अर्थात माया इन्ही वृत्तियों से व्याप्त होकर उत्तम, मध्यम और अपकृष्ट ज्ञान का अधिकारी हो जाता है। इसी में सूक्ष्म वाक्, बुद्धि का बीज रूप है जो नाद कहा जाता है। इसे स्वरूप ज्योति कहा जाता है। यह सुषुप्ति में भी बना रहता है। यह प्रत्येक पुरुष में भिन्न–भिन्न है और अचेतन है – कार्य रूप है।

यह कुंडलिनी या बिन्दु को पराबिन्दु या पराकुंडलिनी के प्रभाव से जाना जाता है या यूं कहिये कि यह शब्द ब्रह्म ही सूर्य मण्डल है जिसे सम्यक् ज्ञान कहा जाता है। इस सम्यक् ज्ञान द्वारा ही इस मण्डल का भेदन कर संसार चक्र से छूटा जा सकता है। अथवा यूं कहें जब तक आत्मा से मल का आवरण हटता नहीं तब तक शिव भाव का उदय नहीं होता और तब तक विवेक ज्ञान जाग्रत नहीं होगा।

महाशक्ति के चार रूप होते हैं जिसे प्रचलित भाषा में खेचरी–गोचारी–दिक्चरी और मूंचरी कहते हैं। यह महाशक्ति जगदम्बा जो है वह वामेश्वरी बनकर इन चारों तरह के स्वरूपों में बंट कर अपना क्रिया कलापों का संपादन करती हैं। अविभक्त अर्थात् अविभाजित स्थिति में यह प्रमाता के रूप में जानी जाती हैं। अन्तःकरण या आंतर प्रमाण के रूप में बहिः प्रमाण या बहिर इन्द्रियों के रूप में और प्रेमय की अवस्था में अलग अलग रूप में अलौकिक रूप धारण करती रहती हैं।

यह जो खेचरी है वह एक शक्ति के रूप में जो प्रभाव डालती है। उसे प्रमातृत्व कहा जाता है। यह कुंडलिनी शक्ति वामेश्वरी का वह रूप है जिसमें पराभूमि में शून्यवाद पद में आराम करती हुई खेचरी चक्र द्वारा स्वयं ही पारमार्थिक चिद् के आकाशीय चारित्व को ढककर रहती है। माया से उत्पन्न होने वाली सारी कलाओं के पंचभूत, पंचकंचुक रूप शक्तियों के समष्टि रूप से – खेचरी चक्र के नाम से सक्रिय होती है, जिनको कार्य आत्मा के स्वरूप भूत पांच नित्य धर्मों को संकुचित करना

है। सर्वकर्तृत्व + सर्वज्ञत्व – नित्यत्व और आत्मकामत्व ये पांच आत्मा के स्वाभाविक धर्म हैं। इन्हीं को चिद्गगन चारित्व भी कहा जाता है। आत्मा ही परमात्मा है – जब यह निज स्वभाव में आ जाये तो।

मैं भी आत्मा हूँ, तुम भी आत्मा हो और सारा जगत् आत्मा है पर आत्मीयता में सर्वज्ञता के रूप में निज स्वरूप के रूप में। इसलिये लोग राम और कृष्ण, बुद्ध और महावीर, जीसस, मोहम्मद, शंकराचार्य, नानक, कबीर, रैदास एवं मीरा आदि की बातें करते हैं। उनका अनुसरण करते हैं। अपने आप का परिचय देने के लिये अपने गुरु कृपा की चर्चा करते हैं क्योंकि वे स्वयं आत्म स्थिति को प्राप्त नहीं कर पाए हैं। वे साक्षात्कार नहीं कर पाए हैं। हो सकता है कि उनका ज्ञान रूपी परिचारिक अहं अपनी अवस्था बनाए रखने के लिये एक बुद्धिजीवी तार्किक – शाब्दिक रूप दे दिया हो। पर वह कभी भी सत्य को प्रकाशित नहीं कर सकता वह विचारों का होता है।

इसलिये आत्म को भक्त लोग विष्णु रूप दे देते हैं। राम रूप दे देते हैं। कृष्ण रूप चैतन्य रूप दे देते हैं और ज्ञानी लोग अपने आप के रूप में ढालने का प्रयास करते हैं। साधक योगी लोग इसे शिव रूप कहते हैं। यह शिव रूपी आत्मा या परमात्मा चिदाकाश में संचरण में समर्थ होने पर भी पशुदशा में इस खेचरी चक्र से आक्रान्त होकर परिमित, प्रमाता बन जाते हैं और चिदाकाश के निकट शून्यपद में विश्राम करने लगते हैं।

इसलिये आत्म स्वेच्छा से जीव भाव ग्रहन करने पर मित्र प्रमाता बनने के लिये खेचरी चक्र का उपयोग करते हैं। इस अवस्था में वह अल्पकर्ता–अल्पज्ञ–अनित्य–नियत वेश वृद्धि और भोगाकांक्षी से अलंकृत रूप में प्रकट होते हैं। गोचरी भक्ति का जो स्वभाव है वह अन्तः करण हैं इस गोचरी चक्र से आत्मा का स्वभाव सिद्ध, अभेद, निश्चय अभेदाभिमान और अभेद विकल्पमय पारमार्थिक स्वरूप तिरोहित हो जाता है और भेद निश्चय–भेद अभिज्ञान एवं भेद विकल्प प्रधान अन्तःकरण की देवियों को गोचरी चक्र कहा गया है जो शक्ति के दो तरफा रूप बनकर एक दूसरे को कार्य करने में प्रोत्साहित करती हैं। इसमें यह गोचरी चक्र अन्तःकरण का द्योतक है। ये सारी आन्तरिक इन्द्रियों की वह अभेदक समानताएं तिरोहित होकर भेद प्रधान बनी रहती हैं। जो उस महामाया परमेश्वरी की दूसरी अवस्था है।

दिक्चरी आकाशीय प्रभुता से सम्पन्न हैं। उसका स्वभाव बाह्य करण

का मार्ग है। इस स्थिति में जो दिक्चरी चक्र है, वह अपनी पारमार्थिक अभेदज्ञान के सभी अभिकरणों को ढक लेती है तथा भेदयुक्त विचार युक्त भेद ज्ञान को उत्पन्न करती है। बाह्य करण सब देवी चक्र दिक्चरी चक्र है और वामेश्वरी का चौथा रूप भूचरी सत्ता भी कह सकते हैं। वह भूचरी चक्र से अपनी परमार्थ स्वरूप सर्वात्मता को आवृत्त कर ढकाकर या घेर कर जो आभा समय अवस्था प्रेमय है, प्रेमय वर्ग उसे क्रियाशील या प्रकाशित करते हैं। ये सभी के सभी चक्र पशु स्थितियों को विमोहित करते रहते है। जब आत्मा शिवभूमि में जाग्रत अथवा विकासमय कर देती है। तब ये खेचरी आदि शक्तियाँ अपने प्रभाव में लेकर आत्मा की पूर्ण कर्त्तापन की क्षमता को प्रकाशक चिद् गगनचरी अभेदक निश्चय करने वाली गोचरी को अभेद लोचनात्मक, स्वर्ग कल्प अवस्था को भूचरी रूप में प्रकाशित करती जो ज्ञानमय प्रमेयात्मक है।

सामरस्य भूमि – ये सब शक्तियाँ उन्मेष होकर खेलती रहती हैं और तब ये समान रूप से शिवभूमि में भी खेलती है, कार्य करती है और जीव भूमि में भी ऐसा करती है। जिन–जिन शक्तियों से जीवों को संकुचित ज्ञान क्रिया आदि का विधान होता है। उन्हीं से शिव की अप्रतिहत ज्ञान क्रिया भी संपन्न होती है। जिसमें जीवों को भेदात्मक निश्चय करने की क्षमता की जाग्रति होती है। उन्हीं सब शक्तियों से शिवावस्था में अभेद, निश्चय आदि का भी विधान है जिस कारण से जीव का भेद दर्शन भेद, श्रवण भेद, स्पर्श भेद, धारण और भेदास्वादन होता है। यह भेद ही अभेदता के कारण बन जाते हैं।

इस स्वातंत्र्य स्थिति में भी विभक्तता के कारण तरह–तरह के दृष्टिकोण से विभिन्न क्रियाएं सम्पन्न हो जाती हैं, जिस कारण से शक्तियों के कई रूप हो जाते हैं। परा–कुण्डलिनी शक्ति ही शिव स्वरूप है जिसका शिव से कभी भी अलगाव नहीं होता अर्थात् वियोग नहीं होता। अर्थात् शिव में से शव और शक्ति का भेदन नहीं है। जिस तरह आकाश और वायु कभी अविभक्त नहीं होते वैसे ही परा–कुण्डलिनी का है। अविभक्त होने पर भी जब शिव प्रधान बना रहता है तब स्वरूप मात्र में विश्रान्ति रहती है और चित्तशक्ति निज रूप में विराजमान रहती है। उस अवस्था में किसी भी प्रकार का सृजन या विनाश नहीं होता। न शिव में शक्ति की सक्रियता रहती है और न शक्ति में शिव की सक्रियता, आराम, पूर्ण आराम की अवस्था। किन्तु जब भी शिव शक्ति

की तरफ उन्मुख होते हैं और शक्ति शिव की तरफ उन्मुख होती है उस अवस्था को यामल कहा जाता है। उस स्थिति में शिव शक्तियुक्त हो जाते हैं और शक्ति शिव युक्त हो जाती है। दोनों का मिलन हो जाता है, जिस मिलन को संग्रह कहा जाता है।

यह संग्रह ही आनन्द शक्ति है जिसे स्वधन्द कहा जा सकता है। प्रकाश और विमर्श दोनों में अन्तर है। दोनों का संग्रह ही आनन्द है। जहां से शक्ति का प्रादुर्भाव, प्रारंभ होता है। विश्व सृजन यही इच्छा शक्ति की उदयस्थली है। यहां शिव रूप विश्वमय शक्ति का रूप हो जाता है। दोनों विच्छिन्न रूप हैं। यहां दोनों एक हो जाते है। विश्वमय – विश्वातीत। दोनों का भेद समाप्त हो जाता है। वह शक्ति ही शिव है – शिव ही शक्ति है। यामल अवस्था में शक्ति ही रहती है। यह शक्ति का केन्द्र बढ़ता ही जाता है। यह तीन शक्तियों का रूप धारण कर लेती है फिर यह चार शक्तियों में बदल जाती है और यह आगे बढ़कर ही शक्तियों का केन्द्र बनाती है। फिर आठ का नौ का दस का और बारह की भी केन्द्र बनाती है।

जब आप लोग इस पर गहन प्रयोग करेंगे तब यह सब शक्तियां चित्, आनन्द, इच्छा, ज्ञान और क्रिया इन पांचों शक्तियों के अन्तर्गत ही आती है। यह स्वतंत्र प्रकाशित आत्मा, काल, देश और आकाश से परिच्छिन्न नहीं होते। इसलिये यह नित्य, विभु, सर्व आकार और निराकार है। उनका प्रकाश जो आभासित होता है वह चित्त शक्ति है। स्वतंत्र आनन्द शक्ति है। चमत्कार खेल आदि इच्छा शक्ति है। आमर्षरूपता ज्ञानशक्ति है। और स्वीकारयोगिता क्रियाशक्ति है। ये चित्तशक्ति आनन्द शक्ति इच्छाशक्ति ज्ञानशक्ति और क्रियाशक्ति पाँच शक्तियाँ हैं। यही शिव की पंचमुखी मूर्ति की कल्पना का स्वरूप है। जिसमें चित्त और आनन्द को एक दृष्टि से स्वरूप शक्ति कहा गया है।

परमात्मा अनन्य है, निरपेक्ष है, पूर्ण है। आनन्द रूप है। यह आत्मा का निज स्वतंत्र रूप है। इससे यह अनुभव होता है कि अनुभव या प्रकाशन परिपूर्ण चिदात्मा में निरूढ़ है। यह बाहर नहीं है क्योंकि इस चिदात्मा को छोड़कर अन्य और कोई बोध नहीं है, इसी के बाद, इच्छा ज्ञान और क्रिया शक्ति का व्यवहार होता है।

अविभाजित अवस्था में सभी विषयों के अलग–अलग न रहने के कारण, सभी इच्छाओं से जुड़ी शक्तियाँ साफ–साफ नजर नहीं आती।

यह क्रम में विभक्त विषयों से जुड़ी रहकर अपनी उपस्थिति जाहिर करती है। जब परावस्था आती है तब उसमें निज स्वभाव ही पूर्ण अहम् रूप में प्रकाशमान होता है वह अहम् ही अखिल प्रकाश है। यह प्रकाश रूप विषयों की विभिन्नताओं के न रहने पर भी सदा विराजमान रहता है क्योंकि उस परावस्था की स्थिति में कोई क्रम नहीं होता। यहाँ इच्छा का प्रयोग इसलिये होता है कि वह अति सूक्ष्म अवस्था में विद्यमान रहता है। यहाँ पर वह विभाग में नहीं होता यह पूर्णत्व और सामरस्य शक्ति है। यह सामरस्य ही शिव शक्ति समारस्य है या कुंडलिनी का उन्मेष है।

जब तक परावस्था रहती है तब तक शक्तियों में विभाजन नहीं होता और न उसमें कोई क्रम ही होता है इन शक्तियों की अनेकों धाराएं होती है, कुछ अनुभवी जो इसे जगा नहीं पाए हैं वे कहना चाहते हैं कि परावस्था में भी क्रमबद्धता है जो अति सूक्ष्म है। जो शक्ति रूप में जानी जाती है। अगर उसे स्पन्दन का रूप माना जाये तो क्रम की संभावना उत्पन्न होती है।

परन्तु यह स्पन्दन शिवत्व स्थिति में नहीं हो सकता। जो कुछ भी लौकिक क्रियाओं का क्रम है, उसका कारण होता है और उसमें काल की गति होती है। पर लोकोत्तर क्रिया में क्रम नहीं होता है। माया तत्व में काल का विभाजन तो हो जाता है पर माया तत्व के ऊपर उठ जाने पर काल विभाजित नहीं होता।

चित्त रूपी चैतन्यता में भिन्न–भिन्न कार्यों रचना की जल प्रक्रिया उन्मुख होती है तब उस उन्मुखता को इच्छा कहा गया है। सूक्ष्म काल का विभाजन इसकी स्पन्दनता का अनुभव हृदय प्रदेश में विशेष स्थितियों में हो जाता है। यह पंच तत्वों के पंच कृत्य कर्मों के संचारण से होता है जो दैविक कृपा या प्रभाव से विश्वात्मा के रूप में चल पड़ता है – क्रियाशील होता है पर आत्मा या परमात्मा अपने स्वरूप में सदा आनन्द में विश्राम करता है।

परन्तु जब वह स्वरूप के प्रसार में सक्रिय हो जाता है तब उसमें रस या आनन्द का स्वाद पैदा होता है जो रासायनिक प्रक्रिया है। इसलिये तो आज का विज्ञान भी कहने लगा है, सब कुछ रसायन ही है। पहले के तात्विक ऋषियों ने सब कुछ जल ही है ऐसा कहा है।

•••

सहज योग

धर्म बड़ी निजी बात है। जैसे प्रेम में प्रेमी अपनी प्रेमिका से कुछ कहता है तो वह सड़क पर या बाजार में चिल्लाने की बात नहीं होती। वह तो बहुत वैयक्तिक बात होती है। अपनी बात होती है अगर उसे लोगों में कहा जाएगा तो उसका अर्थ महत्वहीन हो जाएगा। ठीक ऐसे ही धर्म है। धर्म सम्बन्ध नहीं है। समझौता भी नहीं है। जब कोई धर्मों से सम्बन्धित सत्य को कहेगा तो वह इतनी गहरी बात होगी इतनी निजी बात होगी कि कुछ कहा नहीं जा सकता। सत्य घट जाता है। सत्य अनुभूत है। हृदय की बात है। यह पूछने की बात नहीं।

प्रेम कहा नहीं जाता। सत्य भी कहा नहीं जाता यह तो भीतर की बात है। प्रेम कह कर नहीं किया जाता। यह तो एक घटना है। सत्य को पूछा नहीं जाता है। कुछ भी करो, लाखों उपाया करो, लाखों बातें करो, लाखों कसमें खाओ, प्रेम कहकर नहीं होता, सत्य पूछा नहीं जाता।

किसी के कहने से ही ईश्वर के होने का भरोसा नहीं हो सकता चाहे मैं ही क्यों न कहूं कि ईश्वर है। यह वैसा ही होगा जैसा आप लोगों ने किसी किताब में पढ़ लिया हो जैसे किसी किताब में लिखा हो जैसे किसी साधु सन्त ने कह दिया हो कि ईश्वर है।

जिसे मिल गया हो अथवा जिसके अन्दर प्रेम घट गया हो, उसे किसी के द्वारा साबित करवाने की जरूरत नहीं है। यह दुनिया कुछ भी कहे जो घट गया है जो हो गया है। वह दुनिया की बातों से अलग है वह पूरी तरह से निजी है। व्यक्तिगत है अपना है।

प्रेम उधार नहीं होता और ईश्वर के सम्बन्ध में भी उधार की बातें काम नहीं आएंगी। कुंडलिनी जागरण भी उधार की बाते से नहीं होगा। इसमें फीलिंग की बात नहीं है यह अनुभव का सत्य है। संसार के

सारे कार्यों ने उधार की बाते चल जाएंगी पर ईश्वर के बारे में नहीं चलेगा। क्योंकि यह अन्तः का अनुभव है। अटूट प्रेम की बात है। अटूट भक्ति की बात है। इसमें सब कुछ भीतर में है। यह किसी और का सत्य नहीं है। पर किसी और के प्रेम की परिचर्चा नहीं है यह सब अपने भीतर में है। चाहे तुम सारी दुनिया से पूछते फिरो यह पूछना किसी काम नहीं आएगा। यह भीतर से आना चाहिये। यह सब भीतर से घटना चाहिये। जब कुछ तुम्हारे साथ घट जाए तो वह किसी और का स्पर्श नहीं होना चाहिये। किसी के स्पर्श के स्पन्दन की अनुभूति सत्य नहीं है, प्रेम नहीं है, भक्ति नहीं है, जागरण नहीं है। यह सब भीतर से आना चाहिये।

इसमें अपने भीतर इतना गहरे में उतरना होगा कि पूरे प्राण ही लग जायें जो कुछ भी तुम लगा दोगे वह सब तुम्हारा अपना हो जाएगा। इसमें किसी को कुछ देना नहीं है। इसमें किसी और से सम्बन्ध नहीं है किसी और से लेना नहीं है सब कुछ अपना हो जाता है, इसलिये जो कुछ भी है वह सब कुछ लगा देना है।

इसलिये कुछ पूछो मत प्रतीक्षा मत करो बस उतर जाओ निज यात्रा में जिन बोध में निज जागरण में। भूल जाओ शास्त्रीय विचारों को, भूल जाओ पाण्डित्य की बातों को भूल, भूल जाओ दार्शनिकता को जिसने पूछ लिया, समझ लिया, समझा दिया और चल पड़े। इस प्रेम में पूरा का पूरा लगा दो। सत्य की खोज में सारी जिंदगी को झोंक दो। यह एक चुनौती है। यह जीवन का सत्य है। यह एक जागृति है। इस चुनौती हो स्वीकार करो और अपने आपको झोंक दो।

सिद्धांत जीना है। यह एक समझौता है। एक व्यवस्था है। इसमें आदमी जी सकता है। इसमें आदमी सामाजिकता बना सकता है। यह एक सामाजिक देन है। सिद्धान्त जीवन नहीं है। प्राकृति भी नहीं है। जब कभी भी यह उतरता है लागू होता है तब मन होता है। यह मन को व्यवस्थित करने का उपाय हो सकता है। सिद्धान्त को थोपने का अर्थ है, विकृतियों को पैदा करना। यह जीवन को विकृत करता है। यह और आवरण डालता है। जीवन की स्वतंत्रता को ढकता है। जीवन की सहजता को खो देता है। सहजता की प्रकृति है। सहज होना पानी होना है। सहज होना वायु होना है। हमें वायु होना पड़ेगा। पानी होना होगा। किसी प्रकार की बाधा नहीं होनी चाहिए। जो हो रहा है उसे होने देना

चाहिये। उस पर कोई मन का प्रतिबंध नहीं होना चहिये। वहां बुद्धि का प्रयोग नहीं चलता।

इस सहजता में जो जीवन का सत्य है। उस पर कोई बोझ न डाले। आप लोग सारे जीवन भर सहज होना चाहते हैं। पर असहजता आ जाती है। सिद्धान्त आ जाते हैं। नियम बन जाते हैं। आप लोग सारे समय सहज होने का प्रयोग करते हैं। आप सब बच्चों को, पत्नियों को, पति को, अपने–अपने अनुजों को कितने उपदेश देते हैं, उनको समझाने के कितने तरीके अपनाते हैं सहज होने के लिये पर यह होता नहीं है।

कोई किसी प्रकार का खेल पसन्द करता है तो कोई पढ़ना लिखना पसन्द करता है। जब कोई बच्चा ज्यादा पढ़ने लगता है तो आप उसे खेल की ओर प्रोत्साहित करते हैं। कोई पाप कर्म कर रहा है तो उसे पुण्य के लिये बदलना चाहते हैं। कोई क्रोधी है तो उसे शान्ति दिलाने की कोशिश की जाती है। कोई दुष्टता कर रहा है तो उसे दयालु बनाने का प्रयास जारी होता है। कोई चोर है तो उसे दानी बनाने की कोशिश की जाती है। ये सब जीवन की व्यवस्थाएं हैं। सिद्धान्त है जो कुछ हम है उस पर थोपने का प्रयास किया जाता है। हम सफल हैं तो असफलता का डर है।

सहजता इतनी सरल नहीं है। चोर दान कर सकता है पर वह दानी नहीं हो सकता। पर दान के अहंकार से वह अपने आपको दानी समझ लेगा। असहजता आदमी को कमजोर बना देती है। उस असहजता में ही आदमी खोया हुआ है। वह शान्ति चाहता है पर सहजता नहीं।

इसलिये सहजता का योग एक कठिन योग है। नाम तो बड़ी सरलता का बोध कराता है। जिसमें सरलता हो सहजता हो पर ऐसा व्यवहार में नहीं आ पाता। जब बात आती है सहज योग की जो कुंडलिनी शक्ति जागरण की एक श्रेष्ठ विधि है, तल वह सहजता बड़ी कठिन हो जाती है। प्रयोग में ले आना उतना सहज नहीं जितना लोगों ने कहना शुरू किया है।

जो भी हो रहा है उसे होने दो। जो कुछ भी घट रहा है उसे घटने दो। तुम बाधा मत डालो। तुम उस क्रिया को होने दो। चाहे वह सब कुछ उतार कर फेंक रहा हो। जब भी कोई कुछ करने लगता है चाहे वह ज्ञान से युक्त योग हो जो विचारों का दृष्टा बनाकर देख ही रहा हो अथवा अपनी इच्छाओं को एक दिशा देकर उसे संतुलित कर रहा हो

दृष्टा बनकर या फिर क्रिया योग में किसी गति प्रवाह को दृष्टा बनाकर अपनी सुषुप्त योगाग्नि को जगा रहा हो। उसके इस श्रम ही जो भी फलाकृति मिलने जा रही हो उसे तुम होने दो।

साधक के साथ कुछ भी हो सकता है। वह नाचने लग सकता है, वह उछलने कूदने लग सकता है और वह अपने कपड़े उतारकर पूरी तरह से नंगा भी हो सकता है। ये सारी बातें उसके लिये सहज ही हो सकती हैं। उसके जीवन की सबसे सरल घटना हो सकती है। पर नग्न होना आसान नहीं। पानी बन जाना आसान नहीं। हवा की तरह हो जाना आसान नहीं। जो कुछ भी हो रहा है उसे होने दो। तुम दर्शक मत बनना। तुम मन को पुनः मत आने देना। तुम बुद्धि का प्रयोग मत करना।

जहां भी मन को लाओगे। बुद्धि बाधा बनकर आ जाएगी। तुममें असहजता आ जाएगी। लज्जा, शर्म और सामाजिक मर्यादाएं सीमा बनकर खड़ी हो जाएंगी क्योंकि तुमको उपदेश दिया गया है। तुम्हें सिद्धान्त की बातें बताई गई हैं। तुमने सत्संग किया है। तुम्हें अनुशासन मर्यादा से रहना सिखाया गया है और यह सब सहजता से जीना नहीं है। ये सभी असहज होने की बातें हैं। ये सब लादा गया है। यह सब होना नहीं है। यह सब तो सिखाया गया है। इसलिये यह सब होता नहीं है। जो कुछ भी जब होने लगता है उसी के लिये तैयार होना नहीं है वह तो एक घटना है जो घटेगी और सभी असहजताओं को छोड़कर सहजता की ओर ले जाएगी।

प्रकृति, सहज योग बड़ा कठिन है, यह योग बहुत ही सुन्दर है, पर सरल नहीं है। आज का मानव इतना सहज बन चुका है कि वह असहज रहना ही पसन्द करता है। आज का आदमी अपने आप पर ज्ञान का, विज्ञान का, सिद्धान्तों का इतना बोझ लाद चुका है कि वह अपने आप में ठहर ही नहीं पाता। वह एक लम्बी यात्रा में निकल चुका है। काफी दूर तक निकल गया है। उसने असहजता को आसान बना लिया है और सहजता को कठिन।

तुम भी यही कर रहे हो। तुम नित्य ही कुछ न कुछ अपने आप पर थोप रहे हो समाज ने, घर ने, कॉलेज ने जो कुछ भी दिया है वह सब काफी नहीं है फिर तुम भी धर्म के सिद्धान्तों को, मान्यताओं को क्यों अपने ऊपर थोपे जा रहे हो। जो शाश्वत है वह सत्य है। जो मिला है

वह सत्य है उसे सरलता से उपयोग में नहीं ला पा रहे हो। तुमने ज्ञान को भी असमंजस में डाल दिया है। तुमने हर यात्रा को जो सहज थी, उसे कठिन बना दिया है।

अब, तुम जो थे, वह हो ही कहां ? तुमने अपने ऊपर बहुत कुछ थोप दिया है। आज जब इन सभी आवरणों को तुम हटा दोगे तभी तो कुछ घटेगा। इसलिये इस सहजता के योग में क्रिया होना जरूरी है। अब कपड़े को पानी से ही धोने से उसका मल नहीं हटेगा। अब तो साबुन की जरूरत होगी तभी राह साफ हो पाएगा। यही तुम्हारे साथ भी हो रहा है। अब इतना सरल नहीं है कुछ हो जाना, नग्न हो जाना, वस्त्र उतार देना या अचानक उठकर नाचने लग जाना।

अब तो तुम्हारे स्वभाव में बहुत कुछ समा गया है। आदम सी बन गई है, वही जिन्दगी हो गई है जो चाहकर भी नहीं छूटती। मुझे इस पर एक बात याद आ गई। हिमालय के एक गाँव में मैं गोरख बाबा के साथ गया था। वह सुदूर पूर्व सीमा को क्षेत्र है। गंगटोक नगरी, पर्वतीय क्षेत्र, जो तिब्बत के साथ लगता है। वहां पर मैं एक विशाल यज्ञ और समाधि का एक अंग बना था। मैं तीर्थ यात्रा को भी अपना एक अंग मानकर, तीर्थ यात्रा कर रहा था और गोरखबाबा अपनी निराली बातों से, क्रियाओं से, साथ तो हो लिये थे।

मेरे प्रवेश के साथ ही एक लड़की को मेरे पास लाया गया। वह मूर्छित थी। बेहोश थी पर उसमें मुद्राएं घटित हो रही थीं। वह मूर्छित थी। अद्‌भुत मुद्राएं जो योगियों को भी होना संभव नहीं। सर्कस का एक खिलाड़ी भी उन मुद्राओं को नहीं कर सकता था।

वह पुरुषत्व के भावात्मक प्रवाह में सब कुछ कर रही थी। वह किसी विशेष प्रक्रियाओं से सम्मोहित थी। वह जो कुछ भी कर रही थी उसमें उसकी इतनी ऊर्जा लग जाती थी कि वह बेहोश हो जाती थी। वह एक बालिका ही थी। स्कूल की छात्रा पर शरीर और मन पर किसी और का प्रभाव था। उसे मैंने आराम दे दिया। ऐसा उसके साथ कई वर्षों से होता आ रहा था। पर वह कभी–कभी ही घटता था। मैंने उसके सम्मोहन ही अवस्था में उस योगी की योगमुद्राओं को देखा जिन्हें वह उस लड़की के माध्यम से प्रचलित करना चाहता था। वह एक नाथ योगी था। वह एक अच्छा योगा था। पर वह सिद्धान्तों से जुड़ा था।

इतनी अच्छी अवस्था को प्राप्त कर लेने पर भी असंतुष्टि में अपने शरीर को त्यागा था। वह शरीर से मर गया था। पर मन के संस्कारों से नहीं। उसने अपनी मुद्रा सम्पन्न सम्पदा के अहंकार में जीवन को छोड़ा था और उस लड़की को अपना माध्यम बनाया था जो कभी उसकी अपनी सहयोगिनी थी।

दोनों ने असामयिक जीवन यात्रा को समाप्त किया था। दोनों की जीवन यात्रा में परिवर्तन तो हुआ था पर दोनों घटना क्रम के शिकार हुए थे। दोनों के लेन–देन के संकल्प में अधूरापन रह गया था। दोनों की निष्काम यात्रा नहीं थी। इसलिये वह नाथ योगी उस कन्या को अपना माध्यम बनाकर अपनी मुद्राकला को व्यक्त कर रहा था। मैंने दोनों के आत्म सम्मोहन को देखा। मैंने दोनों के आन्तरिक तारतम्य को देखा। मेरे लिये उनको सुलझा लेना सहज था। गोरखबाबा भी मुस्कुरा दिये थे।

दोनों की आदत एक थी। दोनों अपने जीवन में क्रियाओं में असहज थे। दोनों स्वभाव से विपरीत दिशा की ओर यात्रा कर चुके थे। दोनों आदत के वशीभूत थे। दोनों पाप से मुक्त होने के लिये धर्म के यात्री बने थे। पाप से मुक्त होकर वे आनन्द का वैभव, पुण्यमय जीवन जीना चाहते थे। दोनों की आन्तरिक संवेदनाओं ने मेरे साथ यात्रा करने का निश्चय किया।

उस लड़की का मन एक चोर था। वह चोर नहीं थी पर मन में चोरी की आदत पड़ गई थी। मूर्छित अवस्था में वह एक साधु थी। उसका मन साधुवाद से सम्मोहित था। जाग्रत स्थिति में वह एक चालाक लड़की थी। उसके दोनों स्वभाव में संघर्ष था।

एक साधु का प्रभाव था जिसे वह अपने मार्ग पर ले जाना चाहता था और एक मां–बाप के जीवन यात्रा के प्रभाव के सृजन हुआ मन था। एक चोर मन और एक साधु मन के बीच में वह पल रही थी। वह कई तरह की यात्राएं कर चुकी थी। मठ–मन्दिरों की, पीर–फकीरों की, साधु–सन्तों के आश्रमों तक। मेरा आगमन उस साधुवाद मन की जीत था। साधुवाद मन ने चोरी करने वाले मन से कहा चलो चलते हैं। दोनों वादों से मुक्त होने के लिये। एक नया जीवन नयेपन से जीने के लिये। उसके मन ने कहा चलो अवसर का लाभ उठाते हैं और पुण्य की गंगा में स्नान करते हैं। उसके चोर मन ने प्रण किया चलो अब चोरी नहीं

करेंगे। साधुमन ने कहा तब चलो चलते हैं। वह मेरे साथ चल पड़े। एक ऐसी तीर्थ यात्रा में जहां सबकुछ पावन हो जाता है।

दुनिया में चोर तो अनेकों प्रकार के होते हैं। कोई भूख मिटान के लिये रोटी की चोरी करता है कोई घूसखोरी करके धन चुराता है। कोई न्याय के पद पर बैठकर चोरी करता है तो कोई गुरु बनकर चोरी करता है। हर चोर अपने आपसे चोरी न करने का वादा करता है। पर फिर भी चोरी कर लेता है, आदत जो पड़ गई है।

वह लड़की धार्मिक पथ मार्गी तो बन गई, धर्म के साधकों के साथ तो चल दी पर चोरी की आदत नहीं गई उसने नये ढंग से चोरी करना सीख लिया। दिन भर तो वह अन्य कार्यों में संलग्न रहती पर रात होते ही उसके हाथ खुल जाते, उसका चोर मन बैचेन हो जाता।

सभी साथी तो सो जाते और वह बेचैन हो जाती। वह हर किसी का सामान टटोलती अगर उसमें पांच सौ रुपये हैं तो तीन सौ निकाल लेती इतनी चालाकी से कि किसी को पता ही नहीं चलता। हर बार समझाने पर वह कसम खाती। यही उसका जीवन बन गया था। एक दिन कुंभ मेले में तो उसने अपने बाबा की ही झोली साफ कर दी। पकड़ी भी गई समझाने पर कसम की याद दिलाई। बोली मैंने चोरी कहां की। पैसे एक बैग से निकाल कर अपने बैग में रख लेती हूं। इसे चोरी नहीं कहा जा सकता।

साधुवाद मन हंसकर रह जाता और चोर मन अपना कार्य कर जाता है। उसके साधुवाद मन का सम्मोहन उसे छोड़कर चला गया है, पर उसका चेार मन नहीं गया। वह आज भी चोरी करती है। चोर बदलने का प्रयास भी करे तो फर्क नहीं पड़ता क्योंकि वह आदत से असहज बन चुका है। सहज होना बड़ा कठिन है पर असहजता को सहज समझकर जीना सहज है। अगर वह चोर है तो अपने आपको चोर ही कहे – चोर ही समझे। सहज योग यही कहना चाहता है कि अगर आप में कोई दुर्गुण है, कमजोरी है तो उसे आप मान लीजिये। उसे छुपाने के प्रयास में व्यवहार बनावटी हो जाता है, असहज बन जाता है, और यही असहजता समाज में एक नाटकीयता बन जाती है। व्यक्ति की असहजता उसे एक हास्यास्पद स्थिति में डाल देती है।

यह सहज योग है कि जो तुम हो उसी को जान लो, उसी को मान लो। जो तुम नहीं हो उसे पकड़ने का प्रयास मत करो। मत कहो कि मैं

चोर नहीं हूँ। परिस्थितियों ने मुझे चोर बना दिया है। मुझे क्रोधी बना दिया मैं हिंसक नहीं हूं, परिस्थितियों ने मुझे हिंसा के लिये मजबूर कर दिया है।

क्रोध करने वाला माफी मांग लेता है, चोरी करने वाला सुविधा प्राप्त कर चोरी छोड़ने का प्रयास करता है। सब लोगों ने अपने–अपने अहंकार को सुरक्षित कर लिया और क्षमा माँग ली। प्रायश्चित कर लिया है। पश्चाताप कर लिया है। ये सब अहंकार को पुनः जगा देने के साधन हैं।

यह योग नहीं जिसे सहयोग कहा जा सके। यह कुण्डलिनी जागरण का योग नहीं। शक्ति का जागरण जीवन तो वह सहजता का योग है जो यह दर्शाता है कि तुम जो कुछ भी हो। उसी को जानते पूरे ज्ञान बोध को रखकर तुम जीयो। ऐसा होने से चमत्कार हो जाएगा। तुम आगे निकल जाओगे। तुम साक्षी बनकर बाहर निकल आओगे। तुम्हें जीना आ जाएगा। तब तुम चोर नहीं रहोगे, क्रोधी नहीं होगे, हिंसक नहीं रह जाओगे। यह एक ऐसा परिवर्तन होगा जो तुम्हें उस पार ले जाएगा। यह तुम्हारी रग–रग को आन्दोलित कर देगा। तुम जाग जाओगे। यही जीवन की सहजता है इसे ही सहयोग भी कहा जाता है।

मैंने देखा एक पर्यावरण विरोधक अध्यक्ष को जो इंग्लैड के राजपरिवार का सदस्य था। वह जंगल में पेड़ न काटने के प्रचार के लिये पैसा एकत्र करता था। पेड़ न काटो जंगल बचाओ, पर्यावरण को बचाओ और दूसरी तरफ जंगल के ठेकेदारों से मिलकर चोरी से पेड़ काट ले जाने के लिये लाखों पौण्ड्स ले लेता था। अपने काम को अंजाम देने के लिये लोगों ने लाखों तौर तरीके खोज लिये हैं।

अगर तुम किसी दिन उपवास रखते हो तो उस दिन तुम सोचते हो कि कल मैं यह खाऊंगा – वह खाऊंगा। आज की आशा कल की प्रतीक्षा में गुजर जाती है हिंसक अपना हिंसा भरा जीवन गुजार रहा है अहिंसा की आशा में। चोर अपना जीवन गुजार रहा है कल चोरी करने की आशा में। क्रोधी क्रोध भरा जीवन गुजार रहा है दया करने की आशा में। पापी, अपने पापमय जीवन को गुजार रहा है पुण्य करने की आशा में।

यह जीवन चला जा रहा है। सत्य के साथ जी नहीं पाते क्योंकि सत्य के साथ जीना बड़ा कठिन है। दुखदायी है। मन को ज्यादा पीड़ा दे सकता है।

मैंने ऐसे अनेकों साधकों को देखा है जो कामुकता से भरे हुए हैं, पर वे ब्रह्मचर्य की किताब पढ़कर जीवन गुजार रहे हैं। किताब पढ़कर सोचते हैं कि वे ब्रह्मचर्य जीवन बिता रहे हैं। वे अपनी आपबीती मुझे सुनाते हैं। कहते हैं कि वे ब्रह्मचर्य से भरा जीवन गुजारना चाहते हैं पर गुजार नहीं पाते। ब्रह्मचर्य पालन की दीक्षा ली पर वह टूट गई। मन भोगों का रोगी रहा और समझता रहा मैं योगी हूँ।

यह असहजता का योग है। यह असहज स्थिति है। जो है, वह है, असहज होने का प्रयास न करना। जो आप हैं उसे स्वीकार करें। उसे पहचाने और उसी के साथ रहें। फिर देखिये आपके साथ क्या होता है। एक अद्‌भुत परिवर्तन, एक आश्चर्यजनक बदलाव। आप गलती करते हैं, तो आप कह दीजिये कि मैं गलत आदमी हूँ। हो सकता है कि मैं फिर गलती करूं। आपको मुझसे दोस्ती करनी है तो कीजिये। तब हो सकता है आप अकेले रह जाएं। आप और आपकी गलती और कोई नहीं। तब एक अद्‌भुत परिवर्तन होगा। यह परिवर्तन एक छलांग होगी उस पार जाने के लिये।

पति–पत्नी में झगड़ा होता है, प्रेमी–प्रेमिका में झगड़ा होता है, दूसरे दिन पति अपनी पत्नी को, प्रेमी अपनी प्रेमकिा को उपहार देता है। उसे मनाने के लिये, तब पत्नी, प्रेमिका प्रसन्न हो जाती है कि पति को उससे कितना प्यार है। प्रेमी को उससे कितना प्यार है। पर यह सब सत्य नहीं है यह तो प्रायश्चित कर्म है। फिर से झगड़ने की पुनर्स्थापना है। पूरी जिंदगी यही दौड़ लगाती रहती है। दोनों एक दूसरे को धोखा दिये चले जाते हैं। सत्य को कोई नहीं समझता है। सहज योग का अर्थ है निज को धोखा कभी मत दो। जो है उसे जान लेना है। यही मैं हूँ और ऐसा ही हूँ। यही सहज योग है। यही परिवर्तन है। इसके कल की प्रतीक्षा नहीं है। कल की प्रतीक्षा के लिये तो रूकना पड़ता है।

सोचो, तुम्हारे घर में आग लग गई है तुम्हें खबर हो गई तो क्या तुम रूकोगे। तुम दौड़ पड़ोगे एक लम्बी छलांग लगाकर। यही सत्य है।

जिस दिन तुम अपनी जिन्दगी को पूरी तरह से जान लोगे समझ लोगे उसी दिन सब कुछ घट जाएगा। भटकाव दूर हो जाएगा। सभी घाव भर जाएंगे। शक्ति जाग जाएगी। केवल तुम्हें सहज होना है। सहज होने के लिये तुम्हें उस जंजीर को देखना है जिस पर सोने का

पानी चढ़ा है। उस सोने के पानी को नहीं देखना है उस आभूषण को भी नहीं देखना है। जो है सिर्फ उसे देखना है उसे समझना है।

तुम्हें वहम् में नहीं जीना है। पूरी जिन्दगी धोखे में नहीं बिताना है। यह अपने आप से छल है। इसमें जीवन यूं ही बीत जाता है। कुछ मिलता नहीं। कुछ घटता नहीं। असहजता में समझौता करते हुए जीवन बीत जाता है। असहज जीवन लम्बा है -- बहुत दूरी की यात्रा है। इसमें सजावट है। साज सज्जा है। दिखावापन है। यह झूठ सत्य को ढक लेता है। सुबह और शाम। शाम और सुबह इसी में पूरी जिंदगी बीत जाती है। यह आम आदमी कर रहा है अपने जीवन के साथ। यह खिलवाड़ ही तो है जो अपने आपको धोखा दिये जा रहा है।

सहजता जीवन का तारतम्य है। सहजयोग कहता है कि तुम अपने आपको धोखा मत दो। अपने आपको जान लो परिवर्तन होगा इसमें प्रतीक्षा नहीं है। बदल जाने की अद्भूत प्रक्रिया ही सहज योग है। सत्य हमेशा अपनी ओर खींचता है। उसमें चुम्बकीय शक्ति है। वह मूल है। वह सागर की तरह है। सत्य बदल देता है, सत्य मुक्त कर देता है।

तुम असत्य को लीप--पोत अपने साथ होते हो। जो झूठ है उसी को सज्जित करके रखते हो। नाटक करने लगते हो। सहजता को छोड़कर आडम्बर और दिखावेपन का जीवन जीने लगते हो। एक नकली जीवन के तुम राही बन जाते हो।

दुख से भरा हुआ सत्य भी -- सुख से भरे असत्य से बहुत अच्छा होता है। सुखद असत्य को ही सारे लोगों को उलझाया है, बांध रखा है। तुम फँसे हुए तो जानबूझ कर। अगर तुम गौर से देखोगे तो पाओगे कि दुखद सत्य तुम्हें मुक्ति दिलाता है। बांधता नहीं। इसलिये सहजयोग कहता है दुखद सत्य के साथ जीना सीखो। सुखद असत्य को जगह मत दो। उसे अपना मेहमान मत बनाओ। यह तुम्हें समाधि में ले जाएगा। तुम्हें समाधि के लिये प्रयास नहीं करना पड़ेगा। समाधि घट जाएगी समाधि स्वतः लग जाएगी। यह तुम्हारे निज की आराम स्थली है। जो कुछ होना चाहता है होने दो, रोको मत, वह होना तुम्हें मुक्त करेगा। होने दो। रोना आता है रोओ, उसे रोको मत, हंसी आती है, हंसो, रोको मत।

मैंने अपनी माँ को देखा था। वह समाज में पूज्य थी। आदर्श थी। समाज में वह वीरांगना थी। वीरता ही उसकी मात्र पहचान नहीं थी,

समाज के लोगों के लिये उनकी रक्षा के लिये उसने कई बार शस्त्र उठा लिये थे। न्याय दिलाना उसका कर्तव्य था। वह पिता का भी विरोध कर देती थी। कभी किसी के प्रति अन्याय नहीं देख सकती थी। ऐसे में उनका जीवन सहज था। वह शिव की आराधना करती थी। शिव की भक्त थी। अपना ज्यादा समय वह शिव की पूजा में ही बिताती थी वह संसार के वैभव का उपयोग नहीं करती थी। उसमें दिखावापन नहीं था। अपने पति को कहती थी। चाहे जहां रहो लेकिन खाना खाने यहां आ जाओ क्योंकि आपका यह घर है। मैं यहां दुल्हन बनकर, ब्याह कर आई हूँ। मैं आपके घर का श्रृंगार बनकर यहां आई हूँ। और श्रृंगार के साथ ही रहूंगी। जब मुझे जाना होगा अपनी इच्छा से जाऊंगी चाहे आप किसी और राजकुमारी के साथ रहो पर जो मैं हूँ वह हूँ। वह मैं नहीं छोड़ सकती। इस दुखद सत्य के साथ जीने में ही मुझ आनन्द है। पर उस सुखद असत्य को मैं धारण नहीं कर सकती जो एक दिखावापन है। अप्राकृतिक है।

मैं और किसी के लिये आपको त्याग सकती हूँ। आप झूठ को सत्य समझकर उसे अपना कहते हैं। वह काम का मार्ग है, भोग का मार्ग है जहां आदमी प्रायः कमजोर होता है। मैं उन सन्त फकीरों की तरह जीना पसंद करूंगी जो कीलों का बिस्तर बनाकर सोते है ताकि उन्हें उनका सत्य नजर आता रहे। मैं लिपा–पोती हुआ असत्य का सुख स्वीकार नहीं करूंगी।

शिंव भक्तिनी होने के सत्य को उसने कभी नहीं छोड़ा इतनी धन सम्पदा से वैराग्य लेकर जीना सीखा। सहज जीना–पति को भोग के लिये नहीं चाहा। जो सत्य था उसी को अंगीकार किया। एक दिन वह रो रही थी। बहुत रो रही थी मानो जिंदगी ने साथ छोड़ दिया हो। मैं छोटा था, रोते देखकर आश्चर्य कर रहा था। समाज में माँ की कीर्ति फैली हुई थी लोगों की दृष्टि में वह महान थी। घर में दादी माँ की मृत्यु हो गई थी। सब लोग उसको मरघट की ओर ले जाने की तैयारी कर रहे थे। दादी माँ सौ वर्ष पार कर गई थी। उसने इच्छा मृत्यु को प्राप्त किया था। अपनी मृत्यु के बारे में उसने पहले ही से बता दिया था। लोग माँ को दादी माँ की शिष्या समझते थे। दादी माँ ने राज्य किया था। शासन को छोड़कर एक साधारण जीवन जीना पसंद किया था। माँ ने भी उसी रास्ते पर चलकर कीर्ति को प्राप्त किया था। उसे संत साध्वी कहा जाने लगा था। पर आज वह रो रही थी। लोगों ने उसे समझाया। दादी माँ ने रोने से

मना किया था, उत्सव मनाने के लिये कहा था, वे सौ वर्षों से ज्यादा जीवन जिया था उन्होंने। स्वेच्छा से शरीर छोड़ा था। लेकिन माँ ऐसे रो रही थी मानो उसका नन्हा बालक मर गया हो। लोग समझाते रहे तुम ज्ञानी हो भगवद् भक्त हो। तुमने भगवान का साक्षात्कार कर लिया है। तुम मुक्त जीवन जी रही हो। तब माँ ने कहा था मुझे अच्छी तरह याद है – "तुम लोगों की सामाजिक प्रतिष्ठा मान प्रतिष्ठा और ज्ञान के पीछे मैं रोना भी छोड़ दूं। अश्रु बहाने की बात ही अलग है, अद्भुत है। इसे तुम क्या जानो। रोना तो स्वयं आ रहा है इसे मैं कैसे बन्द कर दूं।"

तब मेरे घर के लोगों ने हाथ जोड़कर फिर कहना शुरू किया "ऐसा मत करो लल्लंन की माँ! रोना बन्द करो लोग क्या कहेंगे। चारों तरफ बदनामी हो रही है लोग कह रहे है लल्लन की माँ तो भक्तन है, शिव दर्शन किया है स्थितप्रज्ञ हो गई है, परम ज्ञानी है अब तो उन्हें कुछ मोह माया नहीं होना चाहिये और तुम एक नादान की तरह रोये चले जा रही हो वह भी दरवाजे पर बैठकर।"

माँ ने कहा "तुम अपनी मान–मर्यादा को अपने पास रखो। तुम लोग अपने कानों से नहीं दूसरों के कानों से सुनते हो अपनी आँखों से नहीं दूसरों की आँखों से देखते हो। मैं हमेशा से एक ही हूँ। यह सच है कि आत्मा अमर है पर मैं आत्मा के लिये नहीं शरीर के लिये रो रही हूँ जो दादी माँ का शरीर था, एक विशाल और खूबसूरत मन्दिर जिसमें आत्मा ने अपना बसेरा बनाया था। अब वह दोबारा नहीं आएगा। अब वह अदृश्य होने जा रहा है।

तब पिताजी ने कहा "पगली क्या शरीर के लिये भी रोया जाता है।" माँ ने आँख उठाकर पिता को देखा और कहा– "क्या रोने के लिये भी शर्तें लगाओगे" रोना–हंसना मेरे बस की बात नहीं है। यह तो स्वयं घट जाता है।

तुम भी हँसते नहीं हो, राते नहीं हो, बस नाटक करते हो। जिस दिन तुम्हें हंसना आ जाएगा। रोना आ जाएगा उस दिन तुम मुक्त हो जाओगे। तुम्हारे हर कार्य में आडम्बर है, नाटक है। तुम चित्त को सत्यमय होने दो जो वह है उसे होने दो। रोना है तो रोओ, हँसना है तो हँसो, क्रोध करना है तो क्रोध को आने दो। जो कुछ भी स्वाभाविकता से होता है तो उसे होने दो। तब जो कुछ भी घटेगा वह मुक्ति प्रदाता होगा।

टुकड़े–टुकड़े में क्यों जीते हो। टुकड़े–टुकड़े में क्यों मरना चाहते हो। यह तुम्हारी जीवन यात्रा का उद्देश्य नहीं। तुम यात्रा करते हो। यह तुम्हारी जीवन यात्रा का उद्देश्य नहीं। तुम यात्रा करते हो लेकिन फिर पीछे लौट जाते हो। तुमने जीवन को नहीं जाना है। तुमने जीवन को नहीं जिया है – तुमने जीवन को नहीं स्वीकारा है। जब ऐसा तुम करोगे तब जीवन का सत्य उभर आएगा जो तुम्हें परमात्मा से मिलाएगा। इस जीने को जान लेने से – स्वीकार कर लेने से अमृत कुण्ड में सांई शक्ति का उन्मेष हो जाएगा और वह जागरण तुम्हारा जागरण होगा। सत्य का साक्षात्कार होगा। यही क्रिया योग है यही सहजयोग है – यही ज्ञान योग है और यही इच्छाशक्ति का संकल्पित योग है।

इसी प्रक्रिया से ही सहजता को प्राप्त करना है। चेतना! मैं जो कुछ भी कह रहा हूँ उसे तुम समझो! अगर मैं डांट रहा हूँ उसे तुम समझो। जो इशारा कर रहा हूँ उसे तुम समझो। यह सहजता से जीने की प्रक्रिया है। यह क्रिया योग है, जिसे सहज योग भी कहा जाता है। जो घट रहा है उसे घटने दो। वह अभिमान को चोट देगा। वह अभिव्यकत होकर सत्य की ओर यात्रा करेगा। इसमें जो कुछ भी होगा वह दिखावेपन को तोड़ेगा। तुम अपने को छोड़ोगी। प्रेम घटता है कहने की जरूरत नहीं, रोना आता है रोने के प्रयास की आवश्यकता नहीं। हँसना आता है। हँसने की कोशिश करना, अपने आपको धोखा देना है। सत्य घटता है सत्य की व्याख्या करने की जरूरत नहीं।

तुम देखो! अपने आस–पास चारों तरफ पढ़े–लिखे आदमी हैं। सुशिक्षित स्त्री पुरुष है और आपको योग्य समझने वाले लोग है वे सब चिल्ला रहे हैं हाथ पैर पटक रहे हैं। झल्लाहट का जीवन जी रहे हैं खिन्न हैं जैसे कुछ खो गया हो। रोना चाहते हैं, रो नहीं पाते। हँसना चाहते हैं पर हँस नहीं पाते। नाचना चाहते हैं, नाच नहीं पाते। गीत गाना चाहते हैं, गा नहीं पाते क्योंकि डर लगता है अपनों से समाज से और दुनिया से। वे विक्षिप्त की अवस्था में चल फिर रहे हैं। अपने आसपास सबको देखो वे सामान्य नहीं है। उनकी जीवनचर्या असामान्य है, वे परवश हैं। असहाय हैं, वे सब अपने आप में खोए हैं। उन लोगों को समझ में नहीं आ रहा यह सब क्यों हो रहा है।

मैं जो कुछ भी कर रहा हूँ, वह मैं नहीं कर रहा हूँ, यह सब मेरे साथ हो रहा है। मैं हर अवस्था में ध्यान कर रहा हूँ। मेरा हँसना–रोना,

खाना–पीना, प्रेम करना, भक्ति करना, सेवा करना, आशीर्वाद देना यह सब कुछ ध्यान से जुड़ा हुआ है। मैं आप सब की तरह सामान्य जीवन नहीं जी रहा हूँ। यह बड़ा कीमती जीवन है। इसे यूं ही मत गुजरने दो। यह तनाव का जीवन नहीं है। यह उधार का जीवन नहीं है। यह बातों का जीवन नहीं है। यह अभिमान के मान के प्रतिष्ठा के चक्रव्यूह का जीवन नहीं है। जो कुछ भी अस्वाभाविक है। उससे ऊपर उठ जाने का जीवन है।

जो है उसे स्वीकार करो जो नहीं है उसने जाने दो। पकड़ो मत। दुनिया है पर अपने लिये उनके मान सम्मान में अपने आपको मत डालो। तुम हर बात को, हर घटना को बचाव का साधन मत बनाओ। तुम हर कर्म को जीवन का स्वाभाविक रूप मत समझो। तुम रोकर अपनी रक्षा मत करो। हँसकर अपनी रक्षा मत करो। क्योंकि यह रोना, यह हंसना कह जाता है कि कोई सम्बन्ध है उस घटना से जिसे मन रोकर टाल रहा है, हंस कर टाल रहा है। यह सब छिपाने की अभिव्यक्ति तो है पर वह अभिव्यक्ति यह बता देती है कि भीतर में कुछ और हलचल है।

तोड़ना है इस दीवार को। फेंक देना है, उस चादर को जो पर्दा बनकर स्वाभाविकता को छिपा देती है।

चेतना! श्रद्धा! तुम लोग यह मानकर चलो कि तुम्हारी अन्तर्चेतना में देखा सारी भावभंगिमाओं की अभिव्यक्ति चेहरे पर आ जाती है। आँखों में आ जाती है। तुम्हें वैसा ही रहना ठीक है जो है, जो भी है वह सत्य है। उसे स्वीकार कर लेना ही जीवन है। तुम्हारे इस जीवन पथ पर जीवन की सारी यात्राओं की विकास अंकित है।

जीवन पथ पर वे सारी घटनाएं लिखी हुई हैं जो तुम्हारे साथ घटी हैं। तुम लोग बहुत कुछ छलांग लगा कर यहां तक आ पहुंचे तो पर तुम यह मत भूल जाना कि तुमने वह आजादी पा ली है। जितना ही यह देश या विश्व स्वतन्त्रता की बात करता है उतना ही तुम्हें मर्यादाओं में बांधता भी है। गांव, शहर और आदिवासी क्षेत्र में बड़ा अन्तर तुम्हें दिखाई पड़ेगा।

शहर के हर चौराहे पर पुलिस खड़ी है तुम नाच नहीं सकते, इकट्ठा नहीं हो सकते। गांव के चौराहे पर जाओ तो ग्रामीण अपनी आजादी की अभिव्यक्ति करते नजर आएंगे और आदिवासी में तो प्रायः नागरिक चांद तारों की छाया में नाचते नजर आएंगे।

आप लोगों ने अपनी आजादी खो दी है – सरलता को खोया है। प्रकृति को गंवाया है और इन सबके बदले विकृतियों को पकड़ लिया है। विकृति ही जीवन बन गया है। जो जीवन प्राकृतिक है वह लुप्त हो गया है।

समाधि सहजता में जीने का आत्मीय संसारं है ध्यान सहजता में जीने का एक मैदान है, योग सहजता में जीने की एक प्रक्रिया है।

संभावनाएं असीमित है, अनन्त हैं, आप लोग आगे बढ़ें। जब तक आप लोग आगे नहीं बढ़ोगे, जब तक आप लोग असहजता की चादर उतार नहीं फेंकोगे तब तक कुछ नहीं कर पाओगे।

आप लोग प्रारंभ करें। आप लोग उस लक्ष्य की ओर बढ़ें, परमात्मा की ओर बढ़ें तो वह दौड़कर आएगा। जिसको प्राप्त करने के लिये आप लोगों ने अनेकों जन्मों की यात्राएं कर ली हैं। अब इस जन्म को यूं ही बेकार नहीं जाने देना है। यह घटना चाहिये इस जीवन में मनुष्य जाति के इतिहास में आप लोगों को अपना नाम दर्ज कराना चाहिये। अपना एक इतिहास बनाना चाहिये। अपना एक परिचय बनाना चाहिये। आज का इतिहास प्रतीक्षा कर रहा है कि आप लोगों में से कोई मानव जाति के लिये उपयोगी साबित ले, जो पथ प्रदर्शक बन सके, मार्ग संकेतक बन सके। आप लोगों के द्वारा एक आत्म क्रांति हो, एक आत्म आन्दोलन हो जो लाखों करोड़ों लोगों को प्रभावित करे।

मैं यह हमेशा प्रार्थना करता हूँ कि आप लोग लाखों करोड़ों लोगों के आध्यात्मिक मार्ग दर्शक बने। लाखों लोग आत्म कल्याण प्राप्त करें विश्व को एक नई दिशा दें। भौतिकवाद को चुनौती देने के लिये आप लोगों को आगे बढ़ना होगा। यह जीवन यूं ही बिताने के लिये नहीं है।

यह जीवन अपने निज स्वार्थों के लिये जीने के लिये नहीं है यह जीवन दूसरों में झांकने के लिये नहीं है। यह जीवन औरों को देखकर उसी के संतुलन मे व्यतीत करने के लिये नहीं हैं। यह जीवन केवल शरीर श्रृंगार में बिताने के लिये नहीं है। यह जीवन केवल मन को, तन को प्रसन्नता देने के लिये नहीं है। यह जीवन तो एक आत्म आन्दोलन के लिये है। आध्यात्मिक जागृति के लिये है, लाखों करोड़ों के अध्यात्म का सेतु बनने के लिये है।

इसलिये सहज होना जरूरी है सहजता की सहज योग है सहजयोग

ही जीवन के सत्य से परिचय कराता है। सहज योग ही शक्ति का जागरण करता है। यह ही परमात्मा का मार्ग है। यह ही ईश्वर तक ले जाता है। पर वह एक कदम आप लोगों के चलने के बाद होगा। चलना आमंत्रण है। प्रयोग को करना दरवाजे को खोलना है। उस परम की ओर जाने का वह प्रतीक्षा कर रहा है। वह दरवाजे पर खड़ा है वह दरवाजे को खटखटा रहा है। आप लोग उठकर दरवाजे को खोलिये तो। आप लोगों को केन्द्र बनना है केन्द्र बनाना है।

मैं देख रहा हूँ यह काम आप लोग कर सकते हैं। आप लोगे कर सकते हैं। आप लोगों को थोड़ा उठना है। एक करवट बदलना है नारी तन से ऊपर उठना है, पुरुष तन से ऊपर उठना है। भाव से ऊपर उठना है। सांसारिक बुद्धि से ऊपर उठना है। मन के तल से ऊपर उठना है, जो नारी का मन है, जो पुरुष का मन है। इन सबके पीछे वह विश्व का तन है। विश्व भाव है। विश्व बुद्धि है और विश्वातीत मन है। जो आत्म आन्दोलन है। आत्मविद् क्रान्ति है उस दरवाजे को खोलना है।

आप लोग न्युक्लियर बनो, लाखों करोड़ों लोगों को केन्द्र आत्म उत्थान का प्रेरणा का केन्द्र बनकर काम करना शुरू करो। आप लोगों को इस भारत भूमि पर बड़ी कीमती अदा निभानी है। निणार्यक पथ पर जाना है। आप लोग अपने को कमजोर मत समझो। आप लोग इस भूमि की सुरक्षित संपत्ति हैं, इस जमीन पर कुछ ऐसे लोग हैं जिन्हें आपकी जरूरत है।

आप लोग देख नहीं रहे हैं किस तरह उनकी निगाहें लगी हैं आशा भरी नजर से विश्वास भरे ह्रदय से उम्मीद लिये मन से। आप लोग कुछ ऐसे लोग हैं जो इस भारत भूमि में आशा की किरणे हैं। उन किरणों की ज्योति हवा में डाल–डाल पर पत्ते–पत्तो पर आकांक्षाएं बनकर पड़ रही हैं।

भारत के लोग भले ही गलत हो गए हों पर अब भी मर्यादा पुरुषोत्तम राम और योगेश्वर कृष्ण का उन्हें स्मरण है। अभी भी रामायण और गीता उनके मुख से निकल रही है। चाहे आदमी भले ही भटक गया हो पर बुद्ध अभी भी संकेत दे रहे हैं। यहां के लोग अभी भी महावीर को पहचान रहे हैं। चाहे भले ही सनातन धर्म में दोष आ गया हो पर शंकराचार्य को भुलाया नहीं गया है।

आप लोग देख सकते हैं, यहां की हवा अभी भी उन आवाजों की

गुंजना रही है। भले ही आदमी गलत हो गया हो पर आकाश अभी भी आशा लगाए है कि मैं कब उनको वह सब संपदा सौंपू जो घंटों दर बनकर आकाश में विचरण कर रही है। आप लोगों की प्रतीक्षा में वह है। बस लोगों को वैसा मानव बनकर लौटना है उसे पता है आप लोगों ने इसी के लिये जन्म लिया है, पर कुछ रोक रहा है।

मैं कब से इस आकाश की ओर संकल्प किये प्रार्थना कर रहा हूँ कि इन लाखों करोड़ों मानवों के मन में एक ऐसा आत्म आन्दोलन कराऊं कब ये अंगारे फूटें कब ये विस्फोट करें। मैं हवा द्वारा मंत्रों का स्पंदन, संदेश भेज रहा हूँ मैं पवन से मन्त्रोच्चार द्वारा आप लोगों के हृदय कमल को खोलना चाहता हूँ। जल से अभिमंत्रित कर नाभिकेन्द्र को जगाकर विश्वमय बनाना चाहता हूँ। आप लोग इस जमीन पर कुछ सुरक्षित संपत्तियां हैं और भी कुछ ऐसे लोग हैं जिन्हें आप लोगों को जगाना है। आप लोगों को अपना जागरण बहुत कीमती है, यह संपूर्ण मनुष्य जाति के लिये उपयोगी है।

मैं आप लोगों को पूरी दुनिया में जाने की प्ररेणा दे रहा हूँ कि आप लोग अपनी ज्योति को जलाकर उन सभी बुझे दीयों को भी जलाएं जो प्रतीक्षा कर रहे हैं। दीवाली की रात के उस दीये की तरह बने जो एक से हजारों दीये जल जाते हैं।

आप लोगों को ऐसा ही बनना होगा। हर तरफ से हर दिशा से आप लोगों की प्रतीक्षा हो रही है। केवल आप लोगों को अपनी सीमाओं को तोड़ना है। नजदीक को दृष्टि को दूरं तक फैलाना है। व्यक्तित्व को तोड़ना है। अस्तित्व की यात्रा कर विश्वातीत होना है। प्रेम हो नदी नहीं बनाना है। यह सुख दुख का किनारा बन जाएगा। यह आनन्द और पीड़ा का कारण बन जाएगा। यह योग और वियोग का रूप ले लेगा। इसलिये प्रेम को सागर बनाना होगा जो कभी समाप्त नहीं होता, जिसका कोई किनारा नहीं होता जिसकी गहराई असीमित होती है।

•••

श्वास में गति है

श्वास आत्मा और शरीर का जोड़ है। श्वास सेतु है। श्वास गई तो प्राण भी निकल जाते हैं। आत्मा और शरीर के मिलन का जो केन्द्र है उसे बिन्दु कहते हैं। श्वास गति है जीवन है। श्वास ही व्यक्तित्व को उजागर करता है। यह जीवन का आधार है। इसके बिना शक्ति का जागरण आसान नहीं है। श्वास पर ही जीवन टिका है।

श्वास तो सेतु है जीवन का। एक–एक करके शरीर का सब कुछ चला जाये कोई बात नहीं, पर अगर श्वास चला जाये तो कुछ भी नहीं हो सकता।

श्वास ही प्राण है इसे नहीं जाना चाहिये। श्वास तो पुल है। श्वास ने ही जोड़ रखा है आत्मा और शरीर को। आत्मा और शरीर एक केन्द्र पर जाकर मिलते हैं, वह केन्द्र शक्ति का माँ का जगदम्बा महामाया का केन्द्र है, इसी को कुंडलिनी कहा जाता है।

यह महामाया जब शरीर मन के साथ रहकर अपनी गतिविधियाँ जारी रखती हैं तब इसे काम कहा जाता है सभी इच्छाओं का कुंड जहां से भोगमय जीवन की सब गतिविधियां सिमटकर जुड़ी हुई होती है। इसे कामशक्ति माँ कहा जाता है। देह की कामशक्ति जो मनुष्य और पशुपक्षी सभी को अपने प्रभाव में ले लेती है। जो पुरुष और स्त्री का शारीरिक मिलन कराकर प्रेम या विवाह के माध्यम से सृजन की प्रक्रिया को बनाए रखती हैं।

यह कामशक्ति बहुत शक्तिशाली होती है। इससे सभी जीव रिलेक्स कर जाते हैं। इसके लिये मनुष्य तो क्या पशु पक्षी भी बड़े से बड़े युद्ध में कूद जाते हैं। विश्व के सभी झगड़ों और युद्धों के

पीछे यह काम शक्ति ही है। यह इच्छाओं अन्त किये बिना बैठी रहती हैं। यह भोग्या है भोग है।

इसी का दूसरा रूप जब यह आत्मा की तरफ बहती है तो यह मोक्ष दायिनी संपूर्ण रिद्धि–सिद्धि की दात्री त्रिपुरेश्वरी त्रिपुरसुन्दरी बन जाती है। कुण्डलिनी कही जाती है। जब यह शरीर की ओर प्रवाहित होती है तब अधोगामी होती है और जब यह आत्मा की ओर बहती है तो ऊर्ध्व हो जाती है। ऊर्ध्वगामी में यह स्वर्गारोहण करती है और अधोगामी में सृजन। ऊर्ध्व में हर जीव निज की ओर यात्रा करता है जहां से वह चला है अपनी प्रसूता भूमि की ओर और अधोगति में वह बदलता रहता है उसका पथ खो जाता है, वह और किसी का हो जाता है।

अधोगति में जीवन की यौनशक्ति की प्रभुता है और ऊर्ध्वगति में जीव की आत्मीय शक्ति की प्रभुता।

तुम लोगों को समझना होगा योग चेतना और श्रद्धा जीवन यात्रा के मूल में इस मानव देह का पूरा ख्याल रखना होगा।

यौन शक्ति जो पकड़ लेती है मानव को तो ऊर्ध्वगामी बनने का अवसर शायद ही मिल पाता है। तभी तो मानव जीव लाखों वर्षों से इस यात्रा में भटक रहा है। उसे एहसास तो होता है कि वह कुछ खो रहा है। वह प्रेम के आदान–प्रदान में महसूस करता है कि उसकी यात्रा में भटकाव है वह पूर्णता की यात्रा नहीं कर रहा है। वह अधूरा है। हमेशा अधूरा रह जाता है। काम यात्रा उससे उसको छीन लेती है। वह अपने अधीन नहीं होता। वह काम का प्रभाव होता है, पाता नहीं है हमेशा खोता आ रहा है एक झूठी उम्मीद में जो आनन्द की पराकाष्ठा तक ले जाने की, उस विश्राम की खोज में भूलकर रह गया है एक ऐसा विश्राम जो इस कार्य मार्ग में कभी आता ही नहीं।

उसका रास्ता तो आत्मा के मार्ग में है। योग का मार्ग तो थकावट का मार्ग है, ऐसे श्रम का मार्ग जिसमें विश्राम की झलक मात्र है पर विश्राम नहीं।

जीवन का सत्य तो उस कुण्डलिनी के आत्मीय मार्ग पर है। यह शक्ति जब भी किसी मार्ग पर यात्रा करती है उसके पीछे श्वास रूपी ऊर्जा का प्रभाव है दोनों में बड़ा तादात्म्य सम्बन्ध है। श्वास के प्रभाव

के बिना दोनों गतिविधियों अवरूद्ध हो जाती है। श्वास ही इस मानव देह की जीवन ऊर्जा की सहयोगी शक्ति है। जब तक श्वास का पूरा ख्याल न रखा जायेगा तब तक मानव देह में परिवर्तन लाना संभव नहीं। श्वास का प्रयोग ही परिवर्तन लाता है। श्वास पर विशेष ध्यान देना जरूरी है।

शरीर रूपी प्रयोग शाला में प्रवेश करने के लिये श्वास का मार्ग ही श्रेष्ठ है और अनुभूति है श्वास की चोट। व्यक्तित्व के परिवर्तन में यह लाभदायक होता है। व्यक्तित्व के निर्माण में श्वास का ज्यादा योगदान है। क्योंकि श्वास जीवन भी है और श्वास जीवन को पोषित भी करता है। श्वास सेतु है भोग और योग का जीवन रूपी नदी का प्रवाह में श्वास ही गति है। चाहे प्रेम का योग करो अथवा काम का योग उसमें श्रम पैदा होता है। इसमें श्वास की गति में बदलाव आ जाता है।

हर कार्य के पीछे श्वास की गतिविधियों का प्रभाव है। हर मानसिक या शरीरिक कार्यों के प्रभाव में श्वास में बदलाव आ जाता है। चाहे स्कूल की परीक्षा हो अथवा संयोग का युद्ध क्षेत्र श्वास की चोट ही प्रभावशाली होती है। श्वास के बिना कोई काम मानव नहीं कर सकता। श्वास पथगामिनी है। श्वास रुद्रवाहिनी है। श्वास जीवन वाहिनी है। तुम लोग चाहे कुछ भी करो उसको करने के श्वास को शान्त नहीं रख सकते।

काम के साथ–साथ श्वास की सक्रियता है। योग के साथ श्वास की गतिविधियाँ बढ़ जाती है। चित्त कातर होता है श्वास की गति बढ़ जाती है।

जो काम का केन्द्र है वही कुण्डलिनी का केन्द्र है। काम के साथ होने पर श्वास ऊर्ध्वगामी होकर जीवन ऊर्जा को भोगमय बनाता है। कुण्डलिनी के साथ होकर जीवन ऊर्जा को भोगमय बनाता है। कुण्डलिनी के साथ होकर जीवन ऊर्जा आत्ममय की ओर बढ़ जाती है।

एक ही बिन्दु है। काम में योग तो होता है पर शरीर का योग होता है। यह काम बीज का योग है। सुख के एहसास का मार्ग है। यहाँ सब कुछ आश्रित है। अवलम्बन है। डिपेन्ड करता है। शेयर करता है। किसी और का साथ करता है। यह व्यवसाय है लेन–देन का। यह व्यवसाय है। योग करके सृजन करने का है। यह व्यवसाय है जीवन के सांसारिक गमनागमन का प्राकृतिक मार्ग बनाए रखने का।

इस व्यवसाय में प्रेम की आहुति है एक व्यवसाय में बीज शक्ति की आहुति है। इस व्यवसाय में जीवन ऊर्जा को स्वाहा करना होता है। इन व्यवसाय में अमीर नहीं बन सकते। तुम खोते हो खोते हो और सोते हो और एक दिन खो जाते हो। जीवन अधूरी यात्रा में रह जाती है। सब कर्म ज्ञान काम शक्ति में सिमट कर अपना प्रभुत्व खो बैठते हैं। अधिकांश व्यक्तियों का आवागमन भोग के संस्कार से युक्त होता है। ऊर्ध्वगामी पथ बन्द ही रह जाता है। ऊर्ध्वगमन की यात्रा के लिये प्रतीक्षारत कुण्डलिनी सुषुप्त पड़ी रह जाती है।

जब तक इस कुण्डलिनी रूपी माया शक्ति में उन्मेष नहीं होगा जागरण नहीं होगा तब तक समाधि द्वार नहीं खुलेगा। अर्थात् ध्यान चिद् की स्थिति नहीं बनेगी।

चिद् को शान्त होना है और ध्यान ही चिद् की गहराई है। श्वास का प्रभाव ही परिवर्तन है। विशेष प्रकार की श्वास की चोट होनी चाहिये। जो श्वास आप ले रहे हो वह तो जीवन प्रवाह का सहयोगी श्वास है। जो श्वास आप ले रहे हो वह तो कामबिन्दु के सृजन की ओर उन्मुख करने की आदत बना चुका है।

आप लोगों को श्वास की प्रक्रिया को चोट देना होगा। व्यक्तित्व को बदलने की प्रक्रिया के श्वास की चोट। अधो से ऊर्ध्वगमन करने की प्रक्रिया के श्वास की चोट।

श्वास की मार के बिना प्रेम के आदान–प्रदान का, संभोग का योग भी असंभव है और श्वास की चोट के बिना कुण्डलिनी का जागरण भी असंभव है। कुण्डलिनी जागरण के बाद ऊर्ध्वगामी यात्रा है। कुण्डलिनी का समाधिस्थ होना ही ऊर्ध्वगामी यात्रा का लक्ष्य है।

समाधि वह बिन्दु है जहां जीव जाकर सद्–चित् और आनन्द में विश्राम करता है।

समाधि वह बिन्दु है, जहां संपूर्ण जीवन की प्रकटात्मक क्रिया घटती है।

•••

योग माता कीको आइकावा

अन्तर्गमन

ज्ञान जब तक क्रियात्मक नहीं होता तब तक यह अज्ञान की तरह ही होता है। जितना भी आप लोग जानते हो उससे ज्यादा आपको जीवन में उतार लेने का प्रयत्न करना होगा। ज्ञान को क्रियात्मक बनाने पर ही उसका महत्व बन जाता है। क्रियात्मक ज्ञान ही शान्ति देता है। ज्ञान जब तक शब्द रूप में रहता है। तब तक वह अनजान रहता है। अनुभूतियों से दूर रहता है। जब आप लोग विचार रहते हो तब ज्ञान होता है। ज्ञान का कोई अन्त नहीं। ज्ञान कभी समाप्त नहीं होता। पर ज्ञान का उपयोग क्रिया में बदलने पर ही होता है ज्ञान क्रिया में परिवर्तित होकर शान्ति का, आनन्द का अनुभव देता है।

ज्ञान और क्रिया का मधुर मिलन अवश्य करना चाहिये। ज्ञान जब तक सिद्ध नहीं होता तब तक पुरुषार्थ सिद्ध नहीं होता। पुरुषार्थ चार प्रकार का होता है– धर्म, अर्थ, काम और मोक्ष।

धर्म के लिये सात प्रकार की शुद्धियों की आवश्यकता होती है। जो सात प्रकार की शुद्धियों से गुजरता है, उसी को धर्म सिद्ध होता है। सात शुद्धियाँ ये हैं– (1) देश शुद्धि (2) काल शुद्धि (3) मन्त्र शुद्धि (4) देह शुद्धि (5) विचार शुद्धि (6) इन्द्रिय शुद्धि और (7) द्रव्य शुद्धि।

अर्थ की प्राप्ति के पांच साधन हैं– (1) माता–पिता का आशीर्वाद (2) गुरु कृपा (3) उद्यम (4) प्रारब्ध (5) प्रभु कृपा।

काम के लिये ग्यारह इंन्द्रियों का सहयोग जरूरी है। काम ग्यारह इन्द्रियों में अपना घर बनाकर बैठा है – पाँच ज्ञानेन्द्रिय, पाँच कर्मेन्द्रिय और ग्यारहवाँ मन – ये ग्यारह ठिकाने हैं काम के। काम जीव को उलझाए रखता है, रूलाता भी है तथा वैराग्य का कारण भी काम ही

होता है। काम मन में से जल्दी जाता नहीं। काम मन में आँख द्वारा प्रवेश करता है। काम का शान्त करना जरूरी होता है। इसके बाद मोक्ष का विषय है।

मोक्ष के लिये प्रकृति की ओर देखना पड़ेगा प्रकृति आठ प्रकार की है – पृथ्वी, जल, अग्नि, वायु, आकाश मन, बुद्धि और अहंकार। इन आठों प्रकृतियों को जो अपने वश में कर लेता है उसे ही मोक्ष मिलता है जो व्यक्ति आठों प्रकृति के बन्धन से ऊपर उठ जाता है वह व्यक्ति कृतार्थ हो जाता है। प्रकृति को अनुकूल बनाने वाले को ही मुक्ति मिलती है। प्रकृति का अर्थ है स्वभाविकता। अनेकों–अनेकों जन्मों के संस्कार मन में संचित रहते हैं। प्रकृति को वश में करना सहज नहीं। बड़े–बड़े ऋषियों –तपस्वियों को बड़ी कठिनाई से गुजरना पड़ा है। इन अष्ट प्रकृति को वश में करने के लिये।

प्रकृति ही जीवों को अपने वश में रखती है। पर मनुष्य के अन्दर ईश्वरत्व है। मनुष्य के अन्दर गुरुत्व है। जिसके वश में यह प्रकृति होती है। जब तक अपने अन्दर के गुरुत्व को, ईश्वरत्व को एकाकार नहीं कर लोगे तब तक प्रकृति साथ नहीं देगी।

इसलिये प्रकृति के हर तत्व के साथ एकाकार होकर उससे ऊपर उठना है। जैसे–जैसे हर प्रकार की प्रकृति के साथ एकाकार होते जाएंगे वैसे–वैसे अष्ट प्रकार की सिद्धियाँ सिद्ध होती जाएंगी। तब तुम इन अष्ट सिद्धियों से ऊपर उठ सकते हो।

इसलिये जीवन यात्रा में पूर्णता को प्राप्त करने के लिये पहले धर्म और अन्त में मोक्ष है बीच में अर्थ काम है इस अर्थ और काम को धर्म और मोक्ष के अनुसार ही प्राप्त करना चाहिये।

धर्म और मोक्ष मुख्य पुरुषार्थ है। अर्थ और काम गौण है। इस धर्म को समझने के लिये जो अर्थ रूपी जीवन का धारक यह शरीर है – उसे समझना जरूरी है।

धर्म शरीर का भी है धर्म देश काल का भी है। धर्म प्रकृति के सभी तत्वों का भी है। धर्म सूर्य–चन्द्रमा–पृथ्वी–जल–अग्नि–वायु आदि का भी है। ये प्रकृति के तत्व अपना धर्म नहीं छोड़ते पर मानव अपना धर्म छोड़ देता है। इसलिये मानव दुखी है। परेशान है। मानव धर्म को बदलने लगा है। सिर्फ नाम के बदल देने से संस्कार बदल नहीं जाते।

नाम के बदल जाने से आत्मा नहीं बदल जाती है। इसीलिये मानव जो धर्म को बदल देता है। उसके अनेकों जन्म व्यर्थ चले जाते हैं। धर्म मुख्य है पैसा नहीं। मानव जीवन के लिये धर्म ही श्रेष्ठ है। धन से या धर्म के बदल लेने से सुख नहीं मिलता। जिस धर्म को तुम बदलते हो वह धर्म नहीं है।

सुख को पाने के लिये अच्छे संस्कारों की जरूरत है संयम की और सदाचार की आवश्यकता है। धर्म तो इहलोक और परलोक तक साथ में रहता है। जब से मानव जाति ने धर्म से ज्यादा अर्थ को महत्व देना प्रारंभ किया है तब से वह दुखी है। मानव की जीवन यात्रा बिगड़ गई है और जिन लोगों ने धन–अर्थ से ज्यादा धर्म को महत्व दिया है उनका जीवन आनन्दमय होता गया है। सुखमय होता गया है।

अर्थ जो प्राप्त हुआ है – अर्थ जो पृथ्वी ने दिया है अर्थ जो शरीर को प्राप्त हुआ है, इसे धर्म के अनुकूल बनाए रखें। हर देश को यह चाहिये कि वह अपनी शिक्षा में अच्छे संस्कारों को बनाने की शिक्षा भी शामिल करे। संपत्ति की आवश्यकता से ज्यादा महत्वपूर्ण धर्म रूपी संस्कृति की शिक्षा की जरूरत है। संपूर्ण मानव जाति को देवत्व की ओर ले जाने के लिये काम और अर्थ को गौण बनाना चाहिये।

धर्म की गति धीमी होती है। सूक्ष्म होती है। कभी–कभी देखा गया है धर्म भी अधर्म में बदल जाता है। सद्भावना की कमी होने से धर्म सफल नहीं होता है। तुम अगर यह सोचते हो कि तुम्हारे जीवन के शत्रु बाहर हैं तो यह तुम्हारी भूल है। तुम्हारे शत्रु तो तुम्हारे मन के अन्दर बैठे हैं। मन के अन्दर बैठे शत्रुओं को हटाओ तुम जीत जाओगे।

धर्म का मार्ग सद्भावना है। जगत में किसी के प्रति भी कुभाव नहीं रखना चाहिये। धर्म के 13 पथ हैं। श्रद्धा, दया, मैत्री, शान्ति, पुष्टि, क्रिया उन्नति, बुद्धि मेधा, स्मृति, विविक्षा, धृति और मूर्ति। धर्म इन 13 यात्रा मार्गों से गुजरता है और फलित होता है। श्रद्धा शक्तिशाली प्रभावशाली पथ है। श्रद्धा से धर्म की प्रत्येक क्रिया सफल होती है। दृढ़ता से की गई श्रद्धा, भक्ति, दृढ़ता से भरा प्रेम जड़ को भी चेतन बना देता है। इसी तरह से हम सब के जड़ शरीर को चैतन्य बनाने वाले तत्व की ओर यात्रा करना जरूरी है।

संसार की सभी योग–प्रक्रियाओं में प्राण का अपना महत्व है। पर ज्यादातर जो क्रियाएं की जाती है, वह शरीर का निरोग बनाए रखने के

लिये अथवा शरीर को संसार के लिये उपयोगी बनाए रखने के लिये। इस जड़ शरीर को चेतन बनाने में प्राण ऊर्जा का सबसे ज्यादा महत्व है। तुम शरीर पर आसनों का जितना भी प्रयोग उपार्जन के लिये ही होता है। आसनों का प्रभाव आनन्द तक की गहराई की यात्रा नहीं करा पाता क्योंकि हमारा आप सब का शरीर मात्र भौतिक ही नहीं है। इस भौतिक शरीर के अन्तस में 6 और शरीर हैं। पूरे 7 शरीरों द्वारा मण्डित यह शरीर रूपी मन्दिर है और तब जाकर के गर्भ गृह में प्रवेश है।

सभी शरीरों से जुड़ा अथवा सभी शरीरों को गति देने वाला जो है वह प्राण ऊर्जा है प्राण भी मुख्य प्राणों में बंटा है और पाँच उप प्राणों में बंटा है। सभी अपने–अपने कर्म रूपी धर्म की प्रधानता लिये सक्रिय हैं, क्रियाशील हैं तभी भिन्न–भिन्न सम्वेदनओं, अनुभूतियों के साथ यह जीवन यात्रा है। तभी यह मानव जीवन पशुवत् नहीं है। मानव तो मानव ही है। मानव का मानव देह साधारण नहीं है यह दिव्य है दिव्यता छिपाए बैठा है यह अति सूक्ष्म से यात्रा करता हुआ भौतिक तक पहुंचा है। अनेकों आन्तरिक यन्त्रशालाओं के साथ बड़ी ही अद्‌भुत प्रयोगशालाओं को अपने अन्दर छिपाए हुए है और कोई भी प्रयोगशाला अपने क्रिया रूपी धर्म को नहीं लगती। जब तक मानव इस देह का दुरूपयोग न करे, इसे दूषित न बना दे। निज के अहंकार की पुष्टि और व्यक्तित्व के दुराग्रह में फंसकर मानव अपने देह को रोगी बना देता है। तब तक इस देह को जीना पड़ता है। भला कौन जीना नहीं चाहता। यह जीने की भूख उन रोगी शरीर धारी मानवों से पूछो तो पता चलेगा कितनी विविक्षा है जीने की। पर कुछ आन्तरिक अन्तःकरण का तामेल बिगड़ गया है। इसलिये इस तन को योगी मन को योगी बनाना जरूरी है। बुद्धि को ज्ञानी बनाओ। मन को तो भक्ति योगी ही बना रहने दो। अगर मन को ज्ञान बना दोगे तो फिर ज्ञान तुम्हें ज्ञान ही रहने देगा। एक ऐसा उपदेशक दार्शनिक वैज्ञानिक जो ईश्वर की सत्ता को महत्व नहीं देता। वह जानता है उस सत्त् को, पर नकारता है क्योंकि उसकी खोज का विज्ञान भटक कर रह जाएगा। उसके ज्ञान का दर्शन प्रयोग में मुक जाएगा।

इसी तरह से ज्ञानी सन्त, भक्त सन्त क्रिया से भाग रहे हैं। क्रिया क्योंकि तपस्या है। क्रिया प्रयोग है। क्रिया से परिवर्तन है। क्रिया से

घुलन है। क्रिया से मिलन है। क्रिया द्वारा विसर्जन है क्रिया अनुभव का जगत है। क्रिया अनुमान में नहीं आता। क्रिया में मान लिया नहीं जाता। क्रिया में साक्षात्कार है। अनुभवों से गुजरना है। क्रिया में किसी का साक्षी नहीं। क्रिया में कोई और लक्ष्य नहीं। इसलिये तपस्या एक कठिन कार्य है। योग बिना क्रिया के नहीं होता।

शरीर का योग भी जरूरी है। मन का तप भी जरूरी है। प्राणों का योग भी जरूरी है। पर इन सब के साथ चिपक कर रह जाना और जीवन को केवल भोग तक ही समेट लेना योग नहीं है। तभी तो आज का हर सन्त साधक योगी प्रतीक्षा करता रह जाता है क्योंकि समाधिष्ट गुरु प्राप्त नहीं होता। जिस गुरु ने सातों शरीरों को समाधिष्ट नहीं किया हो सातों शरीर को अलग–अलग करके उनके साथ एकाकार करते हुए उन शरीरों के सत्य का अनुभव नहीं किया हो तब तक सद्, चिद्, आनन्दमय होना संभव नहीं।

योग मात्र चिकित्सा नहीं है। एक स्वस्थ शरीर को चिकित्सा की जरूरत नहीं होती है। योग द्वारा चिकित्सा तो हो सकती है। पर योग तो एक विज्ञान है। योग सृष्टि की स्वाभाविकता है। योग की प्रक्रिया है सृष्टि में, योग के सृजन का माध्यम है। योग के बिना निर्माण भी नहीं है। योग के बिना विनाश भी नहीं है। योग ही संयोग बनाता है योग ही वियोग देता है।

प्रेम में भी योग है। भक्ति में भी योग है। नफरत में भी योग है। मृत्यु में भी योग है क्योंकि योग में दो तत्वों का सामंजस्य है। योग में दो पदार्थों का मिलन है योग में दो क्रियाओं का प्रभाव है। योग संघात भी है। योग में आघात भी है। जब कभी भी योग घटता है तो उसका फल तुरन्त प्रकाश में आता है। योग अनुभव का विज्ञान है। योग प्रयोग का विज्ञान है।

प्रेम में आकर्षण है – जो दो दिलों को मिलाता है। यह मिलन ही योग है और आकर्षण भी योग है। भक्ति में समर्पण है विश्वास में भी समर्पण है। योग ऐसा योग बनाता है कि परमात्मा का दर्शन हो जाता है।

ईश्वर की सर्वव्यापकता सार्थक है। सत्य है। इसे अनुभव करने के लिये भी योग है। भक्ति का योग है। विश्वास का योग है। समर्पण का योग है। चिन्तन का योग है। क्रिया का योग है। ज्ञान का योग है। केवल कह देने से ही उसकी सर्वव्यापकता का अनुभव नहीं हो सकता पर इनमें से किसी भी योग को कसे से सत्य अनुभव से गुजर जाना होता है।

यह शरीर है। यह व्यवहार करने का आदी है। इस शरीर के हर व्यवहार में योग हैं हर क्रिया में योग हैं तुम मनुष्य हो। तुम्हारे पास मानस शक्ति है। बुद्धि शक्ति है। परन्तु तुम चाहो कि मन शक्ति और बुद्धि शक्ति से ईश्वर को पा लो तो यह संभव नही है। पर जब मन का योग करोगे मन का संकल्प करोगे मन को योगी बनाओगे तो सत्य को साक्षात्कार संभव है। प्रेम सहज मार्ग है। प्रेम के सामने शक्ति दुर्बल हो जाती है। यशोदा के प्रेम के सामने श्री कृष्ण हमेशा कमजोर हो जाते हैं। हर बालक के प्रेम के सामने हर माता का बल कमजोर हो जाता है।

तुम भी प्रेम करो, योग करो। परमात्मा प्रेम योग के सामने कमजोर हो जाता है। खूब प्रेम बढ़ाओ तभी तो वह आएगा उस प्रेम में पूर्ण निष्काम योग होना चहिये। तुम अनेकों शरीरों का कवच ओढ़े हो। इन सभी को धर्म का कवच पहनओ। धर्म लक्ष्य की ओर ले जाता है जो जीवन का लक्ष्य होता है। धर्म का लक्ष्य संसार नहीं और जीवन का लक्ष्य भी संसार नहीं। जब तक तुम शरीर का धर्म निभाओगे तब तक प्रकृति तुम्हें संसार की ओर ही ले जाएगी।

जब तुम जीवन के लक्ष्य की ओर यात्रा करोगे तो आठों प्रकृतियां स्वभाव बनकर साथ देगी। आठो प्रकृतियों से मुक्त होना जरूरी है। अष्ट प्रकृति ने ही संसार और संसार कीं माया का निर्माण किया है। इन सभी तत्वों से मुक्ति के लिये वियोग की यात्रा करनी पड़ेगी।

यह योग तो है पर जोड़ का योग नहीं है। यह सृष्टि का योग नहीं है। यह अलगाव का योग है। तुम सब प्राण का वायु का योग करते हो, जो जीवन का कारण है, जो प्राकृतिक है जो स्वाभाविक है जो पहले से हो रहा है जो जीवन का सहयोगी है। उस पर प्राणायाम करने से क्या मिलेगा थोड़ा और जी लोगे, तुम्हारे जीने में थोड़ा और सहयोग मिल जाएगा। कुछ उम्र लम्बी कर लोगे, परन्तु तम न निज का साक्षात्कार कर पाओगे और न परमात्मा का। परमात्मा की सर्वव्यापकता का सम्बन्ध तो प्राण से है। प्राण भी सर्वव्यापक है। प्राण का लेना देना भी स्वभाव है। इसमें खास कोई बात नहीं है। चाहे तुम सारे जीवन प्राणायाम करो तुम्हें मिलेगा कुछ नहीं क्योंकि तुम वही कर रहे हो जो तुम्हें बनाए रखने के लिये प्रकृति कर रही है। बस तुम जीना चाहते हो कुछ और अधिक दिनों तक।

तुम्हारा योग जीवन के जीने का विज्ञान बन कर रह गया है। तुम्हारे द्वारा किया गया आसन प्राणायाम का योग शरीर को आरोग्य बनाए रखने का योग है। इस योग में कौन–सा विज्ञान छिपा है वह तुम्हें नहीं मिल पा रहा है।

पश्चिम जगत के लोगों की सम्यता से साधुवाद निकल गया है। सन्त होना समाप्त हो गया है अब कोई वहां सन्त नहीं होता। संत वहां दो हजार साल पहले होते थे। वहां की पहाड़ियों और गुफाओं में सिद्ध सन्तों की भरमार थी। अब वहां फादर होते हैं, नन होती हैं, पोप होते हैं पर सन्त नहीं, वहां की पहाड़ियाँ आज सन्तों और तपस्वियों की प्रतीक्षा में है। उसी तरह से तुम्हारे योग विज्ञान में भी वह विज्ञान आलोप हो गया है जो तुम्हें परमात्मा से मिला दे। तुम धारणा भी करते हो ध्यान भी करते हो। पर तुम्हारा लक्ष्य मिलता नहीं। सिद्धों का आत्म साक्षात्कारियों का ईश्वर प्राप्त करने वालों को दर्शन दुलर्भ हो गया है। अब वह सिर्फ किताबों का ही विषय रह गया है।

तुम लोग काफी योग, धारणा, ध्यान करते आ रहे हो। अब तो तुम्हारा योग भोग का योग हो गया है। यह इतनी लंबी यात्रा कर चुका है कि पूरा विश्व ही योग कर रहा है। ध्यान कर रहा है। पर दोनों के करने में लक्ष्य विहीनता है। योग एक साधन बनकर रह गया है, शरीर को भोगमय बनाने के लिये। ध्यान तनाव से मुक्ति का साधन बनकर रह गया हैं संसार भौतिकता के प्रभाव में ज्यादा है। शरीर का उपयोग संसार के सुखों को पाने के लिये किया जाता हैं मन का चिन्तन भी सांसारिक भोगों में ही रहता है। शारीरिक बल, मानसिक ताकत दोनों मनुष्य जीवन की शक्तियाँ यूं ही बर्बाद हो जाती हैं। और अन्त तक मानव को कुछ नहीं मिलता। मनुष्य हाथ मलते रह जाता है। मन प्रायश्चित करता रह जाता है और दोनों लोक बिगड़ जाते हैं। इस लोक के साथ–साथ उस लोक तक जाने के संस्कार और प्रारब्ध भी कमजोर कर देते हैं। न यहां शान्ति मिलती है और न ही वहां तक जाने के संस्कार ही अच्छे बन पाते हैं। व्यक्ति समझ नहीं पाया। योगी बना। योग भी किया। सन्त बना – साधना भी की – साधक बना उपासना भी की। पर जो कुछ भी किया वह संसार के भोगों को अपवर्ग बनाने के लिये किया।

वह अपने शरीर को ही नहीं समझ पाया। अपनी जीवन यात्रा का अर्थ ही नहीं लगा पाया। वह सोच ही नहीं पाया कि वह पृथ्वी पर बार–बार क्यों आ रहा है – जा रहा है। ज्यादातर लोगों को पता ही नहीं कि जीवन रूपी यात्रा का यह घर कैसा है। यह मन्दिर क्यों इतना अद्भुत बना हुआ है।

वह सत् चिद् आनन्द की खोज में तो रहा यह भी जानता रहा कि यह सत्, चिद्, आनन्द ईश्वर से परिपूर्ण है पर वह यह नहीं जान पाया कि यह मनुष्यों के द्वारा प्राप्त है। अनुभवगत है। यह इस पंचभूत से निर्मित मन्दिर में ही प्राप्त है इस संसारक में और कहीं भी नहीं। चाहे वह ईश्वर सर्वव्यापक सर्वत्र है पर मानव को इस शिवालय में प्राप्त है। जितना भी योग किया वह सब इस देवालय का उपयोग करने के लिये, ध्यान भी किया तो स्वयं को भगवान बना दिया या फिर उसका गुरु भगवान बन गया।

यद्यपि संसार महत्वपूर्ण है पर यह अपूर्ण है। अगर ईश्वर के होने की संभावना नकार दिया जाये तो। ईश्वर अंश यह जीवात्मा भी अपूर्ण रह जायेगा। ईश्वर विहीन यात्रा के बिना हर यात्री अपनी यात्रा को पूर्ण करना चाहता है। यह यात्री श्रम कर रहा है। ज्यादातर श्रम संसार और शरीर के लिये। इस श्रम रूपी तपस्या का फल उसे मिलता है। पर निराशा ही हाथ लगती है क्योंकि यह सब उपार्जित फल सुख को उपलब्ध नहीं करा पाता।

आज का योग और ध्यान संसार की ओर ले जाता है क्योंकि इस योग में संसार का भोग ही इच्छित है। आज के योग में मन्थन नहीं है आज के ध्यान में स्वावलम्बन नहीं है। जिस योग में सभी शरीरों को अलग कर जानने समझने और अनुभव कर त्याग देने का साधन नहीं है। त्याग और आगे बढ़ जाने का साधन नहीं है तब तक योग परम पराकाष्ठा की ओर नहीं ले जा सकता।

योग एक विज्ञान है। संसार शरीर, मन, बुद्धि अहंकार आ संतुलन बनाकर पूर्ण बनकर जीने का योग भौतिक रसायन, अंक गणित का भी विज्ञान है। बिना तत्वों के योग का कोई भी प्रयोग नहीं है, कोई भी फल नहीं है। योग सृष्टि का भी विज्ञान है। प्रेम योग है। प्रेम ही कारण है। हम सब की उत्पत्ति का। पति–पत्नी का मिलन भी योग है। खाना भी

योग–यज्ञ है। यज्ञ आदि कर्म भी योग हैं। सूर्य की किरणों की भूमि से आकर योग बनाना भी योग है। वर्षा की हर बूँद पृथ्वी में योग बनाकर यज्ञ कर रही है। बादल का हर टुकड़ा आपस में टकराकर योग बना रहा है। शब्दों की अभिव्यक्ति में योग की ही सक्रियता है। यह सब प्रकृति का योग है।

प्राणों का पूरक रेचक भी योग है, यज्ञ है। शरीर को बैठाना – उठाना भी योग है। पृथ्वी और आकाश का गुरुत्वाकर्षण सक्रिय होकर योग कर रहा है।

फिर आप सब जो योग कर रहे हैं वह कौन–सा योग है, आप देख सकते हैं कि जो भी आसन आप कर रहे हैं, वह आपका स्वाभाविक कर्म नहीं है, शायद रहे होंगे आपके पूर्व जन्मों से संबंधित ये सब आसन। सभी आसन किसी–न–किसी पशु या पक्षी या पेड़ पौधों से उधार लिये गए हैं। इन आसनों को उनसे उधार क्यों लिया गया इस बात पर आप विचार क्यों नहीं करते।

प्रकृति ने आपको पूर्ण बनाया। स्वस्थ बनाया। निरोग पैदा किया। प्रकृति ने आपको बहुत कुछ दिया। मानव तन, मानव मन, मानव बुद्धि। यह सब पशुओं को नहीं मिला जो पशु का स्वाभाविक गुण है वह सब आसन के रूप में आपके लिये उपलब्ध है। वह एक आसन का विज्ञान बन गया है। आप सबकी शरीरिक सुन्दरता बढ़ाने के लिये या पशुओं की तरह भोगी बनकर जीने के लिये। आखिर इसको करने की क्या जरूरत पड़ गई कभी आपने सोचा है।

आप सब तो मनुष्य हैं पर पशु की नकल क्यों कर रहे हैं। कहीं आपने अपनी मनुष्यता को खो तो नहीं दिया है। जो आपको होना चाहिये वह कहीं आपसे दूर तो नहीं हो गया है।

आपको पुनः मनुष्य होने के लिये आपको ये आसन उपलब्ध कराए गए हैं क्योंकि आपने केवल शरीर के भोगों को समझा है आपने शरीर का उपयोग करना ही सीखा है। मनुष्य के कर्मो को नहीं जाना है। मनुष्य से देवत्व की ओर जाने का प्रयास नहीं किया। जीवन ऊर्जा शरीरिक भोगों में कमजोर हो गई। शरीर रोगी हो गया मन रोगी हो गया। अब आपको स्वस्थ होना है। स्वस्थ शरीर स्वस्थ मन ही धारण कर सकता है। ध्यान की ओर बढ़ सकता है। ध्यान मनुष्य का धर्म है। ध्यान पूर्णता की ओर यात्रा कराता है।

पर ध्यान लग जाना आसान नहीं है। ध्यान में ठहर जाने के लिये ऊर्जाओं को शान्त होना पड़ेगा मन को शान्त होना पड़ेगा। आप ऊर्जाओं के समूह हैं। जीवन एक ऊर्जा है शरीर भी ऊर्जा है और शरीर अनेक हैं हर शरीर का अपना–अपना एक केन्द्र है। यह शरीर अपने आप में एक मेकेनिज्म है। एक पूर्ण विज्ञान है। इस शरीर रूपी प्रयोगशाला में प्रवेश करने से पहले आपको इसके जानने की निपुणता प्राप्त करनी होगी।

मैं जिस प्रयोग को आपको देना चाहता हूँ वह संघात या आघात का विज्ञान नहीं है। यह एक योग का विज्ञान तो है पर इसमें जोड़ नहीं है और न ही इसके योग से किसी तीसरी शक्ति के निर्माण का विज्ञान है। यह सिद्धियों को त्याग देने का विज्ञान है। यह योग एक ऐसे प्रयोग का विज्ञान है जिसे अलगाव का विज्ञान कहा जा सकता है। या सेपरेशन का विज्ञान है इसे साईन्स ऑफ डिफ्यूजन कहा जा सकता है। यह फिजन–फ्यूजन का विज्ञान नहीं है। यह योग का विज्ञान प्राण का ही माध्यम लेता है। इस विज्ञान में ज्ञानशक्ति, इच्छाशक्ति और क्रियाशक्ति तीनों का प्रयोग है। यह संकल्प शक्ति को केन्द्र बनाकर काम करता है। यह अपने आप में संकल्पित योग है, जो समाधि की ओर ले जाता है।

यह मृत्यु का भी विज्ञान है। इसमें इस पंचभूत अष्टधा प्रकृति के हर तत्व को अलग करना होता है। अलग करके उसकी क्षमता का, बोध का, प्रभुता का, संपूर्ण अनुभव कर उसे जड़ बनाना पड़ता है। उस जड़ की चेतना के साथ यात्रा कर आगे बढ़ जाना पड़ता है। यह अकेले की यात्रा है। यह किसी को साथ लेकर नहीं चलता है। इसमें कृपा या आशीर्वाद केवल दरवाजे तक ही काम में आता है। इसमें किसी की पूजा नहीं होती। यह निज की यात्रा है। यह अपनी यात्रा है। यह स्वयं से मिलने की यात्रा है। इसमें सारे व्यक्तित्व टूट जाते हैं। सारी अष्टधा प्रकृतियाँ पीछे रह जाती हैं। सभी अष्ट प्रकृतियों को समाधि देनी पड़ती है। सभी को जिस अवस्था में चाहे रखकर अपनी निजबोध की यात्रा से निकलना पड़ता है। वहां निजलोक ही प्रभु लोक की यात्रा कर सकता है। वह प्रभुमय हो सकता है। वह ब्रह्ममय हो सकता है। वह आत्मीय समाधि है। जहां तक अष्टप्रकृतियों की बात है। वहां तक तत्वों के साथ एकाकार करके उन पांचों तंत्वों की समाधि है। उन पांचों तत्वों की समाधि के बाद मन की समाधि है। सभी तत्वों से निर्मित शरीरों को समाधिष्ट करने के बाद मनकी समाधि है। मन एक ऐसा अद्भुत वैज्ञानिक है जो कभी स्थिर

बैठता नहीं। मन बड़ा प्रभुता सम्पन्न व्यक्तित्व है। मन एक ऐसा अणु है। जो अन्तस और बाहर दोनों से सम्बन्धित है। वह व्यक्तित्व का पोषक भी है और अस्मिता का कर्म क्षेत्र भी।

मन के अनेक आयाम है। मन एक बहुआयामी केन्द्र है। अनन्त आयामों से जुड़ा है। यह मन का शरीर मनुष्य की पहचान भी है। मन को समाधि देना जरूरी होता है। और मन को समाधि में ले जाना इतना आसान नहीं जितना कि पंचभूतों से निर्मित शरीर का। मन ही मनुष्य की पहचान है। मन को खोना भी नहीं है। मन को अधिकार भी देना नहीं है। मन को यह समझाना है कि तुम एक माध्यम हो। तुम एक नौकर हो। तुम्हें ड्यूटी पर लगाया गया है। तुम्हें इस काम को, इन इन्द्रियों की व्यवस्था हो चलाना है। तुम मालिक नहीं हो।

जिस तरह से सात शरीर है। उसी तरह से सात चक्र भी है। और मन की अपनी मुख्य सात अवस्थाएं हैं। जाग्रत, स्वप्न, निद्रा ये तीनों मन की बाहरी अवस्थाएं हैं। इन तीनों का केन्द्र सुषुप्ति है। तीनों इसी सुषुप्ति में जाकर विश्राम करते हैं। विश्राम में समाधि है और मन नित्य समाधि में जाकर डुबकी लगाता है और बाहर आकर पुनः सक्रिय हो जाता है। मन की यह नित्य समाधि स्वाभाविकता बन गई है। यह अमृत रूपी कुण्ड में समाधि लगाता है। अमृत को पीकर लौट आता है। सारी शरीरिक, मानसिक थकावट को छोड़ आता है। इसलिये मन मनुष्य से शक्तिशाली बन गया है। मन एक निपुण वैज्ञानिक है। यह मन जब बुद्धि के साथ मिल जाता है। तो दुर्लभ वैज्ञानिक बन जाता है और यह मन जब काम के साथ मिल जाता है तो यह काम शक्ति बन जाता है।

मन को जिसके साथ एकाग्र कर दो – वह उस दुनिया का वह उस क्षेत्र का बादशाह बन जाता है। आज मन हर मानव रूपी जीव यात्री का बादशाह बना हुआ है। मन को शायद ही लोग समझ पाते हों। जिन लोगों ने मन को समझा है, उन लोगों ने मन को भी समाधि दे दी और मन से आगे निकल गए बुद्ध, महावीर, शंकर, जीसस आदि लोगों ने मन को समाधि दी, बुद्धि को समाधि दी, अस्मिता को समाधि दी स्वयं को अलग किया तब जाकर स्वयं को देखा।

आज लाखों करोड़ों साधक थककर जीवन से समझौता कर रहे हैं। भक्ति योग, ज्ञान योग, कर्म योग, क्रिया योग, सहज योग, ध्यान योग आदि करते–करते वे लोग थक गए। किसी भी सीढ़ी को वे पार नहीं

कर पाए तो उन्होंने जीने के लिये समझौता कर लिया। कुछ लोग तो स्वयं भगवान बन गए। कुछ लोग गुरु बनकर भगवान कहलाने लगे। ये सभी लोग मन की अवस्था से जुड़ गए, मन के अहंकार से जुड़ गए। अपने समय की गई तपस्या के फल को अहंकार के रूप में भोगने लगे। स्वयं तो मूर्ख बने ही लाखों करोड़ों लोगों को भी मूर्ख बनाने लगे। अधर्म, असत्य को सत्य बनाकर धर्म बनाकर स्थापित कर दिया। और झूठ ही सत्य बनकर स्थापित होकर मान्यताओं से जुड़ गया।

वह अधर्म का कर्म धर्म कहलाने लगा। इसमें कहीं भी ईश्वर नहीं है। साक्षात्कार नहीं है। निजबोध नहीं है। केवल एक झूठा दिलासा, एक अंधविश्वास समर्पण की चादर ओढ़कर एक व्यवसाय बन गया।

बुद्ध ने नहीं कहा था मुझे भगवान बनाना। उन्होंने तो ईश्वर से जुड़े प्रश्नों को बहुत दूर रखा था। महावीर ने कभी नहीं कहा था मेरी पूजा करो और न ही शंकर, जीसस, मुहम्मद, कबीर, एवम् नानक आदि लोगों ने ही कहा था। उन लोगों ने तो चैतन्य की प्रभुता को, ब्रह्ममय होने की महिमा को शिखर तक पहुंचाया था। पर उनके अनुयायियों को धन्यवाद दीजिये कि उन लोगों ने उन्हें स्थापित कर भगवान बना दिया। दुनियां में उन्हीं लोगों के मठ मन्दिर, मूर्तियां सबसे ज्यादा स्थापित हैं जिन्होंने अपने आपको भगवान नहीं कहा। वे महान् थें, वे निजबोध के पथिक थे, उन्होंने सत्य को जाना था। उन्होंने सभी शरीर को समाधिष्ट किया था। उन्होंने मन को समाधि दी, आत्ममय हो गए तथा ब्रह्म को जाना।

परन्तु लोगों ने उन्हें ही अन्तिम लक्ष्य बनाकर सारे साहित्य की रचना कर डाली। ईश्वरत्व खत्म हो गया। चेतनत्व छिप गया। प्रकाश देने वाला प्रकाश की चादर से ढक गया। शरीर पूजा जाने लगा – व्यक्तित्व पूजा जाने लगा। शरीर पर धारण होने लगी। व्यक्ति पर एकाग्रता करना सिखाया जाने लगा। आत्मा व्यक्तित्व की पहचान में ढक गया। फिर साक्षात्कार कहां से होगा।

शास्त्र तो कहता है, गोपिकाओं की तरह निष्काम हो जाओ और आज के भगवान कहते है सकाम बन जाओ। एक बहुत बड़ा खाली स्थान बन गया है। एक बहुत बड़ी खाई खोदी गई है। नकली भगवान अवतार ले चुके हैं जहां झूठी आशा के सिवाय कुछ नहीं मिलता।

बुद्ध ने तो अनेकों बुद्धत्व पैदा किये। महावीर ने भी अनेकों लोगों को सत्य दर्शाया। शंकर ने अनेकों लोगों को आत्मबोध की यात्रा करवाई और

आज के गुरु रामकृष्ण परमहंस के अवतार तो बन गए हैं। साईं के अवतार तो बन गए है। कृष्ण और शिव के अवतार तो बन गए हैं। पर उन्हें एक भी व्यक्ति ऐसा नहीं मिला जिसे वे आत्मबोध के मार्ग पर डाल सकें।

ये आज के सभी भगवान, सभी योगी, सभी अवतार, सभी सन्त, कथाकार धनवान बनने की होड़ में लगे हुए हैं। सभी के सभी व्यापारी बन गए हैं। व्यापार के लिये प्रचार व्यवस्था को सुदृढ़ बनाए हुए हैं। सभी की प्रचार व्यवस्था एक दूसरे को पीछे छोड़ना चाहती हैं।

रजनीश यह कहते हुए गुजर गए कि मुझे भगवान मत बनाना। संन्यास का एक नया पथ कायम करते–करते स्वयं मृत्यु की पकड़ में आ गए। उनके ज्ञान का भण्डार खाली हो गया। उनकी शारीरिक यात्रा लुप्त हो गई। पर उनके अनुयायी अभी भी उन्हें भगवान बनाने के प्रयास में लगे हुए हैं। उनके संन्यासी अनुयायी भोग को ही योग समाधि में लगाये हुए हैं। रजनीश क्या कह गए क्या कहना चाहते थे। लोगों ने समझा ही नहीं। ज्यादातर लोगों ने नकली साक्षात्कार की चादर ओढ़ ली और स्वयं को रियालाईज्ड घोषित कर जीने लगे। फ्रीडम या लिबरेशन का अर्थ उनके अनुयायियों ने स्वतन्त्र कर रिलेक्स को ले लिया। किसी के साथ सम्बन्ध स्थापित कर रिलेक्स हो जाने को ही नया संन्यास और शान्ति का मार्ग समझ लिया।

आश्रम एक मानसिक तनावों, शरीरिक तनावों से मुक्त होने की प्रयोगशाला बनकर रह गया। जो इतनी ऊंची ज्ञान की गंगा बहा ले गया उसके अनुयायी एक व्यवसायी बन कर रह गए और अपने आप को बुद्धिजीवी समझने लगे। हजारों नीओ संन्यासियों को दुविधा में जीते देख रहा हूं। न वे घर के होते हैं न घाट के। झूठे स्वाभिमान के साथ जी रहे है।

मैं तो कहता हूँ कि उनके लोगों ने रजनीश को समझा ही नहीं। उसके भीतर झांककर देखा ही नहीं। एक विस्फोट एक आन्दोलन क्या कहना चाहता है। क्यों उसने इतना साफ–साफ कहा – क्यों उसने बुर्के में दिये चेहरों को बेनकाब करना चाहा। क्यों उसने बादलों से ढके सूर्य को प्रकाशित करना चाहा था पर लिबरेशन ओर सेलिब्रेशन का गलत अर्थ लेकर लोगों ने उसकी आशाओं पर पानी फेर दिया।

इंग्लैड में, जापान में, जर्मनी में मैं जब हजारों लड़के–लड़कियों, बुद्धिजीवियों और नीओ संन्यासियों को जीवन जीते देखता हूँ कि इन्हें

बदलना चाहिये। इन्होंने लिबरेशन का अर्थ गलत ले लिया है। इन्हें निज को लिबरेट करना चाहिये। इन्हें भोग के लिबरेशन की छूट नहीं दी गई है बल्कि सेल्फ को लिबरेट करने के लिये कहा गया है। ये शरीर से ऊपर नहीं उठ पा रहे हैं। ये मन और अन्य इन्द्रियों से ऊपर नहीं उठ पा रहे हैं।

इसलिये मैं आपको सावधान करना चाहता हूँ व्यक्ति पूजा से, व्यक्तित्व के प्रभाव में आने से।

योग एक विज्ञान है। योग जोड़ नहीं है। यह सब तो प्रकृति का योग है। अगर आप ऐसा ही करेंगे जो प्रकृति कर रही है तो आप प्रकृति को समझ नहीं पाएंगे। आप के मन के विज्ञान ने प्रकृति को परखा है। जाना है, प्रयोग किया है तभी तो आप का विज्ञान इतना आगे है। ज्ञान परख है इच्छा जागृति है। क्रिया प्रयोग है और इन सब के पीछे भाव है संकल्प है। संकल्प का धनी व्यक्ति है। वह वैज्ञानिक बन सकता है।

हृदय में प्रेम है करुणा है यह हृदय का विज्ञान है, इच्छाओं की प्रगाढ़ता नहीं हृदय में जो कुछ होता है। वह घटता है वह कल्पना पर आश्रित नहीं वह सत्य है कभी न टूटने वाला।

मन का विज्ञान हमेशा परिवर्तन का विज्ञान है मन के साथ अगर बुद्धि हो जाये तो संसार के विकास का मार्ग खुल जाता है और अगर हृदय के साथ बुद्धि हो जाये तो प्रेम का शान्ति का आनन्द का सागर लहरा जाता है।

योग शरीर का विज्ञान है। योग मन का विज्ञान है। योग हृदय का विज्ञान है। योग आत्मा का विज्ञान है। योग प्राण का विज्ञान है। इन सबके साथ एकाकार होने का मार्ग है प्राण। प्राण संसार का जीवनदाता है। प्राण ईश्वर नहीं है। प्राण एक ऊर्जा है। प्राण–विहीन जगत जड़ है।

इसलिये योग में शरीर आधार है। शरीर साधन है। प्राण एक ऐसा साधन है। ऐसा स्रोत है जो संसार को जोड़ता भी है। और तोड़ता भी है। प्राण अनेक हैं प्राण उठना–बैठना है। प्राण जीवन है। प्राण पर जो प्रयोग करना जान गया, उसने जीवन को जीत लिया। प्राण का जो उपयोग करना जान गया उसने अपने आप को लिबरेट कर लिया, प्राण ही बन्धन देता है और प्राण की मुक्ति दिलाता है।

इसलिये जो मैं ज्ञान शक्ति, इच्छा शक्ति और क्रिया शक्ति की बात कर रहा हूँ उन सबकी गति के पीछे प्राण है। मैं साईन्स ऑफ डिफ्यूजन

का योग लेकर आया हूँ। मैं जीवन रूपी नदी का सहारा लेकर मात्र जीना नहीं चाहता, मैं तो आप लोगों को समुद्र जैसा विशाल बनाना चाहता हूँ। आप सब इस स्वाभाविक आश्रय को यूं ही रहने दें। वह तो अपना कर्म करता रहेगा। आप सब लोग मृत्यु से प्रेम करने के लिये – मृत्यु रूपी मार्ग से चलो तो जो परिवर्तन का मार्ग है जो बदलाव का मार्ग है।

मैं प्राण का नहीं मैं जीवन का नहीं, मैं तो अपान से अपनी यात्रा प्रारंभ करता हूँ। मैं मृत्यु को साक्षी बनाकर मृत्यु द्वार से अपनी लिबरेशन की यात्रा प्रारंभ करता हूँ और इसके लिये आप सबको मेरे साथ चलना होगा। जहां से आपका और हमारा बनना प्रारंभ हुआ था। मैं उस बनने की बात नहीं कर रहा हूं जिससे हमारे जीवन की यात्रा प्रारंभ हुई थी। वह तो लाखों करोड़ो वर्ष की दूरी हम सबने बनाई है। मैं तो इस यात्रा की बात कर रहा हूँ जो हम सबको उपलब्ध है। यह शरीर जो अवतरित हुआ है। यह डिसेन्ड हुआ है। इसके हर तत्व ने अति सूक्ष्म से सूक्ष्म तक और सूक्ष्म से भौतिक तक की यात्रा की है। वह हर पदार्थ में समाया हुआ है।

अणु–अणु में विभिन्न ऊर्जाएं समाहित हैं। यह शरीर तो अनेकों अणुओं के समूह से बना है। हर अणु का अपना अस्तित्व है। अपना गुरुत्व है। हर अणु अपने आप में महान् हैं। हर अणु अपना प्रभाव डाल रहा है। तभी तो शरीर के हर तत्व को देवी–देवता कहा गया है। हर देवी–देवता का अपना–अपना गुण है। इस शरीर को पीठ भी कहा गया है। अर्थात् शक्ति–पीठ। अनेकों पीठ हैं इस शरीर में और हर शक्ति पीठ का अपना–अपना केन्द्र है। हर केन्द्र अपना लोक बनाकर इस शरीर में निवास करता है। हर लोक में विभिन्न जीवाणु है। हर लोक में जीवाणु अपने आपको सुसज्जित कर अपना काम करते हैं। इसलिये इस शरीर को लघु ब्रह्माण्ड कहा गया है। अर्थात् पिण्ड ब्रह्माण्ड।

बाहर विशाल ब्रह्माण्ड है। इस वृहद् ब्रह्माण्ड का ऐसा कोई भी अंश नहीं जिसका सूक्ष्मतम स्थान इस शरीर ब्रह्माण्ड में नहीं हो और इस अन्तरिक्ष जगत की ऐसी कोई गतिविधि नहीं जिसकी रिपोर्ट इस मिनि यूनिवर्स में न हो। इसलिये इस बाह्य जगत की प्रभुता–संपन्नता का प्रभाव जानना हो तो पहले अपने शरीर रूपी ब्राह्मण को जानना होगा। यह दुर्लभ जगत इस शरीर के अन्दर ही छिपा हुआ है। सबका रचयिता इसे बनाकर इसी में बैठा है। जहां से इस शान्ति का सृजन हुआ है – वह इसी में है।

आनन्द का सृजन–स्थल इसी पिण्ड देह में है। वहां तक पहुंचने के लिये मात्र आसन–प्राणायाम से काम नहीं चलेगा। तत्वों पर स्थानों पर मात्र धारण करने काम नहीं चलेगा। वहां तक जाने के लिये शरीर को समझना होगा। मन की बाह्य गति – मन की अन्तर्गति को जानना होगा। मन में दिशा परिवर्तन करना होगा। मन की सुषुप्ति को तुरीयातीत बनाना होगा। तुरीयातीत से समाधि प्रारंभ होती है। तुरीयातीत से मन का अन्तस लोक खुलता है। मन की प्रज्ञा का लोक–दिव्य ज्ञान–विज्ञान का लोक और प्रज्ञा के बाद अति सूक्ष्म महाज्ञान की ऋतम्भरा का लोक आता है। जो भूमा से अर्थात् मन की प्रकृति से मिलाता है अस्मिता से मिलाता है। जहां मन नहीं होगा, मन ही वसुन्धरा होती है। इसी तरह से शरीर के मूल की यात्रा करनी होती है।

परिधि और केन्द्र की भाषा अलग–अलग है। सत्य अपनी जगह पर है। जो कुछ भी उसकी परिक्रमा कर रहा है उन सबका निमित्त भी सत्य ही है। सत्य के सिवाय कुछ नहीं हैं पर सत्य से उप्पन्न यह जगत है। जिसे मिथ्या कहा जाता हैं पर यह मिथ्या नहीं है क्योंकि इसमें सत्य समाया हुआ है।

अगर कोई कहता है कि मैं ही था राम–कृष्ण परमहंस, मैं ही था कबीर, मैं ही था समर्थ गुरु रामदास, तो यह समझ लो कि वह कुछ कहना चाहता है। वह पहले भी आया था। आज भी आया है और बाद में भी आएगा। पर जैसे आज वह अपने आपको नहीं जान पाया, वैसे कल भी नहीं जान पाएगा। आज समय ने उसका परिचय दिया है। उसके मन में रामकृष्ण बनने की इच्छा रही होगी। वह नहीं बन पाया तो उसने कह दिया। उसके मन में कबीर, रामदास बनने की इच्छा कभी रही होगी पर नहीं बन पाया इसलिये उसने कह दिया। केवल कह देने से तो होगा नही। पर यह टेढ़ी भाषा है, न समझ में आने वाली भाषा है। रामकृष्ण परमहंस ने तो नहीं कहा था कि वे पहले क्या थे और अब क्या होंगे। वे चले गए। उनको यह सब जानने की चाह नहीं थी। समर्थ गुरु रामदास को यह चाह नहीं थी। कबीर को चाह नहीं थी पर उस व्यक्ति को चाह थी यह सब मन की साईकिल दुनिया है।

तुम सब देख सकते हो – सभी राम भक्त कृष्ण भक्त प्रतीक्षा कर रहे हैं प्रभु के आने की। बौद्ध भिक्षु बुद्ध की प्रतीक्षा कर रहे हैं। हो सकता

है वे अनेकों बार आ चुके हों पर कोई पहचान नहीं पाया हो। यह तो जरूरी नहीं वे रामकृष्ण बनकर ही आएं या राम बनकर आएं या कृष्ण बनकर आएं वे तो किसी भी रूप में आ सकते हैं।

शिरडी के साईं, सत्य साईं बनकर आए ऐसा कहने से कोई फर्क नहीं पड़ता क्योंकि एक अपना काम पूरा करके चला गया उसे फिर से नहीं आना है वह विश्वातीत बन गया। वह ईश्वर से एकाकार हो गया वह पुनः व्यक्ति नहीं बन सकता। वह सब कुछ बन सकता है पर व्यक्ति नहीं बन सकता। व्यक्ति बनकर वह कार्य नहीं कर सकता क्योंकि वह कर्मों से ऊपर उठ गया है। वह शरीर के भागों से ऊपर उठ गया है – वह शब्द के फांस से बाहर आ गया है। पर कहने वाला जरूर खो जाता है। सम्मोहित हो जाता है, उसका जीवन उसका अपना नहीं होता, वह किसी और का जीवन जीता है। इसीलिये कभी–कभी वह घबरा जाता है। उसकी अस्मिता विद्रोह कर बैठती है। उसका मैं पन जाग जाता है वह उसका मैं पन की चादन को फेंक देना चाहता हैं पर वह ऐसा नहीं कर सकता क्योंकि वह परवश है। पराधीन है।

भला आत्मा को दूसरे की आत्मा की क्या जरूरत है। हर आत्मा अपने आप में महान् है। हर आत्मा में गुरूत्व और ईश्वरत्व हैं फिर वह उधार का जीवन कैसे जीएगा। यही बात देवरहवा बाबा के मरने के बाद हुई। महानता लोगों के मन को कमजारे बना देती है। दिव्य बनने की भूख जाग जाती है। भला पैदा हुए व्यक्ति में पुनः दूसरी आत्मा कैसे समा सकती है। वह भी आत्म तत्व को प्राप्त हुआ व्यक्ति एक उपलब्ध आत्मा जो अपनी जिन्दगी छोड़ आई है।

लोग सम्मोहन का जीवन जीते हैं। साईकिल हो जाते हैं। साईकिल मन का शरीर है। मन का शरीर बड़ा ताकतवर होता हैं जैसा होना चाहोगे वैसा ही व्यवहार होने लगेगा। पर यह कितना बड़ा मजाक है – महान् उपलब्ध आत्मओं का। वे लोग आत्म बोधि हैं। अवतार नहीं राम का, कृष्ण की तरह। उन्होंने तप से अपने आपको पाक किया है। तप से अपने आप को निष्काम बनाया है। अपने आपको को मुक्त किया है। एक तरफ तो उन्हें लोग मुक्त कहते हैं और दूसरी तरफ उन महान पुरुषों के नाम को आत्मा को पाखण्ड का नाटक का एक भाग बना देते हैं। और जगत उन्हीं की पूजा करता है – उपासना करता है लाखों–लाखों

लोगों को मैंने उनके पीछे भागते हुए देखा है क्योंकि वे कुछ करना नहीं चाहते बस यूं ही पाना चाहते हैं।

इसलिये मैंने कहा परिधि और केन्द्र अलग–अलग हैं उनका रहन–सहन उनकी भाषा अलग है। तुम्हें रूकना नहीं है। जब एक बार तुम स्वयं को जान गए तो दूसरों के बारे में क्या विचार करना। जब तक तुम अपने आपको नहीं जानते तब तक दूसरों के विषय में कहते रहोगे सोचते रहोगे। जिसने जान लिया वह बुद्ध है, महीवर है, कबीर है, शंकर है। क्या कभी बुद्ध ने महावीर की चर्चा की। क्या कभी महीवर ने राम की, कृष्ण की, बुद्ध की चर्चा की। क्योंकि जान जाने के बाद भेद खत्म हो जाता है। दूरी खत्म हो जाती है। जो नहीं जानता वही दूसरे को डण्डा बनाकर चलता है। ये डण्डे के सहारे चल रहे हैं। इनका अपना कुछ नहीं है यह खो चुके हैं।

और मैं तुम्हें तुमसे मिलाना चहता हूँ। पर तुम खोना मतं तुम मेरी नकल मत करना जो तुम हो वही सब कुछ है। वह तुम्हें तुम से मिलाएगा। पहले आओ वहां तक की यात्रा कर लो।

आओ तुम्हें जमीन से प्रारंभ करवाएं। तुम तो नित्य चलते हो जमीन पर। भूमि में गुरुत्वाकर्षण है। जमीन में चुम्बकत्व है, कोशिश है। तुम्हारा चलना–फिरना धूमना सब इस जमीन के कारण है। तुम्हारे न चलते फिरने धूमने से भी यह गुरुत्वाकर्षण बना रहेगा। यह पहले भी था और तुम्हारे न रहने बाद भी रहेगा। पर सोच लो अगर गलत ढंग से चलोगे तो गिर जाओगे चोट लगेगी यह सब भी पृथ्वी के गुरुत्वाकर्षण के कारण ही होगा।

तुम कुछ भी नहीं कर सकते क्योंकि वहां कोई व्यक्ति नहीं है। वहां तो पृथ्वी का गुरुत्त्व है। यह गुरूत्व शक्ति का एक प्रवाह है। गुरुत्वाकर्षण भूमि की एक धारा है। वह सोच समझकर काम नहीं करती। यह उसका स्वभाव है। यह तुम्हें करना होगा। तुम्हें सोच समझकर चलना होगा। सोच समझ कर कार्य करना होगा।

यह शरीर तुम्हारा है। इस शरीर का अपना धर्म है। इस शरीर में गुरुत्वाकर्षण है। यह शरीर भूमि के समान है। इसके अपने गुण हैं। इसमें परमात्मा की शक्ति है और परमात्मा कोई सोच समझकर कार्य नहीं करता।

जल का अपना धर्म है। वह परमात्मा की देन है। जल जीवन है। जल में प्रवाह है जल सोच समझकर नहीं बहता। बहना उसका अपना धर्म है। जल का उपयोग करने – जल में उतरने स्नान करने में आपको सोचना और समझना होगा।

इसी तरह अग्नि का काम जलना है। वह सोच समझकर नहीं जलती है। इसको उपयोग करने में आपको समझना होगा।

ठीक ऐसा ही वायु की गति के साथ है। वायु बहता है जीवन देता है। आपको समझकर वायु का उपयोग करना होगा। ऐसा ही आकाश के गुरुत्वाकर्षण के साथ है। ये सब परमात्म शक्तियां हैं। ये परमात्मा नहीं है। परमात्मा कोई व्यक्ति नहीं है। परमात्मा तो सर्वत्र व्याप्त एक महान शक्ति है।

परमात्मा को प्रसन्न करना चाहते हो तो स्वयं अपने आपको प्रसन्न करना सीख जाओ। साधना करो अपने साथ जिसका अर्थ मिलेगा ध्यान करो अपने आप में उसका भी फल मिलेगा। जो कुछ भी तुम करते आ रहे हो। वह सब पूजा है। जो कुछ भी तुम करते आ रहे हो। वह प्रार्थना है। तुम आग्रह करते हो। तुम अपेक्षा करते हो। तुम निवेदन करते हो। तुम मांगते हो। यह आग्रह, अपेक्षा, निवेदन और मांगना किसी और से होता है। या तो परमात्मा को व्यक्ति समझकर मांगते हो अथवा व्यक्ति रूपी गुरु को भगवान समझकर मांगते हो फिर देवी–देवता की किसी मूर्ति के समक्ष खड़े होकर मांगते हो। ध्यान भी तुम किसी और के स्वरूप पर या चित्र पर या इमेज पर करते हों। इसलिये तुम खाली हाथ लौटते हो।

ध्यान में तो अपने साथ कुछ करना चाहिये। साधना में तो अपने साथ कुछ करना होता है कि जो जीवन रूपी नहीं है, वह सागर बन जाए। ध्यान–साधना का तात्पर्य यह है कि अपने आपको ऐसा बना लो कि आप धर्म के प्रतिकूल न जायें। प्रकृति के धर्म के प्रतिकूल परमात्म शक्तियों के धर्म के प्रतिकूल। जब ध्यान रूपी नदी का बहाव बहने लगे तो बीच में कोई और न हो। और न ही तुम बहाव के बीच में आओ। नहीं तो नदी का बहाव सब कुछ बहाकर ले जाएगा।

इसीलिये यहां जो कुछ भी है मैं बताने जा रहा हूँ। उसमें तुम महत्वपूर्ण हो। तुम विशेश हो और चेतना! तुम्हें सोच समझकर चलना होगा। क्योंकि इस शरीर की गतिविध पूर्व सुनियोजित है। स्वाभाविक है। इसमें हर तत्वों का अपना–अपना प्रभाव है। तुम लोगों को सबका

भेदन करना है। चेतना और श्रद्धा में तुम दोनों को माध्यम बनाकर सभी साधकों तक पहुंचना चाहता हूं। संसार के उन सभी साधकों को जो पूजा और ध्यान का अर्थ नहीं समझ पाए हैं, उन सभी को जो अभी तक साधना और प्रार्थना का अर्थ नहीं जान पाए हैं।

तुम लोग समझो हम मांगने के लिये नहीं पैदा हुए हैं। ध्यान में तुम लोगों को अपने साथ कुछ करना है। पर पूजा और प्रार्थना में औरों से कुछ कहना है। मांगना है। यह आश्रित है। किसी की कृपा पर किसी के आशीर्वाद पर। पूजा में प्रार्थना में किसी और को प्रसन्न करना है। ध्यान में और साधना में कोई और नहीं तुम लोग खुद हो, खुद में खोजना है। ढूंढ़ना है। उतरना है। यह तुम लोगों का शरीर है कई एक जन्मों के बाद यहां तक आया है। उस जन्म-जन्म की यात्रा में तुम लोगों बहुत कुछ किया है।

पिछले जन्मों की सब स्मृतियाँ इस जीवन में खोई हुई हैं। तुम लोगों को पता नहीं है, तुम लोगों ने साधनाएं की हैं, तपस्या की है। तभी तो आज यह चेतना सक्रिया है। वह साधना किस अवस्था में छुपी है तुम्हें पता नहीं। किन्तु तुम्हारे अन्दर वह स्मृति कहीं बैठी है – भले ही तुम लोग पूर्व का जीवन भूल गए हो – साधना भूल गए हो और नए मार्ग के पथिक बनकर यात्रा कर रहे हो – तो भी कोई फर्क नहीं पड़ता, वह साधना – वह जीवन जहां तुमने छोड़ा था, सब कुछ ठीक वैसा ही आज आप लोगों के साथ है। जब तुम लोग साधना में बैठोगे तो वह अचानक जागेगा, वह तुम्हें अकस्मात वहां ले जाएगा जहां तुम थे। इसलिये तुम्हें तैयार रहना है। मैं शरीरों के आगमन को समझाऊंगा और हर शरीर के साधने का उपाय बताऊंगा। इसे तुम लोगों को ठीक से समझना है – अनुभूति करनी है। इससे कभी भी खिलवाड़ मत करना। इसे कभी भी मुझ पर मत छोड़ देना।

तुम्हें साधक बनना है। तुम्हें स्वीकृति प्रदायक बनना है। तुम्हें पाने वाला बनना है क्योंकि शक्ति कभी अनायास उत्तर आएगी तो तुम्हें उसे स्वीकार करने और उसे झेलने की स्थिति रखनी होगी। तुम हमेशा तैयार रहोगे – तुम दोनों प्रतीक हो – हर साधक के – हर साधक को साधना के क्षणों में तैयार रहना है। साधना खेल नहीं है। साधना एक प्रयोग है, साधना में रासायनिक गतिविधियाँ हैं। साधना में विकिरण का प्रभाव है।

तुम मात्र शरीर नहीं हो। तुम्हारा सम्बन्ध मात्र बाहर के जगत से ही नहीं है। तुम एक व्यवस्था हो। तुम्हें इन व्यवस्थाओं से मुक्त होना है। इन व्यवस्थाओं में सोलर सिस्टम है। आरगेनिक रियेक्शन है। इस साधना में फ्यूजन है, फीजन है, इस साधना में उतार है, चढ़ाव है और जो इसका रचयिता है, उसका अपना शाश्वत नियम है। वह शाश्वत सत्य है। इस शाश्वत का नाम ही धर्म है। यह खोज का वह विज्ञान नहीं है। जिसे Invent कहते हैं। यह तो उस खोज के प्रयोग का विज्ञान है जिसे Discovery कहते हैं। इसमें ऐसा कुछ पाना नहीं है जो तत्वों के समावेश या योग विग्रह से बना हो, इसमें तो वह सब कुछ मिलेगा जो पहले से था।

बस साधना से उन दीवारों को तोड़ना है, नकाब को उठाना है। इसलिये तुम लोग तैयार हो जाओ Discover करना है। जिस पथ पर तुम लाखों वर्षों से यात्रा कर रहे हो, उसे अब अन्तर्मुख करना है, अब यात्रा आगे तक नहीं जाएगी – अब यात्रा में दिशा – परिवर्तन लाना है। अपनी ओर की यात्रा – Self - Discovery की यात्रा।

तुममें से कोई भी अपने आपको अयोग्य मत समझो। तुम सब पात्र हो तुम सबको पाने का अधिकार है। बस इतना फर्क समझ लो कि तुम्हें तैयारी ज्यादा करनी है। तुमने देर कर दी है। तुम्हारी स्मृतियाँ ज्यादा दबी हैं। तुम भावनाओं के शिकार हो गए हो। तुम्हारी भावकुता, भक्ति, प्रेम, श्रद्धा का दुरुपयोग हुआ है। तुम्हारे विश्वास का गलत उपयोग हुआ है। तुम्हारे साधक मन को पूजा और प्रार्थना में लगा दिया गया है।

तुम्हारे वैराग्य–चेतना को गलत ठिकाना बता दिया गया है। तुम्हारा लक्ष्य किसी व्यक्ति से जुड़ गया है अथवा तुम किसी शास्त्र के श्रोता बन गए हो। तुम्हारी ज्ञान रूपी इच्छा को दबा दिया गया है। तुमने समर्पण तो किया है पर किसी व्यक्ति के प्रति तुम्हारा समर्पण है। अब जब तुम इस प्रयोगशाला में प्रवेश कर गए हो तो डरो मत। यह सत्य तो घटेगा ही – यह शक्ति तो काम करेगा ही क्योंकि सत्य केवल यौग्य पात्र के साथ ही घटता है। साधना केवल योग्य पात्र ही करता है। अपात्र साधना नहीं करता है। अपात्र के साथ घटना नहीं घटती। तुम सब लोग अब पात्र बन गए हो क्योंकि तुम सब साधना में प्रवेश कर गए हो।

अब तुम सबको तैयार रहना चाहिये। यह जब घटेगा तो तुम सोच

भी नहीं सकते। इसके घटने की तुम प्रतीक्षा मत करना। इसके घटने के लिये समय का प्रतिबन्ध नहीं। यह कभी भी घट सकता है।

तुम सब जानते ही हो कि प्रकाश केवल आँख वालों को ही दिखाई देता है – नेत्रहीन को दिखाई नहीं देता – किन्तु अगर किसी नेत्रहीन का आँखों का इलाज करवाया जाये और ठीक होने के तुरंत बाद उसे सूर्य दिखाया जाये तो दुर्घटना अवश्यम्भावी है। सूर्य को देखने के लिये उसे कुछ प्रतीक्षा करनी होगी। उसके पहले ही वह सूर्य को देखने की कोशिश करेगा तो इसमें सूर्य का कोई दोष नहीं। उसी प्रकार अगर कुपात्र या अयोग्य साधक एकदम से पात्र बनने की कोशिश करे तो दुर्घटना होने का भय है – इसमें मेरा दोष नहीं होगा।

हर साधक को साधना की राह में प्रतीक्षा करनी होगी। किसी व्यक्ति को अनायास अपार धन मिल जाए तो दुर्घटना तो घटेगी ही। अनायास बहुत बड़ा सुख मिल जाये तो दुर्घटना घटेगी ही – उसमें उस सुख को झेलने की क्षमता होनी चाहिये। उस धन को भोगने की क्षमता होनी चाहिये। सुख भी धीरे–धीरे मिले तो अच्छा है – तैयारी भी होती रहेगी, आनन्द भी धीरे–धीरे मिलेगा। तुम्हारे अन्दर झेलने की क्षमता भी बहुत सी बातों पर अश्रित है।

तुम्हारे मस्तिष्क के स्नायु, तुम्हारे शरीर की क्षमता, तुम्हारे मन की क्षमता की एक सीमा है। जिस शक्ति की हम घटने की बात कर रहे हैं, वह असीम है। वह कुछ ऐसा है। जैसे किसी बून्द के ऊपर सागर ही गिर जाये तब उस बूंद का क्या होगा।

इसलिये आप सबको सब कुछ ठीक से समझ कर साधना में उतरना है। उस परम शक्ति के मार्ग पर अपने आप को लाना है। उसके अनुकूल अपने आपको बनाना है और उस अनुकूलता के पहले अपने आपमें सहन करने की क्षमता को उपार्जित करना है।

यह दो तरफ की साधना है। एक तरफ से दरवाजे को खोलना है। आँख ठीक रखनी है और दूसरी तरफ आँख ठीक हो जाये तो प्रतीक्षा करनी है और अपनी आँख को इतना योग्य बनाना है कि वह सूर्य के प्रकाश को देख सके।

तुम सब साधक हो। साधना पथ पर चल पड़े थे। अपने शरीर को एक आश्रय से मुक्त करना है अर्थात् मारना है। मृत्यु से गुजरना है और भीतर की ओर अन्तर्गमन करना है।

बाह्य प्रकाश से अर्न्तमुख – एक अनजान पथ की ओर यात्रा तुम्हें ही करनी है। वहाँ घना अन्धकार भी है और प्रकाश भी इतना है कि बाहर के हजारों सूर्य उसमें समा जायें। तुम्हें सात दरवाजों से गुजरना है। तुम्हें प्रत्येक शरीर का आनन्द लेना है और छोड़ना है। तुम्हें सब कुछ अपने ऊपर लेना है। तुम साधक हो – तुम्हें सारी जिम्मेदारियां अपने ऊपर लेनी हैं। साधक बनने का एक ही उद्देश्य है कि इस संसार में वह किसी भी बात के लिये किसी और को जिम्मेदार नहीं ठहराएगा। दुख आए तो भी स्वागत है – सुख आए तो भी स्वागत है। शान्ति और अशान्ति दोनों को अपना समझना है। अभी तक तुम सब कुछ दूसरों पर टालते आए हो तुमने भगवान को व्यक्ति बना दिया है। तुमने भाग्य को भी व्यक्ति बना दिया है। पर अब तुम्हें स्वयं उत्तरदायित्व लेना होगा। कोई घटना घट जाये तो भाग्य को नहीं कोसना होगा। भगवान को दोष नहीं देना होगा। अगर पैर टूट जाए तो गुरुत्वाकर्षण को दोष नहीं देना होगा। तुम्हें स्वयं जिम्मेदारी लेनी होगी।

अगर ऐसा कर सकोगे तो बाजी तुम्हारी है। सब कुछ कल्याणमय मंगलमय होकर तुम्हारा जीवन आनन्दमय बन जाएगा। जीवन को मंगलमय बनाने के लिये तुम लोग अपने शरीर को समझने का प्रयास करो।

आप सभी साधकों को मैं उस यात्रा में ले जाना चाहता हूँ जो अकेले की यात्रा है। इसमें कोई साथ नहीं जाएगा क्योंकि इसमें पूजा भी नहीं है और प्रार्थना भी नहीं है – जिसको कभी कुछ नहीं मिला – उसे क्या करना।

•••

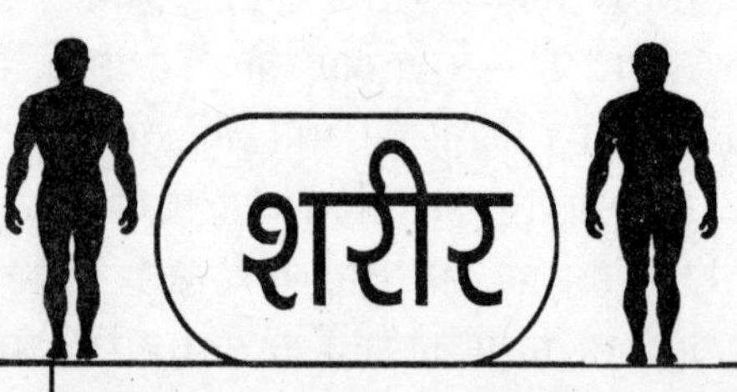

1. कारण तथा मानस शरीर
2. शरीर और इसकी अवस्था
3. मानस शरीर और कुण्डलिनी
4. आत्मा का शरीर

कारण तथा मानस शरीर

स्वयं के अलगाव के लिये, स्वयं के सेपरेशन के लिये–चेतना तुम लोगों को इस यात्रा में निकलना होगा। तुम लोगों का जो शरीर है, यह सात शरीरों में विभाजित है। यह व्यक्तित्व का बटवारा है। तुम्हारा केवल भौतिक शरीर ही नहीं बल्कि तुम लोगों का व्यक्तित्व ही अस्तित्व तक की यात्रा कराएगा।

ये जो सात शरीर हैं उसमें प्रथम शरीर को स्थूल शरीर कहते हैं। इसे भौतिक शरीर अर्थात् फिज़िकल बॉडी भी कहते हैं। इस भौतिक शरीर को सभी लोग जानते हैं। अब इसके बाद जो है – वह सूक्ष्म जगत है जिस पर यह भौतिक शरीर आश्रित है। दूसरे शरीर को सूक्ष्म शरीर कहा जाता है। यह इथरिक बॉडी अथवा आकाश शरीर है।

और जो तीसरा शरीर है वह इस सूक्ष्म शरीर के पीछे है जैसे कि भूतल, सुतल और पाताल है। अर्थात् भूः भुवः स्वः है। सूक्ष्म शरीर को एस्ट्रल बॉडी कहते हैं। तब जाकर चौथे शरीर का अस्तित्व आता है।

यह मन का शरीर है। मेन्टल बॉडी अर्थात् मानस देह। इन चारों शरीरों के अस्तित्व को समझते ही पांचवीं देह उपस्थित हो जाती है – आत्मिक देह अर्थात् स्पिरिचुअल बॉडी – आत्मा का शरीर।

छठा जो इस आत्मा का देह है – उसके पीछे वह ब्रह्म का शरीर है, कॉस्मिक बॉडी। और तब जाकर आता है सातवाँ देह का स्थान जो कॉस्मिक बॉडी के पीछे यह निर्वाण देह है। बॉडीलेस बॉडी – मुक्त देह। यह अन्तिम देह है।

चेतना! सतर्क होकर तुम लोग सुनो और समझ कर आगे बढ़ो। पहले मैं तुम्हें इन सातों देहों – सातों शरीरों के बारे में बताऊंगा। इसकी

यात्रा कराऊंगा – जो इस भूतल से प्रारम्भ होकर पूरे ब्रह्मांड से समन्वय स्थापित करता है। इसको जान लोगे तो माँ जगदम्बा से भेंट कराऊंगा अर्थात् कुण्डलिनी की ओर यात्रा कराऊंगा। यह देह ही सबका आश्रय है। देह के निर्माण में पूरा ब्रह्माण्ड समाया हुआ है। तुम लोगों का देह इतना सहज नहीं है – परमात्मा की दुर्लभ कृति है। यह एक अनमोल भेंट है उस परम वसुधा की। इसका कोई मोल नहीं।

यह भूः अर्थात् ग्रौस बॉडी है। **भुवः** – सबटल बॉडी। **स्वः** – कोसाल बॉडी। **महः** – ग्रेट बॉडी ऑफ इन्सिस्टेंस। **जनः** – बॉडी ऑफ नॉलेज – विस्डम है। **तपः** – बॉडी ऑफ लाईट है। इस **सत्यम्** शरीर को बॉडी ऑफ ट्रूथ कहा जाता है। इस शरीर में पूरा ब्रह्माण्ड समाया हुआ है। पृथ्वी से लेकर ब्रह्माण्ड की सारी गतिविधियाँ इसमें हैं। इसे निर्मित करने में माया ने उस परम सत्ता का पूरा योगदान लिया है क्योंकि उसे इस देह रूपी मन्दिर में ही रहना है। उसे पता है कि मानव मन एक दिन उसकी खोज में निकलेगा। यह चारों ओर खोजता हुआ एक दिन इस मठ में अवश्य प्रवेश करेगा। इसलिये इस मठ को इस मन्दिर को उसने सातों दरवाजों के बाद गर्भगृह ही बनाया है। उसमें उसने नौ प्रवेश द्वार दे रखे हैं मानव रूपी योगी जिस दरवाजे से प्रवेश करेगा उसे सात लोकों की यात्रा करनी होगी। इसमें नौ दरवाजे – सात परकोटे – सात लोक और सात सागर हैं। लाखों ही नहीं करोड़ों धमनियों के रूप में नदियाँ हैं – तीन महानदी है।

और यह जानकर तुम लोग आश्चर्य चकित हो जाओगे कि यह जो तुम्हारा भौतिक शरीर है इसके एक–एक करके जो आश्रय बने है। उन सबकी निर्माण अवधि भी सात–सात वर्ष ही है। यह सप्त शरीर पाँच कोष में बंटा है और पाँच कोष – तीन मुख्य शरीर को धारण किये हुए है। अन्नमय कोष जो भौतिक शरीर है – प्राणमय–मनोमय–विज्ञानमय यह सूक्ष्म शरीर है। कारण शरीर ने विज्ञानमय कोष में अपना कारण बनाया है। तब जाकर आत्मा का शरीर बना है। पर मैं जो बताने जा रहा हूँ अलग हटकर है।

यह जीवन कितना दुर्लभ है। यह तुम लोग जानते हो और वह कितना महान् होगा जिसने इसे बनाया है। पर ज्यादातर मानव इन सबसे अनभिज्ञ होकर अपना जीवन गंवा देता है। यह जो पहला भौतिक देह है, उसके निर्माण में सात वर्ष लग जाते हैं। यह एक ही भौतिक शरीर है। बाकी और जो शरीर है वे सब बीज रूप में हैं। अन्य शरीरों

के विकसित होने की संभावना बनी रहती है, लेकिन वे सब शरीर विकसित उपलब्ध नहीं होते।

तुम अपने बारे में सोचो – उस समय का जिसे तुम बचपन कहते हो। किस तरह से तुम थे – तुम क्या–क्या कर रहे थे। वह बचपन का जो समय था, सात वर्ष थे, वे अनुकरण के वर्ष थे, वह अनुकरण करने का जीवन था। जो कुछ भी हम लोगों ने उन सात वर्षो में किया वह सब अनुकरण – इमीटेशन – नकल का ही जीवन था। उन सात सालों में न बुद्धि होती है – न कोई भावना होती है और न ही कामनाओं का ही जन्म होता है। उन सात सालों में केवल भौतिक शरीर का ही विकास होता है।

बहुत से लोग केवल भौतिक शरीर ही बन कर रह जाते हैं। पशुओं की तरह जिनमें मन का, बुद्धि का, भावना का या किसी प्रकार की कामनाओं का विकास नहीं होता। आज की दुनिया तो पूर्ण रूप से विकसित है। बहुत आगे बढ़ चुकी है। जितनी जानकारी होती है उससे कहीं अधिक जानने की कोशिश की जाती है। आज कामनाओं का विकास अपनी सरहद को पार कर गया है। किन्तु बिना भौतिक शरीर के अन्य शरीर का भोग अपवर्ग सम्भव नहीं है। क्योंकि यह शरीर ही क्रियात्मक जगत का माध्यम है। संसार में यही व्यक्तित्व बनकर यात्रा करता है। इसके विकास के साथ–साथ और किसी का विकास नहीं है। इन सात वर्षो के शारीरिक विकास के बाद अगले सात वर्ष, भाव जगत के विकास का क्षेत्र है।

यह आकाश का शरीर है। यह ईथरिक बॉडी है। यौन की परिपक्वता इसी में होती है। मनुष्य की प्रौढ़ता का विकास। मनुष्य के लिये यह मनुष्य होने की पहचान की उम्र है। यह भावना प्रधान शरीर है। इस भाव शरीर के विकास में सात वर्ष लग जाते हैं। अर्थात् तब व्यक्ति चौदह वर्ष का हो जता है। जवानी का प्रवेश द्वार। भोग शरीर का अनुग्रह द्वार। सैक्स की मैच्योरिटी को प्राप्त करना। जहाँ प्रेम भोग निमन्त्रण देता है। जहाँ इन्द्रियाँ अपनी पहचान बना लेती है। जहां कामनाओं में जो काम है – हर कामना को दबाने लगता है।

अगर यहां कोई फिसल गया तो वह भोगी बनकर ही रह जाता है– वह काम का शरीर ही बनकर रह जाता है। वे लोग शरीर के विकास की यात्रा तो करते हैं पर भोग से ऊपर नहीं उठ पाते। उनका सब कुछ चौदह वर्ष का ही होकर रह जाता है। मैंने ऐसे बहुत से लड़के–लड़कियों

को देखा है जो केवल भोगमय जीवन ही बिताते हैं। अगर वे कुछ बनना भी चाहे तो उनकी कमजोरी उन्हें कमजोर बना देती है। न बुद्धि बढ़ पाती है और न ही मन उन्हें कहीं और ले जा पाता है। एक ऐसे पड़ाव पर उनका जीवन रुक जाता है जहाँ केवल भोग होता है।

इन चौदह वर्षों के बाद – तीसरे शरीर का विकास होना प्रारंभ हो जाता है। यह सूक्ष्म शरीर है – एस्ट्रल बॉडी। प्राण का प्रभाव जगत, मन का प्रभाव जगत और विज्ञान का प्रभाव जगत। यह चौदह वर्ष से इक्कीस वर्ष की यात्रा की अवधि का विकास खण्ड है। इसमें तर्क–विचार और बुद्धि की ज्योति जलती है। यह व्यावहारिक ज्ञान और अन्तस के ज्ञान की केन्द्र स्थली है। यह मन के विज्ञान का केन्द्र है। यहां भावनाओं से ऊपर उठकर, अनुभव करने का, जानने का, प्रयोग का, विज्ञान का शरीर निर्माण होता है। यह शरीर लाखों वर्षों की यात्रा के संस्कार लेकर आता है। मनुष्य के अनेकों जन्मों के प्रारब्ध और स्मृतियाँ यहीं आकर प्रभावित होती है।

सात वर्ष के बालक को दुनियां का कोई भी न्यायालय सजा नहीं दे सकता क्योंकि उसके पास उस समय सिवाय शरीर के कुछ नहीं होता। वह मात्र भौतिक शरीर का मालिक होता है। वह एक बालक ही कहलाया जाता है। उसे किसी बात के लिये जिम्मेवार नहीं ठहराया जा सकता। उसके साथ पशु के सामन ही न्याय किया जाता है क्योंकि सात वर्ष की उम्र तक बच्चा केवल नकल से ही करता है। अगर उसने कोई उपराध भी किया होगा तो किसी का अनुकरण ही किया होगा।

आज के अबोध बालक ज्यादा चालाकी से नकल करने लगे हैं, अपराध करने लगे हैं क्योंकि टेलीविजन – आज की शिक्षा का माध्यम उनके अनुकरण का विषय बन गया है। हर माता–पिता को इसका ख्याल रखना होगा। विशेषकर माँ को ज्यादा ख्याल करना होगा जब शिशु माँ के गर्भ में होता है तब शिशु का निर्माण होना प्रारंभ हो जाता है। माँ को उस वक्त – हर काम में, हर साहित्य पढ़ने में, टेलीविजन देखने में ध्यान रखना होगा – क्योंकि बच्चा नकल करेगा – उसमें सब कुछ मेमोराईज्ड होता जाएगा। स्मृति बनी रहेगी। कहीं वह ऐसी नकल न करे जो उसे अपराधी बना दे।

सात वर्षों तक बालक का माता–पिता को ध्यान रखना चाहिये। उसके सामने ऐसा कार्यक्रम हो जो उसे महान् बना दे जो उसके जीवन का उद्देश्य बन जाये जो उसका भाग्य बना दे।

सात वर्ष से चौदह वर्ष तक जो होगा उसमें बालक भी जिम्मेदार है। इस आयु में भावनाओं का विकास होता है। स्पर्श की अनुभूतियां जागती हैं। स्पंदन का महत्व समझ में आता है। यह उम्र संभावित जीवन का पुल बनाती है। एक पौधा वृक्ष बनने की तैयारी में लग जाता है। माता–पिता को ध्यान रखना होगा। क्योंकि मात्र भौतिक शरीर के बाद सभी शरीर बीजमय होते हैं। उनके विकास में परिवर्तन हो सकता है। उनके विकास में किसी का भी योगदान शीघ्र प्रभावशाली हो सकता है। कोई भोगी महिला या पुरुष, बच्चों के विकास में अपना य़ोगदान दे सकते हैं। ऐसा देखा गया है कि कुछ गलत प्रकृति के लोग यौन विकास में बच्चों के साथ व्यवहार कर देते है जो जीवन भर के लिये बच्चों के लिये अभिशाप बन जाता है।

चौदह वर्ष के बाद तीसरे शरीर का निर्माण प्रारंभ हो जाता है। इसमें विचारों का वृक्षारोपण होता है। इसमें तर्क और बुद्धि का विकास होता है। इसके पहले जो कुछ भी प्राप्त हुआ जीवन यात्रा में वह सब यौवन की प्रौढ़ता है। प्रकृति अपना काम यहाँ तक ही करती है। यहाँ तक प्रकृति का प्रभाव ज्यादा है। स्वाभाविकता का नेचुरलिटी का। पहले शरीर के निर्माण में प्रकृति का स्वभाव का योगदान होता है। दूसरे शरीर के विकास में भी प्रकृति की सक्रियता ज्यादा महत्वपूर्ण है।

न प्रथम शरीर के विकास में मनुष्य बनने का अवसर है न दूसरे शरीर के विकास होने तक कोई मनुष्य बन पाता है।

यह तो एक आधार बनता है। विकास मार्ग के क्षेत्र में जीवन को मनुष्य का परिचय देने का आधार। यह सब केन्द्रों के क्षेत्रों का विकास है जिसमें खेती की जा सके या प्रकृति मनुष्य को संसार के लिये छोड़ सके। यहाँ तक की यात्रा में प्रकृति का योगदान है। क्षेत्र बन चुके है। इन क्षेत्रों के बनने में माता–पिता की थोड़ी भी असावधानी पुत्र–पुत्रियों के शरीर के निर्माण में जीवन भर की कमजोरी ला देता है।

तीसरा शरीर विचार – तर्क–बुद्धि का है। तीसरा शरीर प्राण के विज्ञान का है। यह अन्तय की ओर भी भाग सकता है और संसार की ओर भी। यहां आकर संस्कार अपना प्रभाव डालते हैं। यहां आकर कई जन्मों से छोड़े प्रारब्ध भागे बनकर खड़े हो जाते हैं। यहां आकर विचार दौड़ने लगते हैं। यह अपना काम पूरे प्रभाव के साथ करने लगता है। तर्क एक समझ का रूप ले लेता है। "मैं" जाग जाता है। अहम् अपनी

पहचान बनाने लगता है। बुद्धि पूर्ण विकसित होने लगती है। शिक्षा – संस्कृति – सभ्यता जो भी हमें सिखाई जाती है – पढ़ाई जाती है – बचपन में से ही – वह यहाँ आकर फल देने लगते हैं। इसलिये संसार के सभी देश 18 वर्ष या 21 वर्ष आयु के होने पर ही मताधिकार देते हैं।

बहुत से लड़के–लड़कियों में ज्ञान कम उम्र में ही विकसित हो जाता है। किसी–किसी में ज्ञान देर से प्रखरित होता है। बहुत सी लड़कियों का मासिक धर्म 13–14 वर्ष में प्रारंभ हो जाता है लेकिन अमेरिका – इंग्लैड या अन्य देशों में अब यह 11 वर्ष की उम्र में ही प्रारंभ होने लगा है। मन के विकास की तीव्रता इसका कारण है। जो प्रकृति किसी काम को 13–14 वर्ष में पूरा करवाना चाहती है, मनुष्य की सामाजिक – वैज्ञानिक व्यवस्था उसे जल्दी करवाने की भावना विकसित कर देती है। इसलिये मनुष्य के शरीर के विकास में बहुत से मनुष्य सात वर्ष पर रूक गए। बहुत से लोग 14 वर्ष पर आकर रूक गए और बहुत से लोग 21 वर्ष पर आकर रूक जाते हैं। वे बुद्धिमान बन कर रूक जाते हैं – वे फिलॉस्फर बन कर रूक जाते हैं, वे वैज्ञानिक बनकर रह जाते हैं। उनसे बाकी सब अछूता रह जाता है। जो जहाँ रूक जाता है। वह मरते दम तक वहीं रह जाता है। क्योंकि प्रकृति हाथ खींच लेती है। तीसरे शरीर पर ठहर जाने वाले से के मन का विकास पूर्ण रूप से नहीं हो पाता।

मन जो है उसका शरीर चौथा शरीर है। मानस शरीर अर्थात् साईकिल बॉडी। यह एक अद्भुत शरीर है। चौथा शरीर अनुभवों की दुनिया है। जिस तरह से कोई व्यक्ति गणित का आनन्द लेना चाहता है – पर उसकी बुद्धि का विकास न हुआ तो वह उसका आनन्द कैसे ले सकता है। बुद्धि का विकास होना ही विज्ञान का आनन्द है। मानस शरीर हर किसी को उसके विषयों में निपुणता देकर आनन्द की ओर ले जाता है।

गणितज्ञ को भी, कार्य लेखक को भी – वीणा वादक को भी – संगीत को भी – और आइंस्टीन जैसे वैज्ञानिक को भी। अब आप लोगों को तीन शरीर का विकास समझ में आ गया होगा।

अगर नहीं समझ में आया है तो आईये मैं आपको इसके बारे में कुछ और समझाता हूँ जब तक आप इन शरीरों को अच्छी तरह समझ नहीं लेगे तब तक आगे बढ़ना बेकार है क्योंकि वह आगे का भी आपको समझ में नहीं आएगा। तब शक्ति का जगाना बड़ा कठिन कार्य हो जाएगा। कुण्डलिनी आप सब की प्रतीक्षा कर रही है – महामाया के रूप में।

पहले उसके द्वारा निर्मित इस माया को समझ लें। क्योंकि यह उसके प्रभाव से विकसित हो रहा है। यह शरीर पूर्ण वृक्ष बन रहा है – फल देने के लिये। हर शरीर की अपनी–अपनी अस्मिता है – पहचान है – महत्व है। हर शरी का अपना–अपना आयाम है। यह बहु आयामी है। शरीर को विकसित होने पर ये अनेकों आयामों को खोलते हैं। अगर आप लोग हर मिलने–जुलने वाले व्यक्तित्व का अवलोकन करेंगे तो आप सबको यह सब समझ में आ जाएगा। जो मैं कहने जा रहा हूँ – वह सब एक पहचान है – प्रयोग है – स्वाभाविक है – वह सब अपना प्रभाव छोड़ गया है। ऐसे लोग मिलते रहे हैं।

यह सब जानकर आप सबको भी आगे बढ़ना होगा। यह गुण विशेष आप लोगों पर भी लागू हो चुका है। आप लोग भी ठहर चुके हो। शक्ति तभी जाग्रत हो सकती है जब आप ऊपर उठते चले जाओगे – स्वयं को सभी शरीरों की दशाओं से मुक्त कर पाओगे।

आप लोगों में बहुत से लोगों को खाने–पीने की बहुत रुचि है। बड़ा आनन्द आता है भोजन में, लगता है जीवन का सत्य ही खाना–पीना है– इसका अर्थ है भाव शरीर का विकास न होना। अर्थात् भावना प्रधान जीवन ने आपकी जीवन धारा में अपनी जड़ नहीं जमायी है। आप लोग सात वर्ष पर ही रुक गए है। आप लोगों का धर्म–कर्म–संस्कृति सब कुछ खाना, पीना ही है। आप लोगों के जीवन का लक्ष्य जीभ के अतिरिक्त और कुछ नहीं है। अगर ऐसा है तो भावना को विकसित कीजिये – क्योंकि भावना में विकसित होने की क्षमता है।

अब आप लोग उन लोगों की तरफ देखिये, जो भोगी कौम के हैं, जो दूसरे शरीर पर आकर ही ठहर गए हैं – जो यौन को केन्द्र बनाकर जीते हैं। आप देखेंगे उसका शयन कक्ष, आदि सारा मकान – उसके बात करने का ढंग – उसकी कविता–पत्र–संगीत–फिल्म–चलना–फिरना, उसके द्वारा लिये गये चित्र, उसकी गाडियां सबमें किसी–न–किसी रूप में यौन ही अभिमुख होगा, सब कुछ वासना से प्रेरित होगा।

वह व्यक्ति ठहर गया है, दूसरे शरीर पर – उसे तीसरे शरीर की ओर जाना चहिये – नहीं तो वह जीवन को जाने बिना ही मर जाएगा। उसे मनुष्य बनने में देर हो जाएगी। क्योंकि दूसरा जीवन तो पशु का जीवन है।

अब आप लोग आगे बढ़िये। उस संस्कृति सभ्यता की ओर जो

बौद्धिक चिन्तन और विचार से भरा है। आप लोगों ने देखा होगा जब कभी भी जिस प्रकार के शरीर से प्रभावित व्यक्ति समाज में प्रभावशाली रहा होगा – वैसी ही सभ्यता के चिह्न देश भर में मिलेंगे।

जिस सभ्यता में बौद्धिकता का चिन्तन होगा वह अवश्य ही तीसरे शरीर पर ठहरा हुआ व्यक्ति होगा। यह क्रान्तिकारी परिवर्तन लाने वाला तीसरा शरीर है। इस शरीर से प्रभावित व्यक्ति द्वारा सम्पादित संस्कृति की देन है। समाज के जीवन प्रवाह में एक महत्वपूर्ण योग का समय रहा होगा।

आप लोग देख सकते हैं जब बुद्ध और महावीर बिहार में पैदा हुए तो बिहार कहाँ था – शिक्षा और संस्कृति का वह विश्व का केन्द्र था। उन लोगों के साथ–साथ उस वक्त उस विहार भूमि पर तीसरे शरीर से प्रभावित एक बड़ा समूह रहा होगा। जब शंकराचार्य – भारतभूमि पर उतरे थे। उस वक्त भारत में आई क्रान्ति को देखें। उनके साथ लाखों – करोड़ों लोग तीसरी क्षमता से प्रभावित – साथ–साथ चल पड़े। रामानुजाचार्य, वल्लभाचार्य, निम्बकाचार्य, गोरखनाथ, कबीर, तुलसी, नानक जैसे लोगों के समय को देखें। मूसा, जीसस, मुहम्मद, सुकरात, प्लेटो, कन्फ्यूशियस लाओसे का काल और उन भूमियों को देखें। सुकरात और प्लेटो के समय का यूनान देखें। कन्फ्यूशियस और लाओत्से के समय का चीन देखें। पूरे विश्व की संस्कृति से प्रभावित पुरुषों को देखेंगे तो पाएंगे कि वे सभी तीसरे शरीर से प्रभावित व्यक्ति है।

कभी–कभी कोई जन्म सिद्ध संस्कार लेकर आता है जिनकी शरीरिक विकास से गणना नहीं की जा सकती।

अब तो आप लोगों ने तीनो शरीरों से जुड़ी जीवन धाराओं को सहजता से समझ लिया होगा।

आईये अब हम चौथे शरीर की ओर यात्रा करत हैं। यह शरीर बड़ा महत्त्वपूर्ण है। अभी तक तो मानव के किसी–न–किसी विशेष गुण का विकास था – शरीर के साथ किसी एक गुण का विकास। पर यह मन का शरीर है। मन से युक्त मानव मनुष्य रूप में जाना जाता है।

जहां मन नहीं है वहाँ मनुष्य होना संभव नहीं। यह मन का शरीर जितना महान् है, जितना उपयोगी है उतना ही खतरे से भी मरा हुआ है। यह मन मनुष्य को कुछ बना देता है, वह देवता भी बना देता है और पागल भी। यह मन अतीन्द्रिय बनकर अद्भुत खेल खेलता है। यह

सम्मोहन से जुड़ा है। टेलीपैथी इसी की कला है। जादू टोना आदि सब कुछ मन का संसार ही है।

यह साईकिल दुनिया का मालिक है। यह दूसरे की गतिविधियों को जान लेता है। यह दूसरे के विचारों को पढ़ लेता है। यह बिना माध्यम के, बिना समय के, बिना आश्रय के बिना बाधा के कहीं भी आ जा सकता है। यह किसी से भी मिल सकता है। इसके लिये सीमा का बन्धन नहीं। समय की भी कोई रूकावट नहीं, बिना कुछ बोले यह अपने विचार व्यक्त कर सकता है। यह दूसरे में सहज में ही प्रवेश कर जाता हैं यह सत्य नारायण को सत्य साई बना सकता है। यह किसी भी बालक को हेड़िया खान बना सकता है। यह किसी भी लड़की को संतोषी माँ बना सकता है। यह साईकिल मन है। यह स्त्री से पुरुष के शब्द बुलवा सकता है। यह पुरुष में स्त्री की भाषा बोल सकता है। यह नर–नारी को नपुंसक बना सकता है। यह किसी को भी अपना शिकार बनाकर भूत–प्रेत जिन्न की भाषा में बोल सकता है, यह किसी में भी प्रवेश कर उसे देवी–देवता बना सकता है। यह किसी को भी अपाहिज बना सकता है।

क्योंकि यह चौथा शरीर है। मन का शरीर, साईकिल बॉडी – साईकिल पॉवर। इसके पहले फिजिकल बॉडी थी, सेक्सीचुअल बॉडी थी – एस्ट्रेल बॉडी थी। यह साईकिल बॉडी है। मन का शरीर। यह मानसिक शरीर किसी में भी प्रवेश कर, उसको पूरा सम्मोहित कर, उसका बीज बन जाता है। उसका जीवन बन जाता है। यह शरीर के रहते भी शरीर से बाहर यात्रा कर सकता है। शरीर के बाहर घूम सकता है। यह किसी को भी अपने आप से अलग कर, अलग रूप से जान सकता है। एहसास करा सकता है।

इस मानस शरीर की बड़ी–बड़ी संभावनाएं हैं जो ज्यादातर मान विकसित नहीं कर पाता। यह साईकिल बॉडी है। यह सत्य से परे – झूठे संसार का निर्माण करता है। इस शरीर में अनन्त संभावनाए है। यह मल्टी डाईमेन्शनल मन का शरीर है। इसमें बहुत ही प्रयोग है। पर उन प्रयोगों में खतरा भी ज्यादा है और इसमें मिथ्यापन की ज्यादा संभावनाएं हैं। क्योंकि इसमें सब कुछ सूक्ष्म प्रभाव में घटता है। यह सूक्ष्म जगत में सक्रिय है। यह शरीर होते हुए भी शरीर विहीन है। यह सूक्ष्म शरीर है, सीमाओं से परे है। इसकी पकड़ के प्रयोग में सूक्ष्मता है। इस सूक्ष्मता

की यात्रा में वस्तुएं जितनी ही सूक्ष्म होती जाएंगी उतना ही उनके मिथ्या (False) होने की संभावनाए ज्यादा होंगी।

एक व्यक्ति अपने शरीर से बाहर गया नहीं कि यह साबित करना आम व्यक्ति के वश की बात नहीं है यह एक भावना भी हो सकती है – यह सपना भी हो सकता है और यह सत्य भी हो सकता है। इसमें सब कुछ हो सकता है। पर यह औरों का विषय या प्रामाणिकता नहीं है। इसमें स्वयं का महत्व है। इसमें धोखा ज्यादा है। धोखा होने का सन्देह ज्यादा है और सत्य घटने का क्रम। यह मन धोखे में डाल देता है।

इस शरीर की जब दुनिया प्रारंभ होती है तब यह आत्मा से शुरू होती है – यह आत्मपरक है जिसे सब्जेक्टिव कहते हैं। इसके पूर्व की दुनिया। वस्तु से जुड़ी वस्तुपरक है अर्थात् ऑब्जेक्टिव्ह है। अगर मेरे हाथ में कोई वस्तु है तो उसे सभी लोग देख सकते हैं। मैं भी देख सकता हूँ – आप लोग भी देख सकते हैं – यह सामान्य सत्य है। देखा हुआ सत्य है – समझ की बात है – यह एक कॉमन रियलिटी है। जिसमें हम सब लोग सहभागी हैं। जिसे देखा, परखा या जांचा जा सके।

लेकिन जब प्रश्न आता है मेरे विचारों की दुनिया का, तब यह संभव नहीं। आप लोग किसी के विचारों की दुनियां के सहभागी नहीं हो सकते। विचार से निजी दुनिया प्रारम्भ होती है और जहां से निजी दुनिया प्रारम्भ होती है वहां से खतरा भी शुरू होता है। क्योंकि किसी वस्तु की किसी चीज की – किसी पदार्थ की सच्चाई के बाहर के सारे नियम साधना खत्म हो जाते हैं। इसलिये खतरा चौथे शरीर से प्रारंभ होता है। धोखा अर्थात् डिसेप्शन का जगत साईकिल बॉडी से शुरू होता है। इसके पहले के सभी धोखे पकड़े जा सकते हैं क्योंकि उन्हें जाना जा सकता है। स्पर्श किया जा सकता है। सच्चाई परखी जा सकती है। पर चौथे शरीर से प्रारंभ जगत की प्रामाणिकता आम जगत का विषय नहीं रह जाता। यह कॉन नहीं है। यह निजी है। पूरी तरह से निजी।

जो कुछ भी चौथे शरीर में होता है यह जरूरी नहीं है कि उसे सब कुछ पता हो – उसके द्वारा भी अनजाने में हो जाता है। इसलिये इस शरीर में बहुत कुछ है पर खतरे भी हैं। वह खुद से भी मजाक कर लेता है और दूसरों से भी। उसे सब कुछ पता नहीं है। इसका कारण है। सूक्ष्मता। वहां पर जो हो रहा है वह इतना सूक्ष्म है। इतना व्यक्तिगत है कि वह खुद स्वयं को जांच नहीं सकता। वह साईकिल बॉडी स्वयं की

परवाह नहीं कर सकता है। वहां से जो कुछ भी हो रहा है वह मात्र कल्पना है। वह सचमुच में घट रहा है।

संसार और शरीर की जितनी भी सिद्धियों की रिद्धियों की प्राप्ति है, वह सबकुछ इस चौथे शरीर की देन है। योग द्वारा जितनी भी उपलब्धियाँ हैं सिद्धियों की वह सब इस शरीर की देन हैं इसलिये हमेशा योगियों को सावधान किया जाता है कि सिद्धियों की ओर मत जाना। शास्त्रों ने, उच्च कोटि के योगियों ने हमेशा चौथे शरीर के प्रभाव में जाने को वर्जित बताया है क्योंकि वहां पर जाकर निकलना मुश्किल हो जाता है। इस चौथे शरीर में प्रवेश कर सिद्धियों का भण्डार तो खुल जाता है पर भटक जाने की बड़ी सम्भावनाएं होती हैं।

सिद्धियों से ऊपर उठ जाने की बात की जाती है। सिद्धियों में ठहर जाने की बात नहीं है। यह मन का संसार है। मन का साईकिल वर्ल्ड है। बहुत ही कम लोग इससे निकल पाते हैं। क्योंकि यह सत्य और मिथ्या के चक्रव्यूह में डाल देता है। सिद्धियों को प्राप्त कर लेने के बाद और आगे की सम्भावनाओं के प्रति यह सशक्ति कर देता है।

आध्यात्मिक सफलताओं में बाधक यह चौथा शरीर है। यह आगे नहीं जाने देता क्योंकि संसार के संपूर्ण सुख–मोह–माया–कंचन–कामिनी से जुड़ा स्वर्ग सा आनन्द और सपनों का पूरा संसार ही इस चौथे शरीर की देन है। सिद्धियां और स्वप्न में दर्शन – ज्यादातर साधकों सन्तों का विराम स्थली बन जाता है, सिद्धियों के प्रभाव में आकर ज्यादातर साधक ठहर जाते हैं – और ठहर गए हैं। साक्षात्कार उनकी प्रतीक्षा में है पर वे साईकिल बॉडी के जंजाल में फंस गए हैं। न वे उसे छोड़ सकते हैं और न ही उनसे बाहर निकलकर आत्म शरीर की ओर यात्रा कर सकते हैं। वह मिथ्या अभिमान में खो गए हैं। मिथ्या भावात्मक अवतार बन कर रह गए हैं। मन के शरीर में रहकर निज बोध से दूर हो गए हैं।

ज्यादातर अच्छे साधु–सन्तों–सिद्धों के अवतार बनकर जीने वाले को घर यह चौथा शरीर ही है, साईकिल बॉडी। कलियुग के अवतार–सन्त महात्माओं के अवतार देवी देवताओं के अवतार सभी इसी साईकिल बॉडी के प्रभाव में आकर ठहर गए हैं, वे जानते हैं कि वे अवतार नहीं हैं, सत्य नहीं है, परन्तु यह चौथा शरीर है जिसका प्रभाव जिसका प्रभाव मिथ्या को सच कहकर समझा देता है और वे पुनः उसी प्रकार से जीने के लिये मजबूर हो जाते हैं। उनका आत्म शरीर उन्हें खींचता है। पर

मनोवैज्ञानिकता – साईकिल बॉडी ने उन्हें दबा रखा है। वह उन्हें डबल व्यक्तित्व का बना देता है। एक काल्पनिक है जो सही नहीं है और एक सही है जो भागने का प्रयास करता है।

यह एक प्रयोग पर आश्रित है जो घट रहा है – सोच नहीं है – कल्पना नहीं है – स्वप्न नहीं है। वह चौथे शरीर का निजीपन है। वह सब कुछ छोड़कर निज यात्रा में जाना चाहता है। एक कल्पना – स्वप्न – भावानात्मक शिकंजे में उलझा हुआ है – फाल्स व्यक्तित्व की चादर को ओढ रखा है – वह ऐसा करते–करते वैसा ही हो गया है और वैसा ही समझ रहा है। पर वह जानता है कि वे वैसा ही समझ रहा है। पर वह जानता है कि वह वैसा नहीं है – परन्तु इसके बावजूद भी वह बाहर नहीं आ पाता।

यह मन का अद्भूत संसार है। मैं मन के कुछ आयामों को आपके सामने रखता हूं – जिसने ज्यादातर संसार की अवस्थाओं से जुड़कर आपको संसारी बना रखा है। इस चौथे शरीर में जो मनस शक्तियां हैं वे बाहर से भी जुड़ी हुई हैं अर्थात् उन तीन शरीरों से जो मानस शरीर का आश्रय लेकर कार्य कर रही है – वह भौतिक शरीर है जो भौतिक है – उसमें बीज बनने की क्षमता नहीं है और दूसरा भाव शरीर जो सूक्ष्म है और **बीज** रूप है जिसमें विकसित होने की संभावनाएं हैं और एक बुद्धि का शरीर जो संस्कृति और सभ्यता की प्रभाव छोड़ जाता है वह भी सूक्ष्म है और बीज रूप है पर इन तीनों मे मानस शरीर का प्रभाव है – यह इनके साथ – चेतन – जाग्रत – स्वप्न और निद्रा के रूप में समाहित है। यह मानस निज से और आगे – अन्य शरीरों तक भी जाता है पर समर्पण करके। यह चौथा शरीर है – इसके प्रभाव से विज्ञान भी डरता है – इसके प्रभाव से आध्यात्मिक शक्तियां भी डरती हैं क्योंकि इस चौथे शरीर में बहुत कुछ अद्भुत करने की क्षमता है। इस चौथे शरीर में बहुत सी गुप्त बातों को जानने की क्षमता है।

मैंने पहले कहा कि गांवों में टोटके होते हैं। जिसे टोटका जादू मन्त्र आदि का दिव्य प्रभाव आ जाता है और जो ओझा होते हैं – जागरण लगाते हैं – सम्मोहन करत हैं – उनके माध्यम से लोगों को बताते हैं– नियेग करते हैं – यह सब चौथे शरीर का ही प्रभाव है। यह आज भी गांव में प्रचलित है। पहाड़ के लोगों में यह अपना प्रभाव रखता है। हिमालय के गढ़वाल – कुमाऊं क्षेत्र के गांव–गांव में यह विद्या आज भी प्रचलित है। मैं ऐसे अनेकों पुरुषों और महिलाओं को जानता हूँ। अनेकों

तन्त्र के प्रयोग करने वाले तान्त्रिकों को जानता हूँ – जो इस चौथे शरीर के प्रभाव में हैं या जो इसे साधन के प्रयोग में लगे हुए हैं।

प्राचीन काल में राजाओं के द्वारा इन तांत्रिकों का बड़ा ही उपयोग किया जाता था और इनके द्वारा कई रहस्यों की जानकारी हासिल करके उन तांत्रिकों को उन राजाओं द्वारा या शासकों द्वारा मार दिया जाता था क्योंकि वे तांत्रिक भी उन रहस्यों को जान लेते थे। फ्रांस में, इंग्लैंड में और अन्य पश्चिमी देशों में तथा भारत के अनेकों गांवों में ऐसी अनेक महिलाओं को मार डाला गया जो चौथे शरीर का उपयोग करना जानती थीं। उन्हें डाकिनी पिशाचिनी – भूतनी और जादू टोना करने वाली कहकर बदनाम किया गया। आज भी लोग इसके मरीज हैं और आज भी ऐसे स्त्री पुरुष हैं जो इसका उपयोग कर रहे हैं। इस चौथे शरीर के कारनामों को ही ब्लैक–आर्ट, काला जादू कहा गया है जिससे लोग डरते भी हैं और भरोसा भी नहीं करते।

तो आपको ख्याल रखना है कि चौथे शरीर से पहले तीसरा शरीर है जो बुद्धि का – तर्क का शरीर है और चौथे शरीर के बाद भी शरीर है – आत्मा का शरीर।

या तो आप लोग तीसरे शरीर पर रूक जाओ – दार्शनिक – वैज्ञानिक – रिसर्चर बनकर जीओ – गणितज्ञ बनकर – संगीतज्ञ और गायक बनकर जीओ। अपने तीसरे शरीर को किसी भी कला को उभार कर संसार में अपना इतिहास छोड़ जाओ। वह सभ्यता–संस्कृति की छाप छोड़ने वाला – तीसरे शरीर का ज्ञान – विज्ञान है अथवा आप लोग दूसरे शरीर के साथ रहकर भोग का जीवन जियो। संभोग को ही सत्य समझकर जीवन बिता दो – उसी से मुक्ति का मार्ग खोजो – जो कि आधुनिक दशर्न शास्त्री जुंग फाईड या ओशो का दर्शन रहा है अथवा आप लोग खाने–पीने के जीवन रस को ही पीकर जीवन से समझौता कर लो या फिर खतरे में उतरने के लिये तैयार हो जाओ।

चौथा शरीर रिस्की है – खतरे से खाली नहीं है पर यह मनुष्य को पूर्ण मानवता की यात्रा में ले जाने का एक पुल भी है। यह जितना खतरनाक है उतना ही उपयोगी भी है। यह विज्ञान का क्षेत्र है। यह प्रयोग का क्षेत्र है। यह अनुभव से होकर गुजरने का क्षेत्र है – क्योंकि यह मन का शरीर है और मन ही मनुष्य की पहचान बनती है। मन के बिना मनुष्य – मनुष्य नहीं कहा जा सकता। इसलिये मन शरीर को प्रयोगशाला बनाना ही पड़ेगा। क्योंकि यह अतीन्द्रियों का केन्द्र है।

यह मन बहुआयामी है। यह मन खोजी है। यह मन संपूर्ण इन्द्रियों का स्वामी बन गया है। यह मन दशों इन्द्रियों का सारथि है, संचालक है, वह मालिक नहीं है पर मालिक बन गया है, इसलिये खतरा है, इसलिये मन पर प्रयोग करना है। मन के शरी पर प्रयोग करना है और अनुभव के साथ आगे की ओर यात्रा करनी है।

यह सूक्ष्म है – शक्तिशाली है – हर जगह आने जाने में स्वतंत्र है। इस पर भी यह किसी पर आश्रित है। मन का शरी वह गहराई नहीं जहां जाकर सब कुछ समाप्त हो जाए। यह तो साधन है। साध्य है और साधा जा सकता है। तभी तो योगियों ने अनेकों प्रयोग कर इसके प्रभाव से कुण्डलिनी शक्ति को बाहर कर जगा लिया है। संपूर्ण सिद्धियों से ऊपर उठ कर स्वयं को जाना सत्य को साधा सत्य का साक्षात्कार किया। इसलिये इस मन को योगी बनाना है। इस मन से डाकिनीपन को शाकिनीपन को लाकिनीपन को पिशाचिनीपन को हाकिनीपन को हटाना है। इस मन के भैरवपन को – इस मैं के भैरवपन को हटाना है। इस मन की चौंसठ योगिनियों के प्रभाव को हटाना है। इस मन की तन्त्र शक्तियों को वैज्ञानिक बनाना है। इस मन को अन्धकार से निकालकर प्रकाश की ओर उन्मुख करना है।

इसलिये इस मन को योगी बनाना है इस मनस शरी को प्रयोगों से गुजारना है योगी का कर्म न पाप रूप होता है और न पुण्य रूप होता है। योगी अपने कर्मों को आत्मीयता को -- ईश्वर को समर्पण करके फलो का त्याग कर निष्काम भाव का यात्री होता है।

मन को योगी बनाना है तो उपासना के रास्ते पर चलना होगा जहां कोई काला जादू तन्त्र नहीं होता। वहां तो मात्र चित्त की वृत्तियों को लक्ष्य विशेष पर रोक देने का प्रयास किया जाता है। जब ऐसा किया जाता है तब यह मन अन्य विषयों की ओर जाने लगता है – जिनमें इसकी आसक्ति – राग – पहले से ही होता है। यह राग का कारण – पहले – दूसरे और तीसरे शरीर के सकाम कर्मों से प्रभावित होता है। इसलिये निष्कामता होना जरूरी है। वैराग्यभाव होना जरूरी है। गलत कर्म का भाग तो पहले से ही है। पर यहां उन पुण्य कर्मों के फल जो धर्म – कर्तव्य रूप में आते हैं उनके फलों की इच्छा को भी छोड़कर निष्काम होना पड़ता है।

•••

शरीर और इसकी अवस्था

तुम लोगों से तीन शरीरों की चर्चा कर ली है और इस मानस शरीर पर रुक गया हूँ। इस मन से आगे तीन शरीर और हैं। तुम एक ऐसे पुल पर आकार रुक गए हो जो कि एक केन्द्र है। संसार और आन्तरिक जगत का केन्द्र। यह जब तक संसार की ओर सक्रिय होता है, तब तक यह इन्द्रियों और शरीर का होता है और जब अन्तस की ओर रहता है तब उसका पता नहीं होता। जब यह लौट आता है तब मालूम होता है कि इसने उस दुर्लभ सम्पदा को प्राप्त कर लिया है जिससे आलस्य, थकावट सब दूर हो जाते हैं। यह फिर से जागतिक दुनिया में काम कर सकता है।

अब तुम लोग सोचो कि वह कौन सी अवस्था है जो तुम लोगों के साथ नित्य घटती है पर पता नहीं होता।

तुम जाग रहे हो यह तुम्हारी जाग्रत अवस्था है। तुम सो जाते हो वह तुम लोगों की निद्रा की अवस्था है। जब तुम लोग गहरी निद्रा में खो जाते हो जिसमें तुम्हें कुछ पता नहीं चलता – उसे सुषुप्ति कहा जाता है, यह निद्रा नहीं है। निद्रा एक अवस्था है। स्वप्न एक अवस्था है। जाग्रत एक अवस्था है – मन और शरीरों का एक रिश्ता है।

प्रायः सब लोग स्वप्न का चर्चा करते हैं। स्वप्न में तुम बहुत कुछ देखते हो – स्वप्न से परिचित भी हो। स्वप्न सत्य भी होता है और असत्य भी। स्वप्न को लाया भी जा सकता है और हटाया भी जा सकता है क्योंकि यह मन के शरीरों की बाहरी दशा है। यह भौतिक शरीर – भाव के शरीर – और बुद्धि के शरीर से जुड़ी क्रियाएं हैं।

मन की शारीकिता और मानसिकता से जुड़ी ये तीनों अवस्थाएं हैं

इनमें कर्म – कर्तव्य से जुड़ी – सफल असफल क्रियाएं, उनके फल की स्मृतियां हैं। जब तुम जाग्रत होते हो तब की अपनी भिन्न स्थितियों से परिचित होते हो – तुम्हारी मनोदशा कैसी होती है – तुम्हारा भाव – चिन्तन – बुद्धि और शारीरिक चेतना का क्या–क्या रूप होता है – इसे तुम लोग जानते हो। एक दिन तुम अपनी पूरी जीवन यात्रा का सर्वेक्षण करो – उसे देखो – उस पर अन्वेषण करो – उन सभी घटनाओं के साथ रुको – देखा – खोजो तो जाग्रत अवस्था की पहचान पूरी तरह से कर लोगे – क्योंकि यह तुम्हारे साथ हो रहा है। तुम्हारे जीवन प्रवाह में घट रहा है और तुम जाग्रत हो – उस जाग्रत अवस्था में अपने को खोजो – तुम अपने आपको ढूंढ़ो – वह कहां है – क्या कर रहा है – अपनी आंख की गतिविधियों को द्रष्टा बन कर देखो। अपनी अन्य कर्मेन्द्रियों को द्रष्टा बनकर देखो – अपने नाम को – कान को – मुंह को – जिव्हा को – अपनी दोनों बाहों को – अपने दोनों पैरों को और अपनी सभी अंगुलियों को देखो – इसके बाद अपने पूरे शरीर को देखा। सबमें – अपनी जाग्रत अवस्था में अपने निज चेतनत्व को देखो – द्रष्टा बनकर तब तुम्हें पता लग जाएगा – तुम्हारे मन का क्या स्थान है। जाग्रत में तुम अपने आपको अलग तो पाओगे ही – पर तुम इन सबसे अलग मन को भी पाओगे।

तुम जानते हो कि यह शरीर और संसार त्रिगुणात्मक है। अर्थात् तीन गुणों के प्रभाव में इन सबकी रचना हुई है। सात्विक – राजसिक और तामसिक ये तीन गुण हैं। मैं इनके बारे में यहां वर्णन नहीं करूंगा क्योंकि हम अपने विषय से हट जाएंगे। बस इतना यहां काफी है कि यह जगत और हम सबके सृजन के पीछे ये जीन गुण और पांच भूत हैं।

जाग्रत में सत्य जो है वह मन के साथ होकर गौण रूप से दब जाता है और तमस जो यथार्थ है। सत्य के क्रिया–कलाप उसे दिखलाने से रोक लेता है। पर जो रज है वह जाग्रत अवस्था में प्रधान बनकर मन को इन्द्रियों का माध्यम बनाकर बाहर के विषयों में शामिल कर देता है– शासित कर देता है जिससे तुम सब की जो इन्द्रियां है वे सब बाहर की ओर स्थूल शरीर द्वारा कार्य करती रहती हैं और मन में यह सब व्युत्थान संस्कार के रूप में, परिणाम के रूप में दिखाई पड़ता रहता है जिससे तुम्हारे अन्दर हर जाग्रत समय में कोई–न–कोई

संकल्प–विकल्प प्रमाण के रूप में घटता रहता हैं स्मृतियों के साथ–साथ नयेपन का भी निर्माण होता रहता है। यह तुम्हारे जाग्रत जीवन के मन की अवस्था है। इसे तुम लोग चाहो तो अपने ऊपर प्रयोग करके शरीर–मन और आत्मा के प्रभाव से समझ सकते हो। यह तुम लोगों के लिये उपासना हो जाएगा।

अब आओ मन की दूसरी अवस्था स्वप्न की ओर चलते हैं। स्वप्न तुम लोग देखते हो और याद भी रहता है, इसकी चर्चा भी करते हो– स्वप्नों से प्रभावित भी होते हो – भय–आनन्द–सुख–दुख का एहसास भी करते हो। स्वप्न कभी–कभी घटने वालीं घटनाओं को लाकर आभासित भी करा लेता हैं। साधना में जिसने जितनी सूक्ष्मता को पा लिया उसका मन विश्व की किसी भी बड़ी घटना को स्वप्न में दर्शा सकता है।

स्वप्न तो कभी–कभी अच्छा साधन बन जाता है जीने का। यह भी सत्व – रज – तम से प्रभावित होता है। इसमें शरीर सो जाता है अर्थात् शरीर जड़ हो जाता है। सारी कर्मेंद्रियाँ शिथिल हो जाती है पर मन नहीं सोता – मन स्वप्न देखने लगता है और तुम्हें ऐसा आभास कराता है कि तुम स्वप्न देख रहे हो।

इसमें भी जाग्रत की तरह सत्व गुण गौण रूप से दबा होता है। वह तमस रजस को इतना दबा देता है कि वह मन को इन्द्रियों की पकड़ से बाहर कर देता है या अलग कर देता है, तब बाहर का विषय प्रकट नहीं हो पाता। पर रज की क्रिया सूक्ष्म रूप से होती रहती है, जिससे मन द्वारा वह सारी स्मृतियों के संस्कारों को प्रकट करने में समर्थ कर देता है। यह स्वप्न बनकर पर्दे पर दिखाई पड़ता है।

मन इन्द्रियों के अन्तर्मुख होने से सूक्ष्म शरीर में स्वप्न का कार्य करता है। कभी–कभी यह सूक्ष्म मन इतना तेज – इतना दूर शरीर से बाहर होकर भ्रमण करता है कि उस वक्त होने वाली दूर–दराज की घटनाएं सूक्ष्म शरीर पर आकर दिखाई देती है।

स्वप्न में मैं ऐसी घटनाओं को बहुत पहले ही देख लिया करता हूँ और देख लिया करता था जो बहुत बाद में घटती है। मेरे अनेक शिष्य–शिष्याओं में भी यह क्षमता है। अमेरिका में जो विशाल दुर्घटना घटी टावर की – उसको मेरी एक शिष्या ने दो दिन पहले की स्वप्न में देख

लिया था। अगर इसके विषय में किसी मीडिया या अधिकारी को बताया जाता तो वे उसे नजर अंदाज कर देते। उन्हें विश्वास नहीं होता।

मन की यह स्वप्न अवस्था निर्धारित कार्य को करती है। यह अच्छे इलाज के लिये प्रयोग में लाया जा सकता है। यह मन के शरीर द्वारा संचालित होता है। जो किसी–न–किसी रूप में विश्वातीत है। वह अति सूक्ष्म की ओर भी निर्भय – निर्विरोध यात्रा कर लेता है। वह दूसरे के मन में छिपे रहस्यों को भी जान जाता है। आज आधुनिक वैज्ञानिकों को इस दिशा में काम करना चाहिये। इस साईकिल बॉडी को संचालित करने वाले मन की क्षमता को पहचानकर इसमें छिपे अनेकों रहस्यों को खोजा जा सकता हे। जगत की संभावित दुर्घटनाओं से भी बचा जा सकता है। सभी प्राकृतिक आपदाओं और उग्रवादियों के गुप्त कार्यों को जाना जा सकता है। अगर पूर्णतया संयम के विज्ञान से परिचित हुआ जा सके तो ध्यान–धारण–समाधि इन तीनों को संयम का रूप देकर इस क्षेत्र में काफी काम किया जा सकता है।

जाग्रत – स्वप्न के बाद निद्रा की अवस्था है, जहां न शारीरिक चेतना होती है न मानसिक चेतना। सभी इन्द्रियां और मन एक अवस्था में जाकर विराम करते हैं – सो जाते हैं जिसे निद्रा कहा जाता है। इसमें किसी प्रकार का ज्ञान नहीं होता। इसमे सत्व गौण रूप से दबा होता है तमोगुण रज की स्वप्न वाली अवस्था की क्रियाओं को भी रोक लेता है। और रज ही प्रधान होकर – मन की सारी आवृतियों पर चादर डाल देता है। ढक लेता है सब कुछ गहन अन्धेरे में डूब जाता है। और निद्रा की एक अवस्था बन जाती है। पर रज कही न कही सूक्ष्म रूप में बना ही रहता है। तभी इस निद्रा से जाग जाने की स्वप्न देखने की अवस्था में आ जाने की संभावना बनी रहती है।

भौतिक सूक्ष्म शरीर की कार्य क्षमता को बन्द कर कारण शरीर में निद्रा की वृति बनी रहती है। इसके बाद इन तीनों की सुषुप्ति अवस्था है। यह निद्रा की ही अवस्था है। निद्रा के सभी गुण इसमें है। पर इसमें इतनी गहराई है कि तीनों अवस्थाएं – जाग्रत और निद्रा इसमें जाकर विश्राम करते हैं।

यह मन की बाह्य वृत्तियों की समाधि है। इस अवस्था में आकर यह तीनों अवस्थाएं आराम करती है। पंर रज के बने रहने के कारण इन तीनों अवस्थाओं में से किसी एक अवस्था में आदमी लौट आता है।

सुषुप्ति एक ऐसा ठिकाना है मन का जहां से वह आन्तरिकता में भी समर्पित हो जाता है। यह सुषुप्ति जीव की वह अवस्था है जहां से मन का दिव्य स्वरूप जागता है या मन अफी निज की समाधि की ओर यात्रा कर सकता हैं सुषुप्ति में ही तुरीया–तुरीयातीत घटता है। यह मन की अन्तस यात्रा है। यहां से मन बाह्य संबंधों से कट जाता है। मन अपने वश में नहीं रह जाता कि वह संसार की ओर लौट जाये। यह मन की तुरीयातीत अवस्था है। जिसे मन की समाधि की प्रारंभिक अवस्था भी कहा जाता है।

मनस शरीर जिस तरह चौथा शरीर है, सातों शरीरों के मध्य का शरीर, सूक्ष्म जगत का शरीर – उसी तरह से मन की अवस्था में – सुषुप्ति चौथी अवस्था है। सुषुप्ति से पहले जाग्रत–स्वप्न–निद्रा की अवस्था है। बाद में तुरीयातीत – प्रज्ञा और भूमा है। प्रज्ञा के दो भाग हैं – एक प्रज्ञा तथा दूसरा ऋतम्भरा है – वह भी ज्ञान खण्ड ही है। इसके बाद भूमा है – जिसे मन का घर कहा जाता है – जिसे माइंड फील्ड भी कहा गया है। यह अहम् का रूप है – जहां से मन उत्पन्न होता है। यहां से मन सीधे उत्पन्न होता है। यह प्रकृति के तत्वों से निर्मित नहीं है। इसलिये इस मन के शरीर में पहुंचने पर मनुष्य की पहचान हो जाती है। मनुष्यता का जन्म यहां से होता है जो चौथा शरीर है।

मन ही मनुष्य को सब कुछ बना देता है और मन ही मनुष्य को बिगाड़ देता है, क्योंकि मन का शरीर मानव शरीर में ज्यादा महत्वपूर्ण है– अद्‌भुत है। मन स्वयं अपने आप में महान् है और यह मानव शरीर मंगलमय मन्दिर है। जिसमें परमात्मा रहता है और मन के द्वारा ही यह समझा जाता है। मन ही बुद्धि के साथ मिलकर इसके अर्थ तथा उपयोगिता का उल्लेख करता है।

चौथा शरीर मन का शरीर है और मन भी अपने सात केन्द्र बनाकर बैठा है। मन का बाहर से सम्बन्धित केन्द्र जाग्रत–स्वप्न–और निद्रा है। मन थोडा भी थक जाये या मन थोड़ा भी न चाहे कुछ करना तो वह आराम की ओर भाग जाता है। मन को भी आराम की चाह है। मन भी इच्छा रखता है आराम की। यह आराम ही विश्राम है। आप सब लोग जानते हो कि विश्राम में ही आनन्द है। जितना ही गहरा विश्राम होगा, जितना ही शान्तिप्रद विश्राम होगा, उतनी ही आनन्द की गहराई होगी।

शान्ति में ही सत्–चित्–आनन्द है। मन भी यही चाहता है। मन को अनुभव रहा होगा। इसलिये जब कभी भी अच्छा काम करने लगे तो झपकी आने लगती है। जब कभी अच्छे साहित्य पढ़ने लगे तो निद्रा आमंत्रण देने लगती है। जब कभी धार्मिक कार्य करो तो आँख बन्द होने लगती है। माला फेरो, मन्त्र जप करो, ध्यान करने का प्रयत्न करो तो निद्रा आती है।

निद्रा अंधकार की ओर की यात्रा है। निद्रा आराम की ओर ले जाती है। दुनिया का सारा सत्य अंधकार से ही प्रकट होता है। हर जीव को जीने का पुनः प्रोत्साहन ऊर्जा भी निद्रा की गहराई से ही प्राप्त होती है। इस मन का बाह्य जगत से विश्राम का जो केन्द्र है वह सुषुप्ति का केन्द्र है। मन का यह वह स्थल है जहां जाग्रत स्वप्न और निद्रा जाकर आराम करत है और आराम के बाद लौट आते हैं।

यह स्वाभाविकता बन गयी है मन की। यह अगर ज्यादा गहरा हो जाये तो तुरीयातीत हो जाता है अर्थात् यह सुषुप्ति तुरीया में बदल जाती है। यह मन की आन्तरिक यात्रा का प्रारंभिक रूप है। सुषुप्ति बाह्य दशा का केन्द्र है – जहां मन संसार की ओर भाग जाता है। सुषुप्ति जीव दशा की आराम स्थली है। तुरीया – समाधि है। मन की समाधि – जो प्रज्ञा – ऋतम्भरा और भूमा की ओर जाने का द्वार खोल देती है। मन की संपूर्ण सिद्धियों का द्वार है प्रज्ञा। प्रज्ञा ज्ञान–विज्ञान का भण्डार है। ऋतम्भरा प्रज्ञा का सूक्ष्म रूप है और भूमा प्रकृतिलय है। परिवर्तन द्वारा है मन का। भूमा वह सीमा है जहां से मन छलांग लगाता है। जहां से मन अपनी अस्मिता को छोड़ देता है।

मन के द्वारा दिया गया रास्ता ही स्वयं की ओर जाता है। मन की समाधि ही जीव का आत्म – साक्षात्कार है। जिस तरह मन की ये सात दशाएं हैं उसी तरह चिद् की भी नौ दशाएं हैं। मन अहम् का बेटा है और प्रकृति के चेतनत्व का फल मनुष्य का चिद् है।

मन पुरुष प्रधान है। और चिद् प्रकृति प्रधान है। प्रकृति गुणातीत है। प्रकृति की रचना में सक्रिय है। पर इस रचना में पुरुष की सान्निध्य है। मन की प्रधानता में इन्द्रियों का भोग मात्र है पर इन्द्रियों का स्वामी मन नहीं है परन्तु मन में कर्तापन आ गया है। उसी तरह मन की सातों अवस्थाओं में मन की सक्रियता है। मन की प्रधानता है। पर इस प्रधानता के पीछे चेतनता का हाथ है। यह जो कुछ भी हो रहा है उसमें उस

महान् का ही योगदान है। स्वाभाविकता जो जीवन प्रवाह बनकर बह रहा है उसमें पुरुष प्रकृति के प्रभाव में आ जाता है जो कर्म यात्रा बन गया है।

अब इस दशा में मुक्ति का मार्ग तो तपस्वियों का ही काम है, योगियों का ही काम है। मैंने मन के शरीर के साथ सक्रियता के रूप की ओर जो इशारा किया है। जाग्रत अवस्था का उसमें स्थूल जगत में जो स्थूल शरीर का व्यवहार चलता है वह सब उस आत्मरूप सूर्य की ही सन्निधि है। इसलिये इस स्थूल शरीर का जो बड़ा रूप है व विश्व कहा जाता है। पर उसमें भी आत्मा की सबलता ही है और जो स्वप्नावस्था है। जो सूक्ष्म जगत हो जाता है और भौतिक शरीर से कटकर सूक्ष्म शरीर के साथ रहकर व्यवहार करता है वह भी इस महान् की कृपा दृष्टि के ही अधीर है। इसमें आत्मा का सबलता का रूप तेजस है।

और जो सुषुप्ति की अवस्था है जिसमें सब कुछ अभावहीन हो जाता है। लगता है कुछ भी नहीं है। सब कुछ होते हुए भी सो जाता है। यह कारण शरीर का प्रभाव है। यह कारण शरीर में अभाव की प्रतीति है। प्रज्ञा है। आत्मा के सबल रूप की सन्निधि के कारण ये तीनों अवस्थाएं आत्मा का शुद्ध रूप नहीं है। इन तीनों में प्रकृति के गुण मिले हुए होते हैं। इसलिये ये तीनों सबल भी हैं सगुण भी हैं और अपर स्वरूप भी हैं।

इन तीनों से कटकर जब प्रज्ञा और भूमा की ओर जाना प्रारंभ होता है तब आत्मा की करीबी नजर जाती है। निखरा हुआ शुद्ध रूप जो तुम लोगों का निज पथ है, वह आभासित होने लगता है।

यह तुम्हारा शरीर है, जो अनेक है और यह तुम्हारा मन का संसार है जो बहु आयामी है पर इन सबके पीछे परमात्मा ही सन्निधि का ही प्रभाव है। अगर तुम लोग चाहो तो संसार रूपी विश्व–वृक्ष को भी जान सकत हो – जिस तरह से इस शरीर को जानने लगे हो। एक थोड़ा पिण्ड स्वरूप है – एक विशाल स्वरूप है। पर दोनों शरीर ही है। इस शरीर के द्वारा आत्मा को जाना जाता है – अनुभव किया जाता है – उसी तरह इस विश्व रूपी शरीर से परमात्मा को जाना, समझा जा सकता है।

एक स्थूल जगत है, दूसरा सूक्ष्म जगत है। तीसरा कारण जगत है। इस स्थूल जगत के साथ परमात्मा की सबलता का रूप–संज्ञा विराट है। सूक्ष्म जगत के सम्बन्ध से उस परमात्मा का सबल रूप, हिरण्यगर्भ

आदि प्रसूता भूमि हैं, कारण जगत के सम्बन्ध से उसके सबल स्वरूप का नाम ईश्वर है। इन तीनों में उसकी सक्रियता है, प्रकृति के गुणों के साथ मिलकर – यह बाह्य दशा है, प्रकृति और परमात्मा के प्राकट्य स्वरूप का।

अगर प्रकृति से परे कर लो तो परमात्मा शुद्ध निर्गुण स्वरूप का भी दर्शन हो जाएगा। इतने अद्भुत लीलाओं का केन्द्र बनकर या चौथा शरीर बैठा है इस मानव देह में।

यह जो तुम लोगों का स्थूल शरीर है – वह रज़–वीर्य से बनता है, अन्न के सहयोग से बढ़ता है – पाँचों भूतों, जो पृथ्वी – जल – अग्नि – वायु और आकाश से बना हुआ है और जो सूक्ष्म शरीर है उसमें पांच ज्ञानेन्द्रियां हैं – जिन्हें शक्ति मात्र है – नासिका – रसना आँख – श्रोत और त्वचा कहते हैं और पाँच कर्मेंद्रियाँ हैं जो शक्ति मात्र है – हाथ–पैर–वाणी–गुदा और उपस्थ और ग्यारहवां मन है जिसके द्वारा ये शक्तियां काम करती हैं – जिसमें संकल्प – विकल्प होते हैं।

पाँच सूक्ष्म भूत प्राण और अहंकार जो अभिमान पैदा करते हैं – जिसे अहंता पैदा करने वाली शक्तियां कह सकते हैं, वे बुद्धि चित्त सहित निश्चय करने वाली भाव और संस्कारों को रखने वाली शक्तियां हैं।

इन अठारह शक्तियों के समूह को सूक्ष्म शरीर कहा जाता है और स्वप्न की अवस्था है तुम सब लोगों का जब बाहर के सभी कार्यों से शरीर थक जाता है तब तमोगुण – रजोगुण को दबा कर स्थूल शरीर की सभी गतिविधियों को स्थूल जगत में कार्य करने में असमर्थ कर देता है।

पर तमोगुण से दबा हुआ सूक्ष्म शरीर – जाग्रत अवस्था से उपार्जित सभी स्मृतियों के खजाने से अथवा कल्पना की गई सभी संभावनाओं से जुड़कर कार्य करना शुरू कर देता है – इसे स्वप्न कहा जाता है।

इसके बाद की अवस्थाओं में सत्वगुण की प्रधानता आ जाती है जो रज को दबा देती है। रज के दब जाने से – स्थूल शरीर का – स्थूल शरीर के व्युत्थान के सभी कार्य समाप्त हो जाते हैं और सूक्ष्म शरीर सत्वगुण का प्रभाव प्राप्त कर सूक्ष्म जगत में कार्य करने लगता है।

यहीं से समाधि की यात्रा प्रारंभ होती है। बस फर्क इतना है कि स्वप्न में तमोगुण के अन्धकार में सब दृश्य काल्पनिक होते हैं – काल्पनिक लगते हैं और समाधि में सत्वगुण की प्रधानता से उसके प्रकाश में ध्येय वस्तु का वास्तविक ज्ञान हो जाता है।

समाधि प्रकाश ही ओर की यात्रा है, जहां दुविधा नहीं है शंका नहीं है। सब कुछ अनुभव से गुजरना है। पर यह देखते रहना है कि आप समाधि की किस अवस्था में हो। कहीं मन आप लोगों को अपने घर में रखकर समाधि का साईकिल रूप में तो नहीं दिखा रहा है – क्योंकि मन का संसार नहीं चाहता कि आप उसके राज्य से बाहर जाएं। मन द्वारा जो कुछ भी होता है वह मन को भी नहीं मालूम होता कि वह सत्य है या कल्पना।

मनुष्य स्वप्न देखता है और उसे याद भी रहता है जिसे वह कह भी देता है। यह सपना निजी है – व्यक्तिगत है – यह चौथे शरीर की घटना है।

यह सपना सत्य की आरे भी ले जाता है। यह सपना गुजरी घटनाओं को भी समेट लेता है। यह अतीत को भी बटोरता हैं और भविष्य में भी झांकता है। मैंने अनेकों ऐसे स्वप्न देखे हैं जो दो चार दिन बाद ही घट गए हैं। कुछ महीनों बाद घटे हैं। मैं स्वप्न में ऐसे स्थानों को देख लेता हूँ जहां मैं वर्षों बाद पहुंचता हूँ।

यह मन शरीर को छोड़कर यात्रा करता है। मैं समाधि में प्रवेश कर एस्ट्रल प्रोजेक्शन की बात नहीं कर रहा हूँ मैं तो मन की बात कर रहा हूँ कोई कार्यक्रम निश्चित करता हूँ उसमें अगर कोई बाधा आने वाली होती है तो वह पहले ही स्वप्न में दिख जाती है।

और अब तो स्वप्नों पर अनेकों प्रयोग होने लगे हैं – स्वप्नों को जांचा भी जा रहा है – स्वप्नों को निर्देश देकर लाया भी जा सकता है।

आप के विचारों की भी जांच हो सकती है। आप लोग जो बोलते हैं वह झूठ है या सच इसको भी जाना जा सकता है। स्वप्न जानवर भी देखते हैं यह खोजा जा चुका है। पर वे ही जानवर स्वप्न देख सकते है जो मनुष्यों के साथ रहते हैं। मनुष्यों के साथ टी. वी. देखते हैं। मनुष्यों के साथ खाते–पीते और सोते हैं।

विज्ञान बहुत आगे बढ़ चुका है। पहले लोगों पर भरोसा किया जाता था। लोग एक दूसरे को सुनकर निर्णय लेते थे। पर अब विज्ञान ने सब कुछ प्रायोगिक बना दिया है। वह चौथे शरीर तक भी पहुंच गया है। मन की गतिविधियों को भी पकड़ लिया है। जो कुछ भी मन के शरीर के साथ होता है वह भौतिक शरीर पर प्रभाव छोड़ता है। सच क्या है – झूठ क्या है यह पता लग जाता है। स्वप्न मनोगत रचना है। स्वप्न मन के

पर्दे पर कहीं से आता है। जब शरीर अचेतन होता है तब मन स्वप्न के रूप में आता है। यह जाग्रत में भी घट सकता है। स्वप्न जागृति के बाद की अवस्था है। स्वप्न में आत्मा का प्रभाव कष्ठ से जुड़ जाता है। जागृति में आत्मा का प्रभाव आँखों से होता है।

यह जो चौथा शरीर है – इसका सम्बन्ध कुण्डलिनी से भी है। अनेकों योगी लोग शक्तिपात से कुण्डलिनी जगाने की दीक्षा देते हैं। यह कुण्डलिनी विषय भी चौथे शरीर से सम्बन्धित है और इसका गहरा सम्बन्ध है। जो मन के पर्दे पर घटता है – जिसका अनुभव अनेकों लोग बताते हैं – वह मिथ्या भी हो सकता है और सत्य भी।

मन का मनोमय – मनोगत सत्य स्थितियां भी हैं जिसे सत्य मानसिक संसार कहते हैं अर्थात् साईकिल वर्ल्ड। मन का मनोमय मनोगत मिथ्या मानसिक संसार भी है। जिसे फाल्स साईकिल वर्ल्ड कहते हैं।

मन बहुत प्रभावशाली महत्वपूर्ण ऊर्जा क्षेत्र है। अब यह देखना होगा कि जो मन विचारों को ढोता हैं वह आश्रय कहां से लेता है। क्या वह भाव के शरीर के साथ होता है या बुद्धि के शरीर के साथ या फिर भौतिक **शरीर** के संग। इन तीनों में किसी एक का सहारा लेकर मन अपने साईकिक पावर का उपयोग करता है। मन एक फिजिकल जोन है। दूसरा साईकिल जोन है – तीसरा कॉसमिक जोन है। मन साईकिक जोन है जो ज्यादातर फिजिकल जोन से जुड़कर अपना कार्य सम्पादन करता है। वह जब कॉसमिक जोन से जुड़ जाता है तब सत्वगुण की प्रधानता होती है। यह जोन अन्तः करण के मेकेनिज्म का जोन है – समाधि का जोन है। इसलिये कुण्डलिनी मनोमय होने पर भी झूठ नहीं है। मात्र साईकिक होने से झूठ नहीं कहा जा सकता है क्योंकि उसमें उस महामाया को आभास है। भाव की पहुंच में भी यह शक्ति है।

मन तो एक बड़ी प्रयोगशाला है। वह संसार में ज्यादा उपयोगी है। मन झूठा नहीं होता – अगर संकल्पित हो तब। मन झूठा होता है जब वह अकेले इन्द्रियों का उपयोग करना चाहता है। जब वह स्वामित्व का रूप ले लेता है।

तुम लोगों में से सभी लोग स्वप्न देखते हो पर ज्यादातर स्वप्न याद नहीं रहते और कोई–कोई स्वप्न इतने सूक्ष्म होते हैं कि तुम्हें पता ही नहीं चलता। सपने यथार्थ भी होते हैं। सपने झूठे भी होते हैं क्योंकि यह मनस की बात है यह कल्पना भी कर लेता है और अनुभव से भी गुजरता है।

सपने से तुम क्षण भर में पूरे विश्व का दर्शन कर सकते हो और सपने में थोड़ी देर में ही कई पीढ़ियों की गाथा से गुजर सकते हो। स्वप्न माया जैसा है। एक कथा है पुराण में, श्री नारायण और नारदजी से सम्बन्धित। नारदजी तो विष्णु भगवान – नारायण के परम् भक्त हैं ही। एक दिन नारदजी ने भगवान विष्णु से कहा – भगवन्! आपकी माया भी विचित्र है जो समझ में नहीं आती। आपने मेरा मुख बन्दर का बना दिया और लक्ष्मी जी के स्वयं ले लिया जबकि मेरी बाई थी – ऐसा कहकर नारद जी चल दिये। भगवान् विष्णु मुस्कुरा दिये। उन्होंने एक लीला फिर से शुरू कर दी। नारद जी एक सुन्दर बगीचे में पहुंचे – सोचा थोड़ी देर आराम कर लूं। पेड़ की ओट लगाकर नारदजी बैठ गये। उन्हें निद्रा आ गई। निद्रा के आते ही वे स्वप्न की दुनिया में खो गए। क्या देखते है कि एक बहुत ही सुन्दर कन्या उनके पास आई। नारदजी से उसने आग्रह किया कि वे उससे विवाह करें। नारदजी भी उसकी सुन्दरता पर मोहित हो गए और वे प्रणय बन्धन में बंध गए। गृहस्थी सुख से चल पड़ी। बाल–बच्चे पैदा हो गए। दोनों प्रौढ़ावस्था से वृद्धावस्था तक आ गए। बच्चों की शादी हो गई – बच्चों के भी बच्चे हो गए – वे दादा–दादी बन गए। नारदजी अपने नाती–पोतों – बच्चों और पत्नी के साथ बहुत प्रसन्न थे।

कुछ समय पश्चात् यमराज ने उनके दरवाजे पर दस्तक दी। मौत को सामने देखकर नारदजी डर गये। उनके जीने की और इच्छा थी लेकिन मृत्यु तो दरवाजे खड़ी थी। वे बहुत डर गए। – डर के कारण उनकी आँख खुल गई। सामने देखा तो भगवान विष्णु खड़े थे। नारदजी उनसे बोले मेरी पत्नी–बच्चे–नाती–पोते–घर परिवार सब कहां है ? अभी–अभी तो सब कुछ मेरे पास था। भगवान् विष्णु मुस्कुरा रहे थे उन्होंने कहा – यही तो मेरी माया है। तुम स्वप्न देख रहे थे, एक स्वप्न में सब कुछ कितना जल्दी घट गया। अब तुम समझ गए होगे स्वप्न क्या है और माया क्या है।

नारदजी ने स्वप्न देखा – तुमने भी स्वप्न देखा हो स्वप्न देखना सत्य है क्योंकि यह घटा है। तुम्हारे चौथे शरीर के साथ घटा है। घटना एक सत्य है। राजा हरिश्चन्द्र ने स्वप्न में अपना सारा राज, सारी सम्पत्ति ऋषि विश्वामित्र को दान दे दी और सुबह विश्वामित्र अपना दान लेने के लिये उपस्थित थे।

चेतना माता ने सितम्बर माह में अमेरिका के ट्रेड टावर की घटना को स्वप्न में देखा। उन्होंने देखा कि एक प्लेन एक विशाल इमारत से टकरा गया और आग लग गई। उन्होंने मुझसे घटना के एक दिन पहले ही बताया अपने स्वप्न के विषय में। हम लोग ऐसा सोच नहीं सकते। पर जब ट्रेड टावर से उग्रवादियों का प्लेन टकराया तो स्वप्न की घटना याद हो आई।

सपने सत्य भी होते हैं और झूठ भी। यह सब मनस शरीर का कार्य है। साईकिल जोन का कार्य है।

कुण्डलिनी भी साईकिक जोन के प्रभाव में आती है। मात्र कुण्डलिनी ही नहीं – संपूर्ण योग सिद्धियाँ और चक्रों से ऊर्जा का विकास और उसके उपयोग का क्षेत्र भी। यह चौथा शरीर है। साईकिक बॉडी का अर्थ ही है कि यह भौतिक शरीर नहीं है। यहां सब कुछ सूक्ष्म है। सब कुछ सूक्ष्म जगत हैं कोई भी वैज्ञानिक या डॉक्टर इस सूक्ष्म शरीर की खोज नहीं कर पाएगा।

कुण्डलिनी और चक्र इस सूक्ष्म शरीर की व्यवस्था है। उसे आप पकड़ना भी चाहेंगे तो पकड़ नहीं पाएंगे। सिर्फ यह भौतिक शरीर ही पकड़ में आता है।

दोनों शरीरों में गहरा सम्बन्ध है। इसलिये आप सभी साधकों को ध्यान रखना होगा कि कुण्डलिनी और चक्र भौतिक शरीर का अंग नहीं है। लोग शक्तिपात भौतिक शरीर पर करते हैं। जो शक्ति है वह कहीं दूर सूक्ष्म शरीर – मन के शरीर के साथ है। अधिकांशतः शक्तिपात ऊर्जा के उन प्रवाहों को रोकने के लिये किया जाता है। जिनमें ऊर्जाओं का सम्मोहन होता है। यह विद्युत की तरह एक झटका होता है। जो शरीर और मन को मेमोराईज्ड़ कर जाता है।

मैं आपको पहले बता चुका हूँ कि ज्ञान, इच्छा तथा क्रिया से तीन प्रकार की शक्तियाँ हैं – जो जीवन ऊर्जा को ड्राईव करती है। ज्ञान प्रेरणात्मक – बोधात्मक होता है। इच्छा ज्ञान से ही प्रेरित है। क्रिया इच्छा से प्रभावित है और हर कर्म को वह फल में परिवर्तित करती है। ज्ञान के अन्तर विचार शक्ति है – भाव शक्ति है। ज्ञान शुद्ध – समझ में रूपान्तरित होता है या ज्ञान जब अर्थ करने लगता है तब यह यात्रा करता है। भीतर से बाहर की ओर। ज्ञान भी दो तरह का होता है एक काल्पनिक ज्ञान जो कल्पना करता है और धीरे–धीरे उस कल्पना को साकार करता

है जब वह मन तक यात्रा कर लेता है तो फिर वह साईकिक हो जाता है। बुद्धि और मन का मिलन हमेशा साईकिक जगत बनकर रह जाता है। वह मन से आगे नहीं बढ़ पाता। मूर्ति–पूजा, देवी–देवताओं के चित्रों पर ध्यान करना या गुरुत्व आदि के स्वरूप आदि को पूजना ये सब मन के शरीर का ही अंग है। ये लोग कभी भी आगे नहीं बढ़ पाते, वे वहीं पहुंचकर ठहर जाते हैं और सम्मोहित हो जाते हैं।

यह भावना प्रधान क्षेत्र है। इसमें विचारों का अधिक ख्याल किया जाता है। दूसरा अनुभव प्रधान होता है। जिसमें ज्ञान–प्रयोग में बदल जाता है। भौतिक विज्ञान या विज्ञान के अनेक क्षेत्र इसलिये आगे बढ़ गए हैं कि वे प्रयोगों से गुजरते हैं।

आध्यात्मिक जगत भावना – विश्वास की रस्सी में बंधकर कल्पना के संसार में ही जीकर रह जाते हैं। आध्यात्मिक विज्ञान ज्यादातर प्रभावशाली रहा है परन्तु जब से इसमें अन्ध–विश्वास और समर्पण का रूप ले लिया है तब से यह कमजोर हो गया है इस प्रकार व्यक्ति केवल चौथे शरीर का ही होकर रह गया, भविष्य कल्पना में खोकर रह गया और विज्ञान प्रयोग बनाकर आगे निकल गया।

कुण्डलिनी ऊर्जा का कुण्ड है। ऊर्जा में जब तक गति नहीं होती तब तक वह फल नहीं देता। कुण्डलिनी एक प्रयोग है। इसे लोग दो तरह से उठाने लगे हैं। एक भावना से जो कल्पना पर भी आधारित है और दूसरा प्रयोग से जो क्रियाओं द्वारा होता है। एक में किसी वस्तु को ड्राईव करना है। जो भाव से ड्राइव किया जाता है। इसमें मन ही सब कुछ होता हें वह वस्तु को विजुलाइजेशन द्वारा पहले पकड़ता है फिर भावात्मक रूप में उसे विचारों द्वारा ड्राईव करता है और जो कुछ भी होने लगता है उसकी वह कल्पना कर लेता है। उसे वह मान लेता है। विचारों से उठी हर संवदेना को वह सत्य मानकर अपनी कुण्डलिनी का जागरण तथा शक्तिपात को स्वीकार कर लेता है। यह सब चौथे शरीर का प्रभाव है। ये मानसिक घटनाएं हैं। यह मन की मानसिकता है। मानसिकता में कल्पना–सम्मोहन–विश्वास और भावना ज्यादा महत्वपूर्ण होते है।

कल्पनाएं सही भी होती हैं पशु–पक्षी कल्पनाएं नहीं करते। मनुष्य ने भविष्य को लेकर कल्पनाओं को एक सागर बना लिया है। जानवरों का भविष्य निश्चित है। उन्हें भविष्य की चिंता नहीं होती। जानवर भी हर

जानवर की मृत्यु को देखता है। लेकिन उनमें इतनी क्षमता नहीं है कि वे यह कल्पना कर सकें कि एक दिन उनकी भी मृत्यु होगी। परन्तु मनुष्य को है। क्योंकि मनुष्य कल्पना करता है। यह कल्पना एक सही कला है। अगर इससे भविष्य में झांका जाये – इस कल्पना से दूर तक देखा जा सकता है। कल्पना में या ऐसी कल्पना कर लेना कि ऐसा–ऐसा हो गया है। यह सही नहीं है, वह तो एक झूठी कल्पना हो गई।

कल्पना का ठीक–ठीक प्रयोग करना विज्ञान बन जाता है। विज्ञान का प्रारंभिक रूप कल्पना है। विज्ञान का जन्म ही कल्पना से है। कुछ लोगों ने कल्पनाएं की होगी, आकाश में उड़ने की। कुछ लोगों ने उसका प्रयोग भी किया होगा और आज आप देख सकते हैं आदमी आकाश में उड़ रहा है। यह किसी एक की नहीं लाखों लोगों की कल्पना रही होगी। हर कल्पना के पीछे सम्भावनाएं हैं। संभावनाओं का जन्म भी कल्पना है। कल्पना – सम्भावना फिर खोज।

पृथ्वी का मानव हजारों वर्षों से चाँद पर जाने के लिये सोच रहा होगा। चाँद पर जाने की कल्पना और फिर सम्भावना पैदा हुई होगी और आज वह कल्पना साकार हो गई है। आज मानव चाँद पर टहल रहा है। आज मानव मंगल पर जाने की तैयारी कर रहा है। ये सब कल्पनाएं थी जो प्रयोग बन गई जो प्रमाणिक बन गई। यह कल्पना उस सत्य के मार्ग पर चल रही थी। जो एक अविष्कार बन गई। यह मनुष्य की वैज्ञानिकता की कल्पना है। यह मनुष्य के भविष्य में झांकने की कल्पना है।

यह मनुष्य के चौथे शरीर की देन है। यह क्षमता मनुष्य के मनस शरीर में है। इसका समबन्ध वस्तु जगत से है। जो दिख रहा है – जो पहले से है। इसके न होने की संभावना नहीं है। अन्तरिक्ष में चाँद तारे हैं। वे सब–के–सब भौतिक हैं। उनकी वास्तविकता साकार है। यह वैज्ञानिक मनस शरीर की कलपना है। यह वह कल्पना है जो ताल–मेल बिठाकर की जाती है।

कभी–कभी व्यक्ति ऐसी भी कल्पना करता है जिसका किसी भी वस्तु से तालमेल नहीं बैठता न ही कभी होगा। कल्पना दो व्यक्ति कर रहे हैं, एक विज्ञान के आधार पर कल्पना कर रहा है और दूसरा जिसकी कल्पना का जगत की किसी वस्तु से सम्बन्ध नहीं है, न रहेगा।

एक वैज्ञानिक है, एक पागल है। एक प्रयोग कर रहा है, एक डूबा

जा रहा है। एक सोच का रूपान्तरण दे रहा है, एक डूबा जा रहा है। एक यह सब इस साईकिक बॉडी की ही खूबी है। कल्पना दोनों कर रहे है लेकिन एक आश्रय लेकर और एक बिना किसी आश्रय के – बिना किसी आधार के।

यह चौथा शरीर जो मन का घर है, इसमें अद्भुत क्षमताएं हैं – अद्भुत सम्भावनाएं हैं। अगर हमने ठीक पकड़ लिया तो हम पहुंच जाएंगे। लक्ष्य को प्राप्त कर लेंगे और अगर कहीं थोड़ा सा भी बदल गए तो – वहां एक दूसरा जगत ही शुरू हो जायेगा जिसे मिथ्या जगत कहते हैं। इसलिये इस चौथे शरीर में प्रवेश करने से पहले हम सतर्क हो जायें। हम अपने मन को – तन का योगी बनाएं और बिना किसी अपेक्षा के इस घर में प्रवेश करें।

हम एक ऐसे मकान में प्रवेश कर रहे हैं जिसे मन का शरीर कहा जाता है। इस मन का बड़ा विशाल दायरा है। यह इन्द्रियों का साथ लेकर भी चलता है। शरीर को अपना साम्राज्य समझता है। यह वस्तु जगत के सभी तत्वों में कुछ–न–कुछ होने की सम्भावनाओं को जन्म देकर उसे पाने का प्रयास करता है और इन सब से दूर बिना किसी मार्ग के भी यह यात्रा करता है।

यह क्षण में कहीं भी चला जाता है। यह मनुष्य के भौतिक शरीर से बाहर निकलकर भी यात्रा करता है और शरीर के साथ रहकर भी बाहर घूमता है।

इस मन मन्दिर में प्रवेश करने से पूर्व – सभी अपेक्षाओं को छोड़कर जाओ या फिर वैज्ञानिक मन को लेकर आप लोग प्रयोग में उतरो। इस चौथे शरीर को समझने के लिये तुम लोग जहां हो वहीं से थोड़ा ध्यान दो। तुम्हें मकान के ऊपरी हिस्से में जाना है। अगर तुम्हें उस जगह से– उस मकान से नीचे जमीन की सतह पर भी उतरना हो तो – क्या करोगे ? तुम्हें सीढ़ियों की खोज करनी होगी अथवा उस लिफ्ट की तलाश करनी पड़ेगी जो उस जगह से ऊपर या नीचे की ओर ले जा सके। अगर तुमने नीचे उतरने के लिये या ऊपर चढ़ने के लिये केवल विचार कर लिया कोई कोशिश नहीं की तो यह सिर्फ एक विचार ही होगा, इसमें न लिफ्ट की आवश्यकता होगी और न सीढ़ियों की क्योंकि यह एक विचार ही है।

यह विचार है। विचार एक शक्ति भी है। इस विचार तथा कल्पना में थोड़ा खतरा हैं इसमें कुछ भी नहीं करना पड़ता। आप खतरा ले रहे हैं। सीढ़ियों से न उतरकर – केवल विचार में उतरना चाहते हैं। विचार से भी व्यक्ति उतर जाता है पर अपेक्षाएं हो तब। आप लोगों को भी अपेक्षाओं को लेकर उतरना होगा। आपका जो लक्ष्य होगा वहां के लिये आपकी अपेक्षा होगी – आप वहीं उतर जाएंगे। पर आपका शरीर वहां नहीं जाएगा – आपकी अपेक्षाएं जाएंगी क्योंकि आपका मन मान लेगा, मन कह देगा – सब कुछ ठीक है। यह मन का अधिकार क्षेत्र हैं विचार मन का मार्ग हैं मनन भी मन का हिस्सा है। समझा देना या मान लेना भी मन का काम है।

अब रही कुण्डलिनी जगाने की बात तो यह भी मन की ही बात है। मन कह देगा, यह महामाया कुण्डलिनी जाग गई है, और आप कल्पना करने लगोगे कि कुंडलिनी धीरे–धीरे जाग रही है। आपका मन कहेगा कि कुंडलिनी धीरे–धीरे ऊपर चढ़ रही है चक्रों की यात्रा कर रही है। सर्प की तरह आगे बढ़ रही है। चक्र खुल रहे हैं। अब कुंडलिनी ने अपनी यात्रा पूरी कर ली है। तृप्ति हो गई। कुंडलिनी तृप्त हो गई है। आप जाग गये – प्रकाशित हो गये।

यह विचार है। यह मन के विचार की यात्रा है। लोग यही कर रहे हैं। विचारों से कुण्डलिनी का जागरण। यह चक्रों के भेदन तक तो हो सकता है पर इस विचार की – इस कल्पना की पहुंच व्यक्तित्व के आमूल परिवर्तन में नहीं है। प्रत्येक चक्रों के जाग जाने से तुम लोगों में परिवर्तन होगा उसकी कल्पना नहीं की जा सकती। उसका विचार नहीं हो सकता क्योंकि वह परिवर्तन वस्तु जगत है। वह कल्पना वह विचार जो आपने कुंडलिनी जागरण में की वह वस्तु जगत नहीं है। परन्तु उसमें जो परिवर्तन होता है वह वस्तु जगत है जिसको जाँचा जा सकता है, जिसको परखा जा सकता है।

कल्पना में आपने जो कुछ किया उसका आपके व्यक्तित्व के परिवर्तन में कोई छाप नहीं पड़ती। वह केवल कल्पना की डोर में ही बंधा रह जाता है। इसलिये अब आओ? इस कुण्डलिनी के वास्तविक जागरण से व्यक्तित्व में आए परिवर्तन की चर्चा करें।

•••

मानस शरीर तथा कुण्डलिनी

यह जीवन तो एक भाग दौड़ ही है। हर व्यक्ति इस भागदौड़ में जीतना चाहता है। सामाजिक शिक्षाएं आपके जीवन प्रवाह में परिवर्तन लाती है। खेल कूद, नाच–गाने, संगीत आदि भी व्यक्तित्व पर प्रभाव डालते हैं तो कल्पना कीजिये कि अगर कुण्डलिनी जाग जाये तो आप पर कैसा प्रभाव पड़ेगा।

मन द्वारा मन पर कुछ होता है तो एक साधारण व्यक्ति के जीवन में भी परिवर्तन आ जाता है। यह मनस शरीर बड़ा नाजुक होता है – बड़ा कोमल होता है। यह मन का शरीर सबसे ज्यादा नशे से प्रभावित होता है; जैसे– गाँजा--भाँग–नशे की टेबलेट, शराब आदि। ये सब व्यक्ति के आचरण को बदल देते हैं। नशा चरित्र में परिवर्तन लाता है– नशा व्यक्तित्व पर अपना प्रभाव डालता है क्योंकि मनस शरीर बड़ा नाजुक होता है और अगर कुण्डलिनी जाग जाये तो व्यक्ति में बहुत बड़ा परिवर्तन हो जाये, पूरा आचरण ही बदल जाये। पूरा जीने का तरीका ही बदल जायेगा।

कुंडलिनी के जाग जाने से एक ऐसा नशा सा छा जाता है जिसकी तुलना वस्तु जगत के नशे से नहीं की जा सकती। उसके जागरण के सामने स्त्री पुरुष का प्रेम भी फीका है। कुंडलिनी के ऊर्ध्व की यात्रा करने से मानव – साधारण मानव नहीं रह जाता उसका सम्बन्ध पूरे ब्रह्माण्ड से हो जाता है। वह चक्रों की यात्रा करते हुए अनेकों लोकों का भ्रमण करने लगता है।

चक्र मात्र द्योतक नहीं है। चक्र तो अपने आप में ब्रह्माण्ड के कई लोकों का रहस्य छुपाए हुए है। इस पिण्ड ब्रह्माण्ड में ही सब कुछ

सूक्ष्म–से–सूक्ष्म रूप में विराजमान है यह स्त्री और पुरुष दोनों में सामान्य रूप से है। स्त्री का हृदय कोमल होता है। स्त्री का मनस शरीर भी कोमल होता है। स्त्रियां चाहे तो इसमें बड़ी सहजता से सफलता प्राप्त कर सकती है क्योंकि उनके ग्राह्य शक्ति तीव्र होती है।

यह सूक्ष्म शरीर का जगत है। इसमें पाँच ज्ञानेन्द्रियां हैं जो भौतिक रूप नहीं है पर भौतिक से भी शक्तिशाली शक्ति के रूप में है। इसी में पांच कर्मेन्द्रियों का आश्रय शक्ति रूप में है। यह भी सूक्ष्म है। इन दसों इन्द्रियों के सहारे ही भौतिक शरीर काम करता है। जिसमें मन है जिसके द्वारा ये इन्द्रियां काम करती हैं।

यह मन ही संकल्प–विकल्प का कारण है और हम सब इस मनस शरीर की ही चर्चा कर रहे है। इसमें सब कुछ सूक्ष्म रूप में है। यह सूक्ष्म ही सूक्ष्म जगत से सम्बन्धित है। कुण्डलिनी भी सूक्ष्म जगत की चीज है। अगर यहां सूक्ष्म जगत – बाह्य करण क्षमता को अन्तःकरण की ओर कर दे तो यह शरीर जड़ हो जाता है – शरीर की समाधि हो जाती है। यह योगियों की कार्य–प्रक्रिया है। ऊंची अवस्था को प्राप्त किये योगी–समाधि की अवस्था में जाकर अपने शरीर को समाधिस्थ कर सूक्ष्म जगत में अपने सूक्ष्म शरीर से भ्रमण करते हैं। यह योगियों के संकल्प के अधीन है।

आपने आसमान में पतंग को उड़ते देखा होगा। पतंग एक डोरी से बंधे होते है। वह डोरी एक चर्खी में लिपटी होती है। उस डोरी को ढीला करने से पतंग आकाश में उड़ा चला जाता है। उस डोरी को चर्खी पर पुनः लपेटने से पतंग फिर अपने स्थान पर आ जाता है। इसी तरह से सूक्ष्म शरीर को योगी लोग भी वास अपने स्थान पर लौटा लेते है। यही योगियों का संकल्प होता है। यह डोरी जो है वह प्राण है। जो चर्खी का काम करता है वह हृदय–स्थल है – जो प्राणों का केन्द्र है। जो उदान वायु है वह इस सूक्ष्म शरीर को बाहर के समष्टि जगत के प्राण से जोड़े रहता हैं इसलिये इस मनस शरीर के साथ में प्राण और विज्ञान दोनों की गतिविधियाँ सक्रिय रहती हैं। क्योंकि इस सूक्ष्म शरीर में प्राण, मन और विज्ञान तीनों का सम्मिश्रण है।

प्राणमयकोश, मनोमयकोश और विज्ञानमयकोश इन तीनों से यह सूक्ष्म शरीर बनता है और इस सूक्ष्म शरीर में अठारह पूरे तत्व हैं। जिसके बारे में पहले चर्चा हो चुकी है।

जो सिद्ध योगी लोग होते हैं वे समाधि में निपुण होते हैं और समाधि से भी भिन्न अवस्था में रहकर स्वेच्छानुसार सूक्ष्म जगत में सूक्ष्म शरीर से यात्रा करते रहते हैं।

यह जो सूक्ष्म शरीर है इसी के द्वारा की चित्त में जन्म आयु और भोग देने वाली वासनाओं के संस्कार इकट्ठा होते हैं। यह उसी तरह से होता है जैसे पतंग की डोर अगर चर्खी से टूट जाये और उस धागे के दूसरे धागे से जोड़ दिया जाये। इस तरह से उस पतंग का सम्बन्ध जुड़े हुए धागे के द्वारा उस चर्खी से हो जाता है। मृत्यु एक ऐसी ही घटना है। हृदय रूपी चर्खी से प्राण रूपी डोरी जब टूट जाती है तो वह पतंग उड़ती हुई ऐसे गर्भ के पास पहुंचती है जिसको सूक्ष्म शरीर ने कर्माशय के रूप में कर रखा है। यहां प्रारब्ध संस्कार का निर्माण भी थोथा शरीर ही करता है अपनी सहयोगी शक्तियों के साथ।

यह जो मनस शरीर है इसमें सचमुच में कुण्डलिनी का जागरण होता हैं यह मात्र अपने आप से कहने या अनुभव करने से ही प्रमाणित नहीं हो सकता। अनेकों ऐसे साईकिक गुरु हो चुके हैं जो लोगों का इसके द्वारा दुरूपयोग करते आ रहे हैं कुण्डलिनी का प्रभाव वस्तु जगत पर भी पड़ता है। सूक्ष्म शरीर का प्रत्येक संपादन भौतिक शरीर पर होता है। व्यक्ति के अन्तस में घटने वाली हर क्रिया का प्रभाव बाहर भी पड़ता है।

हजारों लाखों लोगों के शरीरों को रोगी होते हुए आपने देखा होगा। सारे रोगों की यात्राएं अन्तःकरण से प्रारंभ होती है। सारे शरीर के संचालन की प्रक्रियाएं अन्तःकरण से सम्बन्धित हैं। इस भौतिक शरीर की जीवन डोर भी अन्तःकरण से जुड़ी है। कुण्डलिनी अन्तःकरण की ऊर्जा का एक केन्द्र है। वह जाग जाये और व्यक्तित्व पर प्रभाव न पड़े यह असंभव है। केवल यह भीतर का विषय नहीं हो सकता। भीतर कुछ भी घटा हो उसका प्रभाव तत्काल बाहर पड़ता है। व्यवहार पर पड़ता है। आचरण पर पड़ता है।

आचरण एक कसौटी है। आचरण एक साधन है। आचरण एक पहचान है। भीतर में जो घटा है। उसकी पहचान है। तुम्हारी कुंडलिनी जाग्रत हो गई हो। तुम अनुभव भी कर रहे हो, और उसका प्रभाव तुम्हारे व्यक्तित्व पर न पड़े यह कभी नहीं हो सकता। ये तुम्हारे मनस शरीर की झूठी संवेदनाएं हैं। यह झूठा अनुभव है यह तुम्हारी साईकिक अवस्था है।

यह एक ऐसा प्रयोग है जो जीवन धारा को ही बदल देता है। जब भी कोई प्रयोग किया जाता है तो कुछ–न–कुछ घटने लगता है। कुण्डलिनी जाग जाये तो फिर तुम संसारी नहीं रह सकते। कुण्डलिनी जाए जाये तो तुम मादक पदार्थों का सेवन नहीं कर सकते। कुण्डलिनी जाग जाये तो हिंसा करने की सारी वृत्तियां नष्ट हो जाती हैं। दूसरों को कष्ट देने की सोच भी समाप्त हो जायेगी। इस तरह की भावनाओं एवं कर्मो का प्रवाह तभी तक रहता है। जब तक कुण्डलिनी शक्ति न जगी हो। यह जिस क्षण से जाग जायेगी उसी क्षण से विश्वातीत भाव आ जाएगा और कोई दूसरा है। ऐसी भावना समाप्त हो जाएगी।

तुम लोग सोचो, आँखे खुली हों और रास्ते में टटोल–टटोल कर, पूछ–पूछ कर चल रहे हो तो उसे क्या कहा जायेगा। तुम्हारी आँखे अभी खुली नही है। तुम्हारे जीवन की ये सारी गतिविधियाँ तुम्हारी स्थिति का परिचय दे रही है। जीवन का भय, संसार से डर–गिर जाने का डर, खो जाने का भय, डर–डर कर चलना, यह साबित करता है कि तुम्हारी कुण्डलिनी अभी जाग्रत नहीं हुई है। तुम विचारों के सम्मोहन में हो। तुम उन. गुरुओं के अन्धविश्वास में हो जिनकी ये साईकिक शिक्षाएं हैं। विचारों का ढोना है। यह निश्चय करके चलो कि कुण्डलिनी का जाग जाना क आमूल परिवर्तन है, यह महाव्रत है।

ये सारे प्रयोग प्रामाणिक हैं चाहे वे साईकिक ही क्यों न हों, मनोगत दशाएं भी परिवर्तन लाती हैं। अगर वह सब तुम्हारे साथ घट रहा है जो प्रामाणिक है तो तुम आगे बढ़ सकते हो। झूठ तुम्हें आगे नहीं जाने देगा लेकिन सच तुम्हारे आगे के दरवाजों को खो देगा। झूठ में रजोगुण पर तमोगुण का ज्यादा प्रभाव होगा और जो सच है, जागृति है उसमें रजोगुण पर सतोगुण का ज्यादा प्रभाव होगा।

मनस शरीर में जब बहुत कुछ काल्पनिक होगा या स्वप्निल जैसा होगा तो उसमें तमोगुण की रजोगुण पर प्रभाव होगा। परन्तु वास्तव में उसके द्वारा आचरण में कोई परिवर्तन नहीं होगा – जीवन एक नाटक बनकर रह जायेगा। जब मनस शरीर समाधि की यात्रा में होता है तब सात्विकता की प्रधानता होती है। रजस पर, तब सूक्ष्म प्रकाशित होता है अन्तस की यात्रा में।

इसीलिये मैं कहता आ रहा हूँ कि यह जो चौथा शरीर है जिसे मनस

शरीर कहते हैं यह बहुत ही कम लोगों का विकसित हो पाता है। अगर इस सूक्ष्म शरीर का चौथा शरीर विकसित हो जाये तो व्यक्ति चमत्कारों से मुक्त हो जायेगा। इस दुनिया में जितने भी चमत्कार हो रहे हैं उनके पीछे इस शरीर के विकास का न हो पाना है। बहुत से लोगो इस चौथे शरीर के होकर रह गए हैं। उन्होंने काफी साधना की पर परिपक्व हुए बिना – चौथे शरीर की साईकिक अवस्था से जुड़ गए – सिद्धियों ने उन्हें पकड़ लिया। बहुत से सन्तों–साधकों ने तपस्या की, योग किये – ध्यान किये – धारणाएं की – एकाग्रता का प्रयोग किया सम्मोहन की साधन की – तन्त्र के प्रयोग किये – त्राटक किये लेकिन अपने लक्ष्य को प्राप्त किये बिना चमत्कारों में खोकर रह गए। वे चमत्कार जादू बन गए– चौथे शरीर का घर ही मिराफिल्म का घर है, चमत्कारों का घर है, लोग इससे आगे बढ़ नहीं पाए। इसी कारण, विभूतियां पैदा होती हैं, जटाओं से दूध निकलता है इसी के कारण नकली भगवान बन जात हैं जो अवतारों का जामा पहन लेते हैं।

इस चौथे शरीर के थोड़े से विकास के कारण ही लोग झूठी कुण्डलिनी को जगाते हैं। साधकों को भावतात्मक ध्यान–समाधि में ले जाते हैं और व्यक्ति विचारों के सम्माहेन में अपने मन को मना लेते हैं। यह ठीक वैसा ही हो गया है कि कोई चौदह साल का हो गया हो – उसकी बुद्धि का विकास हो पाया हो, उसके लिये किसी तीव्र बुद्धि वाले व्यक्ति द्वारा किया गया प्रयोग ही चमत्कार हो जाएगा। स्कूल और कॉलेज में ऐसी कई घटनाएं हो जाती हैं।

आज सूर्य ग्रहण और चन्द्र ग्रहण का पता पहले ही लग जाता है। ज्योतिष शास्त्र और कम्प्यूटर साईंस ने इसे आज सहज बना दिया है। पर हजारों साल पहले कोई कह देता था कि सूर्य या चन्द्रमा पर ग्रहण लगेगा तो वह एक बड़ा चमत्कार समझा जाता था। वह व्यक्ति बड़ा पूज्य माना जाता था, यह गणित है। यह कार्य अब एक मशीन भी कर देती है।

आज भी लोग चमत्कार कर रहे हैं – चमत्कार से लोगों को प्रभावित कर रहे हैं। लोग उन्हें पूज रहे हैं। कोई तावीज से राख निकाल रहा है। कोई मुख से घड़ी निकाल रहा है। कोई हाथों से भस्म पैदा कर रहा है। कोई मुर्तियां निकाल रहा है। कोई बाल्टी से मिठाई

बांट रहा है। ये सब चौथे शरीर की बात है – ये सब आम लोगों के पास नहीं है इसलिये यह एक चमत्कार है। आप लोग अभी दूसरे पर तीसरे शरीर पर हैं।

अब तो अनेकों बच्चों को ट्रेनिंग देकर दूसरे शरीर की अवस्था से ही चौथे शरीर की अवस्था में लाया जा रहा है या दूसरे शरीर से तीसरे शरीर की अवस्था में लाया जा रहा है – अभ्यास से या अतीन्द्रियों को जगाकर। अनेकों ऐसे बालक मिल जाएंगे जो 4–5–6–7 वर्ष की अवस्था में ही भागवत कथाएं करने लगे हैं। बड़े मंजे हुए ढंग से। परन्तु इससे उनके भोग का शरीर का भाव का शरीर दब जायेगा। वे मात्र उसी के होकर रह जाएंगे।

ऐसा ही चौथे शरीर के साथ हैं। अब अनेकों बाल साईं बाबा – साईं नाथ हो गए हैं जो स्वयं को साईं अवतार कहने लगे हैं। स्वयं को कलि का अवतार घोषित कर दिया है। वे हाथों से विभूति निकाल सकते हैं – यह सब चलता रहेगा। जब तक इसका ज्ञान नहीं दिया जाएगा – इसकी शिक्षा नहीं दी जायेगी। कोई–न–कोई व्यक्ति इसका फायदा लेता ही रहेगा।

यह जो चौथा शरीर है, इसके विकास में अट्ठाईस वर्ष लग जाते हैं। अगर यह पूर्ण रूप से चाहे वह पचास वर्ष का हो जाये या सत्तर वर्ष का रहेगा वहीं, चौथे शरीर में ही। आपने ऐसे कई व्यक्ति देखे होंगे जो 80–90 वर्ष के होने के बावजूद चौथे शरीर में ही स्थित हैं। चमत्कारों के सिवाय उनका और ज्यादा विकास नहीं हो पाया है। न तो बुद्धि के विकास का और न ही भाव या भोग का। उनका शरीर पाँचवें शरीर में प्रवेश नहीं कर पाया है। वे नहीं जान पाये हैं कि अध्यात्म शरीर किसे कहते हैं उनकी दृष्टि में उन्हें यह जानने की आवश्यकता नहीं है क्योंकि उनका अस्तित्व मिट जाएगा। उनका अवतार उनका भगवान मर जाएगा, मिट जाएगा।

•••

आत्मा का शरीर

अब आप लोगों की जीवन यात्रा में पांचवें शरीर का प्रवेश हो रहा है। यह अट्ठाईस वर्ष के बीत जाने के बाद अपना कदम रखता है और यह जीवन के पैंतीस वर्ष तक विकसित होता रहता है। यह भी सात साल की यात्रा है। यह आदमी को पूर्ण बनाने की यात्रा है – व्यक्ति यही पर आकार पूरा होता है।

लेकिन ऐसा संभव नहीं हो पाता क्योंकि जो चौथा शरीर है वह पूर्ण विकसित नहीं हो पाता। दुनिया में बहुत कम लोग चौथे शरीर से ऊपर उठ पाये हैं। सारे विश्व के मानव जाति पर अन्वेषण करेंगे तो आप को यह जानकर आश्चर्य होगा कि अधिकांश मानव चौथे शरीर तक ही रहकर चले गये हैं।

आत्मा केवल एक नाम के रूप में जाना गया है आत्मा का अनुभव नहीं रहा है। आत्मा केवल बातचीत का विषय ही रह गया है। वहां तक पहुंचने का प्रयास कुछ लोग ही कर पाए हैं। जिन लोगों ने वहां तक ही यात्रा की वे आत्मवादी बन कर ही रह गये। वहीं पर उनकी यात्रा पूरी हो गई। उन्होंने सोचा कि उन्होंने आत्मा को पा लिया तो सब कुछ पा लिया। पर आत्मा हमारी यात्रा का चरम लक्ष्य नहीं है। अगर तुम आत्मा पर रूक जाओगे तो परमात्मा को खो दोगे। जो लोग आत्मा पर रुक गए हैं उन्होंने परमात्मा को नंहीं पाया है, उन्होंने ईश्वर को स्वीकार नहीं किया है, वे कह गए है कि ईश्वर नहीं है – कोई परमात्मा नहीं है कोई ब्रह्म नहीं है।

यह ठीक ऐसा ही है जैसा कि कोई पहले शरीर पर रुक जाता है। वह कह देता है कि कोई आत्मा नहीं है। पहले में शरीरवादी है और भौतिकवादी भी है। वे शरीर को ही सब कुछ समझते हैं। शरीर मर जाता है तो उनके लिये सब कुछ मर जाता है। इसी प्रकार मनवादी है।

उसके लिये आत्मा कुछ नहीं है। वह भी मन को ही सबकुछ समझता है। उसके लिये चमत्कार ही भगवान है। वह भी आत्मा और ईश्वर को नकारता है। ठीक ऐसा ही आत्मवादी करता हैं। कहता है कि आत्मा ही सब कुछ है। इससे आगे कुछ भी नहीं है। यह परमधाम है। परम स्थिति है पर यह जो कुछ भी है पाँचवां शरीर यह चार शरीरों के बाद अपना स्थान पाता है। तब तक जीवन यात्रा के अट्ठाईस साल गुजर जाते हैं।

इस शरीर का बहुत मूल्य है। इस शरीर का अपना विशेष महत्व है। तुम लोग जिस शरीर पर जितना गहरा स्थिर रहोगे उतना ही तुमसे पीछे शरीर के लोग तुम्हें चमत्कारिक समझेंगे। इसलिये चौथे शरीर का महत्व रह ही जाता है। जब तक चौथे शरीर में कुण्डलिनी का जागरण नहीं होते, तब तक पांचवें शरीर में प्रवेश पाना मुश्किल है ज्यादातर साधक कुण्डलिनी को जगा नहीं पाते। वे लोग चौथे शरीर के ही बनकर रह जाते हैं। चौथे शरीर में अद्‌भुत क्षमता है। अद्‌भुत चमत्कारिक शक्ति है। सिद्धियां हैं झूठ को सच के रूप में प्रदर्शन करने की क्षमता है। इस मन के क्षेत्र में ही सूक्ष्म शरीर का क्षेत्र है जिसमें प्राण शक्ति की सभी गतिविधियां हैं और विज्ञान का भी प्रभाव क्षेत्र है।

कुण्डलिनी शक्ति सूक्ष्म शरीर का ही हिस्सा है। जब तक यह नहीं जाग जाती तब तक पांचवें शरीर की ओर गति संभव नहीं। आज आध्यात्मिक क्षेत्र में ज्यादातर कुण्डलिनी जगाने की साधनाएं करवाई जा रही हैं। बहुत सी साधनाएं योग से जुड़ी हुई हैं। और बहुत सी साधनाएं गांव से विचार से जुड़ी हुई हैं। इनमें से कोई भी सही रूप से कुण्डलिनी को जगा नहीं पा रहा है। सभी योग द्वारा प्राप्त सिद्धियों में ही ठहर जाते हैं। विचारगत साधना में साईकिक पावर से जुड़ जाते हैं और समझ लेते हैं कि इसके आगे कुछ भी नहीं। मन ही उनकी मंजिल बन जाती है। मन का घर उनका घर बन जाता है। इस प्रकार यह पांचवां शरीर आत्मा का शरीर अज्ञात ही रह जाता है। वे लोग यह भूल जाते हैं कि इस सूक्ष्म जगत ही सक्रियता के पीछे भी कारण है। सूक्ष्म जगत की कार्य क्षमता में भी एक अदृश्य सत्ता का हाथ है। इस कुण्डलिनी के जागरण के बाद अथवा चौथे शरीर के प्रभाव से मुक्त होने के बाद ही आत्मा का साक्षात्कार होता है जो इस शरीर रूपी संपूर्ण गतिविधियों का हेतु है। भौतिक शरीर – सूक्ष्म शरीर की सुषुप्ति के बाद उसका उदय होता है। वह कारण शरीर है – जो आत्मचेतना से प्रभावित है जिसमें

अहंकार बीज रूप से छिपा होता है। वह मन के निर्माण का कारण भी है। वह अहंकार बीज रूप में छिपकर अपने कार्य को बन्द कर लेता है जिसे हम सब अस्मिता कहते हैं। यह अस्मिता ही कारण शरीर है। इसमें तमोगुण – रजस को इतना दबा देता है कि सूक्ष्म शरीर स्वप्न में भी कार्य करने में असमर्थ हो जाता है तब सुषुप्ति अवस्था आती है। इस अवस्था में केवल कारण शरीर में ही कार्य होता है और बाकी सारे शरीरों कार्य ठहर जाता है। कारण शरीर में तम से आच्छादित हो जाने के कारण केवल अभाव की प्रतीति होती है और तमोगुण के अन्धकार के ही कारण न बाहर का ज्ञान और न ही भीतर का ज्ञान होता है।

सूक्ष्म शरीर जो चौथा शरीर है उससे आगे का यह शरीर है। यह भाव और विचार से परे है। यह विचार द्वारा ड्राईव नहीं होता। यह मन संकल्प और विकल्प से भी परे है, यह आत्मा का शरीर है जब मृत्यु होती है तब सूक्ष्म शरीर के साथ–साथ इसकी यात्रा होती है। इस सूक्ष्म शरीर की उम्र लाखों करोड़ों वर्ष की होती है। योगी जन इसमें रहकर लोक लोकान्तरों का भ्रमण करते हैं। बहुत से योगी–यति सूक्ष्म शरीर से भी साधना करते हैं। वे भौतिक शरीर इसलिये धारण नहीं करते कि वर्तमान कर्म उनके कर्मों को प्रभावित कर देगा तथा पुनः संसार की माया से भटकाव प्रारंभ हो जायेगा।

वे सूक्ष्म शरीर में साधना करके विवेक ख्याति को प्राप्त कर जाते हैं जो कारण शरीर में होता है। यह पांचवां शरीर है। यहां चित्त को आत्मा का दर्शन होता है। इसमें समाधि का महत्व है। समाधिष्ठ योगी ही चौथे शरीर को पार कर पाता है। समाधिष्ठ योगी को आवश्यकता नहीं कि वह कुंडलिनी को जाग्रत करे। वह अपने संकल्प से ही भौतिक – सूक्ष्म शरीर को सुषुप्ति में रख सकता है। पर समाधिष्ठ योगी चाहे तो अपनी इच्छा शक्ति से कुंडलिनी को जगा सकता है और चक्रों का भेदन कर सकता है। वह साईकिक बॉडी से बहुत दूर निकल जाता है। ऐसे योगी को कोई चमत्कार, सिद्धि प्रभाव नहीं डाल पाते। वह आत्म साक्षात्कार के बाद भी निर्वाण और ब्रह्म शरीर का यात्री होता है।

विवेक ख्याति में आत्मा की चित्त से भिन्नता समझ में आ जाती है। और चित्त द्वारा आत्मा का साक्षात्कार होता अनुभव होता है। परन्तु आप यह न समझ लेना कि यह आत्मा का शुद्ध रूप है। यह जो विवेक ख्याति है यह भी अनुभव कर्ता की एक वृत्ति के उत्पन्न होने का कारण

होता है। जब योगी इस वृत्ति को भी त्याग देता है। तब इस कारण शरीर से भिन्न जो आत्मा का अपना परमात्म स्वरूप है। वह प्राप्त हो जाता है। यह योगियों की समाधि है।

इसमें समाधि की एकाग्रता इतनी बढ़ जाती है और सत्व रजस को इतना दबा देता है कि सूक्ष्म शरीर की सारी क्रियाएं ढक जाती हैं। क्षमताएं दब जाती हैं और बाह्य वृत्तियां या सूक्ष्म शरीर की जो कार्य प्रक्रियाएं है वे दिखने और दिखाने में असमर्थ हो जाती हैं। यह सब कुण्डलिनी के जागरण से भी घटता है और सत्व का प्रकाश प्रकाशित होता है तथा पांचवें शरीर का आत्मा के शरीर में प्रवेश हो जाता है।

पाँचवें शरीर में प्रवेश कर– पूर्ण विकसित होने में सात साल लग जाते हैं। जीवन के 35 वर्ष बीत जाते हैं स्वाभाविक रूप से इस अवस्था में आने पर। परन्तु अधिकांश लोग यहां पहुंच नहीं पाते। यह तो योगियों का घर है। प्रेमियों का घर है, उच्च्य कोटि के साधकों का घर है।

मैं इस विषय में और आगे बढ़ूं – इसके पहले कुछ बातें बताना चाहूंगा। मैं अभी समाधि की चर्चा नहीं करना चाहता। यह विकास के मार्ग की साधना है। यह तो योगियों का घर है। योगियों की कला है। जीवन पथ पर आरोहण के लिये। पर समाधि के बिना चौथे शरीर से मुक्त होना संभव भी नहीं है।

जीव माया में उलझा है। जीव माया में फंसा है। जीवन स्वयं माया का साथ दे रहा है और माया से मुक्ति का साधन समाधि है या फिर कृपा। मैं आगे आप लोगों को वहीं ले जाऊंगा। जहां अभी छोड़ रहा हूं। आत्मा के शरीर अर्थात् कारण शरीर तक। कुछ विशेष बात आप लोग अवश्य जान लें। तब यह आगे बढ़ने में काम आएगा।

संसार और सृष्टि को समझने के लिये योग जरूरी है और योग के विषय को जानने के लिये चित्त को समझना जरूरी है। चित्त और चित्त के स्वरूप और सृष्टि के क्रम का ज्ञान होना जरूरी है। अगर यह नहीं जानते तो फिर भैंस के आगे बीन बजाने के समान होगा।

मैं जो कुछ भी कह रहा हूँ ये सब उधार की बातें नहीं हैं। मैं अनुभव की बात कर रहा हूँ। मैं चाहता हूँ कि आप सब लोग इस अनुभव से गुजरें। यह एक विज्ञान है। प्रामाणिक है। प्रयोगिक है। हर किसी भी जीवन यात्रा अपने आप में एक प्रयोग है। सब उस जीवन यात्रा के यात्री आप बने हैं तो फिर एकाग्रता संयम और द्रष्टा भाव से जीना सीखें। यह समाधि की यात्रा होगी।

समाधि के बिना इस जगत को – इसी शरीर को जो वस्तु से जुड़ा है, समझना मुश्किल होगा और बिना समाधि के चित्त और ब्रह्म के अनुभव से गुजरना कठिन होगा।

समाधि के मार्ग में ही सारी साधनाएं आ जाती हैं। जिसकी चर्चा बाद में करूंगा। मैं प्रकृति को देख रहा हूँ और पुरुष को भी। दो दिशाएं हैं। सृजन प्रकरण में – सृजन के अवतरण में एक मूल प्रकृति है जो जड़ है। अलिंग है – परिणाम देने वाली है। त्रिगुणमयी है। जिसमें प्रकाश – क्रिया और स्थिति है। प्रकाश सत्व की क्रिया है। धर्म है। क्रिया रज की क्रिया है, धर्म है और स्थिति तय का धर्म है। जो गुण है वह अपने स्वरूप से ही परिणाम देने वाले स्वभाव के हैं। इसलिये इनकी सत्ता मात्र के साम्य परिणाम होते हैं सत्व से – सत्व में। रज–से–रज में। और तम–से–तम में।

इन गुणों के जो विषय अवस्था वाले परिणाम है उनके प्रत्यक्ष होने से – वे अनुमान द्वारा ही जाने जाते हैं और गुणों के साम्य परिणाम वाली अवस्था को ही मूल प्रवृत्ति कहते हैं। अर्थात् सभी गुण जहां जाकर अवस्थित हो जाते हैं अथवा जो सभी गुणों को प्रसूता भूमि है उसी का नाम मूल प्रकृति है। यह परोक्ष नहीं है। यह प्रत्यक्ष भी नहीं है। यह अवयक्त गुणों का परिणाम पुरुष के लिये निष्प्रयोजन है।

दूसरी तरफ पुरुष है। पुरुष का प्रयोजन भोग है और अपवर्ग है। जो भोग है वह गुणों के परिणामों का यर्थाथ रूप से साक्षात्कार है और जो अपवर्ग है वह पुरुष के स्वरूप की स्थिति है बिना गुणों के साक्षात्कार किये स्वरूप की स्थिति दुर्लभ है। चेतन तत्व जो है उसका शुद्ध स्वरूप जड़ तत्व से सर्वथा विलक्षण है।

जड़ तत्व के सम्बन्ध के कारण ही उसको ईश्वर कहा जाता है। जीव का नाम है, संज्ञा है। जड़ तत्व परिणामी और नित्य है। चेतन तत्व कूटस्थ और नित्य है। जड़ तत्व विकारी है। चेतन तत्व निर्विकारी है। जड़ तत्व सक्रिय है। चेतन तत्व निष्क्रिय है। जड़ तत्व में ज्ञान, नियम तथा व्यवस्थापूर्वक क्रिया है।

यह सब चेतन तत्व की सन्निधि से है। यह चेतन तत्व क्रिया का निमित्त कारण है और जड़ तत्व उपादान कारण है। समष्टि जड़ तत्व के सम्बन्ध से चेतन तत्व का नाम पुरुष पड़ा है। इसे ईश्वर कहा गया है। वह सर्वज्ञ है। वह सर्व व्यापक है और सर्वशक्तिमान है। उसी के स्वाभाविक ज्ञान द्वारा पुरुषों के कल्याणार्थ गुणों में जो विषय परिणाम हो

रहा है। यही सारी सृष्टि की रचना है जो इस प्रकार से है – (1) पहला विषम परिणाम जो है वह महत्तत्व है। इसमें सत्वगुण में रजोगुण की क्रियामात्र है और तमोगुण की स्थिति मात्र है। सहज में इसे इस प्रकार कहा जाएगा कि सत्वगुण प्रधान है। रजोगुण और तमोगुण लिंग मात्र – यह प्रथम विषम परिणाम महत्तत्व है।

यह सृष्टि को बीज रूप है। यही लिंग है। इसी से सारी सृष्टि का प्रादुर्भाव हुआ है। यह सृष्टि के सृजन का बीज रूप है। यह योगियों के लिये समष्टि चित्त और व्यष्टि चित्त है। सॉरण्य इसे समष्टि बुद्धि और व्यष्टि बुद्धि कहता है। वेदान्त चेतन तत्व महत्तत्व (समष्टि चित्त) के बारे में हिरण्यगर्भ कहा है और व्यष्टि चित्त के बारे में तैजस कहा है। यह चित्त व्यष्टि रूप में पुरुष के लिये गुणों का साक्षात्कार करवाने का सांधन है।

यही मन, बुद्धि अहंकार और चित्त को एकार्थक रूप में जाना गया है तो कहीं पर चार प्रकार के वृत्ति भेद होने के कारण इसे अन्तःकरण चतुष्ट्य कहा गया है। इनमें संकल्प–विकल्प होने के कारण मन कहा जाता है। अहं भाव प्रकट करने के कारण अहंकार कहा गया है। निर्णय और निश्चय करने की क्षमता रखने के कारण बुद्धि कहा गया है। स्मृति तथा संस्कारों से भरे रहने के कारण चित्त कहां गया है।

संस्कार योगियों ने बुद्धि में चित्त को समाहित कर लिया है और योग के योगियों ने चित्त में बुद्धि को सम्मिलित कर लिया है। सिद्धान्त के कारण सांख्य दर्शन शास्त्रियों ने बुद्धि द्वारा सब पदार्थों को विवेकपूर्ण निर्णय करने के कारण बुद्धि कहा है। क्रियात्मक होने से योगियों ने योग में चित्त द्वारा अनुभव और साक्षात्कार करना साबित किया हैं।

यह चित्त एक दर्पण के समान है। यह फोटो लेने की प्लेट के समान है। यह सभी प्रकार के विषयों को पकड़ भी लेता है। ग्राह्य भी है और ग्रहण भी। इस चित्त में ही सुख–दुख–मोहादि सत्व–रजस तमस के परिणाम होते हैं। यह चित्त ही वृत्तिमात्र से सूक्ष्म शरीर के साथ एक स्थूल शरीर को छोड़कर दूसरे स्थूल शरीर में जाता है।

मृत्यु के बाद आने–जाने वाली सूक्ष्म देह के साथ यही चित्त की ही वृत्ति है। यही संस्कार – प्रारब्ध को ढोता है। इस चित्त में ही अहंकार बीज रूप में रहता है और पुरुष केवल इसका द्रष्टा है।

दूसरा जो विषम परिणाम है वह अहंकार है। अहं भाव से व्यष्टि और समष्टि आदि प्रकार की जो भिन्नताएं हैं उसका कारण यह अहंकार है जो

महत्तत्व का दूसरा विषम परिणाम है। महत्तत्व की दूसरी विकृति है। अहंकार से ही ग्राह्य और ग्रहण भेद वाले दो परिणामों की उत्पत्ति होती है।

और तीसरा परिणाम जो है वह अहंकार का परिणाम है। ग्यारह इन्द्रियां है। परस्पर भेद वाली – पांच ज्ञानेन्द्रियां शक्ति रूप में जो श्रोत्र, त्वचा, चक्षु, रसना तथा घ्राण है। इसी प्रकार परस्पर भेद वाली पाँच कर्मेन्द्रियां हैं शक्ति रूप में हाथ–पैर–गुदा–वाक्–उपस्थ (मूत्र त्याग करने की इन्द्रिय) और ग्यारहवां मन है। ये ग्यारह विभाजक अहंकार के ग्रहण करने वाले विषम परिणाम हैं। विकृति है।

और चौथे ग्राह्य विषम परिणाम पांच तन्मात्राएं हैं। परस्पर भेद वाली शब्द तन्मात्रा–स्पर्श तन्मात्रा–रूप तन्मात्रा रस तन्मात्रा–गन्ध तन्मात्रा। ये भेदभाव उत्पन्न करने वाले विभाजक अहंकार के ग्राह्य विषम परिणाम है।

पाँचवां ग्राह्य स्थूल विषम परिणाम है अर्थात् पाँच स्थूल भूत–पृथ्वी–जल–अग्नि–वायु और आकाश। ये पाँच तन्मात्राओं की ग्राह्य स्थूल विकृत्तियां हैं। इन सब अवतरित हुए तत्त्वों में – सत्व में – रजस तथा तमस का प्रभाव क्रम से बढ़ता जाता है। इस तरह महत्तत्व की अपेक्षा अहंकार में – अहंकार की अपेक्षा पंच तन्मात्राओं में और ग्यारह इन्द्रियों में और पाँच तन्मात्राओं की अपेक्षा पांचों स्थूल भूतों में रजस और तमस की मात्रा क्रमशः बढ़ती जाती है। यहां तक कि पांचों स्थूल भूतों में रजस तथा तमस की मात्रा ज्यादा बढ़ जाती है और रजस तमस प्रधान रूप में आ जाते हैं। इसी में हमें इन नजरों से दिखाई पड़ रहे हैं।

ये भौतिक तक यात्रा पूरी कर चुके है। सृष्टि का अति सूक्ष्म महत्तत्व से भौतिक तक की यात्रा है। इसे सूक्ष्मता की ओर ले जाने को समाधि कहा गया है।

प्रकृति से महत्। महत् से अहंकार। अहंकार से सोलह – पांच तन्मात्राएं ग्यारह इन्द्रियों का निर्माण। और जो पाँच तन्मात्राएं हैं उनसे पाँच स्थूल भूत बने। अब जो प्रकृति है वह विकार नहीं है। वह केवल प्रकृति है। वह किसी से उत्पन्न नहीं हुई है उसमें केवल उत्पन्न करने की क्षमता है।

प्रकृति – यह मूल प्रकृति है। महत्तत्व – अहंकार – पाँच तन्मात्राएं– ये सातों प्रकृति भी हैं और विकृति भी। क्योंकि ये पैदा भी हुए हैं और इनसे पैदा भी होता है। ये पैदा हुए हैं – इसलिये यह प्रकृति है। और पैदा किये हैं इसलिये – विकृति भी है। पाँच स्थूल भूत और ग्यारह

इन्द्रियां ये सोलह मात्र विकृतियां हैं। विकार हैं। ये प्रकृति नहीं हैं क्योंकि इनके द्वारा किसी और तत्व का निर्माण नहीं होता।

पुरुष न प्रकृति है और न विकृति। यह पुरुष मात्र प्रयोजन है। भोग और अपवर्ग। गुणों की साम्य अवस्था। मूल प्रकृति तथा गुणों के विषम परिणाम। सात प्रकृतियाँ विकृतियाँ ये अनादि है और आरम्भ रहित है। अर्थात महत्तत्व अहंकार और पांच तन्मात्राएं।

सोलह जो विकृतियाँ हैं उनमें ग्यारह इन्द्रियां हैं और पांच स्थूल भूत है जिनमें यह सारा विश्व बना है। ये हैं जो परिवर्तनशील। पर प्रवाह से यह भी अनादि है। यह हमेशा प्रलय में मृत्यु के समय अपने–अपने कार्य स्वरूप को कारण में लीन कर देते हैं और दूसरे जन्म या दूसरी सृष्टि में फिर से पहले की तरह उत्पन्न हो जाते हैं। यह गति – यह प्रवाह प्रत्येक जन्म में या प्रत्येक हो जाते हैं। यह गति – प्रवाह प्रत्येक जन्म में या प्रत्येक प्रलय सृजन में क्रम से ही होता है इसलिये ये भी प्रवाह से अनादि है।

अब सूक्ष्म में थोड़ा ध्यान दो क्योंकि यह बाद में काम आएगा। ग्राह्य–ग्रहण रूप से जो स्थूल भूत से लेकर महत्तत्व तक है। जिनमें गुणों के सारे परिणामों को पुरुष अर्थात् आत्मा का साक्षात्कार कराने वाला एक मात्र चित्त ही साधन है। इस तरह गुणों द्वारा निर्मित इस जगत का साक्षात्कार करना भोग कहा जाता है।

यह समाधि है और समाधि में सम्प्रज्ञात समाधि है। जिसे हम सब सिद्धियों के लिये प्रयोग करते हैं। इन सभी गुणों से बने परिणामों के साक्षात्कार – भोग के बाद स्वरूप स्थिति को प्राप्त करना अपवर्ग है। इस अपवर्ग अवस्था को ही असंप्रज्ञात समाधि कहते हैं।

यह समाधि सभी अवस्थाओं में चित्त का धर्म है। इस धर्म के छिपे रहने और प्रकट न होने के कारण यह है कि हमारा सारा व्यवहार स्थूल जगत अर्थात् सोलह विकारों में ग्राह्य के रूप में चल रहा है। इनमें तम और रज की प्रधानता है और सत्व गौण रूप से दबा है।

इस विषय में आप सबके साथ सभी जन मानस की आसक्ति हो जाने के कारण तमस और रजस के परिणाम – राग–द्वेष और अभिनिवेश के संस्कार रूप आवरण छाए हैं। संसार में भटकाव ज्यादा है। अहंकार में जो रजस–तमस की मात्रा है उससे अस्मिता के कारण क्लेश आदि पैदा होते हैं जो चित्त सत्व, रजस और तमस का विकार है। उससे

अविद्या क्लेश–अविवेक पैदा होता है। ये सब वृत्तियां हैं जो मलिन और विक्षिप्त हुए चित्त की सात्विकता पर प्रतिक्षण पड़ रहा है।

मूढ़ावस्था में जब तम प्रधान हो जाता है तब निद्रा–आलस्य–प्रमाद आदि तामसी वृत्तियाँ उत्पन्न होती हैं। विक्षिप्तावस्था में जब रज प्रधान होता है तब चंचल – अस्थिर करने वाली राजसी वृत्तियाँ पैदा हो जाती हैं और विक्षिप्तावस्था में वस्तु के यथार्थ स्वरूप की प्रकाशक सात्विक वृत्तियां उदय होती हैं। किन्तु ये सात्विक वृत्तियां राजसिक वृत्तियां से अस्थिर और चलायमान होती रहती हैं।

इन सभी कारणों से – मन की सभी विषयों की ओर जाने की प्रवृत्ति बन गई है। यर्थाथ को प्रकाशित करने वाली क्षमता – चित्त की एकाग्रता का धर्म दबा रह जाता है। इस धर्म को जगाने के लिये अभ्यास से भरा वैराग्य युक्त होकर आगे बढ़ना होगा और आगे बढ़कर तमस और रजस को दबाना होगा। सत्व के प्रकाश में वस्तु का यथार्थ ज्ञान प्राप्त करना होगा। यह तभी सम्भव है जब समाधि की ओर बढ़े।

प्रथम धर्म को – रूप को छोड़कर दूसरे धर्म या रूप को धारण करने के परिणाम कहते हैं। सारा संसार गुणों का ही संनिवेश मात्र है। इसलिये प्रत्येक वस्तु में प्रति क्षण परिणाम हो रहा है। परिणाम दो तरह से हो रहा है। एक साम्य अर्थात् सरूप परिणाम जैसे दूध के बने रहने तक जो दूध–से–दूध में परिणाम हो रहा है उसको साम्य परिणाम कहते हैं। दूसरा दूध–से–दही बनते समय या उसमें और कोई अन्य विकार आते समय जो परिणाम होता है उस दूध से ही दही इत्यादि में होने वाले परिणाम को विषम अथवा विरूप परिणाम कहते हैं।

विषम परिणाम प्रत्यक्ष है – उस प्रत्यक्षता से ही साम्य परिणाम का अनुमान किया जाता है। इन परिणामों के लिये आपको अपनी निज जीवन यात्रा में समाधि के प्रयोग से गुजरना होगा। तन को योगी बनाना होगा। मन को योगी बनाना होगा। तब अन्तकरण की यात्रा प्रारंभ होगी और सारी विकृतियाँ अपनी मूल प्रकृति की ओर यात्रा में लग जाएंगी। इस यात्रा में घुलन – मिलन – विसर्जन नहीं है। इसमें सभी को उसी अवस्था में समाधि है और आगे भी यात्रा का मार्ग प्रशस्त है।

आईये हम सब पुनः पांचवें शरीर अर्थात् आत्म शरीर की ओर चलें जहां चित्त में अपना दर्शन होता है। आत्मा की बातें प्रायः सभी साधक सन्त आदि करते ही रहते हैं पर यह उनका मानसिक रोग है। मन की

एक सक्रिय क्षमता है। यह आत्मा मात्र एक शब्द है और यह शब्द अर्थ–विहीन है क्योंकि यह आत्मा आप सबका अनुभव नहीं है। जब तक आप लोग स्वयं इसका अनुभव नहीं कर लेते तब तक यह जीवन यात्रा अधूरी है। भले ही आप संसार के सबसे अमीर व्यक्ति हैं या आप संसार के उच्च दर्शन शास्त्री हैं अथवा उच्च कोटि के भागवत कथाकार हैं। विद्वान हैं – प्रभु–प्रेमी सन्त हैं फिर भी यह जीवन आपको वह आनन्द नहीं दे पाएगा जिसे सत् चित् आनन्द कहते हैं और न ही शारीरिक रोगों से मुक्ति मिलेगी।

आप भक्त हो सकते हैं। आप लोग प्रेमी भी हो सकते हैं। आप लोग हठ योगी, क्रिया योगी, सहज योगी, राज योगी – सभी कुछ हो सकते हैं लेकिन यह सब चौथे शरीर तक ही सीमित है जब तक कि आप आत्म–योगी नहीं बनते। जब तक आप संकल्प को सिद्ध नहीं करेंगे – तब तक समाधि नहीं होगी। जब तक आप लोग इस चौथे शरीर में – संकल्प से – कुण्डलिनी को नहीं जगा लेंगे तब तक पाँचवे शरीर में प्रवेश संभव नहीं है।

चौथा शरीर मायावी है। उसमें विचारों का – भाव का – प्रेम का – भक्ति का – विश्वास का – समर्पण का जाल बिछा है और इन सबका फल भी चौथे शरीर में छिपा है। आप लोग मन का प्रसाद पाकर ही रह जाते हैं। अपने प्रेम को सागर नहीं बना पाते हैं। आप अपनी भक्ति को मोक्ष दायिनी नहीं बना पाते हैं – यह सब किसी–न– किसी का होकर रह जाता है। यह किसी–न–किसी से एकाकार करा देता है – अधिकार बोध करा देता है।

इस प्रेम–भक्ति में पहचान है – व्यक्तित्व की। इसमें अस्तित्व की यात्रा नहीं है। प्रेम में कोई बन्धन नहीं होता। भक्ति की कोई सीमा नहीं होती। प्रेम तो एक आज़ादी है अपने में खो जाने की। प्रेम तो निज बोध – निज आनन्दमय होने का है – प्रेम तो स्वयं का विकास है – प्रेम तो अपना परिचय स्वयं देता है। प्रेम कभी दुख नहीं देता – प्रेम कभी खिलाफत नहीं करता – प्रेम स्वार्थी नहीं होता – प्रेम किसी को सताता नहीं – प्रेम तो अपने आप में महान् है।

प्रेम मे राग नहीं – प्रेम मं नफरत नहीं – प्रेम शिकायत नहीं करता – प्रेम तो अन्तरात्मा से संबंधित है। प्रेम कोई समझौता नहीं – आप सबको प्रेम का अर्थ समझना चाहिये। प्रेम की आँखे अपनी आँखे होती

हैं। प्रेम दूसरे की आँखों से नहीं होता। मैं आपको एक प्रेम कहानी सुनाता हूँ। मैं खुद साक्षी हूँ इस प्रेम का।

यह बात जयपुर की है। एक अमीर व्यक्ति की बात है। उस अमीर व्यक्ति से उसकी पत्नी बहुत प्यार करती थी। वह अपने पति के लिये कुछ भी कर सकती थी। लेकिन उसका पति उसे बिल्कुल प्यार नहीं करता था बल्कि वह अपनी पत्नी की मामी से प्यार करता था। उसने अपना धन–अपना तन तथा अपना मन उस औरत पर न्यौछावर कर दिया था। यह बात उसकी पत्नी अच्छी तरह जानती थी। वह यह भी जानती थी कि उसकी मामी सिर्फ धन के लिये उसके पति से प्यार करती थी तथा अपने पति एवं बच्चों को धोखा दे रही थी – साथ ही उस अमीर व्यक्ति को भी। उस अमीर व्यक्ति ने अपना सब कुछ उस कुलटा औरत के पीछे गंवा दिया यहां तक कि अपनी पत्नी का बैंक बैलेंस भी उस औरत के नाम कर दिया। अब उसकी हालत खराब होने लगी। धन खत्म हो गया तो उस औरत का नाटक भी खत्म हो गया वह उससे नफरत करने लगी। लेकिन वह व्यक्ति अब भी उसे दिलोजान से प्यार करता था। उसका स्वास्थ्य खराब होने लगा यहां तक कि मरने की स्थिति आ गई।

पत्नी ने अपने पति का अंत समय जानकर उससे पूछा कि उसकी अन्तिम इच्छा क्या है – पति संकोच में पड़ गया कुछ बोला नहीं – पत्नी ने फिर से पूछा तब हिचकिचाते हुए उसने अपनी इच्छा जाहिर की – वह उसी कुलटा स्त्री को देखना चाहता था जिसने उसे ठुकरा दिया था। पत्नी अपने पति से अथाह प्यार करती थी – उसने अपने पति की वह अंतिम इच्छा भी पूरी की। वह औरत – अपनी मामी के पास अपने पति को ले गई।

मामी उन्हें देखते ही आश्चर्यचकित रह गई – पूछने पर पत्नी ने बताया कि वह अपने पति की इच्छा पूरी करने के लिये आई है क्योंकि वह अपने पति से बहुत प्यार करती है। मामी ने कहा – तुम विचित्र औरत हो – जिस पति ने तुम्हें कहीं का नहीं छोड़ा उससे तुमने इस प्रकार का व्यवहार किया। पत्नी ने जवाब दिया – तुम तो अपने पति और बच्चों की नजरों से गिर गई हो – धन के पीछे तुमने अपना सर्वस्व गंवा दिया – तुम अपनी ही नजर में गिर गई हो – लेकिन मैं अपने पति से बहुत प्यार करती हूँ। मेरे भी बच्चे हैं परिवार है – मेरे हृदय में सच्चा प्यार है और मुझे अपने प्यार पर गर्व है।

अंत में पति की हालत सुधरने लगी लेकिन उसने उस औरत के घर जाना नहीं छोड़ा। पत्नी अपने पति का प्यार हृदय में संजोये हुए मृत्यु को प्राप्त हुई। कुछ दिनों के बाद पति भी अपने जीवन को ज्यादा नहीं ढो पाया।

आप सोच सकते हैं प्यार में कितनी गहराई होती है। प्रेम में ईर्ष्या नहीं होती। इसलिये इस प्रेम को जानने के लिये चौथे शरीर को पार करना होगा। इस प्रेम को जानने के लिये गहरे ध्यान में उतरना पड़ेगा तथा गहरी मौनता से उतरना पड़ेगा। प्रेम की अपनी विकिरण शक्तियां हैं, प्रेम की अपनी रश्मियाँ हैं, प्रेमी बन जाओ, प्रेममय बन जाओगे। प्रेम अपना प्रभाव बता देगा – इसीलिये तो कृष्ण के साथ सारी गोपियां थी। प्रेम सबके हृदय में था। किसी–को–किसी से कोई शिकायत या राग द्वेष नहीं था।

प्रेम तो एक सुन्दर श्रृंगार है। प्रेम केवल 'हाँ' कहता है। लेकिन प्रेम में 'ना' भी होती है क्योंकि प्रेम अन्धा नहीं होता।

प्रेम में गहरी पहचान है। प्रेम में छल नहीं है। प्रेम में सुन्दरता का अपार गुण है। इसीलिये मैं कह रहा था – आत्मा को मात्र शब्द ही न रहने दो। मात्र शब्द का कोई अर्थ नहीं – केवल एक नाम है केवल कहने के लिये। आपको आत्मा से साक्षात्कार करना चाहिये। यह तभी संभव है जब चौथे शरीर का भेदन कर पांचवें शरीर में पहुंचोगे। चौथे शरीर ने आप सबको पकड़ रखा है। आप सब प्रेम करते हो, पर उस प्रेम में समझौता है, सौदा है, चाहत है।

आप लोग भक्ति करते हो – पर उस भक्ति में पहले से ही कोई बैठा है। आप की भक्ति में कोई गुरु, इष्ट या कोई देवता अथवा भगवान् बनकर कोई अवतार बैठा है। आप लोग योग करते हो, धारण करते हो, ध्यान करते हो, पर इन सबका लक्ष्य बंधा हुआ है। आप सिद्धियों से बंधे, चमत्कार से प्रभावित हो, इसलिये चौथे शरीर से आप बाहर नहीं आ पा रहे हो।

जब तक इस प्रेम को, भक्ति को, योग को, ध्यान को पहले किसी ही 'चाह' से मुक्त करो। अगर आप चाहते हो कि यह प्रेम, यह भक्ति, यह योग – यह ध्यान दुर्लभ हो जाये तो पहले इसे अपने स्वतंत्र रास्ते पर आने दो। जब तक आप इन्हें साधनाओं से मुक्त नहीं करोगे तब तक यह आपको परेशान करता रहेगा ज्यादा तनाव पैदा करेगा – क्योंकि इनकी आँखें आपने सिद्धियों की ओर कर दी है। भोग की ओर यात्रा कर

दी है। उम्मीद की ओर यात्रा कर दी है। किसी के हो जाने की ओर यात्रा की है।

प्रेम को मौन हो जाने दो, भक्ति को हृदय में उतरने दो – योग को आत्मा से जुड़ने दो, ध्यान को आकाश बनने दो। सावधान हो जाओ और यथार्थ में प्रेमी–भक्त बनो। सचमुच के योगी बनो। इन सबको आत्मा की ओर यात्रा करने दो। घटने दो जो घटता है। होने दो जो होता है। तुम घटाने की कोशिश मत करो। तुम पहले से ही मत निर्धारित करो। मत छीनो आजादी को खुलापन रखो।

प्रेम की अपनी आँखें हैं। ध्यान की अपनी गहराई है। इसमें से कोई भी आत्मा से पहले पड़ाव नहीं डालता अगर आप पहले से चौथे शरीर की पकड़ में न आए हो तो। इन सबका मूल घर आत्मा है। इन सबका स्वामी आत्मा है इनमें किसी के व्यक्तित्व का परिचय नहीं है। इन सबको आत्मीयता में जाने दो। प्रेम–भक्ति–योग और धारणा तथा ध्यान को पता है समाधि के विषय में। ये सब समाधि की ओर की यात्राएं है। इनमें व्यक्तित्व की पूजा नहीं है। इनमें स्वरूप की पूजा नहीं है। इनमें प्रार्थना नहीं है। यह सब साधना है, तपस्या है। इनमें से कोई भी किसी के जीवन में बाधा नहीं डालता और न ही ये किसी को अपनी सीमा में प्रवेश देते हैं। प्रेम–भक्ति में अपना परिचय है। ध्यान में अपना परिचय है। प्रेम अपनी पहचान नहीं खोता। भक्ति कभी भी अपना मार्ग नहीं बदलती। प्रेम–भक्ति–करूणा–ध्यान की पहचान व्यक्तित्व नहीं है। इनकी पहचान तो हृदय है। हृदय की अपनी ही भाषा होती है। हृदय में कोई तर्क नहीं। हृदय में कोई ना नहीं।

अब आप पांचवें शरीर में प्रवेश करने का संकेत समझ गए होंगे। आप लोग मन से परिचित है। मन के जादू को मन के सम्मोहन को, मन के तर्क–वितर्क को और मन की समझ और चतुराई को आप जानते हैं। अब आपको मन के घर से निकलना है। आप को अपने–अपने प्रेम का – भक्ति का योग का तथा ध्यान का आकलन करना है। आपने कहीं किसी को अपन प्रेम तो नहीं सौंपा आपके प्रेम में तर्क–वितर्क तो नहीं, आपके प्रेम में कहीं ईर्ष्या तो नहीं।

आपको अपनी भक्ति को परखना पड़ेगा। जैसे प्रेम में कोई व्यक्ति है, वैसे ही भक्ति में किसी की छाप तो नहीं, कहीं आपकी भक्ति किसी सीमा में बंधी तो नहीं है।

इसी तरह से योग को भी देखना होगा – कहीं आपका योग शरीर को भोग का साधन बनाने में, सुन्दरता को संजोने में अथवा योग जीवन के साधन को उपार्जित करने का माध्यम तो नहीं बन गया है।

और आपको ध्यान को भी समझना होगा। कहीं ध्यान के नाम पर आप धारण ही न करते चले जा रहे हों। ज्यादातर लोग धारण को ही पकड़े रखते हैं। कोई ज्योति पर धारण करता है और कहता है। ध्यान कर रहा हूँ। कोई ललाट पर, भृकुटि पर, आज्ञा चक्र पर, नाभि पर, हृदय पर, ब्रह्मरन्ध्र पर, बाह्य या अन्तर्दृष्टि या मन की एकाग्रता को स्थिर कर रहा है और कहता है मैं ध्यान कर रहा हूँ।

आप लोग क्या कर रहे हैं यह आपको समझना होगा। आपको मनस शरीर की पकड़ से बाहर आना है। मन की अवस्थाओं के साथ मन की समाधि की चर्चा मैंने कर दी है। इसलिये मैं चाहता हूँ आप सब लोग अपनी–अपनी साधना को आगे बढ़ाएं। मैं आपको समाधि की ओर ले जाना चाहता हूँ। क्योंकि यह चित्त का धर्म है। यह चित्त गुणातीत होकर संसार की ओर यात्रा करता है तब संसार का ही भोग कराता है। जब यह गुण विहीन होकर निज अवस्था को प्राप्त करता है तब आत्मा को अपने में प्रकाशित करता है क्योंकि दोनों में आत्मा की ही संनिधि है। बिना आत्मा की संनिधि के चित्त में विस्तार नहीं है। सक्रियता नहीं है। यह चित्त ही मूल प्रसूता है। इस चित्त के ही गर्भ से भौतिक जगत का क्रमशः विस्तार हुआ है। चित्त के सभी गुणों का समावेश सभी तत्वों में उतना ही बढ़ता गया है जितना भौतिकता का निर्माण होता गया है।

कारण से सूक्ष्म तक और सूक्ष्म से भौतिक तक की यात्रा में जितने भी तत्व बने हैं सब–के–सब चित्त के विरक से उत्पन्न हुए हैं। इसी क्रम में प्रथम शरीर का जो विकास हुआ है वह भौतिक शरीर है। इसमें तम का ज्यादा प्रभाव है। फिर तम से कम रज का प्रभाव है और इन दोनों के साथ सत्व भी है – अगर सत्व नहीं है तो कुछ भी नहीं है क्योंकि उस आत्मा की सन्निधि का यह प्रभावशाली क्षेत्र है।

और जब पांचवें शरीर तक जाना है तो सूक्ष्म होना है। सूक्ष्मता का प्रभावशाली शरीर मन का शरीर है। इसमें ज्ञानेन्द्रियों का केन्द्र है। यहीं से कर्मेंद्रियों की सक्रियता प्रारंभ होती हे। प्रथम शरीर – द्वितीय शरीर और तृतीय शरीर के विकास में जो आधार है वह यह सूक्ष्म शरीर ही है। यह सूक्ष्म शरीर तीन कोशों के आवरण से ढका है। प्राणमय कोश, मनोमय

कोश और विज्ञानमय कोश। ये तीनों मिलकर सूक्ष्म शरीर बनाते हैं इनमें भौतिक शरीर की सभी गतिविधियों का आश्रय है। इनमें से कोई भी साथ छोड़ दे तो शरीर बेकार होने लगता हैं व्यक्तित्व का संपूर्ण परिचय चौथे शरीर का आश्रय है और इस चौथे शरीर की कुंजी पांचवां शरीर है। पर वह मन जैसा साईकिक नहीं है। वह मन जैसा लिप्त नहीं है। वह मन जैसी इच्छा नहीं रखता। वह निर्लेय है। स्वतंत्र रूप ज्यादा पसंद करता है। यही कारण है कि वह अपने अधिकार का बोध नहीं कराता। मन में विस्तार तो है बुद्धि में फैलाव भी है, पर इन दोनों में खिंचाव भी है। तर्क भी है। झूठ सच का झगड़ा भी है। इन दोनों को नहीं पता वे क्या कर रहे हैं। इन दोनों को जो सम्पादित कर रहा है वह मात्र सन्निधि है।

चित्त और मन, चित्त संपूर्ण संस्कारों, प्रारब्धों का खजाना अपने अन्दर छिपाकर जन्म जन्मानतरों को ढोता चला आ रहा है क्योंकि यह सृजन का पहला पड़ाव है। मन ने विकसित होकर जगत को पागल बना दिया है। सत् से उसे इतना दूर कर दिया है कि संसार के लोग मन के ही होकर रह गये हैं।

अब तो सब कुछ इस सृष्टि में अनादि ही हो गया है। त्रिगुणात्मक जड़ तत्व भी अनादि ही है और पुरुष भी अनादि ही है। संसार के सभी परिणामों का जो प्रयोजन है वह पुरुष का भोग और अपवर्ग है। पुरुष की सन्निधि से जो कुछ भी हो रहा है वह प्रकृति के द्वारा पुरुष के ही ज्ञान में पदार्थ है जिसे पुरुष का ही अर्थ–ज्ञान और नियम कहा जायेगा–जो व्यवस्थापूर्वक हो रहा हैं।

दोनों अनादि हैं। इनमें जो भी बन रहा है पुरुष के सन्निधि के द्वारा या संयोग के रूप में अथवा साम्य परिणाम के रूप में या फिर विषम परिणाम के रूप में। भोग अपवर्ग रूपी प्रयोजन भी अनादि है। इस अनादि का जो अभिप्राय है वह काल की सीमी से परे होना है। यह काल कोई वास्तविक वस्तु नहीं है यह तो विषम परिणाम के पीछे क्रमों का परत्व और अपरत्व को समझने के लिये बुद्धि द्वारा निर्मित पदार्थ है।

इस संसार में जो कुछ भी होता आ रहा है वही इस शरीर में भी होता है। यह सब अन्तःकरण का धर्म है पर लगता है पुरुष द्वारा हो रहा है।

आप देख ही सकते हैं इस संसार में न तो सभी लोग एक साथ जन्म ही लेते हैं और न ही एक साथ मरते ही हैं। सभी का अलग–अलग

जन्म होता है तथा अलग–अलग मरण होता है और सभी ऐ जैसे नहीं है। कोई अन्धा है – कोई लूला है कोई लंगड़ा है। सभी के अन्दर एक जैसी प्रवृत्ति नहीं है। सभी एक समय में ही कर्म नहीं करते। कोई सोता है तो कोई जागता है। कोई चलता है तो कोई रुका हुआ है। संसार में सभी के गुण भी एक समान नहीं है। कोई सात्विक है – कोई राजसिक तो कोई तामसिक। यह ठीक वैसा ही होता है जैसे कि विभिन्न जलाशयों में सूर्य प्रतिबिंबित होता है। इसी तरह से वह चेतन तत्व सभी चित्तों में सक्रिय है। यह संसार की माया है। यह तभी समझ में आएगा जब चौथे शरीर से आगे बढ़ोगे।

आप सभी देख रहे हैं चेतन तत्व और महत्तत्व की लीला को सृष्टि के विस्तार मार्ग पर दोनों आमने–सामने हैं। एक चेतन है – दूसरा जड़। जो चेतन है उसकी किरणें अचेतन जड़ पर पड़ रही हैं। चेतन तत्व की सन्निधि की परिणाम जड़ तत्व में हो रहा है। एक ऐसा विषम परिणाम जड़ तत्व में आ रहा है जो ऐसा लगता है मानो उसी में जाग रहा हो।

सत्व में क्रिया मात्र रज का प्रभाव। उसी क्रिया को रोकने के लिये मात्र तम का प्रभाव और इसी से वह 'महत्तत्व' का रूप ले लेता है। इसी महत्तत्व को चित्त भी कहा गया है। चित्त इसीलिये कहा जाता है क्योंकि इसमें सत्व की विशुद्धता है। विशुद्ध होने के कारण ही समष्टि रूप में सत्वमय चित्त है। इसी चित्त में समष्टि अहंकार भी बीज रूप में रहता है। यह ईश्वर का चित्त है। अपन व्यष्टि रूप में सत्व, सत्व की विशुद्धता को त्याग कर सत्व चित्त बना रहता है – जो अनन्त है संख्या में – जिसमें व्यष्टि अंहकार बीज रूप में पड़ा रहता है। यह जीवों का चित्त है।

इस चेतन तत्व में अपने ज्ञान का प्रकाश डालने की और महत्तत्व में उस प्रकाश को ग्रहण करने की क्षमता अनादि से है। पुरुष निष्क्रिय रह कर भी अपने चित्त का द्रष्टा है। चित्त में अपने ज्ञान के प्रकाश में जो कुछ भी हो रहा है वह उस चेतन को ज्ञान रहता है।

व्यष्टि चित्त के सम्बन्ध से चेतन तत्त्व का नाम जीव है। समष्टि चित्त के सम्बन्ध से चेतन तत्व का नाम ईश्वर है, जो ब्रह्म का स्वरूप है, वह ऊपर ब्रह्म है। सगुण ब्रह्म है, सबल ब्रह्म है – जो सर्वज्ञ है और एक ही है। अपने शुद्ध स्वरूप से चेतन तत्व का नाम परमात्मा है – वह निर्गुण भी है। शुद्ध और परब्रह्म भी है। इस पुरुष शब्द का प्रयोग 'जीव' ईश्वर और 'परमात्मा' तीनों अर्थो में आता है।

इसलिये जब–जब मैं 'पुरुष' शब्द का प्रयोग करता हूँ तो उसे हर स्थान पर ब्रह्म ही नहीं समझना है बल्कि आत्मा भी समझना है – वह आत्मा भी है। महतत्त्व के बाद जो दूसरा विषम परिणाम है वह है अहंकार। इसे आप इस तरह से समझें कि उस पुरुष से प्रकाशित या प्रतिबिम्बित व महतत्त्व ही रज और तम की अधिकता से विकृत होकर अहंकार रूप से व्यक्त होकर बाहर की ओर यात्रा कर रहा है। यह अहंकार ही अहम् भाव है। यही अहम् भाव व्यष्टि रूप और समष्टि रूप में सभी विभिन्नताओं को प्रकट करता है। यह अहंकार ही दो भागों में विभाजित हो जाता है, ग्रहण करने की क्षमता और ग्राह्य की क्षमता – इन दो दिशाओं की यात्रा बन जाता है।

यह विभाजित अहंकार सत्व में रज और तम की अधिकता से विकृत होकर ग्रहण करने वाली ग्यारह इंद्रियों का निर्माण कर रहा है जिसमें पाँच ज्ञानेन्द्रियां हैं और पांच कर्मेन्द्रियां हैं और ग्यारहवां मन है जो इन दसों इन्द्रियों का सारथि है।

दूसरी तरफ सत्व में रज तम की कुछ अधिक विशेषता के साथ विकृत होकर परस्पर भेद वाली पाँच तन्मात्राओं के रूप में विकार बनकर बाहर की ओर चल पड़ते हैं और आगे चलकर सत्व में रज, तम की विशेषता के कारण पांचवां परिणाम पांचों स्थूल भूत है। अहंकार से व्याप्त पांचों तन्मात्राएं है। यह पहले सूक्ष्म में बाद में स्थूल में परिवर्तित होती है।

आप समझ गए होंगे कि बाहर की यात्रा में जीवन का महत्तत्व से ज्यादा अहंकार में रज तम की मात्रा बढ़ जाती है। अहंकार की अपेक्षा ग्यारह इन्द्रियों में और पांचों तन्मात्राओं में क्रमशः रज तम की मात्रा बढ़ जाती है और तन्मात्राओं से ज्यादा पांचों सूक्ष्म और स्थूल भूतों में रज और तम की मात्रा बढ़ जाती है। सत्व की मात्रा घटती जाती है। इसी तरह से स्थूल जगत और स्थूल शरीर में रज और तम की क्रिया का ही प्रभाव है। सत्व केवल प्रकाश मात्र ही रह जाता है।

इस प्रकार उस ब्रह्म पुरुष से यात्रा चलकर अति ही कारण जगत में प्रवेश करता है और इस कारण जगत से सूक्ष्म जगत में और सूक्ष्म जगत से स्थूल जगत में यात्रा होती है। इस विराट विश्व के निर्माण में भी यही सक्रिय है और इस शरीर जगत के निर्माण में भी इसी का सब कुछ है।

यह जीवन का अवरोहण क्रम है जिसे आप लोग लवोल्युशन कहते हैं या (Descent) डीसेन्ट कह सकते हैं। वह चेतन तत्व इस राजसी – तामसी चादरों को ओढ़कर स्थूल शरीर और भौतिक जगत में केवल झलक मात्र ही दिख पाता है। अगर इसे पूर्ण रूप से देखना है तो आरोह क्रम अर्थात् Ascent एसेन्ट के पथ पर जाना होगा अर्थात् आन्तरिक यात्रा में जाना होगा।

जितना ही आप लोग अन्तर्मुखी होंगे उतना ही रज और तम का प्रभाव घटता जाएगा। उसके द्वारा बनाए सारे आवरण हटते जाएंगे। सत्व का प्रभाव बढ़ता जाएगा। रज–तम का अन्धकार मिटेगा और सत्व का प्रकाश बढ़ेगा। भीतर जाने का प्रयास करते रहिये। भीतर की यात्रा में चलते रहिये। उस सत्व के प्रकाश में चेतन तत्व का धीरे–धीरे प्रकाशित होना दिख जायेगा। इसी तरह आगे बढ़ते रहने पर अन्त में गुणों के सबसे विषम परिणाम रूप चित्त सामने आएगा और इस चित्त की सब वृत्तियों का निरोध हो जाएग। तथा वे सब अपने कारण में लीन हो जाएंगे और शुद्ध चेतन स्वरूप आत्मा में आप लोग अपना–अपना आनन्द ले सकेंगे। यह जीवन का आरोह अर्थात् Ascending यात्रा है, जिसमें चौथे शरीर से मुक्ति है।

इसी तरह से आप चौथे शरीर से बाहर आ सकते हैं। चौथे शरीर अर्थात् साईकिक बॉडी की सभी क्रियाओं को समाधि में पहुंचना आवश्यक है। क्योंकि इस मानस शरीर की पकड़ बहुत गहरी है। यह व्यष्टि चित्त की वृत्तियों से जुड़ा हुआ है ओर उस व्यष्टि चित्त में अगर थोड़ा भी तमस है तो उसमें बीज रूप में अविद्या बनी रह जाती है। इसी अविद्या के क्लेश द्वारा अस्मिता का, राग द्वेष का, अभिनिवेश क्लेश और उनसे सकाम कर्म, सकाम कर्मों से उन्हीं के अनुसार कर्माशय, कर्माशय के अनुसार जन्म, आयु और भोग तथा उनमें सुख और दुख उत्पन्न होते रहते हैं।

यह समाधि की प्रथम स्थिति जो सम्प्रज्ञात समाधि है उसकी विभिन्न चारों भूमियों, वितर्क, विचार, आनन्द और अस्मिता के द्वारा सभी क्लेश पूरी तरह से शिथिल हो सकते हैं।

चौथे शरीर से आत्मा नहीं जाना जाता है। यह सभी सिद्धियों की निवास स्थली है और यह सम्प्रज्ञात समाधि अर्थात् तपस, स्वाध्याय और ईश्वर प्रणिधान की साधना का मार्ग है। यह मन के विज्ञान से परे ले जाता है। ये साधनाएं अहंकार से मुक्त करती हैं।

इसलिये सम्प्रज्ञात समाधि की साधना में जो कि कुंडलिनी जागरण की भी साधना है। उसकी चार स्थितियाँ हैं। इस शरीर के और अन्तः करण के अनेकों प्रयोगों के बाद यह समझ में आता है कि आत्मा और परमात्मा में अभिन्नता है। दोनों सूचक हैं, संकेत हैं। उस शुद्ध ज्ञान स्वरूप ब्रह्म के, चेतन तत्व के।

आत्मा शरीर की अपेक्षा से अनुभव होता है और परमात्मा ब्रह्माण्ड की अपेक्षा से जाना जाता है। जब तक रज तम प्रधान चौथे शरीर जो मनस शरीर है उससे मुक्त नहीं होंगे तब तक इसका अनुभव नहीं होगा। इसका अनुभव करने के लिये असंप्रज्ञात समाधि में प्रवेश करना पड़ता है जहां सारी चित्त की वृत्तियां निरूद्ध हो जाती हैं। तब जीव की चेतन स्वरूप में स्थिति हो जाती है। अगर यहां चित्त में थोड़ा भी संस्कार रह जाता है तो पुनः लौट जाना पड़ता है। व्युत्थान हो जाता है और यदि चित्त के सभी संस्कार निवृत्त हो जाते हैं या यों कहिये कि सब अपने कारण में लीन हो जाते हैं तब व्यक्ति साक्षात्कार करके साथ रह जाता है, उसमें लौटता नहीं क्योंकि संस्कारों का क्षय हो जाता है। वह व्यक्ति ब्रह्ममय हो जाता है जैसे कि नदियां समुद्र में अस्त हो जाती हैं। अपना नाम रूप सब खोकर।

अब आपको यह भी समझाना आवश्यक है कि जो चेतना तत्व है उसमें जड़ तत्व जैसा कोई परिणाम नहीं है और न ही उसमें कोई भेद है। यह ब्रह्म है। यह परम ब्रह्म है। इसे ही सुपर कान्शियसनेस कहा गया है। यह कभी भी देश, काल, जाति तथा संख्या की सीमा में नहीं आता। जड़ तत्व की सृजन प्रक्रिया में, इसका सन्निधि बन जाने से, संख्या का प्रभाव नजर आता है। इसलिये लगता है कि यह बहुत है पर इस बाहुल्य का विकल्प हर पुरुष में आत्मा के बाहुल्य के आभास के कारण है।

चेतना से प्रतिबिम्बित – प्रतिभाषित महत्तत्व ये समष्टि अहंकार बीज रूप में छिपा हुआ रहता है तो उसे ही समष्टि अस्मिता कहते हैं। इस समष्टि महत्तत्व की ओ वृत्ति "मैं" है, यह समष्टि अहंकार है। इसी समष्टि अहंकार से जो पैदा होते हैं उन्हें पांच तन्मात्राएं कहा जाता है जो किसी भी दूसरे तत्व से मिले नहीं होते हैं। शब्द द्रव्य, स्पर्श द्रव्य, रस द्रव्य और गन्ध द्रव्य।

इसी तरह अहंकार से ही ग्यारह इन्द्रियों की उत्पत्ति है। मैं हूँ, यह चित्त का एक उत्पादक द्रव्य है। यह एक वृत्ति है। मैं देखता हूँ। मैं सुनता

हूँ का जो भाव रखता है यह सब समष्टि चित्त में अगर प्रतिबिम्बित होता है तो वह हिरण्यगर्भ पुरुष है और यह यदि व्यष्टि चित्त में प्रतिबिम्बित होता है तो इसे आत्मा समझना चाहिये जो जीवन के रूप में नजर आते हैं। अहंकार में विशुद्ध सत्व को समष्टि अहंकार कहा जाता है ओर रजस तमस से मिला हुआ सत्व को व्यष्टि अहंकार कहते हैं।

अब तन्मात्राओं के मिलने से स्थूल जगत के तत्व बनते हैं –

1. शब्द तन्मात्राओं के साथ अन्य दूसरी तन्मात्राओं के मिलन से शब्द के गुणों से युक्त आकाश बनता है।
2. स्पर्श तन्मात्रा की अधिकता से – स्पर्श गुण वाला वायु बनता है।
3. रूप तन्मात्रा की अधिकता से रूप गुण वाला अग्नि का निर्माण होता है।
4. इन तन्मात्राओं की अधिकता से रस गुण वाला पृथ्वी की उत्पत्ति होती है।
5. गन्ध तन्मात्रा की अधिकता से गन्ध गुण वाली पृथ्वी की उत्पत्ति होती है।

इन तन्मात्राओं और स्थूल भूतों के बीच में एक और अवस्था है, सूक्ष्म भूतों की, सूक्ष्म रूप में इनका सम्बन्ध स्थूल तत्वों से लेकर तन्मात्राओं तक फैला हुआ है। इन पाँचों स्थूल तत्वों से आगे कोई भी तये तत्त्व उत्पन्न नहीं होते।

इन्हीं पांचों तत्वों का रूपान्तरण हम सबका मानव देह है, पशु–पक्षी–धातु– दूध–दही–सर्प–कीट–पतंग आदि हैं। इसे ही विकार कहा जाता है। यही विकृति है। जड़ तत्त्व में जो कुछ भी होता है उसका कारण पुरुष है – उसे ही परमात्मा – ब्रह्म – ईश्वर आदि कहा जाता है।

जड़ तत्त्व परमात्मा से सन्निधि प्राप्त कर चौबीस तत्त्वों में बंट जाता है। इनके द्वारा जो भी क्रियाएं फल आदि हैं वे पुरुष के ही प्रयोजन हेतु, भोग और अपवर्ग के रूप में हैं। ये सब अनादि हैं – ये काल की सीमा में नहीं आते।

ये चौबीस तत्त्व, सत्त्व, रजस और तमस तीन गुण वाले हैं। जो सत्व है उसकी पहचान प्रकाश है। रजस की पहचान क्रिया है और तमस की पहचान स्थिति है। ये तीनों स्वभाव हर वस्तु में होते हैं। जो पदार्थ ठहरा हुआ होता है उसमें क्रिया उत्पन्न होती है और उस क्रिया से प्रकाश पैदा होता है और जो प्रकाशवाली यात्रा है वह समय के अन्तर में प्रकाशहीन हो जाती है और अन्त में क्रियाहीन भी हो जाती है। जब कोई वस्तु स्थिर

होती है तब वह तमस प्रधान होती है। रजस और सत्व गौण रूप में होते हैं अपने समय आने पर उसमें प्रकट हो जाते हैं।

जब वह वस्तु क्रियाशील होती है तो उसमें रजस प्रधान हो जाता है। सत्व और तमस गौण हो जाते हैं। वही वस्तु जब प्रकाशील होती है तब सत्व प्रधान हो जाता है। रजस और तमस गौण हो जाते हैं इस प्रकार सभी तत्वों में तीन गुण प्रधान या गौण रूप में बने रहते हैं। केवल आत्मा को छोड़कर सारा ब्रह्माण्ड त्रिगुणात्मक है और तीनों गुणों का विकार रूप है।

तो चौथा शरीर सूक्ष्म से भी सूक्ष्म है। समाधि की गहराई में जाकर ही इसे छुटकारा मिल सकता है। अब आपको आगे कुंडलिनी जागरण के मार्ग पर ले जाना होगा। या फिर संकल्प समाधि की ओर जिससे यह मनस शरीर आप सबको पांचवें शरीर में प्रवेश करने में बाधक न बने।

पांचवां शरीर आत्मा का शरीर है जिसे स्प्रीचुअल बॉडी कहते हैं। कारण शरीर का आदित्य लोक भी कहा जाता है और सूक्ष्म शरीर को चन्द्र लोक जो पितरों का भी लोक है। जो सत्व चित्त है – वह जीवों का चित्त है – यही कारण शरीर है।

यह पाँचवां शरीर जो आनन्दमय कोष है वह कारण शरीर है और कारण शरीर से संबंधित आत्मा की संज्ञा है। जिस चित्त पर आत्मा का प्रतिबिम्ब पड़ रहा है वह महतत्त्व का घर भी है।

विज्ञानमय कोश जहां बुद्धि अहंकार का निवास है – मनोमय कोश जहां पर मन – पाँच ज्ञानेन्द्रियों की शक्ति के रूप में रहता है और प्राणमय कोश जहां पाचं कर्मेन्द्रियों का शक्तिरूप – पांच प्राण के साथ रहता है। ये तीनों मिलकर शरीर बनाते है।

विज्ञानमय – मनोमय – और प्राणमय ये तीनों कोश ही सूक्ष्म जगत है। शरीर के अन्दर में ब्रह्माण्ड के सभी अन्तःकरण के चित्त को छोड़कर – मन बुद्धि और अहंकार का केन्द्र है। अन्त के अन्नमय कोश है जो पांचों भूतों से बना है। इसमें स्थूल शरीर – स्थूल इन्द्रियों का समावेश है। इस भौतिक शरीर के विकास में सात साल लगते हैं। इसके बाद सात साल, उसके बाद फिर सात साल और उसके पश्चात फिर सात साल इस प्रकार कुल इक्कीस वर्ष लगते हैं – प्राणमय कोश मनोमय कोश–और विज्ञानमय कोश को लेकर– भाव शरीर – बुद्धि का शरीर और मनस शरीर को बनने में। इसके अन्दर मन सभी दस ज्ञानेन्द्रियों और सूक्ष्म शरीर है अर्थात् भौतिक शरीर में सूक्ष्म शरीर है।

समष्टि रूप में सूक्ष्म जगत अर्थात् द्यौः लोक जिसे ब्रह्म लोक कहते हैं और पितर लोक जो चन्द्र लोक या सोम लोक के नाम से जाना जाता है। स्थूल तत्वों से लेकर तन्मात्राओं तक सूक्ष्म से सूक्ष्म का जो सिलसिला बना है उन सभी को पांच सूक्ष्म लोक स्वः – महः – जनः – तपः और सत्यम् में बांटा गया है। इन्हें ही गन्धर्व लोक – देव लोक – पितर लोक – अजानज देवलोक – इन्द्रलोक – बृहस्पति लोक – प्रजापति लोक – और ब्रह्मलोक आदि कहा जाता है।

जो सूक्ष्म–से–सूक्ष्म की ओर जाने की अवस्थाएं हैं जिनका अनुभव हम लोगों जैसे योगियों द्वारा विचारानुगत सम्प्रज्ञात समाधि में की जाती है और जो 16 विकार हैं जिनमें पांच स्थूल भूत और ग्यारह इन्द्रियों का स्थूल रूप है, इन सबका लोक स्थूल जगत है जिन्हें नक्षत्र लोक – भू–लोक और भुवः लोक के रूप में जाना जाता है – जो समष्टि रूप में है। व्यष्टि रूप में हम सबका स्थूल शरीर है। जिसके माध्यम से यह विराट जाना जाता है।

इसे सहज में आप लोग इस तरह समझें कि भूः और भुवः ये दोनों स्थूल जगत है – नक्षत्र लोक है। हम पृथ्वी को भूः कहते हैं और दूसरे नक्षत्रों में रहने वाले अपने आपको भूः कहते हैं और हमारी पृथ्वी को भुवः कहते हैं। यह व्यष्टि रूप में अर्थात् साकार रूप में स्थूल शरीर के अन्दर सूक्ष्म शरीर है और सूक्ष्म शरीर के अन्दर कारण शरीर व्याप्त है। समष्टि रूप में स्थूल जगत में सूक्ष्म जगत और सूक्ष्म जगत में कारण जगत व्याप्त है। इस पांचवें शरीर के बाद छठ शरीर है जो ब्रह्म शरीर है – कॉसमिक बॉडी।

सातवाँ शरीर है निर्वाण शरीर। चित्त में आत्मा का साक्षात्कार करने के बाद चित्त के गुणों को प्रकृति में लीन कर देने से व्यक्ति छठे शरीर में प्रवेश पा सकता है। यह आत्म साक्षात्कार के बाद की यात्रा है। यह आत्म शरीर के खोने का मार्ग है – यह बियांड रियलाइजेशन है। यहां सब कुछ ब्रह्ममय होना हैं चेतनामय होना है। अहंकार को छोड़ना है। यहां खोना नहीं है। निजबोध के बाद ब्रह्ममय होना है।

इस शरीर के विकास में भी सात वर्ष लग जाते हैं अर्थात् जीवन का 82वाँ वर्ष पूरा होता हे। इसके बाद सातवां शरीर है जिसके विकास में भी सात वर्ष लग जाते है। सातवां शरीर निर्वाण देह है। यहां कोई शरीर नहीं रह जाता। यह तो देह की शून्यता की अवस्था है। वहां कुछ भी

नहीं रह जाता। वहां न आत्मा है, न ब्रह्म है, वहां कुछ भी नहीं है। वह परम है, नथिंगनेस है, महाशून्यता है। वहां और कुछ होना नहीं है। वहां ठीक वैसा ही है जैसा कि दिया बुझ जाने के बाद होता है, कुछ नहीं ज्योति खो जाती है, दिया बुझ गया यही निर्वाण है।

यहां तक प्रकृति, निर्माण में जीवन प्रवाह मे लगा देती है। ये सब स्थितियां अपना–अपना प्रभाव बनाकर, इस जीवन निर्माण के मन्दिर में लगी हुई है। यह एक यात्रा बन चुकी है। इस शरीर रूपी मन्दिर के निर्माण में न जाने उसको कितनी बार अपने जाने का अनुभव हो चुका है।

सात मंजिलों की इमारत के समान यह सात शरीर बने हुए हैं। मनुष्य इसे समझ नहीं पाता है। जबकि इसमें उसके जीवन के उनचास वर्ष लग जाते हैं। कितनी ही बार प्रकृति इसे बीच में ही तोड़ देती हैं यह जीवन अपनी पूर्णता को प्राप्त होने से पहले ही अंधकार में डूब जाता है। सारी आशाएं, कल्पनाएं एवं सृजन के मार्ग बीच में ही अवरुद्ध हो जाते हैं। ऐसे लाखों करोड़ों जीवन मिलेंगे, पर व्यक्ति इसे समझ नहीं पाया है।

यह जो पांचवां शरीर है इसी में मोक्ष की झलक मिलती है। इसको पाते ही अन्य चार शरीरों के बन्धन कर जाते है और आत्मा पर मुक्त अवस्था को प्राप्त होती है। मोक्ष पांचवें शरीर की अवस्था है। इस जगत के साथ आत्मा के शरीर इन्द्रिय और विषय इन तीन प्रकार के विषयों के सम्बन्ध के विनाश का नाम मोक्ष है। अगर कोई चौथे शरीर तक ही ठहर जाता है तो उसे स्वर्ग और नरक का अनुभव होगा। स्वर्ग और नरक चौथे शरीर की संभावनाएं हैं। पहले दूसरे और तीसरे शरीर पर कोई रुक जाए तो जीवन और मृत्यु के बीच की अवस्था रहती है। जीवन मृत्यु का चक्कर रहता है। चौथे शरीर पर दुख और सुख की अनन्त संभावनाएं रहती हैं। पांचवें शरीर पर पहुंचने पर मोक्ष के द्वार खुल जाते हैं।

छठे शरीर पर पहुंच गए तो परब्रह्म की सम्भावनाएं हैं। वहां न मुक्त है न उन्मुक्त है।

वहां जो कुछ भी है वह सब एक हो गया है। "अहम् ब्रह्मास्मि" इस शब्द की घोषणा इस छठे शरीर की उपलब्धि है। इससे आगे एक और छलांग है जहां पर न अहम् है न ब्रहम है। जहां मैं भी नहीं हूँ 'तू' भी नहीं है।

•••

कुण्डलिनी एक महामाया

सभ्यता जब से प्रारम्भ हुई, हम दावा नहीं कर सकते कि इस महामाया के बारे में लोग तब से जानते होंगे। चाहे वह भारत के मनु–शतरूपा का युग रहा हो अथवा आदम और हव्वा का। ये सभ्यताएं अनेकों बार बदलती रही हैं, क्योंकि यह शस्त्र और शास्त्र के अधीन होता है। शास्त्रों के माध्यम से भयभीत मानव सब कुछ त्याग देता है या किसी बुद्ध–महावीर–शंकर जीसस आदि के ज्ञान से प्रभावित होकर अपने आपमें परिवर्तन ला देता है।

आज तो सर्वत्र राजनीतिकरण हो गया है। आज का मानव मात्र बुद्धिजीवी ही नहीं है। बल्कि उसने विज्ञान के अनेकों साधनों के साथ मनुष्य मन को प्रभावित कर दिया है।

भौतिकवाद प्रभावशाली है। ईश्वरवाद भी विज्ञान और भौतिकता से प्रभावित है। धर्म और विज्ञान दोनों का स्थान अतीत में प्रभावशाली था पर आज दोनों राजनीतिज्ञों के अधीन है। इनका उपयोग राजनीति कर रही है।

राजनीतिज्ञ ही आज के विधाता बन गए हैं। इसलिये कोई योगी–यति–महात्मा–पोप या गुरू सब इनके प्रभाव में आ गए हैं।

जो कुछ प्रकृति का नियम है वह तो बदल नहीं सकता। परन्तु प्रकृति पर भी अतिक्रमण होने लगा है। प्रकृति का नियम शाश्वत है – मनुष्य का पूरी तरह से उस पर अधिकार नहीं हो सकता। प्रकृति सत्य है। वह सत्य – पुरुष – आत्मा – परमात्मा – ईश्वर – गॉड या सुपर कॉन्शयसनेस के रूप में जाना जाता है। वह किसी विज्ञान की पकड़ में नहीं आता और न ही वह किसी लॉ एण्ड आर्डर के अधीन है। वह प्रकृति

जिसे महत्तत्व – चित्त आदि अनेक नाम दिये गये हैं, उसकी सक्रियता किसी की पकड़ में नहीं आती। वह किसी के अधीन नहीं है। दोनों मूल रूप में अपनी–अपनी स्थिति में है और अनादि है।

अनेकों बार प्रलय हो चुका है और अनेकों बार सृष्टि भी। सब पर इन्हीं दोनों का प्रभाव है।

अब आप लोग देख सकते हैं – धर्म से प्रभावित देश और लोगों को– और बिना धर्म के देश और वहां के लोगों को। हर धार्मिक संस्थान अपने आप को सत्य से परिचित कराने का माध्यम कहता है।

भारतीय राजनीति के चक्रव्यूह में या यों कहें कि भारत के सात सौ वर्षों तक गुलाम रहने के कारण यहां की सांस्कृतिक सभ्यता का पतन हुआ है। यहां के धर्म के साथ भी बलात्कार हुआ है, उसका चीरहरण हुआ है। मठ–मन्दिर की मूर्तियां जो सनातन धर्म की हमारी संस्कृति की पहचान थी उनको तोड़ दिया गया तथा शास्त्रों को नष्ट कर दिया गया। आजादी के बाद भारत के भाग्य बनाने वाले राजनीतिज्ञों के द्वारा उस संस्कृति को मूल रूप देना संभव नहीं हुआ। विश्व के बाजार में अपने व्यक्तित्व की पूजा कराने के लोभ में देश की संस्कृति का दोहन हुआ। पूरा भारत उसका शिकार है। भारत के लोगों को भारतीयता की पहचान नहीं मिली। राष्ट्रीयता का धर्म नहीं मिला। उसे अपनी भाषा नहीं मिली। क्योंकि उसका दोहन किया गया।

पर एक तरफ धर्म को देखिये जो पूरे विश्व का धर्म बन गया है। धर्म क्योंकि उनका धर्म राष्ट्र का धर्म है। उनका धर्म राजनीति से ऊपर है। वे अपने क्रिश्चियन धर्म या मुस्लिम धर्म को नीचे नहीं जाने देते। वे एक मत हैं।

लेकिन भारत आज भी सांस्कृतिक आजादी खोज रहा है। आज भी अपनी पहचान मांग रहा है। लेकिन भारत के नेता स्वयं ही भारत को बांटकर स्वार्थ सिद्धि में लगे हुए हैं। वे यह भूल गए हैं कि उनका जीवन क्षणिक है। राजनैतिक सफलता या भौतिक सफलता भी क्षणिक है। पर यह धर्म क्षणिक नहीं है। यह प्रकृति क्षणिक नहीं है। थोड़ी भी सफलता पाकर अपने देश को भूल जाना, अपनी भाषा को भूल जाना और अपने धर्म को भूल जाना अहंकार ही है। इसीलिये भारतवर्ष को सत्तावन वर्षों में जहां होना चाहिये था वहां नहीं पहुंचा। यहां धर्म का युद्ध छिड़ गया

है। यहां धर्म परिवर्तन हो रहा है और देश के नेता यह सब देखकर भी अनदेखा कर रहे हैं। आज देश जिस स्थिति से गुजर रहा है इस स्थिति के जिम्मेदार राज नेता हैं जिन्होंने देश की आजादी को अपनी वसीयत समझ रखा है और वस्तुतः उन्होंने देश को आजाद नहीं किया है वरन् गुलामी में बांध रखा है।

धीरे–धीरे सब काल के शिकार बन गए। वे लोग भी उसी स्थिति को प्राप्त होंगे जो आज अपने अधिकारों का दुरुपयोग कर रहे हैं। तथा साथ ही धर्म तथा देश की आजादी को भी नुकसान पहुंचा रहे हैं।

हर आने वाली राजनीतिक, धार्मिक, वैज्ञानिक, भारत की नई पीढ़ियों को जागना होगा और अपने देश की सभ्यता – संस्कृति और भाषा को पहचान देनी होगी। देश की राष्ट्रीयता को धर्म में मजबूती से बांधना होगा ताकि फिर कोई जयचंद न बन सके। फिर से अपना कोई गद्दार भाई देश को कमजोर न कर सके।

तो मैं आपसे कह रहा था कि संपूर्ण मनुष्य जाति चाहे स्त्री हो या पुरुष उन्हें सफलताओं में फंसकर जीवन के सत्य से विमुख नहीं होना है। सब कुछ अपनी जगह पर अंत में लौट आता है – जहां से चलता है वहीं पर पहुंच जाता है। यह प्रकृति का नियम है। आप सबको भी लौटना होगा चाहे आप इतिहास बनाना चाहते हैं। पर आप यह कभी न भूले कि आप सब लोग प्रकृति आवर्तन के चक्रव्यूह में ही है।

इसलिये कुछ क्षणों के लिये सबकुछ भुलाकर अपने लिये कुछ कीजिये। यह जगत यह ब्रह्माण्ड इतना छोटा नहीं है जितना आप समझ रहे हैं। इस शरीर का धर्म इतना सहज नहीं है जितना आपने बना रखा है। चाहे आप कुछ भी बन जाइये, बड़ा उद्योगपति, मंत्री प्रधानमंत्री या राष्ट्रपति, प्रकृति और शरीर अपना वास्तविक धर्म कभी नहीं छोड़ेगा। भले ही आप लोग भूल जाएं अपने स्वाभाविक धर्म को अपने कर्तव्य को भले ही आप उधार की चादर ओढ़ लें लकिन यह प्रकृति बदलने वाली नहीं है।

आप लोग जहां भी रहोगे, जहां भी जाओगे, वह मृत्यु परिवर्तन करने के लिये हमेशा आपके साथ बनी रहेगी।

आप लोग थोड़ा सोचें, क्या आप आनन्द में है, क्या आप सुख में हैं, क्या आपको शान्ति प्राप्त हुई है जो आप चाहते हैं क्या वह सब कुछ

आपको मिल गया है? छोड़िये वह सब नहीं मिला तो क्या फर्क पड़ता है, पर यहतो बताईये कि क्या आपको अपना लक्ष्य मिल गया? नहीं, आपको वह मिलेगा नहीं क्योंकि आपने जीवन धारा को नहीं समझा है। आपने जीवन विकास, प्रक्रिया का साथ नहीं दिया है। आप लोगों ने उस मार्ग को छोड़ दिया है, जो आनन्द, शान्ति और लक्ष्य प्राप्ति का मार्ग था।

आप लोगों के सामने दो ही मार्ग हैं, दो ही साधन है निर्णय करना आपका काम है। एक प्राकृतिक है दूसरा अप्राकृतिक।

सारी मानव जाति के सामने यह प्रश्न खड़ा है कि वे कैसे जीना चाहते हैं। जो स्वाभाविक है, जो प्राकृतिक है उसमें कोई आर्कषण नहीं है और जो अप्राकृतिक है, अस्वाभाविक है, झूठ का संसार है इसमें बड़ा सम्मोहन है, अधिक आकर्षित करने की क्षमता है। क्योंकि यह नया है, यह पहले नहीं था, यह जन्म के साथ नहीं था। सत्य तो था। प्राकृतिक था। पर यह सब नहीं था जो मन को बड़े दुरूसाहस पूर्ण करने के लिये प्रोत्साहित करता है।

आज मानव मजबूर है। अप्राकृतिक जीवन जीन के लिये। वह जिधर भी जाएगा सब अप्राकृति होगा। दुनिया का हर व्यक्ति चाहे वह बालक हो या युवा हर इंसान अपने जन्म के स्वाभाविक संस्कारों को छोड़ कर अस्वाभाविक कर्मों की ओर प्रेरित हो रहा है।

विज्ञान ने हर व्यवस्था को आधुनिक बना दिया है जिससे शिक्षा–दीक्षा प्रभावित हो रही है। मनुष्य आजाद जीवन जीने के लिये बहुत आगे बढ़ चुका है। हर मानव की अपनी आजादी ने इच्छाओं को जन्म दे दिया है ऐसी इच्छाएं जिनकी कोई संभावना नहीं है।

पशु–पक्षी–पेड़–पौधे अपनी आजादी को नहीं खोते वे अपने स्वर्ग का आनन्द ले रहे हैं क्योंकि वे कुछ कह नहीं पाएंगे, वे कुछ खो नहीं पाएंगे। एक–एक पल परिवर्तन हो रहा है। जो जड़ की तरह खड़े हैं जैसे–पर्वत–तारे उन्हें पता नहीं वे कहां है, वे कौन हैं, उन्हें क्या करना है। वे शून्य में हैं। पहले से ही। उनको रामकृष्ण–बुद्ध–महावीर–जीसस –मुहम्मद–शंकर–कबीर–नानक नहीं बनना है। ऐसा बनने के लिये कुछ खोना पड़ता है। आप मनुष्य हैं – हर मनुष्य ने पहले खोया है। हर आदमी ने अपनी प्रकृति को खोया है और अप्राकृतिक जीव जीता चला

आया है। वह जैसा जी रहा है वह उसका असली जीवन नहीं है अगर यह असली होता तो आपकी, उसकी खोज समाप्त हो गई हाती।

आप लोग सन्त बनना चाहते हैं, साधक बनना चाहते हैं ऐसा बनकर आप कुण्डलिनी जगाना चाहते हैं। इस कुण्डलिनी को जगाने के लिये कुछ संदेश है। कुछ प्राप्ति की चाह है। पहले आपने उसे छोड़ दिया था अब इसे पाना चाहते हैं।

आपने स्वर्ग जैसा जीवन पाया था उसे खो दिया, अब पुनः उसे पाना है। आप देख सकते है कि कोई वृक्ष त्याग नहीं कर सकता। कोई पर्वत कुछ छोड़ नहीं सकता, बस वे अपनी जगह पर खड़े हैं। जो उनकी प्रकृति है वह उनके पास है। उसे खोया नहीं उसे छोड़ा नहीं है। आप लोगों की बात अलग है। आप सोच समझ सकते हैं इसलिये आपने छोड़ा है। अपने मूल स्वभाव को छोड़ा है क्योंकि उसमें इतना आकर्षण नहीं था, जितना कि संसार के दिखावेपन में है। जब संसार से मन ऊब गया तो नानक–कबीर बनने की इच्छा हुई। योगी बनना चाहते हैं। यह जीवन है मनुष्य का छोड़ना तो पड़ता ही है।

जो छोड़ आए थे, उसे अब जाना है। प्राकृतिक आनन्द और जीवन की दुर्लभता और अद्भुत अनुभव तभी हो पाता है जब आप लौट जाते हो अपने घर। अपने मातृ–सदन से लौट जाना ही स्वर्ग का आनन्द है। जब तक अपने स्वभाव के विपरीत जा रहे थे, जब तक आप अपने से दूर जा रहे थे तब अपने की ओर लौट आने की भूख सी लगती है। आपने अपने घर से दूर जाकर तीर्थ यात्रा आदि में यह अनुभव प्राप्त किया होगा। ज्यादा दिन बीत जाने पर अपने घर लौट आने की कितनी तीव्र इच्छा होती है। ठीक वैसी ही यह प्यास है पुनः अपनी प्रकृति की ओर लौट आने की।

यह वापस लौट जाने की यात्रा है। अपने घर को लौटना है। जब ज्यादा छपटाहट – तड़पन होती है – जब आप ज्यादा परेशान हो जाते हैं। इस सत्य के बिना तब यह वापस लौट जाने की यात्रा शुरू होती है। यह मुख्य धारा है। जीवन धारा – यह प्राकृतिक है – यह हर मानव की आत्मा की ओर की यात्रा है। तभी तो बुद्ध – महावीर को सब कुछ छोड़ना पड़ा। हम सब भी तो सब कुछ छोड़ आये हैं।

पहले छोड़कर गौतम बने थे। बुद्ध पैदा हुए थे बुद्ध ही बनकर पर

गौतम बन गये और अब गौतम से बुद्ध बनना पड़ा। हम सबके साथ भी यही हुआ है।

पेड़ पौधों को कुछ नहीं छोड़ना पड़ता – उन्होंने अपना प्राकृतिकपन नहीं छोड़ा। जड़ पदार्थों और मनुष्यों में यही अन्तर है। आपके जन्म के बाद जैसे–जैसे शरीर–मन–बुद्धि का विकास होता गया आपके स्वर्ग का आनन्द छूटता गया। आपकी प्रकृति आपसे दूर होती गई। अब आपको अपनी विद्वता का – इस चातुर्य का – इस अस्वाभाविकता का त्याग करना होगा।

जब तक आप छोड़ेगे नहीं तब तक साक्षात्कार नहीं है। आत्मबोध नहीं है और न ही कुण्डलिनी का जागरण ही है। क्योंकि आपके मन ने आपको अपनी गुलामी में जकड़ रखा है। अब आप मन के अधीन हो। मन अपनी इच्छानुसार आपसे कार्य करवाता है। इसलिये आपको समझना होगा। इस जगत में मनुष्य ही एक ऐसा प्राणी है जो बदलना चाहता है, जो पहचान सकता है जो सोच समझ सकता है।

मनुष्य चुनाव कर सकता है, क्या अच्छा है – क्या बुरा – समझ सकता है। वह ईश्वरवादी और अनीश्वरवादी बन सकता है। मनुष्य अपने विपरीत भी जा सकता है – वह अपने आपको बरबाद भी कर सकता है तथा अपने सारे सुख–आनन्द को मिटा सकता है। यह मात्र मानव का ही गुण है, जिससे प्रेम करता है उससे नफरत भी करने लगता है। दोस्त को दुश्मन भी बना लेता है, वह ईश्वर पर भी अविश्वास करने लगता है। यह सब अप्राकृतिक है।

इसलिये आप सबको लौटना है। अगर कुण्डलिनी जगाना है और स्वर्गारोहण करना है तो स्वाभाविकता की ओर यात्रा करनी होगी। आपका विश्वास जो Believe नहीं है। वह तो Trust है उसके साथ चलना होगा, वह विश्वास प्रकृति है। प्रकृति का अर्थ होता है होना। जहां कुछ करना नहीं पड़ता है – वहां होता है। जैसे नदियां बह रही हैं। वे कुछ भी तो नहीं करती। वृक्ष बढ़ रहे हैं, फूल खिल रहे हैं। अपने–अपने सुन्दर रंगों से सुन्दर–सुन्दर स्वरूप धारण कर रहे हैं, उनसे सुगन्ध फैल रही है। यह सब हो रहा है – वे कुछ भी नहीं कर रहे हैं। उनको कोई भय नहीं – कोई चिन्ता नहीं – उन्हें कोई परेशानी भी नहीं है। यह सब एक प्रकृति है।

जब हम माँ के गर्भ में बढ़ रहे थे तो कुछ भी नहीं करना पड़ रहा

था। वहां जो कुछ होता है। वह सब प्राकृतिक होता हैं वह नौ महीनने मानव की समाधि अवस्था है सब कुछ हो रहा है पर लगता है कुछ भी नहीं हो रहा है। वहां गर्भावस्था में कोई भी बच्चा – मनुष्य की तरह भयभीत नहीं होता। वह सोचता नहीं – कोई मांग नहीं करता और न ही वहां कुछ योजना बनाता है। वह वहां अकेला होता है – वह शून्य जगत से आया हुआ होता है। वह अदृश्य जगत से यात्रा से आया हुआ होता है। वह अदृश्य जगत से यात्रा करते हुए भौतिक रूप में आया है।

प्रकृति के यहां सब कुछ होता है। वह केवल घटता हैं आप मनुष्य बनकर प्रकृति के विरुद्ध दिशा में यात्रा करते हो। इतनी लंबी यात्रा कर जाने के बाद गौतम को समझ में आया। जो कुछ भी गौतम ने पाया था वह मात्र ऊपरी सतह पर ही था। उनका राजसी ठाट–बाट उनकी शादी और पत्नी प्रेम यह सब मात्र ऊपरी हिस्से में था। भीतर तो सब कुछ प्राकृतिक था। आप देखें कि जब आप गहरी निद्रा में होते हैं तो क्या आप श्वास लेने की कोशिश करते हैं। नहीं – वह तो स्वतः होता है।

श्वास–प्रश्वास–यह स्वाभाविक गुण है। यह स्वतः होता रहता है। आप खाना खाते हैं। लेकिन उसके बाद की जो क्रियाएं होती हैं, वह आप नहीं करते वे स्वतः होती हैं। जैसे खाए हुए तत्वों को बदलना – उनको पचाना – रासायनिक परिवर्तन करना – रक्त बनाना – इत्यादि यह सब अपने आप होता है।

आपके द्वारा जो कुछ होता है, वह अस्वाभाविक होता है। वह अप्राकृतिक है वह सब ऊपरी सतह पर है, पर जो भीतर हो रहा है वह प्रकृति है, स्वाभाविक है। इसीलिये आप जो कुछ भी सोचोंगे – योजना बनाओगे वह सब दिन प्रतिदिन मोटा होता जाएगा, अहंकार बनता जाएगा तथा वह अंतर ही प्रकृति को दबाए रखेगा।

यही तुम्हारा संसार है, भौतिक संसार जिसकी भूख तुम्हारे साथ है तथा अन्दर में बेचैनी घबड़ाहट। गौतम – महीवीर – नानक – कबीर आदि की तरह तथा अनुसूया गार्गी – मीरा की तरह। इसलिये आप सबको ठहरना होगा – जीवन के जिस मुकाम पर पहुंचे हैं – वहां से लौटना होगा। कुण्डलिनी को जगाकर चौथे शरीर प्रभाव से बाहर आना होगा – आत्म – शरीर में प्रवेश करना होगा। वहां पहुंचकर ही प्राकृतिक आजादी प्राप्त होगी, वहीं स्वयं का जागरण है, निज बोध है।

इसलिये मैंने सातों शरीरों की निर्माण प्रक्रिया का उल्लेख किया है। इन सातों शरीरों के निर्माण में पूरे शरीर का मेकेनिज्म है और इसी के साथ–साथ कई जन्मों की स्मृतियां है। शरीर की निर्माण प्रक्रिया में थोड़ी भी असावधानी हो जाये या अप्राकृतिक प्रभाव पड़ जाये तो मनुष्य की उम्र तो बढ़ जायेगी लेकिन स्वभाव में परिवर्तन नहीं होगा – उसके अन्दर या बुद्धिजीवी का व्यवहार अथवा वह भोगी बनकर रह जायेगा या फिर साईकिक दुनिया का मुसाफिर बन जाएगा।

ये जो चार शरीर हैं – यहीं तक स्त्री पुरुष की पहचान है – चार से आगे कोई स्त्री नहीं – कोई पुरुष नहीं। स्त्री और पुरुष बायोलाजिकल – शारीरिक विज्ञान की दृष्टि से पहचाने जाते हैं।

अब आपको पुनः सावधान होना पड़ेगा क्योंकि जो कुछ भी मैं कह रहा हूँ वह आप लोगों को मालूम नहीं होगा।

आप अपने आपको लें। कुछ लोग स्त्री हैं और कुछ पुरुष शरीर है। यह तो एक पहचान है लेकिन कुछ और भी पहचान करनी होगी। विज्ञान की भाषा में – प्रकृति की भाषा में। पॉजिटिव और नेगेटिव की भाषा में। पुरुष और स्त्री के जीवन की सक्रियता में। जीवन ऊर्जा के प्रवाह के विद्युत रूप में। यह जीवन ही ऊर्जा है। यह जीवन एक रायायनिक प्रक्रिया है। जो कुछ भी इसमें घट रहा है। सबका – सब रासायनिक – भौतिक प्रक्रिया का प्रयोग है जो विद्युतीकरण में नेगेटिव और पॉजिटिव अर्थात् ऋणात्मक और घनात्मक है।

आप जानते हैं इन दोनों ध्रुवों में कोई अकेला नहीं रह सकता। धन के साथ ऋण का होना जरूरी है और ऋण के साथ धन का होना जरूरी है तभी जीवन है और पुरुष का। पुरुष का भौतिक शरीर पुरुष का शरीर होता है। लेकिन इसके बाद का शरीर – दूसरा शरीर वह भाव शरीर है यह भाव शरीर एथरिक बॉडी स्त्री का शरीर अर्थात् फीमेल बॉडी होता है।

स्त्री का प्रथम शरीर ऋणात्मक है अर्थात् स्थूल शरीर ऋण है और भाव शरीर धनात्मक है। यह प्रकृति की बनावट है पुरुष का भौतिक शरीर धनात्मक है, वह आक्रमण कर सकता है, वह बलात्कार कर सकता है, वह भोग में प्रथम प्रयास कर सकता है। पर स्त्री कभी भी आक्रामक नहीं हो सकती, भोग उसकी स्वीकृति है। पुरुष उसकी इच्छा

के बिना भी कुछ कर सकता है। पर स्त्री पुरुष की इच्छा के बिना कुछ नहीं कर सकती। मेल बॉडी घनात्मक है, आक्रामक है तथा नेगेटिव आक्रामक नहीं है। नेगेटिव प्रवाह को विद्युत की भाषा में रिजर्वायर कहा जाता है। संग्राहक ऊर्जा। स्त्री के पास एक ऐसा शरीर है जिसमें शक्ति संरक्षित रहती है। बहुत बड़ी शक्ति संरक्षित है। लेकिन वह सक्रिय नहीं है, वह निष्क्रिय शक्ति है।

वह उस कुण्डलिनी शक्ति की तरह है जो निष्क्रिय है, सुषुप्त है, पर है महान्। वह जब तक जागती नहीं तब तक कुछ नहीं कर सकती। उसकी प्रकार विश्व की सभी स्त्रियों में एक शक्ति छिपी रहती है वह निष्क्रिय होती है। इसीलिये महिलाएं विश्व में अपना कोई विशिष्ट स्थान नहीं बना पाई हैं। महिलाओं ने कोई बड़ी खोज नहीं की है विज्ञान की। महिलाओं ने कोई महान् सृजन का काम नहीं किया है। उन्होंने न कोई श्रेष्ठ कविता लिखी न ही कोई श्रेष्ठ पेंटिंग का काम किया है क्योंकि उनके पास आक्रामक शरीर नहीं है। खोज के लिये आक्रामक बॉडी चाहिये। सृजन के लिये भी आक्रामक शरीर की आवश्यकता है। इसलिये महिलाएं सिर्फ प्रतीक्षा करती रहती हैं तथा वे सिर्फ संतान पैदा कर सकती हैं।

स्त्री के पास नेगेटिव बॉडी है और पुरुष के पास पाज़िटिव बॉडी। लेकिन जहां कहीं भी पॉजिटिव बॉडी है, उसके पीछे नेगेंटिव का होना जरूरी है, नहीं तो वह ठहर नहीं सकता। वह सक्रिय नहीं हो सकता। दोनों का साथ होना जरूरी है। दोनों के साथ होने से ही चक्र बनता है, एक वृत बनता है, सर्किल होता है। इसलिये हर पुरुष का जो दूसरा शरीर है – भाव शरीर वह स्त्री का शरीर है और स्त्री का जो नम्बर दो का शरीर है वह पुरुष का शरीर है। इसलिये आपने देखा होगा कि पुरुष देखने में ताकतवर है। जहां तक उसके भौतिक शरीर की बात है वह शक्तिशाली है लेकिन उसके पीछे एक कमजोर इंसान खड़ा है। कोई भी पुरुष एक लंबी दौड़ में – एक लम्बे समय के बाद स्त्री से हार जाता है क्योंकि स्त्री के भौतिक के पीछे जो शरीर है वह पॉज़िटिव है – पौरुषमय है। इसलिये सहन करने की क्षमता पुरुष की अपेक्षा स्त्री में ज्यादा होती है। एक बीमारी को स्त्रियां लंबे समय तक बर्दाश्त कर सकती हैं – पुरुष नहीं। अगर पुरुषों के बच्चे पैदा करने पड़ें तो उनके

लिये यह बड़ा मुश्किल काम होगा। नौ महीने बच्चे को अपने गर्भ में रखना – बच्चा पैदा होने के बाद उसको बड़ा करना – गीले बिस्तर पर सोना, रोने पर बच्चे को दुलारना एक स्त्री ही कर सकती है। पुरुष नहीं। इसका कारण पुरुष की ताकत के पीछे नाजुक शरीर है। यही कारण है कि पुरुष से ज्यादा स्त्रियों की लंबी उम्र होती है। विवाह में स्त्रियों की उम्र और पुरुष की उम्र में चार पांच साल का अंतर इसीलिये रखा जाता था ताकि स्त्रियों को वैधव्य की स्थिति से बचाया जा सके।

अब आइये और आगे बढ़ें। शरीर का अवलोकन किया जाये तो तीसरा शरीर जो पुरुष का है वह पुरुष का ही होगा। जो सूक्ष्म शरीर है। चौथा शरीर – मनस शरीर – स्त्री का होगा। चार शरीरों तक ही स्त्री – पुरुष का विभाजन है। पांचवां शरीर लिंग भेद से अलग है। वह यौन भेद में नहीं आता। इसलिये आत्मा को उपलब्ध होते ही इस संसार में फिर कोई स्त्री और पुरुष नहीं है, इसमें पहले तक ही स्त्री पुरुष है।

यह बात हर किसी को जानना चाहिये कि प्रत्येक पुरुष के पास स्त्री का शरीर है, भीतर में और प्रत्येक स्त्री के पास पुरुष का शरीर है। अगर संयोग से स्त्री के भीतर शरीर से संबंधित पुरुष विवाह के समय मिल जाये तो वह विवाह स्वर्ग बन जाता है। नहीं तो समझौता करके जीना पड़ता है। पुरुष को ऐसी स्त्री मिल जाये जो उसके भीतर की स्त्री से मेल खाती हो तो वह वैवाहिक जीवन सफल होता है अन्यथा नहीं।

कुण्डलिनी जाग जाने से यह कार्य आसान हो जाता है। प्राचीन समय में 25 वर्ष के बाद विवाह का विधान था। तब तक ब्रह्मचर्य का पालन करना पड़ता था। कुण्डलिनी जाग्रत करने की शिक्षा दी जाती थी। इन चार शरीरों का विकास लगभग पच्चीस वर्षों में पूरा हो जाता है।

जीवन यात्रा के मार्ग में सारी परेशानियों का जन्म तीसरे शरीर के विकास से प्रारंभ होता है – बुद्धि से। मात्र दूसरे शरीर के विकास से वह भोगी बनकर रह जायेगा। यूरोप–अमेरिका–जापान आदि देशों में विवाह ज्यादातर सफल नहीं होते क्योंकि उनकी बुद्धि का शरीर ज्यादा ही विकसित हो जाता है। तीसरे शरीर का काम है। दुविधा में डालना। तीसरे शरीर का पूरी तरह से विकसित होना जरूरी है।

•••

सम्यक् ज्ञान

पांचवें शरीर को शिक्षा की जरूरत नहीं है। आम लोगों की वहां पहुंच भी नहीं है। वह कीमती शरीर है। पांचवें शरीर के बाद की यात्रा निजी यात्रा है। चार शरीर तक संसार के ज्ञान–विज्ञान के साथ शिक्षा और दीक्षा दी जा सकती है। यह काम सहज है कि जब तक चौथा शरीर विकसित हो तब तक ज्ञान दिया जा सके। चारों शरीर के विकास के साथ–साथ ज्ञान–विज्ञान की शिक्षा दी जाये यह सम्यक ज्ञान है। पांचवें शरीर में किसी ज्ञान विज्ञान का प्रवेश नहीं है। वहां तुम मनुष्य से ऊपर उठ जाते हो।

वहां पहुंचकर कर्म प्रधान नहीं रहता। तुम उस पांचवें शरीर की सन्निधि में सब कुछ करते हो। पांचवां शरीर लिबरेशन की यात्रा है। वहां तक यह संसार नहीं जाता। वहां तुम हो और वहां के बाद तुम्हारी अपनी निजी यात्रा है। छठा शरीर भी निजी यात्रा है और सातवां शरीर भी निजी यात्रा है।

यह कुण्डलिनी चौथे शरीर की बात है। साईकिक प्रक्रिया है। यह शक्ति का केन्द्र है। यह ऐसे कुंड में बैठी है जो अमृत का कुण्ड है। उसे जगाना है। उसे जगाकर चारों शरीर की शक्तियों का सुन्दर उपयोग कर मूल तक की यात्रा करानी है। यह कुण्डलिनी ही उसे मूल तक की यात्रा करा सकती है। यह कुण्डलिनी अपनी भीतर की स्त्री से मिला सकती है। यह कुंडलिनी स्त्री को भीतर के पुरुष से परिचय करा सकती है।

तृप्ति का कारण यह कुण्डलिनी है। चारों शरीरों की शक्तियों को

सिद्धि रूप देने वाली यह कुण्डलिनी है। इसे जगाकर इन सातों शरीरों से गुजार कर अपनी वसुधा से मिलाना है। मनुष्य भिन्न–भिन्न बंधनों से बंध गया है। वह संसार के अनेकों रिश्ते–नाते तथा मोह माया से बंध गया है। मनुष्य देह से बंध गया है। भाव से बंध गया है। बुद्धि से बंध गया है। इन सबसे ज्यादा वह साईकिक बंधन में है। कोई प्रेम के बंधन में है, कोई करुणा के बंधन में है तो कोई श्रद्धा के बंधन में इन सभी बंधनों को तोड़ना तभी संभव है जब कुण्डलिनी जाग जाये यह कुण्डलिनी ही सभी बंधनों को तोड़ेगी।

•••

सत्य की खोज

आप सब की खोज जो है, वह सत्य की खोज है। आप सुरक्षा की खोज में नहीं हैं। कुण्डलिनी को जगना जरूरी है नहीं तो जीवन बंधन में ही बंधकर रह जाता है। सत्य की खोज के लिये सारी सुरक्षा व्यवस्था को तोड़ना होगा। क्योंकि सुरक्षा व्यवस्था ने जीवन को बांध रखा है। अनेकों सीमाएं बन गई हैं, जो असत्य है। वह ज्यादा प्रभावशाली है। वह उपलब्ध है। जल्दी से प्राप्त है। यह असत्य सुविधाजनक है। जो सुविधा खोज रहा है – जो सुरक्षा खोज रहा है वह सत्य तक नहीं पहुंच सकता क्योंकि यह लम्बी यात्रा है।

देश–विदेश के सारे नेता, मंत्री अधिकारी सुविधा के खोजी हैं। सारे आधुनिक गुरू मठाधीश सब सुविधा के खोजी हैं। उन्हें सत्य नहीं चाहिये, उन्हें तो सब सुविधा चाहिये क्योंकि वे अपने आपको असुरक्षित समझते हैं। उनको डर हो जाता है क्योंकि वे असत्य के पथ के यात्री हैं। उन्होंने अपने जीवन के धर्म को, कर्तव्य को, कर्म को असत्य से जोड़ रखा है।

सत्य को सुविधा नहीं चाहिये। सत्य तो सीमा विहीन होता है। सत्य तो आजादी है। सत्य तो स्वयं में सुरक्षित है। सत्य भयभीत नहीं होता। इसलिये सुरक्षा का जो खोजी होता है वह असत्य को पकड़ लेता है। आप देख सकते हैं, सारे साधु महात्मा जो गुरु बन गए हैं, जो भगवान बन गए हैं उन्हें सुरक्षा चाहिये। वे भगवान बनकर भी भयभीत है। वे आत्मज्ञानी बनकर भी भयभीत हैं। उनके चारों तरफ सुरक्षा है। हर सुरक्षा पाने वाला व्यक्ति सत्य का खोजी नहीं है। ज्ञानी को सुरक्षा नहीं चाहिये – जनता के सच्चे सेवक को सुरक्षा नहीं चाहिये।

एक सेवक, एक साधक को सुरक्षा से बचना चाहिये। पर आज ऐसा दिख नहीं रहा है। एक कथाकार भगवत कथा कह रहा है। ज्ञान की गंगा बहा रहा है। लोगों को गीता सुना रहा है। मुक्ति का संदेश दे रहा है। पर उसे सुरक्षा चाहिये। उसके साथ कमान्डो लगे हैं। गनमेन लगे हैं।

असुरक्षा की जहां स्वतंत्रता है वहां आत्म विश्वास है, आत्मा का ज्यादा विकास है। साधक की – सुरक्षा से – सीमाएं सिमट जाती हैं। सुरक्षा व्यक्ति को कमजोर बना देती है। व्यक्ति में अभिमान आ जाता है। व्यक्ति की आजादी समाप्त हो जाती है। आप देख सकते हैं देश के बड़े–बड़े नेताओं को सुरक्षा में उनका जीवन एक कैदी की तरह है। उनकी कार्य–प्रक्रिया सिमट गई है। वे जनता के लिये कार्य नहीं कर सकते। वे आम आदमी के लिये उपलब्ध नहीं है। वे एक ऐसा जिंदगी जीते हैं, जिन्हें सत्य छोड़ देता है।

और उन भगवानों–अवतारों और कथाकारों को भी देखें, उन भगवा वस्त्रधारी सन्तों को भी देखें जो सुरक्षा में रह रहे हैं तथा लोगों को सुरक्षा का आशीर्वाद दे रहे हैं। अनुग्रह कर रहे हैं। क्या वे सब भी एक कैदी बनकर नहीं रह गये हैं। उन्हें मिलने की आजादी नहीं है, खाने पीने में भी असुरक्षा है। उन्हें अपनों से भी डर है, फिर वे भगवान कैसे हो सकते हैं।

मेरे अनेकों मित्रगण लाल बत्ती की गाड़ी और पुलिस की सुरक्षा में यात्रा करते हैं। जब उन्हें मैं देखता हूँ तो बड़ा विचित्र लगता है।

मेरे एक मित्र हैं आत्मज्ञानी हैं बहुचर्चित हैं। जो सुरक्षा में चलते हैं। बुलेट प्रूफ शीशों की गाड़ी में चलते हैं बुलेट प्रूफ शीशों के बीच प्रवचन करते हैं। लोग कहते हैं कि वे आत्मा को जानते हैं। लाखों लोग उनकी पूजा करते हैं। आपको कैसा लगता है यह सब देखकर कि एक आत्मज्ञानी को भय है जीवन का – एक आत्मज्ञानी को जीवन की सुरक्षा चाहिये। कितना बड़ा असत्य है। इसे क्या सत्य कहा जायेगा। जिसे खुद सुरक्षा चाहिये, वह दूसरों को क्या सुरक्षा दे सकता है।

कुण्डलिनी जागरण का मार्ग जो सत्य से मिलता है उसमें किसी बन्धन की आवश्यकता नहीं, न ही किसी की अंगुली पकड़कर चलने की आवश्यकता है। सुरक्षा मानसिक शक्ति को कमजोर कर देती है। सुरक्षा–आत्मबल आत्मविश्वास और आत्मविकास को बढ़ाने में बाधक है।

सत्य की खोज में किसी व्यक्ति की सुरक्षा की आवश्यकता नहीं है बल्कि किसी महान् के अनुग्रह की जरूरत है। यह अनुग्रह बन्धन नहीं होता। अनुग्रह कृपा में परम स्वतंत्रता का भाव होता है। इसमें भी अधिकांशतः साधक बंध जाने की कोशिश करते हैं। वे इस भाव को रिश्तों का रूप दे देते हैं। वे गुरु और शिष्य के सम्बन्ध को भी बन्धन में डाल देना चाहते हैं। उन दोनों – गुरु और शिष्य में भय कार्य करता है। साधक और गुरु सोचते है कि वे अकेले खड़े नहीं रह पाएंगे, इसलिये क्यों न किसी से बंध जायें।

साधक–देशप्रेमी–राष्ट्रवादी तथा जन सेवक के लिये सुरक्षा सबसे बड़ा मोहजाल है। वे अपने लक्ष्य से विमुख हो जाते हैं। साधक को अपना लक्ष्य नहीं मिलता और जन प्रेमियों को सेवा का वक्त नहीं मिलता। दोनों अभिमान की सुरक्षा में फंस जाते हैं। मेरा आशय यहां उन लोगों से नहीं है जो राष्ट्र के ऊंचे पदों पर आसीन हैं और न ही उन लोगों से है जो भगवान – अवतार और सद्गुरु बनकर कैदियों का जीवन जी रहे हैं। मैं तो उन साधकों के मन को छूना चाहता हूँ। जो सत्य के खोजी है जिनके लिये मैं यह आधार तैयार कर रहा हूँ जो सभी बन्धनों से मुक्ति का मार्ग है। कुण्डलिनी का जागरण है। वह चारों शरीरों का भेदन कर पांचवें शरीर से मिलाकर निज की यात्रा में ले जायेगा।

मैं उन लोगों से कहना चाहता हूँ कि अगर आप सब साधकों ने एक दिन की भी सुरक्षा की चाह की तो भटक कर रह जाओगे। साधक के लिये सुरक्षा नहीं चाहिये। साधक को तो स्वतंत्र होना है। सभी सीमाओं को तोड़ना है। आत्मा को फैलने, बलवान होने और स्वयं को अभय करने के लिये।

सहारा लो, पर सुरक्षा के लिये नहीं। सहारा लेकर चल दो अपने निजी मार्ग पर। सत्य की खोज में, जीवन का क्या भय, इसे ही तो दांव पर लगाना है। जब तक तुम भयभीत रहोगे तब तक कुछ–न–कुछ पकड़ने की इच्छा बनी रहेगी। कहा गया है कि डूबते को तिनके का सहरा काफी है। पर ऐसा होता नहीं, तिनका भी डूब जाता है और पकड़ने वाला भी। तुम इसीलिये गुरु बनाते हो। गुरु को पकड़कर सुरक्षित होना चाहते हो। यह तुम्हारे भयभीत चित्त की पकड़ है। तुम

साधक हो। सुरक्षा से बचो। आगे बढ़ो। गुरु का काम पकड़ना नहीं है बल्कि छुड़ाना है। जब भी शिष्य हाथ पकड़कर चलना चाहे तो असली गुरु हाथ छुड़ा लेगा गिरने देगा। दो चार बार गिर कर उठे। उस उठने के लिये गिरना जरूरी है। गिरने का डर मिटाने के लिये गुरु का हाथ छुड़ान जरूरी है।

आप लोग सत्य के खोजी हैं। इसलिये किसी प्रकार का बन्धन स्वीकार मत करो। गुरु का भी बन्धन मत स्वीकारो। यह आध्यात्मिक बन्धन है। यह बन्धन बड़ा ही खतरनाक है। इसके सहारे आध्यात्मिक गुलामी दी जाती है। आध्यात्मिक स्वतंत्रता के नाम से पर आध्यत्मिक गुलामी। इस संसार में भारत में जितने लोगे आध्यात्मिक गुलामी करते हैं – उतना किसी और देश में नहीं। इसलिये सीखो – समझो और जो मिले उसे लेकर आगे चल दो।

धर्म बांधता नहीं। धर्म तो आजादी है। पर धर्म के नाम पर जीने का जो तरीका बन गया है वह कमजोरी है। धर्म जब से निवारण के उपयोग में आने लगा है, तब से इसने व्यवसाय का रूप ले लिया है। धर्म तो जीवन में सभी बन्धनों से मुक्त होकर ईश्वर पथगामी था, परन्तु यह तपस्या–ध्यान –साधना–ईश्वर–प्रणिधान को छोड़कर व्यक्ति से जुड़ता चला गया जो शोषण का कारण बन गया, सेवा के नाम पर, संस्कार और प्रारब्ध के नाम पर।

पहले धर्म ईश्वरीय व्यवस्था से जुड़ा था। अब यह मानवीय व्यवस्था बन गया है। इसमें ज्यादातर मन ही मानवीयता के नाम पर समाज को अनुकरण करने की शिक्षा दे रहा है। धार्मिक जगत में अगर आप थोड़ा सा भी गहरा चिन्तन करोगे तो पता चल जायेगा कि इसमें कैसा मानसिक खेल है। यह मन के दाँव–पेंच हैं। जिसे आत्मा– परमात्मा का नाम दिया जाता है। यह मन की चतुराई है जो भाग्य, भोग, संस्कार और प्रारब्ध के नाम पर होती है। जो लोग गुरु बन गए हैं वे लोग जानते हैं कि वे समाज को बेवकूफ बना रहे हैं। क्योंकि बुद्ध, महावीर, शंकराचार्य, ईसा, नानक आदि वे नहीं बन पाए। वे कबीर –तुलसी नहीं बन पाए, वे वेदव्यास – शुक्रदेव नहीं बन पाए। पर वे इन लोगों को ढो रहे हैं। इस मन के खेल से आपको सावधान रहना होगा। यह बचपन से आँखमिचौली खेलता आ रहा है।

आज गुरु–शिष्य के संबंध बने हैं। आज वह शिष्य है। कल गुरु बनेगा। वह शिष्य बनकर अपना समय व्यतीत कर रहा है क्योंकि कल उसे गुरु बनने की प्रतीक्षा है।

यह कमजोरी, मन के घर, चौथे शरीर के विकसित न होने के कारण है। गुरु–शिष्य–बन्धन नहीं होना चाहिये। दोनों को ऊर्ध्वगामी होना चाहिये। दोनों में आत्म–प्रेम होना चाहिये। धर्म बन्धन नहीं हो सकता। धर्म तो प्रेम का एक निमन्त्रण है। धर्म तो आत्म–मार्ग की यात्रा है। प्रेम स्वतन्त्रता है, बन्धन नहीं। प्रेम तो मुक्त मार्ग है, यह निजी है। निजबोध का मार्ग है।

आज धर्म के स्थूल मानवीकरण हो गये हैं मर्यादा से जुड गये हैं– शिक्षा से जुड़ गये हैं। सामाजिक शिक्षा–सत्संग भाव – गुरु जो पूजा करवा रहा है, मात्र उसी की होकर रह गयी है। ध्यान जो निजबोध की यात्रा है वह गुरु के स्वरूप की ध्यान पूजा बनकर रह गया है। नकली चेहरे रह गये हैं। भीतर में गंदगी भरी हुई है। सब बन्धन ही बन्धन है। गुरु शिष्य – बाप–बेटा – पति–पत्नी दोस्ती, सभी बन्धन ही बन्धन है। आध्यात्मिक मार्ग भी बंध गए है।

कुण्डलिनी जगाने के लिये इन सभी बन्धनों से ऊपर उठना होगा। जब तक इन जंजालों से उलझे रहोगे तब तक यह संभव नहीं। भीतर और बाहर से एक होना होगा। इसलिये इस आध्यात्मिक पथ पर चलने के लिये गुलामी मत करो। अगर आप चाहते हो कि आप में से कोई इस देश की आध्यात्मिक प्रतिमा बनकर आगे निकलना चाहता है तो सभी बन्धनों को तोड़ दो और इस आत्मा के अनुसंधान की लम्बी यात्रा पर चल पड़ो। कहीं पड़ाव मत डालो। अपने अन्दर सोयी उस महामाया को जगाओ। तभी तुम आत्मा के धनी होगे।

तुम उन कथाकारों–उन गुरुओं के पास पड़ाव डाल कर जीवन मत गुजारो। कौन जानता है किस क्षण क्या होगा अपने इन कीमती क्षणों को यूं ही मत व्यतीत करो। तुम उन लोगों की मत सुनो जो तुम्हें रोक रहे हैं। तुम जरा सोचो तुम्हारी खोज बन्धन नहीं है। तुम सत्य के खोजी हो। विचारों के बन्धन में क्यों ठहर गये हो। वे लोगे तुम्हें गुलाम बना रहे हैं। उन्होंने तुम्हारे विकास के सारे रास्ते बन्द कर रखे हैं। तुम्हारे स्वयं के बोध का मार्ग बन्द हो गया है। अब तुम्हें ही सोचना होगा कि तुम प्रतिभाशाली कैसे बन सकते हो।

ये सब लोग तुम्हें लोभ दे रहे है, दावा कर रहे है कहते हैं, मैं ही तुम्हें दे सकता हूँ। वे अगर तुम्हें देना चाहते हैं तो तुमसे लेना भी चाहते हैं। बिना लिये वे कुछ देंगे नहीं। वे तुम्हारा धन– तुम्हारी श्रद्धा – तुम्हारा विश्वास – तुम्हारी सेवा – तुम्हारा समर्पण सब कुछ ले लेंगे धीरे–धीर और देंगे कुछ नहीं। तुम स्वयं ही एक दिन भाग जाओगे। आजकल ऐसा ही होता रहा है। काँटे में फंसी हुई मछली के समान तुम उनके कांटे में फंस जाते हो। फंसने के बाद ही तुम्हें मान होता है कि बाजार में चिल्लाने वाले गुरुओं के चक्र में तुम फंस गये हो।

अभी भी वक्त है, निकल जाओ, सावधान हो जाओं यह सब कुछ तुम्हें उनसे नहीं मिल सकता। शक्तिपा इतना सहज नहीं है। ज्ञान होना भी सहज नहीं है। समाधि में पहुंचाना तो अगस्त्य मुनि द्वारा सागर को पी जाने की तरह है। कृष्ण की तरह गोवर्धन पर्वत को उठाने के समान है।

जो जानता है वह दावेदार नहीं होता। वह तो परमात्मा को जानता है। वह तो तुम्हारे आत्मकर्मों को श्रेय देगा वह यह दावा नहीं करेगा कि मैं आत्म–साक्षात्कार करा सकता हूँ। यह जीव जगत की एक खास अवस्था है। वह भगवतमय होता है। वह सब कुछ परमात्मा की कृपा समझता है। वह अपना मूल्यांकन नहीं करता है।

आप देखते हैं, लोग अपना मूल्यांकन करते हैं। कोई ज्ञानी बन गया है, कोई आत्मदर्शी बन गया है तो कोई किसी का अवतार बन गया है। वे अपनी प्रशंसा स्वयं कर रहे हैं तथा अपने बड़प्पन की चर्चा आपसे करवा रहे हैं। लेकिन जो सत्य को जानता है वह कहेगा – मैं कौन होता हूँ। जो कुछ भी हो रहा है वह सब एक उसी के कारण हो रहा है।

इसलिये आपको सोच–समझकर–संभलकर इस जगत में रहना है क्योंकि दावेदार ज्यादा हो गये हैं। जहां से लोग गुरु बनकर आवाज दे रहे हैं वह जगह बड़ी खतरनाक है। आप वहां जाएं लेकिन वहां जाकर उलझ न जाएं। याद रखना आपके अन्दर एक भूख है, अतृप्ति है। आप कुछ खोज रहे हैं। आपकी अपनी कुछ मांग है आप कुछ अपेक्षा लेकर निकले हो।

ये सब वासनाएं हैं। इन वासनाओं को वे त्वरित कर रहे हैं, दावा करके – आवाज देकर कथा कहकर। जब आप लोग पूरी तरह से वासनाओं से घिर जाते हो तब वे आपसे मांगना शुरू कर देते हैं।

साधक की पहचान तुम्हारे अन्दर होनी चाहिये। तुम उन लोगों के पीछे मत भागो जो दावा कर रहे हैं। तुम तो उसकी खोज करो जो दावा नहीं करता है। तुम किसी से कहो मत, मांगो मत, देखो क्या होता है, नहीं तो फंस जाओगे। तुम खोज रहे हो तुम मांग रहे हो और उपर जो गुरु लोग दावेदार हैं वे भी खोज रहे हैं सोचते हैं। कौन आकर फंसे।

तुम्हें अपने लक्ष्य की ओर जाना है, किसी व्यक्ति की ओर नहीं। जो कुछ तुम लोगों को करना है वह भीतर में करना है। तुम पहले तैयार हो जाओ। जिस दिन तुम तैयार हो जाओगे, उस दिन वह घटना घट जाएगी। अगर तुम तैयार नहीं होगे तो तुम फंस जाओगे। तुम अपने आपको गढ़ो। तुम खुद पात्र बनो, अपने आपको उस योग्य बनाओ ताकि तुम उस प्रसाद को पा सको।

तुम अपना कर्म करो और फल परमात्मा पर छोड़ दो। तुम फल की चिन्ता मत करो। सोचोगे, कल क्या होगा तो अवश्य ही भटक जाओगे। तुम अपने हृदय–पुरुष को जगाओ, जिस दिन वह जाग जायेगा उसी दिन घट जायेगा। ठीक उसी तरह जिस तरह बीज के साथ होता है। जिस दिन बीज के फूटने की क्षमता आ जाती है। उसी दिन बीज अंकुरित हो जाता है। जिस क्षण कली तैयार हो जाती है, फूल खिल जाता है। सूर्य निकल आता है। सूर्य तो निकलता ही है पर कली को तैयार होना पड़ता है – फूल बन कर खिलने के लिये। आप साधक भी अभी खिलने के लिये तैयार नहीं हैं। घबराइये मत। सूरज तो रोज निकलेगा। पहले अपने अन्दर की कली को तैयार करो तभी सूरज का निकलना फलित होगा।

यह याद रखना, इस ब्रह्माण्ड में कोई भी पात्र एक पल के लिये भी खाली नहीं रह सकता। यह प्रकृति का विधान है। चाहे जैसा भी – जहां भी खाली पात्र होगा वह क्षण भर में ही भर जायेगा। आप सब लोग पात्र हैं। अपने आपको ऐसा समझकर चलो। यह आपके ऊपर है कि आप अपने आपको कैसा पात्र बनाना चाहते हैं। क्योंकि खाली भी होना है और अपने आपको भरना भी है। अगर लोटे में पहले से ही पानी भरा है तो उसमें और क्या भरा जा सकता है। जिस कमरे में आप बैठे हैं अगर उस कमरे की हवा को बाहर निकाल दें तो दूसरी हवा उस खाली जगह

को तुरंत भर देगी। उधर आपने निकाला और इधर भर गया। आपको प्रतीक्षा नहीं करनी पड़ेगी। फल इसी प्रकार मिल जाता है।

ठीक ऐसे ही अन्तर जगत का नियम है। आप लोग इधर तैयार हुए कि उधर हमारी तैयारी शुरू हो जायेगी। यहां कठिनाई इसलिये है कि लोग तैयार तो होते नहीं और मांग पहले से ही शुरू हो जाती है। तब उन झूठी मांगों के लिये झूठी सप्लाई शुरू हो जाती है। दुकानें बहुत खुल गई हैं मानसिक जगत की माया की। आप की हर मांग की पूर्ति की चमत्कारिक दुकान। जहां नौकरी – ट्रान्सफर सब मिल जाता है। शान्ति की खोज में संसार की मांग छिपी रहती है।

मेरे पास भी ऐसे हजारों लोग आते हैं। कोई कहता है – महाराज! बहुत अशांति है। शांति की ओर ले जाने की तैयारी करवाइये। कोई कहता है बेटी की शादी करनी है – वह हो जाये उसका उपाय बताइये। मकान बनाना चाहता हूँ। धन के लिये कोई उपाय बता दीजिये। बच्चों की नौकरी नहीं लगी है, कोई साधन बता दीजिये। मैं कोर्ट में जीत जाऊं ऐसा आशीर्वाद दे दीजिये। मैं उन्हें कुछ नहीं दे पाता हूँ क्योंकि वे गलत व्यक्ति के पास आ गये हैं।

मैं समय–समय पर यज्ञ करवाता हूँ। लोगों की मांगों से भी परिचित हूँ। उनकी मांगों की पूर्ति हो जाती है तो मेरे पास आते हैं और अगर उनकी पूर्ति नहीं होती तो वे किसी और के पास चले जाते हैं।

गुड़गांव की बात है। यादव परिवार रहता है। धनाढ्य परिवार है। अनेकों भाई–बहनें हैं, कम्पनियाँ हैं। व्यवसाय है। पिता के द्वारा छोड़ी हुई अपार सम्पदा है। मैं कभी–कभी एक भाई के घर आता–जाता हूँ। सभी भाइयों के घर आता जाता हूँ। सभी के परिवार में अपनापन रहा है। सभी के यहां आशीर्वाद की गंगा बहती रही है। पहले कभी कुछ नहीं था।

एक दिन बड़े भाई की लड़की का फोन आया कि पिताजी का एक्सीडेन्ट हो गया है। ज्यादा चोट तो नहीं आई है लेकिन हाथ में थोड़ा फ्रैक्चर हो गया है। मैं उसी दिन जापान जा रहा था। जिसके कारण उनके घर नहीं जा पाया। बच्चों को तथा माँ को फोन कर आशीर्वाद दे दिया महीनों बाद जब बाहर से लौट कर आया तो लोगों ने कहा–बड़े भाई ने किसी और महात्मा से दीक्षा ले ली जो बड़े ही चमत्कारिक हैं।

मैं हंस कर रह गया। मैं उस दिन ही कह पाया था इसलिये स्थान परिवर्तन हो गया, तथा दूसरे महात्मा से दीक्षा ले ली गई थी।

परन्तु फल की चाह में वहां जाकर सारे जीवन की परेशानी ही मिली। जब मैं उस व्यक्ति के घर उनके निमंत्रण पर गया तो पाया कि उन महात्मा के बड़े–बड़े चित्र हर कमरों में लगे हुए थे। सोने के कमरे में भी चित्र लगे हुए थे। वहां से भगवान तथा अन्य देवी–देवता विदा हो गये थे। सिर्फ उन महात्मा के चित्र ही लगे हुए थे। क्योंकि वे दावेदार महात्मा थे। उनके शिष्य दावा करते थे कि वे बड़े सिद्ध – साक्षात् भगवान ही है।

सत्य की खोज – परमात्मा की खोज – शांति की खोज सब समाप्त हो गये थै – बस रह गया था उस महात्मा का चित्र तथा उनकी पूजा। हर सोमवार को उस महात्मा के अनेकों शिष्य आकार कीर्तन करते थे वह भी उस महात्मा का ही गुणगान।

बाद में हुआ तो बुरा ही–उनके द्वारा ठहराई गई शादी असफल हुई – अपाहिज बच्चा पैदा हुआ संभल न सकता और वे महात्मा शरीरिक रोगों के शिकार होकर, स्वयं ही दुखों के भंडार से दुखी होकर डेलीसिस पर जीवन गुजारते हुए विदा लेने की तैयारी में लग गये।

इसलिये मैं आप लोगों से कह रहा हूँ – दावेदारों से बचना और गुरुओं के उन शिष्यों से भी जो गुरु की ज्यादा चमचागिरी करते हैं – जो लोग नौकरी भी दिलवाते हैं तथा शांति भी दिलवाते है। कुछ लोगे ऐसे महात्माओं के चारों तरफ अपना प्रभाव फैलाए रहते है। वे कहते है इधर जो कोई भी आया उनका जीवन सफल हो गया। मेरे लड़के को नौकरी मिल गई। मेरी पत्नी ठीक हो गई। मैं मुकदमा जीत गया। मेरी दुकान चल पड़ी इधर जो भी आता है उनका धन बढ़ जाता है और दुकान चल पड़ती है। भीड भाड़ बढ़ जाती है।

हजारों में किसी को मिल गया, वे ठहर गये और चले गये – ऐसा होता है। मैंने देखा है, लोगों को सुख देने वाले महात्मा के आश्रम के कुछ हिस्से को तोड़ दिया गया सरकारी आज्ञा से क्योंकि वह अवैध था। नियमित नहीं था, अनाधिकृत था। महात्मा अपना कार्य तो सिद्ध नहीं कर पाये लेकिन दुकान चलती रही।

इसलिये भटकाव को छोड़ो और जो तुम्हारे अन्दर त्रिवेणी है उसमें स्नान करने की तैयारी करो। यह तभी संभव है जब तुम स्वयं तैयारी

करोगे। कब तक मांगते फिरोगे। यह दूसरे से मिलने वाली नहीं है। अगर खुद तैयारी करोगे तो यह हर जगह से मिल जायेगी – यह अवश्य घट जायेगी। यह तब तक नहीं घटेगी जब तक कि तुम तैयार नहीं होगे। जिस दिन यह घट जायेगी तब तुम्हें पता चलेगा कि मैं कैसा अन्धा था। जो सब जगह उपलब्ध था – जो हर तरफ से मिल रहा था और मैं दर–दर भटक रहा था।

एक अन्धा आदमी नैनीताल की सड़कों पर रोज घूमता था। किसी का सहारा लेकर वह भीख माँगता था। वह आज के पास भी बैठा रहता था। दीपक के पास भी घूमता था। सूर्य के प्रकाश में भी रहता था, तथा बिजली के प्रकाश में भी रहता था। फिर भी उसे वह प्रकाश नहीं दिखता था क्योंकि वह आंखों से अन्धा था किसी के सहयोग से उसे जब आंखें मिलीं तो वह देखने लगा। हर प्रकाश को, सूर्य को, बिजली को, दीपक को, वह कहने लगा। मैं भी कैसा अन्धा था। सब जगह प्रकाश ही प्रकाश था लेकिन मैं देख नहीं पाता था। अब मुझे सब जगह प्रकाश दिख रहा है।

ठीक ऐसा ही आपके साथ हो रहा है। अभी आपको कुछ दिखाई नहीं दे रहा है। प्रकाश आपकी आंखों से ओझल है। अन्धकार ही दिख रहा है लेकिन जब आपकी कुण्डलिनी जाग जायेगी तब हर स्थान पर आपको प्रकाश ही प्रकाश दिखाई देगा। जब तक यह नहीं जागेगी, मन का साम्राज्य होगा जहां अन्धकार ही है। इसलिये जब तक यह आगे नहीं तब तक सभी का आदर करते हुए – नमस्कार करते हुए – आशीर्वाद को लेते हुए – अपने साधना जगत में ही रहना। किसी से मांगना मत – नहीं तो भिखारी बनकर रह जाओगे। सत्य भिखारी को नहीं मिलता। अगर मांगना शुरू कर दोगे तो कोई–न–कोई दुकानदार रास्ते में कुछ–न–कुछ बेचते हुए जरूर मिल जायेगा तथा तुम्हें अपनी दुकान पर ले जाकर सारे जीवन भिखारी बना कर रखेगा।

इसलिये हमेशा चलते रहो अपने कर्म–पथ पर अपनी राह पर – अपने लक्ष्य की ओर और जो घट रहा है उसे घटने दो – तुम्हें सत्य अवश्य प्राप्त होगा तब तुम समझ जाओगे उस सत्य को जो अमृत बनकर चारों ओर से बरस रहा है।

•••

जीवात्मा

यह जीवन अद्भुत और आश्चर्यजनक है। यह प्रश्नों से नहीं समझा जायेगा और न ही दुविधा जनक बातों से समझा जायेगा। यह जीवन ऐसा प्रश्न नहीं जिसका उत्तर दिया जा सके। यह जीवन तो एक प्रवाह है, एक अविराम गति का प्रवाह, जिसमें प्रेम किया जा सकता है।

इस जीवन पर अपार विश्वास किया जा सकता है। क्योंकि यह सबकुछ देने वाला है, अपनी जिन्दगी है जिसमें गंगा–यमुना और सरस्वती–तीनों पावन नदियां बहती हुईं त्रिवेणी बना रही हैं। कहीं मुक्त त्रिवेणी तो कहीं युक्त त्रिवेणी। यह जीवन केवल इन्द्रियों का घर नहीं है और न ही केवल मन का राज्य है। आप सब चेतना–श्रद्धा–सोमा–मंगल–कुसुम–सूर्य–सोना सोचो – आप में से कोई अन्धा हो तो कोई समझ नहीं पाएगा कि प्रकाश नाम की भी कोई वस्तु होती है जबकि प्रकाश चारों तरफ है और अगर आप में से कोई बहरा हो तो सारा जगत उसके लिये बहरा हो जायेगा। चारों ओर से आवाज आते हुए भी वह कोई आवाज सुन नहीं पाएगा।

तुम लोग देख रहे हो जगत में भिन्न प्रकार के लोगों को – कोई नेत्रहीन है, कोई कानों से बहरा है, कोई बुद्धि विहीन है तो किसी की वाणी नहीं है, कोई भावहीन है। यह सब देखकर ऐसा नहीं लगता कि जीवन मात्र इन्द्रियां ही नहीं है बल्कि हमारा जीवन एक दुर्लभ जीवन है। जो कुछ भी लोगों को मिला है उससे भी कहीं ज्यादा छिपा हुआ है।

इसलिये इस जीवन के सार को जाने की कोशिश करो। आज का वैज्ञानिक यह तो खोजने में लगा है कि इस पृथ्वी के अलावा कहीं और

भी जीवन है पर वह यह नहीं खोज पा रहा है कि यह जीवन क्यों है। वैज्ञानिकों को यह अनुमान हो गया है कि लाखों ग्रह–नक्षत्रों पर जीवन है, जीवन की संभावनाएं हैं, पृथ्वी भी एक ग्रह है और ऐसे अनेकों ग्रह हैं लेकिन अभी काफी दूरी पर है। वैज्ञानिक जानते है कि इस पृथ्वी पर ही अनेकों ऐसे पशु–पक्षी – कीट–पतंग हैं जो भिन्न–भिन्न इन्द्रियों की विशेष प्रधान में अपना जीवन जीते हैं। अन्य ग्रहों पर इस तरह की संभावना क्यों न हो। पर यह सब अब भी आम मानव से दूर है। क्योंकि आम मानव का सोचने–समझने का जो आधार है वह इन्द्रियों पर आधारित है। स्वप्न देखना या कल्पना करना सभी कुछ सीमाओं में बंधा है। इसलिये वैज्ञानिक खोज की प्रक्रिया भी सिमटकर रह गई है।

वैज्ञानिक भले ही शरीर की फोटोग्राफी कर रहे हों, अन्तरिक्ष की गतिविधियों का चित्र ले रहे हों, अनदेखे तत्त्वों को, परन्तु अभी भी वे इस जीवन के अन्तःविज्ञान को समझ नहीं पाए हैं।

इसलिये ध्यान की ओर अपने आपको आकर्षित करना जरूरी है। ध्यान समाधि की ओर ले जाता है और समाधि से ही ज्ञान विज्ञान अवतरित होता है। जो जीवन के अद्‌भुत विज्ञान से परिचित हो जाता है वह ब्रह्माण्ड से परिचित हो जाता है। जो अपने आपमें प्रकाशित हो जाता है वह संपूर्ण ब्रह्माण्ड को प्रकाशित कर लेता है, इसके लिये ध्यान जरूरी है, इसके लिये जीवन को समझना जरूरी है।

मैं कुण्डलिनी जागरण में प्रवेश करूं उसके पहले जीवन को समझना आवश्यक है। जो कुछ भी है वह सब अन्तःकरण ही है। आप देख ही रहे हैं जगत का सारा कार्यक्रम इन्द्रियों का खेल जगत है। स्वप्न–चिन्तन–कल्पना सब इन्द्रियों से ही संबंधित है। परन्तु हम सबका जीवन मात्र कर्मेन्द्रियों और ज्ञानेन्द्रियों की ही खोज नहीं है – यह और भी है। हम सपूंर्ण ज्ञान–विज्ञान के जगत को जान चुके हैं। बहुत से अन्वेषण हो चुके हैं। हम सातों शरीरों को जान गये हैं तथा पांच कोशों को भी जानते हैं।

जिस प्रकार सात शरीर हैं ऐसे भी सात चक्र भी हैं तथा सात लोक भी हैं। इस शरीर के भेदन के विषय में अनेकों लोकों के भ्रमण के विषय में तथा अन्तःजगत की अनुभूतियों की चर्चा मैं पहले कर आया हूँ। यहां मैं कुण्डलिनी जागरण, सात चक्रों, सात लोकों के विषय में और कुछ बताने से पहले जीवन का कुछ और परिचय करवाना चाहता हूँ।

वैसे तो आप लो जान गये हैं कि सब कुछ तीन महाशरीरों में बन्द हैं, जो कि भौतिक सूक्ष्म तथा कारण शरीर है। आप सब के शरीर में हृदय–स्थल है नाभि–स्थल है, योनि स्थल है, कण्ठ स्थल है, ब्रह्मरन्ध्र है और विशेष चित्त–स्थल है।

इन सब का आश्रय बना कारण शरीर है जो सूक्ष्म शरीर का आश्रय बना है अर्थात् शरीर–स्थूल शरीर में व्यापक हो रहा है। इस प्रकार जीवात्मा सारे ही शरीर में व्यापाक है। सक्रिय है क्योंकि कारण शरीर चित्त है और चित्त पर आत्मा का प्रकाश पड़ रहा है। कारण शरीर के सम्बन्ध से ही आत्मा का नाम जीवात्मा पड़ा है।

अंगुष्ठ मात्र हृदय पुरुष का निवास ब्रह्मरन्ध्र है। जिसने सहस्रार चक्र को अपने ऊपर धारण किया है। यहां पर एक आकाश है। चिदाकाश – यह ही चित्त का स्थान है अर्थात् कारण शरीर का। इसी पर आत्मज्ञान की रश्मियाँ पड़ रही है। यह सबकी प्रकृति है। इसी जगह प्राण और मन आकार समाधिष्ठ हो जाते हैं। अर्थात् अपनी गतिविधियों को समाप्त कर लेते हैं। यह सर्ववृत्ति निरोध का स्थान है।

सुषुप्ति की अवस्था में उस आत्मा की सक्रियता स्थली का नाम हृदय–प्रदेश है। यह हृदय इस शरीर की जीवनधारा की मुख्य स्थली है। यहीं से सारे शरीर में नाड़ियां जाती हैं। सारे शरीर का आन्तरिक कार्य यहीं से होता है। हृदय की गति ठहर जाये तो शरीर कार्य करना बन्द कर देता है। अतः सुषुप्ति में जीवात्मा हृदय में रहता है, जीवन बनकर।

वह जब हृदयाकाश में विश्राम करता है – सारे ज्ञान विज्ञान को समेटकर सभी इन्द्रियों की गतिविधियों को अपने अन्दर लेकर वह सुषुप्ति में जाकर जब आराम करता है वह हृदय ही है जो शरीर तथा इन्द्रियों की समाधि स्थली है।

स्वप्नावस्था में जीव का स्थान कण्ठ होता है। जाग्रत अवस्था में वह जिन पदार्थों को देखता है, सुनता है या भोगता है, उस सबका संस्कार अति सूक्ष्म होकर जीव कण्ठ में हिता नामक नाड़ी में जाकर रहता हैं अनुभूत पदार्थ और उनका ज्ञान स्वप्न की अवस्था में कण्ड में होता है। जाग्रत अवस्था में जीवात्मा बाहर की सभी इन्द्रियों के द्वारा बाहर के सभी विषयों का अवलोकन करता है। बाहर की सभी इन्द्रियों में नेत्र प्रधान है, इसलिये जाग्रत अवस्था में जीवात्मा नेत्रों में रहता है।

यह आँखों में देखने वाला ही आत्मा है। जब संप्रज्ञान समाधि की स्थिति आ जाती है तब वह जीवात्मा आज्ञाचक्र में रहता है क्योंकि यही दिव्य दृष्टि का केन्द्र है। दिव्य नेत्र या शिवजी की तीसरी आँख इसे ही कहते हैं।

इसी प्रकार असंप्रज्ञान समाधि में जीवात्मा का स्थान ब्रह्मरन्ध्र है। इससे ऐसा लगता है कि इस जीवन प्रवाह का जो मन्दिर है उसमें बहुत कुछ है। एक ब्रह्माण्ड की पूरी संचालन प्रक्रिया है जिसमें नित्य प्रतिक्षण कुछ–न–कुछ हो रहा है। घट रहा है। इसी में भोक्ता भी है – कर्ता भी है और साक्षी भी। इस शरीर के अनेकों केन्द्र हैं, जड़ और चेतन का दो स्थितियाँ हैं। जड़ प्रकृतियाँ है – विकृतियाँ है। चेतन–पुरुष है। जड़–शरीर बनाने की ओर यात्रा कर गया है और चेतन अपनी चेतना प्रकाश के साथ जुड़ गया है।

अब दो चेतन हा गये हैं। एक वह है जो शुद्ध है – जो किसी से जुड़ा नहीं है जिसे समष्टि का चेतन कहते हैं। इस चेतन को ही निर्गुण ब्रह्म कहते हैं। यह विश्व की चेतना है और दूसरा व्यष्टि रूप में अर्थात् पिण्ड शरीर से जुड़ा हुआ है। जो चेतन जड़ तत्व से जुड़ा है उसके दो भेद हो जाते हैं – एक शुद्ध रूप में, इसे ही आत्मा कहा गया है। इसे जीवात्मा कहा गया है।

इस संसार में जितने जीव–जन्तु दिखाई पड़ रहे हैं इसमें अन्तःकरण का धर्म है। स्थूल–सूक्ष्म और कारण शरीर की क्रियाओं का भेद है। यह पिण्ड अर्थात् शरीर के अन्तःकरणों की अपेक्षा से जीव के अर्थ में यह ब्रह्म बहुत–सा नजर आता है और विश्वातीत होकर समष्टि के रूप में ईश्वर एक ही है। जिस तरह संसार के वनों में पेड़ों का समूह है। सभी पेड़ों के समूह को जंगल कहा जाता है उसी तरह से वह ब्रह्म एक ही है। पर बहुत–सा नजर आता है।

ईश्वर–परमात्मा–निर्गुण ब्रह्म–शुद्ध ब्रह्म और परम ब्रह्म आदि रूपों में जिन्हें हम सब जानते हैं और आत्म–साक्षात्कार द्वारा अनुभव करते हैं – समाधि की पराकाष्ठा में वह वास्तव में एक ही के अनेक नाम हैं। आत्मा ये कोई जाति नहीं रह जाती – जिस प्रकार कि आकाश की कोई जाति नहीं है – वह सर्वव्यापक है, वह विभु है।

इसीलिये जीव ईश्वर नहीं हो सकता वह तद्रूप हो सकता है। अनन्त ज्ञान–धर्म–ऐश्वर्य–वैराग्य आदि गुणों को वह ब्रह्म जगत में

उपयोग कर सकता है और संसार के विकृत बन्धनों से हटकर, मनुष्य लोक से मुक्त भी हो सकता है।

इस मुक्ति के मार्ग पर चलने के लिये जीव को संकल्पमय होना पड़ेगा। इसके लिये समाधि की अवस्था को प्राप्त करना पड़ता है। समाधि–साधना की चरम सीमा है। समाधि चित्त का धर्म है। अपनी सारी वृत्तियों से निवृत होकर, सारे गुणों से अप्रभावित रह कर अन्तर्मुख यात्रा को समाधि कहा जायेगा।

इसे विभिन्न रूपों में साधकों–योगियों ने बताया है। पर मैं बहुत ही सहज में बताऊंगा। जड़ और चेतन दो कारण हैं सक्रिय जगत और सक्रिय जीवन के। जड़ अर्थात् निष्क्रियता–गतिविहीन – शून्य की अवस्था पर इस जड़ में हमेशा चुम्बकत्व बना रहता है क्योंकि यह गुण–प्रधान है। यह प्रकृति है – संसार की प्रकृति है। हम सबकी मूल प्रकृति है। अर्थात् जड़ता हमारा धर्म मूल से चेन का अर्थ है सक्रियता–गतिशीलता – क्रिया – इस चेतन के प्रभाव में ही आकार जड़त्व में गतिशीलता आई है जो प्रतिक्षण परिणाम देती है। यह समाधि भी इसी जड़ और चेतन से प्रभावित है। हमारे शरीर की अवस्थाएं हैं। चित्त के कारण – आत्मा के प्रतिबिंब के कारण। जिस तरह यह सूर्य और पृथ्वी है – जो कुछ भी इस पृथ्वी पर हो रहा है उसमें सूर्य की रश्मियों का प्रभाव है – पृथ्वी के चेतनत्व के पीछे सूर्य की चेतना का प्रतिबिंब है। पृथ्वी उपजाऊ बन गई है। सूर्य ही संपूर्ण ऊर्जाओं का मूल स्रोत्र है – पर आकाश में जो चन्द्र तारे है – उनका भी प्रभाव पड़ रहा है पर उन सब पर भी इस सूर्य की रश्मियां का प्रभाव है। पृथ्वी की सक्रियता और निष्क्रियता के पीछे सूर्य रूपी चेतना है।

ठीक ऐसा ही हमारे शरीर के साथ हो रहा है। व्यष्टि इस शरीर को ही कहते है और पिण्ड भी यह शरीर ही है। जगत को ब्रह्माण्ड कहते हैं उसके लिये समष्टि चित्त की बात कही गई है। चित्त का अर्थ ऐसा लीजिये जैसे भूमि–पृथ्वी।

ब्रह्माण्ड में व्यपाप्त उस परम सत्ता को परमात्मा कहा गया है और इस शरीर में व्याप्त उस सत्ता को आत्मा कहा गया है। हम सबके सब अवतरित हुए हैं। हमारा अवतार हुआ है क्योंकि हम सब परम से चले हैं। हमारी मूल प्रकृति ही माँ है – वसुधा है और पिता वह परमेश्वर है।

इसे विज्ञान – न्युक्लियस कह रहा है – सुप्रीम कॉन्शियस कह रहा है हम सुषुप्ति में जागरण के बाद, परिणाम के रूप में, परिणाम के बाद परिणाम होते हुए – यहां आए हैं।

परिणाम को आप लोग तब्दीली कह सकते हैं। परिवर्तन कह सकते हैं, बदलाव कह सकते हैं। जो अपने पहले धर्म को छोड़कर किसी और धर्म को स्वीकार कर लेता है। ग्रहण कर लेता है। उसका परिणाम दो तरह का होता है।

एक साम्य अवस्था को लौट जाना स्वरूप का निर्माण जो था वैसा ही बने रहना – जैसे दूध–में–दूध के मिल जाने पर निर्विकार बने रहने की अवस्था।

दूसरा विषम परिणाम अर्थात् विरूप परिणाम का ही प्रत्यक्ष होना है। उस प्रत्यक्ष में साम्य परिणाम का अनुमान हो जाता है। तीनों गुणों का साम्य परिणाम ही वह प्रकृति है जो अव्यक्त है, मूल प्रकृति है।

समाधि लौटना है – मूल प्रकषति तक। अर्थात् सभी तत्वों को अलग–अलग करते हुए, उनका अनुभव करते हुए, गुणों से युक्त जीवन धारा का मूल की ओर ले जाने को समाधि कहेंगे। हर तत्व को अपने मूल में साम्य करना है, उसके लिये जड़ बनना ही पड़ेगा–कला प्रधान जीवन के तत्वों के समावेश से निर्मित इस विशाल मठ को।

इसके लिये थोड़ा और समझना होगा – क्योंकि जीवन की जो यात्रा है वह विस्तार के मार्ग पर है, इवोल्युशन की डगर पर। विस्तार के बाद विस्तार परिणाम के बाद परिणाम और जीवन की समाधि पथ का अर्थ है, संकुचन का मार्ग, विस्तार में, साम्य अवस्था में, आगे का निर्माण है। संकुचन में निज की ओर जाने की साम्य अवस्था है। समाधि लौटना है। जब हम सब लौटेंगे तब अन्त की यात्रा होगी और अन्तः करण की यात्रा में भौतिक शरीर सूक्ष्म शरीर और कारण शरीर की यात्रा करनी पड़ेगी।

तब चित्त की मूल प्रकृति से भेंट होगी। महत्तत्व अपनी सभी सक्रियताओं से मुक्त होकर ज्ञान प्रकाश की ओर उन्मुख होगा। इसलिये इस समाधि के लिये और समझना होगा।

हम सब नित्य पेड़–पौधों को उपजाऊ होते, पैदा होते देखते हैं बीज अंकुरित होता है। वह पौधा बनता है। बीज बनता है मिट जाता है। इस सबके पीछे उस अन्तरिक्ष के सूर्य का प्रभाव ही है, ये सब जानते हैं, उस

सूर्य का ही उष्ण रूप अग्नि पृथ्वी में है जिस कारण बीज अंकुरित होता है, जिस कारण जड़ी बूटियाँ पैदा होकर हम सब के जीवन को सुरक्षित कर रही हैं। इस सारी जीवन प्रक्रिया में जड़ और चेतन का समावेश है। ये ही दो मुख्य तत्व हैं इनका ही सब खेल है। इन्हीं में एक ब्रह्म है तो एक सर्वेश्वरी है। ये ही इस भूमंडल में अनेकों नामों से जाने जाते हैं। पूजे जाते हैं। इनमें से बाहर कुछ भी नहीं है। ये ही दो अनादि तत्व के रूप में जाने जाते हैं। जड़ और चेतना।

हमारे शरीर की भी यही स्थिति है। शरीर जड़ है और इसके भीतर जो देव है वह चेतन है। उस देव की चेतना के कारण ही यह शरीर भी चैतन्य दिखाई पड़ रहा है। यह सब संसार के किसी भी ज्ञान–विज्ञान द्वारा जाना नहीं जा सकता। यह इतना सूक्ष्म है कि मानव का विज्ञान यहां तक पहुंच नहीं पाया है इसलिये अनुमान के द्वारा ही लोग जानने की कोशिश करते हैं या फिर आगम द्वारा जो आद्य वचन है। प्रत्यक्ष पकड़ में यह नहीं आता। पर यह समाधि मे अनुभव गम्य हो जाता है।

समाधि की पहुंच उस चेतन तक है क्योंकि समाधि जड़ता द्वारा निर्मित धाराओं के साथ अन्तर्यात्रा करके वहां तक पहुंचा देती है। उस जड़ तत्व के चौबीस खण्ड है। विस्तार के मार्ग पर यह सब उपलब्ध है और संकुचन के मार्ग पर भी ये उपलब्ध है। सहयोगी है। परमात्मा हम सब का अन्तिम लक्ष्य है। जो जड़ तत्व के सम्बन्ध में आकर आत्मा रूप में सबमें व्यक्त–अव्यक्त रूप में रह रहा है।

उस आत्मा को जानने के लिये अब सारे तत्वों को जानना होगा और उन्हीं का माध्यम लेकर लक्ष्य तक पहुंचना होगा। उन तत्वों को जाने बिना–साक्षात्कार के बिना वहाँ तक पहुंचना मुश्किल है। वे आठ प्रकृतियां सोलह विकृतियां और एक आत्मा है, जिसे पुरुष भी कहते हैं।

आठ जो प्रकृतियां है, सृजन धारा के पथ पर उनमें मूल प्रकृति है वह विकृति नहीं है – वह किसी का विकार नहीं है। वह कारण सभी का है। वह परिणाम नहीं है। वह किसी के द्वारा उत्पन्न नहीं है। बाकी जो सात प्रकृतियां हैं – वे महत्तत्व अहंकार और पांच तन्मात्राएं – प्रकृति भी है और विकृति भी। ये दोनों हैं। यह उत्पन्न हुए हैं तथा आगे उत्पत्ति भी होती है। अर्थात् प्रकृति भी है और विकृति भी। यह महत्तत्व जो चित्त है – मूल प्रकृति की विकृति है अर्थात् मूल प्रकृति से इसकी उत्पति हुई

है। यह अहंकार की प्रकृति है। अर्थात् अहंकार को उत्पन्न करने वाली कारण है। यह दोनों है प्रकृति से इसकी उत्पत्ति हुई है और इससे अहंकार पैदा हुआ है।

इसी तरह यह अहंकार महत्व से पैदा होकर पांच तन्मात्राओं तथा ग्यारह इन्द्रियों को जन्म देती हैं। यह भी दोनों हैं। महत्तत्व से पैदा होने के कारण अहंकार – विकार हुआ महत्तत्व का। और अहंकार से पांच तन्मात्राओं और इन्द्रियों के पैदा होने के अहंकार प्रकृति भी हुआ। इसमें भी दोनों गुण हैं। ये पांच तन्मात्राएं अंहकार की विकृति हुई और पांच स्थूल भूतों की प्रकृति।

इनसे जा सोलह विकृतियां हैं उनमें पांच स्थूल भूत हैं। ग्यारह इन्द्रियां हैं, ये सब केवल विकार है, ये किसी के जीवन सष्जन क्रम में नहीं आती। ये प्रकृति नहीं है। पर सारा स्थूल जगत इन पांचों स्थूल भूतों से ही बना है।

और वह पुरुष न प्रकृति है न विकृति। वह किसी का विकृत परिणाम नहीं और न ही उससे कोई विकृत परिणाम होता है। अर्थात् सृष्टि का क्रम मूल प्रकृति से महतत्व – महत्तत्व से अहंकार – अहंकार से सोलह समूह की उत्पति जो पांच तन्मात्राएं और ग्यारह इन्द्रियां हैं। इन सोलह में से जो पांच तन्मात्राएं हैं उनसे पांच स्थूल भूत उत्पन्न होते हैं। आगे चलकर यह ध्यान देना है कि ये आठों प्रकृतियां और सोलह विकृतियां सबके सब गुण प्रभाव हैं। गुण रूप है–सत्व–रजस–तमस।

ये तीनों गुण किसी द्रव्यात्मक के गुण नहीं हैं। ये स्वतः है, धर्मी है, इन्हीं के संयोग वियोग से यह सारी सृजन प्रक्रिया है – सृष्टि है – स्थिति है और प्रलय है – इन तीनों की साम्य अवस्था ही प्रकृति है। सृष्टि इसी से उत्पन्न होती है। ये गुण प्रायः एक दूसरे को दबाते हैं। जब सत्व गुण की प्रधानता होती है तब रजस और तमस दब जाते हैं जिससे सुख–शान्ति–प्रकाश आदि की वृत्ति बनी रहती है और जब रजस प्रधान हो जाता है तब सत्व और तमस दब जाते हैं। तब दुख आदि प्रवृत्तियों का जन्म होता है और इसी तरह तमस की प्रधानता से सत्व और रजस दब जाते हैं। तब आलस्य–सुखी और मोह आदि वृत्तियों का जन्म होता है। ये तीनों गुण हमेशा एक दूसरे पर आश्रय लेकर ही काम करते हैं।

सत्व जो है वह रज और तम का ही सहारा लेकर प्रकाश को प्रकट

करता है और उस प्रकाश द्वारा रजस–तमस का उपकार भी करता है। ठीक ऐसे ही रजस तमस एक दूसरे का आश्रय ले कर काम करते हैं और उपकार भी करते हैं। ये तीनों गुण एक दूसरे को प्रकट करते हैं। जो स्थिर वस्तु है वह क्रिया वाली हो जाती है। और क्रियावली तत्व हैं वह प्रकाशवाला हो जाता है। इसी तरह तमस–रजस को – रजस – तमस को प्रकट करता है और इसमें कोई भी एक गुण अन्य दो के साथ ही रहता है – कभी अलग नहीं होता है। तीनों एक दूसरे के साथी हैं – सब सभी जगह है विभु है।

रज का जोड़ा सत्व है। सत्व का जोड़ा रज है। इसी तरह तमस के सत्व–रजस जोड़े हैं और दोनों सत्व और रज के साथी तमस है। सत्व जो है वह हलका होता है और प्रकाशक होता है। रजस, उत्तेजक है और क्रिया प्रधान है। तमस माटी होता है। रोकने वाल होता है। सत्व हलका और प्रकाशक होता है इसलिये संसार के सभी सात्विक पदार्थ हलके होते हैं।

अग्नि हलकी होने के कारण ऊपर की ओर उठती है। इन्द्रियों का शीघ्रता से कार्य करना भी सत्व प्रधान है। सत्व की प्रधानता से ही अग्नि में रोशनी है, जलन है, इन्द्रियों और मन में प्रकाशशीलता है।

सत्व और तमस दोनों स्वयं सक्रिय नहीं है इनमें निष्क्रियता है – ये अपना–अपना कार्य करने में असमर्थ होते हैं इसलिये रजस का साथ होना जरूरी होता है। रजस क्रियावान होने के कारण इन दोनों को उत्तेजित करता है और उन्हें अपने–अपने कर्म में प्रवृत्त करता है। जब तुम सबके शरीर में रज प्रधान होता है तब उत्तेजना और चंचलता बढ़ जाती है। जब इस शरीर में तमस प्रधान होता है तब शरीर माटी होता है और काम करने की प्रवृत्ति नहीं होती। तमस माटी होकर रजस को रोक देता है और रज क्रियामान होने के कारण सत्व को चला देता है।

संसार के सभी पदार्थों में तीन गुण पाए जाते हैं हर एक पदार्थ सुख–दुख और मोह को पैदा करता है अर्थात् हर पदार्थ में तीन प्रकार के द्रव्य या रासायनिक प्रक्रियाएं विद्यमान रहती हैं। ये सब सुख–दुख और मोह को उत्पन्न करने वाले द्रव्य हैं। वे सत्व – रजस और तमस हैं। हलकेपन का एहसास होना – प्रीतिकर होना – तितिक्षा की जागृति

करना – सन्तोष को पैदा करना और प्रकाशित होना आदि क्रियाएं सत्व के साथ चलती हैं – ये सब सत्व गुण के परिणाम हैं।

दुख के साथ चंचलता उत्तेजना आदि मोह के साथ निद्रा, भारीपन, आलस्य आदि सब रजस और तमस के परिणाम हैं। ये सब गुण जड़ तत्व के है। बिना परिणाम के उनका अस्तित्व नहीं रह जाता।

यह सब आपको बताने का कारण यह था कि जब हम कुण्डलिनी शक्ति को जगाकर चौथे शरीर से आगे बढ़ेंगे तब आत्म शरीर का साक्षात्कार होगा। उसके साक्षात्कार में यह महत्तत्व जिसे चिद् भी कहा गया है – जो प्रकृति का प्रथम विषम परिणाम है, यही हमें मुक्त मार्ग देगा। यहां तक आने के लिये उस शक्ति को जगाना आवश्यक है। क्योंकि यही समाधि है।

चौथे शरीर तक तो मन का जगत है। साईकिक बॉडी है। वह अहंकार से पोषित–तोसित है। पर वह भी समाधि की ही अवस्था है। समाधि में विवेक भी होता है – विचार भी होता है – प्रज्ञा भी होती है– अस्मिता भी होती है और आनन्द भी होता है। अर्थात् संपूर्ण सिद्धियों का चमत्कारिक क्षेत्र – जहां साधक को सब कुछ उपलब्ध होता है।

उसके बाद चित्त की संपूर्ण गुणों सहित विसर्जित होकर मूल की ओर यात्रा है – जो ब्रह्मत्व की ओर यात्रा है – जो ईश्वर के शरीर की ओर यात्रा है – वह ऐसी समाधि है जहां कुछ भी नहीं होता जड़ और चेतन की वियोग स्थली के उस पार जाना है। इसलिये सृष्टि जगत के सृजन क्रम को जानना जरूरी है।

आप गुणों के प्रभाव का जागतिक आनन्द तो ले ही रहे हैं जिसमें संयोग भी है और वियोग भी है। दूध से दही बनने की प्रक्रिया – दही से मक्खन उपलब्ध होने की तरह इन जागतिक पदार्थों में – जो अपना–अपना परिणाम दे रहे हैं उस वैज्ञानिक अन्वेषण के शोध के प्रभाव में तो आप है ही पर इस मार्ग पर चलने के लिये तमस को तमस में ही ठहराकर एकाकार कर साम्य अवस्था में लाना होगा। ये मूल प्रकृति की ओर, अव्यक्ता की ओर और जड़ तत्वों के मूल की ओर जाने का मार्ग देंगे।

समाधि द्वारा ही यह संभव है। सबसे अन्त में गुणों का – सबसे प्रथम विषम परिणाम – महतत्त्व का साक्षात्कार – दोनों अति सूक्ष्म जगत

के कारण है। साम्य अवस्था भी और विषय परिणाम भी – यह भी संभव है जब हम समाधि में प्रवेश करें। समाधि घटती है ध्यान की गहराई में और ध्यान की गहराई में जाने के लिये मन प्रज्ञाभूमि की जरूरत पड़ती है और मन को छोड़ने के लिये प्रज्ञाभूमि की जरूरत पड़ती है तथा इन सबके लिये योगी बनना ही पड़ेगा। आपको अपने तन को – अपने मन को योगी बनाना पड़ेगा।

आप सब जागतिक लोगों को सुषुप्ति का अनुभव तो प्रतिदिन होता है। सुषुप्ति में बीज होता है। पर अन्तिम समाधि में जहां मोक्ष होता है, वहां बीज भी नहीं होता। अर्थात् पहले सबीज का नाश होना चाहिये उसके बाद बीज का भी। सुषुप्ति – गहरी निद्रा में एक अवस्था प्रति दिन आती है। जो सुषुप्ति, जाग्रत – स्वप्न और निद्रा का घर है जहां जाकर ये तीनों विश्राम करते हैं और वहां से लौट भी आते हैं।

सुषुप्ति में बन्धन के सभी गुण बने रहते हैं। संस्कार के रुप में और समाधि की प्रथम अवस्था में व्युत्थान के संस्कार चित्त भूमि में बीज रूप से दबे रहते हैं पर अन्तिम समाधि में चित्त का नाश और बीज का भी नाश हो जाता है।

सुषुप्ति को तो सारा जगत अनुभव करता है। वह जागकर संसार को देख रहा है और भोग रहा है। वह स्वप्न देखता है। वह गहरी निद्रा में खो जाता है और एक क्षण ऐसा आता है जो सुषुप्ति में चला जाता है। पर समाधि को कुछ लोगों ने ही अनुभव किया है। यह सहज ही सिद्ध होता है कि हर कोई जब अचानक सुषुप्ति में चला जाता है तो यह उसके साथ घट जाता है। विश्राम की अवस्था में जहां से लौटकर वह आलस्य–थकावट तथा उक्ताहट से लौटकर चैतन्य हो जाता है तो वह समाधि में भी जा सकता है। हर किसी के साथ समाधि घट सकती है क्योंकि यह चित्त की मूल अवस्था है प्रकृतिमय होने की।

सुषुप्ति में ब्रह्म के साथ एकाकार होना है। सुषुप्ति में ब्रह्मरूपता है – तभी तो मनुष्य वहां से अति–प्रसन्न–आनन्दमय–चैतन्य होकर नित्य लौट आता है।

यह हर किसी के साथ होता है, पर याद नहीं होता। क्योंकि प्रज्ञा या ऋतम्भरा सोई हुई होती है। यह सुषुप्ति निद्रा की गहराई है। इसमें तमस का प्रभाव होता है। सुषुप्ति में तमोगुण का दोष है। पर यह

तमोगुण रजस और अपने प्रभाव से पैदा होने वाले दुख क्लेश – मोह को रोके रहता है तभी तो जीव को आनन्द प्राप्त होता है।

आप सोच सकते हो, घर मानव ईश्वर से प्रतिदिन मिलता है और लौटकर भूल जाता है तो फिर आप समाधि में जाकर ईश्वर से साक्षात्कार क्यों नहीं कर सके। यह सत्य है। संभव है और ईश्वर साक्षात्कार समाधि में हो जाता है।

योग क्रियात्मक रूप है। योग सर्वाभौम धर्म है। यह संप्रदाय–जाति–मत मतान्तरों के अन्दर नहीं आता। योग एक विज्ञान है–अन्तः की ओर विज्ञान है। यह तत्वों के अन्वेषण का–शोध का विज्ञान नहीं है। यह ऐसी खोज का विज्ञान नहीं है जो परिवर्तन करता है – बाह्य परिणाम से जुड़ जाता है। यह तो अन्तःकरण की खोज का विज्ञान है। पर अनुभव द्वारा तत्वों का पूर्ण ज्ञान कराता है। यह मूल की ओर ले जाने का प्रयोग है। योग स्थूलता से सूक्ष्म की ओर जाने की विद्या है। अर्थात् बाहर से अन्तर्मुख होना है।

आप लोग चित्त की वृत्तियों की गतिविधियों द्वारा स्थूलता की यात्रा करत है। वह बहिर्मुख यात्रा है। यह योग विकास के मार्ग का विज्ञान है।

योग में साम्यता है। योग ही परिणाम देता है। योग ही एकत्व करता है। योग में तत्वों के गुणों का मिलन है जो बहिर्मुख में परिर्वतन लाता है – जो सृष्टि विज्ञान है।

योग सृष्टि क्रम है – योग सृष्टि का प्रकरण है। योग विस्तार है इसलिये यह योग सषष्टि का विज्ञान है। आत्म तत्त्व से प्रकाशित चित्त प्रकृति बन जाता है – यह आत्म तत्त्व सूर्य सदृश है – जिस तरह सूर्य की रश्मियाँ इस पृथ्वी की जड़ता को चेतन करती है उसी तरह आत्मा रूपी सूर्य चित्त भूमि को चेतन करता है। पृथ्वी को उपजाऊ बनाने के लिये सूर्य की किरणों के यज्ञ–योग की आवश्यकता है और महत्तत्व को भी आत्मा के प्रतिबिम्ब के योग की जरूरत है।

जब तक प्रकृति के गुण मिलते नहीं – योग नहीं बनाते तब तक ये प्रकृतियां – विकृति पैदा नहीं कर सकती। अर्थात् योग एक महाविज्ञान है। सत् का विज्ञान – जिसे प्रकृति का विज्ञान कहते हैं। बहुत्व की यात्रा में भी इस योग का क्रियात्मक रूप है तथा साम्य अवस्था को प्राप्त करने में भी यह विज्ञान बनकर सक्रिय होता है। चाहे आप कोई भी

रासायनिक–भौतिक–आणविक प्रक्रियाओं की स्वाभाविक गति को देखागे तो यह योग स्वभाव से ही वहां उपस्थित होगा।

योग का धर्म क्रिया है। यह राजस का साथी है। जीव जगत – आत्म तत्व से प्रकाश प्राप्त कर चित्त से अहंकार रूप वृत्ति द्वारा स्थूलता की ओर यात्रा कर रहा है जो बाह्य यात्रा है। अहंकार – इंन्द्रियों और तन्मात्राओं की वृत्तियों का योग बनाकर – तन्मात्राएं सूक्ष्म और स्थूल भूत और इन्द्रियों के विषयों द्वारा बहिर्मुख हो रही है।

जितना ही वृत्तियां बाहर की ओर यात्रा करती है उतना ही उनमें रज की – तम की मात्रा का योग बढ़ जाता है और ठीक इसके विपरीत वृत्तियां जब अन्तर्मुखी होंगी तो रज और तम की मात्रा को विरोहित करके सत्व के प्रकाश का बढ़ाएंगी। इन सभी में योग है। किसी में योग है – किसी में घुलन–मिलन है तथा किसी में विसर्जन है।

योग ही यज्ञ है या ऐसा कहिये कि यश की योग है और योग ही जीवन है। यज्ञ जीवन है। यह परिणाम है जो मूल प्रकृति के नित्य का धर्म है।

अब आप अपने–अपने कर्मों को जो इन्द्रियों द्वारा होते है उन्हें देखें।

प्रकृति स्वभाव है। इसमें सब कुछ घटता है – होता है। आपको केवल स्वाभाविकता को देखना है। इसलिये मैं कहता हूँ योग प्रकृति का विज्ञान है जिसे मनुष्यों ने अपना विज्ञान बना लिया है। खाना–पीना, हँसना–रोना, संयोग–वियोग, चलना–घूमना–फिरना, उठना–बैठना–दौड़ना आदि सब योग है – गुरुत्व का योग – शरीर और जगत के स्वाभाविकता का योग।

कर्मेन्द्रियाँ और ज्ञानेन्द्रियाँ – सूक्ष्म इन्द्रियों का योग – सृष्टि के सृजन का जो तरीका है वह योग है। प्रेम योग है – जो हो जाता है। भोग योग है जो घट जाता है। बिना योग के पति–पत्नी सन्तान उत्पन्न नहीं कर सकते। पशु–पक्षी, कीट–पतंग सभी के साथ सन्तान उत्पत्ति में योग का समन्वय है। दुनिया के हर जीव की उत्पत्ति के पीछे प्रेम योग है। काम योग है।

यह सब यज्ञ है। बीजारोपण का योग है। यह मानव का विज्ञान नहीं है। यह तो प्राकृतिक क्रिया है। इसलिये मैंने इसे प्रज्ञा से प्रकाशित करके देखा – समाधि की प्रज्ञा में। यह योग केवल आसन प्राणायाम

नहीं है। योग तो यज्ञ है। योग तो जीवन है। जो घट रहा है। निर्माण और विनाश हो रहा है – लय और प्रलय हो रहा है। जीवन और मृत्यु हो रही है।

तपस्या कर्म है। तपस्या का परिणाम धर्म है। तपस्या में प्राकृतिक रूप से धर्म उत्पन्न होता है। जैसे गुणों का धर्म हलका होना। प्रकाशित होना आदि है – जैसे पानी का बहना – आग का जलना आदि धर्म है। वैसे ही योग का धर्म है। सृजन और विनाश।

योग व्यक्तिगत नहीं है। योग प्राकृतिक है इसलिये योग जीवन है– जीवन का धर्म स्वाभाविक है। योग मनुष्यों का धर्म नहीं है। यह प्रकृति का धर्म है। साधारण से जीवन में ऐसी कौन–सी कर्म–विधि या प्रयोग है जो योग के बिना हो सकता है। यह जीवन यदा है। जगत की प्रत्येक गतिविध यज्ञ है। स्वतः स्वाहा हो रहा है। आहुतियां पड़ रही हैं – इन सबमें क्रियात्मक रूप ही योग है। आपका पूरा जीवन, सुबह से लेकर शाम तक संध्या से लेकर रात्रि तक योग ही तो है।

यह योग एक स्वभाव है – जिसके साथ रहा जाता है – जिया जाता है। योग क्रियात्मक रूप है। रज प्रधान है – गति पैदा करने का उपादान है। यह बाह्य और भीतर दोनों में अपनी सक्रियता को भी गतिविहीन करता है। योग संघात का भी विज्ञान है योग आघात का भी विज्ञान है। फिज़न और फ्यूजन का।

योग क्रिया है। इसमें तप है। स्वाध्याय है और ईश्वर प्रणिधान है। इन तीनों के योग का ही ऋषियों ने विभाजन कर दिया है। ये तीनों ही ज्ञान योग, उपासना योग तथा कर्म योग हैं। इन तीनों के ही विभिन्न आयाम हैं।

सब कुछ अनुभव द्वारा ही प्राप्त करना होता है। आप जानते ही हैं विश्व की रचना या शरीर की रचना के पीछे भौतिक सूक्ष्म तथा कारण तीनों तत्वों का अपना–अपना महत्व है। ये तीनों मिलकर ही जगत बनाते हैं। तीनों के साथ ही प्रकृतिक बनावट या संसार के विज्ञान का मेकेनिज्म़ काम करता है। इसलिये केवल संसार और संसार के भौतिक पदार्थों को ही जान लेना ज्ञान नहीं है। चाहे जो कुछ भी विज्ञान ने आपको दिया है – बताया है वह मात्र साधन है – प्रयोग है – ज्ञान का योग नहीं।

इन जगत की उपलब्धियों के अलावा कुछ और भी है। मानव के ज्ञान–विज्ञान की खोजों से अलग और भी ज्ञान है जिसे न जानने के कारण मनुष्य दुखी होता है और इच्छाओं के अधीन रहरकर तितिक्षा में जीता है – संशय में जीता है।

स्थूल–सूक्ष्म तथा कारण देह और स्थूल–सूक्ष्म तथा कारण जगत, अन्नमय – प्राणमय – मनोमय – विज्ञानमय और आनन्दमय कोष के साथ–साथ शरीर इन्द्रियों–मन अहंकार तथा चित्त से परे उस गुणातीत शुद्ध परमात्म तत्त्व को जानना ज्ञान योग कहलाता है। जो सभी में ज्ञान–नियम–और व्यवस्था पूर्वक क्रिया कर रहा है। सभी को संशय तथा विमर्यय रहित – पूर्ण रूप में जानना ही ज्ञान योग है और इस ज्ञान योग को जानने के लिये उपासना योग की आवश्यकता होती है। उपासना योग – एक ही वस्तु – पदार्थ – तत्व पर ठहर जाना है। चित्त की वृत्तियां बहुआयामी हैं। यह एक विशाल भण्डार बन चुका है। उन चित्त वृत्तियों का एकत्व कर अथवा चित्त वृत्तियों को सभी तरह से हटाकर केवल एक ही ध्येय पर ठहरा देना उपासना है। संसार की सारी सुख–सुविधाओं–एशो–अराम को सिद्धि द्वारा प्राप्त करना देने वाली उपासना है पर यह उपासना योग नहीं है।

अगर आप चाहते हैं कि उपासना–योग में बदल जाये तो आपको बदलना होगा तथा अपने लक्ष्य को उस "मह" की ओर – आत्म–साक्षात्कार की ओर करना होगा। वैसे तो वह सभी जगह है – सर्वत्र उपलब्ध है – परन्तु फिर भी आपको एक निश्चित ध्येय को पकड़ना होगा।

जैसे कि आप जानते हैं – जल सभी जगह पर उपलब्ध होता है – भूमि के अन्दर जल व्यापक है परन्तु फिर भी उस जल को प्राप्त करने के लिये कुआँ खोदना पड़ता है। बोरिंग खोदनी पड़ती है उसी तरह आपको भी अपने अन्दर बोरिंग खोदनी पड़ेगी। अन्तर्मुख होने के लिये, अन्तर की ओर जाने के लिये रास्ता बनाना होगा। और इसमें आपका साथ – आपका चित्त देगा वह भी एकाग्र चित्त।

इस चित्त को विषय लक्ष्य बनाकर – निपुणता प्राप्त करने के बाद – उस परम लक्ष्य की ओर ले जाने के लिये प्रयास किया जाता है – उसे उपासना योग कहते हैं। समाधि की ओर जाने पर इसे सम्प्रज्ञान योग भी कहा जाता है – जो संप्रज्ञात समाधि को उपलब्ध कराता है और

उसके बाद संपूर्ण ऋद्धि–सिद्धियों से ऊपर उठकर सर्ववृत्तियों के निरोध हो जाने पर उस परम पवित्र – शुद्ध–बुद्ध–परमात्म–स्वरूप में अवस्थित हो जाना ज्ञान योग कहलाता है। इसी को असम्प्रज्ञान योग और असंप्रज्ञान समाधि कहा गया है। यह ज्ञान की पराकाष्ठा है। इसके लिये अपने इस शरीर रूपी मठ में किसी स्थान को लक्ष्य बनाकर सहज में अन्तस की यात्रा की जा सकती है। इसमें पांच विषयों को प्रवृत्त करने का केन्द्र है। नासिका का अग्र भाग गन्ध युक्त है। जिह्वा का अग्र भाग रस का है। तालु रूप का है। जिह्वा का मध्य भाग स्पर्श का है और जिह्वा का मूल भाग शब्द का केन्द्र है। यह पांच ऐसे केन्द्र हैं जो भौतिक शरीर से सूक्ष्म शरीर और कारण शरीर का अनुभव कराते हुए आत्मा तक की यात्रा करा सकते हैं और जब आप आत्म साक्षात्कार कर लेंगे तो परमात्मा के शुद्ध स्वरूप तक पहुंचना आपके लिये आसान हो जायेगा।

भौतिक शरीर से ये केन्द्र सहजता से समझ में आ जायेंगे – जिनका सम्बन्ध सीधे सूक्ष्म जगत से है – जिन गुणों के कारण ये निर्मित हुए हैं। ये जो पांच विषय हैं जिनके बारे में मैं ऊपर चर्चा कर आया हूँ, ये वितर्क अर्थात् भौतिक हैं। विचार अर्थात् सूक्ष्म है। जो गन्ध–रस–रूप–स्पर्श और शब्द के केन्द्र हैं इसमें 'रूप' और 'शब्द' ज्यादा अनुभवगम्य है। और यह ही ज्यादातर साक्षात्कार के रूप में सामने आएंगे। क्योंकि रूप में आंखे जल्दी पकड़ लेती हैं और शब्द को श्रोत्र जल्दी पकड़ लेता है। ये दोनों इन्द्रियाँ सक्रिय तथा प्रत्यक्ष हैं। शब्द और रूप ही सक्रिय होकर मानव को विश्वातीत बनाते हैं। ये ही प्रयोग के साधन भी हैं।

अगर आप इससे भी महत्वपूर्ण मार्ग को अपनाना चाहते हैं तो वह है कुण्डलिनी जागरण के बाद का मार्ग। कुण्डलिनी यात्रा पथ पर कुछ केन्द्र चक्र के नाम से आएंगे जो सुषम्ना के अन्तर्गत विद्यमान हैं। ये अति ही सूक्ष्म हैं तथा अति प्रकाशक है। इन्हें मूलाधार–स्वाधिष्ठान–मणिपुर –अनाहत–विशुद्ध आज्ञा और सहस्रार चक्र के रूप में हम सब जानेंगे। सुषुम्ना गुदा के निकट से मेरुदण्ड के भीतर से होती हुई मस्तिष्क के ऊपर तक जाती है। यह सभी नाड़ियों से श्रेष्ठ नाड़ी है। यह सत्व प्रध ाान है। प्रकाशमय है और अद्भुत शक्तिवाली है। यही सूक्ष्म प्राणों तथा अन्य सभी शक्तियों का स्थान है।

भौतिक शरीर की सारी सक्रियता का केन्द्र सूक्ष्म जगत की गतिविधियाँ हैं। यह सुषुम्ना महानदी है। सभी भौतिक सूक्ष्म नाड़ियों का केन्द्र बिन्दु। यह अपने अन्दर बहुत ही सूक्ष्म शक्तियों का केन्द्र बनाए हुए है जिनमें अन्य सूक्ष्म नाड़ियां आकर मिलती हैं।

जिन्हें चक्र कहा जाता है जो पद्म कमल दल भी कहे जाते हैं। ये सात केन्द्र हैं। इन सातों में मणिपुर अनाहत–आज्ञा और सहस्रार विशेष महत्वपूर्ण है। ध्यान के लिये कौन–सा स्थान या केन्द्र, किसके के लिये ज्यादा उपयोगी है, वह बाद में बताया जायेगा।

आपने कुआँ खोदते हुए जरूर देखा होगा, पृथ्वी के नीचे की ओर अगर आप गहराई बनाएंगे तो मिट्टी की अनेकों तहें निकलेंगी और उनमें अनेक प्रकार के अद्भुत पदार्थ–निकलेंगे। हीरे–जवाहरात इत्यादि पृथ्वी के नीचे से ही आए हैं। ठीक ऐसा ही ध्यान की गहराई में उतरने पर आपको मिलेगा। उस ध्यान की गहराई में स्थूल–भूत, सूक्ष्म–भूत, अहंकार और अस्मिता–आत्मा से प्रकाशित चित्त मिलेगा, ये चारों तीनों गुणों के तल है। ये सब समाधि की अवस्था में अनुभूत होंगे। जो स्थूल भूमि और स्थूल –भूत से सम्बन्धित विषय सामने उपस्थित होते हैं वे वितर्कानुगत सम्प्रज्ञान समाधि की अवस्था की देन है सूक्ष्म भूमि या सूक्ष्मभूत से जुड़े विषयों की अनुभूतियां विचारानुगत सम्प्रज्ञात समाधि की देन है। दोनों ऊपर की अवस्था में "अहमस्मि" वृत्ति रह जाती है। उसको आनन्दानुगत सम्प्रज्ञान समाधि की कृति कहा जाता है और जहां मात्र अस्मिवृत्ति रह जाती है। यहां तक सम्प्रज्ञात समाधि की जगतमय सिद्धियों का दुलर्भ खजाना साधक प्राप्त कर सकता है। पर इसके विषय में यहां ज्यादा नहीं लिखूंगा। कुण्डलिनी जागरण के मार्ग पर आने पर इसकी चर्चा होगी। मैं तो मात्र आपको संकेत देना चाहता हूँ कि योग मार्ग में यह सब कुछ साधक के समक्ष आता है।

जिस प्रकार जल को जमीन से प्राप्त करने के लिये बोरिंग किया जाता है, मिट्टी की अनेकों तहें आती हैं। चट्टानें आती हैं। उसके बाद बालू के कण मिश्रित जल आता है। जल को शुद्ध करने के लिये रेत से उसको छाना जाता है या और गहराई में जाना पड़ता है तब जाकर शुद्ध जल प्राप्त होता है। ठीक उसी प्रकार इन चार – सम्प्रज्ञात समाधि की अवस्थाओं से और गहरे में उतरना पड़ता है। जहां

गुणों के चार तलों के नीचे – चित्त के प्रभाव से आत्मा को अलग करके साक्षात्कार किया जाता है।

यह विवेक का क्षेत्र है अर्थात् अन्तस का ज्ञान जिसे ऋतम्भरा भी कहा जा सकता है। यहां संशय युक्त संसार नहीं है। यहां गुणों का प्रभाव भी नहीं है – यह तीनों गुणों से प्रभावहीन है क्योंकि गुणों की सक्रियता केवल महतत्त्व तक ही है जिसे चित्त कहते हैं – चिदानन्द। यहां तक सम्बन्ध या संनिधि का प्रभाव रहता है। यहां प्रकृति तथा विकृति दोनों हैं और मूल प्रकृति में भी तीनों गुणों की साम्य अवस्था रहती है। पांचवें शरीर के बाद केवल ईश्वर तत्व रह जाता है। परमात्मा का शुद्ध स्वरूप। यह लाभ समाधि में ही होता है जो योग का आठवां भाग है।

योग इतना सहज विज्ञान नहीं है जितना लोगों ने जान रखा है। जन्म–जन्म की तपस्या से, यत्न से, समाधि लाभ होता है। समाधि के पहले अंग का ही प्रभाव है जिससे गुणों के प्रभाव का ही विज्ञान है और गुणों पर क्रिया के विज्ञान का परिणाम है।

यह अन्तस से बाहर की ओर उन्मुख होता हुआ रचना करता गया है। उस पर स्थूल का, सूक्ष्म का, क्रियाओं द्वारा मूल मार्ग से लौटना है। यह उपासना योग में आ जाता है। उपासना योग के साथ–साथ ज्ञान योग का प्रभाव है – बिना उपासना के ज्ञान सम्भव नहीं। उपासना योग द्वारा ही ज्ञान योग की प्राप्ति है। इस उपासना योग के लिये हम सबको कर्म मार्ग पर चलना पड़ेगा। कर्मयोग का योगी बनना पड़ेगा। ज्ञान योग के लिये उपासना योग की साधना करनी होगी और उपासना योग के लिये कर्म योग को साधना होगा। तीनों गुणों की तरह इनका भी समीकरण है।

जीवन तो योग है ही। बिना योग के जीवन में जीवंतता नहीं है। चाहे आप कुछ भी करे सब कुछ योग को ही अंग है। परन्तु जो योग हम करने जा रहे हैं वह जीवन की पूर्ण सफल बनाने का मार्ग है। अगर आप ऐश्वर्य मान– प्रतिष्ठा–धन–दौलत की इच्छा लिये बैठे हैं तो वह सब आपको सम्प्रज्ञात समाधि में वे प्राप्त हो जायेगा और अगर आपको प्रभु से प्रेम नहीं है तो आप यहीं पर ठहर जाइये और संसार सागर में लहरों के साथ–साथ हिचकोले खाते रहिये। आइये–जाइये–यह संसार आपका ही है। आप इसे अपनाने की कोशिश कीजिये लेकिन यह आपके

साथ जायेगा नहीं, यह तो केवल उपयोग का तत्व है। यह तत्व भी जड़ और चेतन है। ये तत्व आप की ही तरह फलते–फूलते हैं। फल खिलते हैं और पक कर गिर जाते हैं। फूल खिलकर मुरझा जाते हैं। आप भी धीरे–धीरे उसी की ओर यात्रा कर रहे हैं।

इसलिये मैं चाहता हूँ कि आप योगी बने। तन का योगी–मन का योगी, चित्त का योगी और फिर आत्म–योगी। आपका जीवन परिपक्व हो जायेगा। अगर आपका यह शरीर निराश होकर मन के साथ छोड़ दे। शरीर रोगी हो जाये, मन इच्छाओं का बाजार लगा दे तो यह जीवन अभिशाप बन कर रह जायेगा। शरीर आपके लिये बोझ बन जायेगा। मन आपको पागलपन की अवस्था में ले जायेगा।

इसलिये मैं आपको सावधान कर रहा हूँ। शरीर को रोगी न बनने दें, मन का इतना उपयोग न करें कि वह आपको मरोरागी बना दे, ह्रदय का इतना उपयोग मत करो कि वह आपको बावला बना दे और प्रेम करुणा आदि से दूर कर दे। जीवन को इतना भोगी मत बनाओ कि तुम्हारा लीवर–किडनी और मस्तिष्क भी तनाव से नष्ट हो जाये।

आप कर्म–योगी तो हैं ही पर कर्मयोग का अर्थ नहीं जानते हैं। आपने अपने आपको मशीन बना दिया है। आपने अपने आपको भगवान के दिये हुए जीवन का यात्री नहीं समझा। आपको समझना चाहिये कि आपका मन और आपका शरीर शक्तियों से भरा हुआ है। इसमें दुर्लभ ह्रदय का खजाना है। यह शरीर मात्र साधन नहीं है जिसके माध्यम से धन कमा–कमा कर आप पूँजीपति बन जायें या सामाजिक और सांसारिक प्राणी बनकर रह जायें। विश्व में अनेकों धनी रह रहे हैं और चले भी गए तथा जाने की तैयारी में हैं। समय जीवन धारा बनकर सभी से विदा हो रहा है। परन्तु लोग जीवन को समझ नहीं पाए क्योंकि उनके पास समय नहीं है। ऐसा क्षण उपलब्ध नहीं जो जीवन को योगी बना सके। वे अपने आपको कर्म योगी कहत है और हैं भी। सभी कर्म योगी ही। सभी को अपने जीवन के लक्ष्य को जानने का प्रयास करना चाहिये जो दिव्यता लिये हर किसी के अन्दर छिपा है।

तुम मानव हो, दिव्य मानव तुम्हारे भीतर छुपा है पर तुम्हारा उससे परिचय नहीं हुआ है। तुम उसे नहीं जान पाए हो जिसने अपनी सन्निधि देकर तुम्हें मानव रूपी यात्री बनाया है। तुम अपनी उस प्रसूता को ही नहीं जान पाए जिसके गुणों से तुम्हारा विकास हुआ है।

तुम अपने आपको कर्मयोगी समझते हो – तुम बाह्य जगत को इतना जान चुके हो कि वह तुम्हारे लिये ज्ञान का बोझ बन गया है। तुम गुणातीत जगत में इतना खो गये हो कि अपने आप से भी परिचय करना भूल गए हो और तुम कहते हो कि – मैं कर्मयोगी हूँ।

अब तो मनुष्य से ज्यादा मशीन काम कर रही है। वह मशीन भी कर्मयोगी बन गयी है। उसी के बल पर तुम आधुनिक जगत के उपलब्ध साधनों का सृजन कर रहे हो। आपको कैपिटलिज्म – कम्युनिस्टिक आदि विचारों की पुष्टि मशीन कर रही है। पर वह भोक्ता नहीं है। वह भोगी नहीं है। केवल कर्मयोगी है। तुम्हारे मन के विज्ञान की एक कला है और इसमें तुम सब खो गये हो। केवल मशीन की तरह कर्म करते रहना – कर्म योगी नहीं कहलाता। पद–प्रतिष्ठा–नाम–अहम् की पुष्टि के लिये कार्यरत रहना, कर्म योग नहीं है। जगत का प्रत्येक कार्य तुम अगर निष्काम भाव से करोगे तब वह कर्म – कर्मयोग कहलाएगा। इसमें बस अहंकार को त्यागना है। इसमें खोना कुछ भी नहीं है। शरीर द्वारा किया गया हर कर्म, इन्द्रियों द्वारा किया गया हर कर्म – इनसे उपार्जित धन बल को – ज्ञान को – सारे साधनों को और इनसे होने वाले कर्तव्य रूप संपूर्ण कर्मों को और कर्म के फलों को, ईश्वर को समर्पण करते हुए, अनासक्त होकर, निष्काम भाव से – अपने कर्म योग में लगे रहना ही कर्म–योग कहलाता है और वहीं मानव कर्मयोगी है।

तुम मशीन की तरह कर्म करो, मशीन का अहंकार नहीं है। कर्तापन नहीं है। भाव नहीं है। वह केवल अपना कर्म किये जाती है। फल की भी अपेक्षा नहीं है क्योंकि वह जड़ है। उसमें सक्रियता तुम्हारी देन है। क्योंकि वह जड़ है। उसमें तुम्हारा विज्ञान है। इसलिये उसके उपार्जन का श्रेय तुम ले जाते हो। ठीक इसी प्रकार से तुम अपने संपूर्ण श्रेय को सौंप दो उसे – जिसने तुम्हारा सृजन किया है। तुम एक ऐसे कलाकार बनकर काम करो जो मंच पर आकर भली–भांति अपने पार्ट को अदा करता है। जो रोल उसको करना होता है वह वैसा ही बन जाता है। परन्तु अपने व्यक्तित्व पर उसका प्रभाव नहीं पड़ने देता, ऐसे ही कर्मयोगी बनो। संसार को क्रीड़ा – क्षेत्र मानकर अपना खेल खेलो। अपने सारे कर्मो को – कर्तव्यों को निभाते हुए अपने आपको इन सबसे मुक्त रखो – तभी कर्मयोगी बन सकते हो। अपने कर्मों को ईश्वर को समर्पित करो। लगाव को छोड़ दो। कर्म को करो।

एक योगी, फल की कामना और कर्तापन के अभिमान को छोड़कर अन्तःकरण की शुद्धि के लिये, शरीर का, इन्द्रियों का, मन का और बुद्धि का उपयोग करता है। कामनाएं फल की ओर आसक्त कर लेती है और जीवन को अयोग्य बना देती है।

उपासना योग में आपको अपने चित्त की वृत्तियों को एक लक्ष्य बनाकर उस पर ठहरने का प्रयास करना पड़ेगा। इस प्रयास में मन अन्य विषयों की ओर भागेगा क्योंकि मन को विषयों से राग होता है। विषयों में राग–सकाम कर्मो के कारण होता है। इसलिये आपको विषयों में वैराग्य प्राप्त करने के लिये अपने–अपने कर्मों में निष्कामता लानी पड़ेगी। उपासना योग बिना कर्म योग के होना संभव नहीं है, इसके लिये निष्काम भाव होना सर्वथा आवश्यक है और यह निष्कामता का भाव ध्यान द्वारा ही होना संभव है। ध्यान की परिपक्वता में ही यह भाव आता है। यह ध्यान उपासना योग का ही अंग है। इसलिये ऐसा लगता है कि कर्मयोग की सिद्धि के लिये उपासना योग जरूरी है और उपासना योग के लिये कर्मयोग के सहयोग की नितान्त आवश्यकता है।

यह ठीक वैसा ही होता है। जैसे संसार की कोई भी तत्त्व–सत्व और तमस के मिले बिना अपना अस्तित्व बनाए नहीं रख सकते, उसी तरह ये तीनों ज्ञान योग, उपासना योग और कर्मयोग का एक साथ होना बहुत जरूरी है। तम रूपी उपासना योग चित्त को एकाग्रता प्रदान करता है और रज रूपी निष्काम कर्मयोग है तो सत्व रूपी ज्ञान योग है ही। कहीं उपासना योग प्रधान हो जाता है कहीं कर्मयोग और कहीं ज्ञान योग की प्रभुता बढ़ जाती है, सत्–रज–तम की तरह।

पंच भूत शरीर गुण प्रधान है। पंच भूत शरीर का सीधा संबंध चित्त से है। प्राण से है और इस पंच भूत काया से सम्बन्धित सारा विश्व है। आत्मा भी अपनी जगह पर है और शरीर भी। श्वास ने आत्मा और शरीर का गठबन्धन किया है। यह श्वास सेतु है जीवन की यात्रा का। यह श्वास ही बाह्य गति और अन्तर्गति के बीच में सेतु बना हुआ है। श्वास ने अपनी विदाई ली तो समझो प्ररेणा ने साथ छोड़ दिया। शरीर का कोई भी अंग–प्रत्यंग साथ छोड़ दे तो जीवन साथ नहीं छोड़ता – पर अगर श्वास ने साथ छोड़ दिया तो जीवन का अस्त्वित्व नहीं रह जाता।

यह श्वास ही प्रेम की डोर है, शरीर और आत्मा की डोर है। यह

श्वास–ही–श्वास और आत्मा के मिलन का केन्द्र है। यह एक ऐसी शक्ति का केन्द्र है जिसे कुण्डलिनी कहा जाता है। कुण्डलिनी के दो रूप हैं। इस केन्द्र से अगर ऊर्जा शरीर की ओर बह रही है तो वह काम शक्ति का योग बन जाती है और वह ऊर्जा अगर आत्मा की ओर बहे तो वह कुण्डलिनी बन जाती है। शरीर की ओर बहने से वह अधोगामी पथ की ओर यात्रा करती है और आत्मा की ओर प्रवाहित होने से वह ऊर्ध्वगामी पथ की यात्री बन जाती है। जहां पर वह स्थित होती है वहां प्राण का प्रहार श्वास पर पड़ता है। श्वास के प्रवाह को उस ओर मोड़ना है।

श्वास के प्रभाव के बिना जगत का कोई कार्य संभव नहीं है और श्वास के प्रयोग के बिना समाधि भी संभव नहीं है। कुण्डलिनी के जागने के बाद अन्तर्मुखी यात्रा मे समाधि ही उसका लक्ष्य है। ऊर्ध्वगमन के अंतिम पड़ाव बिन्दु का नाम समाधि है। जगत का सृजन अधोगामी है। इसलिये अधोगामी में जो बिन्दु है – वह सम्भोग है।

कुण्डलिनी को जगाने में प्राणों का ज्यादा सहयोग है। गहरा श्वास तुरन्त परिणाम देता हैं प्राणायाम की खोज इसीलिये की गई है। योगियों ने बड़ा कठिन प्रयास किया होगा श्वास के प्रयोग पर। श्वास के प्रयोग से आघात भी किया जा सकता है और संघात भी। दोनों के करने में बड़ी ही सावधानी रखनी पड़ती है क्योंकि प्राण का विज्ञान की कुण्डलिनी का जागरण है। श्वास ही जीवन है। श्वास का टूट जाना मृत्यु है। श्वास ही जीवन प्रवाह है – प्रवाह का थम जाना जीवन चक्र की सभी गतिविधियों में विश्राम है। श्वास के प्रयोग से ही कुण्डलिनी जागेगी, जिनकी अनेक विधियां हैं।

आप लोग कब से इस जीवन यात्रा के पथिक हैं यह सब उस कुण्डलिनी के अन्दर छिपा है। जन्मों–जन्मों की स्मृतियां, कहां थे। कौन थे। किस जाति में थे। पशु थे। पक्षी थे या मनुष्य यह सब जागी हुई कुण्डलिनी आपको बता देगी। श्वास के गहरे प्रभाव, श्वास के गहरे आघात में आप लोगों को सारी शक्ति लगानी पड़ेगी। अगर आप चाहते हैं कि आप कई जन्मों की यात्रा की जानकारी लें तो आपको कुण्डलिनी जगानी होगी।

मैंने पहले ही कहा है कि ये चौथे शरीर के प्रभाव क्षेत्र में है। साईकिक बॉडी – मन का शरीर। तुम शरीर बन चुके हो। क्रियाएं शरीर

द्वारा संपादित है। श्वास इंन्द्रियों से संबंधित है और एक मन भी है जो विचार से इच्छा शक्ति से, सम्मोहन से आदि से जुड़ा है। श्वास का जिस प्रकार से आप प्रयोग करोगे वह आपको अपने गुरू से ही प्राप्त करना होगा। क्योंकि जब प्राणायाम करोगे तो श्वास के अनेकों केन्द्रों से गुजरोगे वैसा ही व्यक्तित्व में परिवर्तन आएगा और वह आपके अपने व्यक्तित्व की पहचान होगी।

मानव जीवन पर श्वास का गहरा प्रभाव है। यह श्वास ही व्यक्तित्व को संवारता है तथा श्वास ही व्यक्तित्व को कमजोर बनाता है। श्वास का प्रयोग प्राणायाम का विशेष विज्ञान है। जिन लोगों ने इस विज्ञान को प्रकट किया है उन लोगों ने विशेष को छुपाया है जो कुछ भी लिख गया है वह तो एक तैयारी है। बहुत सी क्रियाएं व्यक्तिगत रूप से की तथा कही जाती हैं और श्रेष्ठ साधना का विज्ञान स्मृति में ही रखा जाता है। कुण्डलिनी जागरण की साधन शक्ति की साधना है और शक्ति का तात्पर्य ही तनाव से है। जब कभी शक्ति को जगाना होगा तो तनाव की जरूरत पड़ेगी और कुण्डलिनी जगरण तो शक्ति की चरम सीमा–तनाव तक है।

बिना तनाव के शक्ति उत्पन्न नहीं होती। जीवन प्रवाह के हर केन्द्र पर तनाव डालना पड़ेगा। मानव देह के हर भौतिक और सूक्ष्म तलों के केन्द्रों पर तनाव पैदा करना पड़ेगा। कुण्डलिनी को जगाना आसान नहीं। आज विज्ञान ने सूक्ष्मतम अणुओं को भी तनाव में डालकर तोड़ दिया है। वे दोनों कण भी तनाव में रहते हैं। तभी आणविक प्रभाव को इतना शक्तिशाली बना दिया है। यह कुण्डलिनी की बात है जो गहराई की है। वहां तक पहुंचने के लिये जीवन यात्रा के हजारों तालों को तोड़ना होगा। उन तलों में छिपे रहस्यों को देखना होगा। बहुत से रहस्य बड़े व्यक्तिगत होते हैं।

ऐसी कई बातें हैं जो सहज में ही कही जाती हैं और बहुत–सी बातों के लिये विशेष समय की प्रतीक्षा की जाती है। आप सब साधक हैं। आपका अपना–अपना व्यक्तित्व है। आप किस तल में है। किस सीढ़ी पर है। किस शरीर पर ठहर गये हैं। यह सब जानना जरूरी है। तभी तो लोगों ने अपने–अपने अनुकूल मार्गों को चुन लिया है। कोई ज्ञान योग में खोज रहा है। कोई आसन योग में ढूंढ रहा है और कोई कर्मयोग

में। इसी में कोई राजयोग–ध्यान योग कह रहा है। कोई ज्ञानयोग को सांख्य योग, भक्ति योग, हठ योग, लय योग आदि अनेकों योग बनाकर समय को साथी बनाकर चल पड़ा है सहज योग भी इसी का अंग है। ये सब साधन बन गए हैं – अपनी–अपनी बात को कहने के लिये।

चाहे जो कुछ हो इस कुण्डलिनी जागरण में आपको यह समझना आवश्यक होगा कि पहले सब कुछ भौतिक है और इस भौतिकता का आधार सूक्ष्मतम है। शरीर भी भौतिक है। श्वास भी भौतिक है और विचार भी भौतिक है। इन सबकी संनिधि सूक्ष्म रूप से है – जो मनस शरीर है – साईकिक बॉडी है। यह इस भूत जगत का साईकिक अर्थात् सूक्ष्म रूप है। जो कुछ भी आप इस भौतिक पर प्रयोग करेंगे उसका प्रभाव तो सूक्ष्म पर पड़ेगा ही – क्योंकि वह आधार है। अदृश्य की ओर जाना है क्योंकि अभौतिक की ओर जाना है तथा इस भौतिक के सहारे ही जाना है।

मैंने उपासना योग में बताया था पांचों तत्वों के सूक्ष्म तथा आधारशिला को। परन्तु आप यहां पर अच्छी तरह समझ लें– आपको सूक्ष्मतम की ओर छलांग लगाना है। जो दिखाई नहीं पड़ रहा है उस ओर जाना है। आत्मा तक। चारों शरीरों का भेदन कर, शोधन कर, पांचवें शरीर में जाना है। साधन उपलब्ध है। वह है शरीर और मन। इन सबका सेतु श्वास है – प्राण है। आपकी पूरी तैयारी होनी चाहिये शरीर से और मन से जाने के लिये, जान से अनजान की ओर जाने के लिये ज्ञान में अज्ञात की ओर जाने के लिये। जब अज्ञात को जान जाओगे तो वह साक्षात्कार कहलाएगा। अभी मत कहना कि जान लिया आत्मा को ज्ञानी हो गया क्योंकि शास्त्रों को पढ़ लिया है – योग के उद्देश्य को सुन लिया। कथा करने लगा और ज्ञान योग का मर्मज्ञ हो गया।

पहले कूदने की तैयारी करो, जब छलांग लगा लोगे तो वह केन्द्र जहां जाकर रूकोगे वह – आत्मा होगा। यह तुम्हारे अस्तित्व को अनुभव होगा – यह समाधि है जो जीवन का नहीं अस्तित्व का परिचय देती है। जीवन तो मिल ही चुका है जो अज्ञात है। वह तुम्हारा अस्तित्व है। समाधि एक छलांग है, समाधि एक ठहराव है। समाधि शून्यता है। समाधि महा शून्यता है। यहां प्राण की गति ठहर जाती है – न बाहर जाती है, न भीतर जाती है, एक ऐसा सन्तुलन जो समाधि है। इस

ठहराव को, इस विश्राम के क्षण को प्राप्त करने के लिये छलांग लगानी है, शरीर और मन के द्वारा।

यह जीवन की धारा तो श्वास से लगी हुई है। जीवन की प्रत्येक गतिविधि श्वास के कारण है। यह जीवन श्वास का ही एक हिस्सा है। जब तक श्वास चलता रहेगा तक तक जीवन का परिचय है। यह जीवन एक प्रक्रिया है, जो श्वास की डोर से बंधी हुई है, यह जीवन एक गति है जो आक्सीडाईजेशन है। यह जीवन एक सजीवता है जो श्वास का एक हिस्सा है। समाधि में श्वास खो जाता है। वह न बाहर जा पाएगा न ही भीतर की ओर।

समाधि जीवन की एक ऐसी विश्राम स्थली है जिसमें आप अस्तित्व को जान लोगे – अस्तित्व का साक्षात्कार होगा – जहां श्वास प्रश्वास की जरूरत नहीं होगी – यह सब वहां होता है जो शरीर और आत्मा का मिलन बिन्दु है। जहां सब कुछ ठहर जाता है – श्वास का वहां प्रवेश नहीं है। वहां तो जीवन का प्रवेश भी वर्जित है। जीवन के उस पार – मृत्यु के उस पार जहां जीवन भी नहीं है और मृत्यु भी नहीं है। परमात्मा कोई जीवन नहीं है – वह अस्तित्व है – Exitence है।

हम सब का जीवन है। जब तक जीवन है तब तक हम अस्तित्व के बाहर रहेंगे। हम सब वहां से यात्रा पर निकले हैं और जीवन यात्री बनकर यात्रा में हैं। इसलिये इस जीवन यात्री को श्वास की जरूरत है।

समाधि में पहुंचते ही श्वास रुक जाएगा। आप लोगों को श्वास रूक जाने का भान नहीं होगा, यह अनुभव नहीं है। वह तो एक ठहराव है। श्वास चल रहा है। आपने उसे रोक लिया यह एक अभ्यास है। श्वास भीतर जा रहा है। श्वास बाहर आ रहा है। यह जीवन का अनुभव है जो होता रहता है। इस जीवन को आक्सीजन चाहिये शरीर के लिये। आप जितना ही गहराई में उतरेंगे उतना ही शून्य होता जाएगा। यह मृत्यु के उस पार है और जीवन के उस पार भी है।

जब तक आपके भीतर कुण्डिनी जागी नहीं है। तब तक तो श्वास का लेन–देन चलता रहेगा क्योंकि आप लोग तब तक जीवन यात्रा के भौतिक शरीर से जुड़े हुए हैं। यह कुण्डलिनी मनस शरीर में है जो चौथा शरीर है जो जीवन का सूक्ष्मतम हिस्सा है।

जब कुण्डलिनी जाग गई तो यह भौतिक रूप स्थिर हो जायेगा बेकार हो जायेगा। इसका वहां कोई उपयोग नहीं होगा। क्योंकि आपकी

यात्रा भीतर को प्रारम्भ हो गई है अब शरीर को कम मात्रा में श्वास चाहिये। यह धीरे–धीरे स्वतः ही कम होता जायेगा। यह अपने आप होगा। आपको कुछ नहीं करना होगा। वह शक्ति अन्तर्मुखी हो गई है। उसे आत्मा के शरीर में प्रवेश करना है। आत्मा के शरीर को श्वास की आवश्यकता नहीं है। क्योंकि अस्तित्व को जीवन और मृत्यु से कुछ लेना–देना नहीं है।

समाधि अस्तित्व की खोज की गहराई है। समाधि सागर है – समाधि आकाश है और कुण्डलिनी को जगाकर यहां तक की अन्तर्यात्रा करनी है। लहरों का उठना–सागर में जीवन है। लहरें पहले नहीं थी – सागर शान्त था, लहर विहीन सागर का अस्तित्व है। सागर में पहले कोई कम्पन नहीं था, कोई उमंग नहीं थी – लहरों का कोई कोलाहल नहीं था।

लहर उठी – यहीं से जीवन प्रारंभ हुआ। लहर का उठना–जीवन का उदय होना एक साथ हुआ। लहरें उठी–गिरी और किनारे पर जाकर समाप्त हो गई। लहरों का उठना जीवन है और उनका समाप्त हो जाना–हो जाना है। यही जीवन है। वह सागर के उस अस्तित्व का उस समता का जो अनुभव है वह समाधि है और इसके लिये आपको मुझे कुण्डलिनी जागरण के लिये श्वास के प्रयोगों की ओर ले जाना होगा।

कुण्डलिनी शक्ति है – शक्तियों का केन्द्र है। यह आत्मा नहीं है। अगर वह आत्मा होती तो इस तरह वह सुषुप्ति में नहीं पड़ी रहती। कुण्डलिनी शरीर भी नहीं है। शरीर भौतिक पदार्थ है और भौतिक को संचालित करने के लिये शक्ति की जरूरत पड़ती है। कुण्डलिनी ऊर्जा का केन्द्र है। ऊर्जा ही शक्ति है और शक्ति को ही प्राण कहते हैं। प्राण श्वास नहीं है और प्राण आत्म तत्व भी नहीं है। प्राण जड़ तत्व है जिससे श्वास और प्रश्वास आदि सभी क्रियाएं जीवित शरीर में चलती रहती हैं।

कुण्डलिनी भी शक्ति है। प्राण भी शक्ति है। प्राण–श्वास–प्रश्वास से जीवन की गति बनी हुई है। कुण्डलिनी अपार क्षमता लिये हुए अपने मूल कुण्ड में सुषुप्त पड़ी हुई है। हम सब प्राणी कहे जाता हैं क्योंकि हम प्राणधारी हैं। यही प्राण जीवन की शक्ति है। जीवन के सभी भौतिक तत्वों में प्राणों की ही सक्रियता के कारण जीवन का बोध होता है। प्राणों से ही उत्पत्ति होती है और प्राणों में ही लीन होता है।

इस ब्रह्माण्ड की व्यापकता में आकाश अपना महत्व रखता है। पर सबसे अधिक शक्ति का प्रकाशक यह प्राण ही है, प्राण सेतु है। प्राण गति है। प्राण जीवन है। इस जगत में प्राण नहीं है तो कुछ भी नहीं है। चल–अचल सारे प्राकृतिक तत्व बेकार हो जाते हैं प्राण के बिना। यह प्राण सभी जीवों की आयु है। प्राण ही जीवन की विकास मार्ग है और जीवन का विराम भी। इस जगत की भी उम्र है। उम्र की सीमओं का मापदण्ड प्राण ही है।

जीना भी प्राण है। मरना भी प्राण है। सभी की उत्पत्ति भी प्राण है और मृत्यु भी प्राण है। मनुष्य की देह में वृत्तियों के कार्यभेद से यह प्राण भिन्न–भिन्न रूपों में कार्य करता है। भागों में विभक्त होकर – दस नामों से अपने–अपने कार्य स्वाभाविक रूप से करते हैं। ये प्रकृति प्रदत्त हैं – स्वाभाविक है। प्राकृतिक है। प्राण–अपान–समान–उदान–व्यान–नाग–कूर्म–कष्कर–देवदत्त और धनंजय से दस प्राण वायु हैं। प्राण वायु का कार्यक्षेत्र श्वास को अन्दर ले जाना है और बाहर निकालना है। मुख और नाक के छिद्रों द्वारा क्रिया करना है। खाये–पीये अन्न और पानी को पचाना और अलग करना है। अनाज–पानी–रसादि को मल–मूल पसीना तथा वीर्य आदि बनाना, ये सारे कार्य प्राण वायु के द्वारा होते हैं। हृदय से लेकर नाक तक शरीर के ऊपरी हिस्से में यह रहता है। सभी ऊपर की इन्द्रियों का काम प्राण वायु के अधीन है।

आपान वायु, का काम गुदा से मल–उपस्थ से मूत्र और अण्डकोश से वीर्य निकालना और गर्भ आदि को नीचे ले जाना है। कमर–घुटने और जांघ का काम भी अपान वायु का है। नीचे की तरफ गति करता हुआ नाभि से लेकर पैरों के तलवे तक यह रहता है। सभी नीचे की इन्द्रियों का काम अपान वायु के अधीन है।

समान वायु, शरीर के मध्य भाग में नाभि से हृदय तक बना रहता है।

व्यान, इसका मूल स्थान उपस्थ–मूल से ऊपर है। यह सारी सूक्ष्म और स्थूल नाड़ियों में गति करता हुआ शरीर के सब अंगों में खून का संचार करता है।

उदान वायु कण्ठ में होता है और कण्ठ से सिर तक गति करता है। शरीर को उठाए रखना उदान वायु का काम है। उदान वायु द्वारा ही व्यष्टि प्राण का समष्टि प्राण से सम्बन्ध है। अर्थात् भौतिक प्राण का सूक्ष्म

प्राण से सम्बन्ध है। उदान वायु द्वारा ही मृत्यु के समय सूक्ष्म शरीर का स्थूल शरीर से बाहर निकालना है और स्थूल शरीर के कर्म गुण वासनाओं – संस्कारों और प्रारब्धों को लेकर दूसरे गर्भ मं प्रवेश कराता है। समाधिष्ठ योगी उदान वायु को साथ लकर ही स्थूल शरीर से बाहर निकलकर अन्य लोकों में भ्रमण करते हैं।

इनके अलावा नागवायु उद्‌गार आदि के काम में सक्रिय होता है कूर्मवायु संकोचनीर्य कार्य में लगा रहता है। कृकर वायु भूख–प्यास का साथी है। देवदत्त वायु निन्द्रा–तन्द्रा में सक्रिय होता है। धनंजय पोषण आदि कार्य करता है। इनमें प्राणवायु हृदय में रहता है। अपान गुदा प्रदेश में रहता है। समान नाभिमण्डल में। उदान कण्ठ में और सारे शरीर में व्यानवायु व्याप्त होता है।

प्राणवायु हृदय से लेकर नासिका द्वार तक अपनी गतिविधि करता है। अपान गुदा से व्याप्त होकर नीचे की ओर क्रिया करता है। समान नाभि में व्याप्त होकर मुक्त अन्न आदि के रस के अंगों और नाड़ियों में पहुंचाता है।

भौतिक और सूक्ष्म तत्वों को भी प्राण की जरूरत होती है। जो ज्ञान की सूक्ष्म इन्द्रियां हैं या अन्तःकरण है उनमें भी प्राण की आवश्यकता होती है। प्राण के बिना वे भी बेकार हो जाते है। आकाश से उत्पन्न हुए वायु–अग्नि–जल और पृथ्वी इन सबके परमाणु से लकर सभी तारे–नक्षत्र और सौरमण्डल सब रचि है और वह शक्ति जिससे सबमें कम्पन होता है जिससे यह स्थित रहकर अपना कार्य पूरा करते हैं, वह शक्ति प्राण है। जो व्यक्ति प्राणों को अपने अनुकूल चलाने में सफल हो जाता है तो उसका शरीर – इन्द्रियां और मन उसका अपना हो जाता है। प्राणा और अपान ये दो महत्वपूर्ण हैं – जो योगियों की साधना के साधन हैं। कोई योगी अपान वायु में प्राण वायु की आहुति देता है तो कोई प्राण में अपान को स्वाहा करता है। कोई–कोई योगी प्राण और अपान की गति को रोककर प्राणायाम का परायण करते हैं – परायण अर्थात् कुम्भक जहां प्राण ठहर जाता है।

प्राण वायु को अपान वायु में स्वाहा करना पूरक कहलाता है। प्राण मं अपान का हवन रेचक होता है प्राण–अपान इन दोनों को प्रवाह मार्ग है जो जीवन के दो छोरों को मिलाए रहते हैं। इनके अलावा और भी सूक्ष्म प्राण के प्रवाह मार्ग हैं। वैसे तो शरीर में बहत्तर–हजार नाड़ियां हैं

– पर इनमें मुख्य चौदह है – और उनमें भी मुख्य तीन हैं। इनकी चर्चा मैं बाद में करूंगा।

आप सबके भीतर जो कुण्डलिनी है वह एक अचेतन शक्ति है, वह सोई हुई रहती है, वह साधक – योगियों द्वारा ही जगाई जाती है। इस सोई हुई शक्ति को भी जगाने का साधन है। वह साधन है प्राणवायु। यह कुण्डलिनी ज्योति है। यह हनुमान जी की तरह अपनी शक्ति को भूली हुई रहती है। जब तक प्राण वायु इसको जगाता नहीं तब तक इसको अपनी क्षमता का पता नहीं होता। इसलिये इस शक्ति को जगाने के लिये शुद्ध ईंधन चाहिये, बाहर की आक्सीजन वायु चाहिये। आप लोगों के भीतर इतना ईंधन नहीं जो इसको जगा सके। भीतर में कार्बन ज्यादा है। कार्बन इसे और सुषुप्ति में डाल देती है। कार्बन कुण्डलिनी को और सुला देती है।

कार्बन जीवन का पोषक नहीं है इसलिये इस महामाया को जगाने के लिये अधिक–से–अधिक प्राण वायु की जरूरत होती है। जितनी आप लोगों के पास भीतर से ज्यादा आक्सीजन होगी उतना ही जीवन–प्रवाह और इस कुण्डलिनी के बीच दूरी कम होगी। क्योंकि इस जीवन ऊर्जा में कुण्डलिनी में काफी दूरी है – दोनों दो हाथ पर है। इस प्राण वायु का अपना–अपना विशेष महत्त्व है। यह शरीर इसी में चलता है – सारी धमनियां इसी से काम करती हैं। इसलिये इस शरीर को प्राणवायु से भरना होगा। इसे तेजी से आप भरें कि जीवन प्राणमय महसूस होने लगे – हर तरफ प्राणवायु ही हो आपका जीवन आपका प्राण है। यह मनुष्य जीवन का अन्तिम हिस्सा है जो बाहर से दिखाई देता है, यह भौतिक हैं। प्राण वायु ठोस नहीं है। वह प्रवाह है। वह पकड़ में नहीं आ पाता। इसलिये अगर आप चाहते हो कि कुण्डलिनी जाग जाये तो उस क्षण को पकड़ो जब यह आक्सीजन प्राणवायु जो पोषक है जीवन की वह सहज में और उचित मात्रा में उपलब्ध हो जाये।

हिमालय की नदियों के किनारे, पर्वतों पर, जंगलों में, साधना के लिये – इसीलिये ऋषियों ने चुनाव किया है। प्रातः काल को – सूर्योदय के साथ–साथ का समय जयादा महत्वपूर्ण बताया है – प्राणवायु इसी समय में स्वच्छ तथा शुद्ध रूप में उपलब्ध होती है।

आज शहरों में प्रदूषण के कारण वातावरण इतना खराब हो गया है कि श्वास लेने में भी परेशानी होती है। इन स्थानों पर अगर प्रातः काल

के समय आक्सीजन का सेवन कर लिया जाये तो शरीर के लिये अच्छा होगा। जब–जब प्रातः का सूर्य खिलने लगता है तब–तब पृथ्वी पर एक अद्‌भुत वातावरण की जागृति होती है। एक अनोखी अनुभूति होने लगती है। इस अनोखे समय को सारे जगत में पूजा–पाठ, भजन–कीर्तन और योग–ध्यान के लिये श्रेष्ठ माना गया है।

ध्यान लगाना है उस शक्ति में – ध्यान के द्वारा ही यह आक्सीजन वहां तक पहुंच पाएगी। इस प्राण वायु को जितना ज्यादा प्रयोग करोगे, जितनी जान लगाओगे, जितना जोर से प्रयोग करोगे, क्रियाओं के द्वारा जितना अधिक दबाव डालोगे वह कुण्डलिनी उतना ही जल्दी जागेगी। सब कुछ पहले से ही तैयार है, सब कुछ है भीतर में पर बिना इसके वह नहीं उठेगी। यह जीवन रूपी दीपक बिना आक्सीजन रूपी तेल के नहीं जलेगा। भीतर का कोई भी हिस्सा इसके सहयोग के बिना सक्रिय नहीं होगा। जिस तरह दीपक के जल जाने से प्रकाश चारों ओर फैल जाता है उसी प्रकार कुण्डलिनी जाग जाये तो शरीर के सभी अंग जाग जाते हैं, यह अन्तःकरण प्रकाशित हो जाता है।

यह जीवन है ही प्राणवायु के जलने का नाम। प्राणवायु का ही सब खेल है। जहां यह ज्यादा मात्रा में उपलब्ध होगा वहीं आनन्द–ही–आनन्द होगा। जहां भी गति है वहां प्राणवायु ही होगा – प्राणवायु का जलना होगा। वृक्ष का जीवन–सूर्य–चन्द्र–अग्नि इनका जलना, जीवन है इसलिये आपको ज्यादा–से–ज्यादा प्राणवायु का उपयोग करना चाहिये। यह जीवन तभी सुगम, प्रगाढ़ और आनन्दमय होगा और वह सुषुप्त ऊर्जा, कुण्डलिनी साथी बनकर आपके साथ होगी।

पहाड़ों पर जाते ही आप महसूस करते होंगे कि शरीर में जान आ गई – स्फूर्ति आ गई – यह सब उसी प्राणवायु के कारण होता है।

पहले मैं भी समझ नहीं पाया था। पर मेरी आदत थी, चाहे मेरा गांव, मेरी जन्मभूमि हो – या मेरे स्कूल के दिन या फिर मेरे वायुसेना का कार्यकाल – समय मिलते ही मैं नदी–तालाब–पर्वत की चोटी या झरनों के किनारे जाकर बैठ जाता था। मैं दावा तो नहीं कर सकता कि उस समय में ध्यान करता था पर मैं यह निश्चित कह सकता हूँ कि ध्यान मेरे साथ घट जाता था। तब मैं योग साधन – पूजा पाठ के इतना करीब नहीं था। उस समय फुटबाल खेलना – दौड़ना–भागना, पर्वतों पर चढ़ना–घोड़े दौड़ाना जीवन का हिस्सा थे।

जब संन्यास ले लिया गया तो हिमालय ही मिला। तब प्राण ऊर्जा का महत्व समझ में आया। मैं हिमालय का ही एक अंग बन गया। हिमालय की मेरी साधना स्थली बन गया। ये गुफाएं–प्राकृतिक–स्थान–दुर्लभ गुफाएं साधना की स्थली ही साधना है। वे बिना आहार के ही वहां रहते हैं। उनके द्वारा प्राणवायु का आनन्द लेते हुए मैंने देखा है – और अनुभव भी किया है – कितना अनोखा जीवन है। व्यक्ति कितना स्वतन्त्र होता है जब हिमालय की वादियों में रहता है।

तब जीवन भी सरल हो जाता है। जीवन की अप्राकृतिक आवश्यकताएं अपने आप समाप्त हो जाती हैं। इच्छाएं करवट बदल लेती हैं तथा बिना कुछ किये सब कुछ स्वतः होने लगता है। शहरों में यह शरीर जो बोझ जैसा लगता है। हिमालय की कन्दराओं में, नदियों के किनारे यही शरीर हवा जैसा हो जाता है। अगर आप हिमालय में बहुत लम्बे समय तक रहने के आदी हो गए हैं तो आपका शरीर हवा की तरह हलका हो जायेगा। कभी मैं हिमालय की वादियों में चलना प्रारंभ करता था तो गांव के लोग मेरे साथ चल नहीं पाते थे। जो मार्ग में पैदल एक दिन में तय करता था वही मार्ग वे तीन दिन में तय कर पाते थे।

मैं अब कुछ जान लेने के बाद कह सकता हूँ कि कुण्डलिनी का आशीर्वाद मेरे ऊपर बचपन से ही था। मैं इस कुण्डलिनी की महान् क्षमता का आनन्द बचपन से ही लेता आ रहा हूँ। अब मैं समझ सकता हूँ कि यह शक्ति मुझे अपने जीवन–प्रवाह में महा आनन्द देती हुई मेरे व्यक्तित्व को प्रभावित करती हुई आ रही है क्योंकि बचपन से ही मैं अपने साथियों में बहुत जल्दी लोकप्रियता हासिल कर लेता था फिर वह चाहे गेंद खेलने का मैदान हो या फिर युद्ध क्षेत्र–भूमि। सभी जगह मुझे आनन्द, श्रेय, ऐश्वर्य और प्रेम की गंगा मिलती आ रही है। यह मातेश्वरी कुण्डलिनी है ही बड़ी महिमामयी। यह जीवन प्रवाह इसके बिना कुछ नहीं है।

इस शक्ति को जरूर जगाना है। अगर यह जाग जाये तो सभी अतीन्द्रियां जाग जाती हैं और मनस शक्ति को विश्वातीत बना देती हैं। भले ही आप लोग आज विज्ञान के पुजारी हैं – भले ही आज की खोज ने आपको ज्यादा प्रभावित किया हुआ है लेकिन फिर भी आज के मानव को थोड़ा सोचना होगा।

जितना आज लोग जानते है उनसे कहीं अधिक हमारे मनीषी लोग

पहले जानते थे परन्तु उनके कहने का तरीका तथा भाषा कुछ अलग प्रकार की थी। उस वक्त रहस्यात्मक भाषा थी। आज भी विज्ञान के पास रहस्यात्मक भाषा ही है। विज्ञान की खोज का काम है उस भाषा को समझना। पुराणों की अपनी भाषा है। वे दिव्य ज्ञान प्रतीक के रूप में दिखाई देते हैं। देवी–देवताओं या अवतारों के दर्शन, साक्षात्कार अथवा उनके बारे में लेख आदि सभी प्रतीकात्मक होते थे।

पुराणों की भाषा को समझना होगा, वे सब मात्र कथाएं नहीं हैं। वे सब ऋषियों मुनियों के अनुभव की भाषा हैं। पुराणों ने सदियों से अपने अन्दर उस ज्ञान को छिपा रखा है जो ज्ञान आज का विज्ञान अभी समझने लगा है।

एक योगी की भाषा आत्मा के विज्ञान को जानती है। योगी शरीर के विज्ञान को जान सकता है और वह मनस के विज्ञान का पूरी तरह उपयोग करता भी है। मनस शक्ति की पहुंच सभी सीमाओं को तोड़ देती है। मानसिक तरंगों की कहीं भी रूकावट नहीं है।

मैं खुद इसका प्रयोग करता चला आ रहा हूँ, अतीन्द्रियों का साक्षात्कार कर अपनी मनस तरंगों के प्रभाव को जान गया हूँ। आज का विज्ञान कह रहा है कि पृथ्वी सूर्य की परिक्रमा कर रही है – यह परिक्रमा वह तीन सौ पैंसठ दिनों में पूरी कर लेती है। दिन और रात की पहचान कर ली जाती है। आज तो विज्ञान के पास सभी साधन है। परन्तु पहले के युग–पुरुषों के पास क्या साधन रहा होगा। वे भी गणित को जान गये थे – आज के विज्ञान से पहले भी गणित था – भाषा थी – अन्तरिक्ष जगत की पूरी जानकारी थी तथा शरीर के अन्दर की सभी प्रमाणिक अनुभूतियों की जानकारी थी।

ऋषियों ने बहुत पहले कह दिया था कि सूर्य के सात घोड़े हैं – वे सात रंग के हैं। आज का विज्ञान भी कहता है सूर्य की हर किरण प्रिज्म से निकलकर सात हिस्सों में बंट जाती है। सात रंगों में बंट जाती है। दोनों में क्या अन्तर है। सिर्फ भाषा का अन्तर है। समझ का अन्तर है। पुराण योग की भाषा है। साईकिक शरीर की भाषा है। वह बहुत दूर तक झांक सकता है। परन्तु पहले के समय में व्यक्ति ने कैसे जाना होगा – उसके पास ऐसा कौन–सा साधना होगा जो पृथ्वी की ऊंचाई से ऊपर उठकर इस पृथ्वी का नक्शा बनाया होगा उसने।

ये रहस्य मनुष्य ने अपने भीतर छिपा रखे हैं। हम मानवों की मानसिक तरंगें अन्तरिक्ष में झांक सकती हैं। यह मनस शक्ति बड़ी अद्‌भुत शक्ति है। यह शक्ति स्थूल शरीर से लेकर, सूक्ष्म, कारण शरीर के आन्तरिक सृष्टि के विज्ञान को जानती है। इस मनस शक्ति में भीतर झांकने की अद्‌भूत क्षमता छिपी हुई है। भीतर में दुर्लभ खजाना छिपा हुआ है। उसे केवल समझकर उपयोग में लाना है। यह सब मान देह के चौथे शरीर का चमत्कार है। कल्पना कीजिये मानव अगर अपनी स्वयं की संपूर्ण जानकारी प्राप्त कर ले तो यह खोज कितनी दुर्लभ होगी।

मनुष्य स्वयं परमात्मा की एक दुर्लभ खोज है। मैं इस बात से पूर्ण रूप में भिज्ञ हूँ क्योंकि इस जीवन के हर श्वास को मैंने पहचानने का प्रयास किया है। मैंने सातों शरीरों को अलग–अलग करके देखा है। मैंने मन का हर स्थिति में प्रयोग किया है। मैंने इस मन के शरीर के अनेकों आयामों को खोला है तथा उसे अन्तरिक्ष जगत में घुमा कर देखा है।

मैंने सात्विक मन पर अलग से प्रयोग किया है। रजस मन और तमस मन का भी अलग–अलग प्रयोग किया है। आकाश के साथ मन को एकाकार कर अन्तरिक्ष को जाना है। वायु–अग्नि–जल और पृथ्वी का अलग–अलग प्रयोग किया है।

इन सभी उपासनों का साधन यह शरीर है। इस शरीर की दुर्लभता को व्यक्ति को पहचानना होगा तभी जीवन का रहस्य उजागर होगा और जब तक जीव का अन्तस प्रकाशित नहीं होगा तब तक जीवन दुविधा में रहेगा – इस माया से व्यक्ति डरा हुआ महसूस करेगा।

भय साधना में बाधक होता है। इस भय क कारण ही अधिकांश साधक छलांग नहीं लगा पाते – धान की गहराई में उतर नहीं सकते। इस रहस्यात्मक जीवन की कुंजी प्राप्त न करने का कारण यह भय ही है। भय भाव मात्र है। भाव का अपना शरीर है। जब भय सक्रिय होता है तो पूरा शरीर कम्पायमान हो जाता है – यह भाव शरीर को सिकोड़ने लगता है।

इस भाव शरीरको प्रेम में बदला जा सकता है। भय में इथरिक शरीर सिकुड़ता है – प्रेम में यह फैलता है – प्रेम में विस्तार है – प्रेम में मुक्ति का एहसास है – पर भय संकुचन का मार्ग है। जब भी भय का जन्म होता है तब संकोच होता है – यह भौतिक शरीर पर प्रभाव डालता है–

लगता है भौतिक शरीर सिमट रहा है – परन्तु ऐसा होता नहीं है – भौतिक शरीर तो वैसा ही रहता है पर भाव शरीर सिमटता है।

लेकिन यह धीरे–धीरे भौतिक शरीर पर भी प्रभाव डालने लगता है क्योंकि भौतिक – सूक्ष्म और कारण इन तीनों शरीरों में एक बड़ा ही आपसी सामंजस्य है। फिजिकल–इथरिक तथा एस्ट्रल – इन तीनों शरीरों में यदि सामंजस्य न हो तो जीवन में आनन्द का उद्गम अवरूद्ध हो जाता है।

इसलिये इन तीनों का मेल–संगति अति आवश्यक है। इसे समझने के लिये हमें सजग रहना होगा। जब तक आम दुनिया के लोग शरीर के प्रति असावधान है, तब तक वे मूर्छित अवस्था में ही जीते रहते हैं। उसके कारण भौतिक शरीर तथा अन्य शरीरों के साथ अपना सम्बन्ध नहीं बना पाते।

आप सभी को अपने शरीर के प्रति सजग प्रहरी बनकर रहना होगा– बोधपूर्ण ढंग से – होश में रहकर। ऐसा नहीं होना चाहिये कि बिना सोचे समझे कुछ भी किये जा रहे हैं। आजकल एक रूटीन सी बन गई है, हर काम की – सोना–खाना–पीना–उठना–घूमना–फिरना एक रूटीन बन गया है जीवन। एक सम्मोहन सा है। एक विक्षिप्तता है। मूर्छा या निद्रा की स्थिति सी है।

अगर आप इस शरीर के प्रति सजग नहीं हैं तो दूसरे शरीर के प्रति भी सजगता समाप्त हो जाती है। अगर भौतिक शरीर के प्रति तन्द्रा है तो सूक्ष्म और कारण शरीर के प्रति भी तन्द्रा होगी क्योंकि वह तो और भी सूक्ष्म है। अति सूक्ष्म है। अगर इस दृश्यमान शरीर के प्रति आपका द्रष्टाभाव नहीं है तो फिर – जो दृष्टिगोचर नहीं है उस शरीर के प्रति कैसे हो सकता है। बिना द्रष्टा भाव के – बिना अवेअरनेस के कोई भी तालमेल बिठाना कठिन है – सामंजस्य (हारमोनी) स्थापित करना कठिन है। सभी तारतम्य और सामंजस्य जागृति और चेतनता में ही स्थापित होते हैं।

निद्रा से सभी सामंजस्य टूट जाते हैं – बेहोशी में सभी सम्बन्ध शिथिल हो जाते हैं। इसलिये आप लोगों को पहले सामंजस्य भाव में आना होगा।

•••

डायमंड पाकेट बुक्स में

स्वास्थ्य एवं योग की महत्वपूर्ण पुस्तकें

एम. सुब्रहमन्यम

दिव्य ज्योति रेकी 99.00
रेकी (स्पर्श चिकित्सा के अद्भुत रहस्य) 99.00

डॉ. एस.के. शर्मा

भोजन द्वारा स्वास्थ्य 40.00
पारिवारिक होम्योपैथिक गाइड 40.00
स्वमूत्र चिकित्सा 50.00

स्वामी आनन्द बोधिसत्व

ध्यान योग (आध्यात्मिक अनुशासन के लिए) 40.00

डॉ. राजीव शर्मा

दादी मां के घरेलू नुस्खे 60.00
दादी मां के घरेलू नुस्खों पर आधारित
स्त्री रोगों की सहज चिकित्सा 60.00
मुंह, दांत, नाक, कान, गला रोग कारण व उपचार 60.00
एलर्जी व अस्थमा का उपचार 60.00
आंखें : एक अनमोल वरदान 60.00
वैकल्पिक चिकित्सा 60.00
पेट के रोग 60.00
घरेलू नुस्खों का खजाना 60.00
विटामिन और खनिज लवण 50.00
सुगंध विज्ञान 60.00
चुम्बक चिकित्सा 40.00
मधुमेह : कारण, इलाज 40.00
आयुर्वेदिक औषधियां 60.00
फल सब्जी मेवे मसाले स्वास्थ्य के रखवाले
(यानि घर का वैद्य) 60.00
फर्स्ट एड (प्राथमिक चिकित्सा) 40.00
बाल रोग कारण और निवारण 40.00
नशा एवं एड्स से बचाव 40.00
गुर्दा व मूत्र संस्थान के रोग 40.00
श्वसन संस्थान के रोग 40.00
त्वचा रोग कारण और निवारण 40.00
स्नायु रोग कारण, निवारण एवं बचाव 40.00
मोटापा कैसे घटाएं 40.00
कद कैसे लम्बा करें 60.00
जड़ी-बूटियों से इलाज 60.00
मानसिक रोग कारण और निवारण 40.00
घरेलू इलाज 60.00

डॉ. विष्णु जैन

हृदय रोग से मुक्ति के सरल उपाय 60.00

स्वामी आनंद सत्यार्थी

मानसिक तनाव से मुक्त होने के सरल उपाय .. 50.00

डॉ. गिरिराजशरण अग्रवाल

आप भी तनाव मुक्त हो सकते हैं 95.00

डेविड सरवण श्राइवर

उपचार की सहज प्रवृत्ति (तनाव मुक्ति के उपाय) .. 150.00

डॉ. सतीश गोयल

एक्यूपंचर गाइड 40.00
एक्यूप्रेशर गाइड 40.00
एक्यूपंचर और एक्यूप्रेशर गाइड 60.00
ऐलोपैथिक गाइड 60.00
प्राकृतिक चिकित्सा 60.00
अपना स्वास्थ्य अपने हाथ 40.00
कैंसर : कारण, इलाज 40.00
ब्लड प्रेशर : कारण और इलाज 40.00
फलों व सब्जियों के रस से चिकित्सा 60.00

आचार्य भगवानदेव

योगासन और स्वास्थ्य 60.00
योग से रोग निवारण 60.00
योग स्त्रियों के लिए 60.00
योग पुरुषों के लिए 60.00
प्राणायाम कुंडलिनी और हठयोग 60.00

सुखदीपक मलवई

रेकी (स्पर्श से सुखी प्राकृतिक चिकित्सा) 60.00

रजनीकांत उपाध्याय

सार्वभौमिक ऊर्जा रेकी 60.00
मुद्रा विज्ञान 60.00

रचना भोला यामिनी

प्रदूषण मुक्त पर्यावरण 50.00

स्वामी सच्चिदानन्द गिरि

भैषज्य भास्कर 60.00

डॉ. सजीव अदलखा

हकलाना और आपका बच्चा :प्रश्नोत्तर 40.00

डॉ. निष्ठा

कमर दर्द, कारण और निवारण 60.00

डॉ. आर.के. उपाध्याय

तंत्रोपैथी (तंत्र द्वारा इलाज) 100.00

डॉ. राजीव शर्मा

निःसंतान दम्पति (संतान प्राप्त करने के उपाय) 50.00
बच्चों को सैक्स की शिक्षा कैसे दें 40.00

डॉ. सुरेन्द्र पाल सिंह

मनचाही संतान कितनी आसान 60.00

डॉ. एस.के. शर्मा

विवाहित जीवन और सैक्स 50.00

डायमंड पाकेट बुक्स

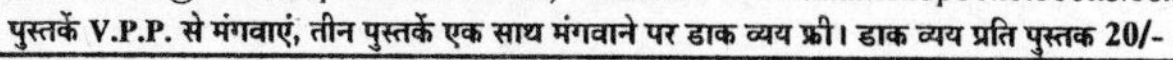

X-30, ओखला इंडस्ट्रियल एरिया, फेज-II, नई दिल्ली-20 फोन : 011- 51611861-65, फैक्स : 011-51611866
E-mail : Sales@diamondpublication.com, Website : www.diamondpocketbooks.com

पुस्तकें V.P.P. से मंगवाएं, तीन पुस्तकें एक साथ मंगवाने पर डाक व्यय फ्री। डाक व्यय प्रति पुस्तक 20/-